Dieses Buch widme ich *meinen* Minis, die mich immer wieder auf neue Ideen gebracht haben, sich über jeden neuen Häkelmini gefreut haben und geduldig gewartet haben, wenn ich doch noch etwas länger häkeln und schreiben musste.

DOERTHE
EISTERLEHNER
frau_apfelkern

100 superniedliche Häkelminis

SÜSSE HÄKELIDEEN RUND UMS JAHR

Ein kunterbuntes Häkelbuch wollte ich machen. Bunt wie ein Regenbogen – aber einer, der noch knallig leuchtet und nicht einer, der schon fast verschwunden ist.

Dass es jetzt ein Buch mit jahreszeitlichen Häkeleien geworden ist, freut mich sehr. Ich liebe es, mit den Jahreszeiten zu häkeln, liebe es, für Ostern, für die langen Sommertage, den goldenen Herbst und die wunderbare Weihnachtszeit zu häkeln, denn jede Jahreszeit hat ihren eigenen Zauber und ihre eigenen Farben.

Dass die Häkelminis auch noch einen Ausflug in die Märchenwelt und in die Küche unternehmen, hat vor allem meine Tochter gefreut. Die Größe der Minis ist nämlich perfekt zum Spielen und Sammeln, und je mehr Minis es sind, desto besser. Wie gut, dass sie einem so schnell von der Nadel hüpfen.

Und natürlich bringen nicht nur meinen Kindern die Minis Spaß. Ich finde es herrlich, mit den Minis zu dekorieren und Farbkleckse ins Haus zu bringen, denn gerade gehäkelte Dekorationen zaubern einem doch ein Lächeln ins Gesicht, oder?

Ich wünsche ganz viel Spaß beim Häkeln, Sammeln, Dekorieren und Verschenken.

Ihre

Doerthe Eisterlehner

FRÜHLING

10 Was fliegt denn da?
14 Flora, das Frühlingsmädchen
17 Perfektes Oster-Duo
20 Hedwig, die Henne
24 Kunterbunte Ostereier
26 Ella, die Erdbeerfee

SOMMER

32 Schräge Vögel
36 Die kleine Señorita
38 Bewohner des Meeres
42 Heiß und Eis
46 Fridolin, der Gartenzwerg
50 Die Pool-Gang

HERBST

56 Früchte des Gartens
58 Früchte des Waldes
60 Piet, das Eichhörnchen
62 Mats, das Rotkehlchen
64 Im Wald allein
68 Halloween

WINTER

76 Lotte, die Blaumeise
78 Weihnachts-Backstube
82 Baumschmuck
86 Ho, Ho, Ho!
88 Polarfreunde
92 Neko, die Winkekatze

MÄRCHENHAFT

96 Rotkäppchen und der böse Wolf
100 Froschkönig
102 Der gestiefelte Kater
104 Hänsel und Gretel
108 Rapunzel
110 Schneewittchen und die 7 Zwerge
112 Sterntaler
114 Hase und Igel

GAUMENFREUDEN

118 Köstliche Cupcakes
120 Kugelrunde Cakepops
122 Dufte(nde) Donuts
124 Hamster-Karamell-Pudding
126 Eis, Eis, Baby!
130 Nase zu und durch

134 So geht's
138 Buchempfehlungen für dich
140 Impressum

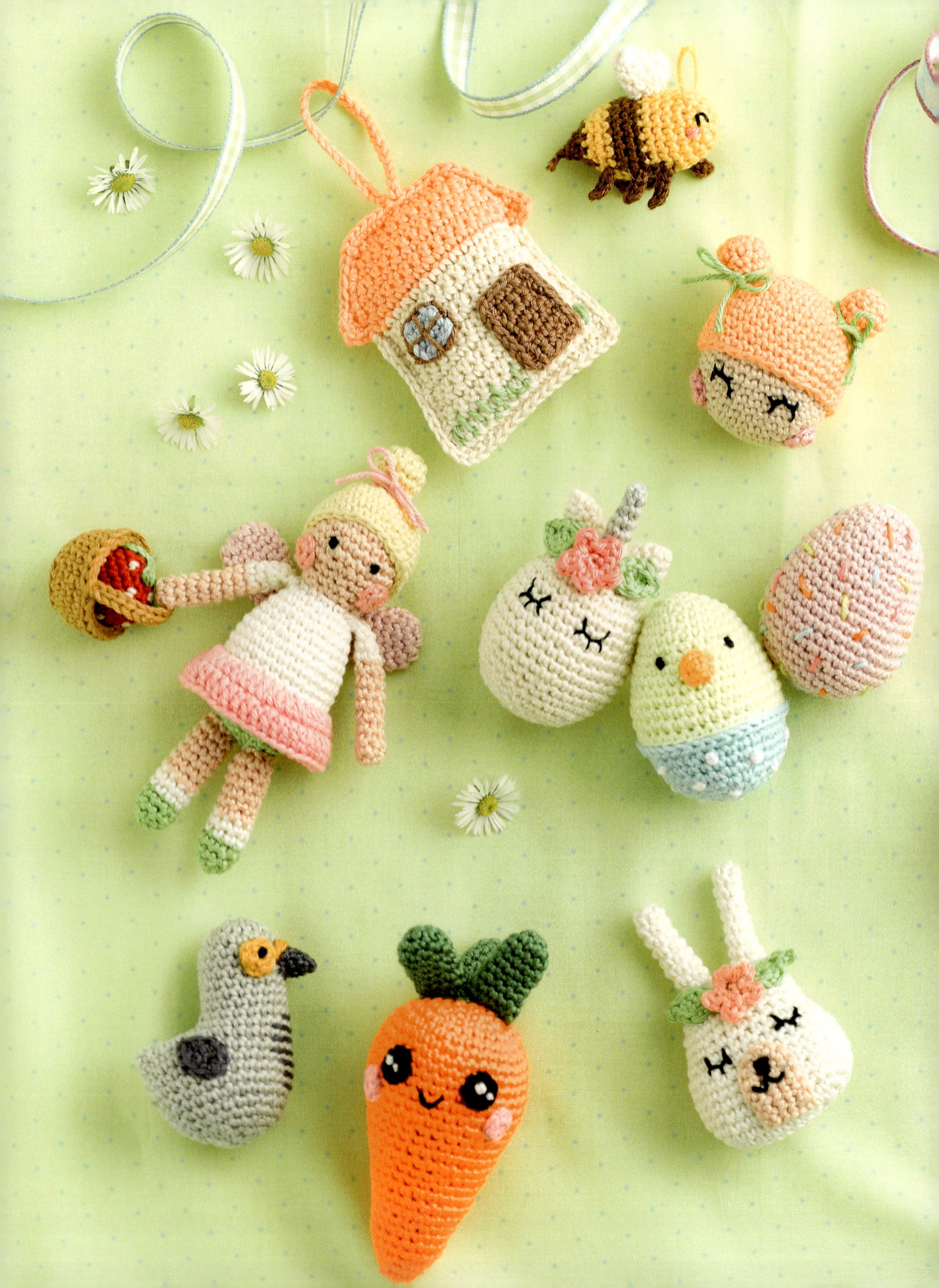

FRÜHLING

Was gibt es Schöneres, als wenn sich nach einem langen, kalten Winter der Frühling wieder ankündigt und die ersten Bienen und Marienkäfer ihre Rundflüge starten? Wir genießen die Sonne und freuen uns mit bunten Eiern schon bald auf das Osterfest. Warum dieses Jahr nicht einmal mit ein paar gehäkelten Ostereiern? Auf den nächsten Seiten sind viele tolle Anleitungen, die Lust auf Frühling machen und uns wieder von Erdbeeren und den ersten Blumen träumen lassen.

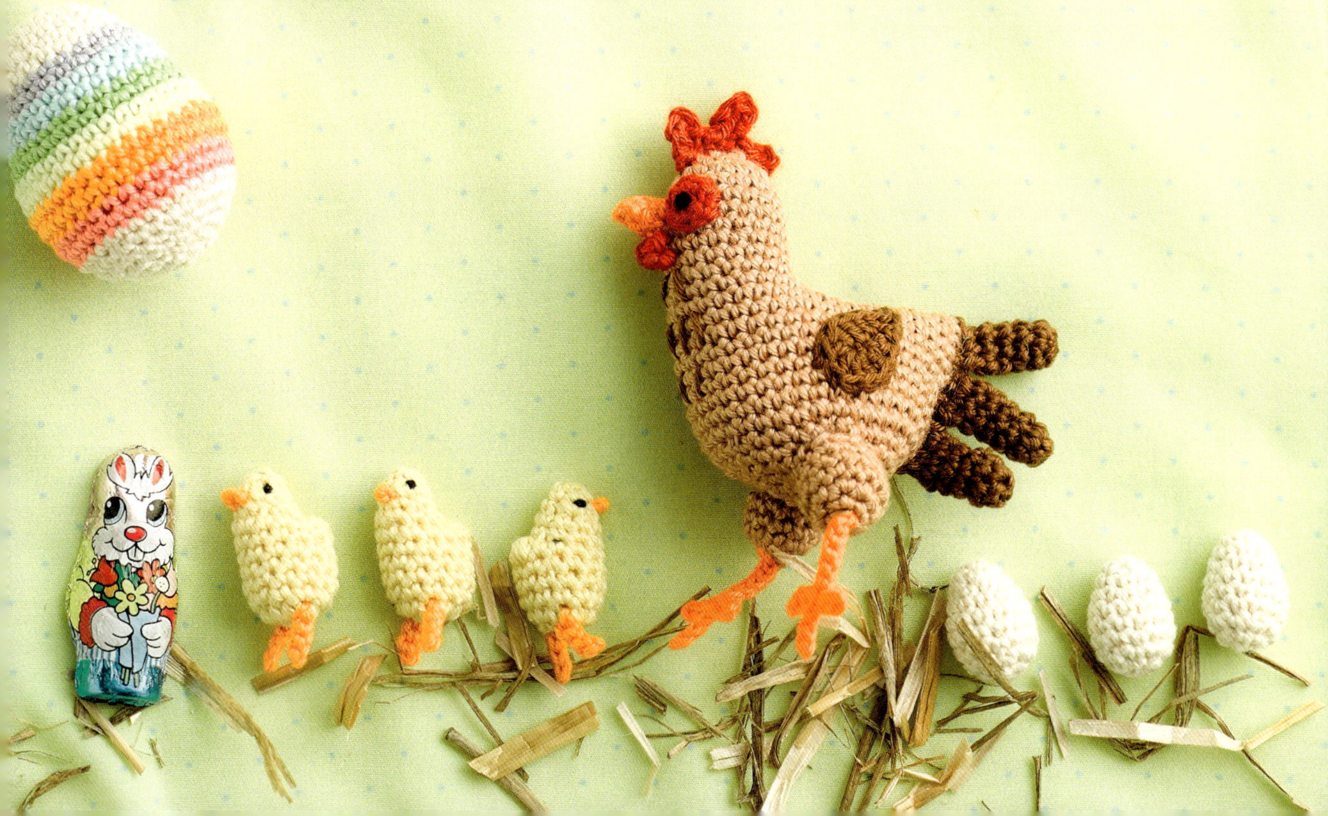

WAS FLIEGT DENN DA?

Mit erstem Summen und Brummen dieser kleinen Gesellen kündigt sich der Frühling an. Wenn es dann noch ganz zart aus den Bäumen gurrt weiß man: Es ist Frühling!

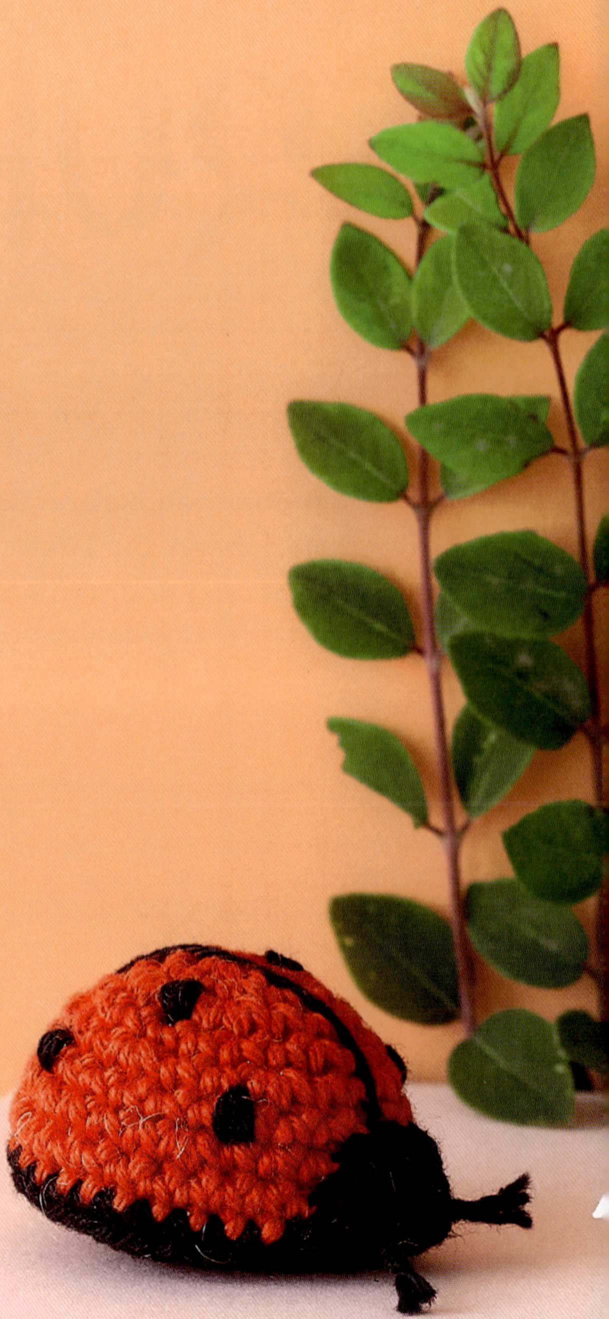

SCHWIERIGKEITSGRAD

Biene: 2
Marienkäfer: 2
Taube: 2

GRÖSSE

Biene: 6 cm
Marienkäfer: 4,5 cm
Taube: 6 cm

MATERIAL

- Häkelnadel 2,0 mm
- Füllwatte
- Wollnadel

Taube

- Schachenmayr Catania (LL 125 m/50 g) in Silber (Fb 172), Anthrazit (Fb 429), Gold (Fb 249) und Schwarz (Fb 110), Reste

Marienkäfer

- Schachenmayr Catania (LL 125 m/50 g) in Signalrot (Fb 115) und Schwarz (Fb 110), Reste

Biene

- Schachenmayr Catania (LL 125 m/50 g) in Sonne (Fb 208), Marone (Fb 157), Natur (Fb 105), Pink (Fb 225) und Schwarz (Fb 110), Reste

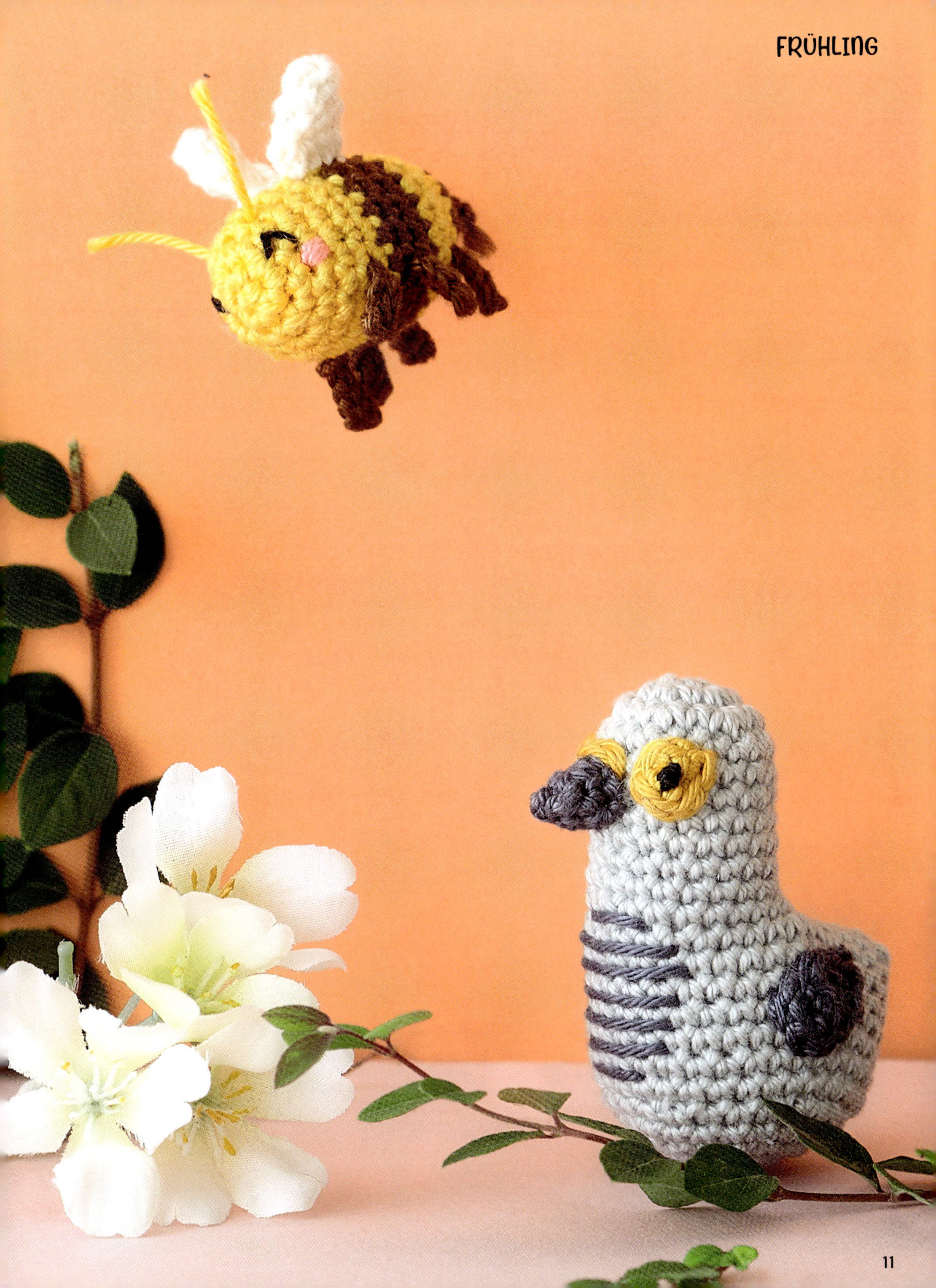

AVA, DIE TAUBE

Kopf und Körper

In Silber einen Magic Ring anfertigen. Weiter in Spiralrd arb.

1. Rd: 6 fM in den Ring häkeln (= 6 M).

2. Rd: Jede fM verdoppeln (= 12 M).

3. Rd: Jede 2. fM verdoppeln (= 18 M).

4.-10. Rd: Jeweils 18 fM häkeln.

11. Rd: 7 Lm anschl, ab der 2. M von der Nd aus 6 fM, 18 fM, 6 fM entlang der Rückseite der Lm-Kette (= 30 M).

12.-18. Rd: Jeweils 30 fM häkeln.

19. Rd: Jede 4. und 5. fM zusammen abmaschen (= 24 M).

Mit Füllwatte ausstopfen.

20. Rd: 24 fM häkeln.

21. Rd: Jede 3. und 4. fM zusammen abmaschen (= 18 M).

22. Rd: Jede 2. und 3. fM zusammen abmaschen (= 12 M).

23. Rd: Immer 2 fM zusammen abmaschen (= 6 M).

Mit 1 Km schließen. Garn abschneiden, mit der Wollnd durch die 6 vorderen M-Glieder fädeln, zusammenziehen und vernähen.

Flügel (2x)

In Anthrazit 5 Lm anschl. Die Lm-Kette von beiden Seiten behäkeln.

Ab der 2. M von der Nd aus 1 Km, 1 fM, 1 hStb, 3 fM in 1 M, 1 hStb, 1 fM, 1 Km (= 9 M).

Garn 30 cm lang abschneiden.

Den 2. Flügel ebenso häkeln.

Schnabel

In Anthrazit einen Magic Ring anfertigen. Weiter in Spiralrd arb.

1. Rd: 4 fM in den Ring häkeln (= 4 M).

2. Rd: 4 fM häkeln.

3. Rd: Jede 2. fM verdoppeln (= 6 M).

Mit 1 Km schließen. Garn 30 cm lang abschneiden und Schnabel mit etwas Füllwatte ausstopfen.

Auge (2x)

In Gold einen Magic Ring anfertigen.

5 fM in den Ring häkeln. Mit 1 Km schließen. Garn 30 cm lang abschneiden.

Das 2. Auge ebenso häkeln.

Fertigstellen

Den Schnabel am Kopf festnähen. Die Flügel beidseitig am Körper festnähen.

In Schwarz eine Pupille auf die Augen sticken und diese beidseitig festnähen. In Gold einen Höcker über dem Schnabel aufsticken. In Anthrazit ein paar Querstreifen auf die Brust sticken. Alle Fäden vernähen.

CLARA, DER MARIENKÄFER

Körper

In Signalrot einen Magic Ring anfertigen. Weiter in Spiralrd arb.

1. Rd: 6 fM in den Ring häkeln (= 6 M).

2. Rd: Jede fM verdoppeln (= 12 M).

3. Rd: Jede 2. fM verdoppeln (= 18 M).

4. Rd: 18 fM häkeln.

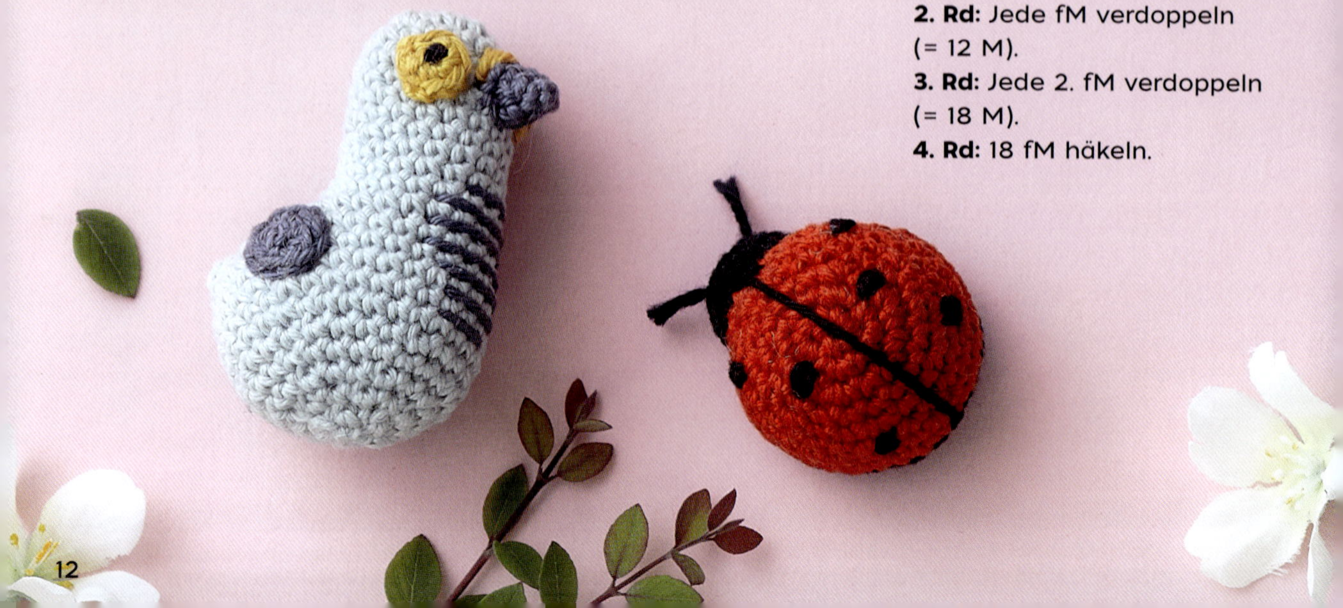

5. Rd: Jede 3. fM verdoppeln (= 24 M).
6. Rd: 24 fM häkeln.
7. Rd: Jede 4. fM verdoppeln (= 30 M).
8. Rd: 30 fM häkeln.
9. Rd (Schwarz): 30 fM häkeln.
10. Rd: Jede 4. und 5. fM zusammen abmaschen, dabei in die hinteren M-Glieder häkeln (= 24 M).
11. Rd: Jede 3. und 4. fM zusammen abmaschen (= 18 M).
12. Rd: Jede 2. und 3. fM zusammen abmaschen (= 12 M).
Mit Füllwatte ausstopfen.
13. Rd: Immer 2 fM zusammen abmaschen (= 6 M).
Mit 1 Km schließen. Garn abschneiden, mit der Wollnd durch die 6 vorderen M-Glieder fädeln, zusammenziehen und vernähen.

Kopf

In Schwarz 4 Lm anschl. Die Lm-Kette von beiden Seiten behäkeln.
1. Rd: Ab der 2. M von der Nd aus 2 fM, 3 fM in 1 M, 2 fM, 3 fM in 1 M (= 10 M).
2. Rd: 10 fM häkeln.
Mit 1 Km schließen. Garn 30 cm lang abschneiden und Kopf mit etwas Füllwatte ausstopfen.

Fertigstellen

Den Kopf an den Körper nähen. Einen langen Strich auf den Rücken sticken. In Schwarz 6 Punkte aufsticken und ein Stück Garn durch den Kopf ziehen und daraus die Fühler zurechtschneiden. Alle Fäden vernähen.

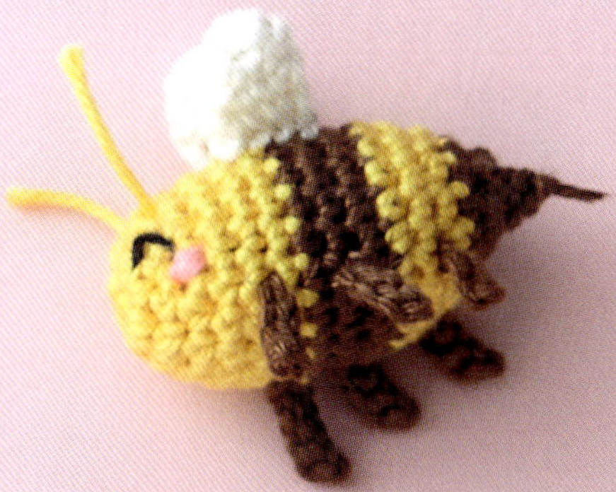

EMMA, DIE BIENE

Kopf und Körper

In Sonne einen Magic Ring anfertigen. Weiter in Spiralrd arb.
1. Rd: 6 fM in den Ring häkeln (= 6 M).
2. Rd: Jede fM verdoppeln (= 12 M).
3. Rd: 12 fM häkeln.
4. Rd: Jede 2. fM verdoppeln (= 18 M).
5.-7. Rd: Jeweils 18 fM häkeln.
8.-10. Rd (Marone): Jeweils 18 fM häkeln.
11.+12. Rd (Sonne): Jeweils 18 fM häkeln.
13. Rd: Jede 2. und 3. fM zusammen abmaschen (= 12 M).
Mit Füllwatte ausstopfen.
14. Rd (Marone): 12 fM häkeln.
15. Rd: Immer 2 fM zusammen abmaschen (= 6 M).
16. Rd: Immer 2 fM zusammen abmaschen (= 3 M).
Garn abschneiden, mit der Wollnd durch die 3 vorderen M-Glieder fädeln, zusammenziehen und vernähen. Das Garn so abschneiden, dass 0,5 cm als Stachel stehen bleiben.

Flügel (2x)

In Natur einen Magic Ring anfertigen. Weiter in Spiralrd arb.
1. Rd: 6 fM in den Ring häkeln (= 6 M).
2.+3. Rd: Jeweils 6 fM häkeln.
1 Lm arb. Den Flügel flach drücken und mit 3 fM zusammenhäkeln. Garn 30 cm lang abschneiden.
Den 2. Flügel ebenso häkeln.

Bein (6x)

In die Unterseite des Körpers in regelmäßigem Abständen 6 Beinchen häkeln: Für jedes Bein in Marone anschlingen und 4 Lm anschl. Ab der 2. M von der Nd aus 3 Km häkeln, Garn abschneiden und vernähen.

Fertigstellen

Die Flügel am Körper festnähen. Mit geteiltem Garn in Schwarz Augen aufsticken. In Pink Bäckchen aufsticken. Ein Stück Garn in Sonne durch den Kopf ziehen und als Fühler zurechtschneiden. Alle Fäden vernähen.

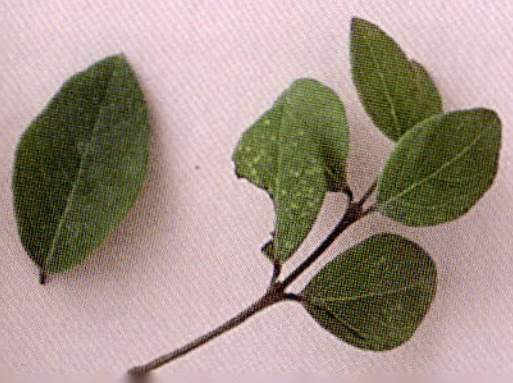

FLORA, DAS FRÜHLINGSMÄDCHEN

Was gibt es schöneres, als die ersten Frühlingstage? Mit Flora zusammen genießen wir die Blumen und freuen uns über die ersten warmen Sonnenstrahlen.

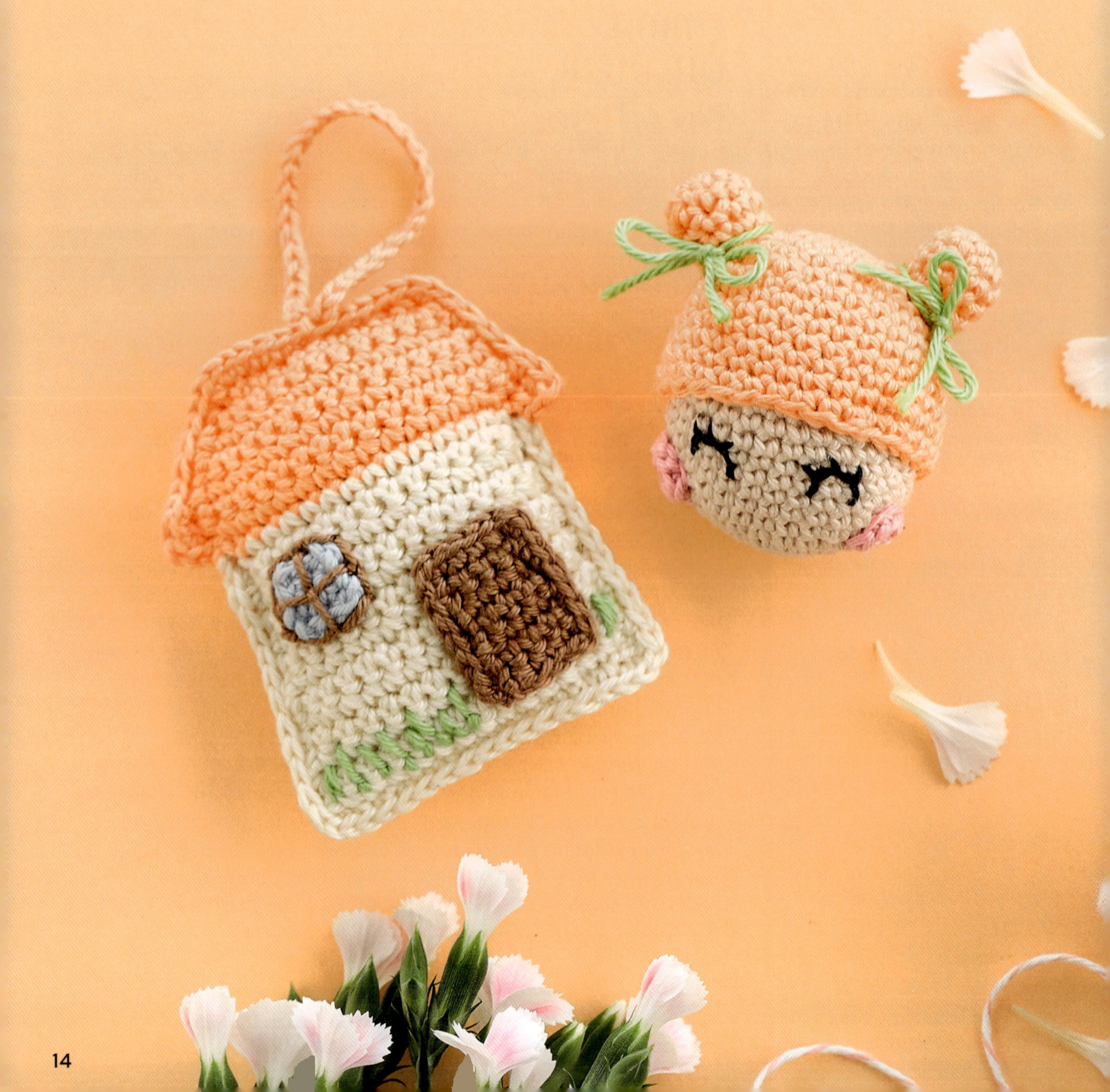

SCHWIERIGKEITSGRAD
Flora: 2
Haus: 2

GRÖSSE
Flora: 5,5 cm
Haus: 7,5 cm

MATERIAL
- Häkelnadel 2,0 mm
- Füllwatte
- Wollnadel

Flora
- Schachenmayr Catania (LL 125 m/50 g) in Soft Apricot (Fb 263), Koralle (Fb 410), Greenery (Fb 418), Orchidee (Fb 222) und Schwarz (Fb 110), Reste

Haus
- Schachenmayr Catania (LL125 m/50 g) in Koralle (Fb 410), Creme (Fb 130), Hellblau (Fb 173), Greenery (Fb 418) und Deep Amber (Fb 438), Reste

FLORA

Kopf
In Soft Apricot einen Magic Ring anfertigen. Weiter in Spiralrd arb.
1. Rd: 6 fM in den Ring häkeln (= 6 M).
2. Rd: Jede fM verdoppeln (= 12 M).
3. Rd: Jede 2. fM verdoppeln (= 18 M).
4. Rd: Jede 3. fM verdoppeln (= 24 M).
5. Rd: 24 fM häkeln.
6. Rd: Jede 4. fM verdoppeln (= 30 M).
7.-15. Rd: Jeweils 30 fM häkeln.
16. Rd: Jede 4. und 5. fM zusammen abmaschen (= 24 M).
17. Rd: 24 fM häkeln.
18. Rd: Jede 3. und 4. fM zusammen abmaschen (= 18 M). Mit Füllwatte ausstopfen.
19. Rd: Jede 2. und 3. fM zusammen abmaschen (= 12 M).
20. Rd: Immer 2 fM zusammen abmaschen (= 6 M).
Mit 1 Km schließen. Garn abschneiden, mit der Wollnd durch die 6 vorderen M-Glieder fädeln, zusammenziehen und vernähen.

Haare
In Koralle einen Magic Ring anfertigen. Weiter in Spiralrd arb.
1.-6. Rd: Wie den Kopf häkeln (= 30 M).
7. Rd: Jede 15. fM verdoppeln (= 32 M).
8.-13. Rd: Jeweils 32 fM häkeln. Mit 1 Km schließen. Garn 30 cm lang abschneiden.

Dutt (2x)
In Koralle einen Magic Ring anfertigen. Weiter in Spiralrd arb.
1. Rd: 6 fM in den Ring häkeln (= 6 M).
2. Rd: Jede 2. fM verdoppeln (= 9 M).
3.-5. Rd: Jeweils 9 fM häkeln. Mit 1 Km schließen. Garn ca. 30 cm lang abschneiden und Dutt mit etwas Füllwatte ausstopfen.
Den 2. Dutt ebenso häkeln.

Bäckchen (2x)
In Orchidee einen Magic Ring anfertigen.
6 fM in den Ring häkeln. Mit 1 Km schließen. Garn 30 cm lang abschneiden.
Das 2. Bäckchen ebenso häkeln.

Fertigstellen
Die Haare leicht schräg am Kopf festnähen. Beidseitig Bäckchen und Dutts festnähen und Garn in Greenery als Schleife daran befestigen. Mit geteiltem Garn in Schwarz die Augen aufsticken. Alle Fäden vernähen.

FLORAS HÄUSCHEN

Haus (2x)

In Koralle 11 Lm anschl. Weiter in R häkeln, dabei am Ende jeder R 1 Wende-Lm häkeln.

1. R: Ab der 2. M von der Nd aus 10 fM häkeln (= 10 M).
2. R: 1 fM verdoppeln, 8 fM, 1 fM verdoppeln (= 12 M).
3. R: 12 fM häkeln.
4. R: 1 fM verdoppeln, 10 fM, 1 fM verdoppeln (= 14 M).
5. R: 14 fM häkeln.
6. R: 1 fM verdoppeln, 12 fM, 1 fM verdoppeln (= 16 M).
7. R: 16 fM häkeln.
8. R (Creme): 1 M überspringen, 14 fM häkeln, 1 M bleibt unbehäkelt (= 14 M).
9.-20. R: Jeweils 14 fM häkeln.
Garn abschneiden und vernähen.
Das 2. Haus ebenso häkeln.

Tür

In Deep Amber 5 Lm anschl. Weiter in R häkeln, dabei am Ende jeder R 1 Wende-Lm häkeln.

1. R: Ab der 2. M von der Nd aus 4 fM häkeln (= 4 M).
2.-6. R: Jeweils 4 fM häkeln.
Weiter die Tür mit fM umhäkeln, in die Ecken je 3 fM. Garn 30 cm lang abschneiden.

Fenster

In Hellblau 4 Lm anschl. Weiter in R häkeln, dabei am Ende jeder R 1 Wende-Lm häkeln.

1. R: Ab der 2. M von der Nd aus 3 fM häkeln (= 3 M).
2.-4. R: Jeweils 3 fM häkeln.
Garn 30 cm lang abschneiden.

Fertigstellen

Auf ein Haus Tür und Fenster aufnähen, in Deep Amber Fensterrahmen und -kreuz aufsticken. In Greenery 9 Grashalme aufsticken. Beide Häuserteile mit fM zusammenhäkeln, in die Ecken 3 fM, dabei den Farbwechsel von Koralle zu Creme berücksichtigen. Mittig am Dach eine Schlaufe von 30 Lm häkeln. Beim Zusammenhäkeln eine kleine Öffnung lassen, das Haus mit Füllwatte ausstopfen und die Öffnung schließen. Alle Fäden vernähen.

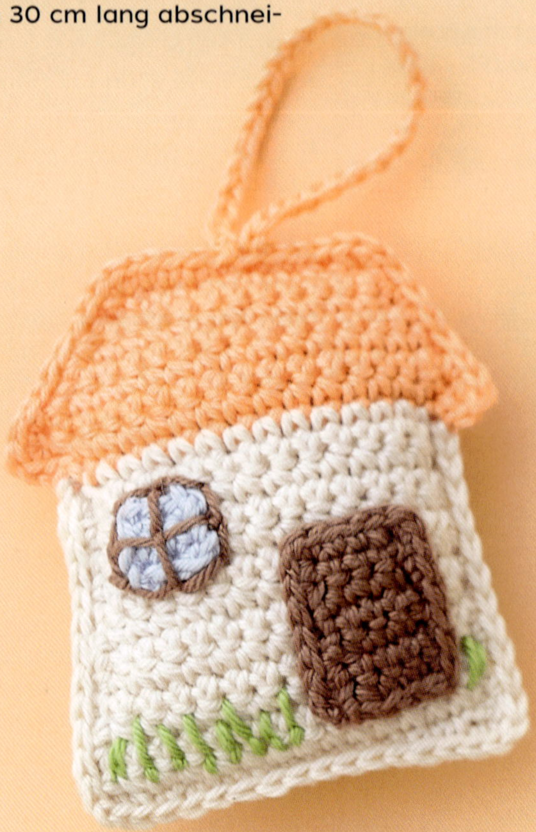

PERFEKTES OSTER-DUO

Dieses Jahr zu Ostern bekommen wir Besuch von zwei besonders süßen Gören. Das kleine Hasenmädchen Emelie und die freche Karotte sind witzige kleine Überraschungen im Osternest.

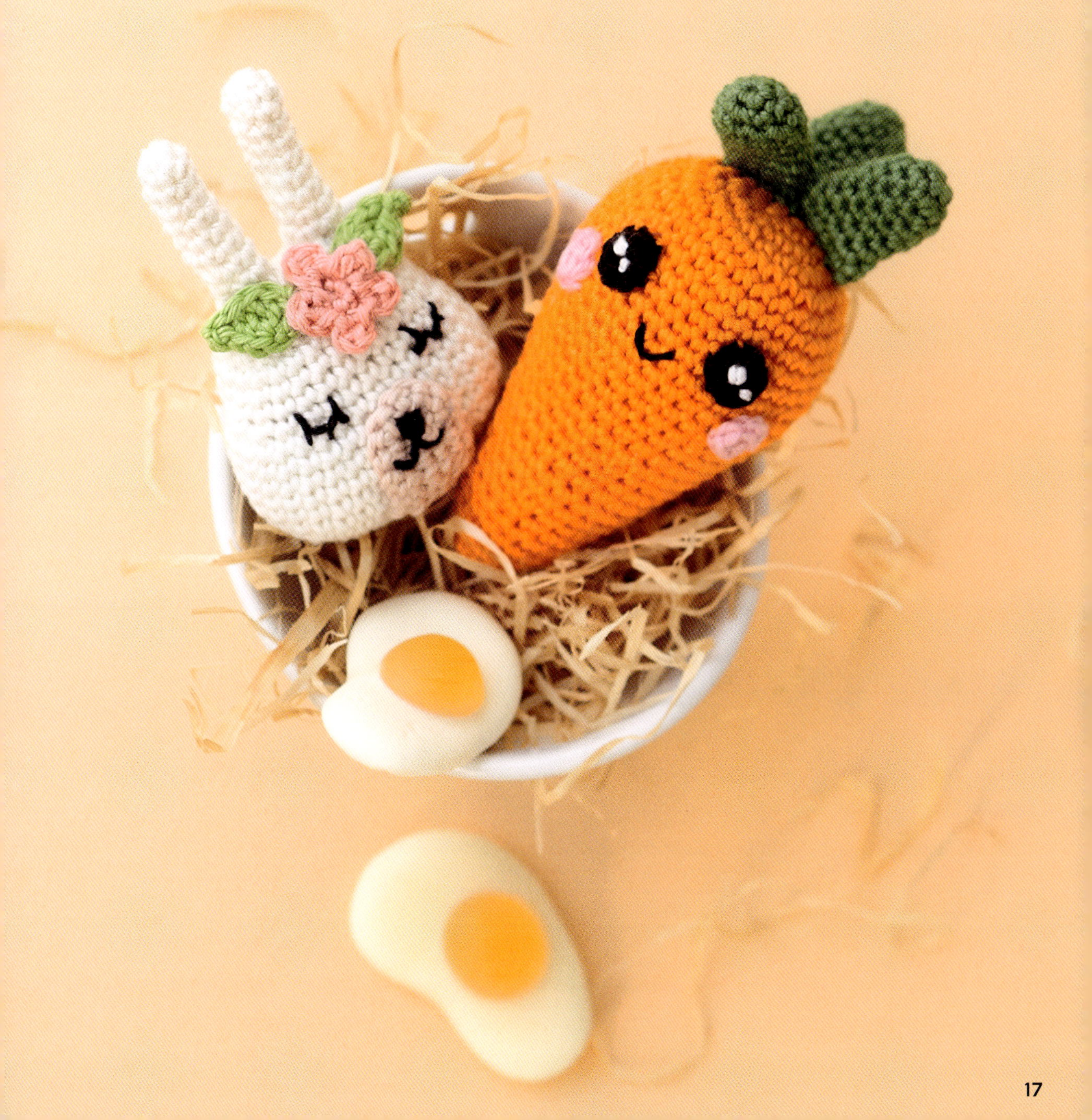

SCHWIERIGKEITSGRAD

Hase: 2
Karotte: 2

GRÖSSE

Hase: 7,5 cm
Karotte: 10,5 cm

MATERIAL

- Häkelnadel 2,0 mm
- Füllwatte
- Wollnadel

Hase

- Schachenmayr Catania (LL 125 m/50 g) in Natur (Fb 105), Rosé Gold (Fb 433), Greenery (Fb 418), Dahlie (Fb 409) und Schwarz (Fb 110)

Karotte

- Schachenmayr Catania (LL 125 m/50 g) in Orange (Fb 281), 50 g, in Moos (Fb 412), Orchidee (Fb 222), Weiß (Fb 106) und Schwarz (Fb 110), Reste

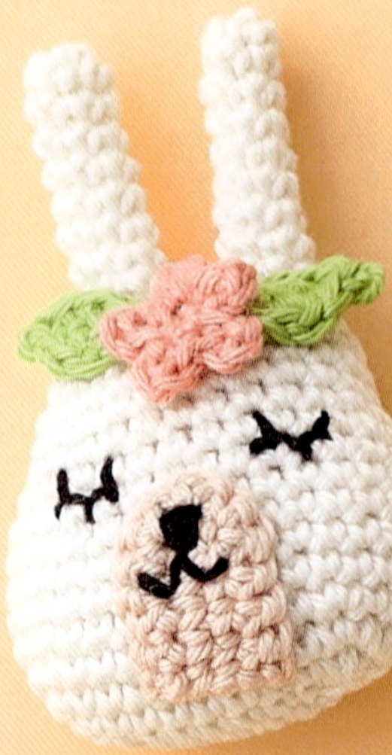

EMELIE, DAS KLEINE HASENMÄDCHEN

Kopf

In Natur 9 Lm anschl. Die Lm-Kette von beiden Seiten behäkeln.
1. Rd: Ab der 2. M von der Nd aus 7 fM, 3 fM in 1 M, 7 fM, 3 fM in 1 M (= 20 M).
2. Rd: 7 fM, 3 fM verdoppeln, 7 fM, 3 fM verdoppeln (= 26 M).
3. Rd: * 7 fM, ** 1 fM, 1 fM verdoppeln, ab ** noch 2x wdh. Ab * noch 1x wdh (= 32 M).
4.-9. Rd: Jeweils 32 fM häkeln.
10. Rd: * 7 fM, ** 1 fM, 2 fM zusammen abmaschen, ab ** noch 2x wdh. Ab * noch 1x wdh (= 26 M).
11.+12. Rd: Jeweils 26 fM häkeln.
13. Rd: * 7 fM, ** 2 fM zusammen abmaschen, ab ** noch 2x wdh. Ab * noch 1x wdh (= 20 M).
14. Rd: 20 fM häkeln.
Mit Füllwatte ausstopfen.
15. Rd: 2 fM zusammen abmaschen, 8 fM, 2 fM zusammen abmaschen, 7 fM, 1 Km (= 18 M). Garn 30 cm lang abschneiden. Die Öffnung längs jeweils durch 2 vordere M-Glieder zusammennähen.

Ohr (2x)

In Natur einen Magic Ring anfertigen. Weiter in Spiralrd arb.
1. Rd: 6 fM in den Ring häkeln (= 6 M).

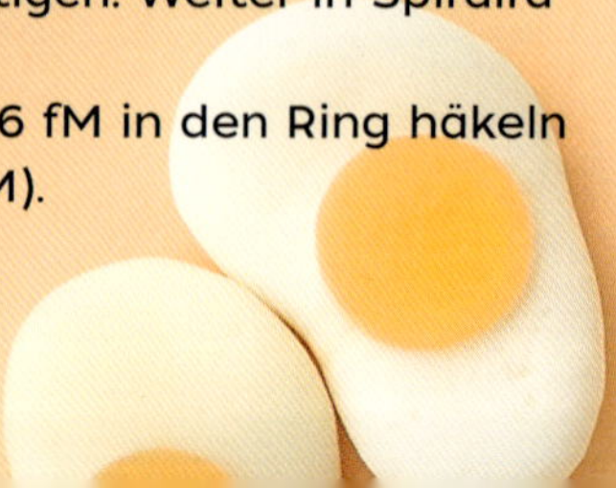

2.-8. Rd: Jeweils 6 fM häkeln. Mit 1 Km schließen. Garn 30 cm lang abschneiden.
Das 2. Ohr ebenso häkeln.

Schnauze

In Rosé Gold 6 Lm anschl. Die Lm-Kette von beiden Seiten behäkeln.
1. R: Ab der 2. M von der Nd aus 4 fM, 3 fM in 1 M, 4 fM (= 11 M).
Arbeit mit 1 Lm wenden und zurückhäkeln.
2. R: 4 fM, 3 fM verdoppeln, 4 fM (= 14 M). Garn 30 cm lang abschneiden.

Blüte

In Dahlie einen Magic Ring anfertigen. Weiter in Spiralrd arb.
1. Rd: 5 fM in den Ring häkeln (= 5 M).
2. Rd: * 1 Km, 1 Lm, 1 Stb, 1 Lm, 1 Km, ab * noch 4x wdh (= 25 M). Garn 30 cm lang abschneiden.

Blatt (2x)

In Greenery 5 Lm anschl. Die Lm-Kette von beiden Seiten behäkeln.
Ab der 2. M von der Nd aus 1 Km, 1 fM, 1 hStb, 3 fM in 1 M, 1 hStb, 1 fM, 1 Km (= 9 M).
Garn 30 cm lang abschneiden.
Das 2. Blatt ebenso häkeln.

Fertigstellen

Die Ohren am Kopf festnähen. Zuerst die beiden Blätter und dann die Blüte auf dem Kopf festnähen. Mit geteiltem Garn in Schwarz

Nase und Mäulchen auf die Schnauze sticken und am Kopf festnähen. Mit geteiltem Garn in Schwarz 2 Augen aufsticken. Alle Fäden vernähen.

FRECHE KAROTTE

Karotte

In Orange einen Magic Ring anfertigen. Weiter in Spiralrd arb.

1. Rd: 6 fM in den Ring häkeln (= 6 M).
2. Rd: Jede fM verdoppeln (= 12 M).
3. Rd: Jede 2. fM verdoppeln (= 18 M).
4. Rd: * 1 fM, 1 fM verdoppeln, 1 fM, ab * noch 5x wdh (= 24).
5. Rd: Jede 4. fM verdoppeln (= 30 M).
6. Rd: 30 fM häkeln.
7. Rd: Jede 5. fM verdoppeln (= 36 M).
8.-14. Rd: Jeweils 36 fM häkeln.
15. Rd: Jede 5. und 6. fM zusammen abmaschen (= 30 M).
16.-18. Rd: Jeweils 30 fM häkeln.
19. Rd: Jede 4. und 5. fM zusammen abmaschen (= 24 M).
Mit Füllwatte ausstopfen.
20.-23. Rd: Jeweils 24 fM häkeln.
24. Rd: Jede 3. und 4. fM zusammen abmaschen (= 18 M).
25.+26. Rd: Jeweils 18 fM häkeln.
27. Rd: Jede 2. und 3. fM zusammen abmaschen (= 12 M).
28. Rd: 12 fM häkeln.
29. Rd: Immer 2 fM zusammen abmaschen (= 6 M).
Mit 1 Km schließen. Garn abschneiden, mit der Wollnd durch die 6 vorderen M-Glieder fädeln, zusammenziehen und vernähen.

Karottengrün (3x)

In Moos einen Magic Ring anfertigen. Weiter in Spiralrd arb.

1. Rd: 6 fM in den Ring häkeln (= 6 M).
2. Rd: Jede 2. fM verdoppeln (= 9 M).
3.-8. Rd: Jeweils 9 fM häkeln.
Das Teil flach drücken und mit 4 fM zusammenhäkeln. Garn 30 cm lang abschneiden.
Noch 2 weitere Teile ebenso häkeln.

Auge (2x)

In Schwarz einen Magic Ring anfertigen.
6 fM in den Ring häkeln. Mit 1 Km schließen. Garn 30 cm lang abschneiden.
Das 2. Auge ebenso häkeln.

Bäckchen (2x)

In Orchidee einen Magic Ring anfertigen.
5 fM in den Ring häkeln. Mit 1 Km schließen. Garn 30 cm lang abschneiden.
Das 2. Bäckchen ebenso häkeln.

Fertigstellen

Mit geteiltem Garn in Weiß einen großen und einen kleinen Punkt auf die Augen sticken. Karottengrün, Augen und Bäckchen an der Karotte festnähen. Mit geteiltem Garn in Schwarz den Mund aufsticken. Alle Fäden vernähen.

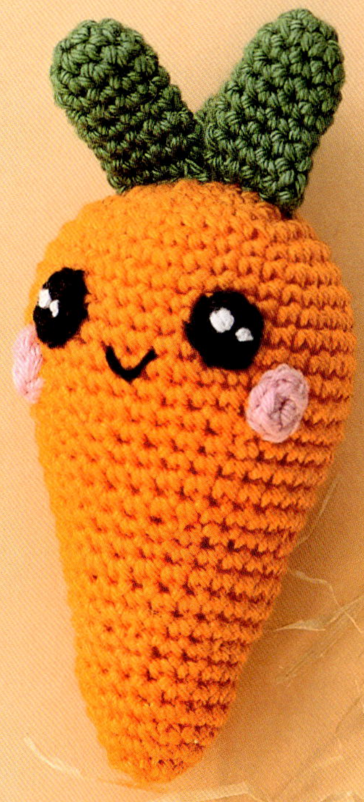

HEDWIG, DIE HENNE

Wer war denn nun zuerst da? Die Henne oder das Ei? Diese Frage können wir hier leider auch nicht lösen. Diese dicke Henne kommt auf alle Fälle zusammen mit ihren Küken und Eiern und wird so zu einem süßen Deko-Objekt.

SCHWIERIGKEITSGRAD

Henne: 3
Ei: 1
Küken: 2

GRÖSSE

Henne: 12 cm
Ei: 2 cm
Küken: 4 cm

MATERIAL

- Häkelnadel 2,0 mm
- Füllwatte
- Wollnadel

Henne

- Schachenmayr Catania (LL 125 m/50 g) in Sun-Kissed (Fb 437), 50 g, in Marone (Fb 157), Orange (Fb 281), Signalrot (Fb 115) und Schwarz (Fb 110), Reste

Ei

- Schachenmayr Catania (LL 125 m/50 g) in Natur (Fb 105), Rest

Küken

- Schachenmayr Catania (LL 125 m/50 g) in Vanille (Fb 403), Mango (Fb 411) und Schwarz (Fb 110), Reste

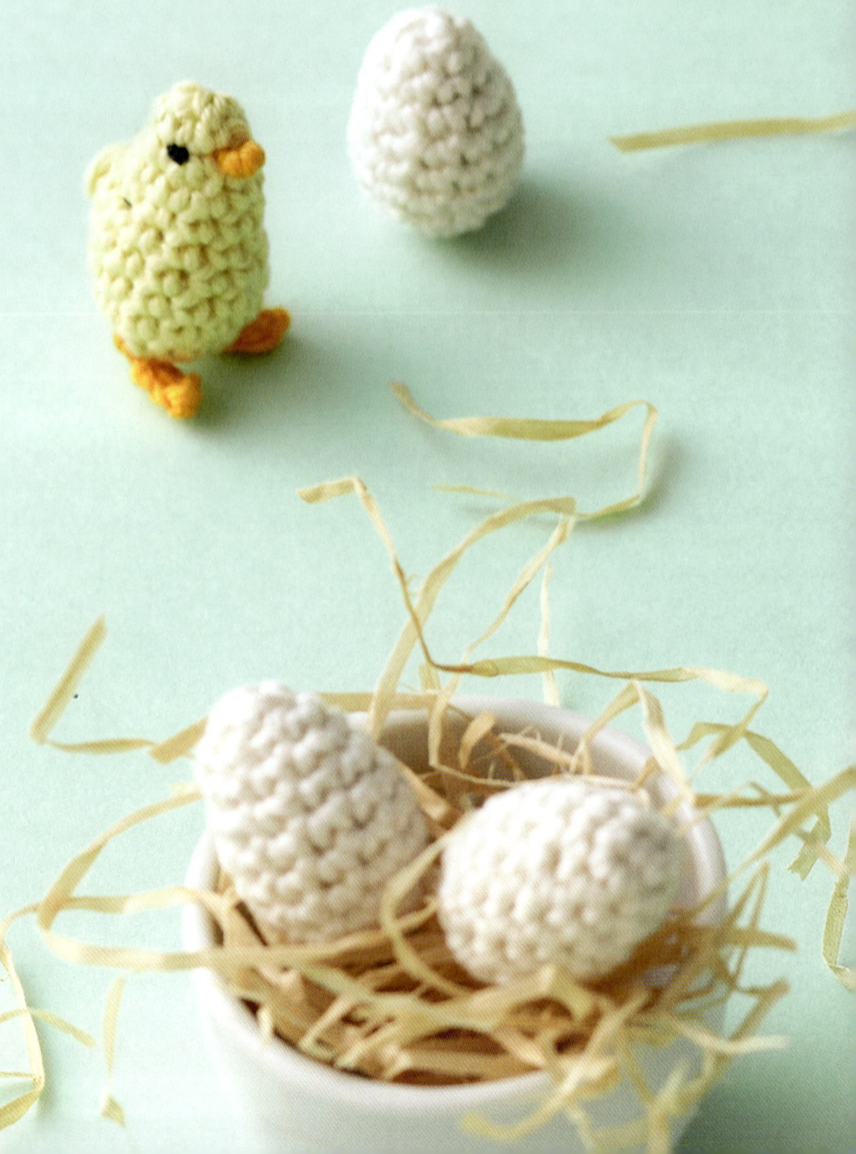

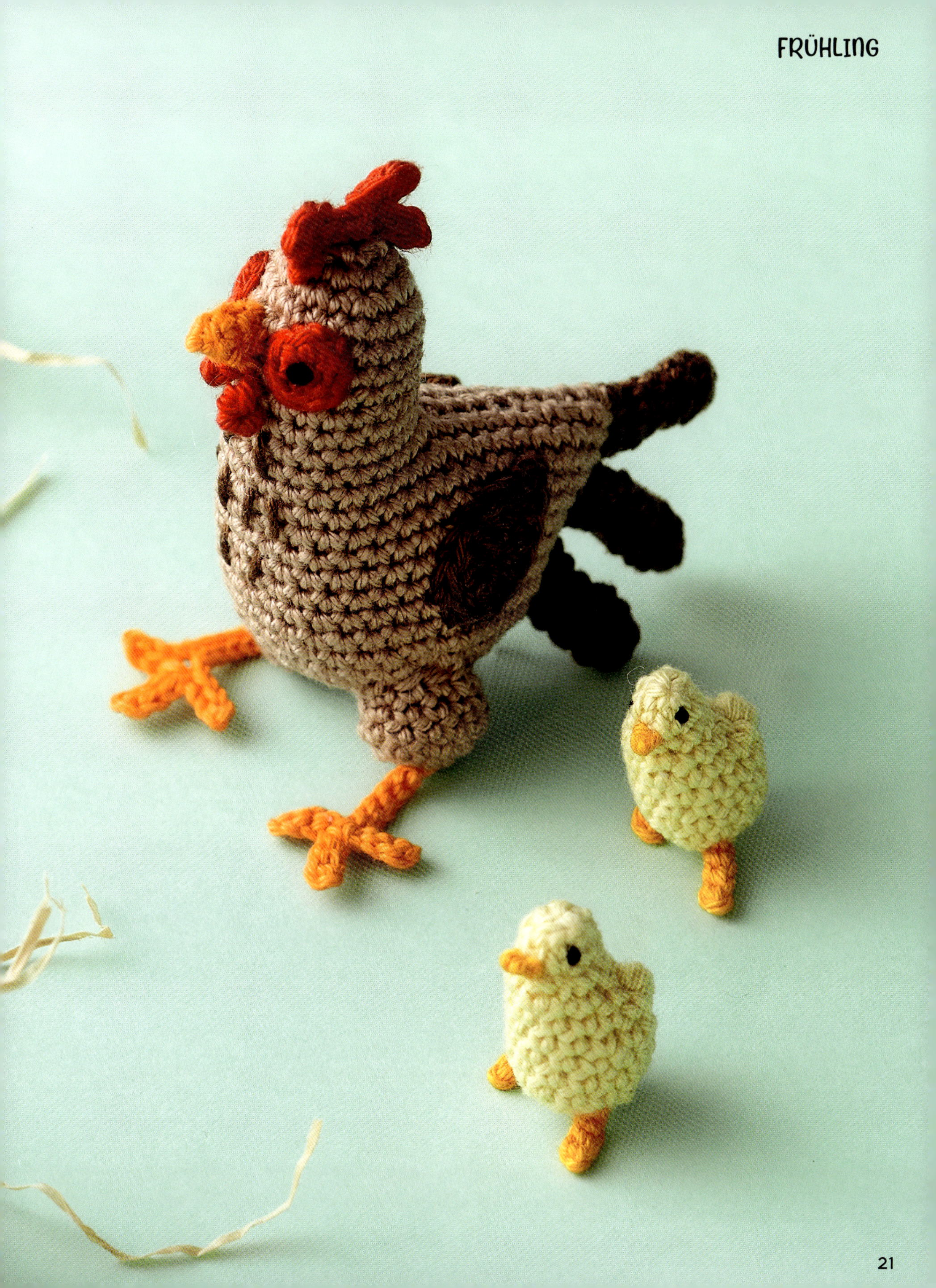

HENNE

Kopf und Körper

In Sun-Kissed einen Magic Ring anfertigen. Weiter in Spiralrd arb.

1. Rd: 6 fM in den Ring häkeln (= 6 M).

2. Rd: Jede fM verdoppeln (= 12 M).

3. Rd: Jede 2. fM verdoppeln (= 18 M).

4.-10. Rd: Jeweils 18 fM häkeln.

11. Rd: 11 Lm anschl. Ab der 2. M von der Nd aus 10 fM, 18 fM, 10 fM entlang der Rückseite der Lm-Kette (= 38 M).

12.-15. Rd: Jeweils 38 fM häkeln.

16. Rd: 2 fM zusammen abmaschen, 34 fM, 2 fM zusammen abmaschen (= 36 M).

17.-21. Rd: Jeweils 36 fM häkeln.

22. Rd: Jede 5. und 6. fM zusammen abmaschen (= 30 M).

23. Rd: 30 fM häkeln.
Mit Füllwatte ausstopfen.

24. Rd: Jede 4. und 5. fM zusammen abmaschen (= 24 M).

25. Rd: Jede 3. und 4. fM zusammen abmaschen (= 18 M).

26. Rd: Jede 2. und 3. fM zusammen abmaschen (= 12 M).

27. Rd: Immer 2 fM zusammen abmaschen (= 6 M).
Mit 1 Km schließen. Garn abschneiden, mit der Wollnd durch die 6 vorderen M-Glieder fädeln, zusammenziehen und vernähen.

Schwanzfeder (3x)

In Marone einen Magic Ring anfertigen. Weiter in Spiralrd arb.

1. Rd: 6 fM in den Ring häkeln (= 6 M).

2.-6. Rd: Jeweils 6 fM häkeln.
1 Lm arb. Die Feder flach drücken und mit 3 fM zusammenhäkeln. Garn 30 cm lang abschneiden.
Noch 2 weitere Federn ebenso häkeln.

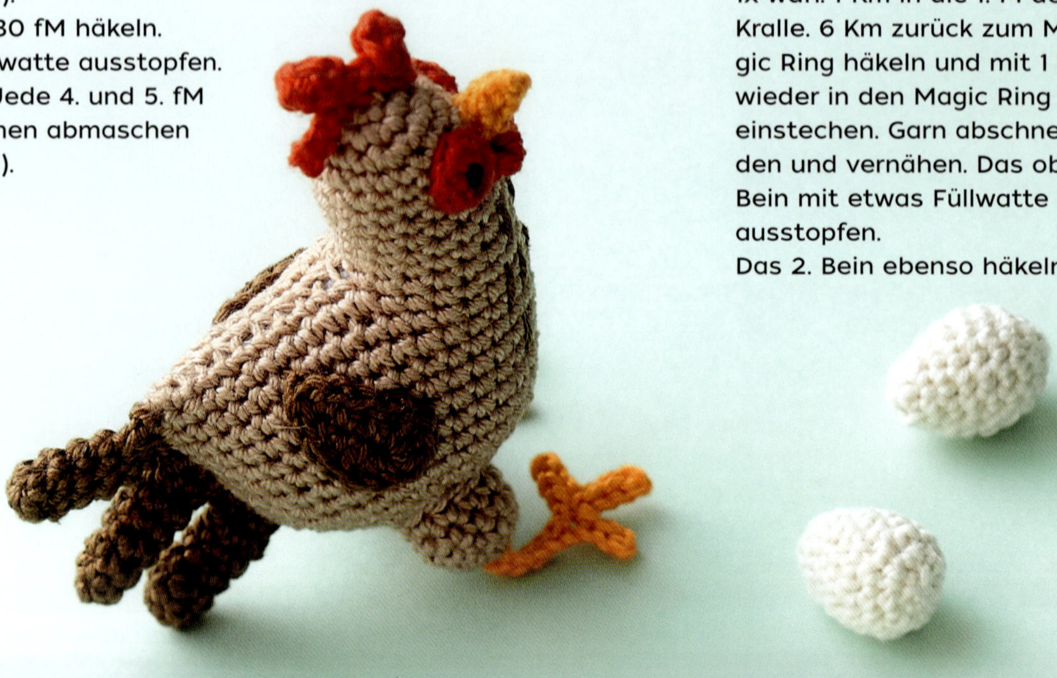

Flügel (2x)

In Marone 6 Lm anschl. Die Lm-Kette von beiden Seiten behäkeln.
Ab der 2. M von der Nd aus 1 Km, 1 fM, 1 hStb, 1 Stb, 3 Stb in 1 M, 1 Stb, 1 hStb, 1 fM, 1 Km (= 11 M). Garn 30 cm lang abschneiden.
Den 2. Flügel ebenso häkeln.

Bein (2x)

In Sun-Kissed einen Magic Ring anfertigen. Weiter in Spiralrd arb.

1. Rd: 6 fM in Magig Ring häkeln (= 6 M).

2. Rd: Jede fM verdoppeln (= 12 M).

3.-5. Rd: Jeweils 12 fM häkeln.
Mit 1 Km schließen. Garn 30 cm lang abschneiden.
In Orange im Magic Ring anschlingen und 9 Lm anschl. Ab der 2. M von der Nd aus 3 Km häkeln. * Für eine Kralle 4 Lm, ab der 2. M von der Nd aus 3 Km häkeln, ab * noch 1x wdh. 1 Km in die 1. M der Kralle. 6 Km zurück zum Magic Ring häkeln und mit 1 Km wieder in den Magic Ring einstechen. Garn abschneiden und vernähen. Das obere Bein mit etwas Füllwatte ausstopfen.
Das 2. Bein ebenso häkeln.

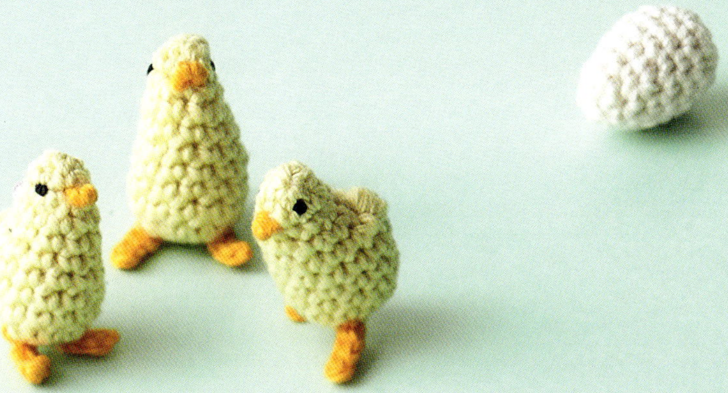

KÜKEN

Kopf und Körper

In Vanille einen Magic Ring anfertigen. Weiter in Spiralrd arb.
1. Rd: 6 fM in den Ring häkeln (= 6 M).
2. Rd: Jede fM verdoppeln (= 12 M).
3.-6. Rd: Jeweils 12 fM häkeln.
7. Rd: 1 Büschelm (= 5 Stb in 1 M halb abmaschen und dann zusammen abmaschen), 2 fM zusammen abmaschen, 7 fM, 2 fM zusammen abmaschen (= 10 M).
8. Rd: 2 fM zusammen abmaschen, 8 fM (= 9 M).
Mit Füllwatte ausstopfen.
9. Rd: Jede 2. und 3. fM zusammen abmaschen (= 6 M).
10. Rd: 6 fM häkeln.
Mit 1 Km schließen. Garn abschneiden, mit der Wollnd durch die 6 vorderen M-Glieder fädeln, zusammenziehen und vernähen.

Bein (2x)

In Mango in der 2. Rd des Körpers anschlingen und 4 Lm anschl. Ab der 2. M von der Nd aus 3 fM arb. Mit 1 Km wieder in den Körper einstechen.
Das 2. Bein ebenso häkeln.

Fertigstellen

In Mango einen Schnabel, in Schwarz die Augen aufsticken. Alle Fäden vernähen.

Schnabel

In Orange einen Magic Ring anfertigen. Weiter in Spiralrd arb.
1. Rd: 3 fM in den Ring häkeln (= 3 M).
2. Rd: 1 fM verdoppeln, 2 fM (= 4 M).
3. Rd: 4 fM häkeln. Garn 30 cm lang abschneiden.

Auge (2x)

In Signalrot einen Magic Ring anfertigen.
6 fM in den Ring häkeln. Mit 1 Km schließen. Garn 30 cm lang abschneiden.
Das 2. Auge ebenso häkeln.

Kamm

In Signalrot 9 Lm anschl. Ab der 4. M von der Nd aus * 2 Km, (1 Km, 2 Lm, 1 Stb, 2 Lm, 1 Km) in 1 M, ab * noch 1x wdh. Garn 30 cm lang abschneiden.

Fertigstellen

Den Kamm mittig, den Schnabel mit der Zunahme nach oben zeigend am Kopf festnähen. In Signalrot zwei Kehllappen aufsticken. Am Hinterteil untereinander die drei Schwanzfedern festnähen. Die beiden Flügel und die beiden Beine am Körper festnähen. Mit geteiltem Garn in Schwarz eine Pupille auf die Augen sticken und diese festnähen. Auf die Brust in Marone senkrecht ein paar Stiche aufsticken. Alle Fäden vernähen.

EI

In Natur einen Magic Ring anfertigen. Weiter in Spiralrd arb.
1. Rd: 6 fM in den Ring häkeln (= 6 M).
2. Rd: Jede 2. fM verdoppeln (= 9 M).
3. Rd: 9 fM häkeln.
4. Rd: Jede 3. fM verdoppeln (= 12 M).
5.-7. Rd: Jeweils 12 fM häkeln.
8. Rd: Jede 3. und 4. fM zusammen abmaschen (= 9 M). Fest mit Füllwatte ausstopfen.
9. Rd: Jede 2. und 3. fM zusammen abmaschen (= 6 M).
Mit 1 Km schließen. Garn abschneiden, mit der Wollnd durch die 6 vorderen M-Glieder fädeln, zusammenziehen und vernähen.

KUNTERBUNTE OSTEREIER

Jetzt wird es so richtig bunt! Mit diesen farbenfrohen Ostereiern wird jeder Osterstrauß und jedes Nest zum aboluten Hingucker.

SCHWIERIGKEITSGRAD

Regenbogen: 1
Streusel: 1
Einhorn: 2
Küken: 2

GRÖSSE

6 cm

MATERIAL

- Häkelnadel 2,0 mm
- Füllwatte
- Wollnadel

Regenbogen

- Schachenmayr Catania (LL 125 m/50 g) in Creme (Fb 130), Malve (Fb 399), Tiffany (Fb 432), Greenery (Fb 418), Mimose (Fb 100), Mango (Fb 411) und Pink (Fb 225), Reste

Streusel

- Schachenmayr Catania (LL 125 m/50 g) in Rosa (Fb 246), Löwenzahn (Fb 280), Pink (Fb 225), Orange (Fb 281) und Tiffany (Fb 432)

Einhorn

- Schachenmayr Catania (LL 125 m/50 g) in Creme (Fb 130), Silber (Fb 172), Greenery (Fb 418), Pink (Fb 225) und Schwarz (Fb 110), Reste

Küken

- Schachenmayr Catania (LL 125 m/50 g) in Mimose (Fb 100), Tiffany (Fb 432), Mango (Fb 411), Weiß (Fb 106) und Schwarz (Fb 110), Reste

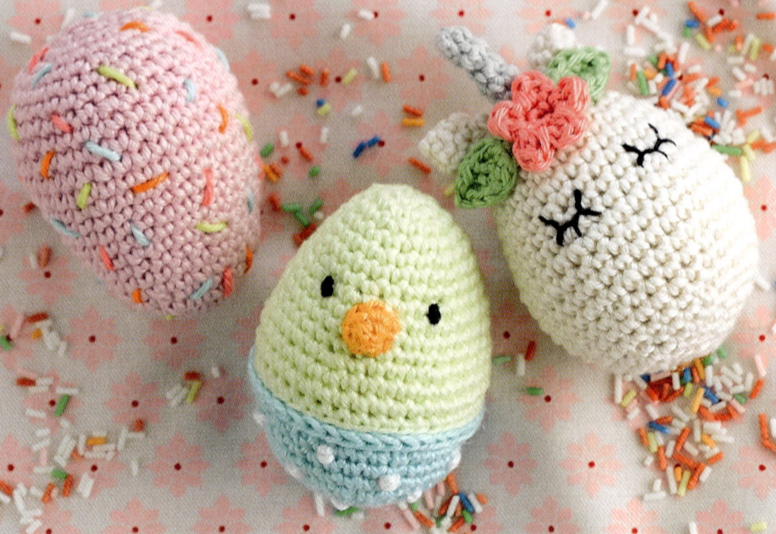

EINHORN-EI

Ei

In Creme einen Magic Ring anfertigen.

1. Rd: 6 fM in den Ring häkeln (= 6 M).
2. Rd: Jede fM verdoppeln (= 12 M).
3. Rd: Jede 2. fM verdoppeln (= 18 M).
4. Rd: 18 fM häkeln.
5. Rd: Jede 3. fM verdoppeln (= 24 M).
6.+7. Rd: Jeweils 24 fM.
8. Rd: Jede 4. fM verdoppeln (= 30 M).
9.-11. Rd: Jeweils 30 fM.
12. Rd: Jede 5. fM verdoppeln (= 36 M).
13.-16. Rd: Jeweils 36 fM häkeln.
17. Rd: Jede 5. und 6. fM zusammen abmaschen (= 30 M).
18.+19. Rd: Jeweils 30 fM häkeln.
20. Rd: Jede 4. und 5. fM zusammen abmaschen (= 24 M).
21. Rd: 24 fM häkeln.
Mit Füllwatte ausstopfen.
22. Rd: Jede 3. und 4. fM zusammen abmaschen (= 18 M).
23. Rd: Jede 2. und 3. fM zusammen abmaschen (= 12 M).
24. Rd: Immer 2 fM zusammen abmaschen (= 6 M).

Mit 1 Km schließen. Garn abschneiden, mit der Wollnd durch die 6 vorderen M-Glieder fädeln, zusammenziehen und vernähen.

Ohr (2x)

In Creme einen Magic Ring anfertigen. Weiter in Spiralrd arb.
1. Rd: 4 fM in den Ring häkeln (= 4 M).
2. Rd: Jede 2. fM verdoppeln (= 6 M).
3. Rd: 6 fM häkeln.
4. Rd: Jede 3. fM verdoppeln (= 8 M). Mit 1 Km schließen. Garn 30 cm lang abschneiden.
Das 2. Ohr ebenso häkeln.

Horn

In Silber einen Magic Ring anfertigen. Weiter in Spiralrd arb.
1. Rd: 4 fM in den Ring häkeln (= 4 M).
2.-6. Rd: Jeweils 4 fM häkeln.
7. Rd: Jede 2. fM verdoppeln (= 6 M). Mit 1 Km schließen. Garn 30 cm lang abschneiden.

Blüte

In Pink einen Magic Ring anfertigen. Weiter in Spiralrd arb.
1. Rd: 5 fM in den Ring häkeln (= 5 M).
2. Rd: * 1 Km, 1 Lm, 1 Stb, 1 Lm, 1 Km, ab * noch 4x wdh (= 25 M). Garn 30 cm lang abschneiden.

Blatt (2x)

In Greenery 5 Lm anschl. Die Lm-Kette von beiden Seiten behäkeln.
Ab der 2. M von der Nd aus 1 Km, 1 fM, 1 hStb, 3 fM in 1 M, 1 hStb, 1 fM, 1 Km (= 9 M).
Garn 30 cm lang abschneiden.
Das 2. Blatt ebenso häkeln.

Fertigstellen

Die Ohren seitlich, das Horn mittig festnähen. Zuerst die Blätter und dann die Blüte vorm Horn festnähen. Mit geteiltem Garn in Schwarz die Augen aufsticken. Alle Fäden vernähen.

KÜKEN-EI

Ei

Die 1.-15. Rd in Mimose wie beim Einhorn-Ei häkeln.
Die 16. Rd in Tiffany wie beim Einhorn-Ei häkeln, dabei nur in die hinteren M-Glieder arb.
Die 17.-24. Rd in Tiffany wie beim Einhorn-Ei häkeln.

Schnabel

In Mango einen Magic Ring anfertigen. Weiter in Spiralrd arb.
1. Rd: 4 fM in den Ring häkeln (= 4 M).
2. Rd: Jede 2. fM verdoppeln (= 6 M).
Mit 1 Km schließen. Garn 30 cm lang abschneiden, Schnabel mit etwas Füllwatte ausstopfen.

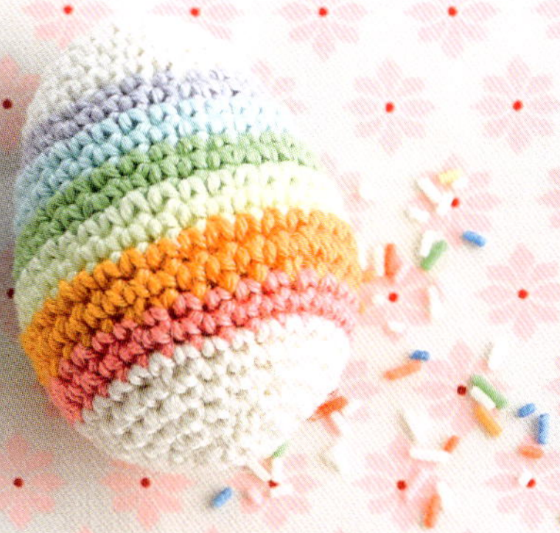

Fertigstellen

In einem vorderen M-Glied der 16. Rd in Tiffany anschlingen und 1 Rd Km aufhäkeln. Den Schnabel festnähen. In Schwarz die Augen aufsticken. In Weiß auf den unteren Teil Punkte aufsticken. Alle Fäden vernähen.

REGENBOGEN-EI

Streifenfolge

6 Rd in Creme, 2 Rd in Malve, 2 Rd in Tiffany, 2 Rd in Greenery, 2 Rd in Mimose, 2 Rd in Mango, 2 Rd in Pink, 6 Rd in Creme

Ei

In der Streifenfolge wie das Einhorn-Ei häkeln.

STREUSEL-EI

In Rosa wie das Einhorn-Ei häkeln. In Löwenzahn, Pink, Orange und Tiffany Streusel aufsticken.

ELLA, DIE ERDBEERFEE

Wer liebt es nicht, im Frühling die ersten Erdbeeren zu naschen? Mit dieser kleinen Erdbeerfee wird die Wartezeit auf diese süßen Beeren verkürzt.

SCHWIERIGKEITSGRAD

Ella: 3
Körbchen: 2
Erdbeere: 2

GRÖSSE

Ella: 14 cm
Körbchen: 4 cm
Erdbeere: 3 cm

MATERIAL

- ♥ Häkelnadel 2,0 mm
- ♥ Füllwatte
- ♥ Wollnadel

Ella

- ♥ Schachenmayr Catania (LL 125 m/50 g) in Rosé Gold (Fb 433), Natur (Fb 105), Orchidee (Fb 222), Dahlie (Fb 409), Rosa (Fb 246), Vanille (Fb 403), Greenery (Fb 418), Schwarz (Fb 110), Reste

Körbchen

- ♥ Schachenmayr Catania (LL 125 m/50 g) in Camel (Fb 179), Rest

Erdbeere

- ♥ Schachenmayr Catania (LL 125 m/50 g) in Signalrot (Fb 115), Greenery (Fb 418) und Weiß (Fb 106), Reste

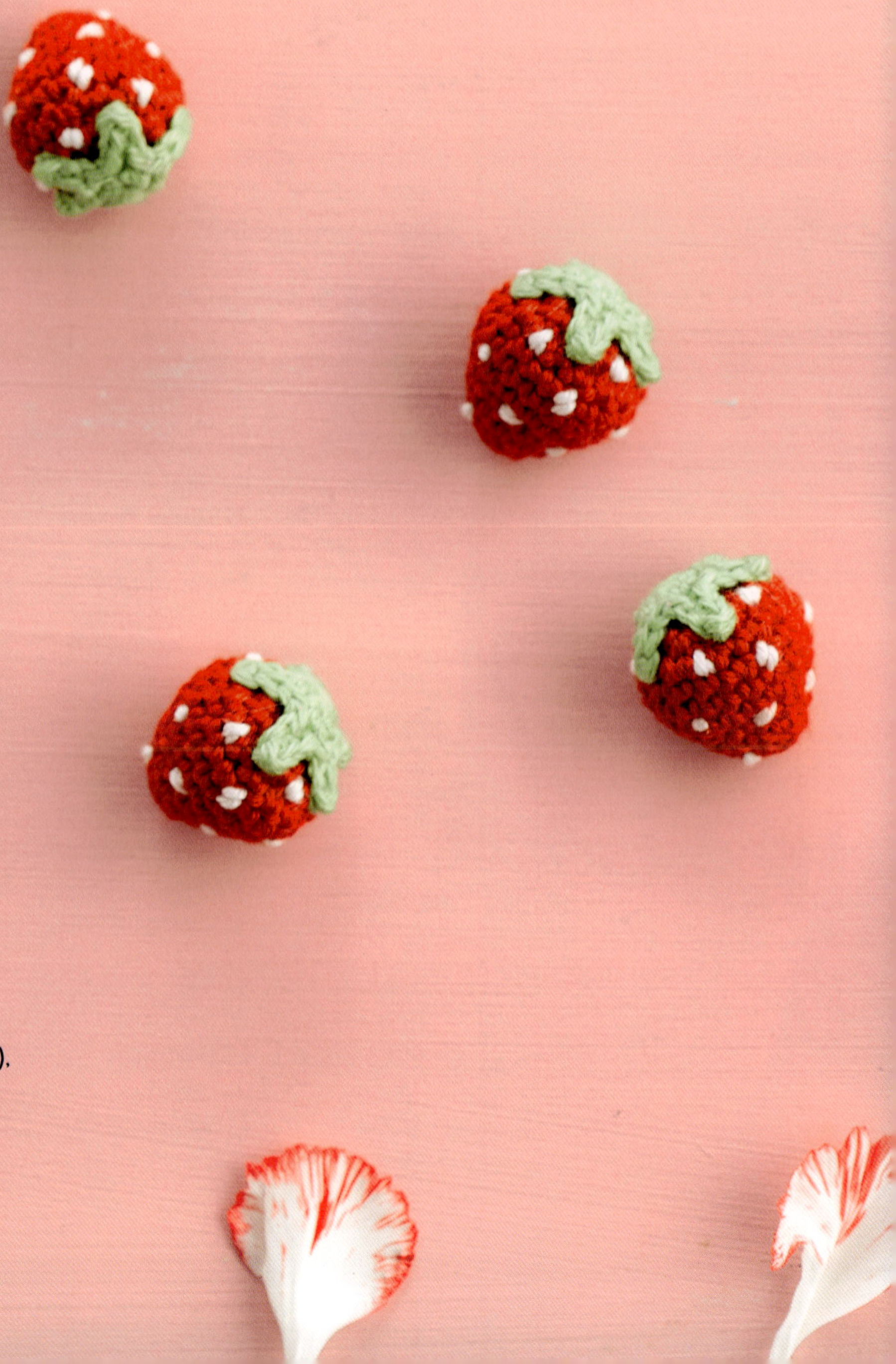

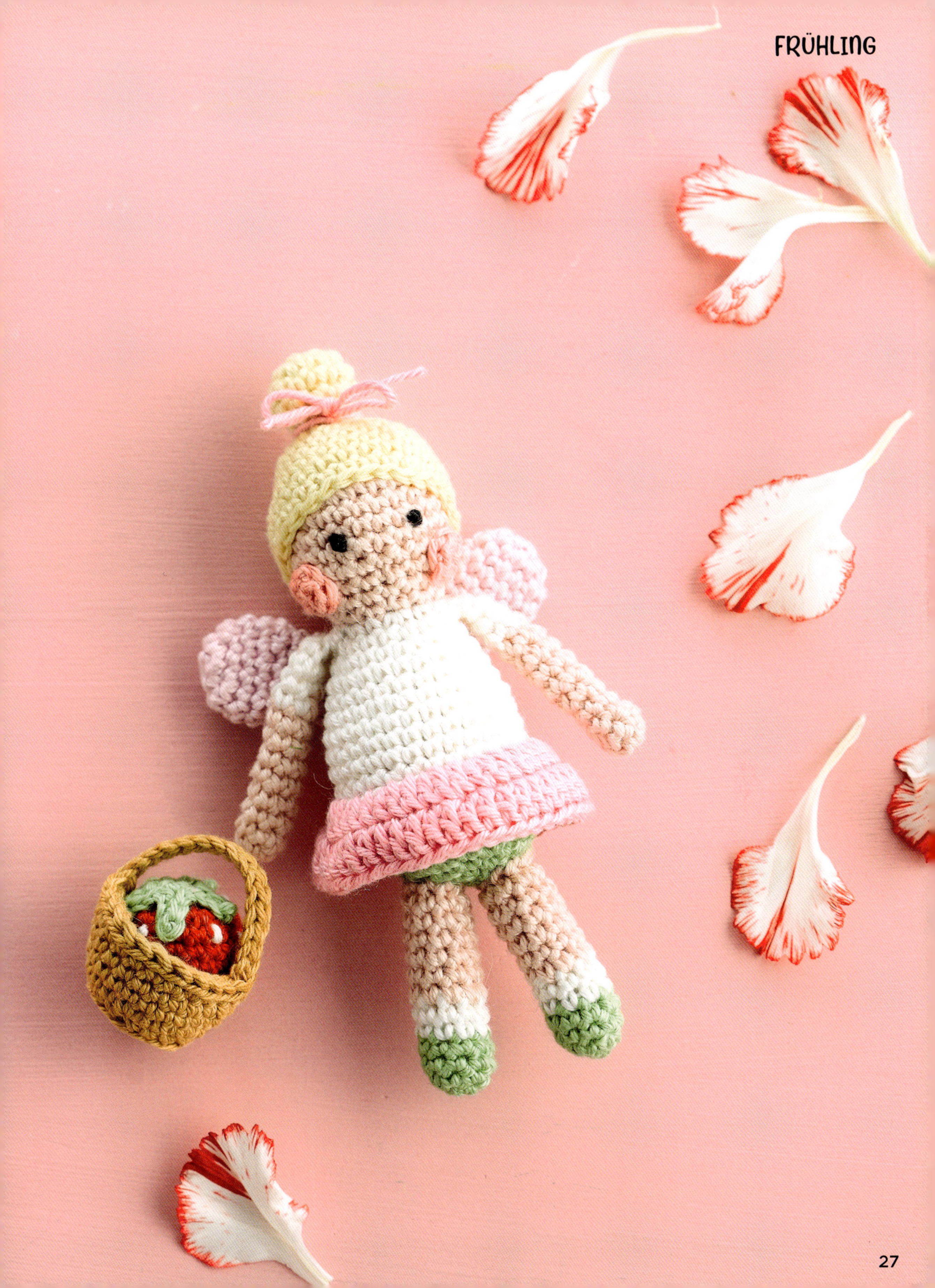

ELLA

Kopf und Körper

In Rosé Gold einen Magic Ring anfertigen. Weiter in Spiralrd arb.

1. Rd: 6 fM in den Ring häkeln (= 6 M).
2. Rd: Jede fM verdoppeln (= 12 M).
3. Rd: Jede 2. fM verdoppeln (= 18 M).
4. Rd: 18 fM häkeln.
5. Rd: Jede 3. fM verdoppeln (= 24 M).
6.-10. Rd: Jeweils 24 fM häkeln.
11. Rd: Jede 3. und 4. fM zusammen abmaschen (= 18 M).
12. Rd: 18 fM häkeln.
13. Rd: Jede 2. und 3. fM zusammen abmaschen (= 12 M).
Mit Füllwatte ausstopfen.
14. Rd (Natur): Jede 2. fM verdoppeln (= 18 M).
15. Rd: 18 fM häkeln.
16. Rd: Jede 3. fM verdoppeln (= 24 M).
17.+18. Rd: Jeweils 24 fM häkeln.
19. Rd: Jede 4. fM verdoppeln (= 30 M).
20.-23. Rd: Jeweils 30 fM häkeln.
24. Rd (Greenery): 30 fM in die hinteren M-Glieder häkeln (= 30 M).
25.+26. Rd: Jeweils 30 fM häkeln.
27. Rd: Jede 4. und 5. fM zusammen abmaschen (= 24 M).
28. Rd: 24 fM häkeln.
29. Rd: Jede 3. und 4. fM zusammen abmaschen (= 18 M).
30. Rd: Jede 2. und 3. fM zusammen abmaschen (= 12 M).
31. Rd: Immer 2 fM zusammen abmaschen (= 6 M).
Mit 1 Km schließen. Garn abschneiden, mit der Wollnd durch die 6 vorderen M-Glieder fädeln, zusammenziehen und vernähen.

Bein (2x)

In Greenery einen Magic Ring anfertigen. Weiter in Spiralrd arb.

1. Rd: 6 fM in den Ring häkeln (= 6 M).
2. Rd: Jede 2. fM verdoppeln (= 9 M).
3.+4. Rd: Jeweils 9 fM häkeln.
5.+6. Rd (Natur): Jeweils 9 fM häkeln.
7.-12. Rd (Rosé Gold): Jeweils 9 fM häkeln.
Mit 1 Km schließen. Garn 30 cm lang abschneiden und mit Füllwatte ausstopfen.
Das 2. Bein ebenso häkeln.

Arm (2x)

In Rosé Gold einen Magic Ring anfertigen. Weiter in Spiralrd arb.

1. Rd: 6 fM in den Ring häkeln (= 6 M).
2.-9. Rd: Jeweils 6 fM häkeln.
10.-12. Rd (Natur): Jeweils 6 fM häkeln.
1 Lm arb. Den Arm flach drücken und mit 3 fM zusammenhäkeln. Garn 30 cm lang abschneiden.
Den 2. Arm ebenso häkeln.

Rock

In Orchidee in einem vorderen M-Glied der 24. Rd des Körpers anschlingen.

1. Rd: 2 Lm, weiter hStb häkeln, dabei jede 2. M verdoppeln (= 45 M). Mit 1 Km schließen.
2. Rd: 2 Lm, 44 hStb häkeln. Mit 1 Km schließen. Garn abschneiden und vernähen.

Haare

Die 1.-5. Rd in Vanille wie den Kopf häkeln (= 24 M).
6. Rd: Jede 12. fM verdoppeln (= 26 M).

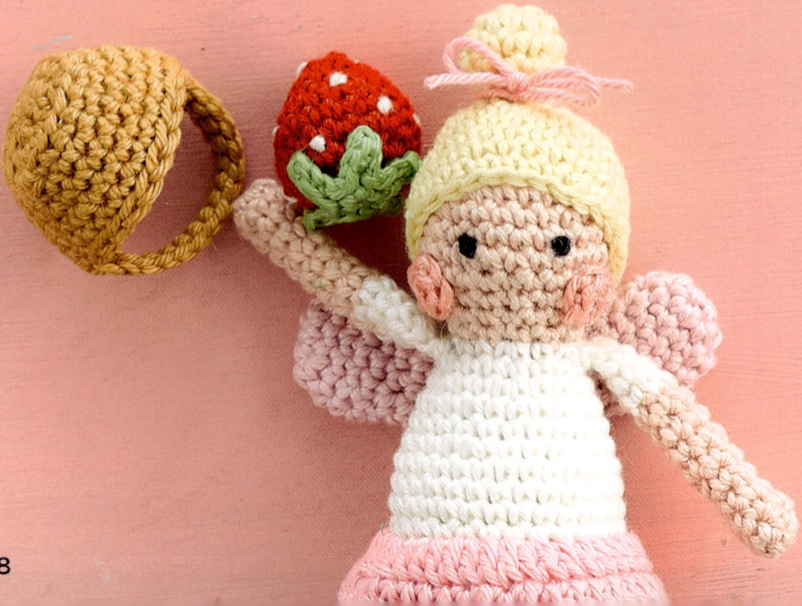

7.-10. Rd: Jeweils 26 fM häkeln. Mit 1 Km schließen. Garn 30 cm lang abschneiden.

Dutt

In Vanille einen Magic Ring anfertigen. Weiter in Spiralrd arb.
1. Rd: 6 fM in den Ring häkeln häkeln (= 6 M).
2. Rd: Jede fM verdoppeln (= 12 M).
3.+4. Rd: Jeweils 12 fM häkeln.
5. Rd: Jede 3. und 4. fM zusammen abmaschen (= 9 M). Mit 1 Km schließen. Garn 30 cm lang abschneiden und den Dutt etwas mit Füllwatte ausstopfen.

Bäckchen (2x)

In Dahlie einen Magic Ring anfertigen.
5 fM in den Ring häkeln. Mit 1 Km schließen. Garn 30 cm lang abschneiden.
Das 2. Bäckchen ebenso häkeln.

Flügel (2x)

In Rosa einen Magic Ring anfertigen. Weiter in Spiralrd arb.
1. Rd: 6 fM in den Ring häkeln (= 6 M).
2. Rd: Jede fM verdoppeln (= 12 M).
3.-5. Rd: Jeweils 12 fM häkeln.
6. Rd: Jede 3. und 4. fM zusammen abmaschen (= 9 M).
7.+8. Rd: Jeweils 9 fM häkeln. Flügel flach drücken und mit 4 fM zusammenhäkeln. Garn 30 cm lang abschneiden.
Den 2. Flügel ebenso häkeln.

Fertigstellen

Haare leicht schräg am Kopf festnähen. Dutt mittig am Kopf festnähen und in Orchidee eine Schleife festbinden. Die Arme und Beine beidseitig am Körper festnähen. Die Flügel leicht schräg am Rücken und die Bäckchen im Gesicht festnähen. Mit geteiltem Garn in Schwarz Augen aufsticken. Alle Fäden vernähen.

KÖRBCHEN

In Camel einen Magic Ring anfertigen. Weiter in Spiralrd arb.
1. Rd: 6 fM in den Ring häkeln (= 6 M).
2. Rd: Jede fM verdoppeln (= 12 M).
3. Rd: Jede 2. fM verdoppeln (= 18 M).
4. Rd: 18 fM in die hinteren M-Glieder häkeln.
5. Rd: Jede 3. fM verdoppeln (= 24 M).
6.-8. Rd: Jeweils 24 fM häkeln.
9. Rd: 24 Km häkeln.
Weiter für den Henkel 15 Lm anschl, gegenüber am Korbrand mit 1 fM befestigen. Zurück entlang der Lm-Kette 15 Km häkeln, wieder mit 1 Km am Korbrand einstechen. Garn abschneiden und vernähen.

ERDBEERE

In Signalrot einen Magic Ring anfertigen. Weiter in Spiralrd arb.
1. Rd: 6 fM in den Ring häkeln (= 6 M).
2. Rd: Jede fM verdoppeln (= 12 M).
4. Rd: 12 fM häkeln.
5. Rd: Jede 2. fM verdoppeln (= 18 M).
6.-8. Rd: Jeweils 18 fM häkeln.
9. Rd: Jede 2. und 3. fM zusammen abmaschen (= 12 M). Mit Füllwatte ausstopfen.
10. Rd: Immer 2 fM zusammen abmaschen (= 6 M).
Mit 1 Km schließen. Garn abschneiden, mit der Wollnd durch die 6 vorderen M-Glieder fädeln, zusammenziehen und vernähen.

Blätter

In Greenery einen Magic Ring anfertigen. Weiter in Spiralrd arb.
1. Rd: 5 fM in den Ring häkeln (= 5 M).
2. Rd: * 1 Km, 3 Lm, ab der 2. M von der Nd aus 2 fM, 1 Km, ab * noch 4x wdh. Garn 30 cm lang abschneiden.

Fertigstellen

Die Blätter an der Erdbeere festnähen. In Weiß ein paar Punkte aufsticken. Alle Fäden vernähen.

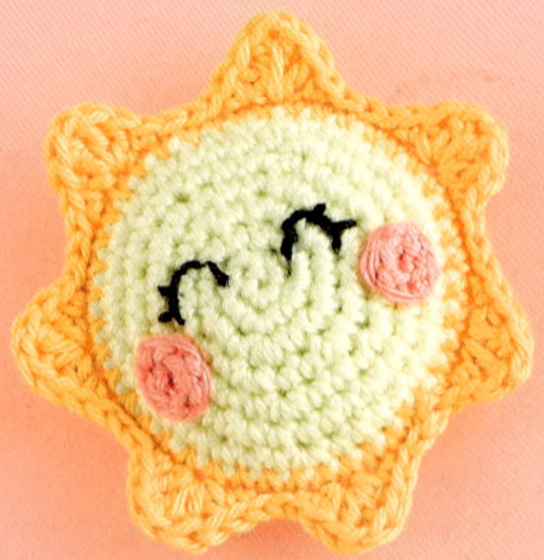

SOMMER

Sommer, Sonne, Sonnenschein, kann das Leben schöner sein? Die Temperaturen steigen und der Heißhunger auf Eis lässt nicht lange auf sich warten. Ein paar schräge Vögel lassen sich am Pool nieder und kleine Meerjungfrauen planschen mit ihren Freunden im kühlen Nass. Wer sich nicht im Wasser tummelt, hat vielleicht im Garten seinen sommerlichen Lieblingsplatz gefunden und freut sich wie Fridolin, der Gartenzwerg über die Blumen und das Werkeln im Grünen.

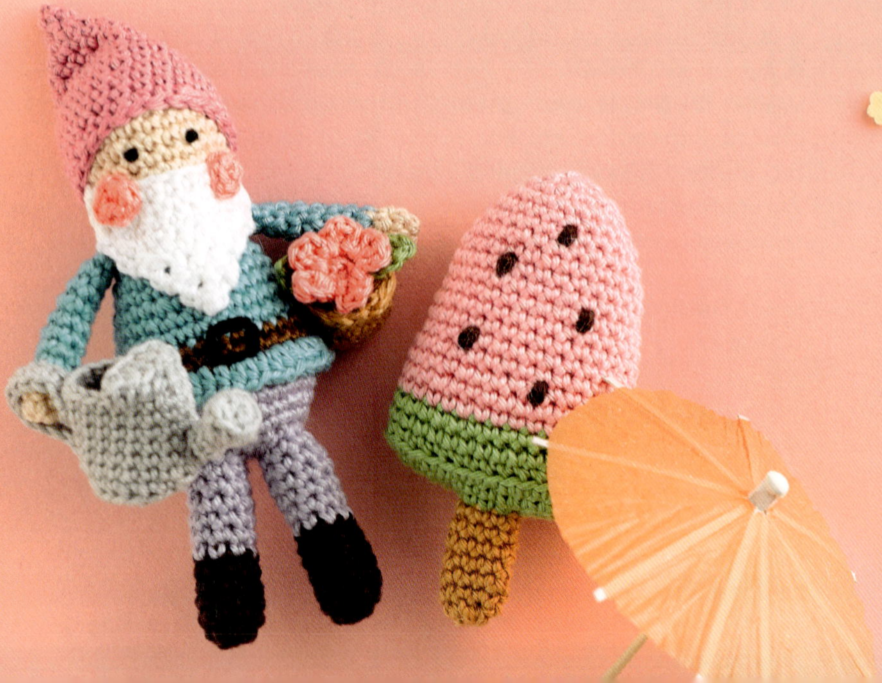

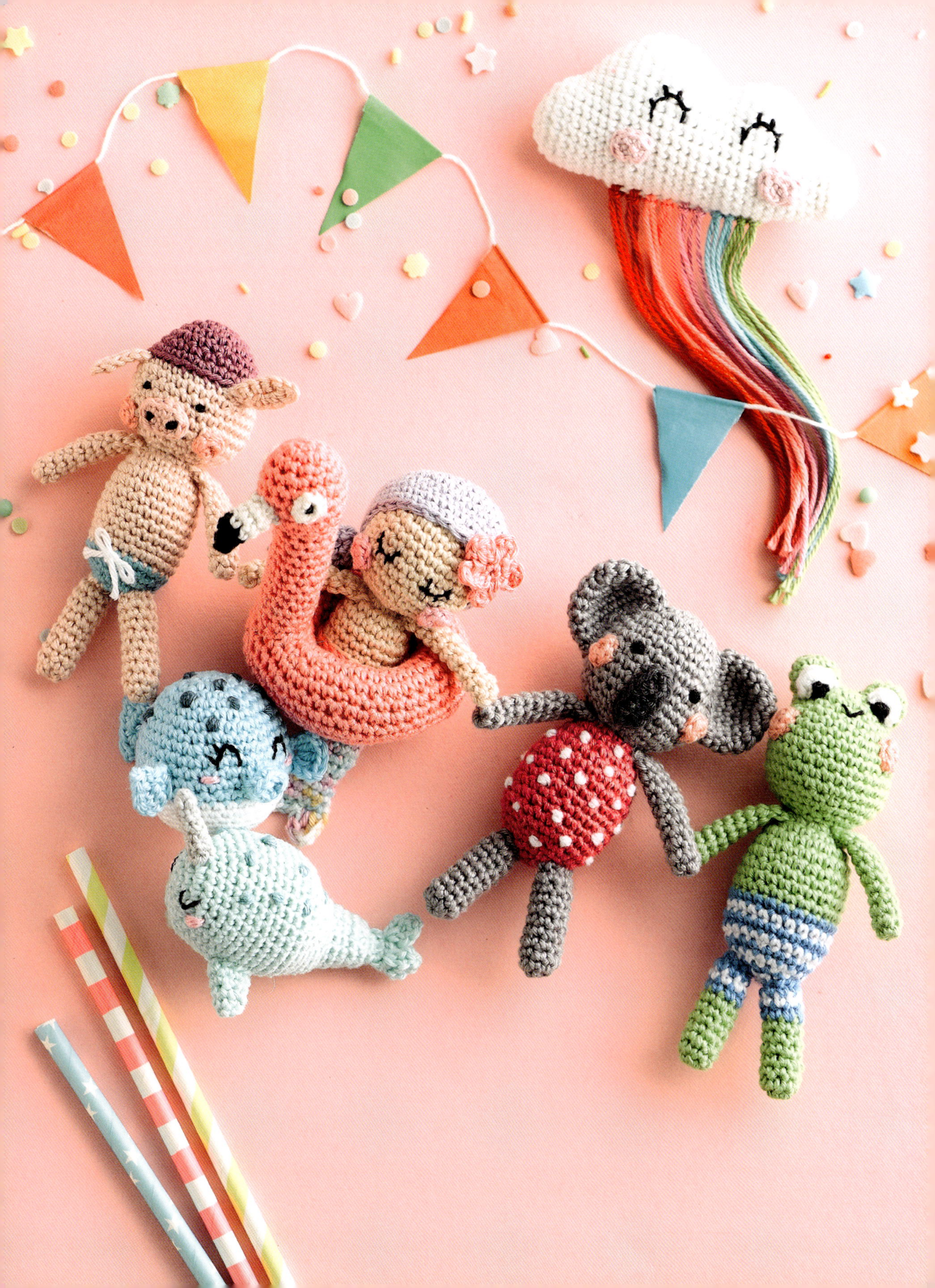

SCHRÄGE VÖGEL

Mit diesen bunten Vögeln wird der Sommer gleich richtig eingeläutet! Sie machen gute Laune und das nächste Sommerfest kann mit ihnen auch gleich steigen.

SCHWIERIGKEITSGRAD

Flamingo: 3
Kakadu: 2
Tukan: 2

GRÖSSE

Flamingo: 8,5 cm
Kakadu: 9 cm
Tukan: 6,5 cm

MATERIAL

- Häkelnadel 2,0 mm
- Füllwatte
- Wollnadel

Flamingo

- Schachenmayr Catania (LL 125 m/50 g) in Pink (Fb 225), 50 g, in Weiß (Fb 106) und Schwarz (Fb 110), Reste

Kakadu

- Schachenmayr Catania (LL 125 m/50 g) in Soft Apricot (Fb 263), Altrosa (Fb 408), Mango (Fb 411), Mimose (Fb 100), Pink (Fb 225), Schwarz (Fb 110) und Stein (Fb 242), Reste

Tukan

- Schachenmayr Catania (LL 125 m/50 g) in Lavendel (Fb 422), Pink (Fb 225), Mango (Fb 411), Weiß (Fb 106) und Schwarz (Fb 110), Reste

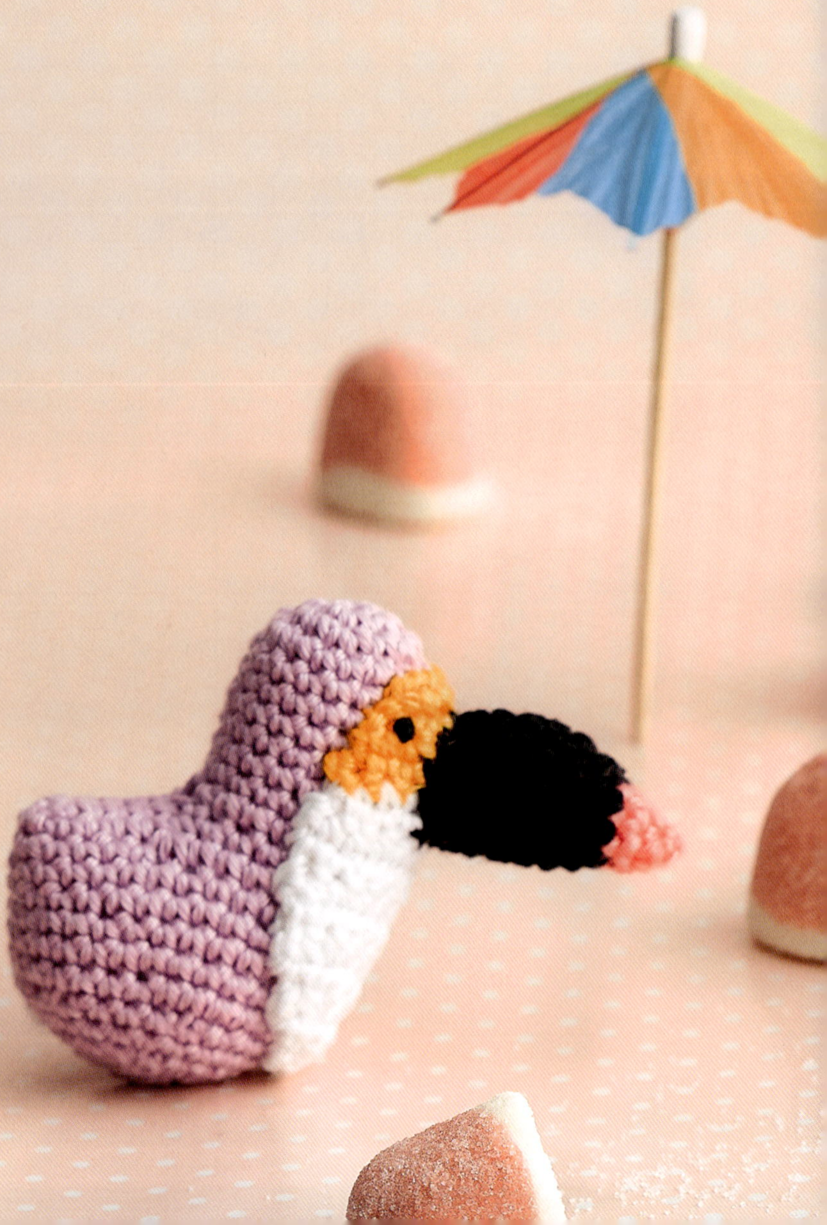

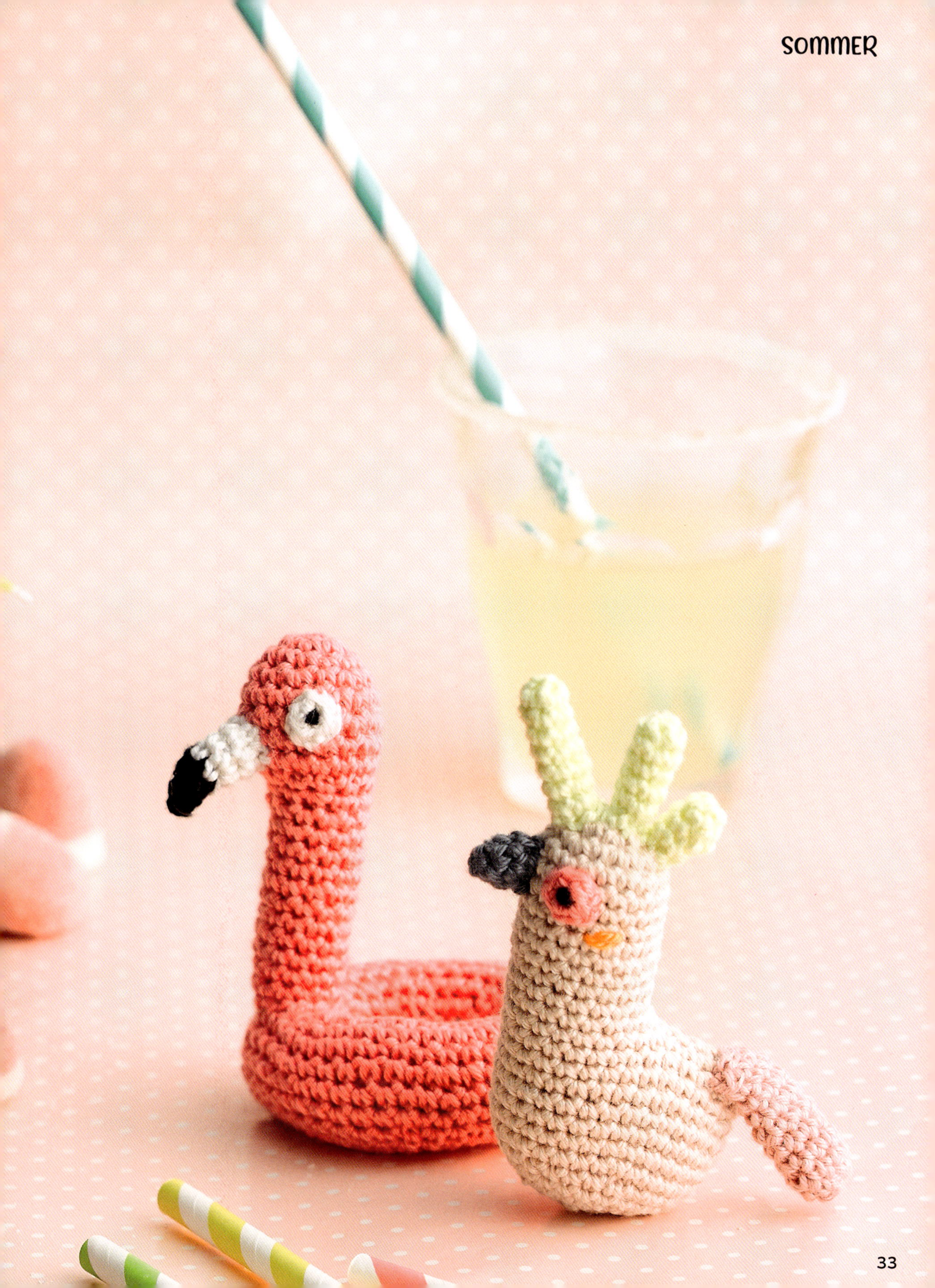

LOU, DER FLAMINGO

Kopf und Hals

In Pink einen Magic Ring anfertigen. Weiter in Spiralrd arb.

1. Rd: 6 fM in den Ring häkeln (= 6 M).

2. Rd: Jede fM verdoppeln (= 12 M).

3. Rd: 12 fM häkeln.

4. Rd: Jede 2. fM verdoppeln (= 18 M).

5.-8. Rd: Jeweils 18 fM häkeln (= 18 M).

9. Rd: * 2 fM zusammen abmaschen, ab * noch 5x wdh. 6 fM (= 12 M).

Mit Füllwatte ausstopfen.

10.-20. Rd: Jeweils 12 fM häkeln. Mit 1 Km schließen.

Garn 30 cm lang abschneiden.

Ring

In Pink 30 Lm anschl und mit 1 Km zum Ring schließen. Weiter in Spiralrd arb.

1.+2. Rd: Jeweils 30 fM häkeln (= 30 M).

3. Rd: Jede 5. fM verdoppeln (= 36 M).

4. Rd: 36 fM häkeln.

5. Rd: Jede 6. fM verdoppeln (= 42 M).

6. Rd: Jede 7. fM verdoppeln (= 48 M).

8.+9. Rd: Jeweils 48 fM häkeln.

10. Rd: Jede 7. und 8. fM zusammen abmaschen (= 42 M).

11. Rd: 42 fM häkeln.

12. Rd: Jede 6. und 7. fM zusammen abmaschen (= 36 M).

13. Rd: 36 fM häkeln.

14. Rd: Jede 5. und 6. fM zusammen abmaschen (= 30 M).

15. Rd: 30 fM häkeln. Mit 1 Km schließen.

Garn 30 cm lang abschneiden. Die 1. und 15. Rd zusammennähen, dabei eine kleine Öffnung lassen, den Ring gleichmäßig mit Füllwatte ausstopfen und die Öffnung mit ein paar Stichen schließen.

Schnabel

In Schwarz einen Magic Ring anfertigen. Weiter in Spiralrd arb.

1. Rd: 4 fM in den Ring häkeln (= 4 M).

2. Rd: 4 fM häkeln.

3. Rd (Weiß): 2 fM verdoppeln, 2 fM (= 6 M).

4.+5. Rd: Jeweils 6 fM häkeln. Mit 1 Km schließen. Garn 30 cm lang abschneiden. Den Schnabel mit etwas Füllwatte ausstopfen.

Auge (2x)

In Weiß einen Magic Ring anfertigen.

5 fM in den Ring häkeln. Mit 1 Km schließen.

Das 2. Auge ebenso häkeln.

Fertigstellen

Den Kopf am Ring festnähen, dabei darauf achten, dass die Abnahmen nach vorne zeigen. Den Schnabel mit den Zunahmen nach oben am Kopf festnähen. In Schwarz eine Pupille auf die Augen sticken und diese am Kopf festnähen. Alle Fäden vernähen.

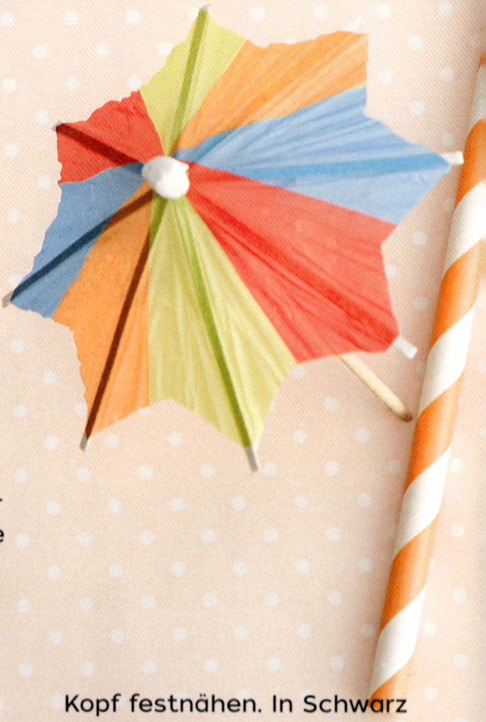

RIO, DER KAKADU

Kopf und Körper

In Soft Apricot einen Magic Ring anfertigen. Weiter in Spiralrd arb.

1. Rd: 6 fM in den Ring häkeln (= 6 M).

2. Rd: Jede fM verdoppeln (= 12 M).

3. Rd: Jede 2. fM verdoppeln (= 18 M).

4.-10. Rd: Jeweils 18 fM häkeln.

11. Rd: 7 Lm anschl, ab der 2. M von der Nd aus 6 fM, 18 fM, 6 fM entlang der Lm-Kette (= 30 M).

12.-18. Rd: Jeweils 30 fM häkeln.

19. Rd: Jede 4. und 5. fM zusammen abmaschen (= 24 M).
Mit Füllwatte ausstopfen.
20. Rd: 24 fM häkeln.
21. Rd: Jede 3. und 4. fM zusammen abmaschen (= 18 M).
22. Rd: Jede 2. und 3. fM zusammen abmaschen (= 12 M).
23. Rd: Immer 2 fM zusammen abmaschen (= 6 M).
Mit 1 Km schließen. Garn abschneiden, mit der Wollnd durch die 6 vorderen M-Glieder fädeln, zusammenziehen und vernähen.

Kopffeder (3x)

In Mimose einen Magic Ring anfertigen. Weiter in Spiralrd arb.
1. Rd: 6 fM in den Ring häkeln (= 6 M).
2.-8. Rd: Jeweils 6 fM häkeln.
Mit 1 Km schließen. Garn 30 cm lang abschneiden.
Noch 2 Federn ebenso häkeln.

Schwanzfeder

In Altrosa einen Magic Ring anfertigen. Weiter in Spiralrd arb.
1. Rd: 8 fM in den Ring häkeln (= 8 M).
2.-8. Rd: Jeweils 8 fM häkeln.
1 Lm arb. Die Feder flach drücken und mit 4 fM zusammenhäkeln. Garn 30 cm lang abschneiden.

Schnabel

In Stein einen Magic Ring anfertigen. Weiter in Spiralrd arb.
1. Rd: 4 fM in den Ring häkeln (= 4 M).
2. Rd: 2 fM verdoppeln, 2 fM (= 6 M).
3. Rd: 6 fM häkeln. Mit 1 Km schließen. Garn 30 cm lang abschneiden und Schnabel mit etwas Füllwatte ausstopfen.

Auge (2x)

In Pink wie das Auge beim Flamingo häkeln.

Fertigstellen

Die drei Federn am Kopf, die Schwanzfeder am Hinterteil festnähen. Mittig den Schnabel vorne am Kopf festnähen. In Schwarz eine Pupille auf die Augen sticken und diese am Kopf festnähen. In Mango unterhalb der Augen Bäckchen aufsticken. Alle Fäden vernähen.

BO, DER TUKAN

Kopf und Körper

In Lavendel wie beim Kakadu häkeln.

Gesicht und Brust

In Mango 6 Lm anschl. Weiter in R häkeln, dabei am Ende jeder R 1 Wende-Lm häkeln.
1. R: Ab der 2. M von der Nd aus 5 fM häkeln (= 5 M).
2. R: 1 fM verdoppeln, 3 fM, 1 fM verdoppeln (= 7 M).
3. R: 7 fM häkeln.
4. R: 1 fM verdoppeln, 5 fM, 1 fM verdoppeln (= 9 M).
5. R (Weiß): 9 fM häkeln.
6. R: 1 fM verdoppeln, 7 fM, 1 fM verdoppeln (= 11 M).
7.-10. R: Jeweils 11 fM häkeln.
11. R: 2 fM zusammen abmaschen, 7 fM, 2 fM zusammen abmaschen (= 9 M).
12. R: 9 fM häkeln.
13. R: 2 fM zusammen abmaschen, 5 fM, 2 fM zusammen abmaschen (= 7 M).
14. R: 2 fM zusammen abmaschen, 3 fM, 2 fM zusammen abmaschen (= 5 M).
15. R: 2 fM zusammen abmaschen, 1 fM, 2 fM zusammen abmaschen (= 3 M). Garn 30 cm lang abschneiden.

Schnabel

In Pink einen Magic Ring anfertigen. Weiter in Spiralrd arb.
1. Rd: 4 fM in den Ring häkeln (= 4 M).
2. Rd: Jede 2. fM verdoppeln (= 6 M).
3. Rd: 2 fM verdoppeln, 4 fM (= 8 M).
4. Rd (Schwarz): 4 fM verdoppeln, 4 fM (= 12 M).
5.-8. Rd: Jeweils 12 fM häkeln.
Mit 1 Km schließen. Garn 30 cm lang abschneiden und Schnabel mit Füllwatte ausstopfen.

Fertigstellen

Gesicht und Brust am Körper festnähen, dabei die Garnfarbe anpassen. Den Schnabel mit den Zunahmen nach oben am Kopf festnähen. In Schwarz die Augen aufsticken. Alle Fäden vernähen.

Die kleine Señorita

Jetzt ist Zeit, den Sommer so richtig zu feiern. Und wer könnte das besser, als die kleine Señorita? Sie hat schnell ihre Lieben zusammengetrommelt, die Party-Deko rausgeholt und schon kann es losgehen. Vamos!

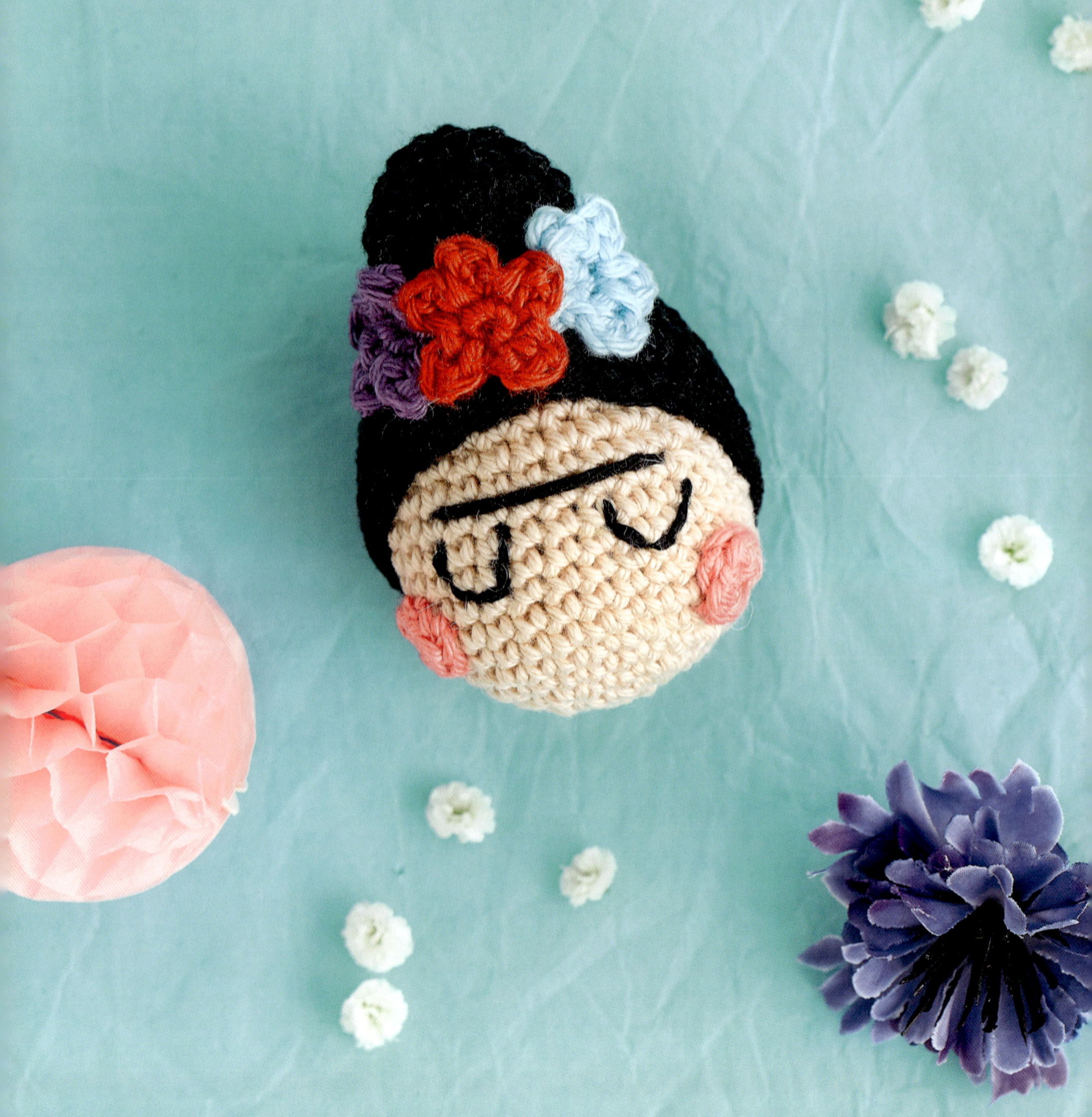

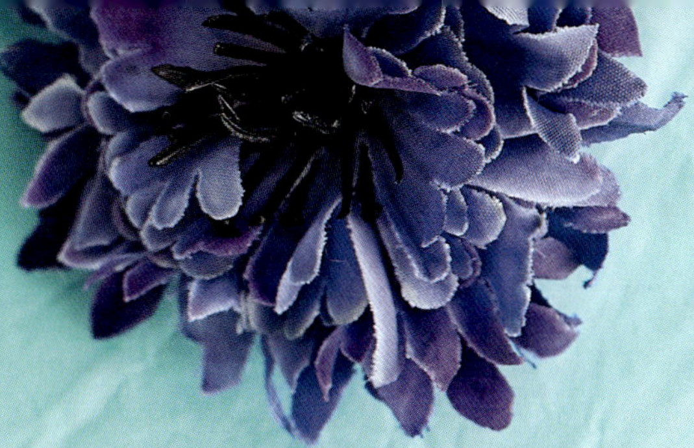

SCHWIERIGKEITSGRAD 2

GRÖSSE
6,5 cm

MATERIAL

- Schachenmayr Catania (LL 125 m/50 g) in Ivory (Fb 436), Schwarz (Fb 110), Pink (Fb 225), Signalrot (Fb 115), Violett (Fb 113) und Türkis (Fb 397), Reste
- Häkelnadel 2,0 mm
- Füllwatte
- Wollnadel

Kopf

In Ivory wie bei Flora, das Frühlingsmädchen (siehe Seite 15) häkeln.

Haare

In Schwarz wie bei Flora, das Frühlingsmädchen häkeln.

Dutt

In Schwarz einen Magic Ring anfertigen. Weiter in Spiralrd arb.
1. Rd: 6 fM in den Ring häkeln (= 6 M).
2. Rd: Jede fM verdoppeln (= 12 M).
3. Rd: 12 fM häkeln.
4. Rd: Jede 2. fM verdoppeln (= 18 M).
5.-7. Rd: Jeweils 18 fM häkeln.
8. Rd: Jede 2. und 3. fM zusammen abmaschen (= 12 M). Mit 1 Km schließen. Garn 30 cm lang abschneiden. Den Dutt mit etwas Füllwatte ausstopfen.

Blume (3x)

In Violett einen Magic Ring anfertigen. Weiter in Spiralrd arb.
1. Rd: 5 fM in den Ring häkeln (= 5 M).
2. Rd: * 1 Km, 1 Lm, 1 Stb, 1 Lm, 1 Km, ab * noch 4x wdh (= 25 M). Garn 30 cm lang abschneiden.
Noch 2 weitere Blumen in Signalrot und Türkis ebenso häkeln.

Bäckchen (2x)

In Pink wie bei Flora, das Frühlingsmädchen häkeln.

Fertigstellen

Die Haare leicht schräg am Kopf festnähen. Den Dutt mittig auf dem Haar festnähen. Die Blumen vor dem Dutt und die Bäckchen im Gesicht festnähen. In Schwarz die Augenbrauen, mit geteiltem Garn in Schwarz die Augen aufsticken. Alle Fäden vernähen.

BEWOHNER DES MEERES

Wenn es so richitg heiß ist, würden wir alle gerne wie eine Meerjungfrau durch das kühle Nass schwimmen und uns mit unseren Freunden beim Tauchen die Zeit vertreiben.

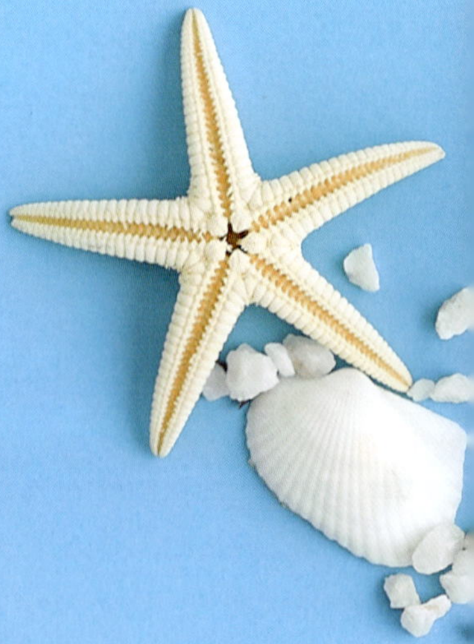

SCHWIERIGKEITSGRAD

Kugelfisch: 2
Narwal: 3
Meerjungfrau: 3

GRÖSSE

Kugelfisch: 5 cm
Narwal: 6 cm
Meerjungfrau: 11,5 cm

MATERIAL

- Häkelnadel 2,0 mm
- Füllwatte
- Wollnadel

Kugelfisch

- Schachenmayr Catania (LL 125 m/50 g) in Türkis (Fb 397), Petrol (Fb 391), Orchidee (Fb 222), Weiß (Fb 106) und Schwarz (Fb 110), Reste

Narwal

- Schachenmayr Catania (LL 125 m/50 g) in Mint (Fb 385), Orchidee (Fb 222), Jade (Fb 253), Silber (Fb 172) und Schwarz (Fb 110), Reste

Meerjungfrau

- Schachenmayr Catania (LL 125 m/50 g) in Ivory (Fb 436), Orchidee (Fb 222), Pink (Fb 225), Malve (Fb 399) und Schwarz (Fb 110), Reste
- Schachenmayr Catania Color (LL 125 m/50 g) in Einhorn (Fb 231), Rest

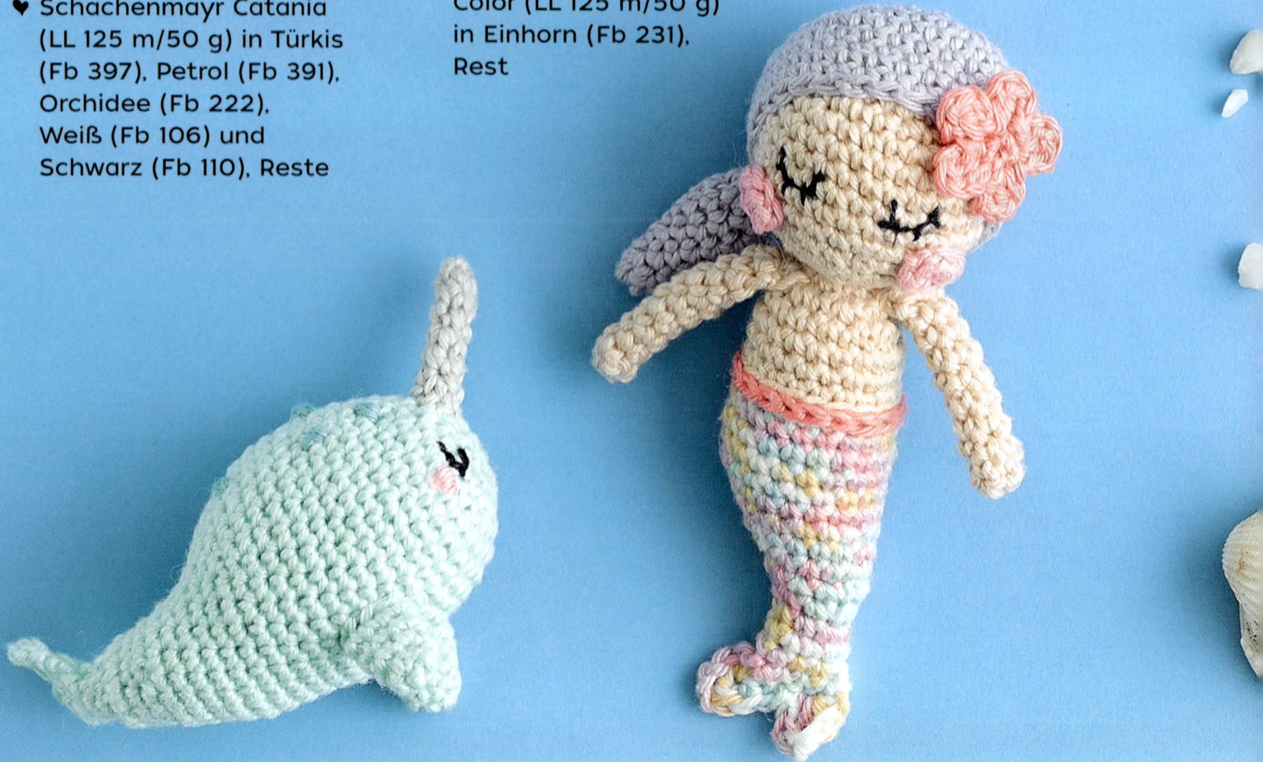

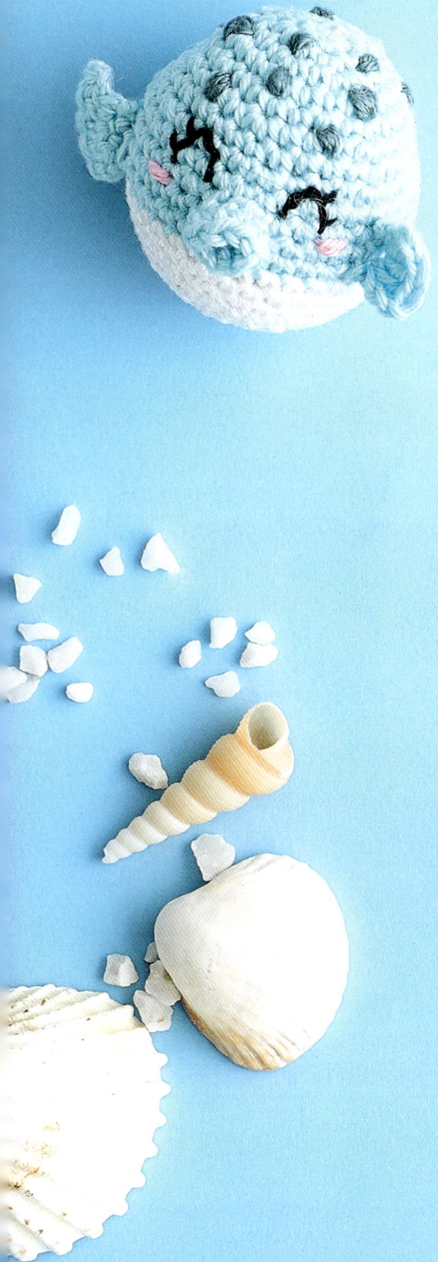

BERTA, DER KUGELFISCH

Kopf und Körper

In Türkis einen Magic Ring anfertigen. Weiter in Spiralrd arb.

1. Rd: 6 fM in den Ring häkeln (= 6 M).
2. Rd: Jede fM verdoppeln (= 12 M).
3. Rd: Jede 2. fM verdoppeln (= 18 M).
4. Rd: Jede 3. fM verdoppeln (= 24 M).
5. Rd: 24 fM häkeln.
6. Rd: Jede 4. fM verdoppeln (= 30 M).
7. Rd: 30 fM häkeln.
8. Rd: Jede 5. fM verdoppeln (= 36 M).
9.-12. Rd: Jeweils 36 fM häkeln.
13.+14. Rd (Weiß): Jeweils 36 fM häkeln.
15. Rd: Jede 5. und 6. fM zusammen abmaschen (= 30 M).
16. Rd: 30 fM häkeln.
17. Rd: Jede 4. und 5. fM zusammen abmaschen (= 24 M).
18. Rd: 24 fM häkeln.
19. Rd: Jede 3. und 4. fM zusammen abmaschen (= 18 M). Mit Füllwatte ausstopfen.
20. Rd: Jede 2. und 3. fM zusammen abmaschen (= 12 M).
21. Rd: Immer 2 fM zusammen abmaschen (= 6 M).
Mit 1 Km schließen. Garn abschneiden, mit der Wollnd durch die 6 vorderen M-Glieder fädeln, zusammenziehen und vernähen.

Seitenflosse (2x)

In Türkis 6 Lm anschl, ab der 4. M von der Nd aus 1 Stb, 2 Stb in 1 M, 1 Stb häkeln. Garn 30 cm lang abschneiden.
Die 2. Flosse ebenso häkeln.

Schwanzflosse

In Türkis 6 Lm anschl. Weiter in R häkeln.
1. R: Ab der 4. M von der Nd aus 1 Stb, 2 Stb in 1 M, 1 Stb (= 6 M).
2. R: 1 Lm, 6 fM häkeln. Garn 30 cm lang abschneiden.

Maul

In Türkis 8 Lm anschl, mit 1 Km zum Ring schließen (= 8 M).
1. Rd: 8 fM häkeln (= 8 M). Mit 1 Km schließen. Garn 30 cm lang abschneiden.

Fertigstellen

Die Flossen gegengleich am Körper, die Schwanzflosse am Hinterteil, das Maul im Gesicht festnähen. Mit geteiltem Garn in Schwarz die Augen, in Orchidee 2 Stiche als Bäckchen aufsticken. In Petrol Punkte auf den Rücken sticken. Alle Fäden vernähen.

Hugo, der Narwal

Körper

In Mint einen Magic Ring anfertigen. Weiter in Spiralrd arb.

1. Rd: 6 fM in den Ring häkeln (= 6 M).

2. Rd: Jede fM verdoppeln (= 12 M).

3. Rd: Jede 2. fM verdoppeln (= 18 M).

4. Rd: * 1 fM, 1 fM verdoppeln, 1 fM, ab * noch 5x wdh (= 24 M).

5.+6. Rd: Jeweils 24 fM häkeln.

7. Rd: Jede 4. fM verdoppeln (= 30 M).

8.-16. Rd: Jeweils 30 fM häkeln.

17. Rd: * 2 fM, 2 fM zusammen abmaschen, ab * noch 3x wdh, 14 fM (= 26 M).

18. Rd: 26 fM häkeln.

19. Rd: * 1 fM, 2 fM zusammen abmaschen, ab * noch 3x wdh, 14 fM (= 22 M).
Mit Füllwatte ausstopfen.

20. Rd: 22 fM häkeln.

21. Rd: * 2 fM zusammen abmaschen, ab * noch 3x wdh, 14 fM (= 18 M).

22. Rd: 18 fM häkeln.

23. Rd: Jede 2. und 3. fM zusammen abmaschen (= 12 M).

24.+25. Rd: Jeweils 12 fM häkeln.

26. Rd: Immer 2 fM zusammen abmaschen (= 6 M).

27. Rd: 6 fM häkeln.
1 Lm arb. Den Schwanz flach drücken und mit 3 fM zusammenhäkeln.
Die Arbeit wenden und die Schwanzflosse häkeln:
3 Lm, (1 DStb, 1 Stb, 1 Km) in 1 M, 1 Km, (1 Km, 1 Stb, 1 DStb, 3 Lm, 1 Km) in 1 M.
Garn abschneiden und vernähen.

Seitenflosse (2x)

In Mint einen Magic Ring anfertigen. Weiter in Spiralrd arb.

1. Rd: 4 fM in den Ring häkeln (= 4 M).

2. Rd: Jede 2. fM verdoppeln (= 6 M).

3. Rd: 6 fM häkeln.

4. Rd: Jede 3. fM verdoppeln (= 8 M).

5. Rd: 8 fM häkeln. Mit 1 Km schließen. Garn 30 cm lang abschneiden.
Die 2. Flosse ebenso häkeln.

Horn

In Silber wie beim Einhorn-Ei (siehe Seite 25) häkeln.

Fertigstellen

Das Horn auf dem Kopf festnähen. Die Seitenflossen flachgedrückt am Körper festnähen. Mit geteiltem Garn in Schwarz die Augen aufsticken. In Orchidee die Bäckchen, in Jade auf den Rücken verschieden große Punkte sticken. Alle Fäden vernähen.

Rosa, die Meerjungfrau

Kopf und Körper

In Ivory einen Magic Ring anfertigen. Weiter in Spiralrd arb.

1. Rd: 6 fM in den Ring häkeln (= 6 M).

2. Rd: Jede fM verdoppeln (= 12 M).

3. Rd: Jede 2. fM verdoppeln (= 18 M).

4. Rd: * 1 fM, 1 fM verdoppeln, 1 fM, ab * noch 5x wdh (= 24 M).

5. Rd: 24 fM häkeln.

6. Rd: Jede 4. fM verdoppeln (= 30 M).

7.-11. Rd: Jeweils 30 fM häkeln.

12. Rd: Jede 4. und 5. fM zusammen abmaschen (= 24 M).

13. Rd: 24 fM häkeln.

14. Rd: Jede 3. und 4. fM zusammen abmaschen (= 18 M).
Mit Füllwatte ausstopfen.

15. Rd: Jede 2. und 3. fM zusammen abmaschen (= 12 M).

16. Rd: Immer 2 fM zusammen abmaschen (= 6 M).

17. Rd: Jede fM verdoppeln (= 12 M).

18. Rd: Jede 2. fM verdoppeln (= 18 M).

19.-22. Rd: Jeweils 18 fM häkeln.

23. Rd (Einhorn): 18 fM in die hinteren M-Glieder häkeln.

24.-27. Rd: Jeweils 18 fM häkeln.

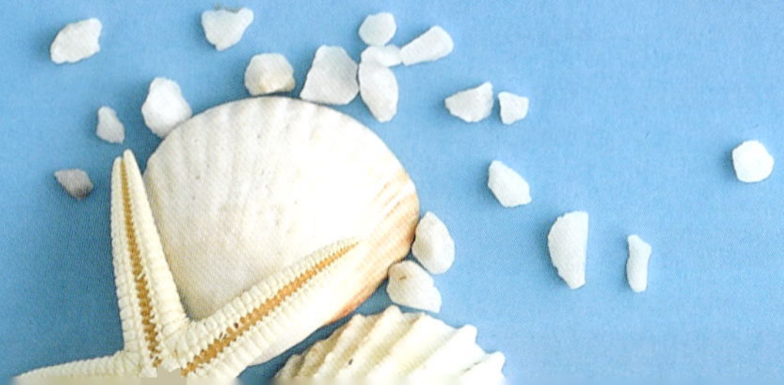

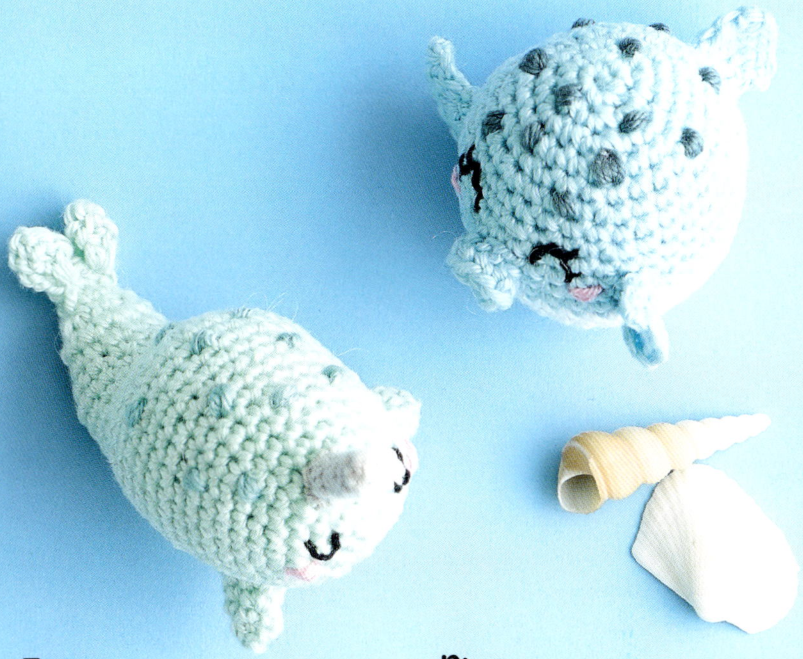

28. Rd: 4 fM, * 2 fM zusammen abmaschen, ab * noch 1x wdh, 10 fM (= 16 M).
29. Rd: 16 fM häkeln.
30. Rd: 3 fM, * 2 fM zusammen abmaschen, ab * noch 1x wdh, 9 fM (= 14 M).
31. Rd: 14 fM häkeln.
32. Rd: 2 fM, * 2 fM zusammen abmaschen, ab * noch 1x wdh, 3 fM, 2 fM zusammen abmaschen, 3 fM (= 11 M).
33. Rd: 1 fM, * 2 fM zusammen abmaschen, ab * noch 1x wdh, 2 fM, 2 fM zusammen abmaschen, 2 fM (= 8 M).
34.-36. Rd: Jeweils 8 fM häkeln.
1 Lm arb. Den Schwanz flach drücken und mit 4 fM zusammenhäkeln. Die Arbeit wenden und die Schwanzflosse häkeln wie folgt:
4 Lm, (1 DStb, 1 Stb) in 1 M, (1 fM, 1 Km) in 1 M, (1 Km, 1 fM) in 1 M, (1 Stb, 1 DStb, 4 Lm, 1 Km) in 1 M. Garn abschneiden und vernähen.

Arm (2x)

In Ivory einen Magic Ring anfertigen. Weiter in Spiralrd arb.
1. Rd: 5 fM in den Ring häkeln (= 5 M).
2.-10. Rd: Jeweils 5 fM häkeln. Mit 1 Km schließen. Garn 30 cm lang abschneiden.
Den 2. Arm ebenso häkeln.

Haare

In Malve wie die 1.-10. Rd des Kopfs häkeln. Mit 1 Km schließen. Garn 30 cm lang abschneiden.

Zopf

In Malve einen Magic Ring anfertigen. Weiter in Spiralrd arb.
1. Rd: 4 fM in den Ring häkeln (= 4 M).
2. Rd: Jede 2. fM verdoppeln (= 6 M).
3. Rd: 6 fM häkeln.
4. Rd: Jede 3. fM verdoppeln (= 8 M).
5. Rd: 8 fM häkeln.
6. Rd: Jede 4. fM verdoppeln (= 10 M).
7. Rd: 10 fM häkeln.
8. Rd: Jede 4. und 5. fM zusammen abmaschen (= 8 M).
Mit 1 Km schließen. Garn 30 cm lang abschneiden.

Bäckchen (2x)

In Orchidee einen Magic Ring anfertigen.
6 fM in den Ring häkeln. Mit 1 Km schließen. Garn 30 cm lang abschneiden.
Das 2. Bäckchen ebenso häkeln.

Blume

In Pink einen Magic Ring anfertigen. Weiter in Spiralrd arb.
1. Rd: 5 fM in den Ring häkeln (= 5 M).
2. Rd: * 1 Km, 1 Lm, 1 Stb, 1 Lm, 1 Km, ab * noch 4x wdh (= 25 M). Garn 30 cm lang abschneiden.

Fertigstellen

Das Haar leicht schräg auf dem Kopf festnähen. Den Zopf auf einer Seite und die Blüte auf der anderen Seite festnähen. Die Arme und die Bäckchen festnähen. In Pink in einem vorderen M-Glied der 23. Rd anschlingen und 1 Rd Km aufhäkeln. Mit geteiltem Garn in Schwarz Augen aufsticken. Alle Fäden vernähen.

HEISS UND EIS

Auf Regen folgt Sonnenschein und mit einem Regenbogen lässt sich so mancher Regenschauer verschmerzen. Sobald die Sonne wieder draußen ist, gibt es noch ein leckeres Melonen-Eis und die Welt ist in Ordnung.

SCHWIERIGKEITSGRAD

Wolke: 2
Sonne: 2
Meloneneis: 2

GRÖSSE

Wolke: 18 cm
Sonne: 8 cm
Meloneneis: 9 cm

MATERIAL

- Häkelnadel 2,0 mm
- Füllwatte
- Wollnadel

Wolke

- Schachenmayr Catania (LL 125 m/50 g) in Weiß (Fb 106), 50 g, in Rosa (Fb 246), Schwarz (Fb 110), Signalrot (Fb 115), Pink (Fb 225), Azalee (Fb 398), Jade (Fb 253) und Apfel (Fb 205), Reste

Sonne

- Schachenmayr Catania (LL 125 m/50 g) in Mimose (Fb 100), Sonne (Fb 208), Pink (Fb 225) und Schwarz (Fb 110), Reste

Meloneneis

- Schachenmayr Catania (LL 125 m/50 g) in Orchidee (Fb 222), Greenery (Fb 418), Camel (Fb 179) und Kaffee (Fb 162), Reste

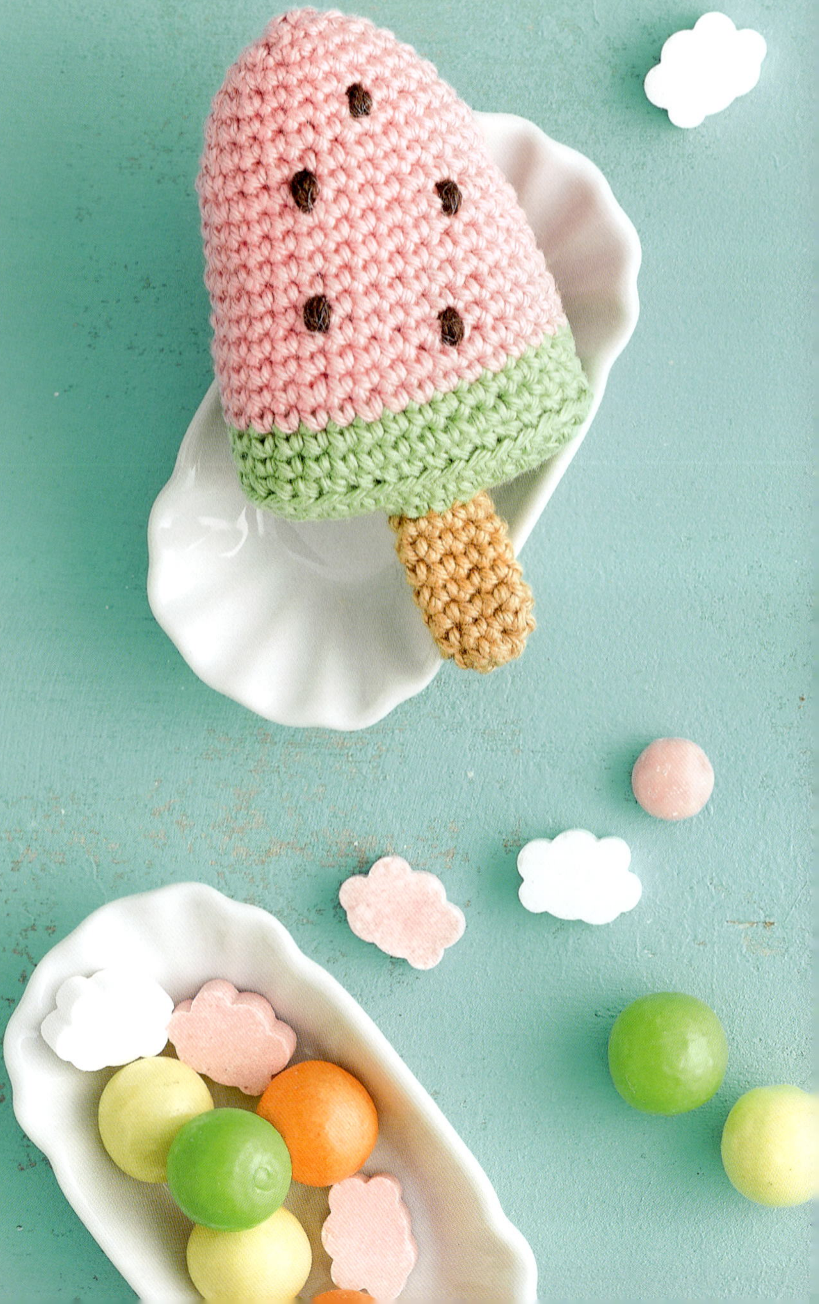

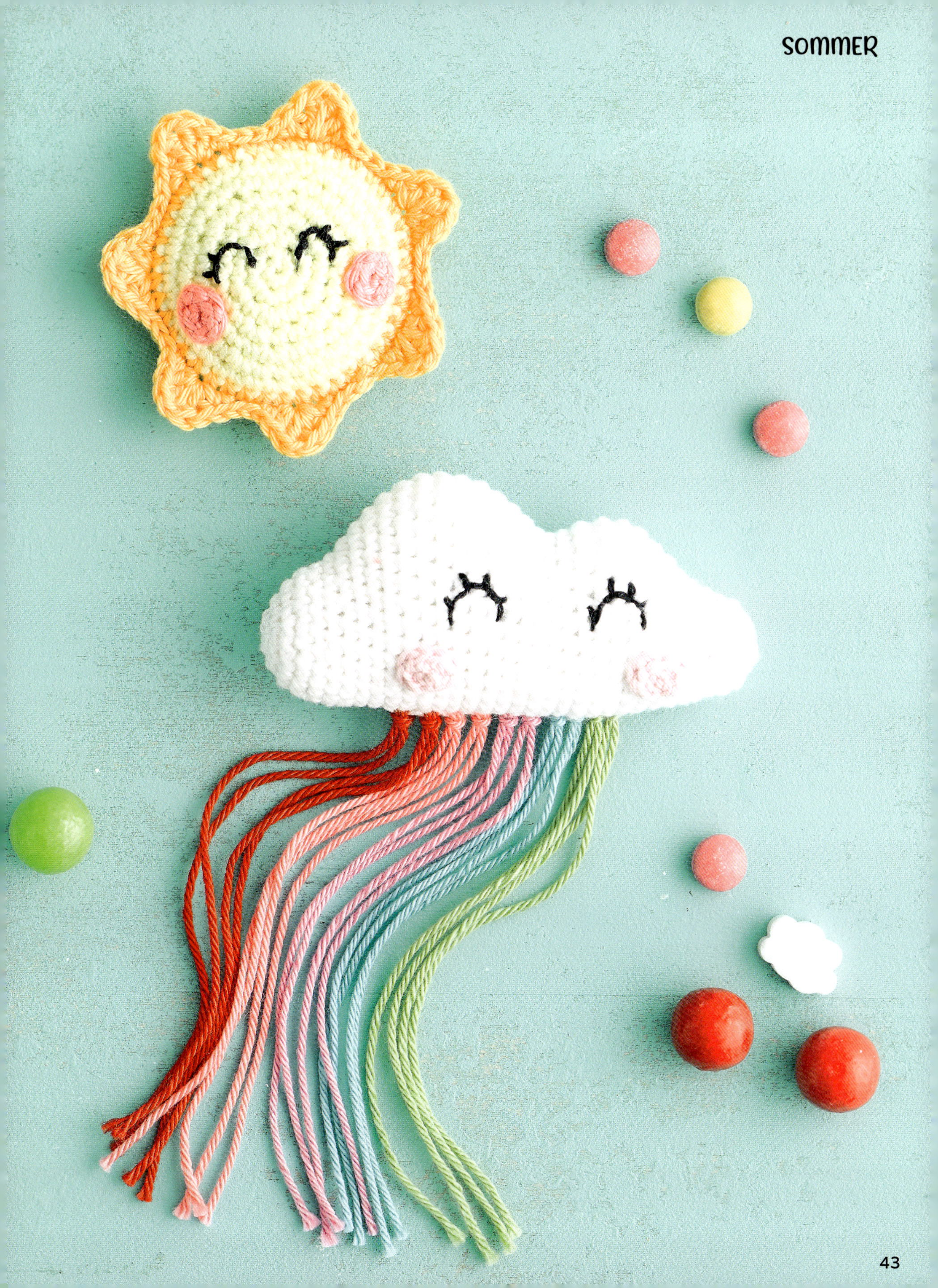

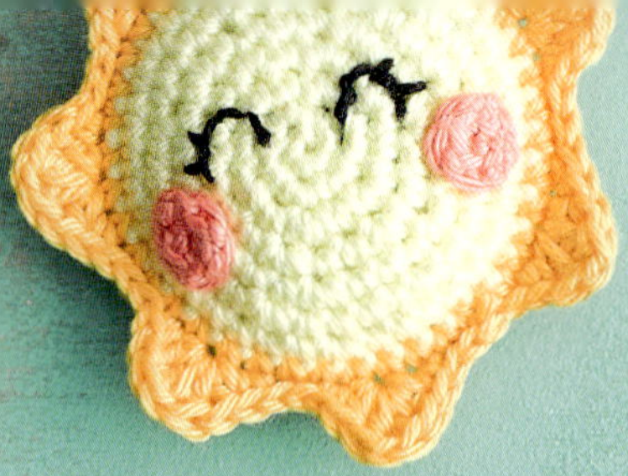

SCHÖNWETTER-WOLKE

Wolke

In Weiß einen Magic Ring anfertigen. Weiter in Spiralrd arb.

1. Rd: 6 fM in den Ring häkeln (= 6 M).

2. Rd: Jede fM verdoppeln (= 12 M).

3. Rd: Jede 2. fM verdoppeln (= 18 M).

4.-6. Rd: Jeweils 18 fM häkeln.

7. Rd: 2 fM verdoppeln, 16 fM (= 20 M).

8. Rd: * 1 fM, 1 fM verdoppeln, ab * noch 1x wdh, 16 fM (= 22 M).

9. Rd: * 2 fM, 1 fM verdoppeln, ab * noch 1x wdh, 16 fM (= 24 M).

10. Rd: * 3 fM, 1 fM verdoppeln, ab * noch 1x wdh, 16 fM (= 26 M).

11. Rd: * 4 fM, 1 fM verdoppeln, ab * noch 1x wdh, 16 fM (= 28 M).

12. Rd: * 5 fM, 1 fM verdoppeln, ab * noch 1x wdh, 16 fM (= 30 M).

13.-16. Rd: Jeweils 30 fM häkeln.

17. Rd: * 5 fM, 2 fM zusammen abmaschen, ab * noch 1x wdh, 16 fM (= 28 M).

18. Rd: * 4 fM, 2 fM zusammen abmaschen, ab * noch 1x wdh, 16 fM (= 26 M).

19. Rd: * 3 fM, 2 fM zusammen abmaschen, ab * noch 1x wdh, 16 fM (= 24 M).

20. Rd: * 2 fM, 2 fM zusammen abmaschen, ab * noch 1x wdh, 16 fM (= 22 M).

21. Rd: 22 fM häkeln.
Mit Füllwatte ausstopfen.

22. Rd: * 2 fM, 1 fM verdoppeln, ab * noch 1x wdh, 16 fM (= 24 M).

23. Rd: * 3 fM, 1 fM verdoppeln, ab * noch 1x wdh, 16 fM (= 26 M).

24.+25. Rd: Jeweils 26 fM häkeln.

26. Rd: * 3 fM, 2 fM zusammen abmaschen, ab * noch 1x wdh, 16 fM (= 24 M).

27. Rd: * 2 fM, 2 fM zusammen abmaschen, ab * noch 1x wdh, 16 fM (= 22 M).

28. Rd: * 1 fM, 2 fM zusammen abmaschen, ab * noch 1x wdh, 16 fM (= 20 M).

29. Rd: * 2 fM zusammen abmaschen, ab * noch 1x wdh, 16 fM (= 18 M).

30. Rd: * 2 fM zusammen abmaschen, ab * noch 1x wdh, 14 fM (= 16 M).

31. Rd: Jede 7. und 8. fM zusammen abmaschen (= 14 M).

32. Rd: Jede 6. und 7. fM zusammen abmaschen (= 12 M).

33. Rd: Immer 2 fM zusammen abmaschen (= 6 M).
Mit 1 Km schließen. Garn abschneiden, mit der Wollnd durch die 6 vorderen M-Glieder fädeln, zusammenziehen und vernähen.

Bäckchen (2x)

In Rosa 3 Lm anschl. Die Lm-Kette von beiden Seiten behäkeln.
Ab der 2. M von der Nd aus 1 fM, 3 fM in 1 M, 1 fM, 3 fM in eine M (= 8 M). Mit 1 Km schließen. Garn 30 cm lang abschneiden.
Das 2. Bäckchen ebenso häkeln.

Fertigstellen

Die Bäckchen festnähen. Entlang der Unterkante in Weiß 10 Km aufhäkeln. In Signalrot, Pink, Azalee, Jade und Apfel je 2 Stücke Garn von ca. 24 cm Länge zuschneiden und in jede Km 1 Faden einknüpfen, so dass ein Regenbogen entsteht. Mit geteiltem Garn in Schwarz die Augen aufsticken. Alle Fäden vernähen.

SUSI SONNENSCHEIN

Gesicht (2x)

In Mimose einen Magic Ring anfertigen. Weiter in Spiralrd arb.

1. Rd: 6 fM in den Ring häkeln (= 6 M).

2. Rd: Jede fM verdoppeln (= 12 M).

3. Rd: Jede 2. fM verdoppeln (= 18 M).

4. Rd: * 1 fM, 1 fM verdoppeln, 1 fM, ab * noch 5x wdh (= 24 M).

5. Rd: Jede 4. fM verdoppeln (= 30 M).

6. Rd: * 2 fM, 1 fM verdoppeln, 2 fM, ab * noch 5x wdh (= 36 M).

7. Rd: Jede 6. fM verdoppeln (= 42 M).

Mit 1 Km schließen. Garn abschneiden und vernähen.
Das 2. Gesicht ebenso häkeln.

Bäckchen (2x)

In Pink einen Magic Ring anfertigen.
5 fM in den Ring häkeln. Mit 1 Km schließen. Garn 30 cm lang abschneiden.
Das 2. Bäckchen ebenso häkeln.

Fertigstellen

Mit geteiltem Garn in Schwarz Augen aufsticken. Die Bäckchen festnähen. Beide Gesichtsscheiben gegengleich aufeinander legen und mit Garn in Sonne und 42 fM zusammenhäkeln, dabei eine kleine Öffnung lassen, die Sonne mit Füllwatte ausstopfen und die Öffnung schließen. In einer 2. Rd die Sonne wie folgt umhäkeln:
* 1 Km, 1 fM, (1 hStb, 1 Lm, 1 Stb, 1 hStb) in 1 M, 1 fM, 2 Km, ab * noch 6x wdh.
Garn abschneiden und alle Fäden vernähen.

MELONENEIS

Stiel und Eis

In Camel einen Magic Ring anfertigen. Weiter in Spiralrd arb.
1. Rd: 6 fM in den Ring häkeln (= 6 M).
2. Rd: Jede 3. fM verdoppeln (= 8 M).
3.-8. Rd: Jeweils 8 fM häkeln. Den Stiel flach drücken.
9. Rd (Greenery): 5 Lm, ab der 2. M von der Nd aus 4 fM, 4 fM über den Stiel häkeln, 5 Lm, ab der 2. M von der Nd aus 4 fM, 4 fM über den Stiel häkeln (= 16 M). Zusätzlich sind 8 M auf den Rückseiten der angeschlagenen Lm entstanden. Diese werden in der nächsten Rd behäkelt (= 24 M).
Weiter in Rd über alle 24 M häkeln.
10. Rd: 3 fM, 2 fM verdoppeln, 10 fM, 2 fM verdoppeln, 7 fM (= 28 M).
11. Rd: 4 fM, 2 fM verdoppeln, 12 fM, 2 fM verdoppeln, 8 fM (= 32 M).
12. Rd: 32 fM in die hinteren M-Glieder häkeln.
13.+14. Rd: Jeweils 32 fM häkeln.
15.-18. Rd (Orchidee): Jeweils 32 fM häkeln.
19. Rd: 7 fM, 2 fM zusammen abmaschen, 14 fM, 2 fM zusammen abmaschen, 7 fM (= 30 M).
20.+21. Rd: Jeweils 30 fM häkeln.
22. Rd: 6 fM, 2 fM zusammen abmaschen, 13 fM, 2 fM zusammen abmaschen, 7 fM (= 28 M).
23. Rd: 28 fM häkeln.
24. Rd: 6 fM, 2 fM zusammen abmaschen, 12 fM, 2 fM zusammen abmaschen, 6 fM (= 26 M).
25. Rd: 6 fM, 2 fM zusammen abmaschen, 11 fM, 2 fM zusammen abmaschen, 5 fM (= 24 M).
Mit Füllwatte ausstopfen.
26. Rd: 6 fM, 2 fM zusammen abmaschen, 10 fM, 2 fM zusammen abmaschen, 4 fM (= 22 M).
27. Rd: 6 fM, 2 fM zusammen abmaschen, 9 fM, 2 fM zusammen abmaschen, 3 fM (= 20 M).
28. Rd: 6 fM, 2 fM zusammen abmaschen, 8 fM, 2 fM zusammen abmaschen, 2 fM (= 18 M).
29. Rd: Jede 2. und 3. fM zusammen abmaschen (= 12 M).
30. Rd: Immer 2 fM zusammen abmaschen (= 6 M).
Mit 1 Km schließen. Garn abschneiden, mit der Wollnd durch die 6 vorderen M-Glieder fädeln, zusammenziehen und vernähen.

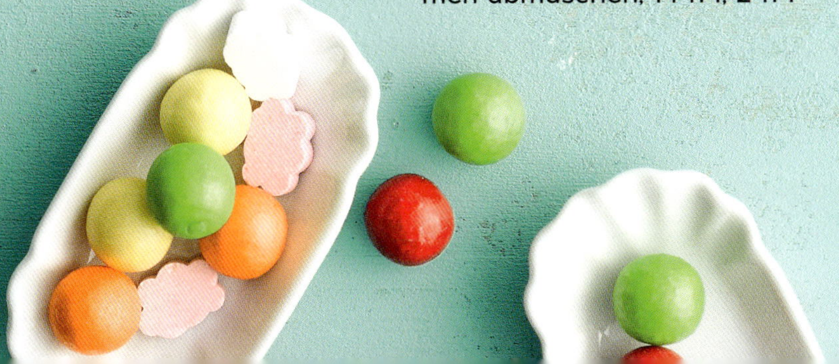

Fertigstellen

In Kaffee auf beide Seiten des Eises 5 Melonenkerne aufsticken. Alle Fäden vernähen.

FRIDOLIN, DER GARTENZWERG

Im Sommer wird so mancher Hobbygärtner zum kleinen Gartenzwerg, der sich liebevoll um seine Lieblingsblumen kümmert. Hier schlägt das grüne Herz gleich höher.

SCHWIERIGKEITSGRAD

Zwerg: 2
Gießkanne: 2
Blumentopf: 2

GRÖSSE

Zwerg: 13,5 cm
Gießkanne: 3 cm
Blumentopf: 2,5 cm

MATERIAL

- Häkelnadel 2,0 mm
- Füllwatte
- Wollnadel

Zwerg

- Schachenmayr Catania (LL 125 m/50 g) in Pink (Fb 225), Azalee (Fb 398), Ivory (Fb 436), Marone (Fb 157), Kaffee (Fb 162), Malve (Fb 399), Jade (Fb 253), Schwarz (Fb 110) und Weiß (Fb 106),

Gießkanne

- Schachenmayr Catania (LL 125 m/50 g) in Silber (Fb 172), Rest

Blumentopf

- Schachenmayr Catania (LL 125 m/50 g) in Camel (Fb 179), Marone (Fb 157), Apfel (Fb 205) und Pink (Fb 225), Reste

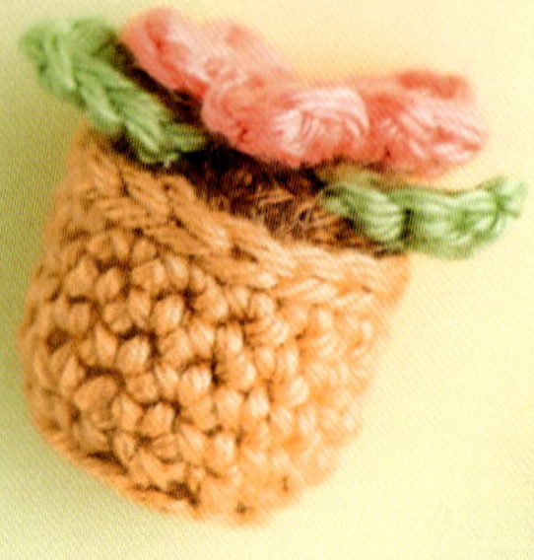

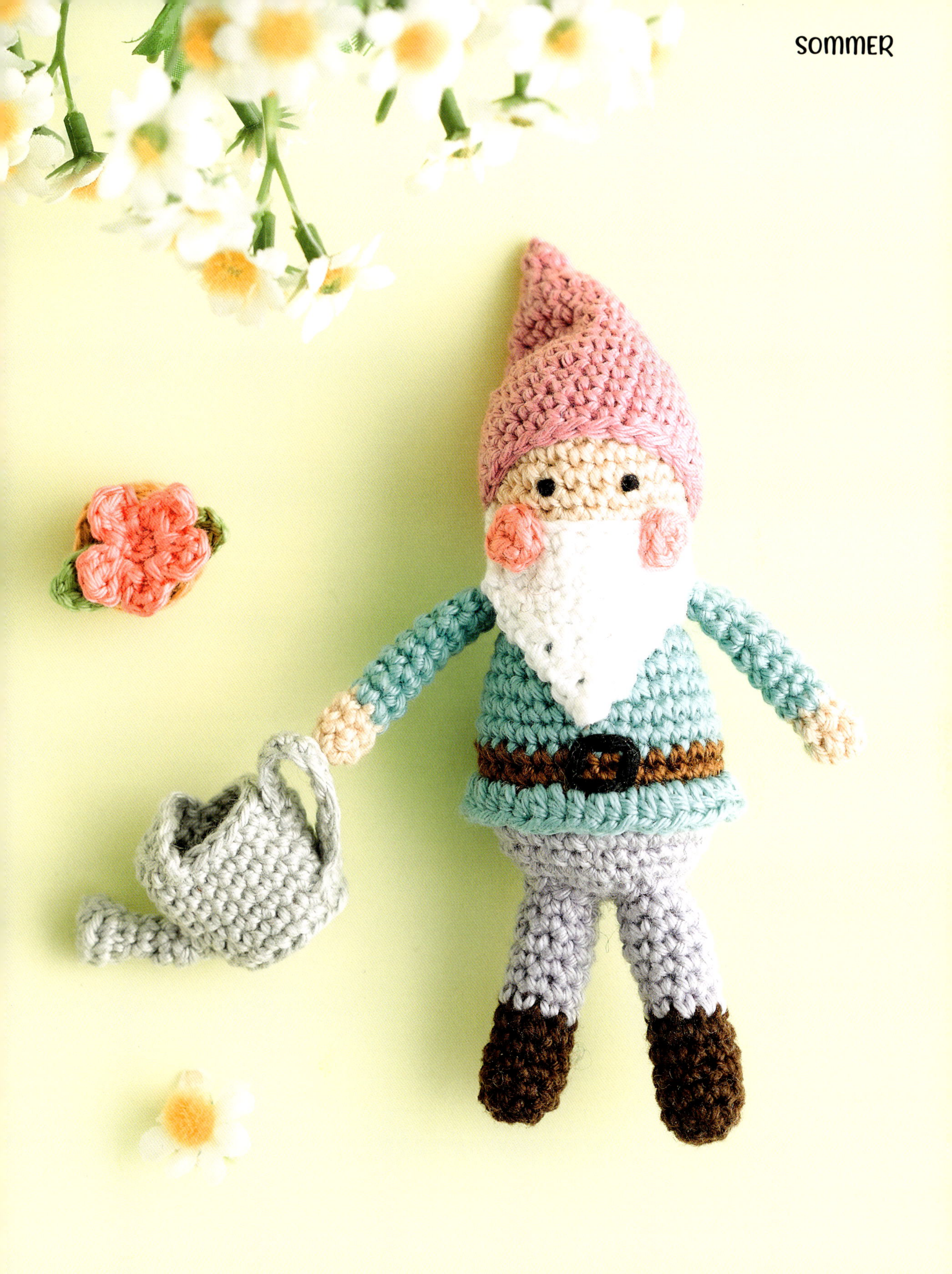

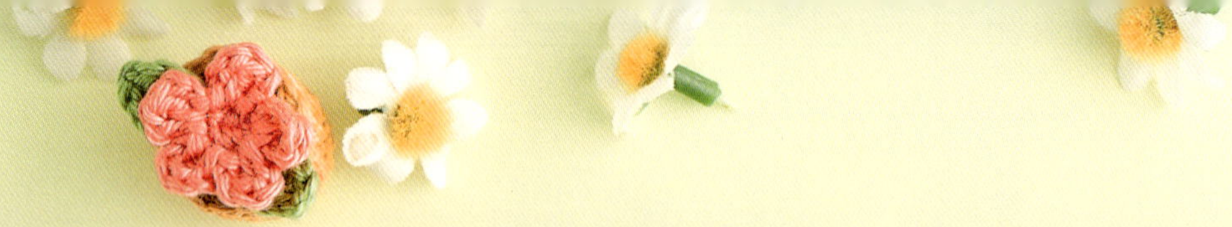

GARTENZWERG

Kopf und Körper

In Ivory einen Magic Ring anfertigen. Weiter in Spiralrd arb.

1. Rd: 6 fM in den Ring häkeln (= 6 M).

2. Rd: Jede fM verdoppeln (= 12 M).

3. Rd: Jede 2. fM verdoppeln (= 18 M).

4. Rd: 18 fM häkeln.

5. Rd: Jede 3. fM verdoppeln (= 24 M).

6.-10. Rd: Jeweils 24 fM häkeln.

11. Rd: Jede 3. und 4. fM zusammen abmaschen (= 18 M).

12. Rd: 18 fM häkeln.

13. Rd: Jede 2. und 3. fM zusammen abmaschen (= 12 M). Mit Füllwatte ausstopfen.

14. Rd (Jade): Jede 2. fM verdoppeln (= 18 M).

15. Rd: 18 fM häkeln.

16. Rd: Jede 3. fM verdoppeln (= 24 M).

17.+18. Rd: Jeweils 24 fM häkeln.

19. Rd: Jede 4. fM verdoppeln (= 30 M).

20.+21. Rd: Jeweils 30 fM häkeln.

22.+23. Rd (Marone): Jeweils 30 fM häkeln.

24. Rd (Malve): 30 fM in die hinteren M-Glieder häkeln.

25.+26. Rd: Jeweils 30 fM häkeln.

27. Rd: Jede 4. und 5. fM zusammen abmaschen (= 24 M).

28. Rd: 24 fM häkeln.

29. Rd: Jede 3. und 4. fM zusammen abmaschen (= 18 M).

30. Rd: Jede 2. und 3. fM zusammen abmaschen (= 12 M).

31. Rd: Immer 2 fM zusammen abmaschen (= 6 M).

Mit 1 Km schließen. Garn abschneiden, mit der Wollnadel durch alle 6 vorderen M-Glieder fädeln, zusammenziehen und vernähen.

Für den Volant in Jade in einem vorderen M-Glied der 24. Rd anschlingen (der Kopf zeigt dabei nach unten) und häkeln wie folgt:

2 Lm, hStb häkeln, dabei jede 2. M verdoppeln (= 45 M).

Mit 1 Km schließen. Garn abschneiden und vernähen.

Arm (2x)

In Ivory einen Magic Ring anfertigen. Weiter in Spiralrd arb.

1. Rd: 6 fM in den Ring häkeln (= 6 M).

2.+3. Rd: Jeweils 6 fM häkeln.

4.-12. Rd (Jade): Jeweils 6 fM häkeln. 1 Lm arb. Den Arm flach drücken und mit 3 fM zusammenhäkeln. Garn 30 cm lang abschneiden.

Den 2. Arm ebenso häkeln.

Bein (2x)

In Kaffee einen Magic Ring anfertigen. Weiter in Spiralrd arb.

1. Rd: 6 fM in den Ring häkeln (= 6 M).

2. Rd: Jede 2. fM verdoppeln (= 9 M).

3.-6. Rd: Jeweils 9 fM häkeln.

7.-12. Rd (Malve): Jeweils 9 fM häkeln.

Mit 1 Km schließen. Garn 30 cm lang abschneiden und mit Füllwatte ausstopfen.

Das 2. Bein ebenso häkeln.

Bart

In Weiß 13 Lm anschl. Weiter in R häkeln, dabei am Ende jeder R 1 Wende-Lm häkeln.

1. R: Ab der 2. M von der Nd aus 12 fM häkeln (= 12 M).

2. R: 2 fM zusammen abmaschen, 8 fM, 2 fM zusammen abmaschen (= 10 M).

3. R: 10 fM häkeln.

4. R: 2 fM zusammen abmaschen, 6 fM, 2 fM zusammen abmaschen (= 8 M).

5. R: 2 fM zusammen abmaschen, 4 fM, 2 fM zusammen abmaschen (= 6 M).

6. R: 2 fM zusammen abmaschen, 2 fM, 2 fM zusammen abmaschen (= 4 M).

7. R: 4 fM häkeln.

8. Rd: Immer 2 fM zusammen abmaschen (= 2 M).

9. Rd: 2 fM zusammen abmaschen (= 1 M). Garn 30 cm lang abschneiden.

Das 2. Bein ebenso häkeln.

Mütze

In Azalee einen Magic Ring anfertigen. Weiter in Spiralrd arb.

1. Rd: 4 fM in den Ring häkeln (= 4 M).

2. Rd: 4 fM häkeln.

3. Rd: Jede 2. fM verdoppeln (= 6 M).

4. Rd: Jede fM verdoppeln (= 12 M).

5.+6. Rd: Jeweils 12 M häkeln.

7. Rd: Jede 2. fM verdoppeln (= 18 M).

8.+9. Rd: Jeweils 18 fM häkeln.
10. Rd: Jede 3. fM verdoppeln (= 24 M).
11.-16. Rd: Jeweils 24 M häkeln. Mit 1 Km schließen. Garn 30 cm lang abschneiden.

Bäckchen (2x)

In Pink einen Magic Ring anfertigen.
5 fM in den Ring häkeln. Mit 1 Km schließen. Garn 30 cm lang abschneiden.
Das 2. Bäckchen ebenso häkeln.

Fertigstellen

Arme und Beine am Körper, die Mütze leicht schräg am Kopf festnähen. Bart und Bäckchen festnähen. In Schwarz die Augen und Gürtelschnalle aufsticken. Alle Fäden vernähen.

GIESSKANNE

Kanne

In Silber einen Magic Ring anfertigen. Weiter in Spiralrd arb.
1. Rd: 6 fM in den Ring häkeln (= 6 M).
2. Rd: Jede fM verdoppeln (= 12 M).
3. Rd: Jede 2. fM verdoppeln (= 18 M).
4. Rd: 18 fM in die hinteren M-Glieder häkeln.
5.-10. Rd: Jeweils 18 fM häkeln. Mit 1 Km schließen. Garn abschneiden und vernähen.

Deckel

In Silber 7 Lm anschl.
Ab der 2. M von der Nd aus 1 Km, 1 hStb, 2 Stb, 1 hStb, 1 Km häkeln. Garn 30 cm lang abschneiden.

Tülle

In Silber einen Magic Ring anfertigen. Weiter in Spiralrd arb.
1. Rd: 10 fM in den Ring häkeln (= 10 M).
2. Rd: 10 fM in die hinteren M-Glieder häkeln.
3. Rd: Immer 2 fM zusammen abmaschen (= 5 M).
4.+5. Rd: Jeweils 5 fM häkeln.
6. Rd: 2 fM, 2 hStb, 1 fM. Mit 1 Km schließen. Garn 30 cm lang abschneiden.

Henkel

In Silber 14 Lm anschl, ab der 3. M von der Nd aus 12 fM häkeln. Garn 30 cm lang abschneiden.

Fertigstellen

Deckel mit der Rundung an der Kanne festnähen. Tülle leicht schräg mit den hStb nach unten mittig festnähen. Henkel an der Kanne festnähen. Alle Fäden vernähen.

BLUMENTOPF

Topf

In Camel einen Magic Ring anfertigen. Weiter in Spiralrd arb.
1. Rd: 6 fM in den Ring häkeln (= 6 M).
2. Rd: Jede fM verdoppeln (= 12 M).
3. Rd: 12 fM in die hinteren M-Glieder häkeln (= 12 M).
4. Rd: Jede 4. fM verdoppeln (= 15 M).
5.-7 Rd: Jeweils 15 fM häkeln.
8. Rd: 15 Km häkeln. Garn 30 cm lang abschneiden.

Blumenerde

In Marone wie die 1.+2. Rd des Topfs häkeln. Garn abschneiden und vernähen.

Blatt (2x)

In Apfel 4 Lm anschl. Die Lm-Kette von beiden Seiten behäkeln.
Ab der 2. M von der Nd aus 1 Km, 1 fM, 3 fM in 1 M, 1 fM, 1 Km (= 7 M). Garn 30 cm lang abschneiden.
Das 2. Blatt ebenso häkeln.

Blüte

In Pink einen Magic Ring anfertigen. Weiter in Spiralrd arb.
1. Rd: 5 fM in den Ring häkeln (= 5 M).
2. Rd: * 1 Km, 1 Lm, 1 Stb, 1 Lm, 1 Km, ab * noch 4x wdh (= 25 M). Garn 30 cm lang abschneiden.

Fertigstellen

Zuerst die Blätter und dann die Blüte auf der Blumenerde festnähen. Den Blumentopf mit Füllwatte stopfen und die Blumenerde darüber festnähen. Alle Fäden vernähen.

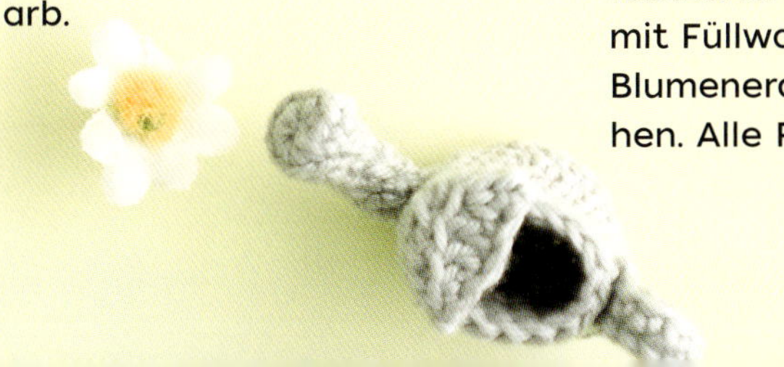

DIE POOL-GANG

Die beste Abkühlung gibt es im Pool! Das hat auch diese coole Pool-Gang entdeckt und tummelt sich dort besonders gern an heißen Tagen.

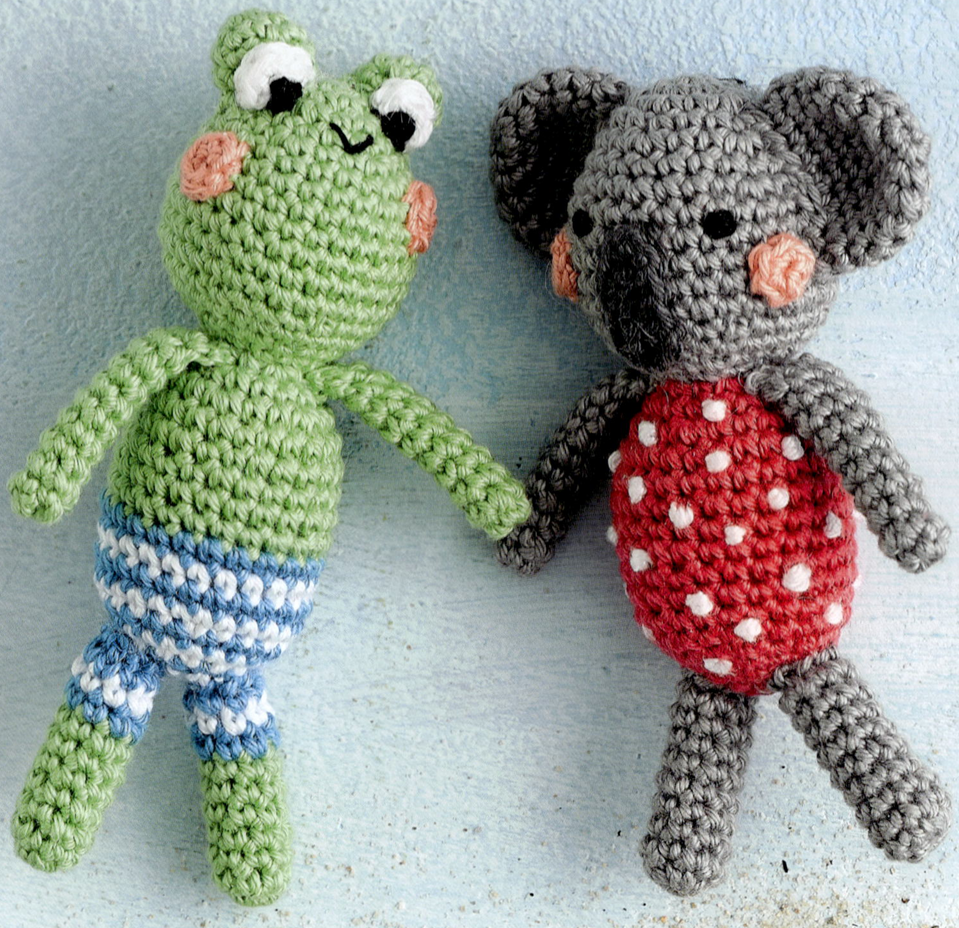

SCHWIERIGKEITSGRAD

Koala: 3
Frosch: 3
Schwein: 3

GRÖSSE

Koala: 11 cm
Frosch: 12 cm
Schwein: 11 cm

MATERIAL

- Häkelnadel 2,0 mm
- Füllwatte
- Wollnadel

Koala

- Schachenmayr Catania (LL 125 m/50 g) in Rauchgrau (Fb 435), Cyclam (Fb 114), Anthrazit (Fb 429), Dahlie (Fb 409), Weiß (Fb 106) und Schwarz (Fb 110), Reste

Frosch

- Schachenmayr Catania (LL 125 m/50 g) in Greenery (Fb 418), 50 g, in Capri (Fb 384), Dahlie (Fb 409), Weiß (Fb 106) und Schwarz (Fb 110), Reste

Schwein

- Schachenmayr Catania (LL 125 m/50 g) in Rosé Gold (Fb 433), 50 g, in Altrosa (Fb 408), Hyazinth (Fb 240), Jade (Fb 253), Dahlie (Fb 409), Weiß (Fb 106) und Schwarz (Fb 110), Reste

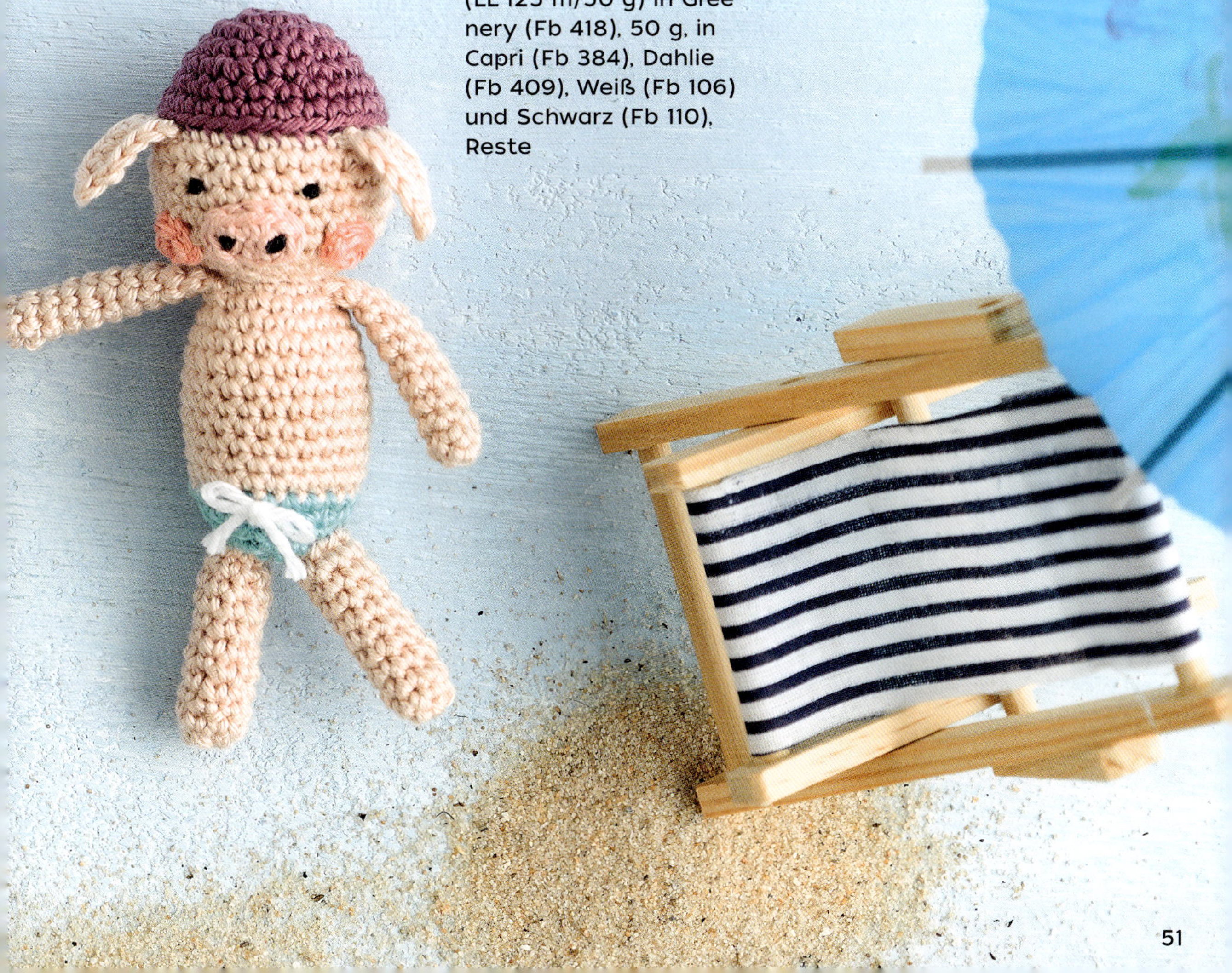

LISE, DER KOALA

Kopf und Körper

In Rauchgrau einen Magic Ring anfertigen. Weiter in Spiralrd arb.

1. Rd: 6 fM in den Ring häkeln (= 6 M).

2. Rd: Jede fM verdoppeln (= 12 M).

3. Rd: Jede 2. fM verdoppeln (= 18 M).

4. Rd: 18 fM häkeln.

5. Rd: Jede 3. fM verdoppeln (= 24 M).

6. Rd: 24 fM häkeln.

7. Rd: Jede 4. fM verdoppeln (= 30 M).

8.-12. Rd: Jeweils 30 fM häkeln.

13. Rd: Jede 4. und 5. fM zusammen abmaschen (= 24 M).

14. Rd: 24 fM häkeln.

15. Rd: Jede 3. und 4. fM zusammen abmaschen (= 18 M). Mit Füllwatte ausstopfen.

16. Rd: Jede 2. und 3. fM zusammen abmaschen (= 12 M).

17. Rd (Cyclam): Jede 2. fM verdoppeln (= 18 M).

18. Rd: 18 fM häkeln.

19. Rd: Jede 3. fM verdoppeln (= 24 M).

20.-28. Rd: Jeweils 24 fM häkeln.

29. Rd: Jede 3. und 4. fM zusammen abmaschen (= 18 M).

30. Rd: 18 fM häkeln.

31. Rd: Jede 2. und 3. fM zusammen abmaschen (= 12 M).

32. Rd: Immer 2 fM zusammen abmaschen (= 6 M).
Garn abschneiden, mit der Wollnd durch die 6 vorderen M-Glieder fädeln, zusammenziehen und vernähen.

Ohr (2x)

In Rauchgrau einen Magic Ring anfertigen. Weiter in Spiralrd arb.

1. Rd: 6 fM in den Ring häkeln (= 6 M).

2. Rd: Jede fM verdoppeln (= 12 M).

3. Rd: Jede 2. fM verdoppeln (= 18 M).

4.-7. Rd: Jeweils 18 fM häkeln. Mit 1 Km schließen. Garn 30 cm lang abschneiden.
Das 2. Ohr ebenso häkeln.

Arm (2x)

In Rauchgrau einen Magic Ring anfertigen. Weiter in Spiralrd arb.

1. Rd: 6 fM in den Ring häkeln (= 6 M).

2.-10. Rd: Jeweils 6 fM häkeln. 1 Lm arb. Den Arm flach drücken und mit 3 fM zusammenhäkeln. Garn 30 cm lang abschneiden.
Den 2. Arm ebenso häkeln.

Bein (2x)

In Rauchgrau einen Magic Ring anfertigen. Weiter in Spiralrd arb.

1. Rd: 8 fM in den Ring häkeln (= 8 M).

2.-10. Rd: Jeweils 8 fM häkeln. Mit 1 Km schließen. Garn ca. 30 cm lang abschneiden und das Bein mit Füllwatte ausstopfen.
Das 2. Bein ebenso häkeln.

Nase

In Anthrazit 5 Lm anschl. Die Lm-Kette von beiden Seiten behäkeln.
Ab der 2. M von der Nd aus 3 fM, 3 fM in 1 M, 3 fM, 3 fM in 1 M (= 12 M). Mit 1 Km schließen. Garn 30 cm lang abschneiden.

Bäckchen (2x)

In Dahlie einen Magic Ring anfertigen.
5 fM in den Ring häkeln. Mit 1 Km zum Ring schließen. Garn 30 cm lang abschneiden.
Das 2. Bäckchen ebenso häkeln.

Fertigstellen

Die Ohren zusammendrücken und beidseitig leicht gewölbt am Kopf festnähen. Die Nase und die Bäckchen im Gesicht festnähen. In Schwarz Augen aufsticken, in Weiß kleine Punkte auf den Badeanzug sticken. Alle Fäden vernähen.

FRITZ, DER FROSCH

Streifenfolge

1 Rd in Capri, 1 Rd in Weiß im Wechsel häkeln.

Kopf und Körper

Die 1.-24. Rd in Greenery wie beim Koala häkeln.
Die 25.-32. Rd in der Streifenfolge wie beim Koala häkeln.

Arm (2x)
In Greenery wie beim Koala häkeln.

Bein (2x)
Die 1.-7. Rd in Greenery wie beim Koala häkeln.
Die 8.-10. Rd in der Streifenfolge wie beim Koala häkeln.

Bäckchen (2x)
In Dahlie wie beim Koala häkeln.

Außenauge (2x)
In Greenery einen Magic Ring anfertigen. Weiter in Spiralrd arb.
1. Rd: 6 fM in den Ring häkeln (= 6 M).
2. Rd: Jede 2. fM verdoppeln (= 9 M).
3.+4. Rd: Jeweils 9 fM häkeln. Mit 1 Km schließen. Garn 30 cm lang abschneiden.
Das 2. Auge ebenso häkeln.

Innenauge (2x)
In Weiß 4 Lm anschl. Ab der 2. M von der Nd aus 1 Km, 1 fM verdoppeln, 1 Km häkeln. Garn 30 cm lang abschneiden.
Das 2. Auge ebenso häkeln.

Fertigstellen
In Schwarz Pupillen auf die Innenaugen sticken und diese auf den Außenaugen festnähen, dabei mit etwas Füllwatte ausstopfen. Die Augen und die Bäckchen auf dem Kopf festnähen. Mit geteiltem Garn in Schwarz die Nase aufsticken. Alle Fäden vernähen.

GRETE, DAS SCHWEINCHEN

Kopf und Körper
In Hyazinth einen Magic Ring anfertigen. Weiter in Spiralrd arb.
1. Rd: 6 fM in den Ring häkeln (= 6 M).
2. Rd: Jede fM verdoppeln (= 12 M).
3. Rd: Jede 2. fM verdoppeln (= 18 M).
4. Rd: 18 fM häkeln.
5. Rd: Jede 3. fM verdoppeln (= 24 M).
6. Rd: 24 fM häkeln.
7. Rd: Jede 4. fM verdoppeln (= 30 M).
Die 8.-27. Rd in Rosé Gold wie beim Koala häkeln.
Die 28.-32. Rd in Jade wie beim Koala häkeln.

Arm (2x)
In Rosé Gold wie beim Koala häkeln.

Bein (2x)
In Rosé Gold wie beim Koala häkeln.

Bäckchen (2x)
In Dahlie wie beim Koala häkeln.

Ohr (2x)
In Rosé Gold 6 Lm anschl. Die Lm-Kette von beiden Seiten behäkeln.
Ab der 2. M von der Nd aus 4 fM, 1 Km, 1 Lm, 1 Km, 4 fM (= 11 M). Garn 30 cm lang abschneiden.
Das 2. Ohr ebenso häkeln.

Rüssel
In Altrosa 4 Lm anschl. Die Lm-Kette von beiden Seiten behäkeln.
Ab der 2. M von der Nd aus 2 fM, 3 fM in 1 M, 2 fM (= 7 M). Mit 1 Km schließen. Garn 30 cm lang abschneiden.

Fertigstellen
Die Ohren unterhalb der Badekappe festnähen. In Schwarz Nasenlöcher auf den Rüssel sticken und diesen und die Bäckchen festnähen. Mit geteiltem Garn in Schwarz die Augen aufsticken. Mit Garn in Weiß eine kleine Schleife an der Badehose befestigen. Alle Fäden vernähen.

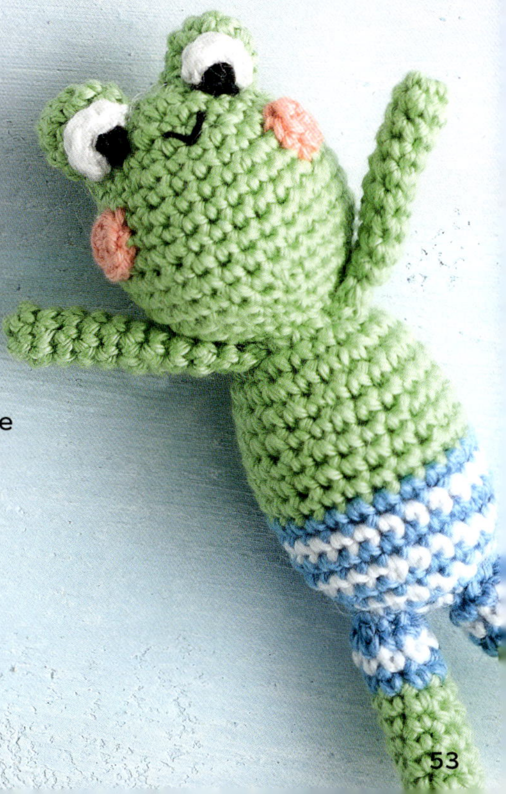

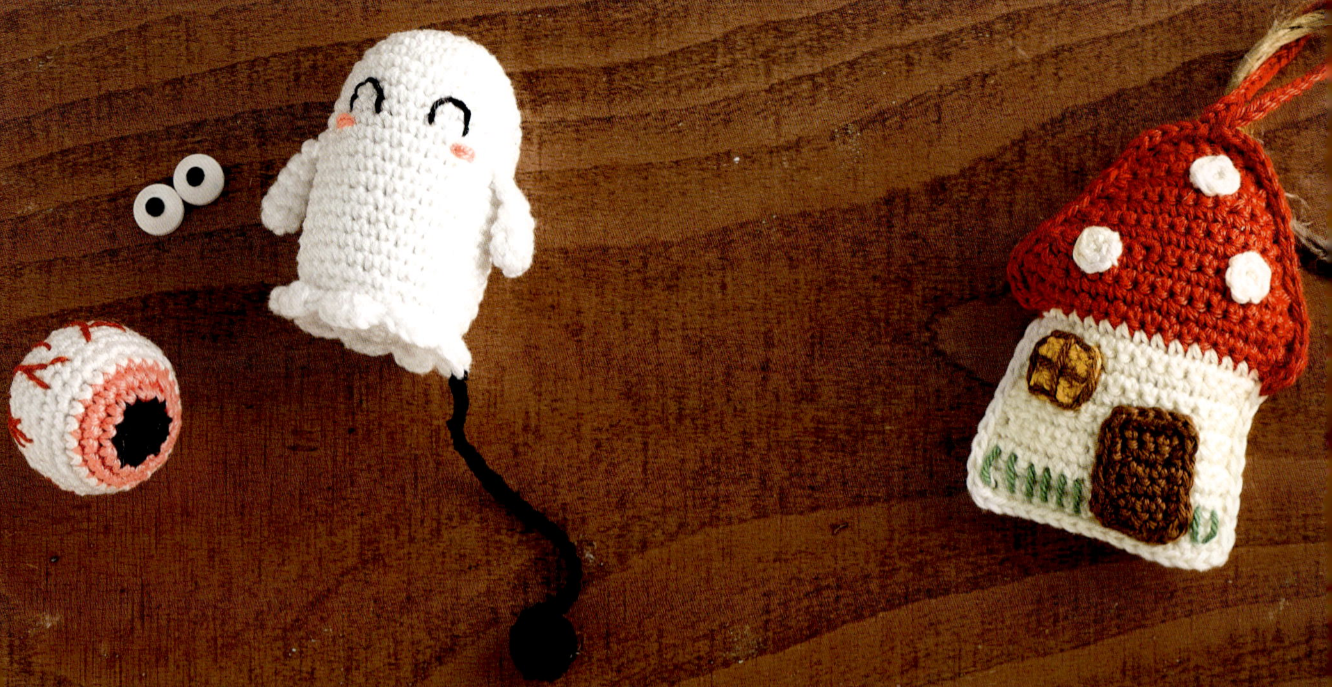

HERBST

Die Tage werden wieder länger und die Bäume verändern ihre Blätter in atemberaubende Farben. Da ist ein Spaziergang im Wald genau das Richtige und vielleicht entdeckt man dort auch den einen oder anderen Waldbewohner? Wieder zuhause ist ein leckerer Apfel oder eine süße Birne ein toller Snack. Jetzt kann es an die Vorbereitungen für die Halloween-Deko gehen. Warum dieses Mal nicht in gehäkelter Form?

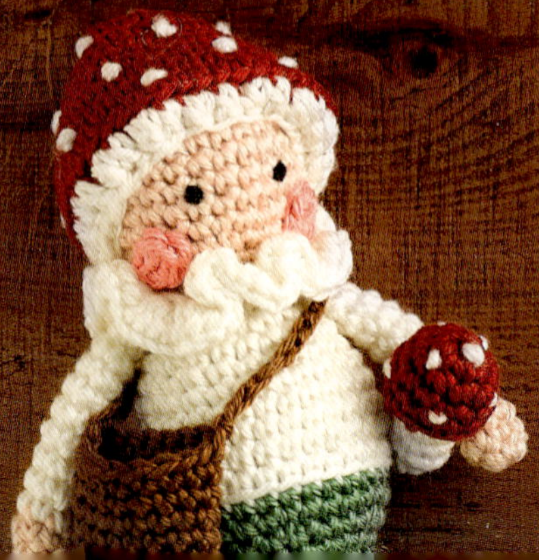

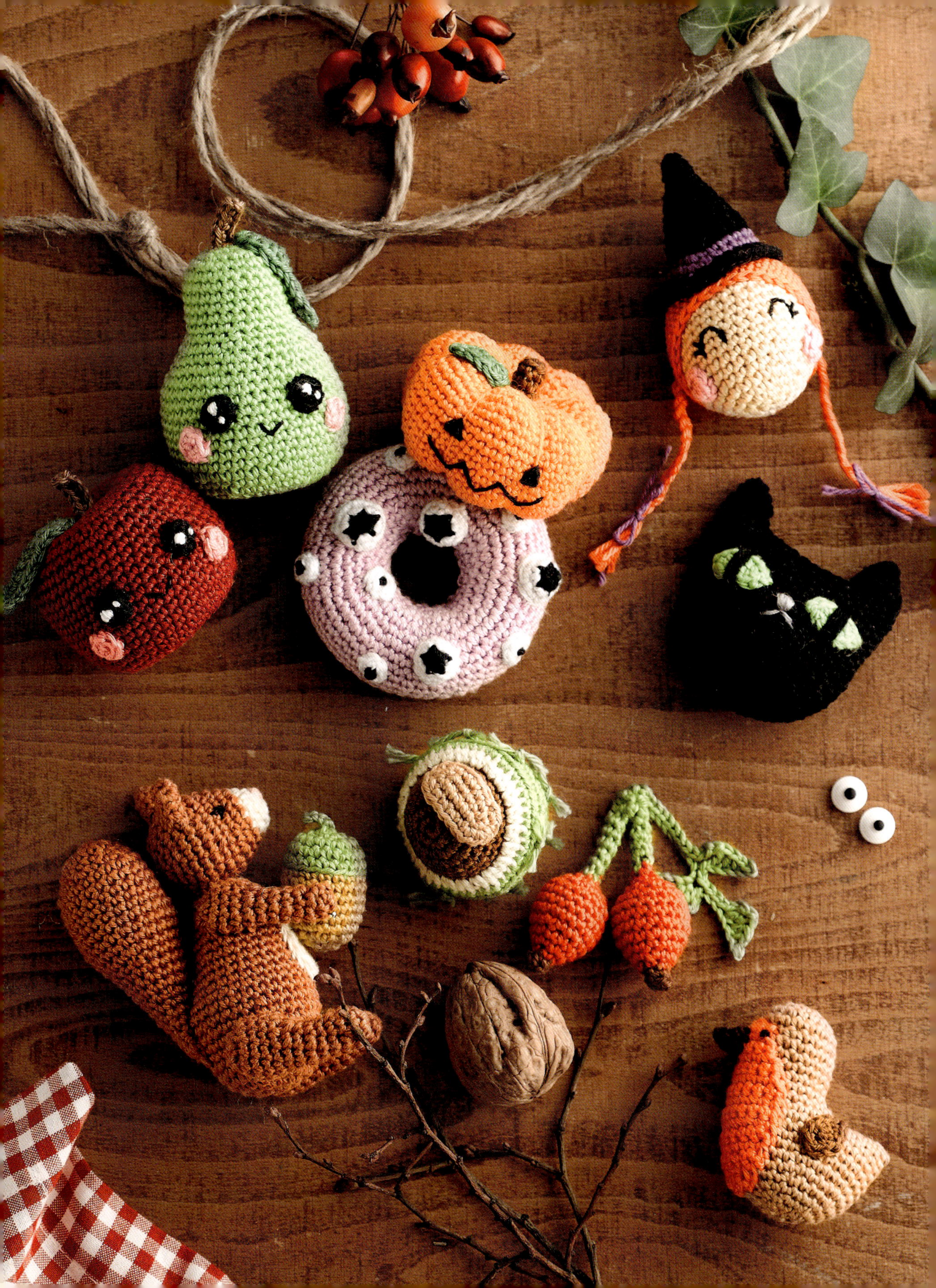

FRÜCHTE DES GARTENS

An apple a day keeps the doctor away! Und dieser kleine knackige Apfel bringt auch noch gleich seinen leckeren Freund Birne mit. Da kann der Herbst gar nicht schnell genug kommen.

SCHWIERIGKEITSGRAD

Apfel: 2
Birne: 2

GRÖSSE

Apfel: 6 cm
Birne: 9 cm

MATERIAL

- Häkelnadel 2,0 mm
- Füllwatte
- Wollnadel

Apfel

- Schachenmayr Catania (LL 125 m/50 g) in Weinrot (Fb 192), Moos (Fb 412), Deep Amber (Fb 438), Pink (Fb 225), Weiß (Fb 106) und Schwarz (Fb 110), Reste

Birne

- Schachenmayr Catania (LL 125 m/50 g) in Greenery (Fb 418), 50 g, in Moos (Fb 412), Deep Amber (Fb 438), Orchidee (Fb 222), Weiß (Fb 106) und Schwarz (Fb 110), Reste

KNACKIGER APFEL

Apfel

In Weinrot einen Magic Ring anfertigen. Weiter in Spiralrd arb.

1. Rd: 6 fM in den Ring häkeln (= 6 M).
2. Rd: Jede fM verdoppeln (= 12 M).
3. Rd: Jede 2. fM verdoppeln (= 18 M).
4. Rd: * 1 fM, 1 fM verdoppeln, 1 fM, ab * noch 5x wdh (= 24 M).
5. Rd: Jede 4. fM verdoppeln (= 30 M).
6. Rd: * 2 fM, 1 fM verdoppeln, 2 fM, ab * noch 5x wdh (= 36 M).
7. Rd: 36 fM häkeln.
8. Rd: Jede 6. fM verdoppeln (= 42 M).
9.-20 Rd: Jeweils 42 fM häkeln.
21. Rd: Jede 6. und 7. fM zusammen abmaschen (= 36 M).
22. Rd: 36 fM häkeln.
23. Rd: Jede 5. und 6. fM zusammen abmaschen (= 30 M).
24. Rd: Jede 4. und 5. fM zusammen abmaschen (= 24 M).
Mit Füllwatte ausstopfen.
25. Rd: Jede 3. und 4. fM zusammen abmaschen (= 18 M).
26. Rd: Jede 2. und 3. fM zusammen abmaschen (= 12 M).
27. Rd: Immer 2 fM zusammen abmaschen (= 6 M).
Mit 1 Km schließen. Garn 30 cm lang abschneiden, mit der Wollnd durch die 6 vorderen M-Glieder fädeln und zusammenziehen. Dann einmal durch den ganzen Apfel stechen, durch den Magic Ring und wieder zurück. Den Apfel dadurch etwas stauchen und in Form bringen.

Auge (2x)

In Schwarz einen Magic Ring anfertigen.
6 fM in den Ring häkeln. Mit 1 Km schließen. Garn 30 cm lang abschneiden.
Das 2. Auge ebenso häkeln.

Stiel

In Deep Amber 7 Lm anschl. Ab der 3. M von der Nd aus 5 fM häkeln. Garn 30 cm lang abschneiden.

Bäckchen (2x)

In Pink einen Magic Ring anfertigen.

5 fM in den Ring häkeln. Mit 1 Km schließen. Garn 30 cm lang abschneiden.

Blatt

In Moos 10 Lm anschl. Die Lm-Kette von beiden Seiten behäkeln.
Ab der 2. M von der Nd aus 1 Km, 2 fM, 3 hStb, 2 Stb, 5 Stb in 1 M, 2 Stb, 3 hStb, 2 fM, 1 Km (= 21 M). Garn 30 cm lang abschneiden.

Fertigstellen

Den Stiel und das Blatt am Apfel festnähen. Mit geteiltem Garn in Weiß einen großen und einen kleinen Punkt auf die Augen sticken und diese und die Bäckchen festnähen. Mit geteiltem Garn in Schwarz den Mund aufsticken. Alle Fäden vernähen.

SÜSSE BIRNE

Birne

In Greenery einen Magic Ring anfertigen. Weiter in Spiralrd arb.

1. Rd: 6 fM in den Ring häkeln (= 6 M).

2. Rd: Jede fM verdoppeln (= 12 M).

3. Rd: Jede 2. fM verdoppeln (= 18 M).

4. Rd: * 1 fM, 1 fM verdoppeln, 1 fM, ab * noch 5x wdh (= 24 M).

5. Rd: Jede 4. fM verdoppeln (= 30 M).

6. Rd: * 2 fM, 1 fM verdoppeln, 2 fM, ab * noch 5x wdh (= 36 M).

7. Rd: 36 fM häkeln.

8. Rd: Jede 6. fM verdoppeln (= 42 M).

9.-17 Rd: Jeweils 42 fM häkeln.

18. Rd: Jede 6. und 7. fM zusammen abmaschen (= 36 M).

19. Rd: 36 fM häkeln.

20. Rd: Jede 5. und 6. fM zusammen abmaschen (= 30 M).

21. Rd: Jede 4. und 5. fM zusammen abmaschen (= 24 M).

Mit Füllwatte ausstopfen.

22.-27. Rd: Jeweils 24 fM häkeln.

28. Rd: Jede 3. und 4. fM zusammen abmaschen (= 18 M).

29. Rd: Jede 2. und 3. fM zusammen abmaschen (= 12 M).

30. Rd: Immer 2 fM zusammen abmaschen (= 6 M).

Mit 1 Km schließen. Garn 30 cm lang abschneiden, mit der Wollnd durch die 6 vorderen M-Glieder fädeln und zusammenziehen. Dann einmal durch die ganze Birne stechen, durch den Magic Ring und wieder zurück. Die Birne dadurch etwas stauchen und in Form bringen.

Auge (2x)

In Schwarz wie beim Apfel häkeln.

Stiel

In Deep Amber wie beim Apfel häkeln.

Bäckchen (2x)

In Orchidee wie beim Apfel häkeln.

Blatt

In Moos wie beim Apfel häkeln.

Fertigstellen

Den Stiel und das Blatt an der Birne festnähen. Mit geteiltem Garn in Weiß einen großen und einen kleinen Punkt auf die Augen sticken und diese und die Bäckchen festnähen. Mit geteiltem Garn in Schwarz den Mund aufsticken. Alle Fäden vernähen.

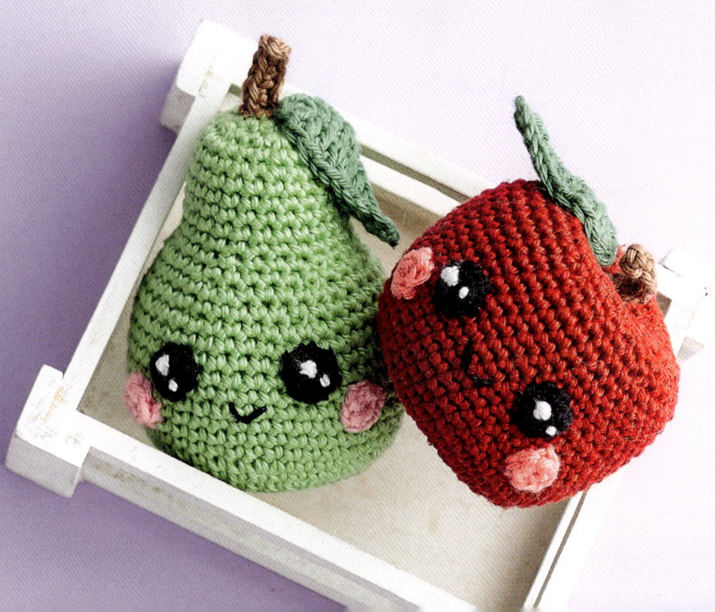

FRÜCHTE DES WALDES

Im Herbst gibt es nichts Schöneres als durch den würzig duftenden Wald zu spazieren und dabei ein paar Schätze mitzubringen. Mit diesen gehäkelten Früchten des Waldes hat man gleich noch länger Freude an der hübschen Deko.

SCHWIERIGKEITSGRAD

Eichel: 1
Hagebutten: 3
Kastanie: 2

GRÖSSE

Eichel: 4,5 cm
Hagebutten: 6 cm
Kastanie: 5 cm

MATERIAL

- Häkelnadel 2,0 mm
- Füllwatte
- Wollnadel

Eichel

- Schachenmayr Catania (LL 125 m/50 g) in Apfel (Fb 205) und Curry (Fb 431), Reste

Hagebutten

- Schachenmayr Catania (LL 125 m/50 g) in Tomate (Fb 390), Apfel (Fb 205) und Marone (Fb 157), Reste

Kastanie

- Schachenmayr Catania (LL 125 m/50 g) in Apfel (Fb 205), Natur (Fb 105), Marone (Fb 157) und Sun-Kissed (Fb 437), Reste

REIFE EICHEL

In Apfel einen Magic Ring anfertigen. Weiter in Spiralrd arb.
1. Rd: 6 fM in den Ring häkeln (= 6 M).
1. Rd: Jede fM verdoppeln (= 12 M).
3. Rd: Jede 2. fM verdoppeln (= 18 M).
4.+5. Rd: Jeweils 18 fM häkeln.
6. Rd (Curry): 18 fM in die hinteren M-Glieder häkeln.
7.-11. Rd: Jeweils 18 fM häkeln.
12. Rd: Jede 2. und 3. fM zusammen abmaschen (= 12 M).
Mit Füllwatte ausstopfen.
13. Rd: Immer 2 fM zusammen abmaschen (= 6 M).
Mit 1 Km schließen. Garn abschneiden, mit der Wollnd durch die 6 vorderen M-Glieder fädeln, zusammenziehen und vernähen.
Für den Stiel in Apfel am Magic Ring anschlingen und 5 Lm häkeln. Ab der 2. M von der Nd aus 3 Km häkeln und mit 1 Km im Magic Ring enden. Garn abschneiden und vernähen.

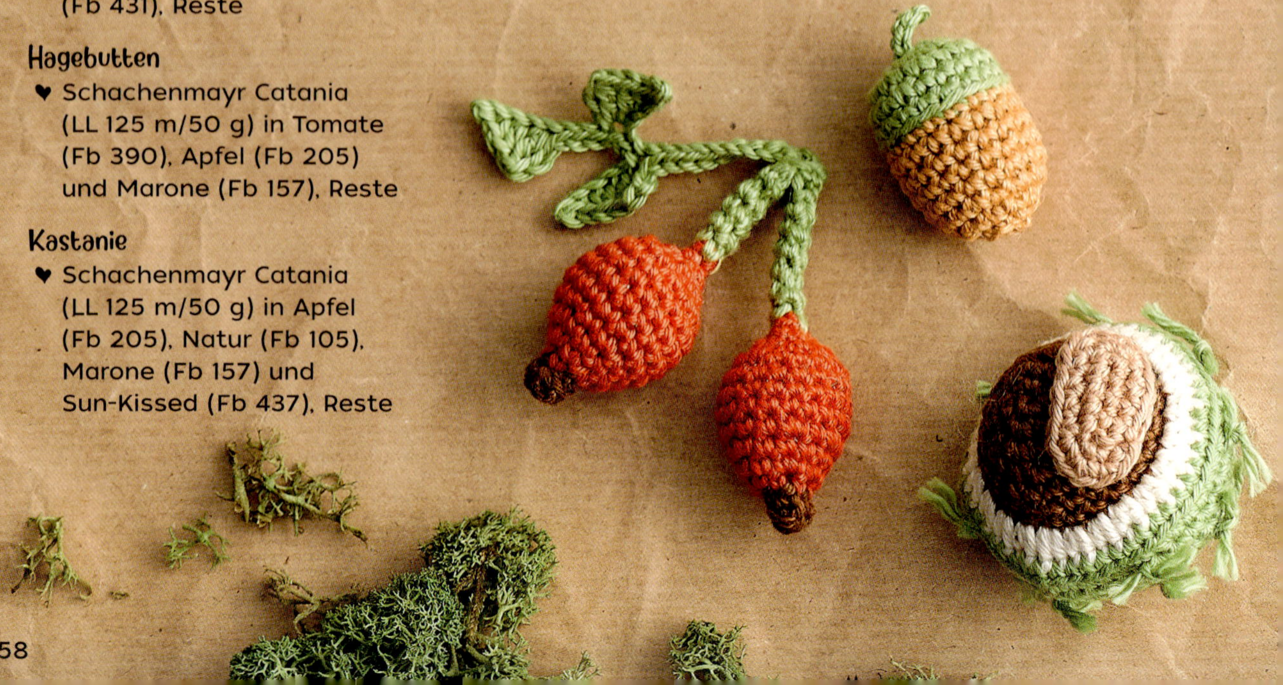

HERBE HAGEBUTTEN

Hagebutte (2x)

In Marone einen Magic Ring anfertigen. Weiter in Spiralrd arb.
1. Rd: 4 fM in den Ring häkeln (= 4 M).
2. Rd: 4 fM in die hinteren M-Glieder häkeln.
3. Rd (Tomate): Jede 2. fM verdoppeln (= 6 M).
4. Rd: Jede fM verdoppeln (= 12 M).
5. Rd: 12 fM häkeln.
6. Rd: Jede 2. fM verdoppeln (= 18 M).
7.-10. Rd: Jeweils 18 fM häkeln.
11. Rd: Jede 2. und 3. fM zusammen abmaschen (= 12 M).
Mit Füllwatte ausstopfen.
12. Rd: Immer 2 fM zusammen abmaschen (= 6 M).
13. Rd: Jede 2. und 3. fM zusammen abmaschen (= 4 M).
14.-20. Rd (Apfel): 4 fM häkeln.
1 Lm arb. Den Stiel flach drücken und mit 2 fM zusammenhäkeln.
Die 2. Hagebutte ebenso häkeln.

Blatt

In Apfel 16 Lm anschl.
Ab der 2. M von der Nd aus 1 Km, 1 fM, 1 hStb, (1 Stb, 2 Lm, 1 Km) in 1 M, 8 Lm, ab der 2. M von der Nd aus 1 Km, 1 fM, 1 hStb, (1 Stb, 2 Lm, 1 Km) in 1 M, 6 Km, 5 Lm, ab der 2. M von der Nd aus 1 Km, 1 fM, (1 Stb, 2 Lm, 1 Km) in 1 M, 9 fM.
Nun die 2 Stiele und das Blatt zusammenhäkeln: 1 Lm, 2 fM durch alle 6 M-Glieder arb. Garn abschneiden und vernähen.

STACHELIGE KASTANIE

Kastanie

In Marone einen Magic Ring anfertigen. Weiter in Spiralrd arb.
1. Rd: 6 fM in den Ring häkeln (= 6 M).
2. Rd: Jede fM verdoppeln (= 12 M).
3. Rd: Jede 2. fM verdoppeln (= 18 M).
4. Rd: * 1 fM, 1 fM verdoppeln, 1 fM, ab * noch 5x wdh (= 24 M).
5.+6. Rd: Jeweils 24 fM häkeln.
7. Rd (Natur): 3 Lm, in die vorderen M-Glieder fortlaufend in jede M 2 Stb häkeln (= 48 M). Mit 1 Km schließen.
8. Rd (Apfel): 48 fM häkeln.
9. Rd: Jede 7. und 8. fM zusammen abmaschen, dabei in die hinteren M-Glieder häkeln (= 42 M).
10. Rd: 42 fM häkeln.
11. Rd: Jede 6. und 7. fM zusammen abmaschen (= 36 M).
12. Rd: 36 fM häkeln.
13. Rd: Jede 5. und 6. fM zusammen abmaschen (= 30 M).
14. Rd: 30 fM häkeln.
15. Rd: Jede 4. und 5. fM zusammen abmaschen (= 24 M).
Mit Füllwatte ausstopfen.
16. Rd: Jede 3. und 4. fM zusammen abmaschen (= 18 M).
17. Rd: Jede 2. und 3. fM zusammen abmaschen (= 12 M).
18. Rd: Immer 2 fM zusammen abmaschen (= 6 M).
Mit 1 Km schließen. Garn abschneiden, mit der Wollnd durch die 6 vorderen M-Glieder fädeln, zusammenziehen und vernähen.

Fleck

In Sun-Kissed 6 Lm anschl. Die Lm-Kette von beiden Seiten behäkeln.
1. Rd: Ab der 2. M von der Nd aus 4 fM, 3 fM in 1 M, 4 fM, 3 fM in 1 M (= 14 M).
2. Rd: 4 fM, 3 fM verdoppeln, 4 fM, 3 fM verdoppeln (= 20 M). Garn 30 cm lang abschneiden.

Fertigstellen

Seitlich den Fleck festnähen. Mit 5 cm langen Garnstücken in Apfel kleine Stacheln an die Schale knoten. Alle Fäden vernähen.

PIET, DAS EICHHÖRNCHEN

Ein kleines Eichhörnchen darf im Herbst nicht fehlen. Mit seinem hübschen roten Fell und dem buschigen Schwanz saust es die Bäume rauf und runter und bietet ein süßes Unterhaltungsprogramm.

SCHWIERIGKEITSGRAD 3

GRÖSSE

9 cm

MATERIAL

- Schachenmayr Catania (LL 125 m/50 g) in Fuchs (Fb 426), 50 g, in Natur (Fb 105), Altrosa (Fb 408) und Schwarz (Fb 110), Reste
- Häkelnadel 2,0 mm
- Füllwatte
- Wollnadel

Kopf

In Natur einen Magic Ring anfertigen. Weiter in Spiralrd arb.

1. Rd: 6 fM in den Ring häkeln (= 6 M).
2. Rd: Jede 2. fM verdoppeln (= 9 M).
3. Rd: Jede 3. fM verdoppeln (= 12 M).
4. Rd (Fuchs): 12 fM häkeln.
5. Rd: Jede 4. fM verdoppeln (= 15 M).
6. Rd: Jede 5. fM verdoppeln (= 18 M).
7. Rd: 18 fM häkeln.
8. Rd: Jede 3. fM verdoppeln (= 24 M).
9.-11. Rd: Jeweils 24 fM häkeln.
12. Rd: Jede 3. und 4. fM zusammen abmaschen (= 18 M).
13. Rd: 18 fM häkeln.
Mit Füllwatte ausstopfen.
14. Rd: Jede 2. und 3. fM zusammen abmaschen (= 12 M).
15. Rd: Immer 2 fM zusammen abmaschen (= 6 M).
Mit 1 Km schließen. Garn abschneiden, mit der Wollnd durch die 6 vorderen M-Glieder fädeln, zusammenziehen und vernähen.

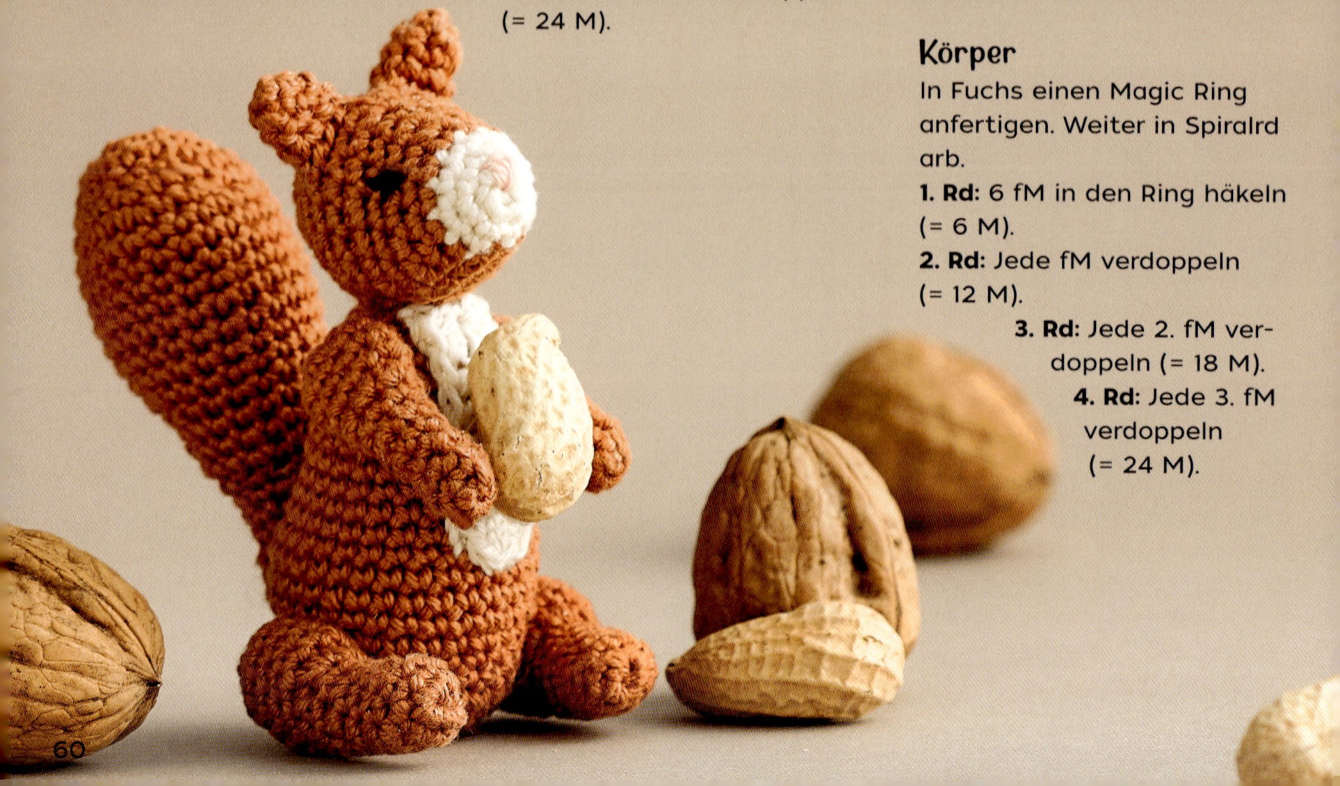

Körper

In Fuchs einen Magic Ring anfertigen. Weiter in Spiralrd arb.

1. Rd: 6 fM in den Ring häkeln (= 6 M).
2. Rd: Jede fM verdoppeln (= 12 M).
3. Rd: Jede 2. fM verdoppeln (= 18 M).
4. Rd: Jede 3. fM verdoppeln (= 24 M).

5.-7. Rd: Jeweils 24 fM häkeln.
8. Rd: Jede 4. fM verdoppeln (= 30 M).
9.-13. Rd: Jeweils 30 fM häkeln.
14. Rd: 2 fM zusammen abmaschen, 1 fM, 2 fM zusammen abmaschen, 1 fM, 2 fM zusammen abmaschen, 22 fM (= 27 M).
15. Rd: 27 fM häkeln.
16. Rd: 2 fM zusammen abmaschen, 1 fM, 2 fM zusammen abmaschen, 1 fM, 2 fM zusammen abmaschen, 19 fM (= 24 M).
17.+18. Rd: Jeweils 24 fM häkeln.
Mit Füllwatte ausstopfen.
19. Rd: Jede 3. und 4. fM zusammen abmaschen (= 18 M).
20.+21. Rd: Jeweils 18 fM häkeln.
22. Rd: Jede 2. und 3. fM zusammen abmaschen (= 12 M).
Mit 1 Km schließen. Garn 30 cm lang abschneiden.

Brust

In Natur 10 Lm anschl. Die Lm-Kette von beiden Seiten behäkeln.
Ab der 3. M von der Nd aus 7 hStb, 5 hStb in 1 M, 7 hStb häkeln (= 19 M). Garn 30 cm lang abschneiden.

Arm (2x)

In Fuchs einen Magic Ring anfertigen. Weiter in Spiralrd arb.
1. Rd: 6 fM in den Ring häkeln (= 6 M).
2.-7. Rd: Jeweils 6 fM häkeln.
8. Rd: 3 fM verdoppeln, 3 fM (= 9 M).
9.-11. Rd: Jeweils 9 fM häkeln.
12. Rd: Jede 2. und 3. fM zusammen abmaschen (= 6 M).
Mit 1 Km schließen. Garn 30 cm lang abschneiden. Mit der Wollnd durch die 6 vorderen M-Glieder fädeln und zusammenziehen. Garn nicht abschneiden.
Den 2. Arm ebenso häkeln.

Bein (2x)

In Fuchs einen Magic Ring anfertigen. Weiter in Spiralrd arb.
1. Rd: 8 fM in den Ring häkeln (= 8 M).
2.-7. Rd: Jeweils 8 fM häkeln.
8. Rd: 4 fM verdoppeln, 4 fM (= 12 M).
9.-12. Rd: Jeweils 12 fM häkeln.
Mit Füllwatte ausstopfen.
13. Rd: Immer 2 fM zusammen abmaschen (= 6 M). Mit 1 Km schließen. Garn 30 cm lang abschneiden. Mit der Wollnd durch die 6 vorderen M-Glieder fädeln und zusammenziehen. Garn nicht abschneiden.
Das 2. Bein ebenso häkeln.

Ohr (2x)

In Fuchs einen Magic Ring anfertigen. Weiter in Spiralrd arb.
1. Rd: 4 fM in den Ring häkeln (= 4 M).
2. Rd: Jede 2. fM verdoppeln (= 6 M).
3. Rd: 6 fM häkeln.
4. Rd: Jede 3. fM verdoppeln (= 8 M). Mit 1 Km schließen. Garn 30 cm lang abschneiden.
Das 2. Ohr ebenso häkeln.

Schwanz

In Fuchs einen Magic Ring anfertigen. Weiter in Spiralrd arb.
1. Rd: 8 fM in den Ring häkeln (= 8 M).
2. Rd: Jede fM verdoppeln (= 16 M).
3. Rd: 16 fM häkeln.
4. Rd: Jede 2. fM verdoppeln (= 24 M).
5.-12. Rd: Jeweils 24 fM häkeln.
13. Rd: Jede 3. und 4. fM zusammen abmaschen (= 18 M).
14.-16. Rd: Jeweils 18 fM häkeln.
Mit Füllwatte ausstopfen.
17. Rd: Jede 2. und 3. fM zusammen abmaschen (= 12 M).
18.-22. Rd: Jeweils 12 fM häkeln.
1 Lm arb. Den Schwanz flach drücken und mit 6 fM zusammenhäkeln. Garn 30 cm lang abschneiden.

Fertigstellen

Die Brust auf dem Körper, die Ohren am Kopf festnähen. Kopf, Arme, Beine und Schwanz am Körper festnähen. In Altrosa die Nase und mit geteiltem Garn in Schwarz die Augen aufsticken. Alle Fäden vernähen.

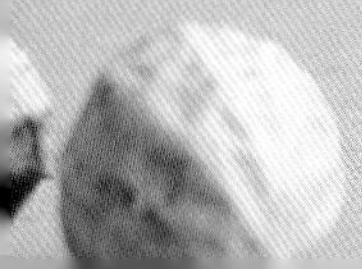

MATS, DAS ROTKEHLCHEN

Wer zwitschert denn da so schön? Ein Rotkehlchen macht immer gute Laune und ist ein süßes Mitbringsel.

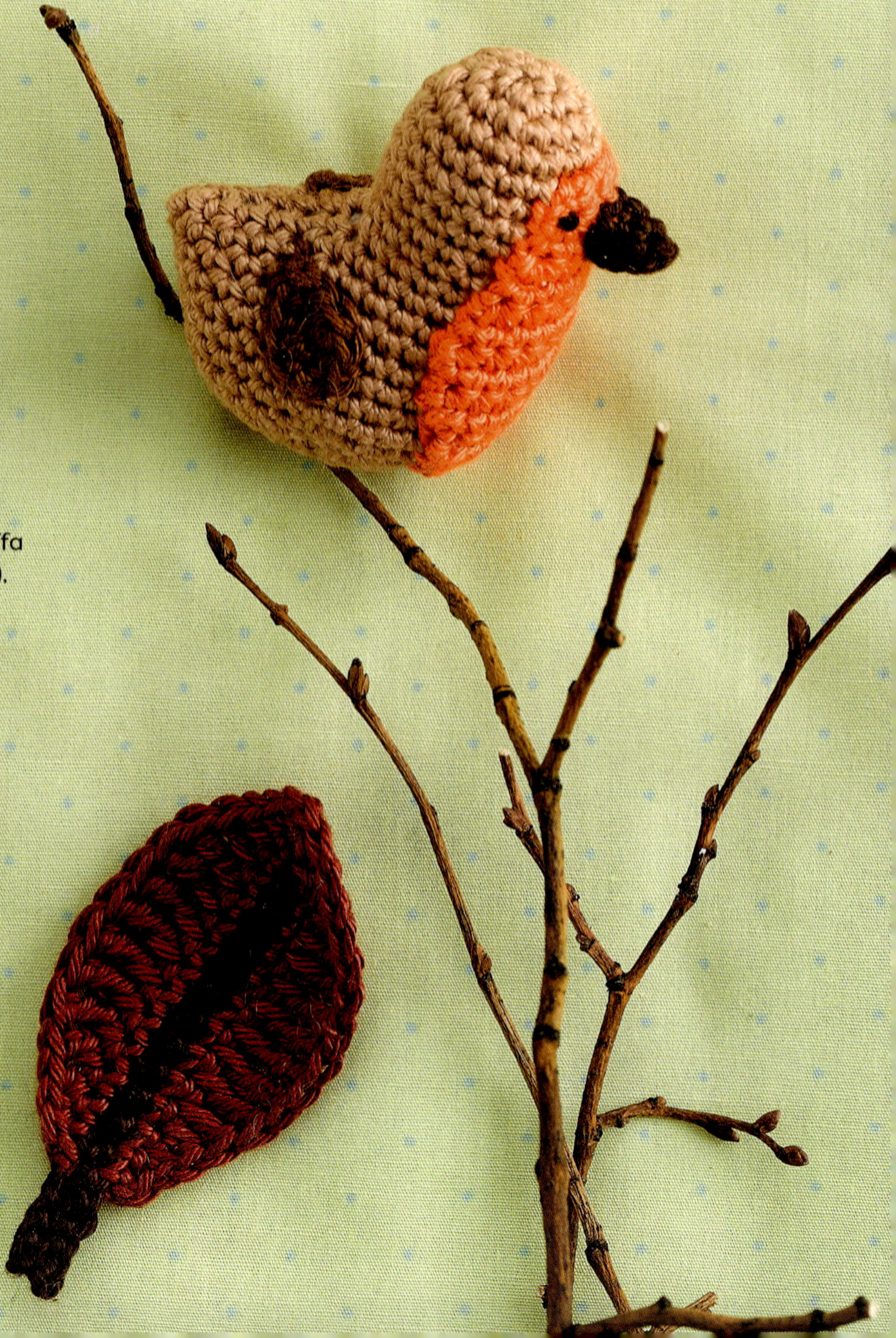

SCHWIERIGKEITSGRAD

Rotkehlchen: 2
Herbstlaub Rot: 2
Herbstlaub Golden: 2

GRÖSSE

Rotkehlchen: 6 cm
Herbstlaub rot: 8 cm
Herbstlaub golden: 10 cm

MATERIAL

- Häkelnadel 2,0 mm
- Füllwatte
- Wollnadel

Rotkehlchen

- Schachenmayr Catania (LL 125 m/50 g) in Sun-Kissed (Fb 437), Jaffa (Fb 189), Kaffee (Fb 162), Marone (Fb 157) und Schwarz (Fb 110), Reste

Herbstlaub Rot

- Schachenmayr Catania (LL 125 m/50 g) in Bordeaux (Fb 425) und Kaffee (Fb 162), Reste

Herbstlaub Golden

- Schachenmayr Catania (LL 125 m/50 g) in Curry (Fb 431) und Kaffee (Fb 162), Reste

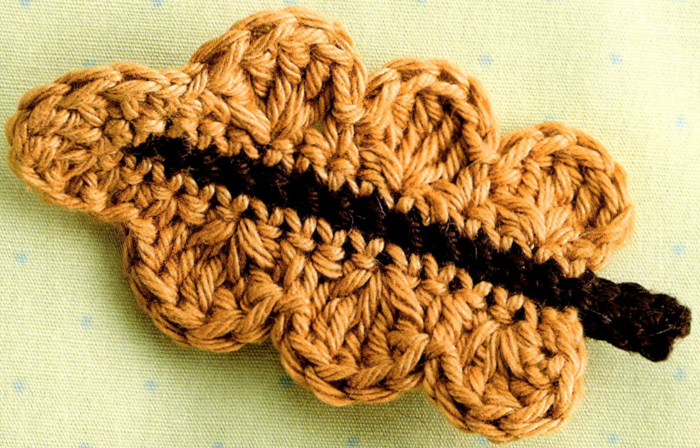

ROTKEHLCHEN

Kopf und Körper

In Sun-Kissed wie beim Kakadu (siehe Seite 34) häkeln.

Gesicht und Brust

In Jaffa wie beim Tukan (siehe Seite 35) häkeln.

Schnabel

In Kaffee einen Magic Ring anfertigen. Weiter in Spiralrd arb.
1. Rd: 4 fM in den Ring häkeln (= 4 M).
2. Rd: 4 fM häkeln.
3. Rd: Jede 2. fM verdoppeln (= 6 M).
Mit 1 Km schließen. Garn 30 cm lang abschneiden und Schnabel mit etwas Füllwatte ausstopfen.

Flügel (2x)

In Marone 5 Lm anschl. Die Lm-Kette von beiden Seiten behäkeln.
Ab der 2. M von der Nd aus 1 Km, 1 fM, 1 hStb, 3 fM in 1 M, 1 hStb, 1 fM, 1 Km (= 9 M).
Garn 30 cm lang abschneiden.
Den 2. Flügel ebenso häkeln.

Fertigstellen

Brust und Flügel am Körper festnähen. Den Schnabel auf dem Gesicht festnähen. In Schwarz die Augen aufsticken. Alle Fäden vernähen.

HERBSTLAUB ROT

Stiel

In Kaffee 18 Lm anschl. Ab der 2. M von der Nd aus 17 fM häkeln.
Garn abschneiden und vernähen.

Blattfläche

Weiter in R arb, am Ende der R 1 Wende-Lm häkeln.
1. R (Bordeaux): 1 Steige-Lm in die 4. M des Stieles arb. Dann 13 fM, 3 fM in 1 M häkeln. Auf der Rückseite des Stieles 13 fM arb (= 29 M).
2. R: 1 Km, 1 fM, 1 hStb, 1 Stb, 7 DStb, 1 Stb, 1 hStb, 1 fM, 3 fM in eine M, 1 fM, 1 hStb, 1 Stb, 7 DStb, 1 Stb, 1 hStb, 1 fM, 1 Km (= 32 M).
Garn abschneiden und vernähen.

HERBSTLAUB GOLDEN

Stiel

In Kaffee 18 Lm anschl. Ab der 3. M von der Nd aus 16 fM häkeln.
Garn abschneiden und vernähen.

Blattfläche

Weiter in R arb, am Ende der R 1 Wende-Lm häkeln.
1. R (Curry): 1 Steige-Lm in die 4. M des Stieles arb. Dann 13 fM, 2x 2 fM in 1 M häkeln. Auf die Rückseite des Stiels 13 fM arb (= 30 M).
2. R: * 1 M überspringen, 5 DStb in 1 M, 1 M überspringen, 1 fM, ab * noch 2x wdh. 1 fM, 1 Stb, [1 Stb und 1 DStb] in 1 M, [1 DStb und 1 Stb] in 1 M, 1 Stb, 1 fM häkeln. * 1 fM, 1 M überspringen, 5 DStb in 1 M, 1 M überspringen, ab * noch 2x wdh, enden mit 1 fM und 1 Km in 1 M (= 45 M).
Garn abschneiden und vernähen.

IM WALD ALLEIN

Auch wenn man beim Pilzesammeln einen großen Bogen um sie machen sollte, sind kleine Fliegenpilze sehr hübsch anzusehen. Und in dieser gehäkelten Variante sind sie sogar komplett ungefährlich. So darf das Pilzmännlein gerne bei uns einziehen.

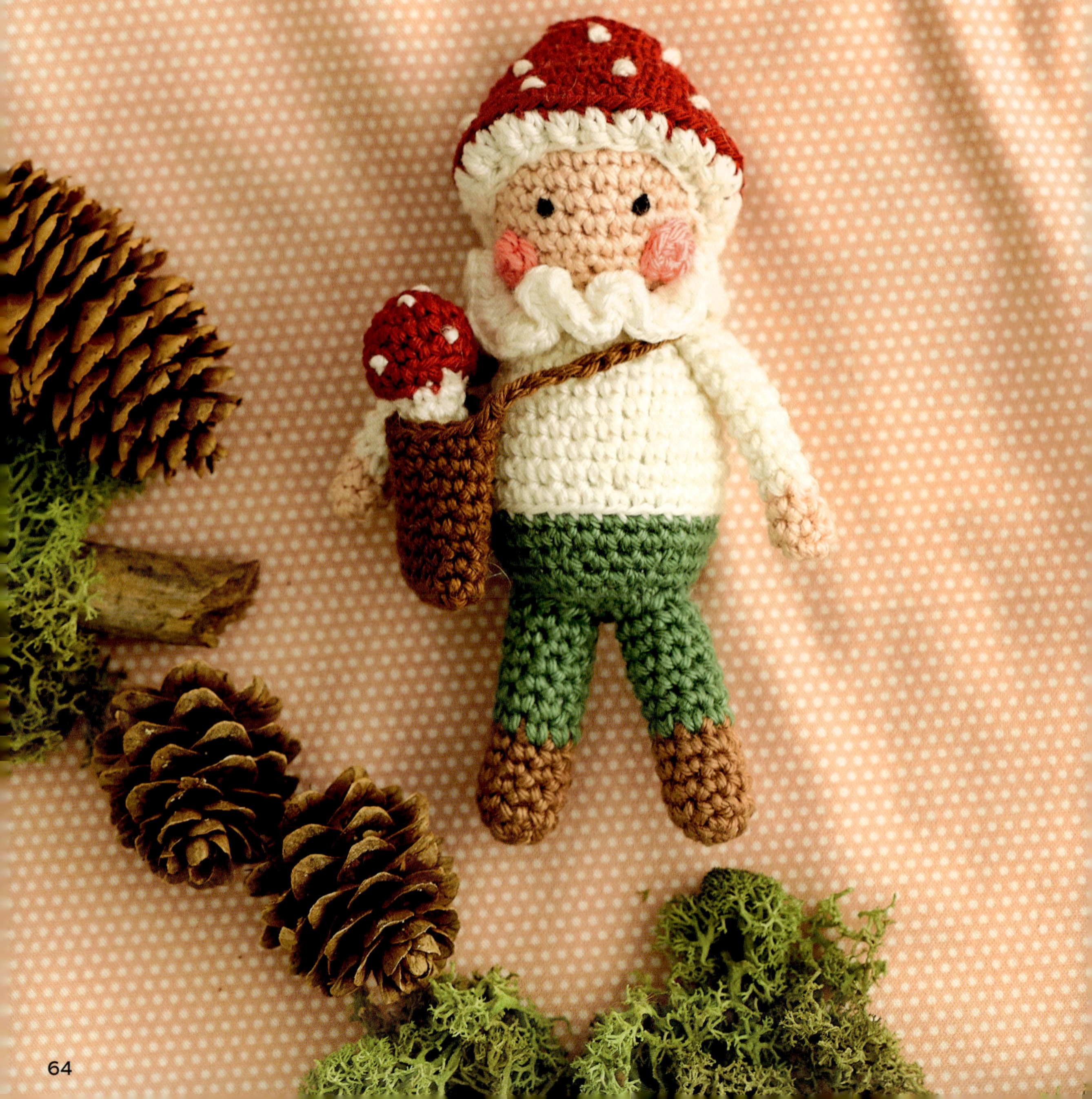

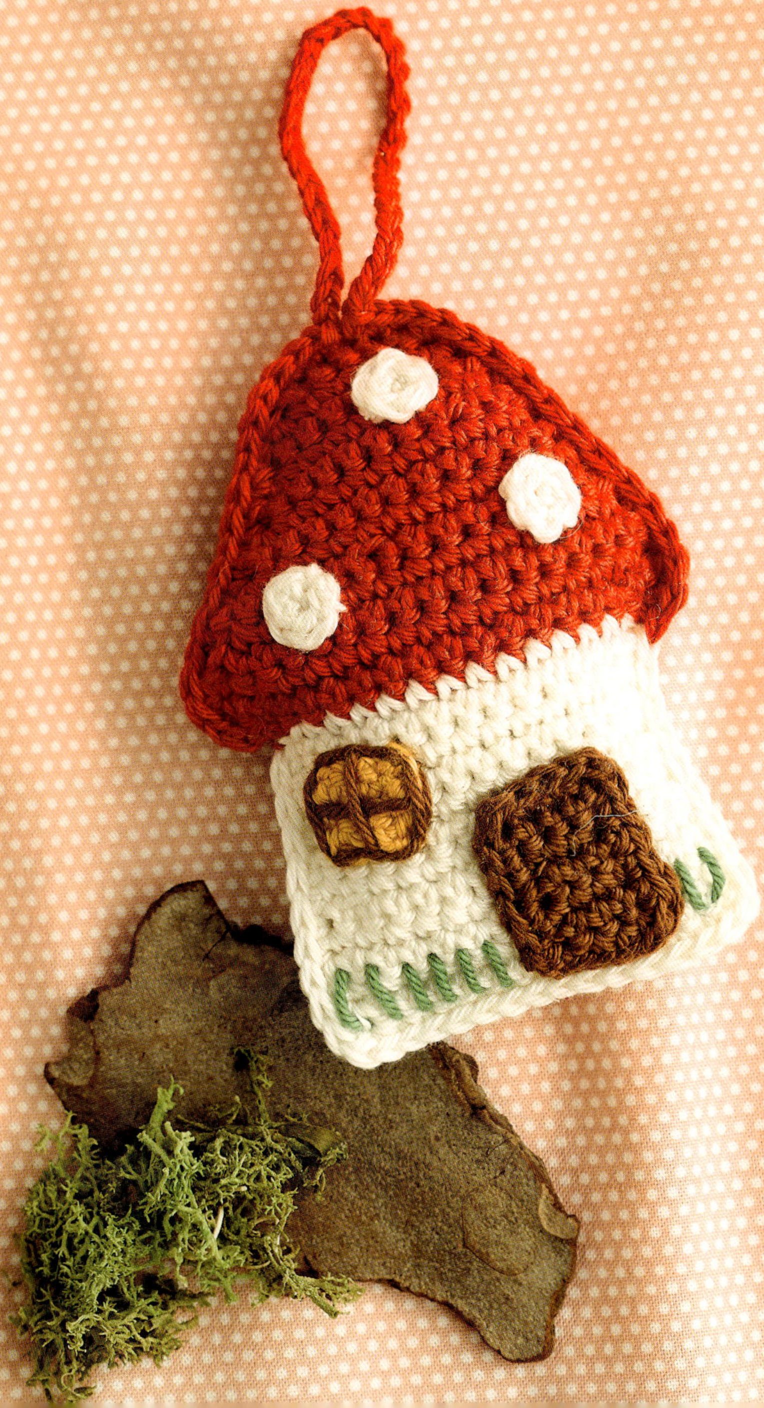

SCHWIERIGKEITSGRAD
Männlein: 3
Tasche: 2
Pilz: 2
Haus: 2

GRÖSSE
Männlein: 12 cm
Tasche: 3 cm (ohne Gurt)
Pilz: 2,5 cm
Haus: 9 cm

MATERIAL
- Häkelnadel 2,0 mm
- Füllwatte
- Wollnadel

Männlein
- Schachenmayr Catania (LL 125 m/50 g) in Weinrot (Fb 192), Rosé Gold (Fb 433), Pink (Fb 225), Natur (Fb 105), Moos (Fb 412) und Schwarz (Fb 110), Reste

Tasche
- Schachenmayr Catania (LL 125 m/50 g) in Marone (Fb 157), Rest

Pilz
- Schachenmayr Catania (LL 125 m/50 g) in Weinrot (Fb 192) und Natur (Fb 105), Reste

Haus
- Schachenmayr Catania (LL 125 m/50 g) in Signalrot (Fb 115), Natur (Fb 105), Moos (Fb 412), Gold (Fb 249) und Marone (Fb 157), Reste

PAUL, DAS MÄNNLEIN

Kopf und Körper

Die 1.-13 Rd in Gold Rosé wie bei Fridolin, der Gartenzwerg (siehe Seite 48) häkeln.
Die 14.-23. Rd in Natur wie beim Gartenzwerg häkeln.
Die 24.-31. Rd in Moos wie beim Gartenzwerg häkeln.

Arm (2x)

Die 1.-3. Rd in Rosé Gold wie beim Gartenzwerg häkeln.
Die 4.-12. Rd in Natur wie beim Gartenzwerg häkeln.

Bein (2x)

Die 1.-6. Rd in Marone wie beim Gartenzwerg häkeln.
Die 7.-12. Rd in Moos wie beim Gartenzwerg häkeln.

Bäckchen (2x)

In Pink wie beim Gartenzwerg häkeln.

Hut

In Weinrot einen Magic Ring anfertigen. Weiter in Spiralrd arb.
1. Rd: 6 fM in den Ring häkeln (= 6 M).
2. Rd: Jede fM verdoppeln (= 12 M).
3. Rd: Jede 2. fM verdoppeln (= 18 M).
4. Rd: 18 fM häkeln.
5. Rd: Jede 3. fM verdoppeln (= 24 M).
6. Rd: 24 fM häkeln.
7. Rd: Jede 4. fM verdoppeln (= 30 M).
8. Rd: 30 fM häkeln.
9. Rd: Jede 5. fM verdoppeln (= 36 M).
10. Rd: 36 fM häkeln.
11. Rd: Jede 6. fM verdoppeln (= 42 M).
12. Rd (Natur): 3 Lm, Stb häkeln, dabei jedes 2. und 3. Stb zusammen abmaschen (= 28 M). Mit 1 Km schließen. Garn 30 cm lang abschneiden.

Halskrause

In Natur 17 Lm anschl. Weiter in R häkeln.
1. R: Ab der 2. M von der Nd aus 16 fM häkeln (= 16 M).
2. R: 2 Lm, in jede M 5 hStb häkeln, dabei nur in die vordern M-Glieder arb (= 80 M). Garn 30 cm lang abschneiden.

Fertigstellen

Arme und Beine am Körper festnähen. Die Halskrause um den Hals legen und festnähen. In Natur Punkte auf den Hut sticken und diesen leicht schräg am Kopf festnähen. Die Bäckchen im Gesicht festnähen. In Schwarz die Augen aufsticken. Alle Fäden vernähen.

TASCHE

In Marone 9 Lm anschl. Die Lm-Kette von beiden Seiten behäkeln.
1. Rd: Ab der 2. M von der Nd aus 8 fM oben und 8 fM unten häkeln (= 16 M). Weiter in Spiralrd arb.
2.-9. Rd: Jeweils 16 fM häkeln.
10 Rd: 2 fM, 28 Lm anschl und auf der gegenüberliegenden Seite der Tasche mit 1 Km befestigen. Garn abschneiden und vernähen.

FLIEGENPILZ

In Weinrot einen Magic Ring anfertigen. Weiter in Spiralrd arb.
1. Rd: 6 fM in den Ring häkeln (= 6 M).
2. Rd: Jede 2. fM verdoppeln (= 9 M).
3. Rd: Jede 3. fM verdoppeln (= 12 M).
4.+5. Rd: Jeweils 12 fM häkeln.
6. Rd (Natur): Immer 2 fM zusammen abmaschen, dabei in die hinteren M-Glieder arb (= 6 M).
Mit Füllwatte ausstopfen.
7.-9. Rd: Jeweils 6 fM häkeln.
Mit 1 Km schließen Garn abschneiden, mit der Wollnd durch die 6 vorderen M-Glieder fädeln, zusammenziehen und vernähen.

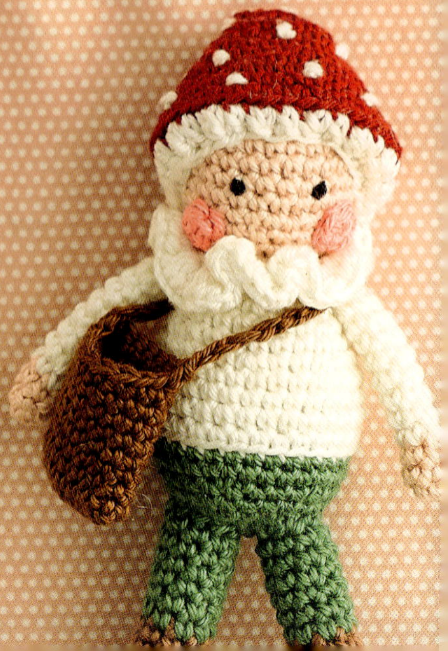

Fertigstellen
In Natur Punkte auf den Fliegenpilz sticken. Alle Fäden vernähen.

FLIEGENPILZ-HÄUSCHEN

Haus (2x)
In Signalrot 7 Lm anschl. Weiter in R häkeln, dabei am Ende jeder R 1 Wende-Lm häkeln.
1. R: Ab der 2. M von der Nd aus 6 fM häkeln (= 6 M).
2. R: 1 fM verdoppeln, 4 fM, 1 fM verdoppeln (= 8 M).
3. R: 8 fM häkeln.
4. R: 1 fM verdoppeln, 6 fM, 1 fM verdoppeln (= 10 M).
5. R: 10 fM häkeln.
6. R: 1 fM verdoppeln, 8 fM, 1 fM verdoppeln (= 12 M).
7. R: 12 fM häkeln.
8. R: 1 fM verdoppeln, 10 fM, 1 fM verdoppeln (= 14 M).
9. R: 14 fM häkeln.
10. R: 1 fM verdoppeln, 12 fM, 1 fM verdoppeln (= 16 M).
11. R: 16 fM häkeln.
12. R: 1 fM verdoppeln, 14 fM, 1 fM verdoppeln (= 18 M).
13. R: 18 fM häkeln.
14. R (Natur): Nach der Wende-Lm noch 1 Lm, 2 M überspringen, 14 fM, die restlichen M bleiben unbehäkelt (= 14 M).
15.-26. R: Jeweils 14 fM häkeln.
Garn abschneiden und vernähen.
Das 2. Haus ebenso häkeln.

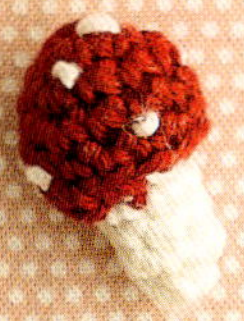

Tür
In Marone wie bei Floras Häuschen (siehe Seite 16) häkeln.

Fenster
In Gold wie bei Floras Häuschen häkeln.

Punkt (3x)
In Natur einen Magic Ring anfertigen.
5 fM in den Ring häkeln. Mit 1 Km schließen. Garn 30 cm lang abschneiden.
Noch 2 weitere Punkte ebenso häkeln.

Fertigstellen
Tür und Fenster an einem Haus festnähen. Punkte auf dem Dach festnähen. In Marone Fensterrahmen und -kreuz aufsticken. In Moos ein paar Grashalme aufsticken. Beide Häuser mit fM zusammenhäkeln, dabei in die Ecken 3 fM arb und auch den Farbwechsel von Signalrot zu Natur berücksichtigen. Mittig am Dach eine Schlaufe von 30 Lm häkeln. Beim Zusammenhäkeln eine kleine Öffnung lassen, das Haus mit Füllwatte ausstopfen und die Öffnung schließen. Alle Fäden vernähen.

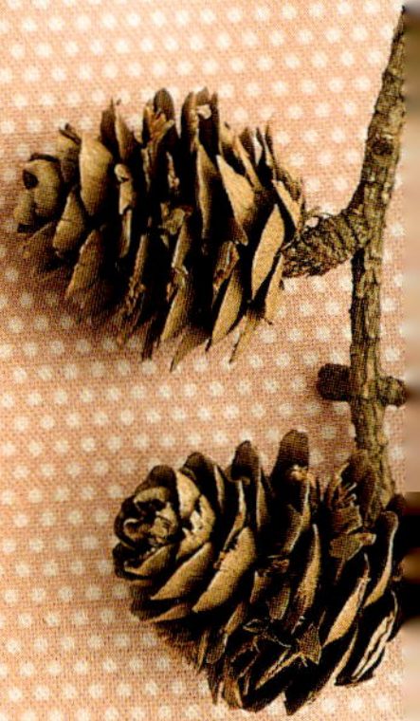

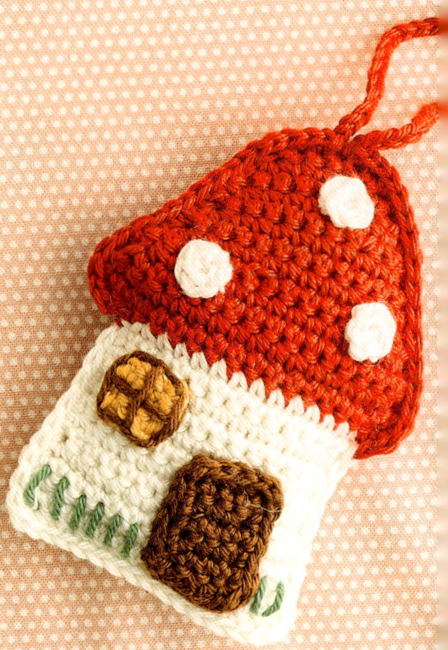

HALLOWEEN

Was wäre der Herbst ohne ein ordentliches Halloween? Jetzt ist es Zeit, sich zu verkleiden und sich ein bisschen zu gruseln. Mit Hexe, Gespenst, Katze und Kürbis ist man auf jeden Schreck vorbereitet.

SCHWIERIGKEITSGRAD

Kürbis: 2
Auge: 1
Donut: 3
Hexe: 2
Katze: 2
Gespenst: 2

GRÖSSE

Kürbis: 4,5 cm
Auge: 3,5 cm
Donut: 7,5 cm
Hexe: 8,5 cm
Katze: 6 cm
Gespenst: 6,5 cm

MATERIAL

- Häkelnadel 2,0 mm
- Füllwatte
- Wollnadel

Kürbis

- Schachenmayr Catania (LL 125 m/50 g) in Orange (Fb 281), Marone (Fb 157), Moos (Fb 412) und Schwarz (Fb 110), Reste

Auge

- Schachenmayr Catania (LL 125 m/50 g) in Schwarz (Fb 110), Pink (Fb 225), Weiß (Fb 106) und Signalrot (Fb 115), Reste

Donut

- Schachenmayr Catania (LL 125 m/50 g) in Marone (Fb 157), Lavendel (Fb 422), Weiß (Fb 106) und Schwarz (Fb 110), Reste

Gespenst

- Schachenmayr Catania (LL 125 m/50 g) in Weiß (Fb 106), Schwarz (Fb 110) und Pink (Fb 225), Reste

Katze

- Schachenmayr Catania (LL 125 m/50 g) in Schwarz (Fb 110), Greenery (Fb 418) und Silber (Fb 172), Reste

Hexe

- Schachenmayr Catania (LL 125 m/50 g) in Ivory (Fb 436), Jaffa (Fb 189), Violett Fb 113), Orchidee (Fb 222) und Schwarz (Fb 110), Reste

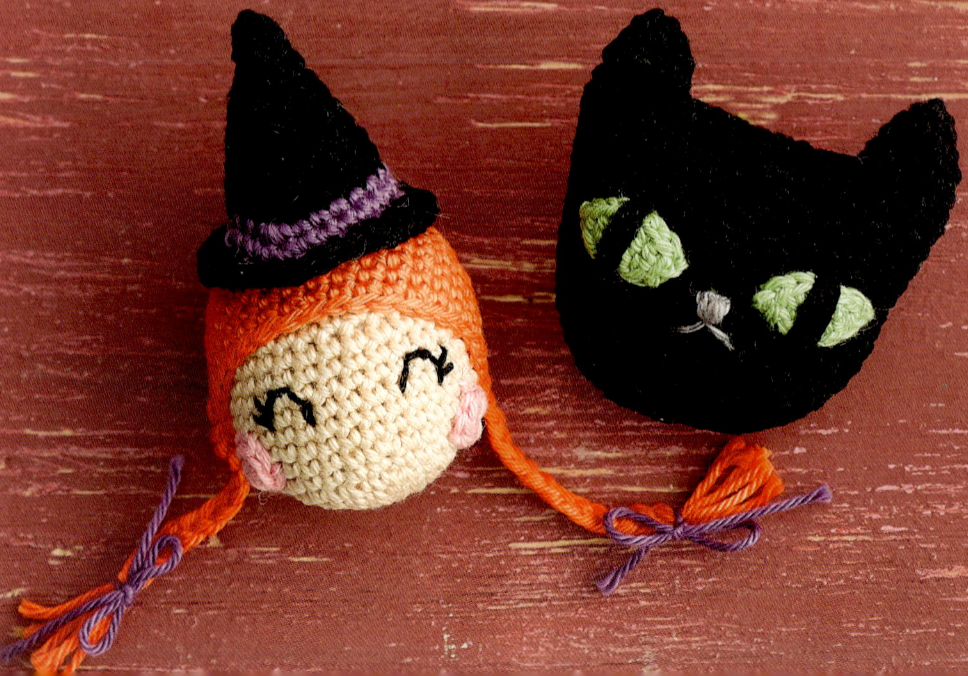

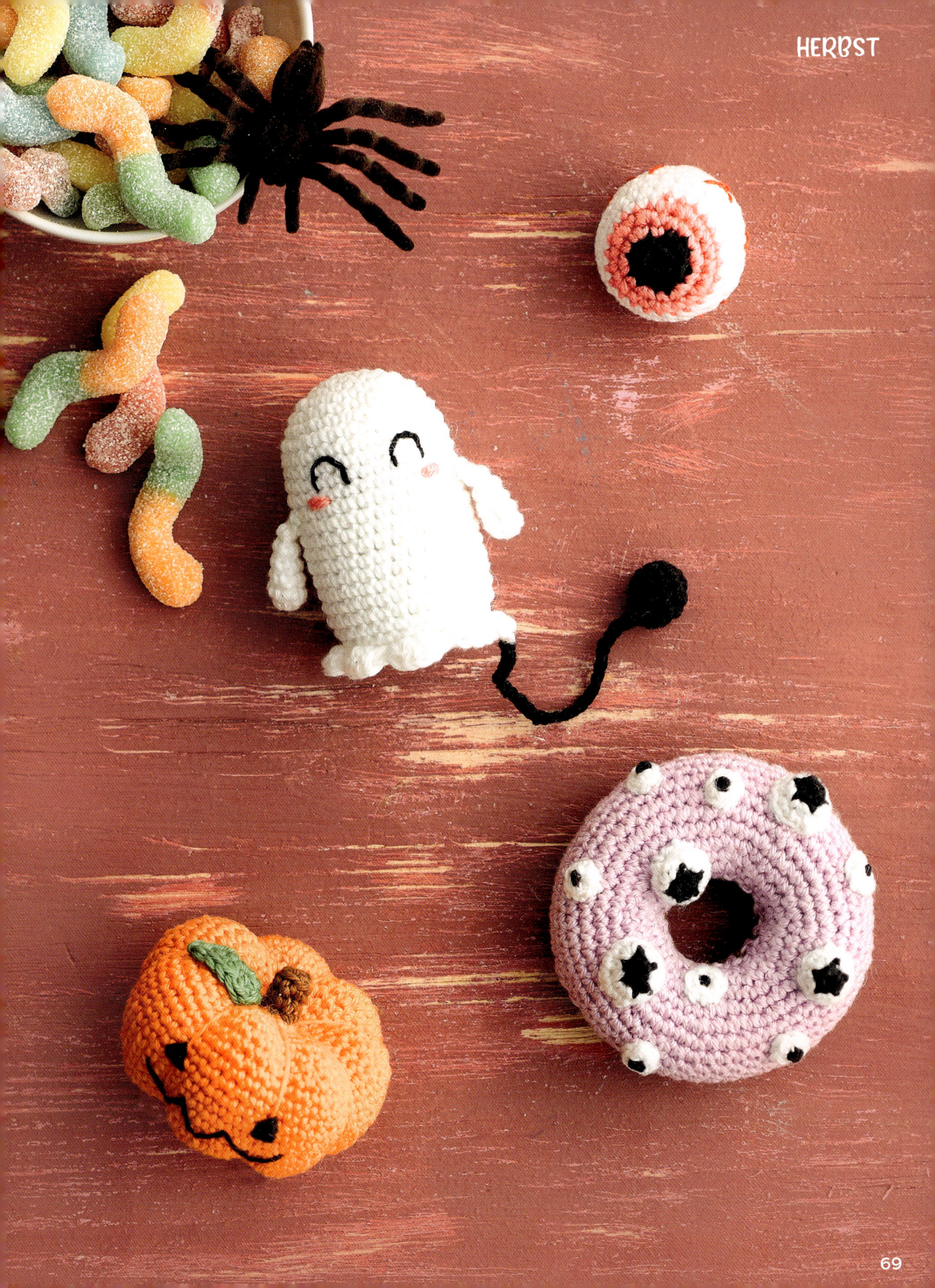

GRUSELIGER KÜRBIS

Kürbis

In Orange einen Magic Ring anfertigen. Weiter in Spiralrd arb.

1. Rd: 6 fM in den Ring häkeln (= 6 M).

2. Rd: Jede fM verdoppeln (= 12 M).

3. Rd: Jede 2. fM verdoppeln (= 18 M).

4. Rd: * 1 fM, 1 fM verdoppeln, 1 fM, ab * noch 5x wdh (= 24 M).

5. Rd: Jede 4. fM verdoppeln (= 30 M).

6. Rd: * 2 fM, 1 fM verdoppeln, 2 fM, ab * noch 5x wdh (= 36 M).

7. Rd: Jede 6. fM verdoppeln (= 42 M).

8. Rd: * 3 fM, 1 fM verdoppeln, 3 fM, ab * noch 5x wdh (= 48 M).

9.-18. Rd: Jeweils 48 fM häkeln.

19. Rd: Jede 7. und 8. fM zusammen abmaschen (= 42 M).

20. Rd: Jede 6. und 7. fM zusammen abmaschen (= 36 M).

21. Rd: Jede 5. und 6. fM zusammen abmaschen (= 30 fM).

22. Rd: Jede 4. und 5. fM zusammen abmaschen (= 24 M).

23. Rd: Jede 3. und 4. fM zusammen abmaschen (= 18 M). Mit Füllwatte ausstopfen.

24. Rd: Jede 2. und 3. fM zusammen abmaschen (= 12 M).

25. Rd: Immer 2 fM zusammen abmaschen (= 6 M).

26.-28. Rd (Marone): Jeweils 6 fM häkeln.

Mit 1 Km schließen. Garn abschneiden, mit der Wollnd durch die 6 vorderen M-Glieder fädeln, zusammenziehen und vernähen.

Blatt

In Moos 5 Lm anschl. Die Lm-Kette von beiden Seiten behäkeln.

Ab der 2. M von der Nd aus 1 Km, 1 fM, 1 hStb, 5 Stb in 1 M, 1 hStb, 1 fM, 1 Km (= 11 M). Garn 30 cm lang abschneiden.

Fertigstellen

Ein 50 cm langes Stück Garn in Orange abschneiden. Damit den Kürbis in 6 Segmente unterteilen: Immer vom Magic Ring ausgehend in die 25. Rd einstechen und am Garn ziehen, so dass der Kürbis etwas gestaucht wird und die typische Form entsteht. Das Blatt unterhalb des Stieles am Kürbis festnähen. Mit geteiltem Garn in Schwarz Augen und Mund aufsticken. Alle Fäden vernähen.

EKELIGES AUGE

Auge

In Schwarz einen Magic Ring anfertigen. Weiter in Spiralrd arb.

1. Rd: 6 fM in den Ring häkeln (= 6 M).

2. Rd: Jede fM verdoppeln (= 12 M).

3. Rd (Pink): Jede 2. fM verdoppeln (= 18 M).

4. Rd: * 1 fM, 1 fM verdoppeln, 1 fM, ab * noch 5x wdh (= 24 M).

5. Rd (Weiß): 24 fM häkeln.

6. Rd: Jede 4. fM verdoppeln (= 30 M).

7.-10. Rd: Jeweils 30 fM häkeln.

11. Rd: Jede 4. und 5. fM zusammen abmaschen (= 24 M).

12. Rd: 24 fM häkeln.

13. Rd: Jede 3. und 4. fM zusammen abmaschen (= 18 M). Mit Füllwatte ausstopfen.

14. Rd (Signalrot): Jede 2. und 3. fM zusammen abmaschen (= 12 M).

15. Rd: Immer 2 fM zusammen abmaschen (= 6 M).

Garn abschneiden, mit der Wollnd durch die 6 vorderen M-Glieder fädeln, zusammenziehen und vernähen.

Fertigstellen

Ein ca. 40 cm langes Stück Garn in Signalrot teilen und ausgehend von der 14. Rd verzweigte Adern aufsticken. Alle Fäden vernähen.

GLUBSCHÄUGIGER DONUT

Donut

In Marone 30 Lm anschl und mit 1 Km zum Ring schließen (= 30 M).
Weiter in Spiralrd arb.
1. Rd: 30 fM häkeln (= 30 M).
2. Rd: * 2 fM, 1 fM verdoppeln, 2 fM, ab * noch 5x wdh (= 36 M).
3. Rd: Jede 6. fM verdoppeln (= 42 M).
4. Rd: * 3 fM, 1 fM verdoppeln, 3 fM, ab * noch 5x wdh (= 48 M).
5. Rd: Jede 8. fM verdoppeln (= 54 M).
6.-11. Rd: Jeweils 54 fM häkeln.
12. Rd: Jede 8. und 9. fM zusammen abmaschen (= 48 M).
13. Rd: Jede 7. und 8. fM zusammen abmaschen (= 42 M).
14. Rd: Jede 6. und 7. fM zusammen abmaschen (= 36 M).
15. Rd: Jede 5. und 6. fM zusammen abmaschen (= 30 fM).
16.-18. Rd: Jeweils 30 fM häkeln.
Mit 1 Km schließen. Garn 50 cm lang abschneiden. Die 1. und 18. Rd zusammennähen, eine kleine Öffnung lassen. Donut gleichmäßig mit Füllwatte ausstopfen. Öffnung schließen und vernähen.

Glasur

In Lavendel wie die 1.-10. Rd des Donuts häkeln. Garn 30 cm lang abschneiden.

Großes Glubschauge (4x)

In Schwarz einen Magic Ring anfertigen. Weiter in Spiralrd arb.
1. Rd: 5 fM in den Ring häkeln (= 5 M).
2. Rd (Weiß): Jede fM verdoppeln (= 10 M).
3. Rd: 10 fM häkeln.
Mit 1 Km schließen. Garn 30 cm lang abschneiden und das Auge mit etwas Füllwatte ausstopfen.
Noch 3 weitere Augen ebenso häkeln.

Kleines Glubschauge (7x)

In Weiß einen Magic Ring anfertigen. Weiter in Spiralrd arb.
5 fM in den Ring häkeln. Mit 1 Km schließen. Garn 30 cm lang abschneiden.
Noch 6 weitere kleine Augen ebenso häkeln.

Fertigstellen

Die Glasur auf den Donut nähen. In Schwarz Pupillen auf die kleinen Augen sticken. Alle Glubschaugen unregelmäßig auf der Glasur festnähen. Alle Fäden vernähen.

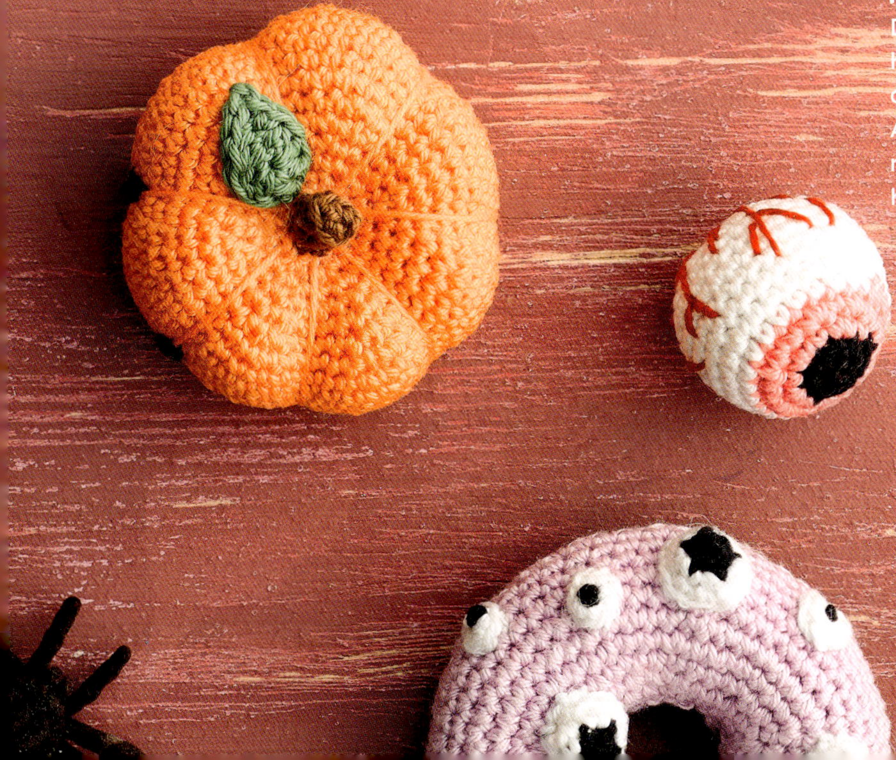

HENRI, DAS GESPENST

Kopf und Körper

In Weiß einen Magic Ring anfertigen. Weiter in Spiralrd arb.

1. Rd: 6 fM in den Ring häkeln (= 6 M).
2. Rd: Jede fM verdoppeln (= 12 M).
3. Rd: Jede 2. fM verdoppeln (= 18 M).
4. Rd: * 1 fM, 1 fM verdoppeln, 1 fM, ab * noch 5x wdh (= 24 M).
5. Rd: 24 fM häkeln.
6. Rd: Jede 4. fM verdoppeln (= 30 M).
7.-22. Rd: Jeweils 30 fM häkeln.
Mit Füllwatte ausstopfen.
23. Rd: Jede 4. und 5. fM zusammen abmaschen, dabei in die hinteren M-Glieder häkeln (= 24 M).
24. Rd: Jede 3. und 4. fM zusammen abmaschen (= 18 M).
25. Rd: Jede 2. und 3. fM zusammen abmaschen (= 12 M).
26. Rd: Immer 2 fM zusammen abmaschen (= 6 M).
Mit 1 Km schließen. Garn abschneiden, mit der Wollnd durch die 6 vorderen M-Glieder fädeln, zusammenziehen und vernähen.
Für den Volant in Weiß in einem vorderen M-Glied der 23. Rd anschlingen und in die vorderen M-Glieder häkeln: 2 Lm, * 5 hStb in 1 M, 1 M überspringen, ab * noch 11x wdh. Mit 1 Km schließen. Garn abschneiden und vernähen.

Arm (2x)

In Weiß einen Magic Ring anfertigen. Weiter in Spiralrd arb.

1. Rd: 6 fM in den Ring häkeln (= 6 M).
2.-5. Rd: Jeweils 6 fM häkeln.
1 Lm arb. Den Arm flach drücken und mit 3 fM zusammenhäkeln. Garn 30 cm lang abschneiden.
Den 2. Arm ebenso häkeln.

Kugel

In Schwarz einen Magic Ring anfertigen. Weiter in Spiralrd arb.

1. Rd: 6 fM in den Ring häkeln (= 6 M).
2. Rd: Jede 2. fM verdoppeln (= 9 M).
3.+4. Rd: Jeweils 9 fM häkeln.
5. Rd: Jede 2. und 3. fM zusammen abmaschen (= 6 M).
Mit 1 Km schließen. Die Kugel mit etwas Füllwatte ausstopfen. Garn abschneiden, mit der Wollnd durch die 6 vorderen M-Glieder fädeln, zusammenziehen und vernähen.

Kette

In Schwarz am Volant des Hemdes anschlingen und 25 Lm anschl. Mit 1 Km die Kette am Magic Ring der Kugel befestigen. Garn abschneiden und vernähen.

Fertigstellen

Mit geteiltem Garn in Schwarz die Augen und in Pink die Bäckchen aufsticken. Alle Fäden vernähen.

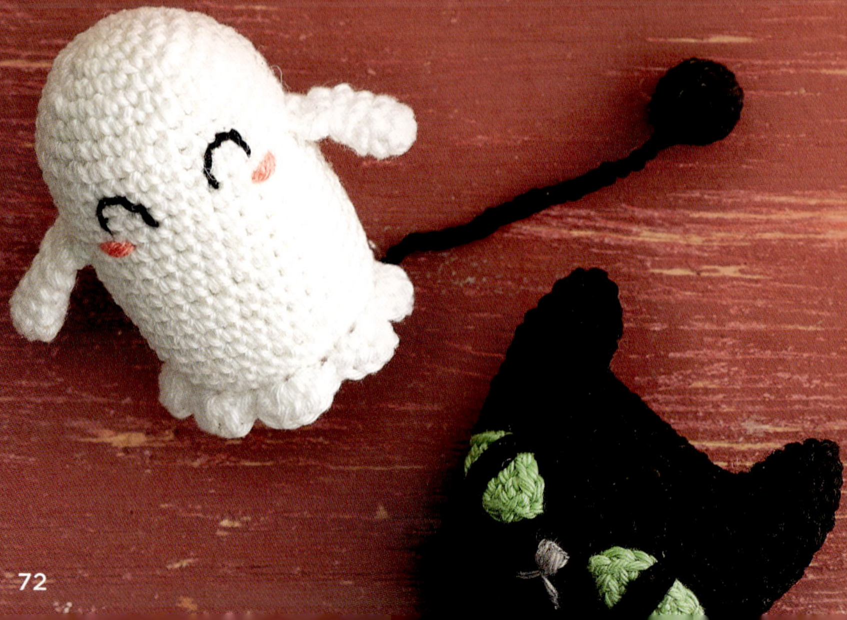

PETER, DIE KATZE

Kopf mit Ohren

Für das 1. Ohr in Schwarz einen Magic Ring anfertigen. Weiter in Spiralrd arb.

1. Rd: 4 fM in den Ring häkeln (= 4 M).
2. Rd: Jede 2. fM verdoppeln (= 6 M).
3. Rd: Jede 3. fM verdoppeln (= 8 M).

4. Rd: 8 fM häkeln.
5. Rd: Jede 4. fM verdoppeln (= 10 M).
Mit 1 Km schließen. Garn abschneiden und vernähen.
Das 2. Ohr ebenso häkeln, das Garn aber nicht abschneiden, sondern wie folgt weiterhäkeln:
6. Rd: 8 Lm anschl, über die 10 M des 1. Ohres 10 fM häkeln, 8 fM entlang der Lm-Kette, 10 fM über das 2. Ohr, 8 fM entlang der Lm-Kette (= 36 M).
7.-16. Rd: Jeweils 36 fM häkeln.
17. Rd: Jede 5. und 6. fM zusammen abmaschen (= 30 M).
18.+19. Rd: Jeweils 30 fM häkeln.
20. Rd: Jede 4. und 5. fM zusammen abmaschen (= 24 M).
21. Rd: Jede 3. und 4. fM zusammen abmaschen (= 18 M).
Mit Füllwatte ausstopfen.
22. Rd: Jede 2. und 3. fM zusammen abmaschen (= 12 M).
23. Rd: Immer 2 fM zusammen abmaschen (= 6 M).
Mit 1 Km schließen. Garn abschneiden, mit der Wollnd durch die 6 vorderen M-Glieder fädeln, zusammenziehen und vernähen.

Auge (2x)

In Greenery 6 Lm anschl. Die Lm-Kette von beiden Seiten behäkeln.
Ab der 2. M von der Nd aus 1 Km, 1 fM, 1 hStb, 1 fM, 1 Km, 1 Lm, 1 Km, 1 fM, 1 hStb, 1 fM, 1 Km (= 11 M). Garn 30 cm lang abschneiden.
Das 2. Auge ebenso häkeln.

Fertigstellen

Die Augen auf dem Kopf festnähen. Mit langen Stichen in Schwarz Pupillen darübersticken. In Silber die Schnauze aufsticken. Alle Fäden vernähen.

ELSBETH, DIE HEXE

Kopf

In Ivory wie bei Flora, das Frühlingsmädchen (siehe Seite 15) häkeln.

Haare

In Jaffa wie bei Flora, das Frühlingsmädchen häkeln.

Bäckchen

In Orchidee wie bei Flora, das Frühlingsmädchen häkeln.

Hut

In Schwarz einen Magic Ring anfertigen. Weiter in Spiralrd arb.
1. Rd: 4 fM in den Ring häkeln (= 4 M).
2. Rd: Jede 2. fM verdoppeln (= 6 M).
3. Rd: Jede 3. fM verdoppeln (= 8 M).
4. Rd: Jede 4. fM verdoppeln (= 10 M).
5. Rd: Jede 5. fM verdoppeln (= 12 M).
6. Rd: Jede 6. fM verdoppeln (= 14 M).
7. Rd: Jede 7. fM verdoppeln (= 16 M).
8. Rd: Jede 8. fM verdoppeln (= 18 M).
9. Rd: Jede 9. fM verdoppeln (= 20 M).
10. Rd (Violett): Jede 10. fM verdoppeln (= 22 M).
11. Rd: Jede 11. fM verdoppeln (= 24 M).
12. Rd (Schwarz): 2 Lm, hStb häkeln, dabei jede 2. M verdoppeln (= 36 M). Mit 1 Km schließen. Garn 30 cm lang abschneiden.

Fertigstellen

Die Haare leicht schräg am Kopf festnähen. Darauf den Hut festnähen. Die Bäckchen festnähen. Mit geteiltem Garn in Schwarz Augen aufsticken. Für die beiden Zöpfe je 3 Stücke Garn in Jaffa von 25 cm Länge beidseitig bis zur Hälfte durch das Haar fädeln (= 6 Fäden auf jeder Seite), zu Zöpfen flechten und mit Schleifen in Violett zusammenbinden. Alle Fäden vernähen.

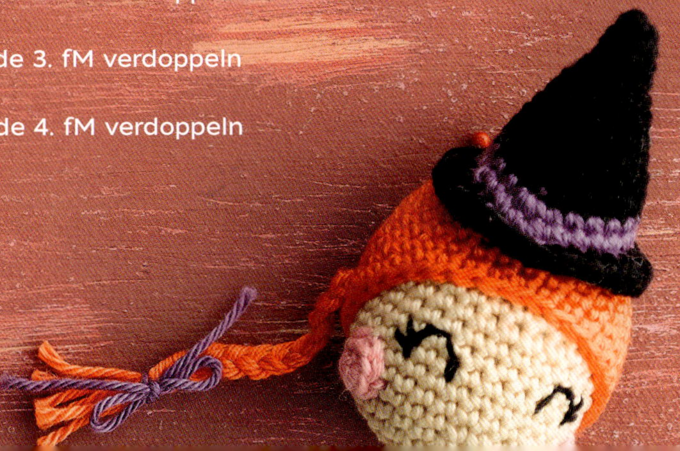

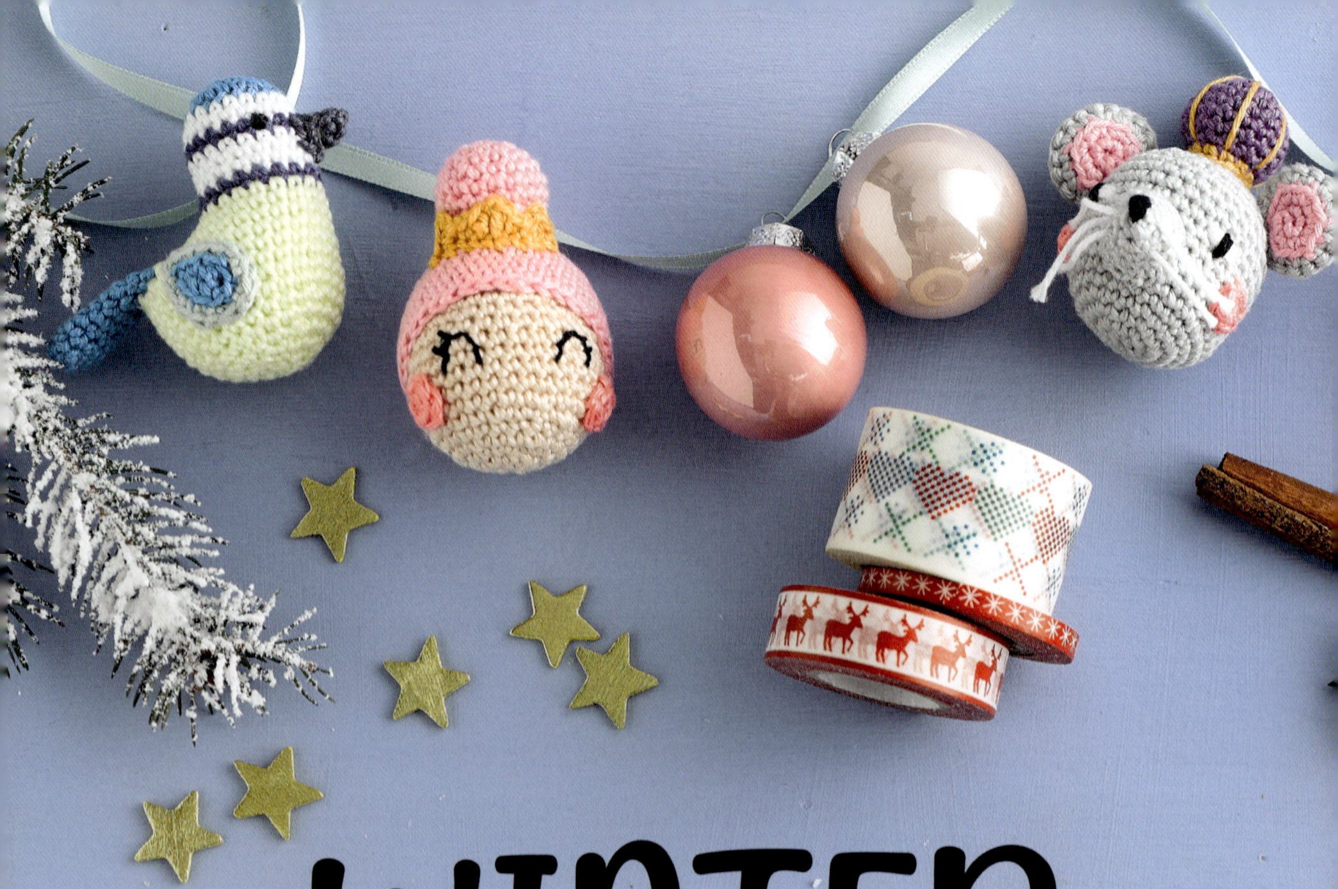

WINTER

Sobald es draußen wieder kälter wird, dauert es nicht mehr lange und die Weihnachtszeit kündigt sich an. Die Küche wird zur Backstube und es entstehen leckere Adventsbäckereien. Wie wäre es dieses Mal mit einem Rentier-Donut oder einem Schneemann-Cupcake? Die sind zuckersüß und gehen garantiert nicht auf die Hüfte. Dann kann bald schon der Weihnachtsbaum geschmückt werden. Dieses Mal mit ganz besonderen Baumkugeln in Form des Weihnachtsmärchens vom Nussknacker und Mausekönig. Und dann steht mit lautem „Ho, ho, ho!" der Weihnachtsmann vor der Tür.

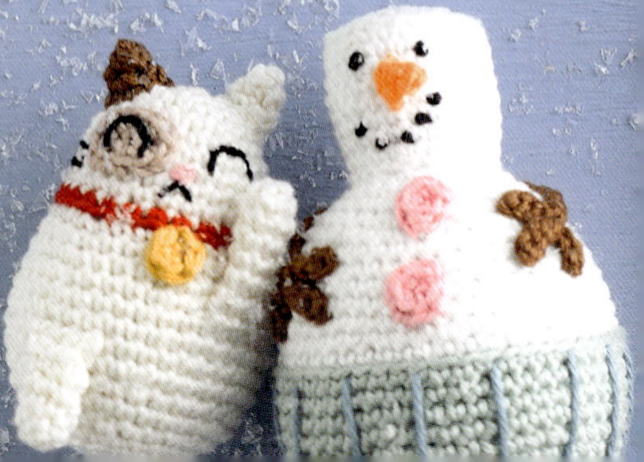

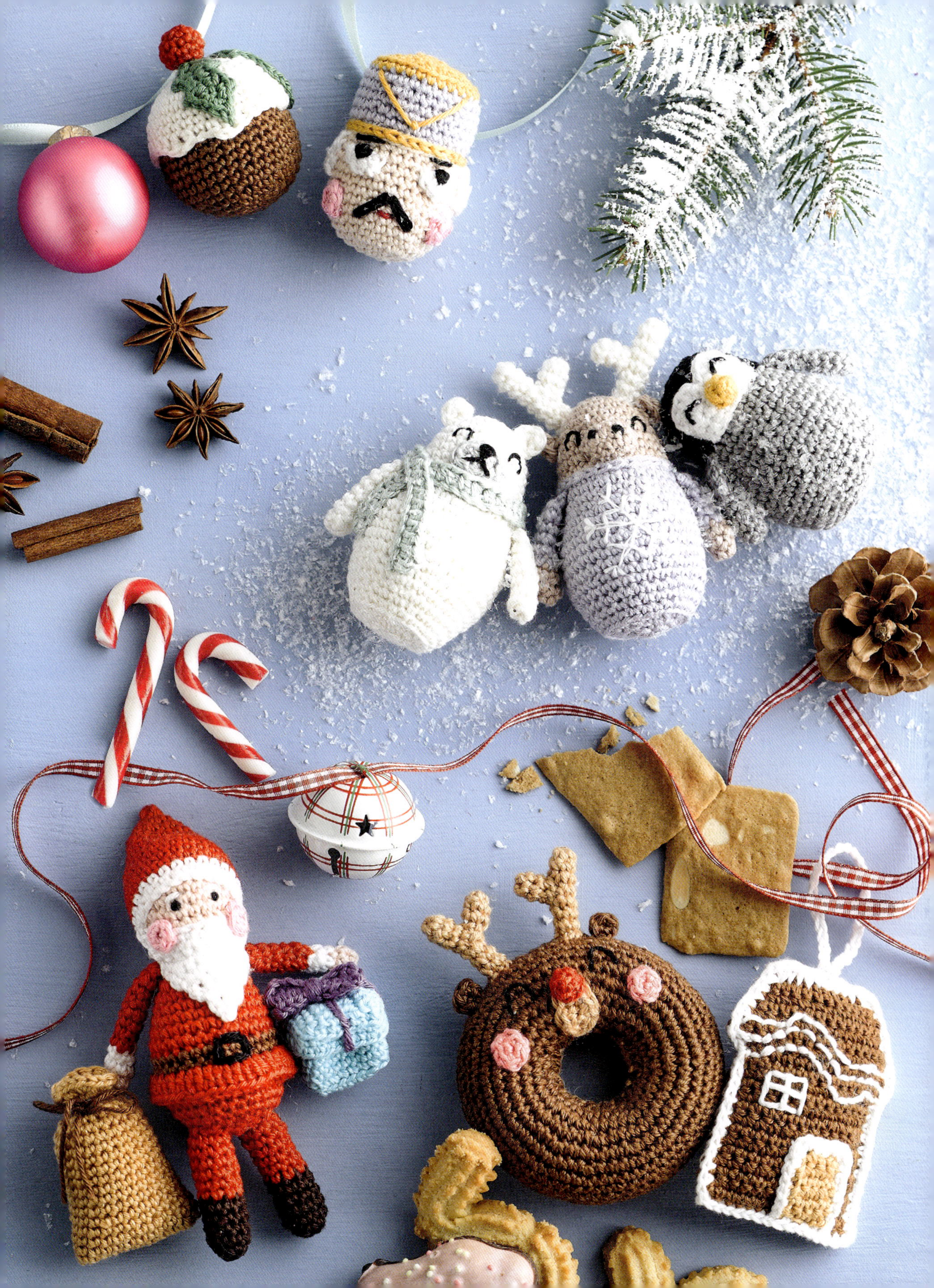

LOTTE, DIE BLAUMEISE

Die kleine Blaumeise freut sich bereits auf den Winter und ist an fast jedem Futterhäuschen zu finden.

SCHWIERIGKEITSGRAD 2

GRÖSSE

6 cm

MATERIAL

- Schachenmayr Catania (LL 125 m/50 g) in Capri (Fb 384), Weiß (Fb 106), Mimose (Fb 100), Reseda (Fb 402), Monaco (Fb 420) und Schwarz (Fb 110), Reste
- Häkelnadel 2,0 mm
- Füllwatte
- Wollnadel

Kopf und Körper

Die 1.-3. Rd in Capri wie beim Kakadu (siehe Seite 34) häkeln.
Die 4.+5. Rd in Weiß wie beim Kakadu häkeln.
Die 6. Rd in Monaco wie beim Kakadu häkeln.
Die 7.-9. Rd in Weiß wie beim Kakadu häkeln.
Die 10. Rd in Monaco wie beim Kakadu häkeln.
Die 11.-23. Rd in Mimose wie beim Kakadu häkeln.

Schnabel

In Graphit wie beim Rotkehlchen (siehe Seite 63) häkeln.

Flügel (2x)

In Capri 5 Lm anschl. Die Lm-Kette von beiden Seiten behäkeln.

1. Rd: Ab der 2. M von der Nd aus 1 Km, 1 fM, 1 hStb, 3 fM in 1 M, 1 hStb, 1 fM, 1 Km (= 9 M). Weiter in Spiralrd arb.
2. Rd (Reseda): In die hinteren M-Glieder 3 fM, 3 fM verdoppeln, 3 fM häkeln (= 12 M). Mit 1 Km schließen. Garn 30 cm lang abschneiden.
Den 2. Flügel ebenso häkeln.

Schwanzfeder

In Capri wie beim Kakadu häkeln.

Fertigstellen

Die Schwanzfeder etwas auf dem Rücken liegend am Hinterteil festnähen. Den Schnabel am Kopf und die Flügel seitlich annähen. In Schwarz Augen aufsticken. Alle Fäden vernähen.

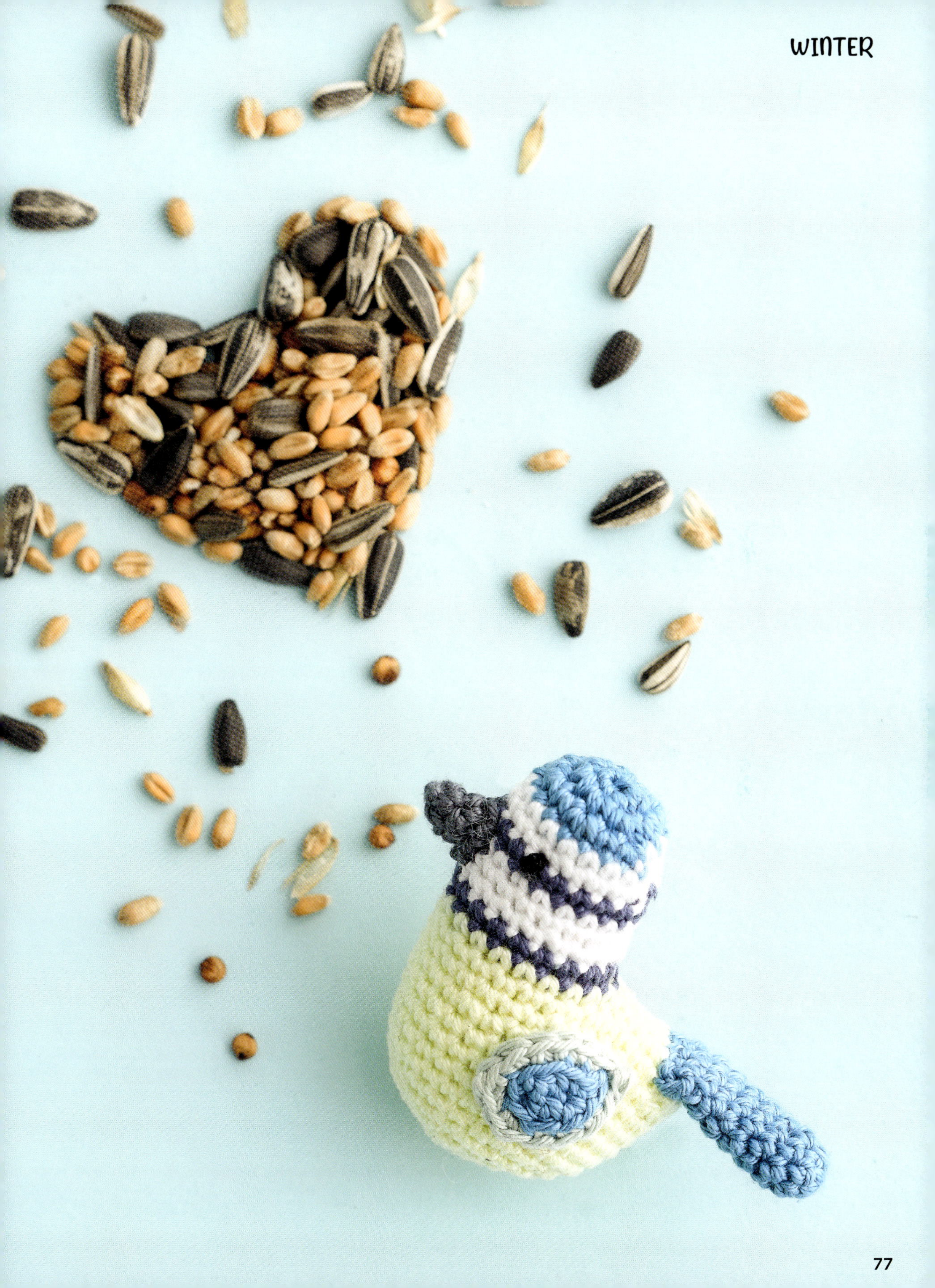

WEIHNACHTS-BACKSTUBE

Was gibt es im Winter Schöneres als in der Küche zu werkeln und sich über leckere Advents- und Weihnachtsbäckereien zu freuen. Und diese süßen Köstlichkeiten sehen nicht nur toll aus, sie sind auch ein echter Deko-Hingucker.

SCHWIERIGKEITSGRAD

Lebkuchenhaus: 2
Schneemann-Cupcake: 3
Rentier-Donut: 3

GRÖSSE

Lebkuchenhaus: 7,5 cm
Schneemann-Cupcake: 8 cm
Rentier-Donut: 10 cm

MATERIAL

- Häkelnadel 2,0 mm
- Füllwatte
- Wollnadel

Schneemann-Cupcake

- Schachenmayr Catania (LL 125 m/50 g) in Weiß (Fb 106), Reseda (Fb 402), Marone (Fb 157), Orange (Fb 281), Orchidee (Fb 222), Denim (Fb 421) und Schwarz (Fb 110), Reste

Rentier-Donut

- Schachenmayr Catania (LL 125 m/50 g) in Camel (Fb 179), Pink (Fb 225), Marone (Fb 157), Signalrot (Fb 115) und Schwarz (Fb 110), Reste

Lebkuchenhaus

- Schachenmayr Catania (LL 125 m/50 g) in Marone (Fb 157), Weiß (Fb 106) und Camel (Fb 179), Reste

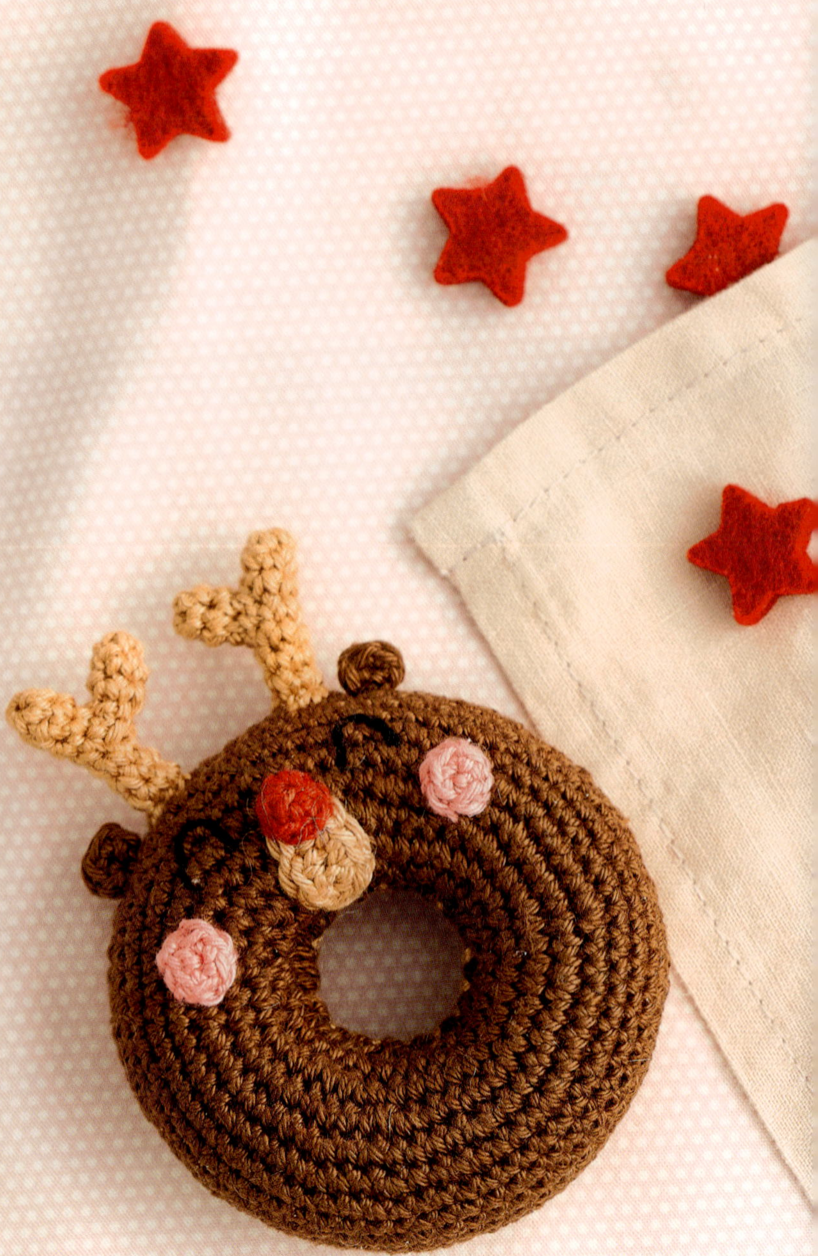

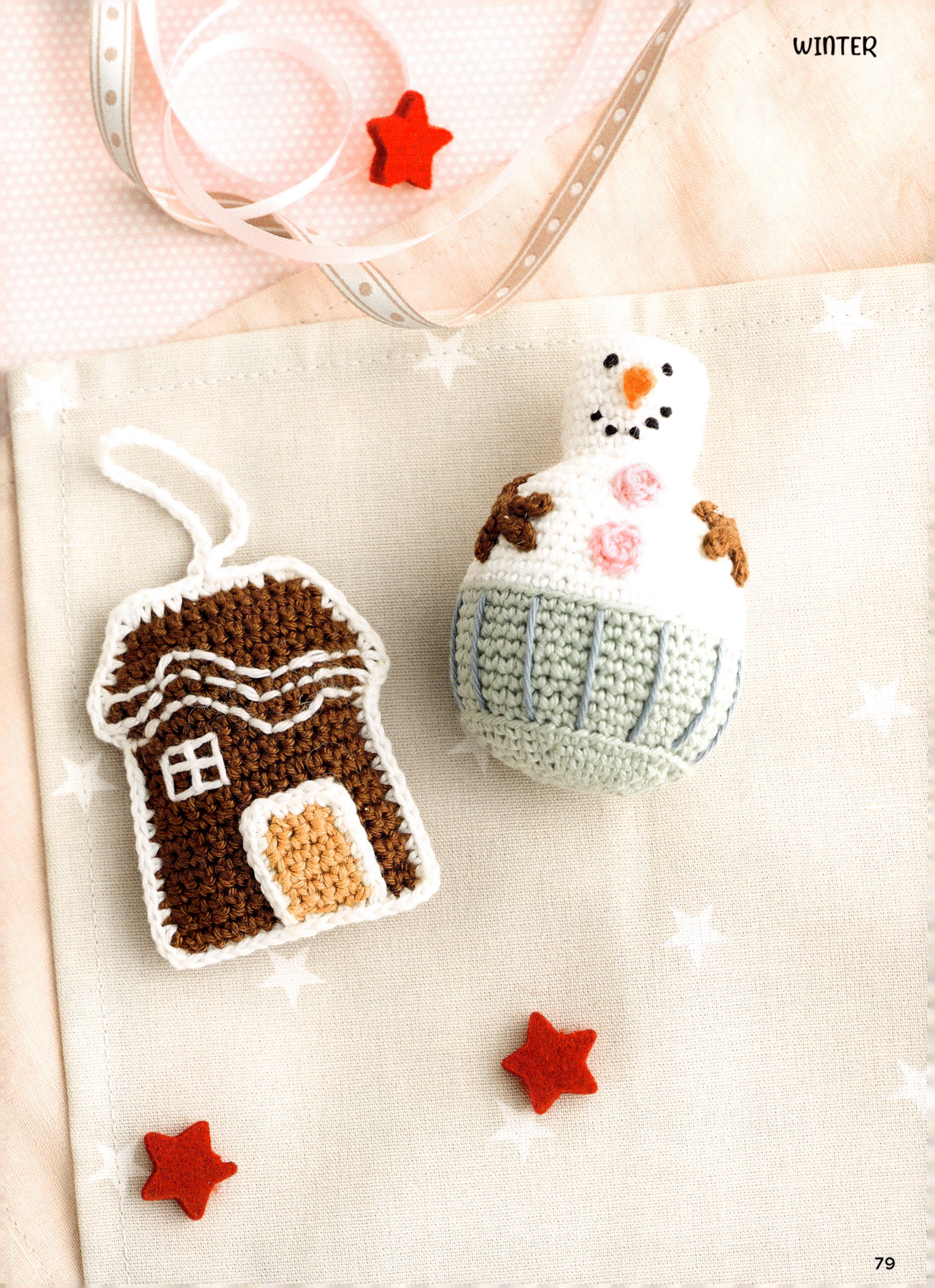

SCHNEEMANN-CUPCAKE

Cupcake

In Reseda einen Magic Ring anfertigen. Weiter in Spiralrd arb.

1. Rd: 6 fM in den Ring häkeln (= 6 M).

2. Rd: Jede fM verdoppeln (= 12 M).

3. Rd: Jede 2. fM verdoppeln (= 18 M).

4. Rd: * 1 fM, 1 fM verdoppeln, 1 fM, ab * noch 5x wdh (= 24 M).

5. Rd: Jede 4. fM verdoppeln (= 30 M).

6. Rd: * 2 fM, 1 fM verdoppeln, 2 fM, ab * noch 5x wdh (= 36 M).

7. Rd: Jede 6. fM verdoppeln (= 42 M).

8. Rd: 42 fM in die hinteren M-Glieder häkeln.

9.+10. Rd: Jeweils 42 fM häkeln.

11. Rd: Jede 7. fM verdoppeln (= 48 M).

12.-15. Rd: Jeweils 48 fM häkeln.

16. Rd (Weiß): 48 fM in die hinteren M-Glieder häkeln.

17.-19. Rd: Jeweils 48 fM häkeln.

20. Rd: Jede 7. und 8. fM zusammen abmaschen (= 42 M).

21.+22. Rd: Jeweils 42 fM häkeln.

23. Rd: Jede 6. und 7. fM zusammen abmaschen (= 36 M).

24. Rd: 36 fM häkeln. Mit Füllwatte ausstopfen.

25. Rd: Jede 5. und 6. fM zusammen abmaschen (= 30 M).

26. Rd: Jede 4. und 5. fM zusammen abmaschen (= 24 M).

27. Rd: Jede 3. und 4. fM zusammen abmaschen (= 18 M).

28. Rd: Jede 2. und 3. fM zusammen abmaschen (= 12 M).

29. Rd: Immer 2 fM zusammen abmaschen (= 6 M).
Mit 1 Km schließen. Garn abschneiden, mit der Wollnd durch die 6 vorderen M-Glieder fädeln, zusammenziehen und vernähen.
In einem vorderen M-Glied der 16. Rd in Reseda anschlingen und 1 Rd Km aufhäkeln.

Marshmallow

In Weiß einen Magic Ring anfertigen. Weiter in Spiralrd arb.

1. Rd: 6 fM in den Ring häkeln (= 6 M).

2. Rd: Jede fM verdoppeln (= 12 M).

3. Rd: Jede 2 fM verdoppeln (= 18 M).

4. Rd: * 1 fM, 1 fM verdoppeln, 1 fM, ab * noch 5x wdh (= 24 M).

5. Rd: 24 fM in die hinteren M-Glieder häkeln.

6.-12. Rd: Jeweils 24 fM häkeln. Mit 1 Km schließen. Garn 30 cm lang abschneiden.

Karotte

In Orange 4 Lm anschl. Ab der 2. M von der Nd aus 1 Km, 1 fM, 1 hStb häkeln. Garn 30 cm lang abschneiden.

Ast (2x)

In Marone 10 Lm anschl, ab der 2. M von der Nd aus 3 Km, 4 Lm anschl, ab der 2. M von der Nd aus 3 Km, 4 Lm anschl, ab der 2. M von der Nd aus 3 Km, entlang der Lm-Kette 6 Km häkeln. Garn 30 cm lang abschneiden. Den 2. Ast ebenso häkeln.

Schokolinse (2x)

In Orchidee einen Magic Ring anfertigen.
6 fM in den Ring häkeln. Mit 1 Km schließen. Garn 30 cm lang abschneiden.
Die 2. Schokolinse ebenso häkeln.

Fertigstellen

Den Marshmallow mit Füllwatte ausstopfen und am Cupcake festnähen. Karotte, Äste und Schokolinsen festnähen. Mit geteiltem Garn in Schwarz Augen und Mund aufsticken. Auf das Unterteil in gleichmäßigem Abstand in Denim lange Stiche aufsticken. Alle Fäden vernähen.

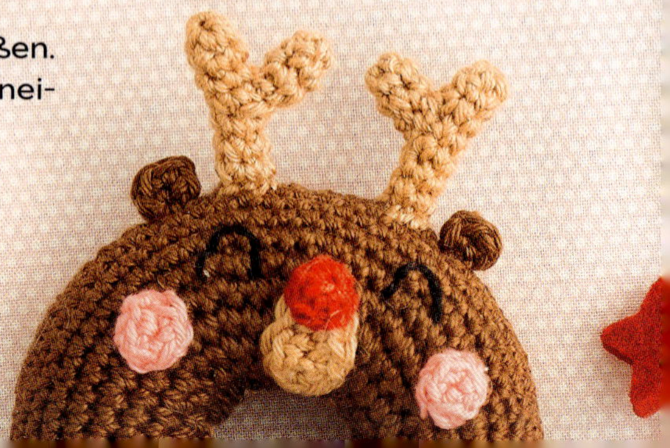

RENTIER-DONUT

Donut

In Camel wie beim Glubschäugigen Donut (siehe Seite 71) häkeln und ausstopfen.

Glasur

In Marone wie beim Glubschäugigen Donut häkeln.

Bäckchen (2x)

In Orchidee einen Magic Ring anfertigen.
5 fM in den Ring häkeln. Mit 1 Km schließen. Garn 30 cm lang abschneiden.
Das 2. Bäckchen ebenso häkeln.

Ohr (2x)

In Marone einen Magic Ring anfertigen.
4 fM in den Ring häkeln. Mit 1 Km schließen. Garn 30 cm lang abschneiden.
Das 2. Ohr ebenso häkeln.

Schnauze

In Camel 4 Lm anschlagen. Die Lm-Kette von beiden Seiten behäkeln.
Ab der 2. M von der Nd aus 2 fM, 3 fM in 1 M, 2 fM, 3 fM in 1 M (= 10 M).
Mit 1 Km schließen. Garn 30 cm lang abschneiden.

Nase

In Signalrot einen Magic Ring anfertigen.Weiter in Spiralrd arb.
1. Rd: 5 fM in den Ring häkeln (= 5 M).
2. Rd: 5 fM häkeln. Mit 1 Km schließen. Garn 30 cm lang abschneiden. Nase mit etwas Füllwatte ausstopfen.

Langes Geweih (2x)

In Camel einen Magic Ring anfertigen. Weiter in Spiralrd arb.
1. Rd: 5 fM in den Ring häkeln (= 5 M).
2.-8. Rd: Jeweils 5 fM in den Ring häkeln. Mit 1 Km schließen. Garn 30 cm lang abschneiden.
Das 2. Geweih ebenso häkeln.

Kurzes Geweih (2x)

In Camel einen Magic Ring anfertigen. Weiter in Spiralrd arb.
1. Rd: 5 fM in den Ring häkeln (= 5 M).
2.-4. Rd: Jeweils 5 fM häkeln. Mit 1 Km schließen. Garn 30 cm lang abschneiden.
Das 2. Geweih ebenso häkeln.

Fertigstellen

Die Glasur auf den Donut nähen. Die kurzen Geweihe mittig an den langen Geweihen festnähen. Geweih, Ohren, Bäckchen und Schnauze auf die Glasur nähen, darauf die Nase. Mit geteiltem Garn in Schwarz die Augen aufsticken. Alle Fäden vernähen.

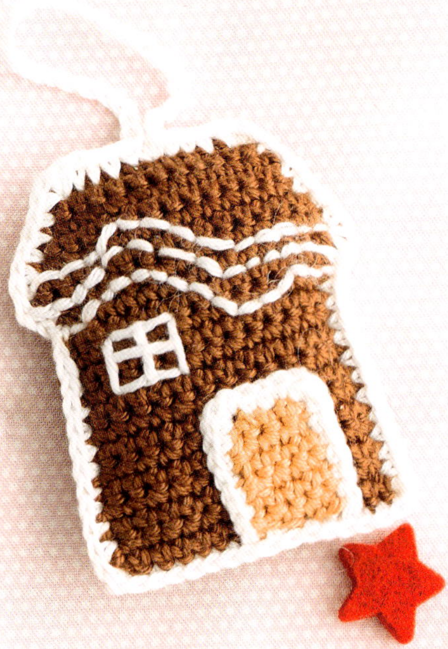

LEBKUCHENHAUS

Haus (2x)

In Marone wie Floras Häuschen (siehe Seite 16) häkeln.

Tür

In Camel wie bei Floras Häuschen häkeln.

Fertigstellen

Auf das eine Haus die Tür festnähen. In Weiß ein Fenster aufsticken. In Weiß 3 Linien als Zuckerguss auf das Dach sticken. Beide Häuserteile in Weiß mit fM zusammenhäkeln, in die Ecken 3 fM häkeln. Mittig am Dach eine Schlaufe von 30 Lm häkeln. Beim Zusammenhäkeln eine kleine Öffnung lassen, das Haus mit Füllwatte ausstopfen und die Öffnung schließen. Alle Fäden vernähen.

BAUMSCHMUCK

Ein schönes Ritual ist das gemeinsame Schmücken des Weihnachtsbaums. Wie wäre es denn einmal mit gehäkelten Figuren, die an das Märchen vom Mäusekönig und Nussknacker angelehnt sind? Da kann das Fest doch kommen.

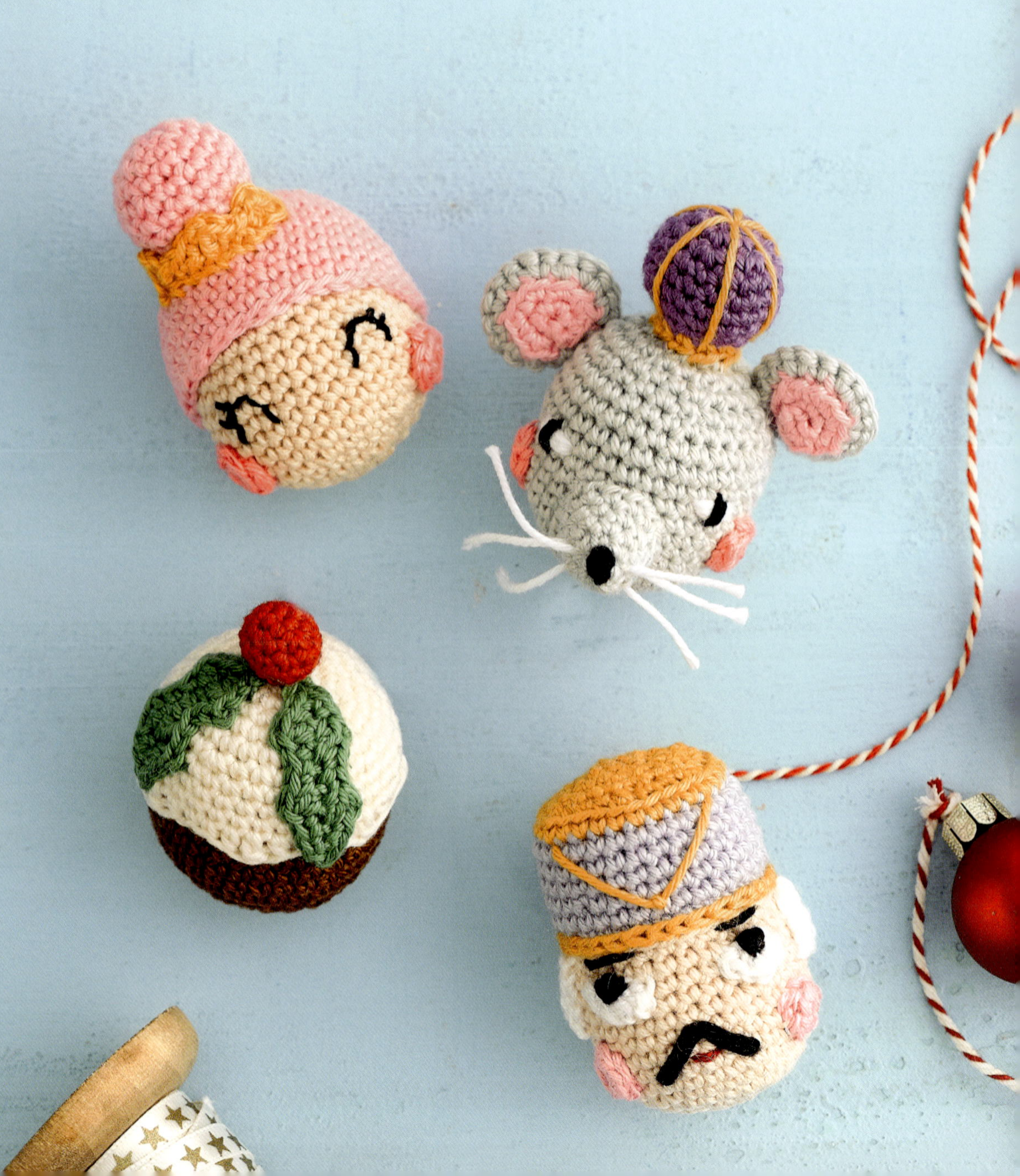

SCHWIERIGKEITSGRAD

Nussknacker: 3
Mäusekönig: 3
Zuckerfee: 2
Plumpudding: 3

GRÖSSE

Nussknacker: 6 cm
Mäusekönig: 6 cm
Zuckerfee: 7 cm
Plumpudding: 6 cm

MATERIAL

- ♥ Häkelnadel 2,0 mm
- ♥ Füllwatte
- ♥ Wollnadel

Nussknacker

- ♥ Schachenmayr Catania (LL 125 m/50 g) in Ivory (Fb 436), Malve (Fb 399), Gold (Fb 249) Orchidee (Fb 222), Schwarz (Fb 110), Weiß (Fb 106) und Weinrot (Fb 192), Reste

Mäusekönig

- ♥ Schachenmayr Catania (LL 125 m/50 g) in Silber (Fb 172), Weiß (Fb 106), Orchidee (Fb 222), Violett (Fb 113), Gold (Fb 249), Pink (Fb 225) und Schwarz (Fb 110), Reste

Zuckerfee

- ♥ Schachenmayr Catania (LL 125 m/50 g) in Rosé Gold (Fb 433), Orchidee (Fb 222), Pink (Fb 225), Gold (Fb 249) und Schwarz (Fb 110), Reste

Plumpudding

- ♥ Schachenmayr Catania (LL 125 m/50 g) in Marone (Fb 157), Creme (Fb 130), Moos (Fb 412) und Signalrot (Fb 115), Reste

NUSSKNACKER

Kopf und Hut

Die 1.-14 Rd in Ivory wie bei Flora, das Frühlingsmädchen (siehe Seite 15) häkeln.
15. Rd (Malve): 30 fM nur in die hinteren M-Glieder häkeln.
16.-20. Rd: Jeweils 30 fM häkeln.
21. Rd (Gold): 30 fM häkeln.
Mit Füllwatte füllen.
22. Rd: Jede 4. und 5. fM zusammen abmaschen, dabei nur in die hinteren M-Glieder häkeln (= 24 M).
23. Rd: Jede 3. und 4. fM zusammen abmaschen (= 18 M).
24. Rd: Jede 2. und 3. fM zusammen abmaschen (= 12 M).
25. Rd: Immer 2 fM zusammen abmaschen (= 6 M).
Mit 1 Km schließen. Garn abschneiden, mit der Wollnd durch die 6 vorderen M-Glieder fädeln, zusammenziehen und vernähen.

Auge (2x)

In Weiß 4 Lm anschl
Ab der 2. M von der Nd aus 1 Km, 2 hStb in 1 M, 1 Km häkeln.
Das 2. Auge ebenso häkeln.

Haare

In Weiß 23 Lm anschl. Weiter in R häkeln.
1. R: Ab der 3. M von der Nd aus 20 hStb häkeln (= 20 M).
2. R: 2 Lm, 20 hStb häkeln.
Garn 30 cm lang abschneiden.

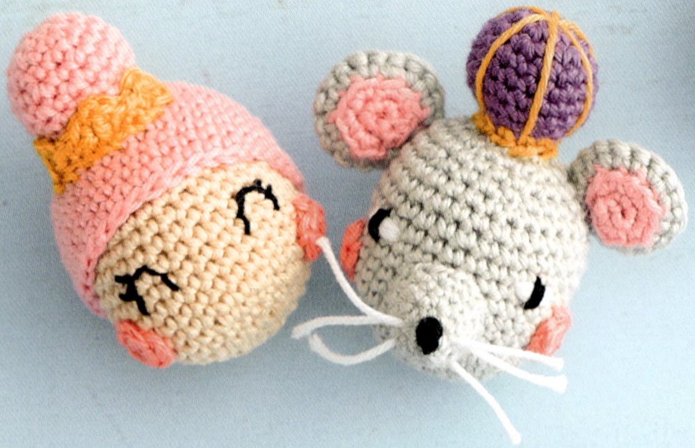

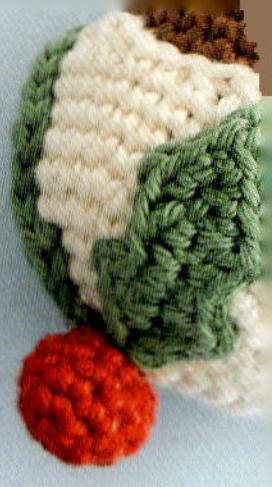

Bäckchen (2x)

In Orchidee wie beim Mäusekönig häkeln.

Fertigstellen

In einem vorderen M-Glied der 15. Rd in Gold anschlingen une 1 Rd Km aufhäkeln. Bündig mit dem Hut das Haar am Kopf festnähen. Die Bäckchen ebenfalls. In Schwarz Pupillen auf die Augen sticken und diese am Kopf festnähen. In Schwarz Augenbrauen und Schnurrbart, in Weinrot den Mund aufsticken. In Gold die Verzierung auf den Hut sticken. Alle Fäden vernähen.

MÄUSEKÖNIG

Kopf

In Silber wie bei Flora, das Frühlingsmädchen (siehe Seite 15) häkeln.

Schnauze

In Silber einen Magic Ring anfertigen. Weiter in Spiralrd arb.

1. Rd: 6 fM in den Ring häkeln (= 6 M).

2. Rd: Jede 2. fM verdoppeln (= 9 M).

3. Rd: 9 fM häkeln.

4. Rd: Jede 3. fM verdoppeln (= 12 M).

5. Rd: 12 fM häkeln. Mit 1 Km schließen. Garn 30 cm lang abschneiden.

Ohr (2x)

Für das Innenohr in Orchidee einen Magic Ring anfertigen. Weiter in Spiralrd arb.

1. Rd: 6 fM in den Ring häkeln (= 6 M).

2. Rd: Jede fM verdoppeln (= 12 M).

Mit 1 Km schließen. Garn abschneiden und vernähen.

Für das Außenohr in Silber einen Magic Ring anfertigen. Weiter in Spiralrd arb.

1. Rd: 6 fM in den Ring häkeln (= 6 M).

2. Rd: Jede 2. fM verdoppeln (= 12 M).

Innen- und Außenohr aufeinanderlegen, ausgehend vom äußeren Ohr die hinteren M-Glieder des inneren Ohrs mit dem äußeren Ohr zusammenhäkeln, dabei jede 2. fM verdoppeln (= 18 M). Garn 30 cm lang abschneiden. Das 2. Ohr ebenso häkeln.

Bäckchen (2x)

In Pink einen Magic Ring anfertigen.

6 fM in den Ring häkeln. Mit 1 Km schließen. Garn 30 cm lang abschneiden.

Das 2. Bäckchen ebenso häkeln.

Krone

In Violett einen Magic Ring anfertigen. Weiter in Spiralrd arb.

1. Rd: 6 fM in den Ring häkeln (= 6 M).

2. Rd: Jede 2. fM verdoppeln (= 12 M).

3. Rd: Jede 3. fM verdoppeln (= 18 M).

4.-7. Rd: Jeweils 18 fM häkeln.

8. Rd: Jede 2. und 3. fM zusammen abmaschen (= 12 M).

9. Rd (Gold): 12 fM häkeln.

Mit 1 Km schließen. Garn 30 cm lang abschneiden und die Krone mit Füllwatte ausstopfen.

Fertigstellen

Die Schnauze mit etwas Füllwatte stopfen, in Schwarz eine Nase aufsticken und am Kopf festnähen. Die Ohren seitlich am Kopf festnähen, dazwischen die Krone. Mit Garn in Gold 6 lange Stiche vom Magic-Ring zur 9. Rd aufsticken. In Weiß Augen und in Schwarz Pupillen aufsticken. Die Bäckchen festnähen. In Weiß auf jeder Seite der Nase drei Schnurrhaare einziehen. Alle Fäden vernähen.

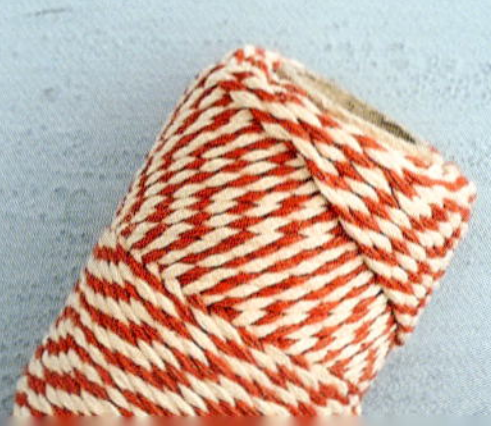

ZUCKERFEE

Kopf
Die 1.-20 Rd in Rosé Gold wie bei Flora, das Frühlingsmädchen (siehe Seite 15) häkeln.

Haare
In Orchidee wie bei Flora, das Frühlingsmädchen häkeln.

Dutt
In Orchidee wie bei Die kleine Señorita (siehe Seite 37) häkeln.

Bäckchen (2x)
In Pink wie beim Mäusekönig häkeln.

Krönchen
In Gold 9 Lm anschl.
Ab der 2. M von der Nd aus 1 fM, (1 hStb, 2 Lm, 1 Km) in 1 M, 1 fM, (1 Stb, 1 Lm) in 1 M, 1 Stb, 1 fM, (1 Km, 2 Lm, 1 hStb) in 1 M, 1 fM. Garn abschneiden und vernähen.

Fertigstellen
Die Haare leicht schräg am Kopf festnähen. Darauf den Dutt, davor das Krönchen und die Bäckchen im Gesicht festnähen. Mit geteiltem Garn in Schwarz die Augen aufsticken. Alle Fäden vernähen.

PLUMPUDDING

Pudding
Die 1.-20 Rd in Marone wie bei Flora, das Frühlingsmädchen (siehe Seite 15) häkeln.

Vanillesauce
In Creme einen Magic Ring anfertigen. Weiter in Spiralrd arb.
1. Rd: 6 fM in den Ring häkeln (= 6 M).
2. Rd: Jede fM verdoppeln (= 12 M).
3. Rd: Jede 2. fM verdoppeln (= 18 M).
4. Rd: Jede 3. fM verdoppeln (= 24 M).
5. Rd: 24 fM häkeln.
6. Rd: Jede 4. fM verdoppeln (= 30 M).
7. Rd: Jede 15. fM verdoppeln (= 32 M).
8.+9. Rd: Jeweils 32 fM häkeln.
10. Rd: * 1 fM, 1 hStb, 1 Stb, 1 hStb, 1 fM, ab * noch 5x wdh, 2 fM zusammen abmaschen (= 31 M). Mit 1 Km schließen. Garn 30 cm lang abschneiden.

Ilex-Blatt (2x)
In Moos 10 Lm anschl. Die Lm-Kette von beiden Seiten behäkeln.
Ab der 2. M von der Nd aus 1 Km, 1 fM, 1 Stb, 1 Lm, 2 fM, 1 Stb, 1 Lm, 2 fM, 1 Km, 1 Lm, 1 Km, 2 fM, 1 Lm, 1 Stb, 2 fM, 1 Lm, 1 Stb, 1 fM, 1 Km (= 23 M). Garn 30 cm lang abschneiden.
Das 2. Blatt ebenso häkeln.

Cranberry
In Signalrot einen Magic Ring anfertigen. Weiter in Spiralrd arb.
1. Rd: 6 fM in den Ring häkeln (= 6 M).
2. Rd: Jede 2. fM verdoppeln (= 9 M).
3.+4. Rd: Jeweils 9 fM häkeln.
5. Rd: Jede 2. und 3. fM zusammen abmaschen (= 6 M).
Mit 1 Km schließen. Die Cranberry mit etwas Füllwatte ausstopfen. Garn abschneiden, mit der Wollnd durch die 6 vorderen M-Glieder fädeln, zusammenziehen und vernähen.

Fertigstellen
Die Sauce auf dem Plumpudding festnähen. Darauf die Ilex-Blätter und die Cranberry festnähen. Alle Fäden vernähen.

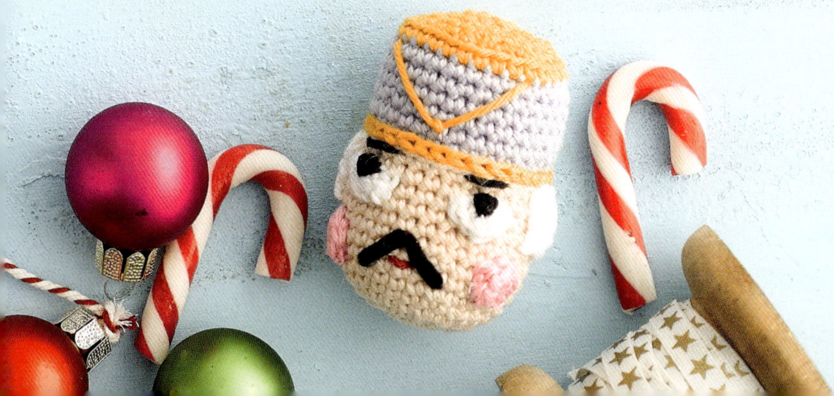

HO, HO, HO!

Dann ist es endlich so weit und das Fest ist da. Beim einen oder anderen kommt der Weihnachtsmann sogar persönlich mit einem Sack voller Geschenke vorbei.

SCHWIERIGKEITSGRAD
Weihnachtsmann: 3
Sack: 1
Geschenk: 2

GRÖSSE
Weihnachtsmann: 14 cm
Sack: 5,5 cm
Geschenk: 2 cm

MATERIAL
- Häkelnadel 2,0 mm
- Füllwatte
- Wollnadel

Weihnachtsmann
- Schachenmayr Catania (LL 125 m/50 g) in Signalrot (Fb 115), 50 g, in Rosé Gold (Fb 433), Weiß (Fb 106), Marone (Fb 157), Kaffee (Fb 162), Orchidee (Fb 222) und Schwarz (Fb 110), Reste

Sack
- Schachenmayr Catania (LL 125 m/50 g) in Camel (Fb 179) und Marone (Fb 157), Reste

Geschenk
- Schachenmayr Catania (LL 125 m/50 g) in Türkis (Fb 397) und Violett (Fb 113), Reste

WEIHNACHTSMANN

Kopf und Körper
Die 1.-13. Rd in Rosé Gold wie beim Gartenzwerg (siehe Seite 48) häkeln.
Die 14.-21. Rd in Signalrot wie beim Gartenzwerg häkeln.
Die 22.-23. Rd in Marone wie beim Gartenzwerg häkeln.
Die 24.-31. Rd in Signalrot wie beim Gartenzwerg häkeln.

Arm (2x)
Die 1.-3. Rd in Rosé Gold wie beim Gartenzwerg häkeln.
Die 4.+5. Rd in Weiß wie beim Gartenzwerg häkeln.
Die 6.-12. Rd in Signalrot wie beim Gartenzwerg häkeln.

Bein (2x)
Die 1.-6. Rd in Kaffee wie beim Gartenzwerg häkeln.
Die 7.-12. Rd in Signalrot wie beim Gartenzwerg häkeln.

Mütze
Die 1.-14. Rd in Signalrot wie beim Gartenzwerg häkeln.
Die 15.+16. Rd in Weiß wie beim Gartenzwerg häkeln.

Bäckchen (2x)
In Orchidee wie beim Gartenzwerg häkeln.

Bart
In Weiß wie beim Gartenzwerg häkeln.

Fertigstellen
Arme und Beine am Körper festnähen. Die Mütze leicht schräg am Kopf festnähen. Bart und Bäckchen festnähen. In Schwarz eine Gürtelschnalle, in Weiß Augenbrauen aufsticken. Alle Fäden vernähen.

SACK

In Camel 13 Lm anschl. Die Lm-Kette von beiden Seiten behäkeln.
1. Rd: Ab der 2. M von der Nd aus 12 fM oben und 12 fM unten häkeln (= 24 M).
2.-14. Rd: Jeweils 24 fM häkeln.
15. Rd: Jede. 3. und 4. fM zusammen abmaschen (= 18 M).
16. Rd: Jede 2. und 3. fM zusammen abmaschen (= 12 M).
Mit Füllwatte ausstopfen.
17. Rd: Immer 2 fM zusammen abmaschen (= 6 M).
18. Rd: Jede fM verdoppeln (= 12 M).
19. Rd: Jede 2. fM verdoppeln (= 18 M).
Mit 1 Km schließen. Garn abschneiden und vernähen.

Fertigstellen
Ein 30 cm langes Stück Garn in Marone mehrfach um die schmalste Stelle des Sacks wickeln und zur Schleife binden. Alle Fäden vernähen.

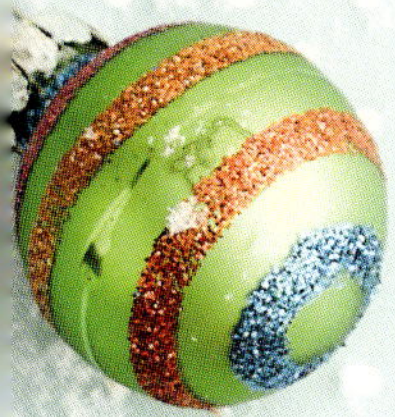

GESCHENK

Unterteil
In Türkis 7 Lm anschl. Weiter in R häkeln, dabei am Ende jeder R 1 Wende-Lm häkeln.
1. R: Ab der 2. M von der Nd aus 6 fM häkeln (= 6 fM).
2.-6. R: Jeweils 6 fM häkeln.
Weiter entlang jeder Seite 6 fM häkeln (= 24 M).
Weiter in Spiralrd häkeln.
1. Rd: 24 fM in die hinteren M-Glieder häkeln.
2.-4. Rd: Jeweils 24 fM häkeln.
Mit 1 Km schließen. Garn abschneiden und vernähen.

Deckel
In Türkis 8 Lm anschl. Weiter in R häkeln, dabei am Ende jeder R 1 Wende-Lm häkeln.
1. R: Ab der 2. M von der Nd aus 7 fM häkeln (= 7 fM).
2.-7. R: Jeweils 7 fM häkeln.
Entlang jeder Seite 7 fM häkeln (= 28 M).
Weiter in Spiralrd häkeln.
1. Rd: 28 fM in die hinteren M-Glieder häkeln (= 28 M).
2. Rd: Jeweils 28 fM häkeln.
Mit 1 Km schließen. Garn abschneiden und vernähen.

Schleife
In Violett 11 Lm anschl. Weiter in R häkeln, dabei am Ende jeder R 1 Wende-Lm häkeln.
1. R: Ab der 2. M von der Nd aus 10 fM häkeln (= 10 M).
2. R: 10 fM häkeln.
Garn abschneiden und vernähen.

Fertigstellen
Ein 20 cm langes Stück Garn in Violett ein paar Mal um die Schleife wickeln und mittig am Deckel festnähen. Den Deckel auf das Unterteil setzen. Von der Schleife ausgehend in Violett das Geschenkband aufsticken. Alle Fäden vernähen.

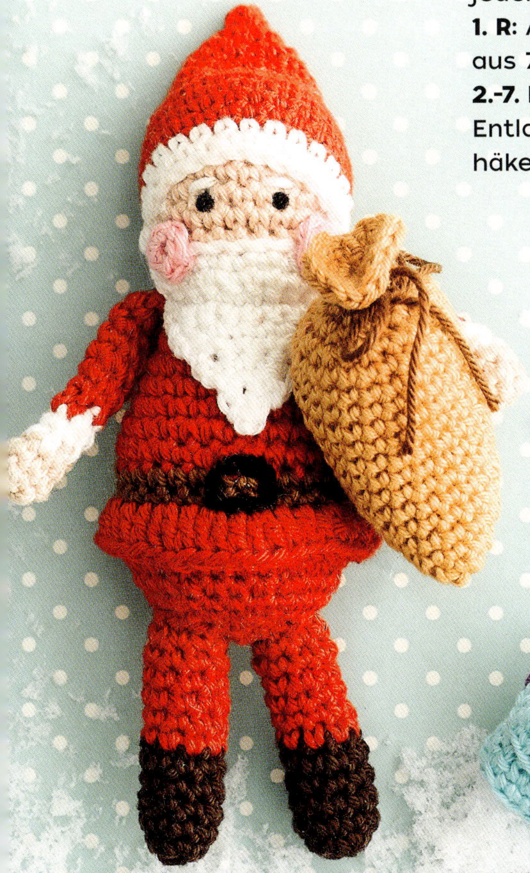

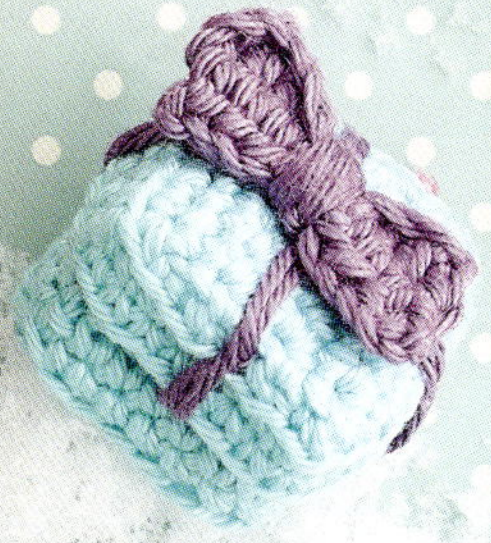

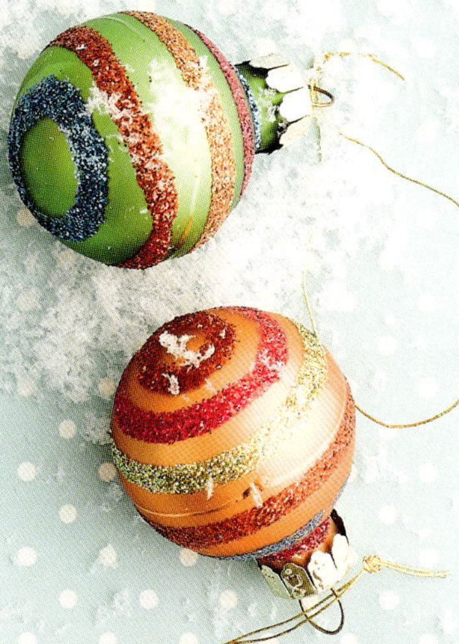

POLARFREUNDE

Diese drei Freunde lieben die kalte Jahreszeit ganz besonders und fühlen sich am wohlsten, wenn es draußen richtig schneit. Aber auch als süße Deko machen sie eine tolle Figur und bringen unser Herz zum Schmelzen.

SCHWIERIGKEITSGRAD

Eisbär: 2
Elch: 3
Pinguin: 2

GRÖSSE

Eisbär: 7,5 cm
Elch: 9 cm
Pinguin: 6,5 cm

MATERIAL

- Häkelnadel 2,0 mm
- Füllwatte
- Wollnadel

Eisbär

- Schachenmayr Catania (LL 125 m/50 g) in Natur (Fb 105), Silber (Fb 172), Reseda (Fb 402) und Schwarz (Fb 110), Reste

Elch

- Schachenmayr Catania (LL 125 m/50 g) in Bast (Fb 257), Malve (Fb 399), Natur (Fb 105), Weiß (Fb 106) und Schwarz (Fb 110), Reste

Pinguin

- Schachenmayr Catania (LL 125 m/50 g) in Schwarz (Fb 110), Rauchgrau (Fb 435), Weiß (Fb 106) und Gold (Fb 249), Reste

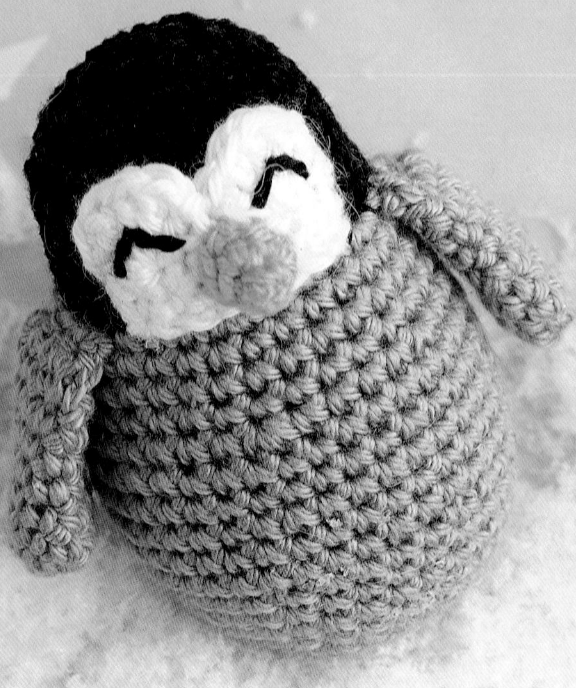

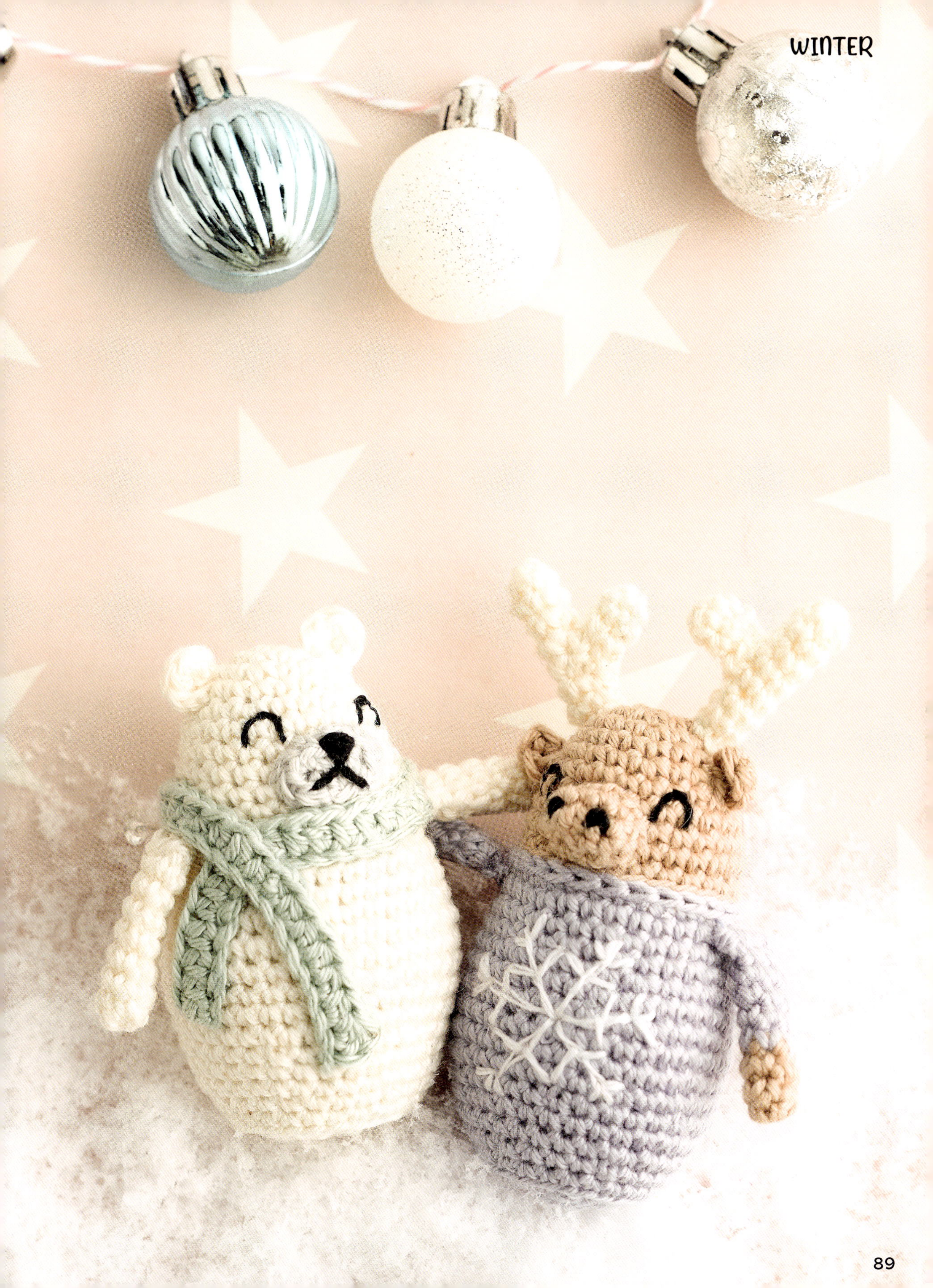

EMIL, DER ELCH

Kopf und Körper

Die 1.-16. Rd in Bast wie beim Eisbär (siehe Seite 91) häkeln.
Die 17. Rd in Malve wie beim Eisbar, aber nur in die hinteren M-Glieder häkeln.
Die 18.-28. Rd in Malve wie beim Eisbär häkeln.

Arm (2x)

Die 1.-3. Rd in Bast wie beim Eisbär häkeln.
Die 4.-8. Rd in Malve wie beim Eisbär häkeln.

Ohr (2x)

In Bast einen Magic Ring anfertigen.
4 fM in den Ring häkeln. Mit 1 Km schließen. Garn 30 cm lang abschneiden.
Das 2. Ohr ebenso häkeln.

Geweih (2x)

In Natur wie beim Rentier-Donut (siehe Seite 81) häkeln.

Schnauze

In Bast wie beim Eisbär häkeln.

Fertigstellen

In einem vorderen M-Glied der 17. Rd in Malve anschlingen und 1 Rd Km aufhäkeln. Die kurzen Geweihe mittig an den langen Geweihen festnähen. Mit geteiltem Garn in Schwarz die Nasenlöcher auf die Schnauze sticken und diese mit ein wenig Füllwatte füllen. Schnauze, Ohren und Geweih am Kopf festnähen. Arme am Körper festnähen. Mit geteiltem Garn in Schwarz die Augen aufsticken. Mit geteiltem Garn in Weiß eine Schneeflocke auf den Pullover sticken. Alle Fäden vernähen.

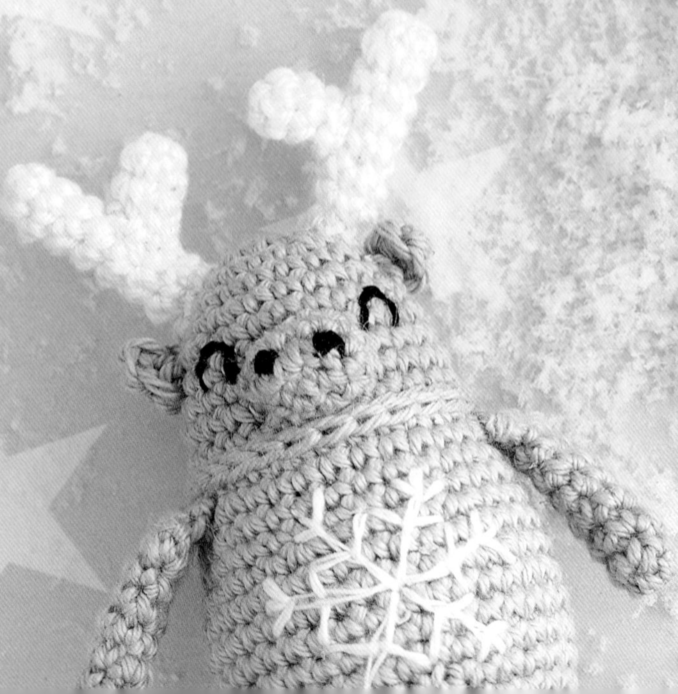

PELLE, DER PINGUIN

Kopf und Körper

Die 1.-10. Rd in Schwarz wie beim Eisbär (siehe Seite 91) häkeln.
Die 11.-28. Rd in Rauchgrau wie beim Eisbär häkeln.

Gesicht

In Weiß 8 Lm anschl. Weiter in R häkeln, dabei am Ende jeder R 1 Wende-Lm häkeln.
1. R: Ab der 2. M von der Nd aus 7 fM häkeln (= 7 M).
2. R: 7 fM häkeln.
3. R: * 1 M überspringen, 5 Stb in 1 M, 1 M überspringen, 1 Km, ab * noch 1x wdh, dabei die Km in den Rand der letzten M häkeln. Garn 30 cm lang abschneiden.

Schnabel

In Gold einen Magic Ring anfertigen. Weiter in Spiralrd arb.
1. Rd: 4 fM in den Ring häkeln (= 4 M).
2. Rd: Jede 2. fM verdoppeln (= 6 M).
Mit 1 Km schließen. Garn ca. 30 cm lang abschneiden und Schnabel mit etwas Füllwatte ausstopfen.

Flügel (2x)

In Rauchgrau einen Magic Ring anfertigen. Weiter in Spiralrd arb.
1. Rd: 6 fM in den Ring häkeln (= 6 M).
2. Rd: Jede 2. fM verdoppeln (= 9 M).

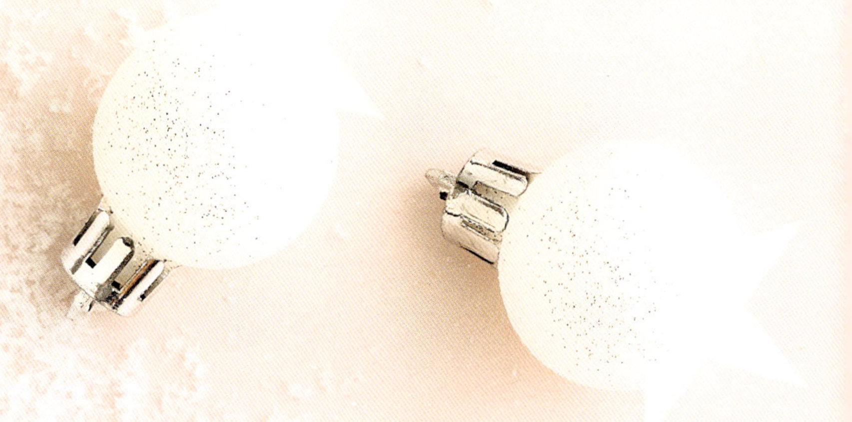

3.-7. Rd: Jeweils 9 fM häkeln. Flügel flach drücken und mit 4 fM zusammenhäkeln. Garn 30 cm lang abschneiden.

Fertigstellen

Das Gesicht auf den Kopf nähen. Mit geteiltem Garn in Schwarz die Augen aufsticken. Den Schnabel und die Flügel festnähen. Alle Fäden vernähen.

OLAF, DER EISBÄR

Kopf und Körper

In Natur einen Magic Ring anfertigen. Weiter in Spiralrd arb.
1. Rd: 6 fM in den Ring häkeln (= 6 M).
2. Rd: Jede fM verdoppeln (= 12 M).
3. Rd: Jede 2. Verdoppeln (= 18 M).
4. Rd: 18 fM häkeln.
5. Rd: Jede 3. fM verdoppeln (= 24 M).
6.-10 Rd: Jeweils 24 fM häkeln.
11. Rd: Jede 4. fM verdoppeln (= 30 M).
12.-14. Rd: Jeweils 30 fM häkeln.
15. Rd: Jede 5. fM verdoppeln (= 36 M).
16.-20. Rd: Jeweils 36 fM häkeln.
21. Rd: Jede 5. und 6. fM zusammen abmaschen (= 30 M).
22.+23. Rd: Jeweils 30 fM häkeln.
24. Rd: Jede 4. und 5. fM zusammen abmaschen (= 24 M).
25. Rd: 24 fM häkeln.
Mit Füllwatte ausstopfen.
26. Rd: Jede 3. und 4. fM zusammen abmaschen, dabei in die hinteren M-Glieder häkeln (= 18 M).
27. Rd: Jede 2. und 3. fM zusammen abmaschen (= 12 M).
28. Rd: Immer 2 fM zusammen abmaschen (= 6 M).
Mit 1 Km schließen. Garn abschneiden. Mit der Wollnd durch alle 6 vorderen M-Glieder fädeln, zusammenziehen und vernähen.

Arm (2x)

In Natur einen Magic Ring anfertigen. Weiter in Spiralrd arb.
1. Rd: 6 fM in den Ring häkeln (= 6 M).
2.-8. Rd: Jeweils 6 fM häkeln.
1 Lm arb. Den Arm flach drücken und mit 3 fM zusammenhäkeln. Garn 30 cm lang abschneiden.
Den 2. Arm ebenso häkeln.

Ohr (2x)

In Natur einen Magic Ring anfertigen.
5 fM in den Ring häkeln. Mit 1 Km schließen. Garn 30 cm lang abschneiden.
Das 2. Ohr ebenso häkeln.

Schnauze

In Silber 4 Lm anschl. Die Lm-Kette von beiden Seiten behäkeln.
Ab der 2. M von der Nd aus 2 fM, 3 fM in 1 M, 2 fM, 3 fM in 1 M (= 10 M). Mit 1 Km schließen. Garn 30 cm lang abschneiden.

Schal

In Reseda 63 Lm anschl.
Ab der 3. M von der Nd aus 60 hStb häkeln. Garn abschneiden.

Fertigstellen

Die Schnauze und die Ohren am Kopf, die Arme am Körper festnähen. Mit geteiltem Garn in Schwarz Nase, Mund und Augen aufsticken. Den Schal um den Hals legen und am Körper festnähen. Alle Fäden vernähen.

NEKO, DIE WINKEKATZE

Diese kleine Winkekatze ist der perfekte Glücksbringer für das neue Jahr. Mit ihr kann gar nichts mehr schiefgehen und sie ist ein tolles Geschenk für einen lieben Menschen.

SCHWIERIGKEITSGRAD
Winkekatze: 2
Glückskeks: 1

GRÖSSE
Winkekatze: 6,5 cm
Glückskeks: 5 cm

MATERIAL
- Häkelnadel 2,0 mm
- Füllwatte
- Wollnadel

Winkekatze
- Schachenmayr Catania (LL 125 m/50 g) in Natur (Fb 105), Bast (Fb 257), Marone (Fb 157), Orchidee (Fb 222), Gold (Fb 249), Signalrot (Fb 115) und Schwarz (Fb 110), Reste

Glückskeks
- Schachenmayr Catania (LL 125 m/50 g) in Camel (Fb 179), Weiß (Fb 106) und Signalrot (Fb 115), Reste

WINKEKATZE

Kopf und Körper
In Natur einen Magic Ring anfertigen. Weiter in Spiralrd arb.

1. Rd: 6 fM in den Ring häkeln (= 6 M).
2. Rd: Jede fM verdoppeln (= 12 M).
3. Rd: Jede 2. fM verdoppeln (= 18 M).
4. Rd: 18 fM häkeln.
5. Rd: Jede 3. fM verdoppeln (= 24 M).
6.-9. Rd: Jeweils 24 fM häkeln.
10. Rd (Signalrot): 24 fM häkeln.
11. Rd (Natur): Jede 4. fM verdoppeln, dabei in die hinteren M-Glieder häkeln (= 30 M).
12. Rd: 30 fM häkeln.
13. Rd: Jede 5. fM verdoppeln (= 36 M).
14.-18. Rd: Jeweils 36 fM häkeln.
19. Rd: Jede 5. und 6. fM zusammen abmaschen (= 30 M).
20. Rd: 30 fM häkeln.
21. Rd: Jede 4. und 5. fM zusammen abmaschen (= 24 M).
22. Rd: 24 fM häkeln.
Mit Füllwatte ausstopfen.
23. Rd: Jede 3. und 4. fM zusammen abmaschen, dabei in die hinteren M-Glieder häkeln (= 18 M).
24. Rd: Jede 2. und 3. fM zusammen abmaschen (= 12 M).
25. Rd: Immer 2 fM zusammen abmaschen (= 6 M).
Mit 1 Km schließen. Garn abschneiden, mit der Wollnd durch die 6 vorderen M-Glieder fädeln, zusammenziehen und vernähen.

Ohr (2x)
In Marone einen Magic Ring anfertigen. Weiter in Spiralrd arb.

1. Rd: 4 fM in den Ring häkeln (= 4 M).
2. Rd: 4 fM häkeln.
3. Rd: Jede 2. fM verdoppeln (= 6 M). Mit 1 Km schließen. Garn 30 cm lang abschneiden.
Das 2. Ohr in Natur ebenso häkeln.

Auge
In Bast 4 Lm anschl. Die Lm-Kette von beiden Seiten behäkeln.
Ab 2. M von der Nd aus 2 fM, 3 fM in 1 M, 2 fM, 3 fM in 1 M (= 10 M).
Mit 1 Km schließen. Garn ca. 30 cm lang abschneiden.

Arm (2x)

In Natur einen Magic Ring anfertigen. Weiter in Spiralrd arb.

1. Rd: 6 fM in den Ring häkeln (= 6 M).

2.-6. Rd: Jeweils 6 fM häkeln. 1 Lm arb. Den Arm flach drücken und mit 3 fM zusammenhäkeln. Garn 30 cm lang abschneiden.

Für den 2. Arm nur die 1.-5. Rd häkeln.

Glöckchen

In Gold einen Magic Ring anfertigen.

5 fM in den Ring häkeln. Mit 1 Km schließen. Garn 30 cm lang abschneiden.

Fertigstellen

Die Ohren und das Auge am Kopf festnähen. Mit geteiltem Garn in Schwarz die Augenbögen und Schnurrhaare aufsticken. In Orchidee die Nase andeuten. Das Glöckchen und die beiden Arme festnähen, dabei darauf achten, dass der längere Arm winkt. Alle Fäden vernähen.

GLÜCKSKEKS

In Camel einen Magic Ring anfertigen. Weiter in Spiralrd arb.

1. Rd: In Camel 6 fM in den Ring häkeln (= 6 M).

2. Rd: Jede fM verdoppeln (= 12 M).

3. Rd: Jede 2. fM verdoppeln (= 18 M).

4. Rd: * 1 fM, 1 fM verdoppeln, 1 fM, ab * noch 5x wdh (= 24 M).

5. Rd: Jede 4. fM verdoppeln (= 30 M).

6. Rd: * 2 fM, 1 fM verdoppeln, 2 fM, ab * noch 5x wdh (= 36 M).

7. Rd: Jede 6. M verdoppeln (= 42 M).

8. Rd: * 3 fM, 1 fM verdoppeln, 3 fM, ab * noch 5x wdh (= 48 M).

9. Rd: Jede 8. fM verdoppeln (= 54 M).

10. Rd: * 4 fM, 1 fM verdoppeln, 4 fM, ab * noch 5x wdh (= 60 M).

Mit 1 Km schließen. 1 Lm arb, den Kreis in der Mitte falten und mit fM zusammenhäkeln, dabei eine kleine Öffnung lassen, den Keks mit Füllwatte ausstopfen und die Öffnung mit fM schließen. Garn abschneiden und vernähen.

In Weiß in der 4. M der Außenkante anschlingen, 1 Lm arb. Weiter in R häkeln, dabei am Ende jeder R 1 Wende-Lm häkeln.

1.-5. R: Jeweils 3 fM häkeln. Garn abschneiden und vernähen.

Fertigstellen

Den Glückskeks etwas zusammendrücken und mit ein paar Stichen in Form bringen. Mit geteiltem Garn in Rot ein Herz aufsticken.

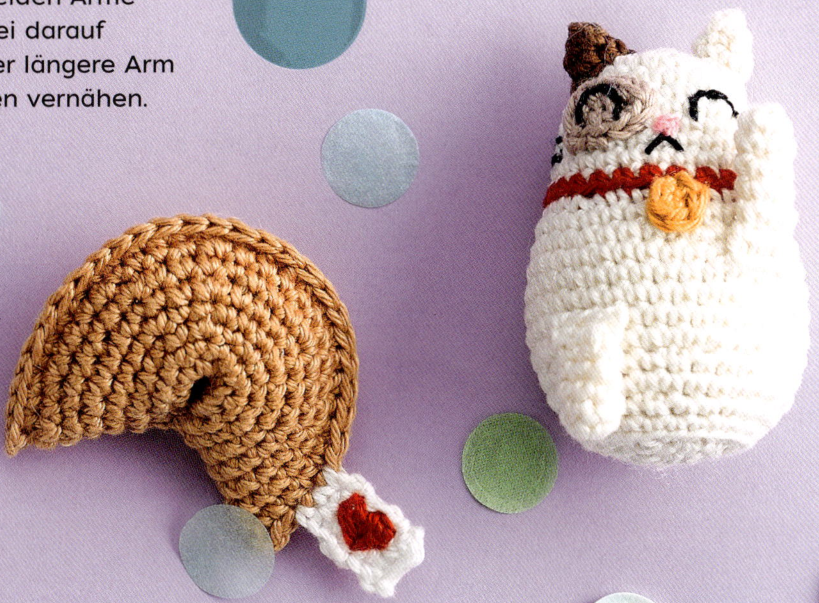

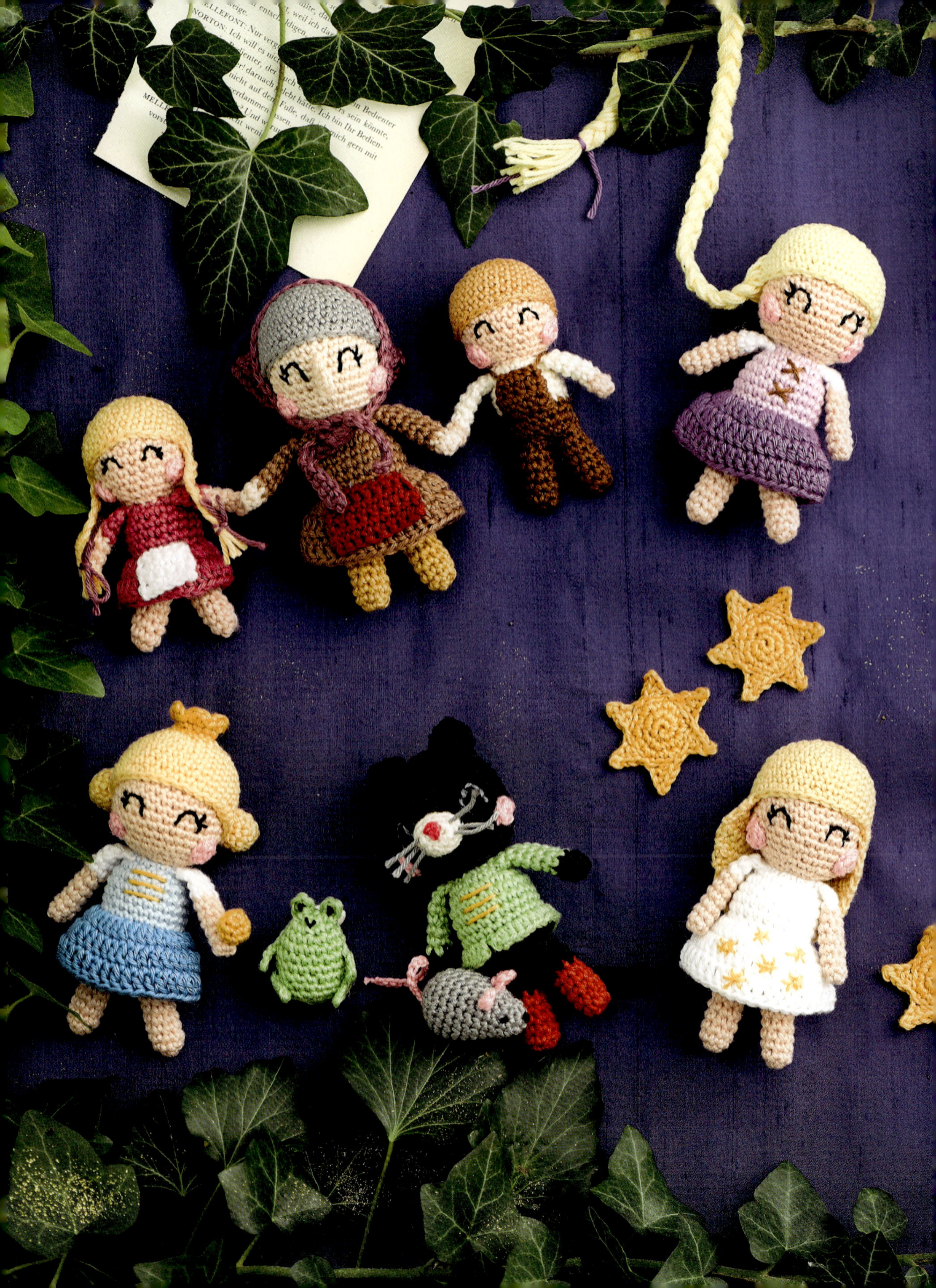

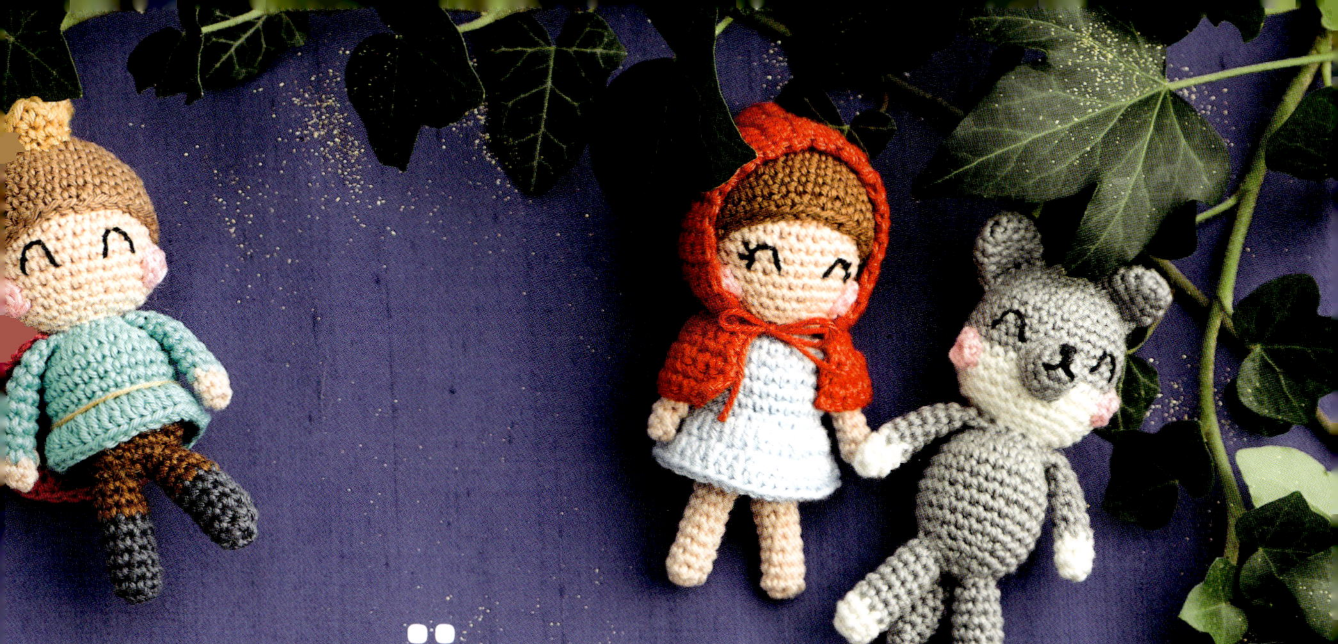

MÄRCHEN HAFT

Beim Thema Märchen werden wir alle ganz schnell wieder zu Kindern und lauschen mit angehaltenem Atem den Geschichten von Rotkäppchen, Froschkönig, gestiefeltem Kater, Rapunzel, Schneewittchen und vielen mehr. Hier werden die Helden dieser Erzählungen mit Hilfe der Häkelnadel lebendig und die Figuren nehmen uns mit in eine fabelhafte Fantasiewelt.

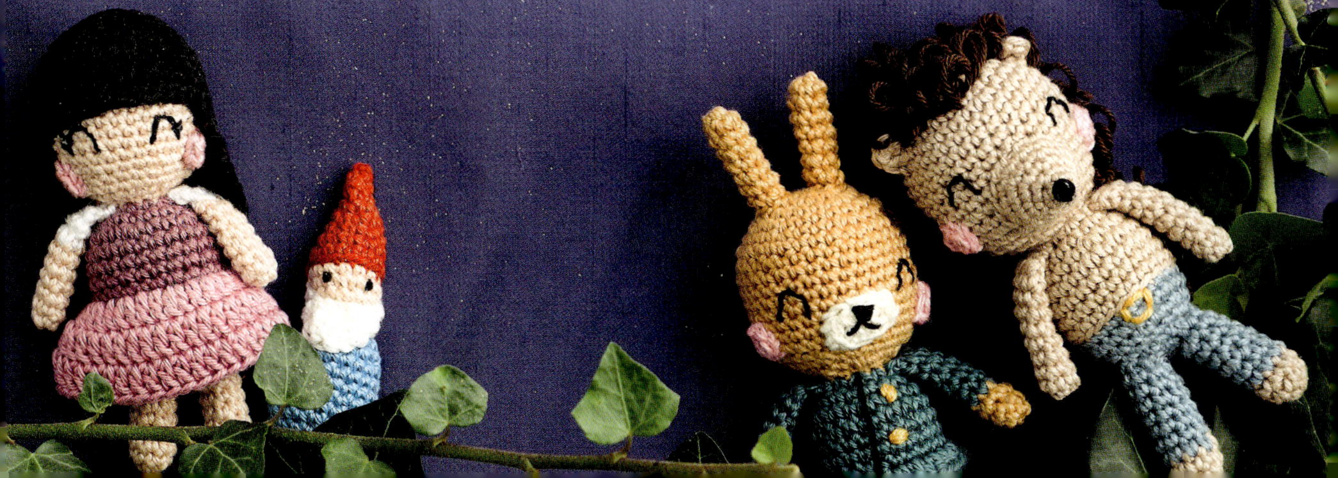

Rotkäppchen und der böse Wolf

Huch, wer kommt denn da aus dem Wald?
Ein bisschen gruselig ist der böse Wolf ja schon.

SCHWIERIGKEITSGRAD
Rotkäppchen: 3
Wolf: 3

GRÖSSE
Rotkäppchen: 11 cm
Wolf: 11 cm

MATERIAL
- Häkelnadel 2,0 mm
- Füllwatte
- Wollnadel

Rotkäppchen
- Schachenmayr Catania (LL 125 m/50 g) in Rosé Gold (Fb 433), Hellblau (Fb 173), Signalrot (Fb 115), Weiß (Fb 106), Marone (Fb 157), Orchidee (Fb 222) und Schwarz (Fb 110), Reste

Wolf
- Schachenmayr Catania (LL 125 m/50 g) in Rauchgrau (Fb 435), Natur (Fb 105), Orchidee (Fb 222) und Schwarz (Fb 110), Reste

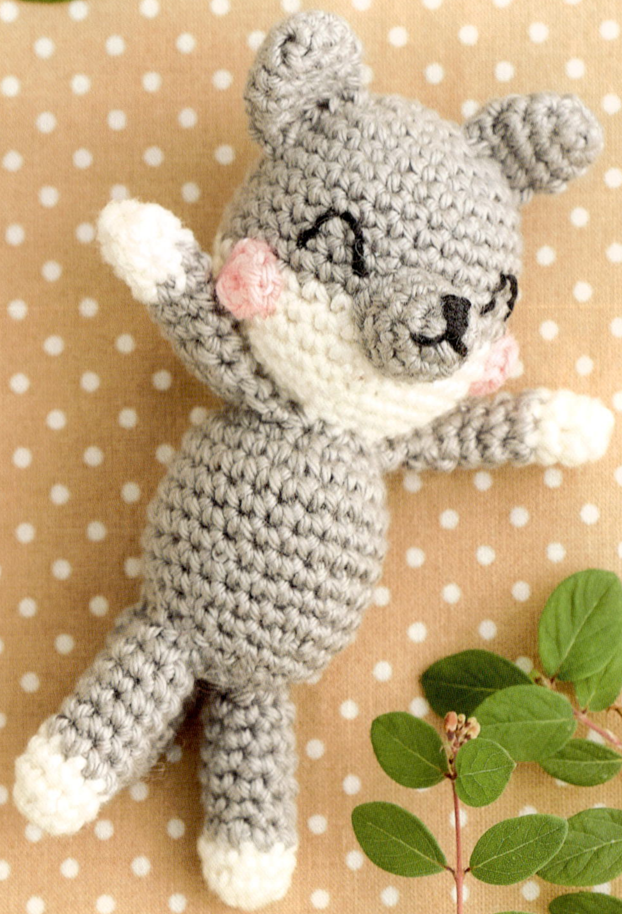

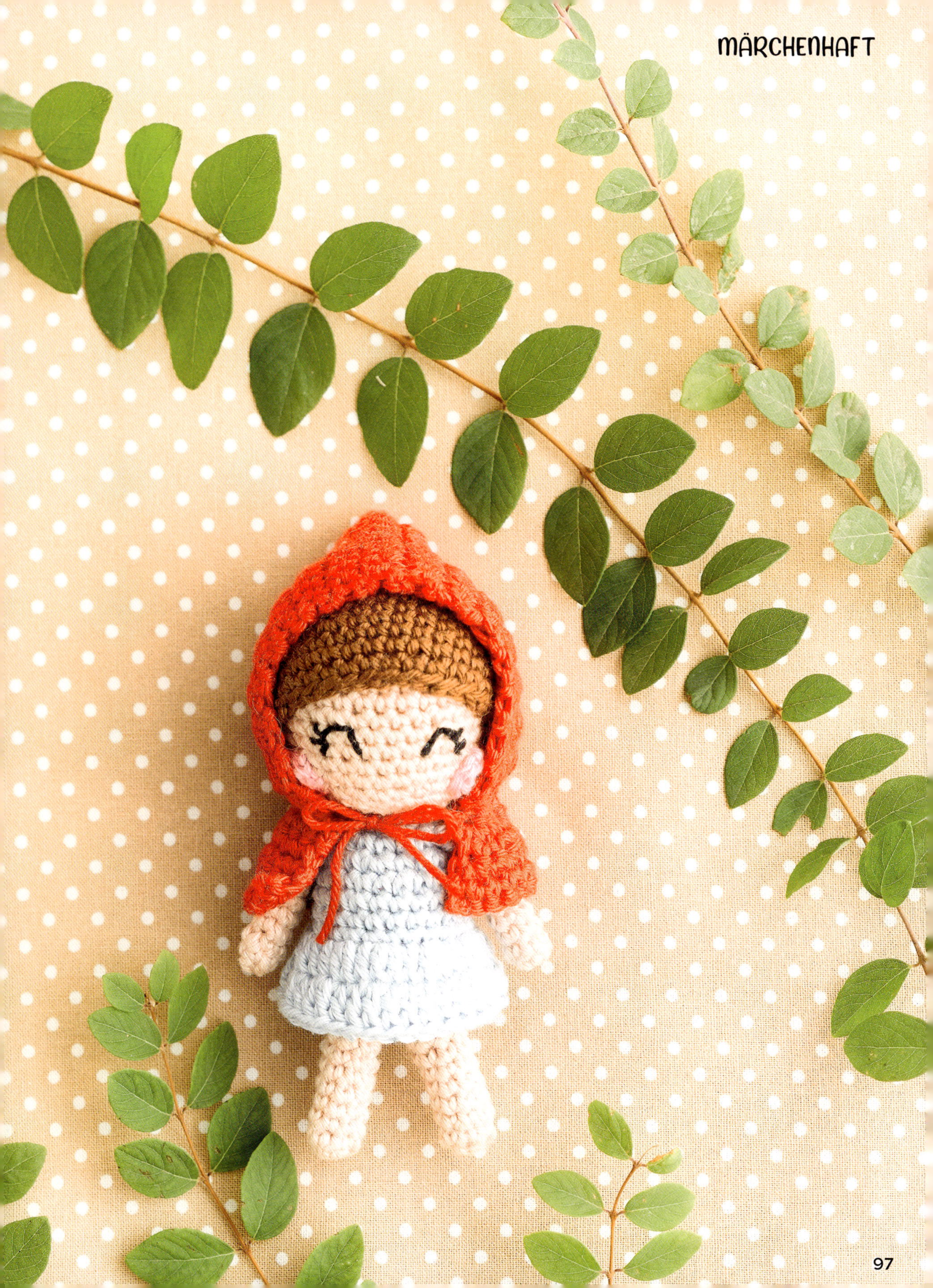

ROTKÄPPCHEN

Kopf und Körper

In Rosé Gold einen Magic Ring anfertigen. Weiter in Spiralrd arb.
1. Rd: 6 fM in den Ring häkeln (= 6 M).
2. Rd: Jede fM verdoppeln (= 12 M).
3. Rd: Jede 2. fM verdoppeln (= 18 M).
4. Rd: Jede 3. fM verdoppeln (= 24 M).
5. Rd: 24 fM häkeln.
6. Rd: Jede 4. fM verdoppeln (= 30 M).
7.-14. Rd: Jeweils 30 fM häkeln.
15. Rd: Jede 4. und 5. fM zusammen abmaschen (= 24 M).
16. Rd: 24 fM häkeln.
17. Rd: Jede 3. und 4. fM zusammen abmaschen (= 18 M). Mit Füllwatte ausstopfen.
18. Rd: Jede 2. und 3. fM zusammen abmaschen (= 12 M).
19. Rd (Hellblau): Jede 2. fM verdoppeln (= 18 M).
20. Rd: 18 fM häkeln.
21. Rd: Jede 3. fM verdoppeln (= 24 M).
22.-25. Rd: Jeweils 24 fM häkeln.
26. Rd (Weiß): 24 fM häkeln.
27. Rd: 24 fM häkeln.
28. Rd: Jede 3. und 4. fM zusammen abmaschen (= 18 M).
29. Rd: 18 fM häkeln.
30. Rd: Jede 2. und 3. fM zusammen abmaschen (= 12 M).
31. Rd: Immer 2 fM zusammen abmaschen (= 6 M).
Mit 1 Km schließen. Garn abschneiden, mit der Wollnd durch die 6 vorderen M-Glieder fädeln, zusammenziehen und vernähen.
Für den Rock in Hellblau in einem vorderen M-Glied der 25. Rd anschlingen.
1. Rd: 3 Lm, Stb häkeln, dabei jede 2. M verdoppeln. Mit 1 Km schließen (= 36 M).
2. Rd: 3 Lm, 35 Stb häkeln. Mit 1 Km schließen. Garn abschneiden und vernähen.

Arm (2x)

In Rosé Gold einen Magic Ring anfertigen. Weiter in Spiralrd arb.
1. Rd: 6 fM in den Ring häkeln (= 6 M).
2.-7. Rd: Jeweils 6 fM häkeln.
8.+9. Rd (Hellblau): Jeweils 6 fM häkeln.
1 Lm arb. Den Arm flach drücken und mit 3 fM zusammenhäkeln. Garn 30 cm lang abschneiden.
Den 2. Arm ebenso häkeln.

Bein (2x)

In Rosé Gold einen Magic Ring anfertigen. Weiter in Spiralrd arb.
1. Rd: 8 fM in den Ring häkeln (= 8 M).
2.-9. Rd: Jeweils 8 fM häkeln. Mit 1 Km schließen. Garn ca. 30 cm lang abschneiden und Bein mit Füllwatte ausstopfen.
Das 2. Bein ebenso häkeln.

Haare

In Marone die 1.-6. Rd wie den Kopf häkeln.
7. Rd: Jede 15. fM verdoppeln (= 32 M).
8.-12. Rd: Jeweils 32 fM häkeln (= 32 M). Mit 1 Km schließen. Garn 30 cm lang abschneiden.

Cape

In Signalrot 13 Lm anschl. Weiter in R häkeln, dabei am Ende jeder R 1 Wende-Lm häkeln.
1. R: Ab der 2. M von der Nd aus 12 fM häkeln (= 12 M).
2.-16. R: Jeweils 12 fM häkeln.
17. R: 12 fM in die vorderen M-Glieder häkeln.
18.-32. R: Jeweils 12 fM häkeln.
Entlang der 17. R (= obere Mitte) die Arbeit links auf links legen und die M eines Seitenrandes mit fM zusammenhäkeln. Garn abschneiden und vernähen.
An der unteren Kante in Signalrot anschlingen und entlang der untern Kante 24 fM häkeln (= 24 M). Weiter in R häkeln, dabei am Ende jeder R 1 Wende-Lm häkeln.
2. R: 24 fM häkeln.
3. R: 1 fM verdoppeln, 22 fM, 1 fM verdoppeln (= 26 M).
4. R: 26 fM häkeln.
5. R: 1 fM verdoppeln, 24 fM, 1 fM verdoppeln (= 28 M).
6. R: 28 fM häkeln.

Garn abschneiden und vernähen.

Bäckchen (2x)

In Orchidee einen Magic Ring anfertigen.
5 fM in den Ring häkeln. Mit 1 Km schließen. Garn 30 cm lang abschneiden.
Das 2. Bäckchen ebenso häkeln.

Fertigstellen

Ein 20 cm langes Stück Garn in Signalrot abschneiden und mit der Wollnd entlang der neu aufgenommenen R einfädeln, so dass man es später kräuseln kann. Die Haare leicht schräg am Kopf, die Bäckchen im Gesicht festnähen. Mit geteiltem Garn in Schwarz die Augen aufsticken. Arme und Beine am Körper festnähen. Das Cape anziehen, das eingefädelte Garn zusammenziehen, eine Schleife binden und auf gewünschte Länge abschneiden. Alle Fäden vernähen.

WOLF

Kopf und Körper

Die 1.-11. Rd in Rauchgrau wie beim Rotkäppchen häkeln.
Die 12.-18. Rd in Natur wie beim Rotkäppchen häkeln.
Die 19.-31. Rd in Rauchgrau wie beim Rotkäppchen häkeln.

Arm (2x)

Die 1.-3. Rd in Natur wie beim Rotkäppchen häkeln.
Die 4.+5. Rd in Rauchgrau wie beim Rotkäppchen häkeln.

Bein (2x)

In Rauchgrau wie beim Rotkäppchen häkeln.

Bäckchen (2x)

In Orchidee wie beim Rotkäppchen häkeln.

Ohr (2x)

In Rauchgrau einen Magic Ring anfertigen. Weiter in Spiralrd arb.
1. Rd: 6 fM in den Ring häkeln (= 6 M).
2. Rd: Jede 2. fM verdoppeln (= 9 M).
3.+4. Rd: Jeweils 9 fM häkeln. Ohr flach drücken und mit 4 fM zusammenhäkeln. Garn 30 cm lang abschneiden.
Das 2. Ohr ebenso häkeln.

Schnauze

In Rauchgrau einen Magic Ring anfertigen. Weiter in Spiralrd arb.
1. Rd: 6 fM in den Ring häkeln (= 6 M).
2. Rd: Jede 2. fM verdoppeln (= 9 M).
3. Rd: 9 fM häkeln. Mit 1 Km schließen. Garn 30 cm lang abschneiden. Mit etwas Füllwatte ausstopfen.

Schwanz

In Rauchgrau einen Magic Ring anfertigen. Weiter in Spiralrd arb.
1. Rd: 6 fM in den Ring häkeln (= 6 M).
2. Rd: 6 fM häkeln.
3. Rd: Jede 2. fM verdoppeln (= 9 M).
4.-8. Rd: Jeweils 9 fM häkeln. Mit Füllwatte ausstopfen.
9. Rd: Jede 2. und 3. fM zusammen abmaschen (= 6 M). 1 Lm arb. Die Öffnung des Schwanzes zusammendrücken und mit 3 fM zusammenhäkeln. Garn 30 cm lang abschneiden.

Fertigstellen

Die Ohren und Schnauze am Kopf festnähen. Bäckchen im Gesicht festnähen. Arme und Beine am Körper, den Schwanz am Hinterteil des Wolfes festnähen. Mit geteiltem Garn in Schwarz Augen, Mund und Nase aufsticken. Alle Fäden vernähen.

FROSCHKÖNIG

Bevor wir gleich jeden Frosch küssen, üben wir doch lieber erst einmal an diesem kleinen Kerl hier. Die Prinzessin macht es vor.

SCHWIERIGKEITSGRAD

Frosch: 2
Prinzessin: 3

GRÖSSE

Frosch: 4 cm
Prinzessin: 10 cm

MATERIAL

- Häkelnadel 2,0 mm
- Füllwatte
- Wollnadel

Frosch

- Schachenmayr Catania (LL 125 m/50 g) in Greenery (Fb 418) und Schwarz (Fb 110), Reste

Prinzessin

- Schachenmayr Catania (LL 125 m/50 g) in Rosé Gold (Fb 433), Honig (Fb 206), Weiß (Fb 106), Hellblau (Fb 173), Capri (Fb 384), Gold (Fb 249), Orchidee (Fb 222) und Schwarz (Fb 110), Reste

FROSCH

Kopf und Körper

In Greenery einen Magic Ring anfertigen. Weiter in Spiralrd arb.

1. Rd: 6 fM in den Ring häkeln (= 6 M).
2. Rd: Jede fM verdoppeln (= 12 M).
3. Rd: 12 fM häkeln.
4. Rd: Jede 2. fM verdoppeln (= 18 M).

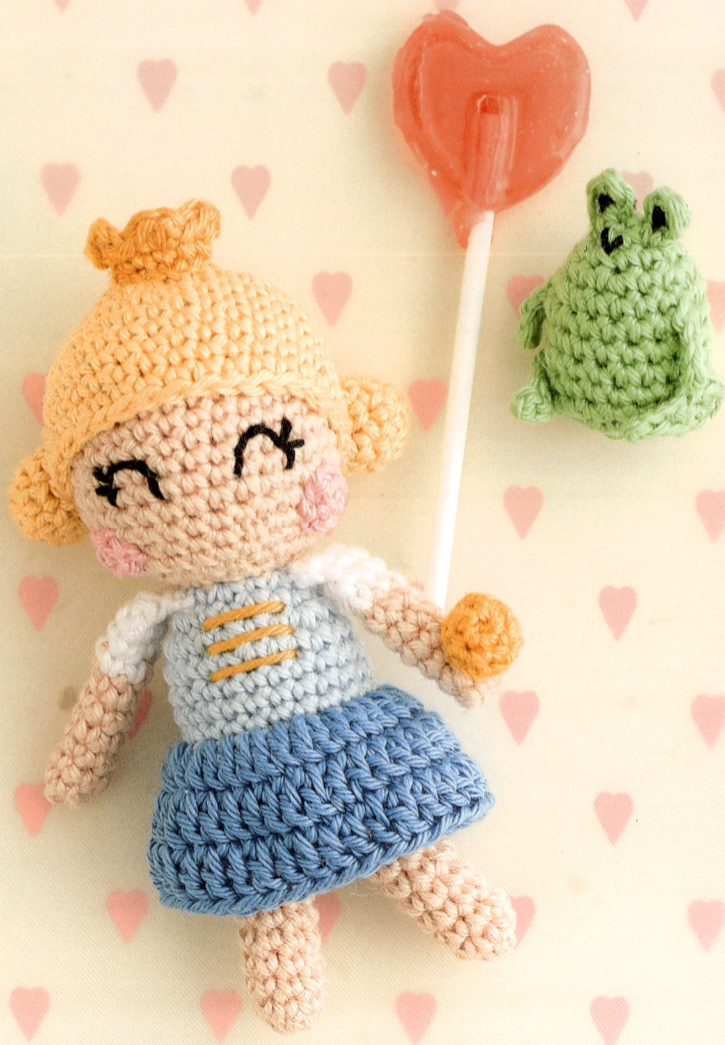

5.-10. Rd: Jeweils 18 fM häkeln.
11. Rd: Jede 2. und 3. fM zusammen abmaschen (= 12 M). Mit Füllwatte ausstopfen.
12. Rd: Immer 2 fM zusammen abmaschen (= 6 M).
Garn abschneiden, mit der Wollnd durch die 6 vorderen M-Glieder fädeln, zusammenziehen und vernähen.

Auge (2x)
In Greenery einen Magic Ring anfertigen.
4 fM in den Ring häkeln. Mit 1 Km schließen. Garn 30 cm lang abschneiden.
Das 2. Auge ebenso häkeln.

Bein (2x)
In Greenery einen Magic Ring anfertigen.
6 fM in den Ring häkeln.
4 Lm, ab der 2. M von der Nd aus 2 fM, 1 Km. Mit 1 Km schließen. Garn 30 cm lang abschneiden.
Das 2. Bein ebenso häkeln.

Fertigstellen
In Schwarz Pupillen auf die Augen sticken und diese am Kopf festnähen. Mit geteiltem Garn in Schwarz den Mund aufsticken. Für die Arme beidseitig in der 6. Rd in Greenery den Faden anschlingen, 4 Lm arb, ab der 2. M von der Nd aus 3 Km häkeln. Mit 1 Km wieder am Körper einstechen. Garn abschneiden und vernähen. Beine festnähen. Alle Fäden vernähen.

PRINZESSIN

Kopf und Körper
Die 1.-18. Rd in Rosé Gold wie beim Rotkäppchen (siehe Seite 98) häkeln.
Die 19.-31. Rd in Hellblau wie beim Rotkäppchen häkeln.
Für den Rock die 1.+2. Rd in Capri wie beim Rotkäppchen häkeln.
3. Rd: 3 Lm, 35 Stb häkeln. Mit 1 Km schließen.
Garn abschneiden und vernähen.

Arm (2x)
Die 1.-7. Rd in Rosé Gold wie beim Rotkäppchen häkeln.
Die 8.+9. Rd in Weiß wie beim Rotkäppchen häkeln.

Bein (2x)
Die 1.-9. Rd in Rosé Gold wie beim Rotkäppchen häkeln.

Bäckchen (2x)
In Orchidee wie beim Rotkäppchen häkeln.

Haare
In Honig wie beim Rotkäppchen häkeln.

Dutt (2x)
In Honig einen Magic Ring anfertigen. Weiter in Spiralrd arb.
1. Rd: 6 fM in den Ring häkeln (= 6 M).
2. Rd: Jede 2. fM verdoppeln (= 9 M).
3.+4. Rd: Jeweils 9 fM häkeln. Mit 1 Km schließen. Garn 30 cm lang abschneiden.
Dutt mit etwas Füllwatte ausstopfen.
Den 2. Dutt ebenso häkeln.

Krone
In Gold 10 Lm anschl. Mit 1 Km zum Ring schließen (= 10 M).
1. Rd: 10 fM häkeln.
2. Rd: *(1 fM, 1 Lm, 1 fM) in 1 M, 1 Km, ab * noch 4x wdh.
Garn 30 cm lang abschneiden.

Goldkugel
In Gold einen Magic Ring anfertigen. Weiter in Spiralrd arb.
1. Rd: 6 fM in den Ring häkeln (= 6 M).
2.+3. Rd: Jeweils 6 fM häkeln.
Garn abschneiden, mit der Wollnd durch die 6 vorderen M-Glieder fädeln, zusammenziehen und vernähen.

Fertigstellen
Haare leicht schräg am Kopf festnähen. Dutts und Krone am Haar festnähen. Die Bäckchen im Gesicht festnähen. Arme und Beine am Körper festnähen. Mit geteiltem Garn in Schwarz die Augen aufsticken. In Gold 3 lange Stiche quer über die Brust sticken. Alle Fäden vernähen.

DER GESTIEFELTE KATER

Wer immer noch denkt, ein Hund wäre als Haustier eine gute Wahl, kennt das Märchen vom gestiefelten Kater noch nicht. Dieser besiegt sogar einen bösen Zauberer und sichert seinem Menschen ein ganzes Königreich samt Prinzessin.

SCHWIERIGKEITSGRAD
Kater: 3
Maus: 2

GRÖSSE
Kater: 11 cm
Maus: 4 cm

MATERIAL
- Häkelnadel 2,0 mm
- Füllwatte
- Wollnadel

Kater
- Schachenmayr Catania (LL 125 m/50 g) in Greenery (Fb 418), Weiß (Fb 106), Rauchgrau (Fb 435), Gold (Fb 249), Signalrot (Fb 115), Orchidee (Fb 222), Cyclam (Fb 114) und Schwarz (Fb 110), Reste

Maus
- Schachenmayr Catania (LL 125 m/50 g) in Rauchgrau (Fb 435), Orchidee (Fb 222) und Schwarz (Fb 110), Reste

KATER

Kopf und Körper
Die 1.–18. Rd in Schwarz wie beim Rotkäppchen (siehe Seite 98) häkeln.
Die 19.–25. Rd in Greenery wie beim Rotkäppchen häkeln.
Die 26.–31. Rd in Schwarz wie beim Rotkäppchen häkeln.
Für den Volant in Greenery im vorderen M-Glied der mittleren M der 25. Rd anschlingen.
2 Lm, hStb häkeln, dabei jede 2. M verdoppeln (= 36 M).

Arm (2x)
Die 1.–3. Rd in Schwarz wie beim Rotkäppchen häkeln.
Die 4.–9. Rd in Greenery wie beim Rotkäppchen häkeln.

Bein (2x)
Die 1.–6. Rd in Signalrot wie beim Rotkäppchen häkeln.
Die 7.–9. Rd in Schwarz wie beim Rotkäppchen häkeln.

Bäckchen (2x)
In Orchidee wie beim Rotkäppchen häkeln.

Ohr (2x)
In Schwarz einen Magic Ring anfertigen. Weiter in Spiralrd arb.
1. Rd: 6 fM in den Ring häkeln (= 6 M).
2. Rd: Jede 2. fM verdoppeln (= 9 M).
3. Rd: 9 fM häkeln. Mit 1 Km schließen. Garn 30 cm lang abschneiden.
Das 2. Ohr ebenso häkeln.

Schnauze
In Natur 4 Lm anschl. Die Lm-Kette von beiden Seiten behäkeln.
1. Rd: Ab der 2. M von der Nd aus 2 fM, 3 fM in 1 M, 2 fM, 3 fM in 1 M (= 10 M).
2. Rd: 10 fM häkeln. Mit 1 Km schließen. Garn 30 cm lang abschneiden.

Schwanz
In Schwarz einen Magic Ring anfertigen. Weiter in Spiralrd arb.
1. Rd: 4 fM in den Ring häkeln (= 4 M).
2.–16. Rd: Jeweils 4 fM häkeln. 1 Lm arb. Den Schwanz flach drücken und mit 2 fM zusammenhäkeln. Garn 30 cm lang abschneiden.

Fertigstellen
In Cyclam die Nase auf die Schnauze sticken, mit etwas Füllwatte ausstopfen und annähen. Ohren, Bäckchen, Arme, Beine und Schwanz annähen. Mit geteiltem Garn in Rauchgrau Augen aufsticken. Als Schnurrhaare durch die Schnauze 3 Stücke Garn in Rauchgrau ziehen. In Gold 3 lange Stiche quer über die Brust sticken. Alle Fäden vernähen.

MAUS

Kopf und Körper
In Rauchgrau einen Magic Ring anfertigen. Weiter in Spiralrd arb.

1. Rd: 6 fM in den Ring häkeln (= 6 M).
2. Rd: Jede 2. fM verdoppeln (= 9 M).
3. Rd: 9 fM häkeln.
4. Rd: Jede 3. fM verdoppeln (= 12 M).
5. Rd: 12 fM häkeln.
6. Rd: Jede 4. fM verdoppeln (= 15 M).
7. Rd: 15 fM häkeln.
8. Rd: Jede 5. fM verdoppeln (= 18 M).
9.-12. Rd: Jeweils 18 fM häkeln.
13. Rd: Jede 2. und 3. fM zusammen abmaschen (= 12 M). Mit Füllwatte ausstopfen.
14. Rd: Immer 2 fM zusammen abmaschen (= 6 M).

Garn abschneiden, mit der Wollnd durch die 6 vorderen M-Glieder fädeln, zusammenziehen und vernähen.

Ohr (2x)
In Orchidee einen Magic Ring anfertigen.
4 fM in den Ring häkeln. Mit 1 Km schließen. Garn 30 cm lang abschneiden.
Das 2. Ohr ebenso häkeln.

Fertigstellen
Ohren am Kopf festnähen. Mit geteiltem Garn in Schwarz Augen und Nase aufsticken. Für den Schwanz in der Mitte der 14. Rd in Orchidee anschlingen und 20 Lm häkeln. Garn verknoten und abschneiden. Alle Fäden vernähen.

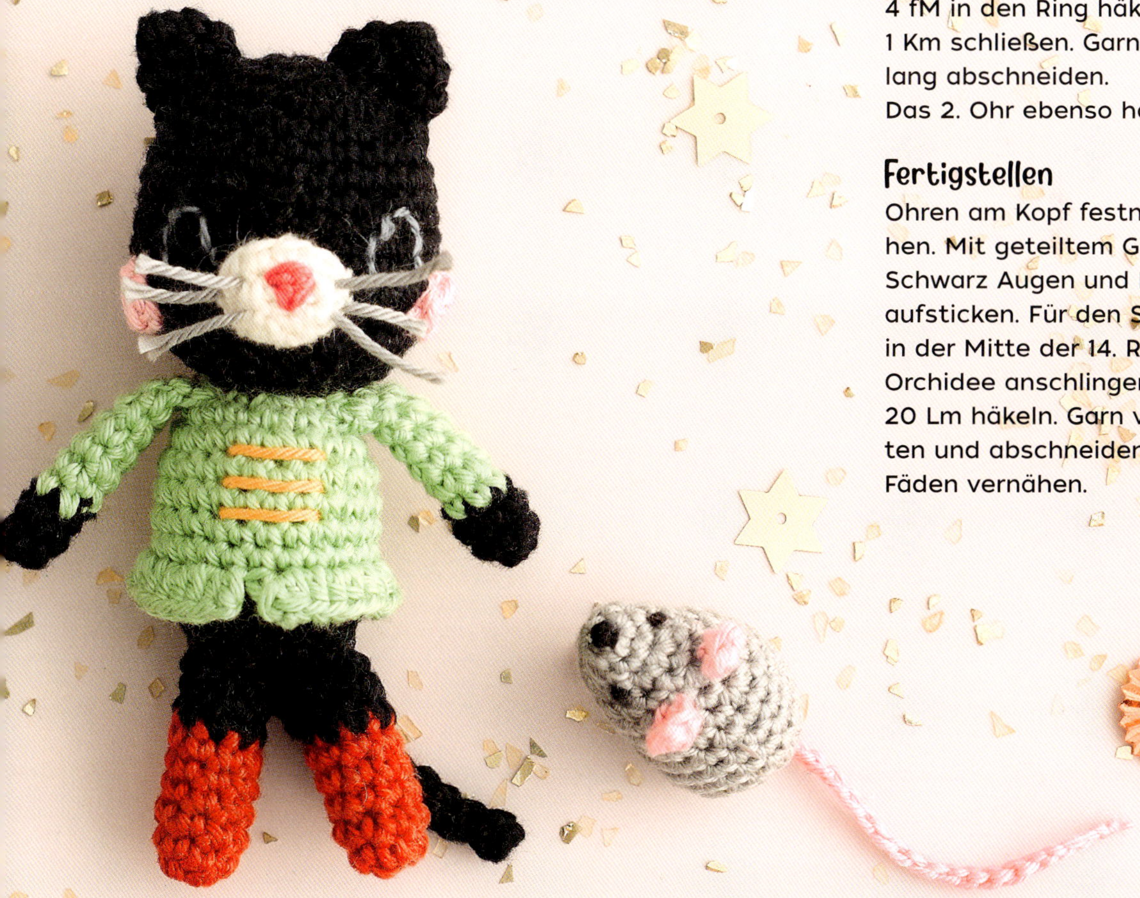

HÄNSEL UND GRETEL

Diese beiden mutigen Kinder nehmen es mit der bösen Hexe auf und zeigen, wie man auf alle Fälle wieder nach Hause findet.

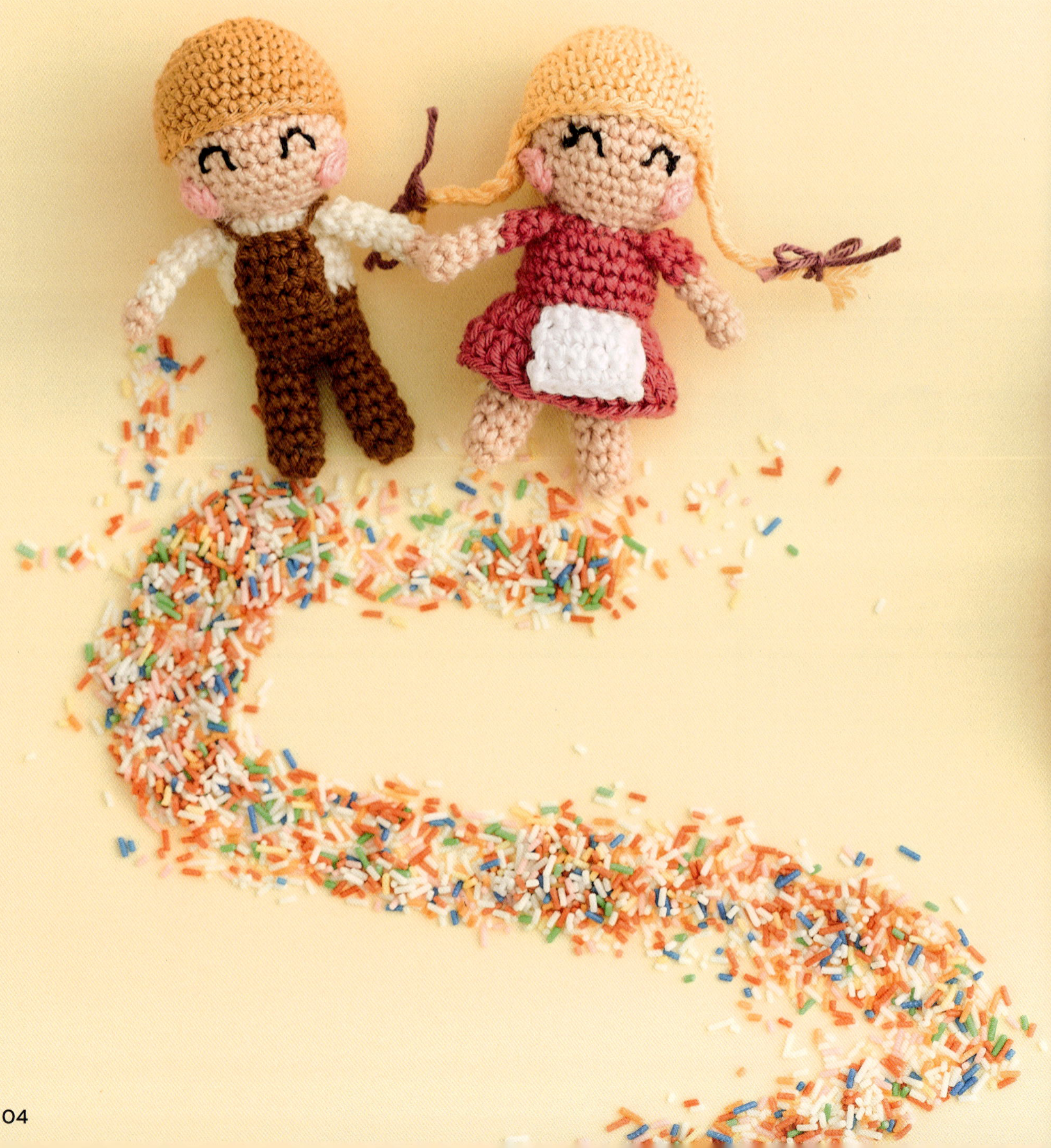

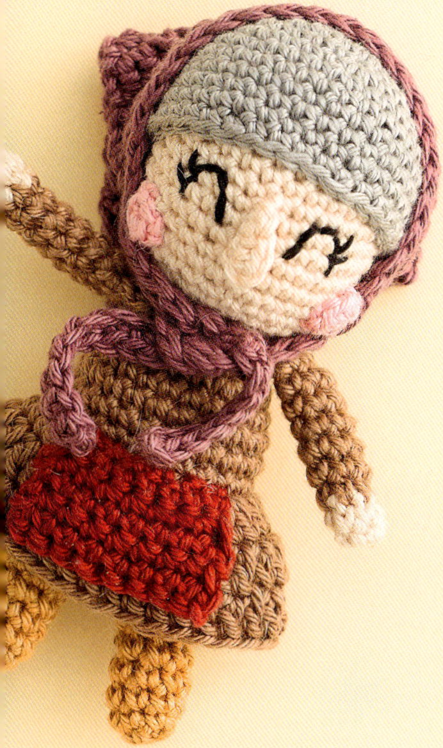

SCHWIERIGKEITSGRAD

Hänsel: 3
Gretel: 3
Hexe: 3

GRÖSSE

Hänsel: 8 cm
Gretel: 8 cm
Hexe: 10 cm

MATERIAL

- Häkelnadel 2,0 mm
- Füllwatte
- Wollnadel

Hänsel

- Schachenmayr Catania (LL 125 m/50 g) in Rosé Gold (Fb 433), Natur (Fb 105), Marone (Fb 157), Camel (Fb 179), Orchidee (Fb 222) und Schwarz (Fb 110), Reste

Gretel

- Schachenmayr Catania (LL 125 m/50 g) in Rosé Gold (Fb 433), Fresie (Fb 251), Honig (Fb 206), Weiß (Fb 106), Hyazinth (Fb 240), Orchidee (Fb 222) und Schwarz (Fb 110), Reste

Hexe

- Schachenmayr Catania (LL 125 m/50 g) in Rosé Gold (Fb 433), Hyazinth (Fb 240), Rauchgrau (Fb 435), Weinrot (Fb 192), Deep Amber (Fb 438), Curry (Fb 431), Orchidee (Fb 222) und Schwarz (Fb 110), Reste

HÄNSEL

Kopf und Körper

In Rosé Gold einen Magic Ring anfertigen. Weiter in Spiralrd arb.

1. Rd: 6 fM in den Ring häkeln (= 6 M).
2. Rd: Jede fM verdoppeln (= 12 M).
3. Rd: Jede 2. fM verdoppeln (= 18 fM).
4. Rd: 18 fM häkeln.
5. Rd: Jede 3. fM verdoppeln (= 24 M).
6.-10. Rd: Jeweils 24 fM häkeln.
11. Rd: Jede 3. und 4. fM zusammen abmaschen (= 18 M).
12. Rd: 18 fM häkeln.
13. Rd: Jede 2. und 3. fM zusammen abmaschen (= 12 M). Mit Füllwatte ausstopfen.
14. Rd (Natur): Jede 2. fM verdoppeln (= 18 M).
15.-20. Rd: Jeweils 18 fM häkeln.
21. Rd (Marone): 18 fM in die hinteren M-Glieder häkeln (= 18 M).
22.+23. Rd: Jeweils 18 fM häkeln.
24. Rd: Jede 2. und 3. fM zusammen abmaschen (= 12 M).
25. Rd: 12 fM häkeln.
26. Rd: Immer 2 fM zusammen abmaschen (= 6 M).
Garn abschneiden, mit der Wollnd durch die 6 vorderen M-Glieder fädeln, zusammenziehen und vernähen.

Arm (2x)

In Rosé Gold einen Magic Ring anfertigen. Weiter in Spiralrd arb.

1. Rd: 5 fM in den Ring häkeln (= 5 M).
2. Rd: 5 fM häkeln.
3.-6. Rd (Natur): Jeweils 5 fM häkeln (= 5 M).
Den Arm flach drücken und mit 2 fM zusammenhäkeln. Garn 30 cm lang abschneiden.
Den 2. Arm ebenso häkeln.

Bein (2x)

In Marone einen Magic Ring anfertigen. Weiter in Spiralrd arb.
1. Rd: 7 fM in den Ring häkeln (= 7 M).
2.-6. Rd: Jeweils 7 fM häkeln. Mit 1 Km schließen. Garn 30 cm lang abschneiden. Bein mit etwas Füllwatte ausstopfen.
Das 2. Bein ebenso häkeln.

Haare

In Camel wie die 1.-5. Rd des Kopfes häkeln (= 24 M).
6. Rd: Jede 12. fM verdoppeln (= 26 M).
7.-10. Rd: Jeweils 26 fM häkeln. Mit 1 Km schließen. Garn 30 cm lang abschneiden.

Bäckchen (2x)

In Orchidee einen Magic Ring anfertigen. Weiter in Spiralrd arb.
4 fM in den Ring häkeln. Mit 1 Km schließen. Garn 30 cm lang abschneiden.
Das 2. Bäckchen ebenso häkeln.

Latz

In Marone 5 Lm anschl. Weiter in R häkeln, dabei am Ende jeder R 1 Wende-Lm häkeln.
1. R: Ab der 2. M von der Nd aus 4 fM häkeln (= 4 M).
2.+3. R: Jeweils 4 fM häkeln. Garn 30 cm lang abschneiden.

Fertigstellen

Die Haare leicht schräg am Kopf festnähen. Bäckchen, Arme, Beine und Latz annähen. In Marone 2 Träger vom Latz ausgehend, am Rücken kreuzend, aufsticken. Mit geteiltem Garn in Schwarz Augen aufsticken. Alle Fäden vernähen.

GRETEL

Kopf und Körper

Die 1.-13. Rd in Rosé Gold wie bei Hänsel (siehe Seite 105) häkeln.
Die 14.-26. Rd in Fresie wie bei Hänsel häkeln.
Für den Rock in Fresie in einem vorderen M-Glieder der 21. Rd anschlingen und häkeln wie folgt.
1. Rd: 3 Lm, Stb häkeln, dabei jede 2. M verdoppeln. Mit 1 Km schließen (= 27 M).
2. Rd: 3 Lm, 26 Stb häkeln. Mit 1 Km schließen.
Garn abschneiden und vernähen.

Arm (2x)

Die 1.-4. Rd in Rosé Gold wie bei Hänsel häkeln.
Die 5.+6. Rd in Fresie wie bei Hänsel häkeln.

Bein (2x)

Die 1.-6. Rd in Rosé Gold wie bei Hänsel häkeln.

Haare

In Honig wie bei Hänsel häkeln.

Schürze

In Weiß 6 Lm anschl. Weiter in R häkeln, dabei am Ende jeder R 1 Wende-Lm häkeln.
1. R: Ab der 2. M von der Nd aus 5 fM häkeln (= 5 M).
2.-4. R: Jeweils 5 fM häkeln. Garn 30 cm lang abschneiden.

Fertigstellen

Die Haare leicht schräg am Kopf festnähen. Bäckchen, Arme und Beine annähen. Die Schürze am Kleid festnähen. Für die beiden Zöpfe je 3 Stücke Garn in Honig von 25 cm Länge beidseitig bis zur Hälfte durch das Haar fädeln (= 6 Fäden auf jeder Seite), zu Zöpfen flechten und mit Schleifen in Hyazinth zusammenbinden. Alle Fäden vernähen.

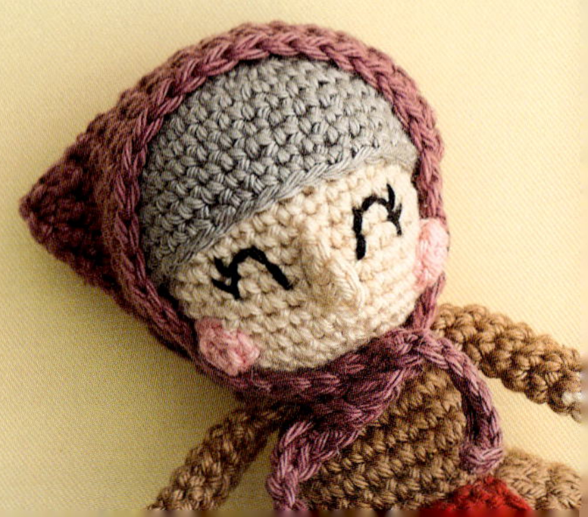

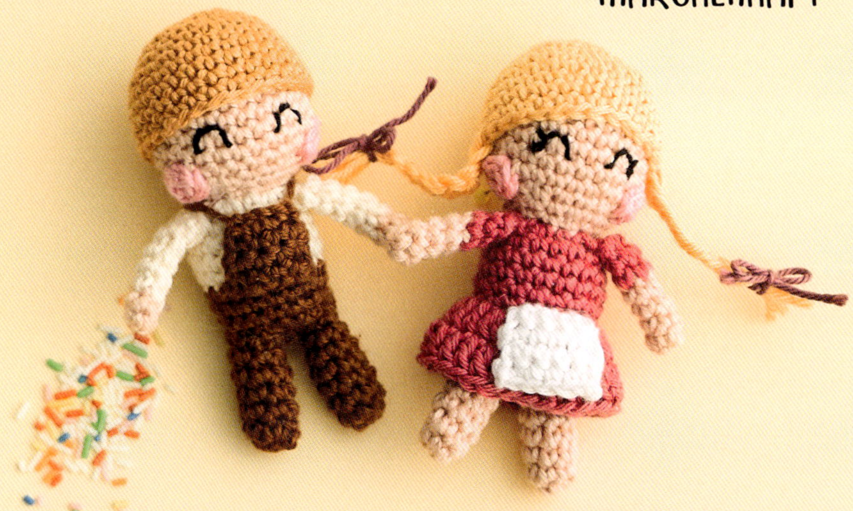

HEXE

Kopf und Körper

Die 1.-18. Rd in Rosé Gold wie beim Rotkäppchen (siehe Seite 98) häkeln.

Die 19.-31. Rd in Deep Amber wie beim Rotkäppchen häkeln.

Für den Rock in Deep Amber in einem vorderen M-Glied der 25. Rd anschlingen.

1. Rd: 3 Lm, Stb häkeln, dabei jede 2. M verdoppeln. Mit 1 Km schließen (= 36 M).

2.+3. Rd: 3 Lm, 35 Stb häkeln. Mit 1 Km schließen.

Garn abschneiden und vernähen.

Arm (2x)

Die 1.+2. Rd in Rosé Gold wie beim Rotkäppchen häkeln.

Die 3.-9. Rd in Deep Amber wie beim Rotkäppchen häkeln.

Bein (2x)

Die 1.-9. Rd in Curry wie beim Rotkäppchen häkeln.

Bäckchen (2x)

In Orchidee wie beim Rotkäppchen häkeln.

Haare

In Rauchgrau wie beim Rotkäppchen häkeln.

Nase

In Rosé Gold 4 Lm anschl. Ab der 2. M von der Nd aus 1 Km, 1 fM, 1 hStb häkeln. Garn 30 cm lang abschneiden.

Schürze

In Weinrot 9 Lm anschl. Weiter in R häkeln, dabei am Ende jeder R 1 Wende-Lm häkeln.

1. R: Ab der 2. M von der Nd aus 8 fM häkeln (= 8 M).

2.-5. R: Jeweils 8 fM häkeln. Garn 30 cm lang abschneiden.

Kopftuch

In Hyazinth 2 Lm anschl. Weiter in R häkeln, dabei am Ende jeder R 1 Wende-Lm häkeln.

1. R: Ab der 2. M von der Nd aus 1 fM häkeln (= 1 M).

2. R: 1 fM verdoppeln (= 2 M).

3. R: 2 fM verdoppeln (= 4 M).

4. R: 1 fM verdoppeln, 2 fM, 1 fM verdoppeln (= 6 M).

5. R: 6 fM häkeln.

6. R: 1 fM verdoppeln, 4 fM, 1 fM verdoppeln (= 8 M).

7. R: 8 fM häkeln.

8. R: 1 fM verdoppeln, 6 fM, 1 fM verdoppeln (= 10 M).

9. R: 10 fM häkeln.

10. R: 1 fM verdoppeln, 8 fM, 1 fM verdoppeln (= 12 M).

11. R: 12 fM häkeln.

12. R: 1 fM verdoppeln, 10 fM, 1 fM verdoppeln (= 14 M).

13. R: 14 fM häkeln.

14. R: 1 fM verdoppeln, 12 fM, 1 fM verdoppeln (= 16 M).

15. R: 16 fM häkeln.

16. R: 1 fM verdoppeln, 14 fM, 1 fM verdoppeln (= 18 M).

17. R: 18 fM häkeln.

18. R: 1 fM verdoppeln, 16 fM, 1 fM verdoppeln (= 20 M).

19. R: 20 fM häkeln.

20. R: 1 fM verdoppeln, 18 fM, 1 fM verdoppeln (= 22 M).

21. R: 22 fM häkeln.

22. R: Für das 1. Band 21 Lm anschl, ab der 2. M von der Nd aus 20 fM häkeln. Dann 22 fM über die 21. R häkeln, für das 2. Band 21 Lm anschl, ab der 2. M von der Nd aus 20 fM. Mit 1 Km schließen. Garn abschneiden und vernähen.

Fertigstellen

Haare leicht schräg annähen. Arme und Beine am Körper, die Schürze am Kleid, Bäckchen und Nase im Gesicht festnähen. Das Kopftuch mit ein paar Stichen am Kopf befestigen und vorne einen Knoten binden. Mit geteiltem Garn in Schwarz Augen aufsticken. Alle Fäden vernähen.

RAPUNZEL

Dass lange Haare einfach praktisch sein können, zeigt die Prinzessin in diesem Märchen. Sollte der Aufzug mal wieder kaputt sein, hat sie gleich eine Alternative dabei, um in den nächsten Stock zu kommen.

SCHWIERIGKEITSGRAD

Rapunzel: 3
Prinz: 3

GRÖSSE

Rapunzel: 10 cm
Prinz: 10 cm

MATERIAL

- Häkelnadel 2,0 mm
- Füllwatte
- Wollnadel

Rapunzel

- Schachenmayr Catania (LL 125 m/50 g) in Rosé Gold (Fb 433), Flieder (Fb 226), Violett (Fb 113), Vanille (Fb 403), Marone (Fb 157), Weiß (Fb 106), Orchidee (Fb 222) und Schwarz (Fb 110), Reste

Prinz

- Schachenmayr Catania (LL 125 m/50 g) in Rosé Gold (Fb 433), Jade (Fb 253), Gold (Fb 249), Cyclam (Fb 114), Marone (Fb 157), Deep Amber (Fb 438), Orchidee (Fb 222), Graphit (Fb 393) und Schwarz (Fb 110), Reste

RAPUNZEL

Kopf und Körper

Die 1.-18. Rd in Rosé Gold wie beim Rotkäppchen (siehe Seite 98) häkeln.
Die 19.-31. Rd in Flieder wie beim Rotkäppchen häkeln.
Für den Rock in Violett in einem vorderen M-Glied der 25. Rd anschlingen.
1. Rd: 3 Lm, Stb häkeln, dabei jede 2. M verdoppeln. Mit 1 Km schließen (= 36 M).
2.+3. Rd: 3 Lm, 35 Stb häkeln. Mit 1 Km schließen.
Garn abschneiden und vernähen.

Arm (2x)

Die 1.-7. Rd in Rosé Gold wie beim Rotkäppchen häkeln.
Die 8.+9. Rd in Weiß wie beim Rotkäppchen häkeln.

Bein (2x)

Die 1.-9. Rd in Rosé Gold wie beim Rotkäppchen häkeln.

Bäckchen (2x)

In Orchidee wie beim Rotkäppchen häkeln.

Haare

In Vanille wie beim Rotkäppchen häkeln.

Fertigstellen

Arme, Beine, Bäckchen und Haare annähen. Links auf Höhe der Bäckchen 8 Stücke Garn in Vanille von 80 cm Länge bis zur Hälfte durch das Haar ziehen (= 16 Fäden). Einen Zopf daraus flechten und um das Zopfende eine Schleife in Violett binden.
In Marone 2 Kreuze auf die Brust sticken und mit geteiltem Garn in Schwarz Augen aufsticken. Alle Fäden vernähen.

PRINZ

Kopf und Körper

Die 1.-18. Rd in Rosé Gold wie beim Rotkäppchen (siehe Seite 98) häkeln.
Die 19.-25. Rd in Jade wie beim Rotkäppchen häkeln.
Die 26.-31. Rd in Marone wie beim Rotkäppchen häkeln.
Für den Volant in einem vorderen M-Glieder der 25. Rd in Jade anschlingen.
1. Rd: 3 Lm, Stb häkeln, dabei jede 2. M verdoppeln. Mit 1 Km schließen (= 36 M).
Garn abschneiden und vernähen.

Arm (2x)

Die 1.+2. Rd in Rosé Gold wie beim Rotkäppchen häkeln. Die 3.-9. Rd in Jade wie beim Rotkäppchen häkeln.

Bein (2x)

Die 1.-6. Rd in Graphit wie beim Rotkäppchen häkeln. Die 7.-9. Rd in Marone wie beim Rotkäppchen häkeln.

Bäckchen (2x)

In Orchidee wie beim Rotkäppchen häkeln.

Haare

In Deep Amber wie beim Rotkäppchen häkeln.

Umhang

In Cyclam 11 Lm anschl. Weiter in R häkeln, dabei am Ende jeder R 1 Wende-Lm häkeln.

1. R: Ab der 2. M von der Nd aus 10 fM häkeln (= 10 M).
2. R: 10 fM häkeln.
3. R: 1 fM verdoppeln, 8 fM, 1 fM verdoppeln (= 12 M).
4.-12. R: Jeweils 12 fM häkeln.
Garn abschneiden und vernähen.

Krone

In Gold wie beim Froschkönig (siehe Seite 101) häkeln.

Fertigstellen

Die Haare leicht schräg festnähen. Arme, Beine, Bäckchen und Krone festnähen und den Umhang mit der schmalen Seite an Rücken und Schultern festnähen. Ein Stück Garn in Gold um den Bauch legen, auf dem Rücken knoten und vernähen. Mit geteiltem Garn in Schwarz die Augen aufsticken. Alle Fäden vernähen.

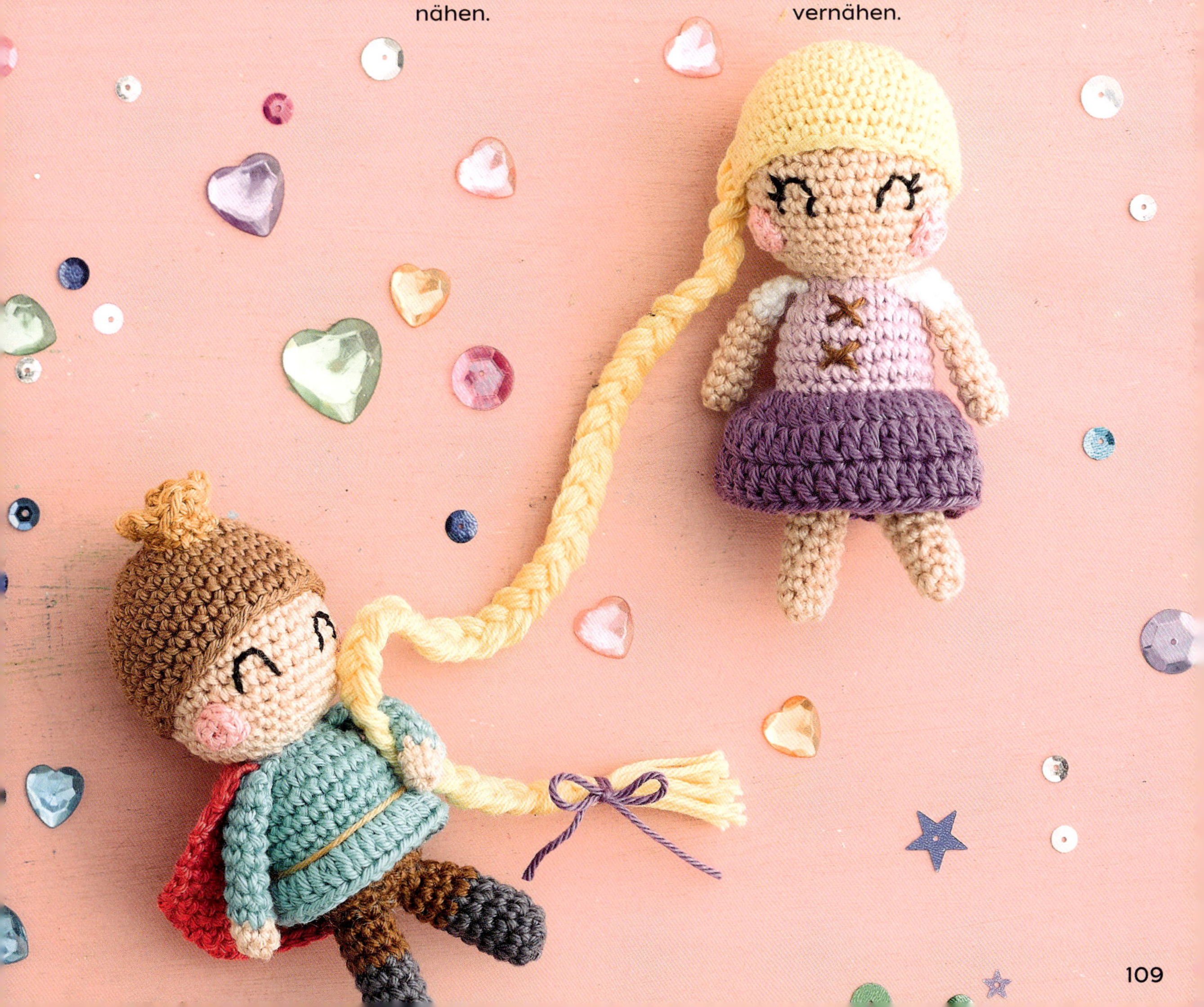

SCHNEEWITTCHEN UND DIE 7 ZWERGE

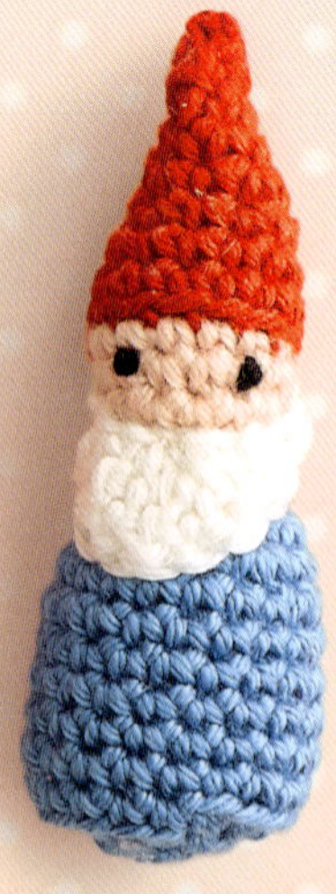

Die märchenhafteste WG der Gebrüder Grimm. Nur über den Koch- und Putzplan muss sich noch einmal unterhalten werden.

SCHWIERIGKEITSGRAD
Schneewittchen: 3
Zwerg: 2

GRÖSSE
Schneewittchen: 10 cm
Zwerg: 6 cm

MATERIAL
- Häkelnadel 2,0 mm
- Füllwatte
- Wollnadel

Schneewittchen
- Schachenmayr Catania (LL 125 m/50 g) in Rosé Gold (Fb 433), Hyazinth (Fb 240), Weiß (Fb 106), Azalee (Fb 398), Orchidee (Fb 222) und Schwarz (Fb 110), Reste

Zwerg
- Schachenmayr Catania (LL 125 m/50 g) in Rosé Gold (Fb 433), Signalrot (Fb 115), Weiß (Fb 106), Capri (Fb 384) und Schwarz (Fb 110), Reste

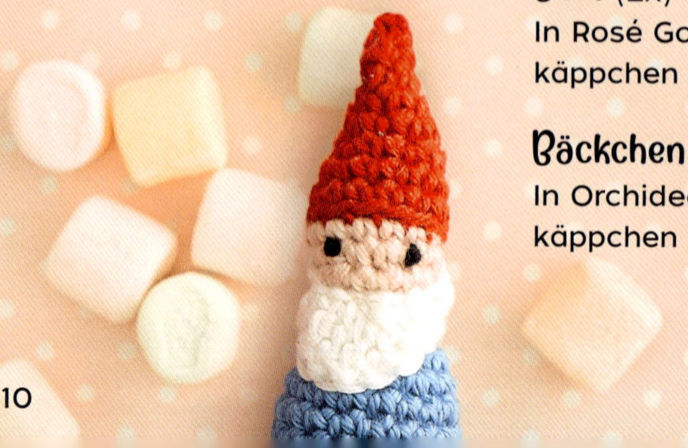

SCHNEE-WITTCHEN

Kopf und Körper
Die 1.-18. Rd in Rosé Gold wie beim Rotkäppchen (siehe Seite 98) häkeln.
Die 19.-31. Rd in Hyazinth wie beim Rotkäppchen häkeln.
Für den Rock in Azalee in einem vorderen M-Glied der 25. Rd anschlingen.
1. Rd: 3 Lm, Stb häkeln, dabei jede 2. M verdoppeln. Mit 1 Km schließen (= 36 M).
2.+3. Rd: 3 Lm, 35 Stb häkeln. Mit 1 Km schließen.
Garn abschneiden und vernähen.

Arm (2x)
Die 1.-7. Rd in Rosé Gold Wie beim Rotkäppchen häkeln.
Die 8.+9. Rd in Weiß wie beim Rotkäppchen häkeln.

Bein (2x)
In Rosé Gold wie beim Rotkäppchen häkeln.

Bäckchen (2x)
In Orchidee wie beim Rotkäppchen häkeln.

Haare
Die 1.-12. Rd in Schwarz wie beim Rotkäppchen häkeln (= 30 M).
Weiter in R häkeln, dabei am Ende jeder R 1 Wende-Lm häkeln.
1. R: 1 Lm, 20 fM häkeln, die restlichen M bleiben unbehäkelt (= 20 M).
2.+3. R: Jeweils 20 fM häkeln.
4. R: 2 fM zusammen abmaschen, 16 fM, 2 fM zusammen abmaschen (= 18 M).
5. R: 18 fM häkeln.
6. Rd: 2 fM zusammen abmaschen, 14 fM, 2 fM zusammen abmaschen (= 16 M).
7. R: 16 fM häkeln.
8. Rd: 2 fM zusammen abmaschen, 12 fM, 2 fM zusammen abmaschen (= 14 M).
9. R: 14 fM häkeln.
10. Rd: 2 fM zusammen abmaschen, 10 fM, 2 fM zusammen abmaschen (= 12 M).
11. R: 12 fM, 1 Km. Garn 30 cm lang abschneiden.

Fertigstellen
Haare leicht schräg am Kopf festnähen. Die Bäckchen im Gesicht, Arme und Beine am Körper festnähen. Mit geteiltem Garn in Schwarz die

Augen aufsticken. Alle Fäden vernähen.

ZWERG

Kopf und Körper

In Signalrot einen Magic Ring anfertigen. Weiter in Spiralrd arb.

1. Rd: 4 fM in den Ring häkeln (= 4 M).
2. Rd: 4 fM häkeln.
3. Rd: Jede 2. fM verdoppeln (= 6 M).
4. Rd: Jede 3. fM verdoppeln (= 8 M).
5. Rd: Jede 4. fM verdoppeln (= 10 M).
6. Rd: Jede 5. fM verdoppeln (= 12 M).
7.+8. Rd: Jeweils 12 fM häkeln.
9. Rd (Rosé Gold): 12 fM in die hinteren M-Glieder häkeln.
10.+11. Rd: Jeweils 12 fM häkeln.
Mit Füllwatte ausstopfen.
12. Rd: Immer 2 fM zusammen abmaschen (= 6 M).
13. Rd (Capri): Jede fM verdoppeln (= 12 M).
14. Rd: 12 fM häkeln.
15. Rd: Jede 2. fM verdoppeln (= 18 M).
16.-22. Rd: Jeweils 18 fM häkeln.
23. Rd: Jede 2. und 3. fM zusammen abmaschen, dabei in die hinteren M-Glieder häkeln (= 12 M).
24. Rd: Immer 2 fM zusammen abmaschen (= 6 M).
Garn abschneiden, mit der Wollnd durch die 6 vorderen M-Glieder fädeln, zusammenziehen und vernähen.

Bart

In Weiß 13 Lm anschl.
Ab der 2. M von der Nd aus 2 Km, 1 fM, 1 hStb, 1 Stb, 2 DStb in 1 M, 2 DStb in 1 M, 1 Stb, 1 hStb, 1 fM, 2 Km. Garn 30 cm lang abschneiden.

Fertigstellen

Den Bart festnähen. Mit geteiltem Garn in Schwarz die Augen aufsticken. Alle Fäden vernähen.

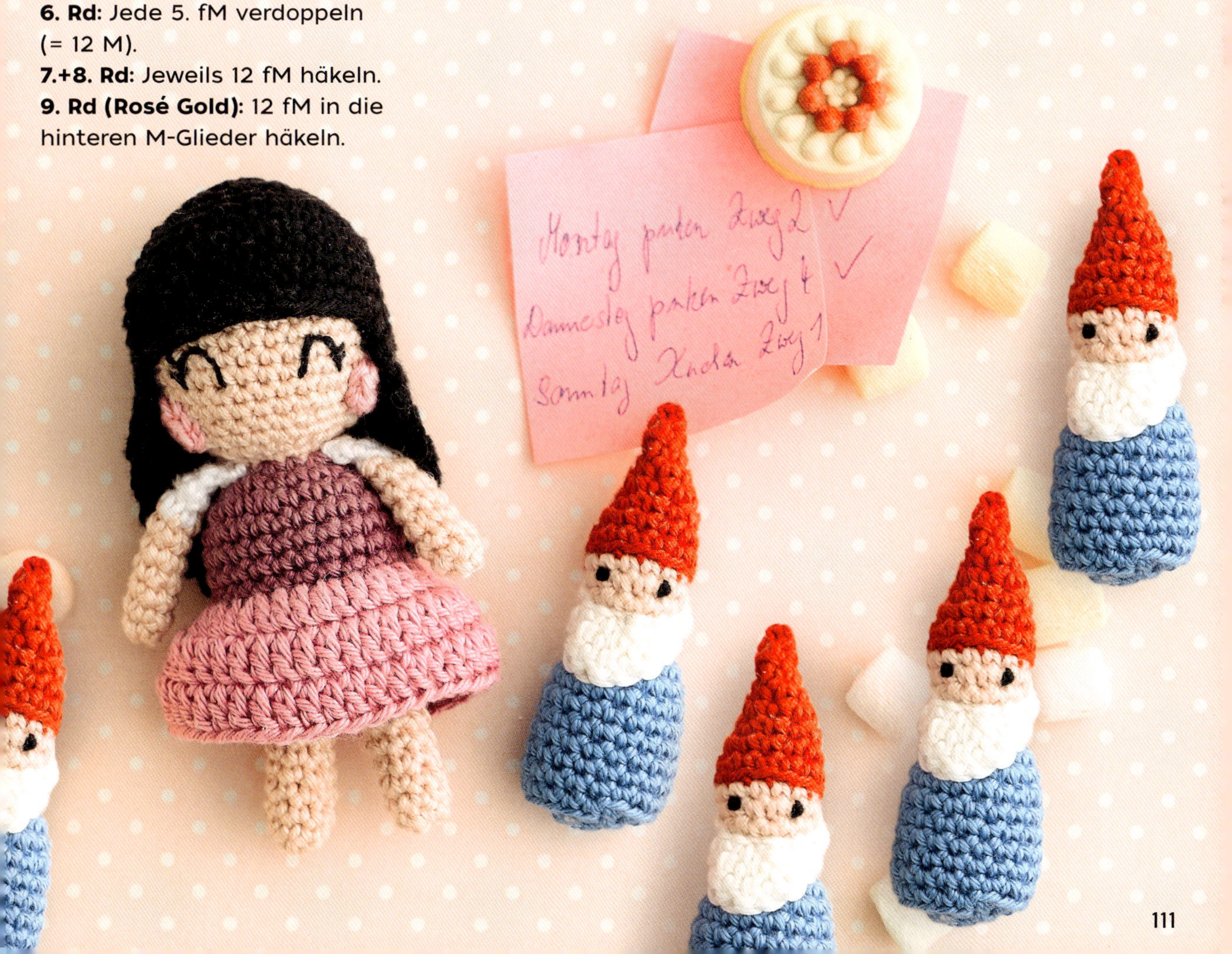

STERNTALER

Ein wunderschönes Märchen über ein kleines Mädchen mit einem Herzen aus Gold und garantiert dem tollsten Kleid, das wie tausend Sterne funkelt.

SCHWIERIGKEITSGRAD

Mädchen: 3
Stern: 2

GRÖSSE

Mädchen: 10 cm
Stern: 4 cm

MATERIAL

- Häkelnadel 2,0 mm
- Füllwatte
- Wollnadel

Mädchen

- Schachenmayr Catania (LL 125 m/50 g) in Rosé Gold (Fb 433), Honig (Fb 206), Weiß (Fb 106), Gold (Fb 249), Orchidee (Fb 222) und Schwarz (Fb 110), Reste

Stern

- Schachenmayr Catania (LL 125 m/50 g) in Gold (Fb 249), Rest

MÄDCHEN

Kopf und Körper

Die 1.-18. Rd in Rosé Gold wie beim Rotkäppchen (siehe Seite 98) häkeln.
Die 19.-31. Rd in Weiß wie beim Rotkäppchen häkeln.
Für den Rock in Weiß in einem vorderen M-Glied der 25. Rd anschlingen.
1. Rd: 3 Lm, Stb häkeln, dabei jede 2. M verdoppeln. Mit 1 Km schließen (= 36 M).
2.+3. Rd: 3 Lm, 35 Stb häkeln. Mit 1 Km schließen.
Garn abschneiden und vernähen.

Arm (2x)

Die 1.-7. Rd in Rosé Gold wie beim Rotkäppchen häkeln.
Die 8.+9. Rd in Weiß wie beim Rotkäppchen häkeln.

Bein (2x)

In Rosé Gold wie beim Rotkäppchen häkeln.

Bäckchen (2x)

In Orchidee wie beim Rotkäppchen häkeln.

Haare

In Honig wie beim Schneewittchen (siehe Seite 110) häkeln.

Fertigstellen

Haare leicht schräg am Kopf festnähen. Die Bäckchen im Gesicht, Arme und Beine am Körper festnähen. Mit geteiltem Garn in Schwarz die Augen, mit geteiltem Garn in Gold 6 Sterne auf das Kleid sticken. Alle Fäden vernähen.

STERN

In Gold einen Magic Ring anfertigen. Weiter in Spiralrd arb.
1. Rd: 6 fM in den Ring häkeln (= 6 M).
2. Rd: Jede fM verdoppeln (= 12 M).
3. Rd: Jede 2. fM verdoppeln (= 18 M).
4. Rd: * 4 Lm, ab der 2. M von der Nd aus 1 Km, 1 fM, 1 hStb, 2 M überspringen, 1 Km, ab * noch 5x wdh.
Garn abschneiden und vernähen.

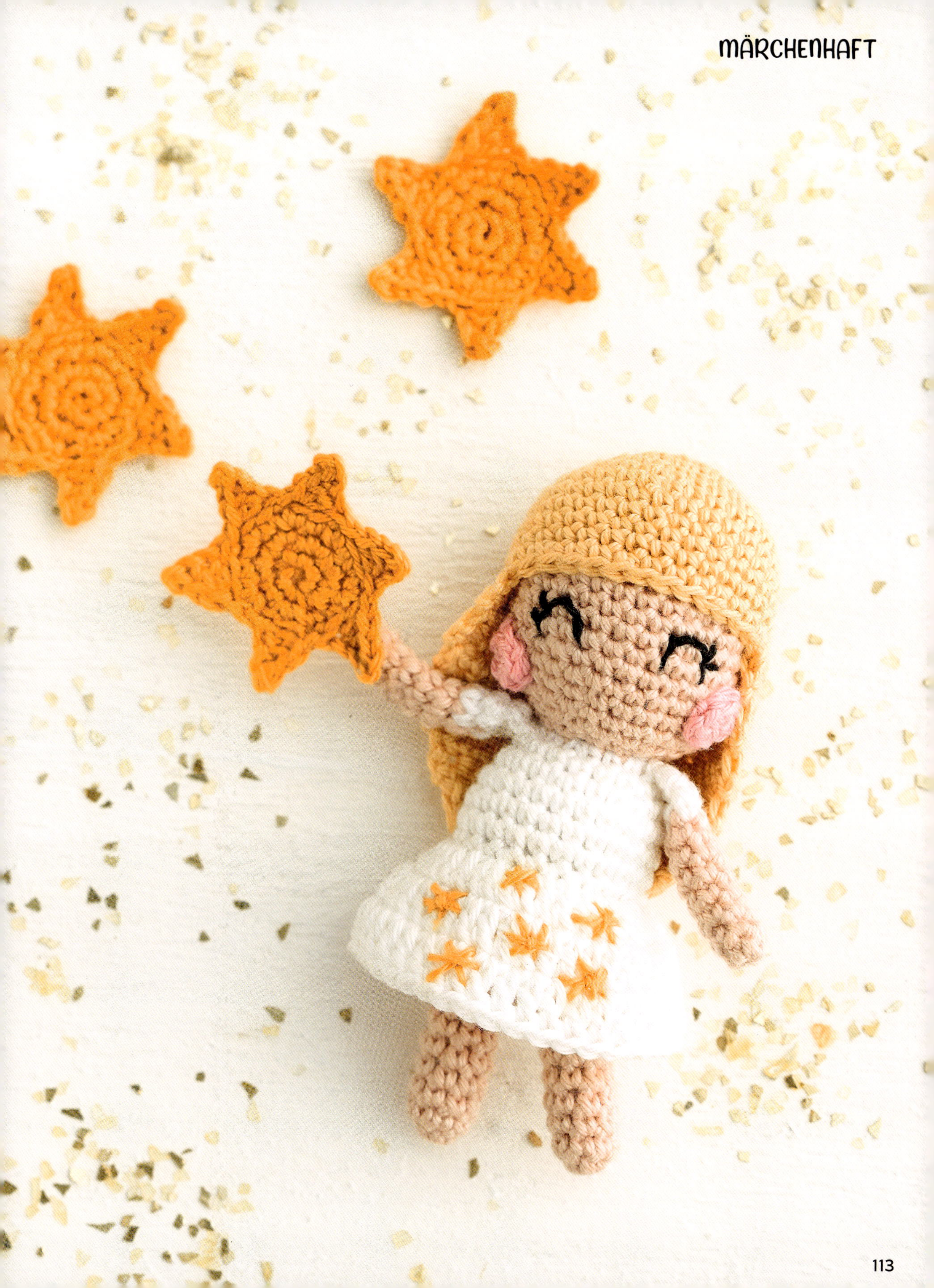

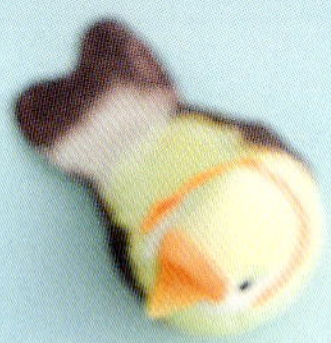

HASE UND IGEL

Wer war denn nun zuerst da? Hase oder Igel?

SCHWIERIGKEITSGRAD

Hase: 3
Igel: 3

GRÖSSE

Hase: 13 cm
Igel: 10 cm

MATERIAL

- Häkelnadel 2,0 mm
- Füllwatte
- Wollnadel

Hase

- Schachenmayr Catania (LL 125 m/50 g) in Camel (Fb 179), Petrol (Fb 391), Gold (249), Orchidee (Fb 222), Natur (Fb 105) und Schwarz (Fb 110), Reste

Igel

- Schachenmayr Catania (LL 125 m/50 g) in Bast (Fb 257), Marone (Fb 157), Denim (Fb 421), Gold (249), Orchidee (Fb 222) und Schwarz (Fb 110), Reste

HASE

Kopf und Körper

Die 1.-18. Rd in Camel wie beim Rotkäppchen (siehe Seite 98) häkeln.
Die 19.-25. Rd in Petrol wie beim Rotkäppchen häkeln.
Die 26.-31. Rd in Camel wie beim Rotkäppchen häkeln.
Für den Volant in Petrol im vorderen M-Glied der mittleren M der 25. Rd anschlingen.
1. Rd: 3 Lm, Stb häkeln, dabei jede 2. M verdoppeln (= 36 M).
Garn abschneiden und vernähen.

Arm (2x)

Die 1.-3. Rd in Camel wie beim Rotkäppchen häkeln.
Die 4.-9. Rd in Petrol wie beim Rotkäppchen häkeln.

Bein (2x)

In Camel wie beim Rotkäppchen häkeln.

Bäckchen (2x)

In Orchidee wie beim Rotkäppchen häkeln.

Ohr (2x)

In Camel einen Magic Ring anfertigen. Weiter in Spiralrd arb.
1. Rd: 6 fM in den Ring häkeln (= 6 M).
2.-8. Rd: Jeweils 6 fM häkeln.
Mit 1 Km schließen. Garn 30 cm lang abschneiden.
Das 2. Ohr ebenso häkeln.

Schnauze

In Natur 4 Lm anschlagen. Die Lm-Kette von beiden Seiten behäkeln.
Ab der 2. M von der Nd aus 2 fM, 3 fM in 1 M, 2 fM, 3 fM in 1 M (= 10 M). Mit 1 Km schließen. Garn 30 cm lang abschneiden.

Schwanz

In Natur einen Magic Ring anfertigen. Weiter in Spiralrd arb.
1. Rd: 5 fM in den Ring häkeln (= 5 M).
2. Rd: 5 fM häkeln.
Mit 1 Km schließen. Garn 30 cm lang abschneiden.
Schwanz mit etwas Füllwatte ausstopfen.

Fertigstellen

Ohren, Arme, Beine und Schwanz am Körper festnähen. Schnauze und Bäckchen im Gesicht festnähen. Mit geteiltem Garn in Schwarz Augen und Schnauze sowie auf der Mitte des vorderen Körpers einen langen Strich aufsticken oder anhäkeln.
In Gold 2 Knöpfe aufsticken.
Alle Fäden vernähen.

IGEL

Kopf und Körper

Die 1.-25. Rd in Bast wie beim Rotkäppchen (siehe Seite 98) häkeln.
Die 26.-31. Rd in Denim wie beim Rotkäppchen häkeln.

Arm (2x)

In Bast wie beim Rotkäppchen häkeln.

Bein (2x)

Die 1.-3. Rd in Bast wie beim Rotkäppchen häkeln.
Die 4.-9. Rd in Denim wie beim Rotkäppchen häkeln.

Bäckchen (2x)

In Orchidee wie beim Rotkäppchen häkeln.

Ohr (2x)

In Bast einen Magic Ring anfertigen. 4 fM in den Ring häkeln, mit 1 Km schließen. Das 2. Ohr ebenso häkeln.

Schnauze

In Bast einen Magic Ring anfertigen. Weiter in Spiralrd arb.
1. Rd: 4 fM in den Ring häkeln (= 4 M).
2. Rd: Jede 2. fM verdoppeln (= 6 M).
3. Rd: Jede 2. fM verdoppeln (= 9 M).
4. Rd: Jede 3. fM verdoppeln (= 12 M).
5. Rd: Jede 4. fM verdoppeln (= 15 M).
6. Rd: 15 fM häkeln. Mit 1 Km schließen. Garn 30 cm lang abschneiden. Die Schnauze mit etwas Füllwatte ausstopfen.

Fertigstellen

Ohren, Arme und Beine am Körper festnähen. In Schwarz eine Nase auf die Schnauze sticken und diese sowie die Bäckchen im Gesicht festnähen. Mit geteiltem Garn in Schwarz Augen und in Gold eine Gürtelschnalle aufsticken. In Marone an Kopf und Rücken bis zur 26. Rd Schlaufen als Stacheln aufsticken. Alle Fäden vernähen.

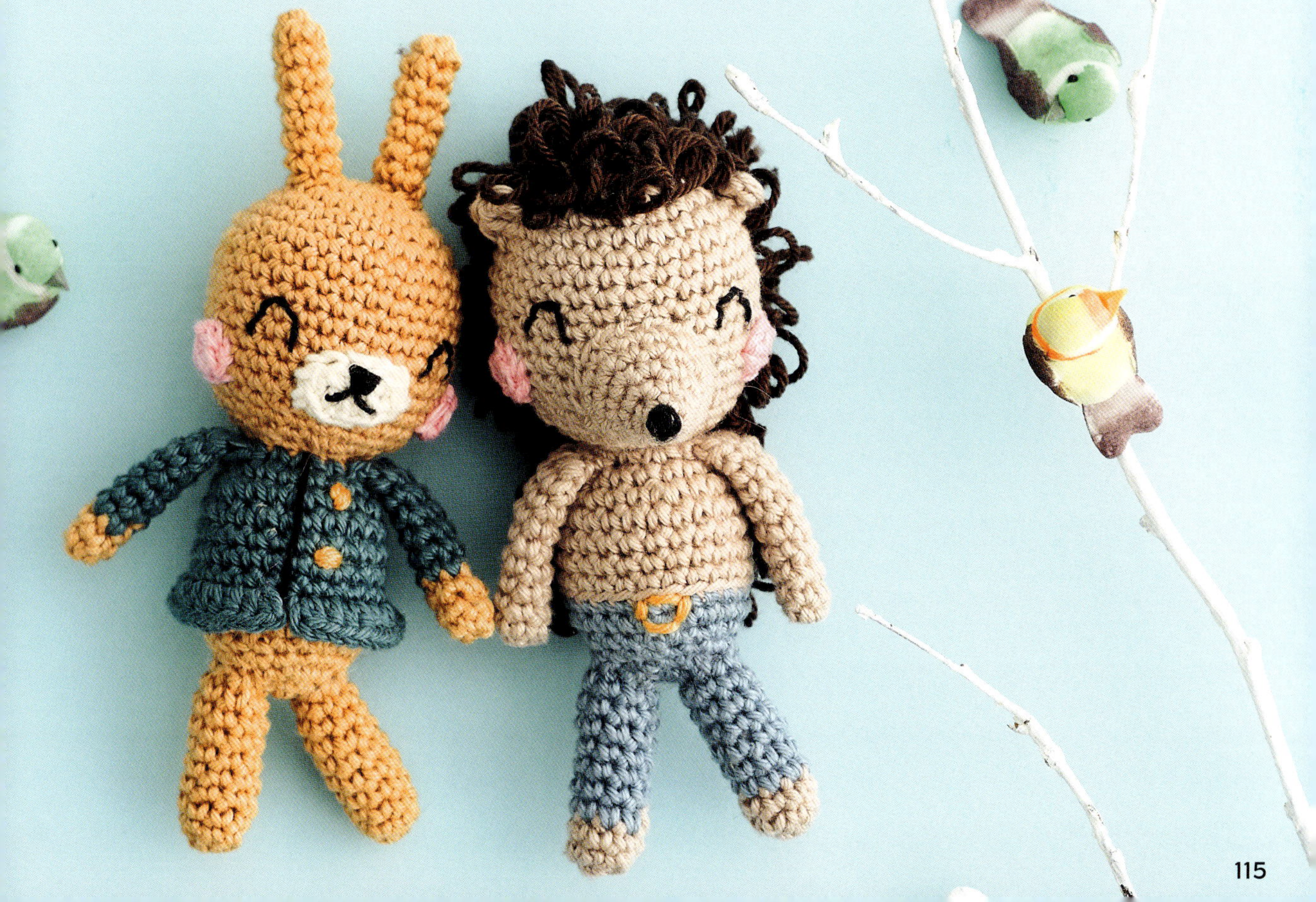

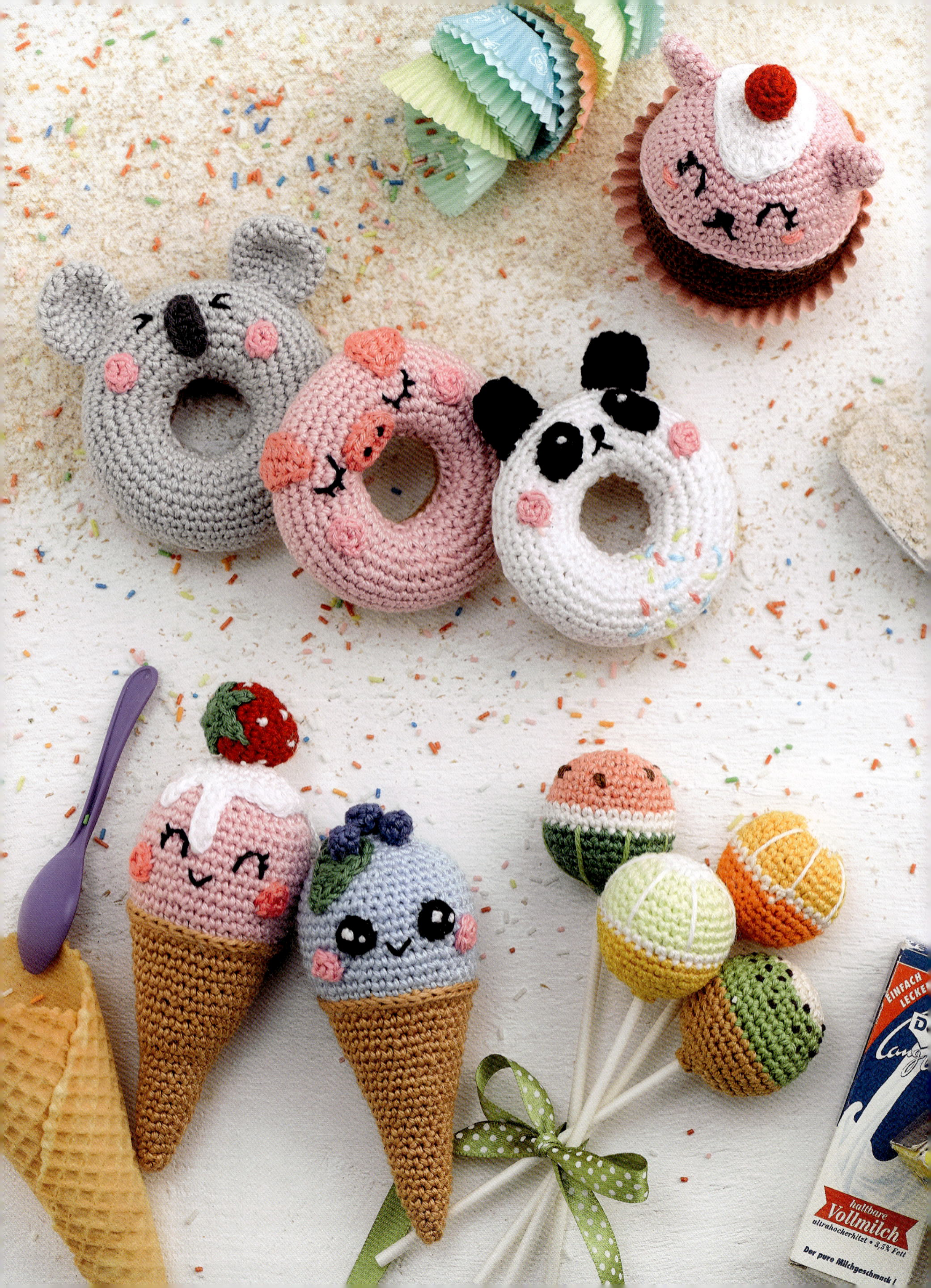
haltbare
Vollmilch
ultrahocherhitzt • 3,5% Fett
Der pure Milchgeschmack!

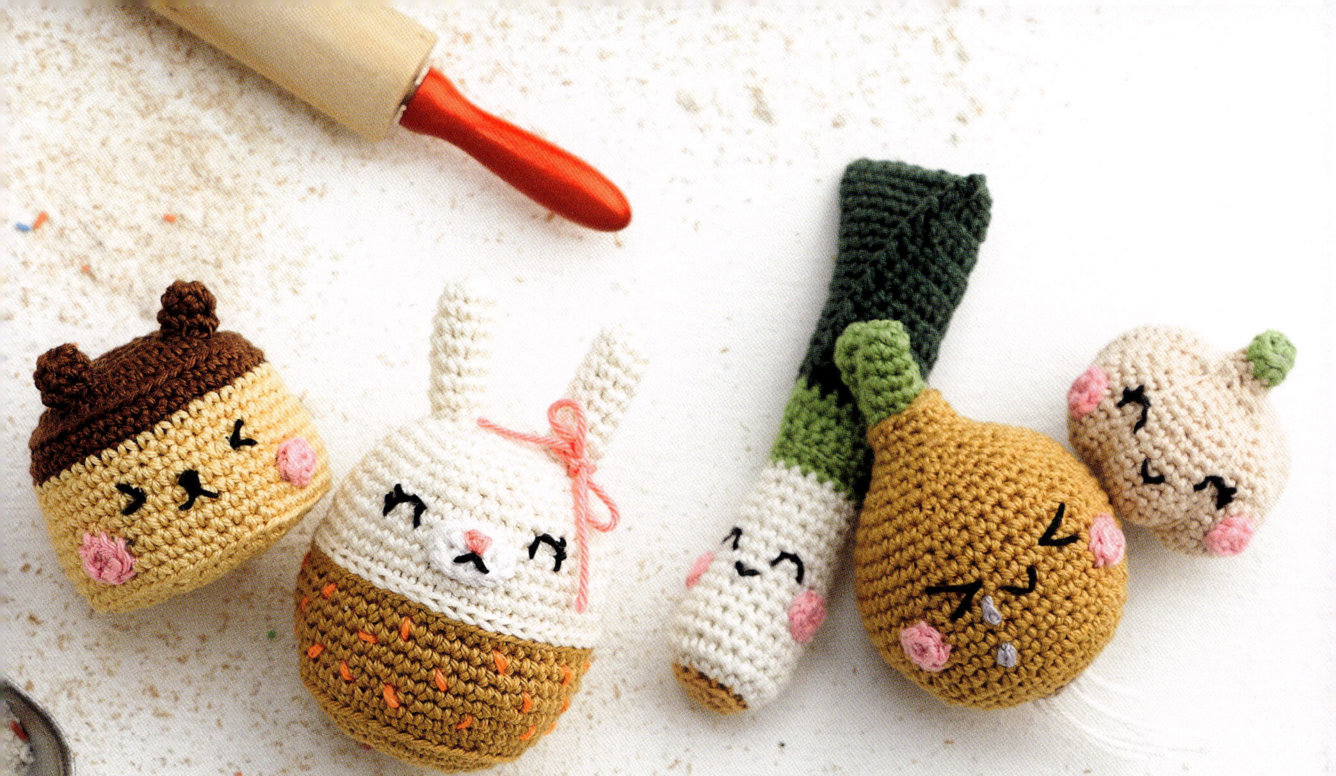

GAUMEN FREUDEN

Natürlich kommen auch die Süßschnäbel nicht zu kurz. Wem das Wasser im Mund zusammenläuft, wenn er die Worte Cupcakes, Cakepops, Donuts oder Karamell-Pudding hört, ist hier genau richtig. Diese und noch viele weitere Leckereien warten auf den nächsten Seiten und versüßen das Häkeln. Wer es lieber herzhaft mag, findet in den niedlichen Figuren von Zwiebel, Lauch und Knoblauch vielleicht einen neuen geruchsneutralen Küchenbewohner.

KÖSTLICHE CUPCAKES

Diese Cupcakes sind ein perfektes Mitbringsel für einen lieben Menschen. Als Gutschein werden sie zu einem tollen Geschenk für das nächste Kaffeetrinken.

SCHWIERIGKEITSGRAD
Kirsch-Schoko: 2
Möhren-Hase: 2

GRÖSSE
Kirsch-Schoko: 9 cm
Möhren-Hase: 9 cm

MATERIAL
- Häkelnadel 2,0 mm
- Füllwatte
- Wollnadel

Kirsch-Schoko-Cupcake
- Schachenmayr Catania (LL 125 m/50 g) in Rosa (Fb 246), Weiß (Fb 106), Signalrot (Fb 115), Pink (Fb 225), Marone (Fb 157) und Schwarz (Fb 110), Reste

Möhren-Hase-Cupcake
- Schachenmayr Catania (LL 125 m/50 g) in Creme (Fb 130), Curry (Fb 431), Weiß (Fb 106), Orange (Fb 281), Pink (Fb 225) und Schwarz (Fb 110), Reste

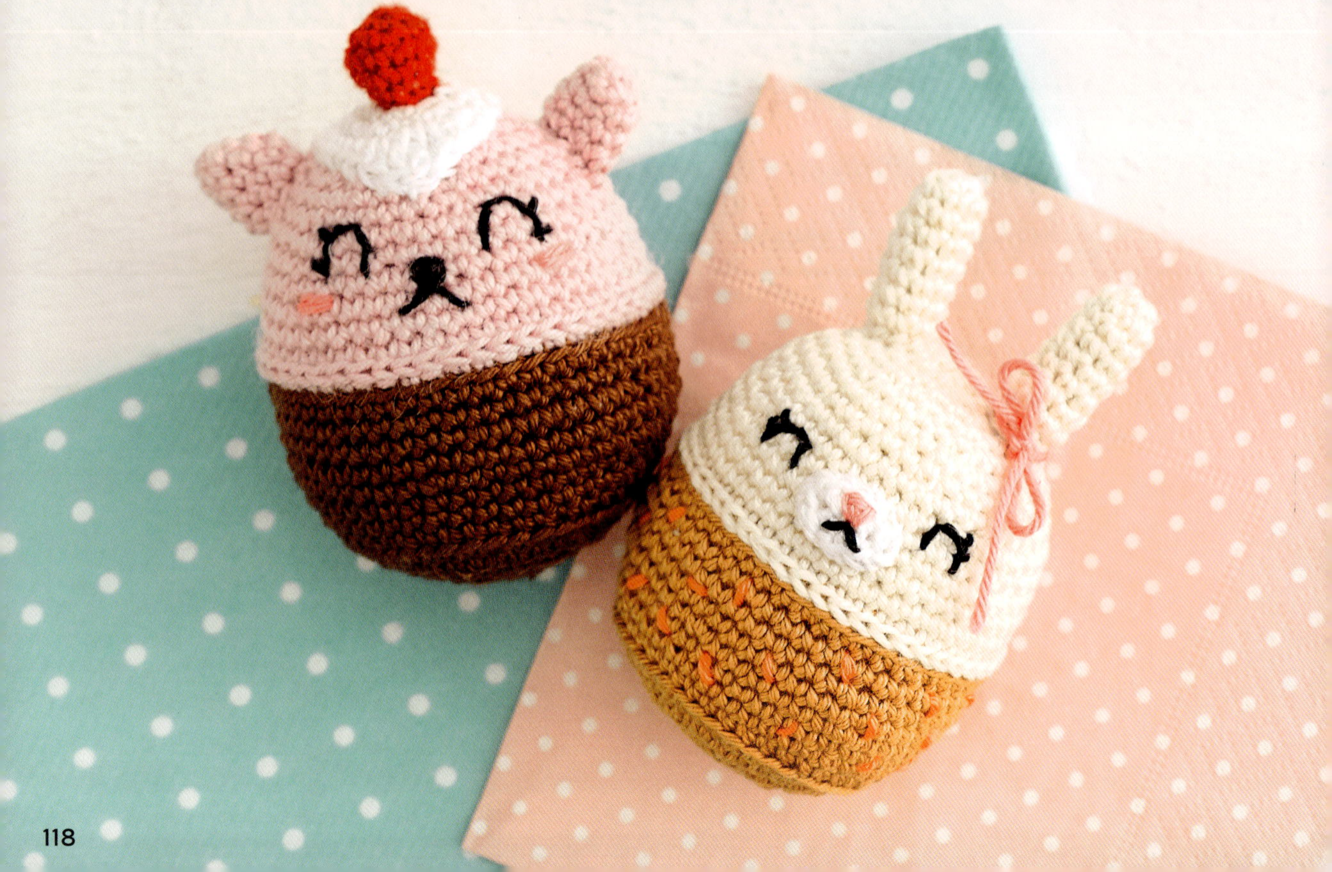

KIRSCH-SCHOKO-CUPCAKE

Cupcake

Die 1.-15. Rd in Marone wie beim Schneemann-Cupcake (siehe Seite 80) häkeln.
Die 16.-29. Rd in Rosa wie beim Schneemann-Cupcake häkeln.
In einem vorderen M-Glied der 16. Rd in Rosa anschlingen und 1 Rd Km aufhäkeln.

Sahne

In Weiß die 1.-3. Rd wie beim Schneemann-Cupcake häkeln.
4. Rd: 4 fM, (1 hStb, 1 Stb) in 1, (1 Stb, 1 hStb) in 1 M, 2 fM, 2 hStb in 1 M, 2 hStb in 1 M, 4 fM, (1 hStb, 1 Stb) in 1 M, 2 DStb in 1 M, 2 Stb in 1 M, 1 hStb, 1 fM. Mit 1 Km schließen. Garn 30 cm lang abschneiden.

Ohr (2x)

1. Rd: In Rosa 4 fM in den Ring häkeln (= 4 M).
2. Rd: Jede 2. fM verdoppeln (= 6 M).
3. Rd: Jede 3. fM verdoppeln (= 8 M).
4. Rd: 8 fM häkeln. Mit 1 Km schließen. Garn 30 cm lang abschneiden.
Das 2. Ohr ebenso häkeln.

Kirsche

In Signalrot wie die Cranberry beim Plumpudding (siehe Seite 85) häkeln.

Fertigstellen

Die Kirsche auf die Sahne nähen und beides am Cupcake festnähen. Beidseitig die Ohren festnähen. Mit geteiltem Garn in Schwarz Augen und Schnauze aufsticken. In Pink Bäckchen sticken. Alle Fäden vernähen.

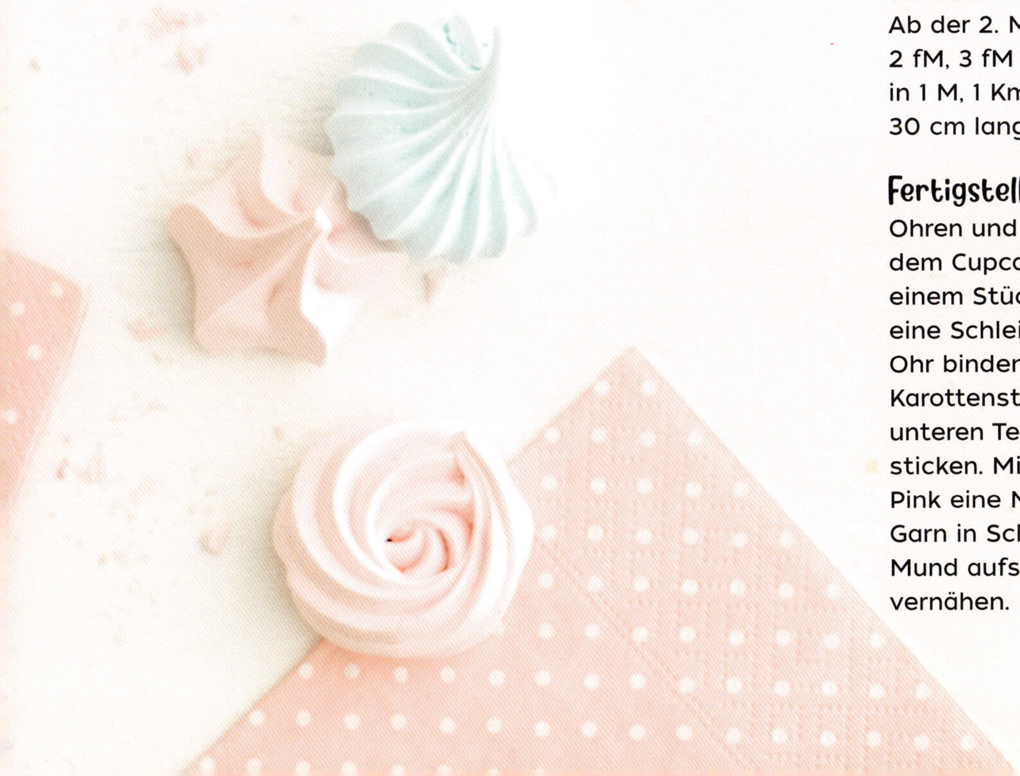

MÖHREN-HASEN-CUPCAKE

Cupcake

Die 1.-15. Rd in Curry wie beim Schneemann-Cupcake (siehe Seite 80) häkeln.
Die 16.-29. Rd in Creme wie beim Schneemann-Cupcake häkeln.
In einem vorderen M-Glied der 16. Rd in Creme anschlingen und 1 Rd Km aufhäkeln.

Ohr (2x)

1. Rd: In Creme 8 fM in den Ring häkeln (= 8 M).
2.-8. Rd: Jeweils 8 fM häkeln. Mit 1 Km schließen. Garn 30 cm lang abschneiden.
Das 2. Ohr ebenso häkeln.

Schnauze

In Weiß 4 Lm anschl. Die Lm-Kette von beiden Seiten behäkeln.
Ab der 2. M von der Nd aus 2 fM, 3 fM in 1 M, 2 fM, 3 fM in 1 M, 1 Km (= 10 M). Garn 30 cm lang abschneiden.

Fertigstellen

Ohren und Schnauze auf dem Cupcake festnähen. Mit einem Stück Garn in Pink eine Schleife um das rechte Ohr binden. In Orange kleine Karottenstückchen auf den unteren Teil des Cupcakes sticken. Mit geteiltem Garn in Pink eine Nase, mit geteiltem Garn in Schwarz Augen und Mund aufsticken. Alle Fäden vernähen.

KUGELRUNDE CAKEPOPS

Kugelrund und fruchtig lecker! Diese kleinen Cakepops sind ein kleiner bunter Strauß an gehäkelten Köstlichkeiten.

SCHWIERIGKEITSGRAD

Melone: 1
Zitrone: 1
Orange: 1
Kiwi: 1

GRÖSSE

4 cm (ohne Stiel)

MATERIAL

- Häkelnadel 2,0 mm
- Füllwatte
- 4 Cakepop-Stiele, 12 cm lang
- Wollnadel

Melone

- Schachenmayr Catania (LL 125 m/50 g) in Pink (Fb 225), Natur (Fb 105), Moos (Fb 412), Apfel (Fb 205) und Marone (Fb 157), Reste

Zitrone

- Schachenmayr Catania (LL 125 m/50 g) in Sonne (Fb 208), Mimose (Fb 100) und Weiß (Fb 106), Reste

Orange

- Schachenmayr Catania (LL 125 m/50 g) in Natur (Fb 105), Sonne (Fb 208) und Orange (Fb 281), Reste

Kiwi

- Schachenmayr Catania (LL 125 m/50 g) in Creme (Fb 130), Apfel (Fb 205), Camel (Fb 179) und Kaffee (Fb 162), Reste

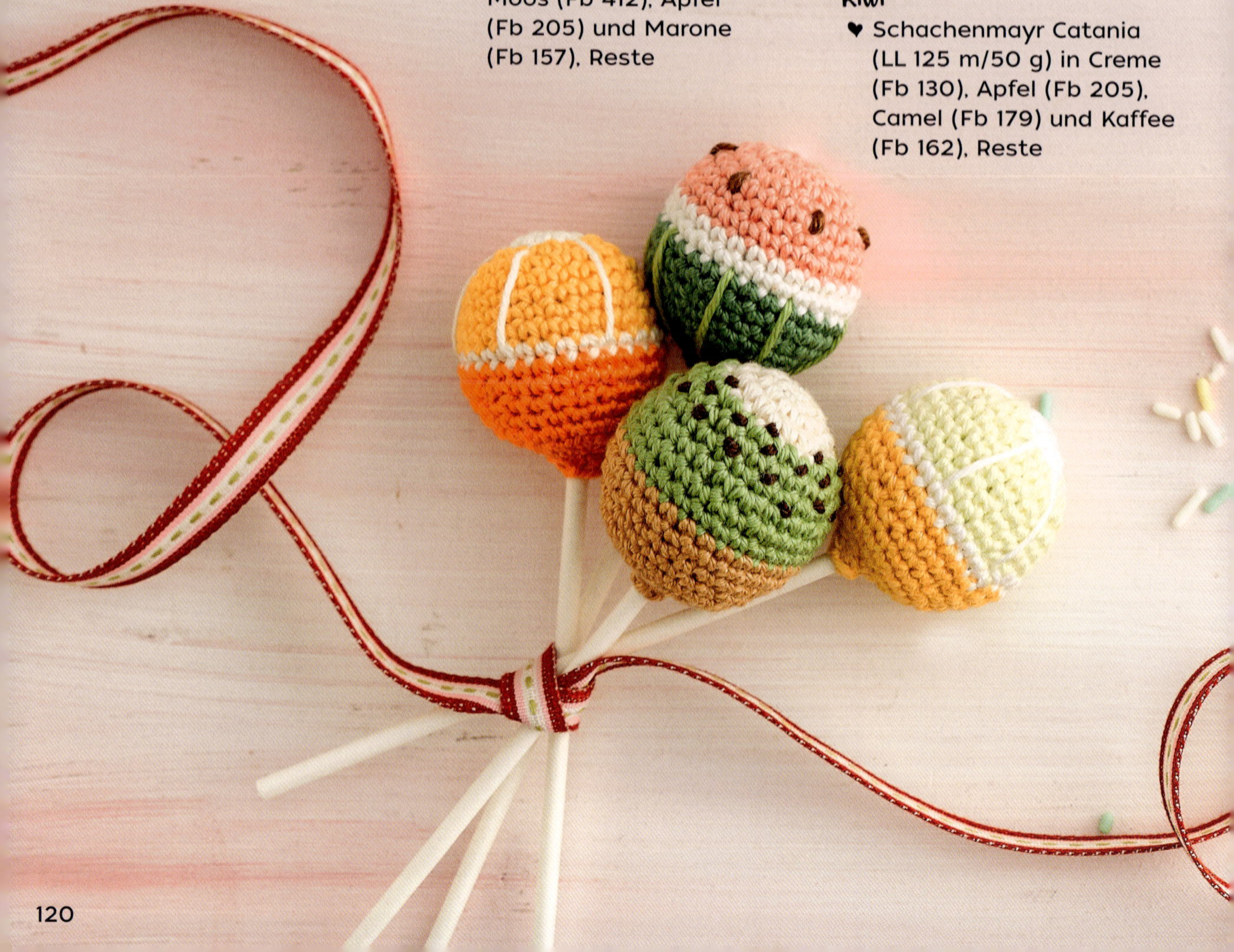

GRUNDFORM

Einen Magic Ring anfertigen.
1. Rd: 6 fM in den Ring häkeln (= 6 M).
2. Rd: Jede fM verdoppeln (= 12 M).
3. Rd: Jede 2. fM verdoppeln (= 18 M).
4. Rd: * 1 fM, 1 fM verdoppeln, 1 fM, ab * noch 5x wdh (= 24 M).
5.+6. Rd: Jeweils 24 fM häkeln.
7. Rd: Jede 4. fM verdoppeln (= 30 M).
8.-11. Rd: Jeweils 30 fM häkeln.
12. Rd: Jede 4. und 5. fM zusammen abmaschen (= 24 M).
13.+14. Rd: Jeweils 24 fM häkeln.
15. Rd: Jede 3. und 4. fM zusammen abmaschen (= 18 M).
Mit Füllwatte ausstopfen.
16. Rd: Jede 2. und 3. fM zusammen abmaschen (= 12 M).
17. Rd: Immer 2 fM zusammen abmaschen (= 6 M).
Mit 1 Km schließen. Garn 30 cm lang abschneiden, mit der Wollnd durch die 6 vorderen M-Glieder fädeln, den Cakepop-Stiel in die Öffnung stecken, das Garn zusammenziehen und vernähen.

MELONE

Die 1.-7. Rd in Pink wie bei der Grundform häkeln.
Die 8.+9. Rd in Natur wie bei der Grundform häkeln.
Die 10.-17. Rd in Moos wie bei der Grundform häkeln und den Stiel befestigen.
In Marone 8 Kerne aufsticken.
In Apfel mit langen Stichen zwischen der 10. und 17. Rd 8 Segmente aufsticken.

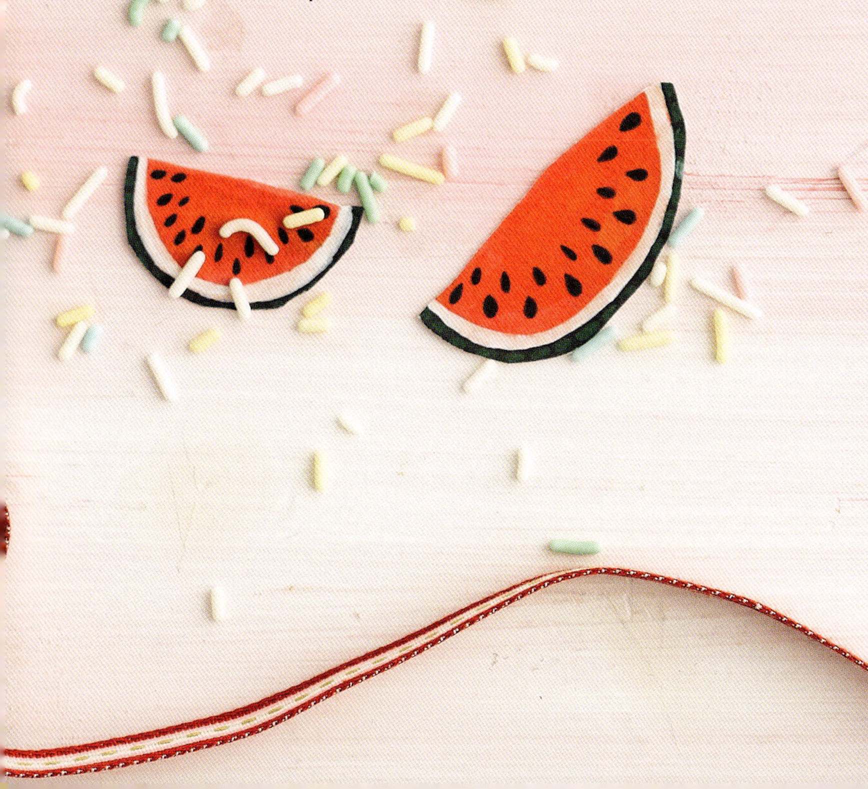

ZITRONE

Die 1.+2. Rd in Weiß wie bei der Grundform häkeln.
Die 3.-8. Rd in Mimose wie bei der Grundform häkeln.
Die 9. Rd in Weiß wie bei der Grundform häkeln.
Die 10.-17. Rd in Sonne wie bei der Grundform häkeln und den Stiel befestigen.
In Weiß mit langen Stichen zwischen der 3. und 9. Rd 6 Segmente aufsticken.

ORANGE

Die 1.+2. Rd in Natur wie bei der Grundform häkeln.
Die 3.-8. Rd in Sonne wie bei der Grundform häkeln.
Die 9. Rd in Natur wie bei der Grundform häkeln.
Die 10.-17. Rd in Orange wie bei der Grundform häkeln und den Stiel befestigen.
In Weiß mit langen Stichen zwischen der 3. und 9. Rd 6 Segmente aufsticken.

KIWI

Die 1.-3. Rd in Creme wie bei der Grundform häkeln.
Die 4.-9. Rd in Apfel wie bei der Grundform häkeln.
Die 10.-17. Rd in Camel wie bei der Grundform häkeln und den Stiel befestigen.
In Kaffee viele kleine Kerne auf die 4.-6. Rd in Apfel sticken.

DUFTE(NDE) DONUTS

Sind diese kleinen Donuts nicht zum Anbeißen? Als Koala, Panda oder Schweinchen werden sie das Deko-Highlight auf jedem Kaffee-Tisch.

SCHWIERIGKEITSGRAD

Koala: 3
Panda: 3
Schwein: 3

GRÖSSE

7,5 cm

MATERIAL

- Häkelnadel 2,0 mm
- Füllwatte
- Wollnadel

Koala

- Schachenmayr Catania (LL 125 m/50 g) in Deep Amber (Fb 438), Nebel (Fb 434), Anthrazit (Fb 429), Orchidee (Fb 222) und Schwarz (Fb 110), Reste

Panda

- Schachenmayr Catania (LL 125 m/50 g) in Camel (Fb 179), Orchidee (Fb 222), Pink (Fb 225), Türkis (Fb 397), Löwenzahn (Fb 280), Weiß (Fb 106) und Schwarz (Fb 110), Reste

Schweinchen

- Schachenmayr Catania (LL 125 m/50 g) in Camel (Fb 179), Rosa (Fb 246), Orchidee (Fb 222), Pink (Fb 225) und Schwarz (Fb 110), Reste

GIESBERT, DER KOALA

Donut

In Deep Amber wie beim Glubschäugigen Donut (siehe Seite 71) häkeln und ausstopfen.

Glasur

In Nebel wie beim Glubschäugigen Donut häkeln.

Bäckchen (2x)

In Orchidee einen Magic Ring anfertigen.
5 fM in den Ring häkeln. Mit 1 Km schließen. Garn 30 cm lang abschneiden.
Das 2. Bäckchen ebenso häkeln.

Ohr (2x)

In Nebel einen Magic Ring anfertigen. Weiter in Spiralrd arb.
1. Rd: 6 fM in den Ring häkeln (= 6 M).
2. Rd: Jede fM verdoppeln (= 12 M).
3. Rd: Jede 2. fM verdoppeln (= 18 M).
4.-7. Rd: Jeweils 18 fM häkeln.
8. Rd: Jede 2. und 3. fM zusammen abmaschen (= 12 M).
Mit 1 Km schließen. Garn 30 cm lang abschneiden.
Das 2. Ohr ebenso häkeln.

Nase

In Anthrazit 4 Lm anschl. Die Lm-Kette von beiden Seiten behäkeln.
Ab der 2. M von der Nd aus 2 fM, 3 fM in 1 M, 2 fM, 3 fM in 1 M, 1 Km (= 10 M). Garn 30 cm lang abschneiden.

Fertigstellen

Die Glasur auf den Donut nähen. Die Ohren flach zusammengedrückt und leicht gewölbt an der Glasur festnähen. Nase und Bäckchen auf der Glasur festnähen. Mit geteiltem Garn in Schwarz die Augen aufsticken. Alle Fäden vernähen.

PABLO, DER PANDA

Donut

In Camel wie beim Glubschäugigen Donut (siehe Seite 71) häkeln und ausstopfen.

Glasur

In Weiß wie beim Glubschäugigen Donut häkeln.

Bäckchen (2x)

In Orchidee wie beim Koala-Donut häkeln.

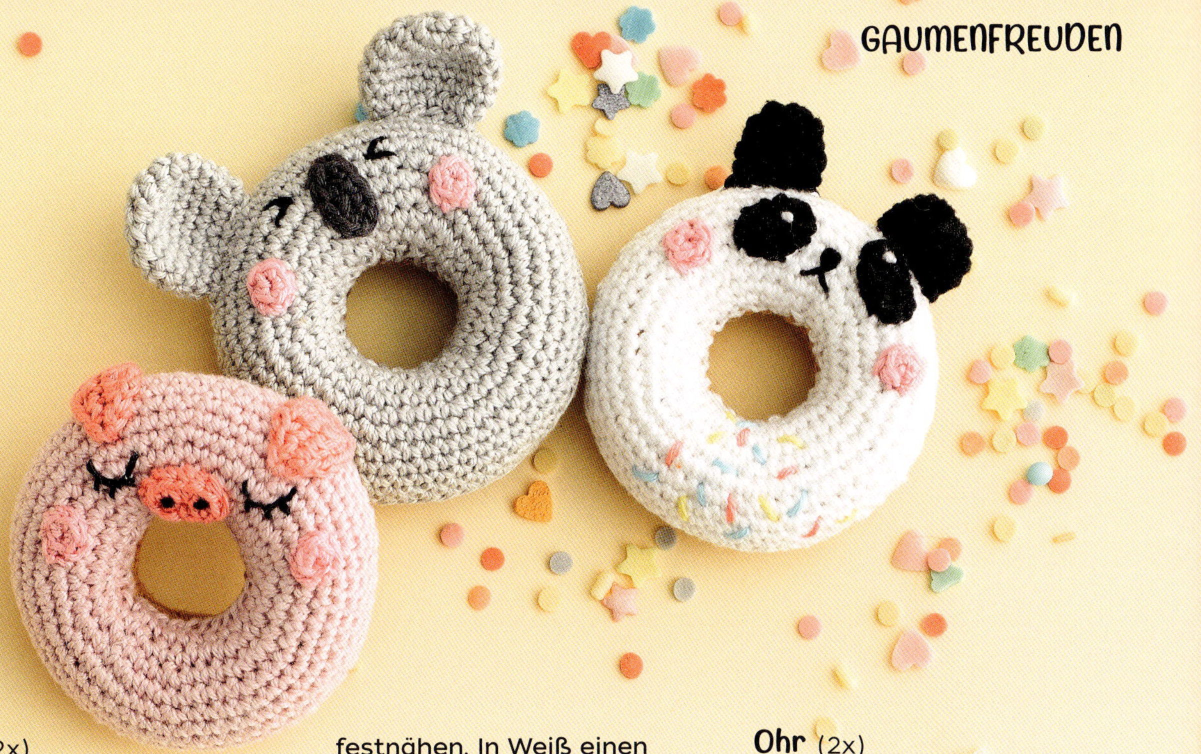

Ohr (2x)

In Schwarz einen Magic Ring anfertigen. Weiter in Spiralrd arb.

1. Rd: 6 fM in den Ring häkeln (= 6 M).

2. Rd: Jede 2. fM verdoppeln (= 9 M).

3.-5. Rd: Jeweils 9 fM häkeln. Ohr flach drücken und mit 4 fM zusammenhäkeln. Garn 30 cm lang abschneiden. Das 2. Ohr ebenso häkeln.

Auge (2x)

In Schwarz 4 Lm anschl. Die Lm-Kette von beiden Seiten behäkeln.
Ab der 2. M von der Nd aus 2 fM, 3 fM in 1 M, 2 fM, 3 fM in 1 M (= 10 M). Mit 1 Km schließen. Garn 30 cm lang abschneiden.
Das 2. Auge ebenso häkeln.

Fertigstellen

Die Glasur auf den Donut nähen, dabei zwischen Glasur und Donut die Ohren festnähen. In Weiß einen kleinen Punkt auf die Augen sticken und diese auf die Glasur nähen. Beidseitig die Bäckchen festnähen. Mit geteiltem Garn in Schwarz die Schnauze aufsticken. In Pink, Türkis und Löwenzahn ein paar Streusel aufsticken. Alle Fäden vernähen.

TRINE, DAS SCHWEINCHEN

Donut

In Camel wie beim Glubschäugigen Donut (siehe Seite 71) häkeln und ausstopfen.

Glasur

In Rosa wie beim Glubschäugigen Donut häkeln.

Bäckchen (2x)

In Orchidee wie beim Koala-Donut häkeln.

Ohr (2x)

In Pink 6 Lm anschl. Die Lm-Kette von beiden Seiten behäkeln.
Ab der 2. M von der Nd aus 1 Km, 1 fM, 1 hSt, 1 Stb, 5 Stb in 1 M, 1 Stb, 1 hStb, 1 fM, 1 Km (= 13 M). Garn 30 cm lang abschneiden.
Das 2. Ohr ebenso häkeln.

Schnauze

In Pink wie die Nase beim Koala-Donut häkeln.

Fertigstellen

Die Glasur auf den Donut nähen. Die Ohren und Bäckchen auf der Glasur festnähen. In Schwarz zwei Nasenlöcher auf die Nase sticken und diese auf der Glasur festnähen. Mit geteiltem Garn in Schwarz die Augen aufsticken. Alle Fäden vernähen.

HAMSTER-KARAMELL-PUDDING

Dieser Pudding ist etwas für echte Süßschnäbel. In der niedlichen Hamster-Optik hat er sicher ganz schnell ein paar Fans gefunden.

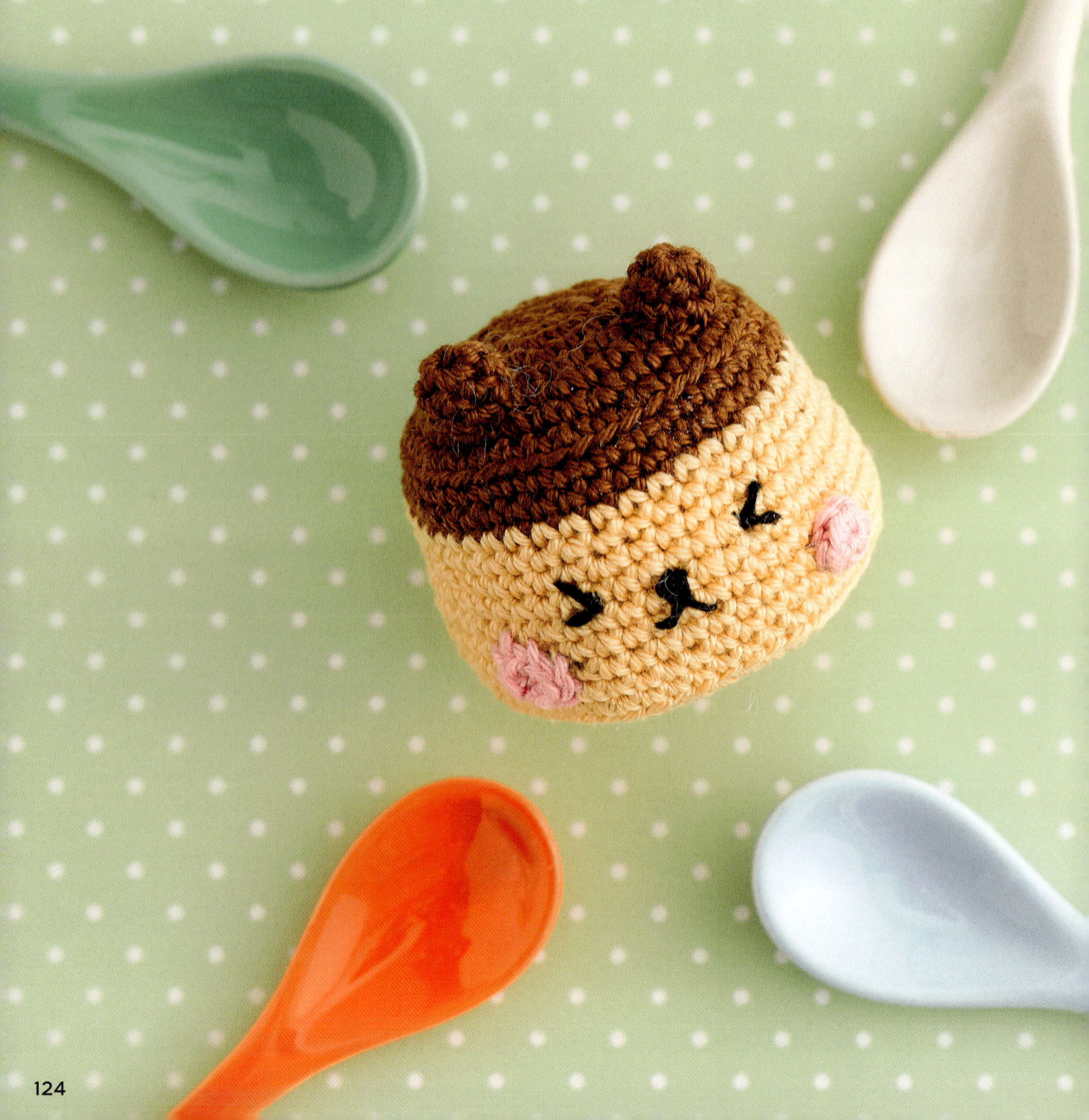

SCHWIERIGKEITSGRAD 2

GRÖSSE

5 cm

MATERIAL

- Schachenmayr Catania (LL 125 m/50 g) in Honig (Fb 206), Marone (Fb 157), Orchidee (Fb 222) und Schwarz (Fb 110), Reste
- Häkelnadel 2,0 mm
- Füllwatte
- Wollnadel

Pudding

In Marone einen Magic Ring anfertigen. Weiter in Spiralrd arb.

1. Rd: 6 fM in den Ring häkeln (= 6 M).

2. Rd: Jede fM verdoppeln (= 12 M).

3. Rd: Jede 2. fM verdoppeln (= 18 M).

4. Rd: * 1 fM, 1 fM verdoppeln, 1 fM, ab * noch 5x wdh (= 24 M).

5. Rd: Jede 4. fM verdoppeln (= 30 M).

6. Rd: * 2 fM, 1 fM verdoppeln, 2 fM, ab * noch 5x wdh (= 36 M).

7. Rd: Jede 6. fM verdoppeln (= 42 M).

8. Rd: 42 fM in die hinteren M-Glieder häkeln.

9. Rd: 42 fM häkeln.

10. Rd (Honig): 42 fM häkeln (= 42 M).

11. Rd: 42 fM häkeln.

12. Rd: Jede 7. fM verdoppeln (= 48 M).

13.-18. Rd: Jeweils 48 fM häkeln.

19. Rd: Jede 7. und 8. fM zusammen abmaschen, dabei in die hinteren M-Glieder häkeln (= 42 M).

20. Rd: Jede 6. und 7. fM zusammen abmaschen (= 36 M).

Mit Füllwatte ausstopfen.

21. Rd: Jede 5. und 6. fM zusammen abmaschen (= 30 M).

22. Rd: Jede 4. und 5. fM zusammen abmaschen (= 24 M).

23. Rd: Jede 3. und 4. fM zusammen abmaschen (= 18 M).

24. Rd: Jede 2. und 3. fM zusammen abmaschen (= 12 M).

25. Rd: Immer 2 fM zusammen abmaschen (= 6 M).

Garn abschneiden, mit der Wollnd durch die 6 vorderen M-Glieder fädeln, zusammenziehen und vernähen.

Ohr (2x)

In Marone einen Magic Ring anfertigen. Weiter in Spiralrd arb.

1. Rd: 6 fM in den Ring häkeln (= 6 M).

2.+3. Rd: Jeweils 6 fM häkeln.

Mit 1 Km schließen. Garn 30 cm lang abschneiden.

Das 2. Ohr ebenso häkeln.

Bäckchen (2x)

In Orchidee wie beim Koala-Donut (siehe Seite 122) häkeln.

Fertigstellen

Die Ohren flach drücken und am Pudding festnähen. Beidseitig die Bäckchen annähen. Mit geteiltem Garn in Schwarz Augen und Schnauze aufsticken. Alle Fäden vernähen.

EIS, EIS, BABY!

Mit diesen witzigen Eis-Kreationen wird der Sommer nicht lange auf sich warten lassen. Bereits beim Häkeln läuft einem das Wasser im Mund zusammen.

SCHWIERIGKEITSGRAD

Blaubeer-Eis: 3
Erdbeer-Eis: 3

GRÖSSE

Blaubeer-Eis: 12,5 cm
Erdbeer-Eis: 14 cm

MATERIAL

- Häkelnadel 2,0 mm
- Füllwatte
- Wollnadel

Blaubeer-Eis

- Schachenmayr Catania (LL 125 m/50 g) in Hellblau (Fb 173), Camel (Fb 179), Monaco (Fb 420), Moos (Fb 412), Orchidee (Fb 222), Weiß (Fb 106) und Schwarz (Fb 110), Reste

Erdbeer-Eis

- Schachenmayr Catania (LL 125 m/50 g) in Rosa (Fb 246), Camel (Fb 179), Pink (Fb 225), Moos (Fb 412), Signalrot (Fb 115), Weiß (Fb 106) und Schwarz (Fb 110), Reste

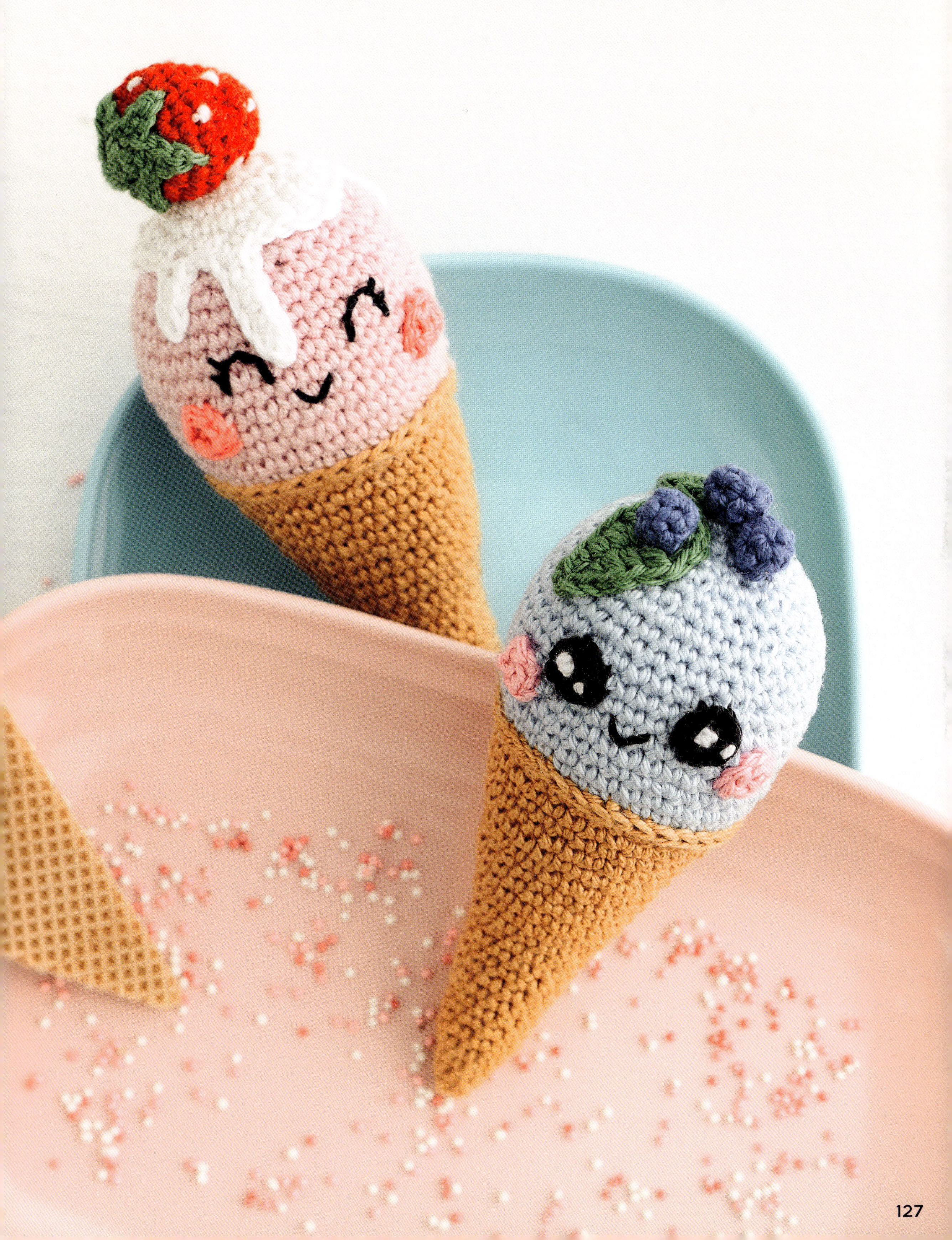

LECKERES BLAUBEER-EIS

Hörnchen und Eiskugel

In Camel einen Magic Ring anfertigen. Weiter in Spiralrd arb.

1. Rd: 4 fM in den Ring häkeln (= 4 M).
2. Rd: Jede 2. fM verdoppeln (= 6 M).
3. Rd: Jede 3. fM verdoppeln (= 8 M).
4. Rd: Jede 4. fM verdoppeln (= 10 M).
5. Rd: Jede 5. fM verdoppeln (= 12 M).
6. Rd: 12 fM häkeln.
7. Rd: Jede 6. fM verdoppeln (= 14 M).
8.+9. Rd: Jeweils 14 fM häkeln.
10. Rd: Jede 7. fM verdoppeln (= 16 M).
11. Rd: 16 fM häkeln.
12. Rd: Jede 8. M verdoppeln (= 18 M).
13. Rd: 18 fM häkeln.
14. Rd: Jede 3. fM verdoppeln (= 24 M).
15.-17. Rd: Jeweils 24 fM häkeln.
18. Rd: Jede 4. fM verdoppeln (= 30 M).
19.-21. Rd: Jeweils 30 fM häkeln.
Mit Füllwatte ausstopfen.
22. Rd: Jede 5. fM verdoppeln (= 36 M).
23. Rd: 36 fM häkeln.
24. Rd (Hellblau): 36 fM in die hinteren M-Glieder häkeln.
25. Rd: 36 fM häkeln.
26. Rd: Jede 6. fM verdoppeln (= 42 M).
27.-31. Rd: Jeweils 42 fM häkeln.
32. Rd: Jede 6. und 7. fM zusammen abmaschen (= 36 M).
33.+34. Rd: Jeweils 36 fM häkeln.
35. Rd: Jede 5. und 6. fM zusammen abmaschen (= 30 M).
36. Rd: 30 fM häkeln.
37. Rd: Jede 4. und 5. fM zusammen abmaschen (= 24 M).
38. Rd: Jede 3. und 4. fM zusammen abmaschen (= 18 M).
39. Rd: Jede 2. und 3. fM zusammen abmaschen (= 12 M).
40. Rd: Immer 2 fM zusammen abmaschen (= 6 M).
Garn abschneiden, mit der Wollnd durch die 6 vorderen M-Glieder fädeln, zusammenziehen und vernähen.
In Camel in einem vorderen M-Glied der 24. Rd anschlingen und 1 Rd Km aufhäkeln.

Blatt (2x)

In Moos 7 Lm anschl. Die Lm-Kette von beiden Seiten behäkeln.
Ab der 2. M von der Nd aus 1 Km, 1 fM, 2 hStb, 1 Stb, 5 Stb in 1 M, 1 Stb, 2 hStb, 1 fM, 1 Km (= 15 M). Garn 30 cm lang abschneiden.
Das 2. Blatt ebenso häkeln.

Blaubeere (3x)

In Monaco einen Magic Ring anfertigen. Weiter in Spiralrd arb.
1. Rd: 4 fM in den Ring häkeln (= 4 M).
2. Rd: Jede 2. fM verdoppeln (= 6 M).
3. Rd: Jede 2. und 3. fM zusammen abmaschen (= 4 M).
Mit 1 Km schließen. Garn abschneiden, mit der Wollnd durch die 6 vorderen M-Glieder fädeln, zusammenziehen und vernähen.
Noch 2 weitere Blaubeeren ebenso häkeln.

Bäckchen (2x)

In Orchidee wie beim Koala-Donut (siehe Seite 122) häkeln.

Auge (2x)

In Schwarz einen Magic Ring anfertigen. Weiter in Spiralrd arb.
6 fM in den Ring häkeln. Mit 1 Km schließen. Garn 30 cm lang abschneiden.
Das 2. Auge ebenso häkeln.

Fertigstellen

Zuerst die Blätter und dann die Blaubeeren festnähen. Mit geteiltem Garn in Weiß einen großen und einen kleinen Punkt auf die Augen sticken. Die Augen und die Bäckchen festnähen. Mit geteiltem Garn in Schwarz den Mund aufsticken. Alle Fäden vernähen.

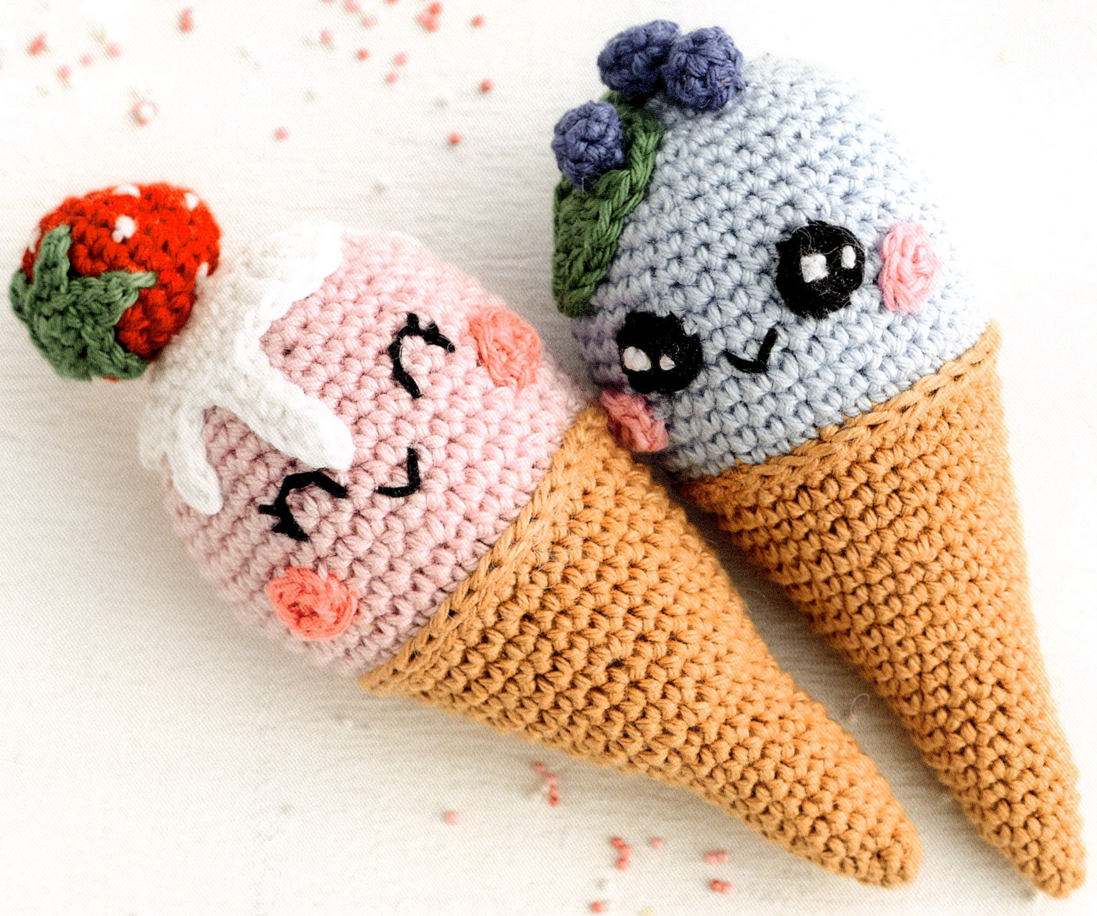

FRUCHTIGES ERDBEER-EIS

Hörnchen und Eiskugel

Die 1.-23. Rd in Camel wie beim Blaubeer-Eis häkeln. Die 24.-40. Rd in Rosa wie beim Blaubeer-Eis häkeln.

Sahne

In Weiß einen Magic Ring anfertigen. Weiter in Spiralrd arb.

1. Rd: 6 fM in den Ring häkeln (= 6 M).
2. Rd: Jede fM verdoppeln (= 12 M).
3. Rd: Jede 2. fM verdoppeln (= 18 M).
4. Rd: * 1 fM, 1 fM verdoppeln, 1 fM, ab * noch 5x wdh (= 24 M).
5. Rd: 6 Lm, ab der 2. M von der Nd aus 5 fM, 2 fM, 1 hStb, 2 Stb, 1 hStb, 1 fM, 4 Lm, ab der 2. M von der Nd aus 3 fM, 2 fM, 6 Lm, ab der 2. M von der Nd aus 5 fM, 2 fM, 1 hStb, 2 Stb, 1 hStb, 3 fM, 4 Lm, ab der 2. M von der Nd aus 3 fM, 2 fM, 1 hStb, 1 Stb, 1 fM, 1 Km häkeln. Garn 30 cm lang abschneiden.

Bäckchen (2x)

In Pink wie beim Koala-Donut (siehe Seite 122) häkeln.

Erdbeere

In Signalrot und Moos wie bei Ella, die Erdbeerfee (siehe Seite 29) häkeln.

Blätter

In Moos wie bei Ella, die Erdbeerfee häkeln.

Fertigstellen

In Weiß ein paar Punkte auf die Erdbeere sticken. Die Sahne auf der Eiskugel und darauf die Erdbeere festnähen. Die Bäckchen festnähen. Mit geteiltem Garn in Schwarz Augen und Mund aufsticken. Alle Fäden vernähen.

NASE ZU UND DURCH

Doch lieber etwas Herzhaftes? Wie wäre es dann mit dieser niedlichen Zwiebel-Gang? Die lassen garantiert jedes Herz höher schlagen und ziehen bald in viele Küchen ein.

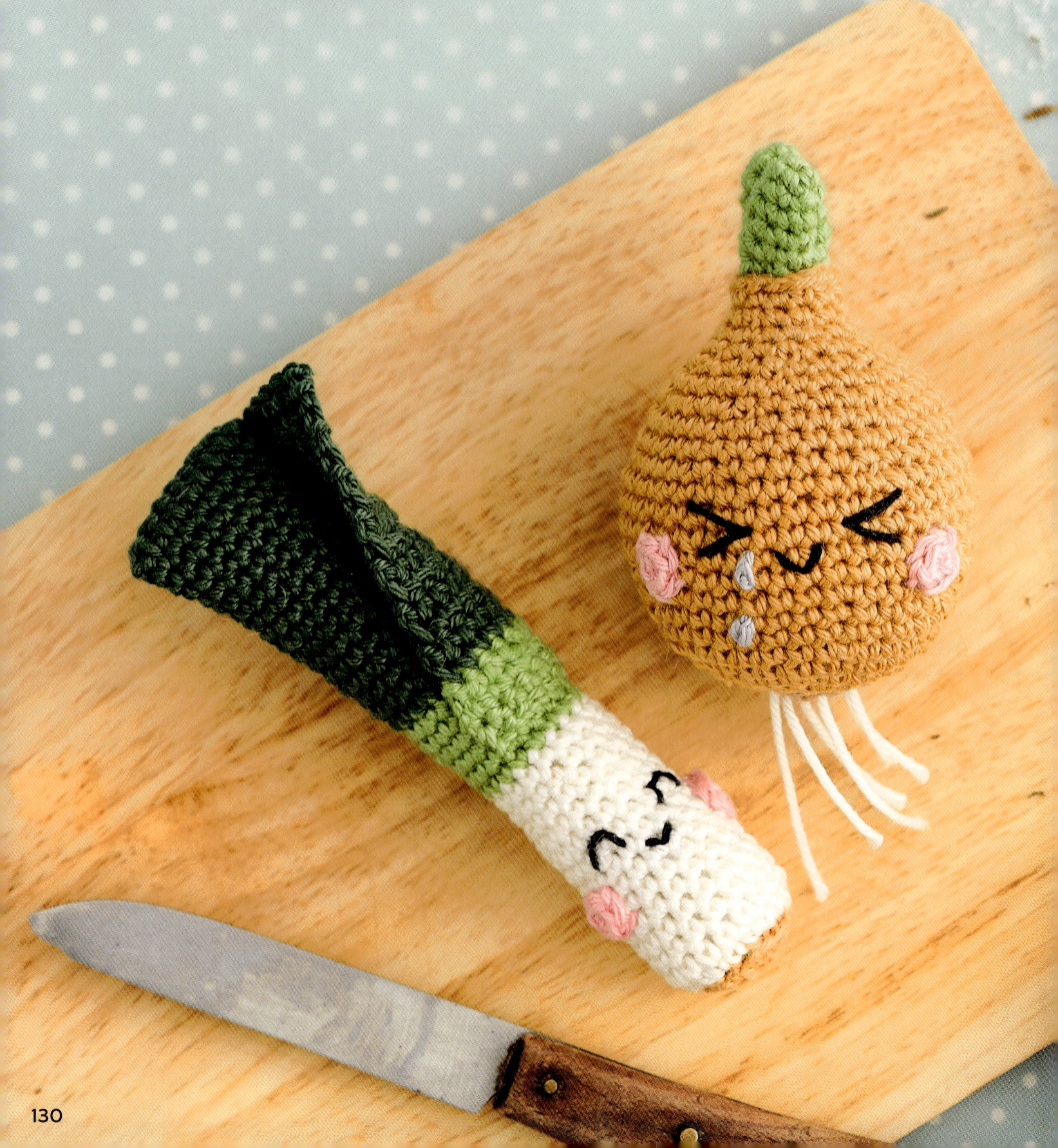

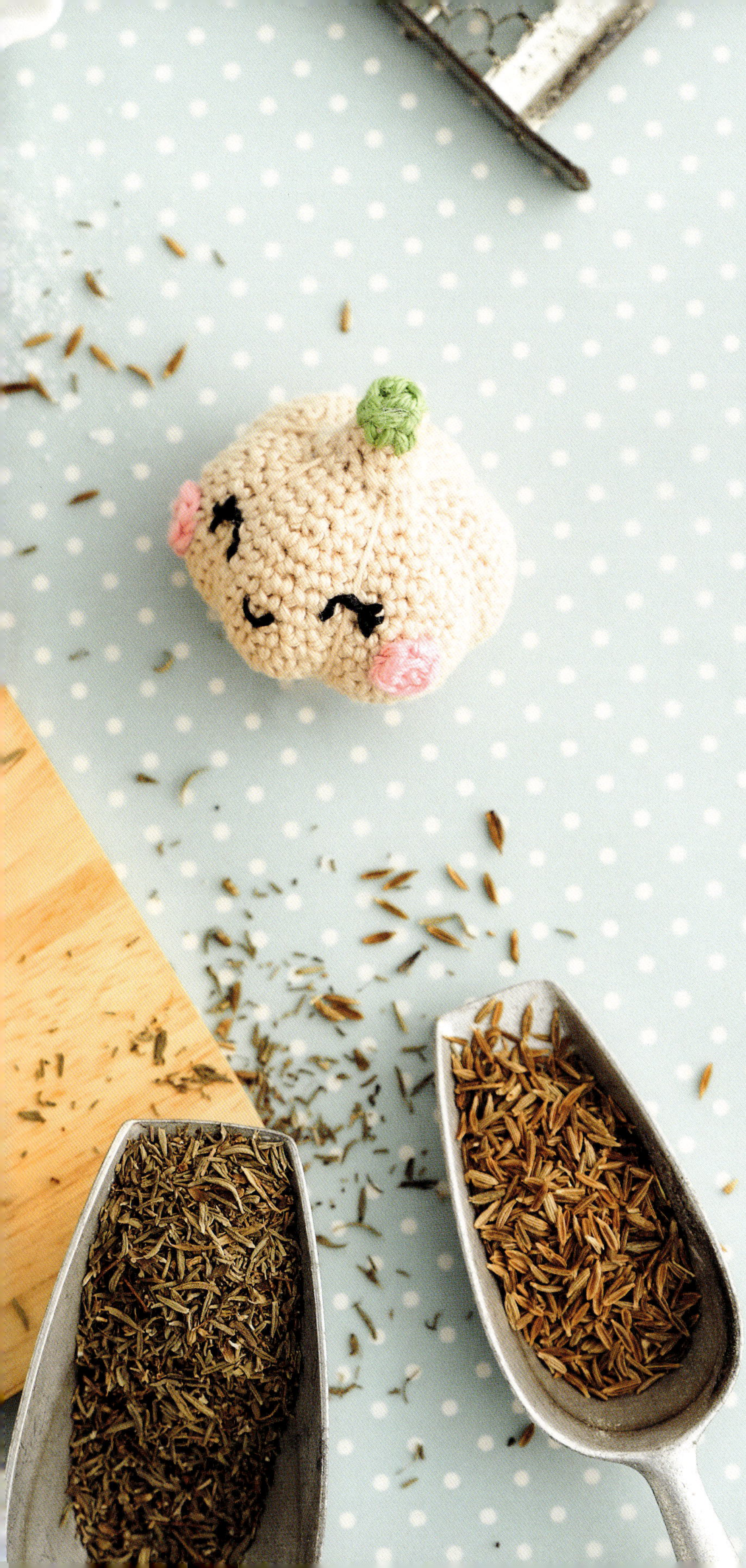

SCHWIERIGKEITSGRAD
Zwiebel: 2
Knoblauch: 2
Lauch: 2

GRÖSSE
Zwiebel: 8,5 cm
Knoblauch: 4,5 cm
Lauch: 12 cm

MATERIAL
- Häkelnadel 2,0 mm
- Füllwatte
- Wollnadel

Zwiebel
- Schachenmayr Catania (LL 125 m/50 g) in Curry (Fb 431), Deep Amber (Fb 438), Apfel (Fb 205), Orchidee (Fb 222), Malve (Fb 399), Natur (Fb 105) und Schwarz (Fb 110), Reste

Knoblauch
- Schachenmayr Catania (LL 125 m/50 g) in Ivory (Fb 436), Deep Amber (Fb 438), Apfel (Fb 205), Orchidee (Fb 222) und Schwarz (Fb 110), Reste

Lauch
- Schachenmayr Catania (LL 125 m/50 g) in Natur (Fb 105), Camel (Fb 179), Apfel (Fb 205), Tannenbaum (Fb 419), Orchidee (Fb 222) und Schwarz (Fb 110), Reste

DICKE ZWIEBEL

Zwiebel

In Deep Amber einen Magic Ring anfertigen. Weiter in Spiralrd arb.

1. Rd: 6 fM in den Ring häkeln (= 6 M).

2. Rd: Jede fM verdoppeln (= 12 M).

3. Rd (Curry): Jede 2. fM verdoppeln, dabei in die hinteren M-Glieder häkeln (= 18 M).

4. Rd: * 1 fM, 1 fM verdoppeln, 1 fM, ab * noch 5x wdh (= 24 M).

5. Rd: Jede 4. fM verdoppeln (= 30 M).

6. Rd: 30 fM häkeln.

7. Rd: Jede 5. fM verdoppeln (= 36 M).

8.+9. Rd: Jeweils 36 fM häkeln.

10. Rd: Jede 6. fM verdoppeln (= 42 M).

11.-15. Rd: Jeweils 42 fM häkeln.

16. Rd: Jede 6. und 7. fM zusammen abmaschen (= 36 M).

17.+18. Rd: Jeweils 36 fM häkeln.

19. Rd: Jede 5. und 6. M zusammen abmaschen (= 30 M).

20. Rd: 30 fM häkeln.

21. Rd: Jede 4. und 5. fM zusammen abmaschen (= 24 M).

Mit Füllwatte ausstopfen.

22. Rd: Jede 3. und 4. fM zusammen abmaschen (= 18 M).

23. Rd: 18 fM häkeln.

24. Rd: Jede 2. und 3. fM zusammen abmaschen (= 12 M).

25.+26. Rd: Jeweils 12 fM häkeln.

Mit 1 Km schließen. Garn ca. 30 cm lang abschneiden.

Großer Trieb

In Apfel einen Magic Ring anfertigen. Weiter in Spiralrd arb.

1. Rd: 4 fM in den Ring häkeln (= 4 M).

2. Rd: Jede fM verdoppeln (= 8 M).

3.-6. Rd: Jeweils 8 fM häkeln.

1 Lm arb. Den Trieb flach drücken und mit 4 fM zusammenhäkeln. Garn abschneiden und vernähen.

Kleiner Trieb

In Apfel einen Magic Ring anfertigen. Weiter in Spiralrd arb.

1. Rd: 4 fM in den Ring häkeln (= 4 M).

2. Rd: Jede 2. fM verdoppeln (= 6 M).

3.-6. Rd: Jeweils 6 fM häkeln (= 6 M).

1 Lm arb. Den Trieb flach drücken und mit 3 fM zusammenhäkeln. Garn abschneiden und vernähen.

Bäckchen (2x)

In Orchidee einen Magic Ring anfertigen.

5 fM in den Ring häkeln. Mit 1 Km schließen. Garn 30 cm lang abschneiden.

Das 2. Bäckchen ebenso häkeln.

Fertigstellen

Die beiden Triebe in die Öffnung der Zwiebel schieben und festnähen. Die Bäckchen festnähen. Mit geteiltem Garn in Schwarz Augen und Mund, mit geteiltem Garn in Malve 2 Tränen aufsticken.

In Natur in die ersten beiden Rd der Zwiebel ein paar verschieden lange Wurzelfäden einziehen. Alle Fäden vernähen.

ZARTER KNOBLAUCH

Knolle

In Deep Amber einen Magic Ring anfertigen. Weiter in Spiralrd arb.

1. Rd: 6 fM in den Ring häkeln (= 6 M).

2. Rd: Jede fM verdoppeln (= 12 M).

3. Rd (Ivory): Jede 2. fM verdoppeln, dabei in die hinteren M-Glieder häkeln (= 18 M).

4. Rd: * 1 fM, 1 fM verdoppeln, 1 fM, ab * noch 5x wdh (= 24 M).

5. Rd: Jede 4. fM verdoppeln (= 30 M).

6. Rd: * 2 fM, 1 fM verdoppeln, 2 fM, ab * noch 5x wdh (= 36 M).

7.-11. Rd: Jeweils 36 fM häkeln.

12. Rd: Jede 5. und 6. fM zusammen abmaschen (= 30 M).

13. Rd: 30 fM häkeln.

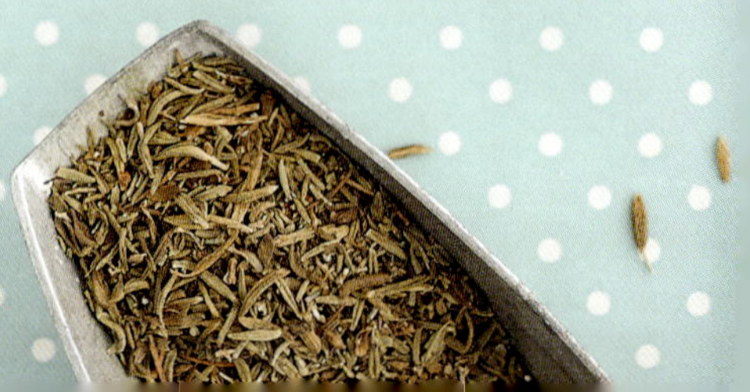

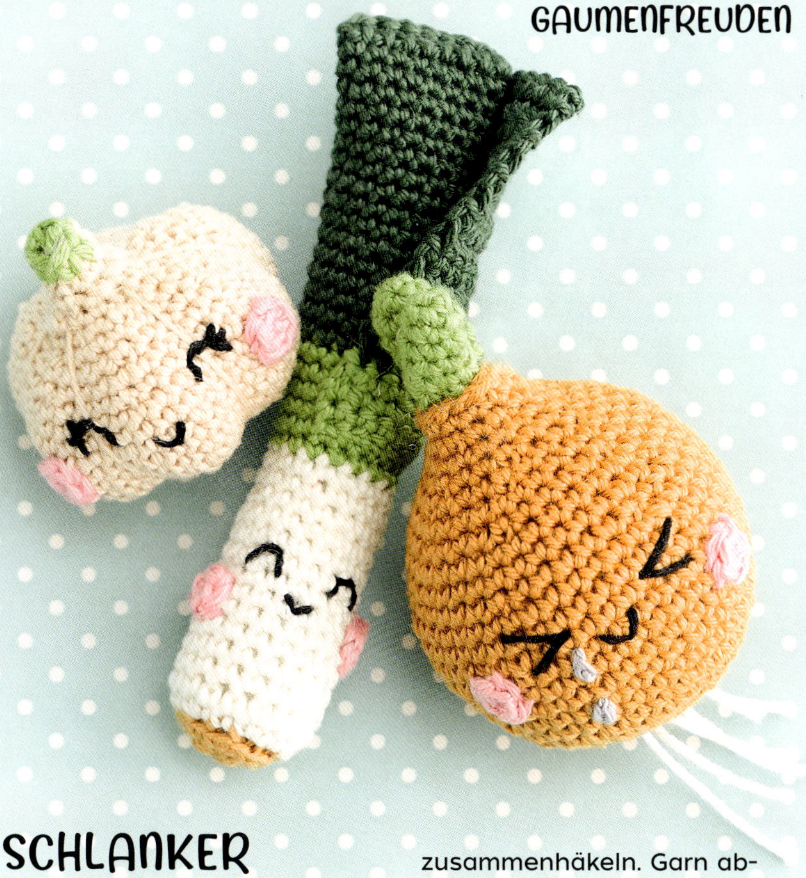

14. Rd: Jede 4. und 5. fM zusammen abmaschen (= 24 M).
15. Rd: 24 fM häkeln.
Mit Füllwatte ausstopfen.
16. Rd: Jede 3. und 4. fM zusammen abmaschen (= 18 M).
17. Rd: Jede 2. und 3. fM zusammen abmaschen (= 12 M).
18. Rd: 12 fM häkeln.
19. Rd: Immer 2 fM zusammen abmaschen (= 6 M).
20. Rd: 6 fM häkeln.
21. Rd (Apfel): 6 fM häkeln.
Mit 1 Km schließen. Garn abschneiden, mit der Wollnd durch die 6 vorderen M-Glieder fädeln, zusammenziehen und vernähen.

Bäckchen (2x)
In Orchidee wie bei der Zwiebel häkeln.

Fertigstellen
Ein 50 cm langes Stück Garn in Ivory abschneiden. Damit den Knoblauch in 6 Segmente unterteilen: Immer von der 3. Rd ausgehend in die 25. Rd einstechen und am Garn ziehen, so dass der Knoblauch etwas gestaucht wird. Die Bäckchen festnähen. Mit geteiltem Garn in Schwarz Augen und Mund aufsticken. Alle Fäden vernähen.

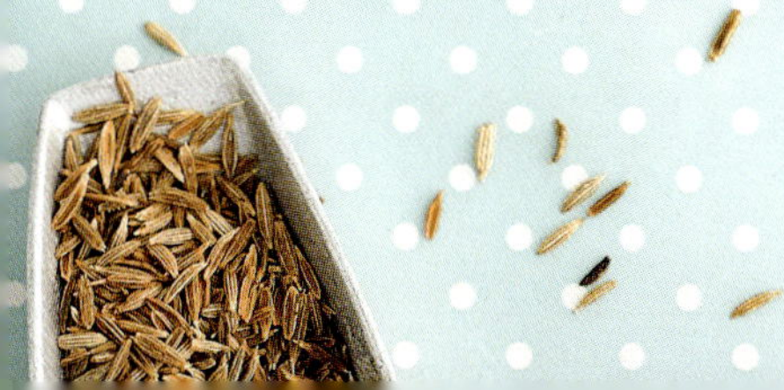

SCHLANKER LAUCH

Stange
In Camel einen Magic Ring anfertigen. Weiter in Spiralrd arb.
1. Rd: 6 fM in den Ring häkeln (= 6 M).
2. Rd: Jede fM verdoppeln (= 12 M).
3. Rd (Natur): Jede 2. fM verdoppeln, dabei in die hinteren M-Glieder häkeln (= 18 M).
4.-16. Rd: Jeweils 18 fM häkeln.
Mit Füllwatte ausstopfen, nach oben hin weniger fest.
17.-22. Rd (Apfel): Jeweils 18 fM häkeln.
23.-40. Rd (Tannenbaum): Jeweils 18 fM häkeln.
1 Lm arb. Den Lauch zusammendrücken und mit 9 fM zusammenhäkeln. Garn abschneiden und vernähen.

Bäckchen (2x)
In Orchidee wie bei der Zwiebel häkeln.

Blatt
In Apfel 11 Lm anschl. Weiter in R häkeln, dabei am Ende jeder R 1 Wende-Lm häkeln.
1. R: Ab der 2. M von der Nd aus 10 fM (= 10 M).
2.+3. R: Jeweils 10 fM häkeln.
4.-18. R (Tannenbaum): Jeweils 10 fM häkeln. Garn 30 cm lang abschneiden.

Fertigstellen
Das Blatt entsprechend der Farben am Lauch festnähen. Die Bäckchen festnähen. Mit geteiltem Garn in Schwarz Augen und Mund aufsticken. Alle Fäden vernähen.

SO GEHT'S

Abkürzungen

anschl = anschlagen
arb = arbeiten
DStb = Doppelstäbchen
Fb = Farbe(n)
fM = feste Masche(n)
Häkelnd = Häkelnadel(n)
hStb = halbe(s) Stäbchen
Km = Kettmasche(n)
LL = Lauflänge
Lm = Luftmasche(n)
M = Masche(n)
Nd = Nadel(n)
R = Reihe(n)
Rd = Runde(n)
Stb = Stäbchen
wdh = wiederholen

Magic-Ring

1 Den Faden von rechts einmal um den Zeigefinger und weiter einmal um den Daumen der linken Hand wickeln. Zwischen Daumen und Zeigefinger ist der Faden gespannt.

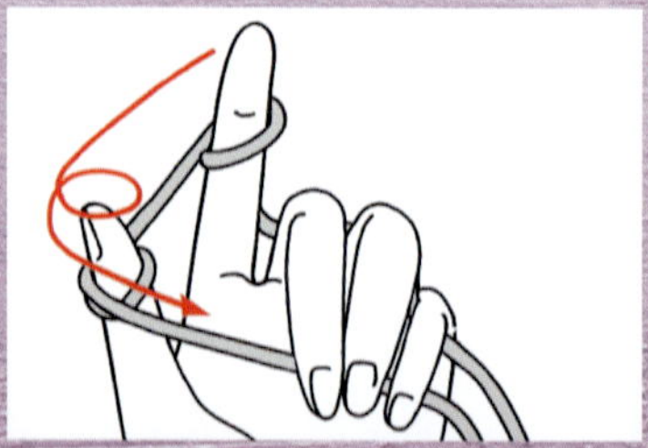

2 Mit der Häkelnadel unter den Faden am Daumen stechen und den Faden, der zum Zeigefinger führt, als Schlaufe durchziehen.

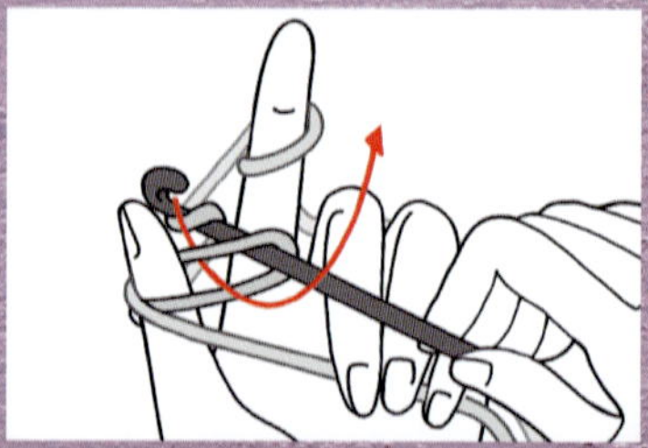

3 Aus der Schlaufe 1 Luftmasche häkeln.

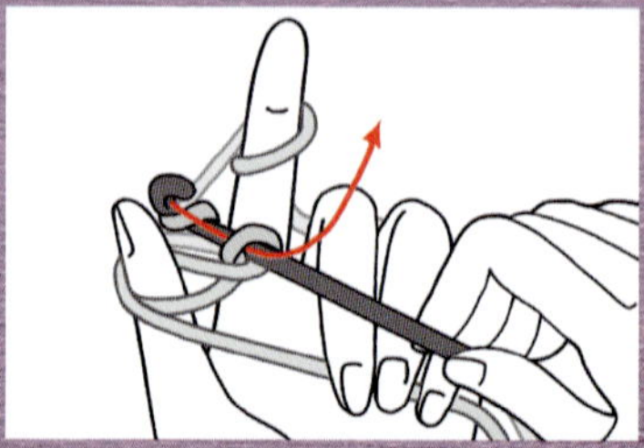

4 Um feste Maschen in den Fadenring zu häkeln, den Faden erneut als Schlaufe durchziehen …

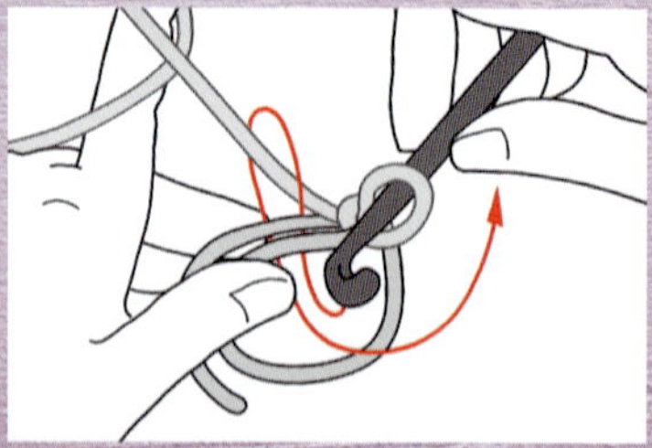

5 … und aus beiden Schlaufen 1 feste Masche häkeln. Werden Stäbchen in den Ring gehäkelt, aus der Schlaufe 3 Luftmaschen häkeln und anschließend die benötigte Anzahl der Stäbchen in den Ring arbeiten.

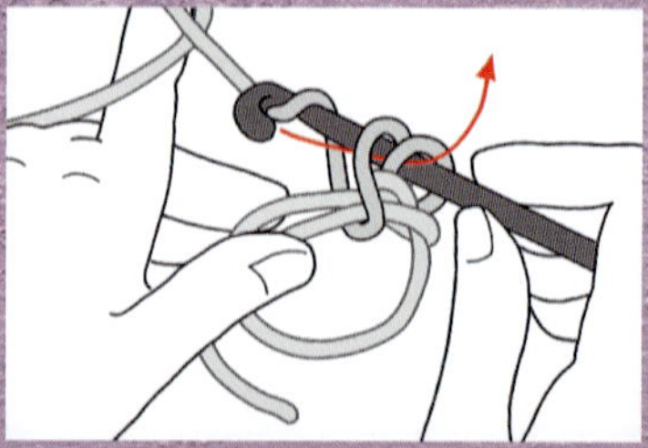

6 Ist die benötigte Anzahl an Maschen gehäkelt, am losen Faden ziehen, um den Ring zusammenzuziehen. Den Fadenring mit 1 Kettmasche schließen.

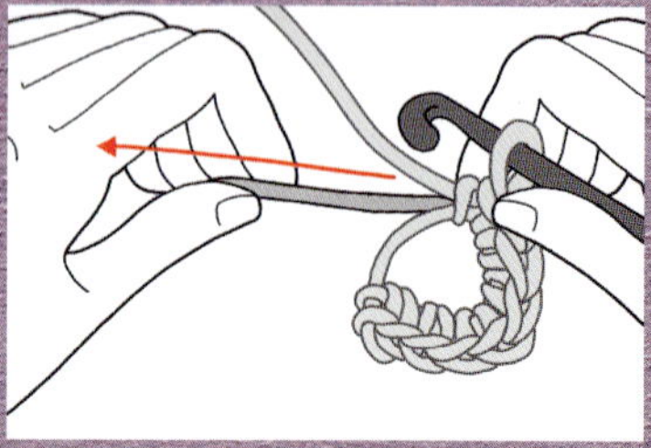

Feste Maschen

1 Mit der Häkelnadel in die 2. Luftmasche von der Nadel aus einstechen, den Faden von hinten nach vorne mit der Nadel erfassen…

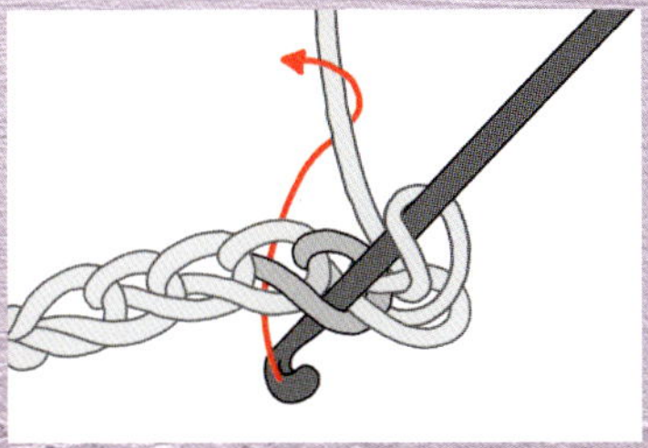

2 …und durch die Luftmasche ziehen. Jetzt liegen 2 Schlingen auf der Nadel.

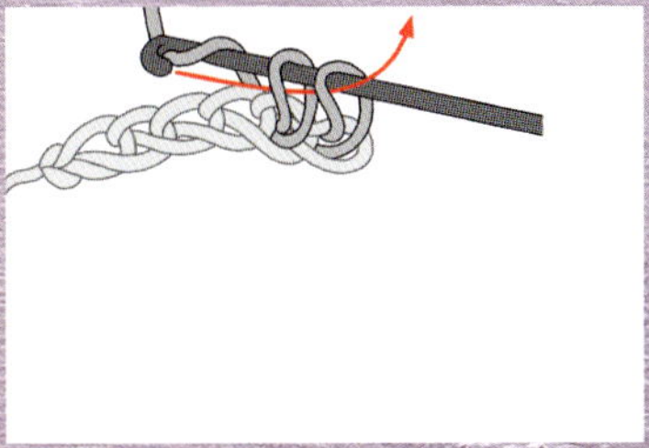

3 Noch einmal den Faden von hinten nach vorne und durch beide Schlingen ziehen. Dann in die nächste Luftmasche einstechen und die Schritte wiederholen.

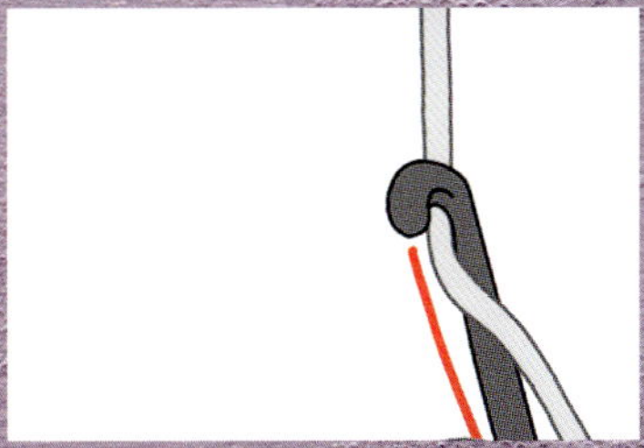

Kettmaschen

Die Nadel in die folgende Masche stechen und das Garn um die Nadel legen. Dann das Garn durch beide Umschläge auf der Nadel ziehen.

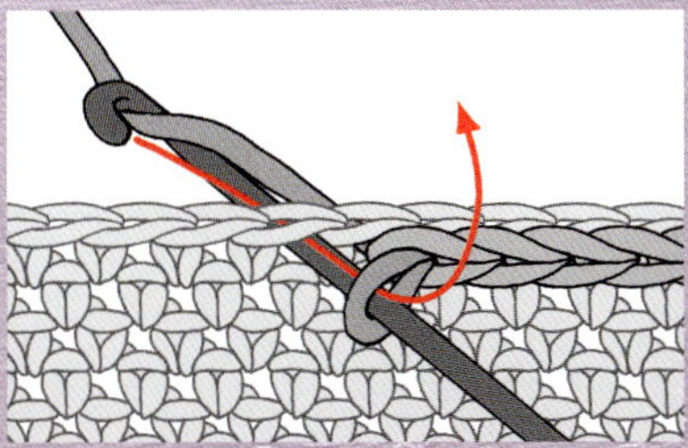

Halbe Stäbchen

1 Für ein halbes Stäbchen zunächst den Faden einmal um die Nadel schlingen, dann in die nächste Masche einstechen und den Faden durchholen.

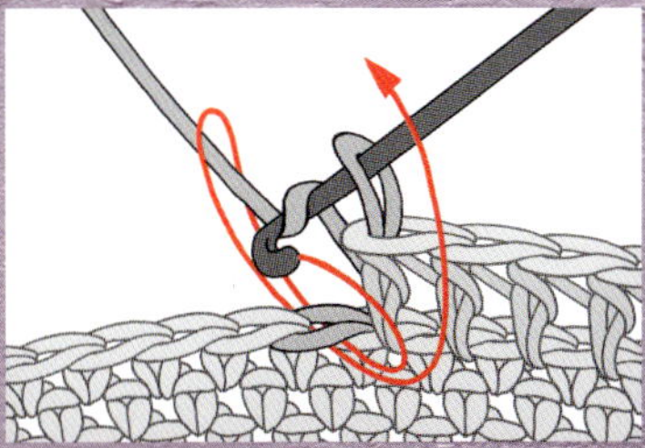

2 Es liegen nun 3 Schlingen auf der Nadel. Den Faden erneut holen und durch alle 3 Schlingen ziehen.

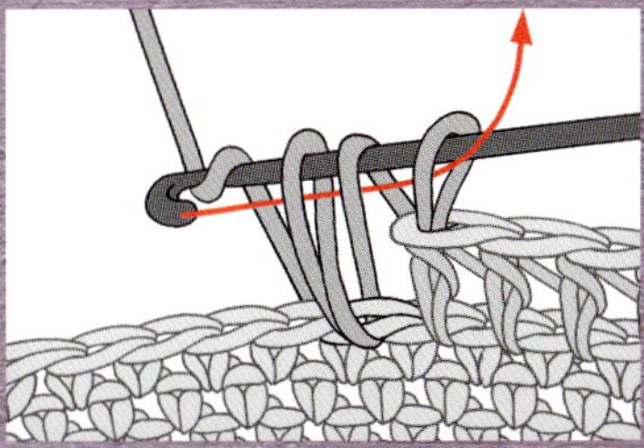

Stäbchen

1 Um ein Stäbchen zu häkeln, den Faden um die Nadel legen und in die nächste Masche der Vorreihe einstechen. Nun den Faden durch die Masche holen. Es befinden sich jetzt 3 Schlingen auf der Nadel.

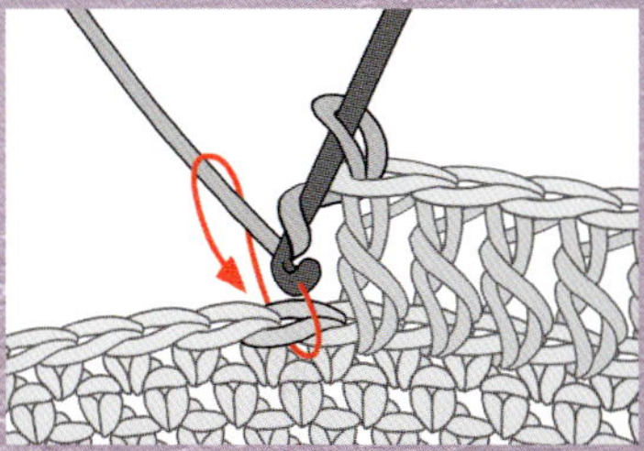

2 Den Faden holen und durch 2 der 3 Schlingen ziehen.

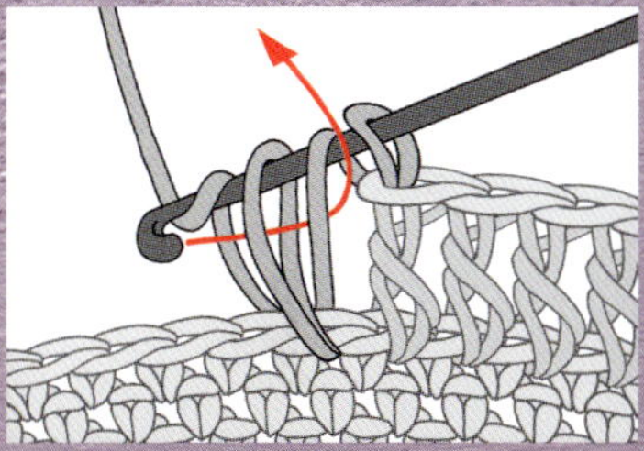

3 Es liegen jetzt 2 Schlingen auf der Nadel. Nun den Faden wieder holen und durch die beiden Schlingen ziehen.

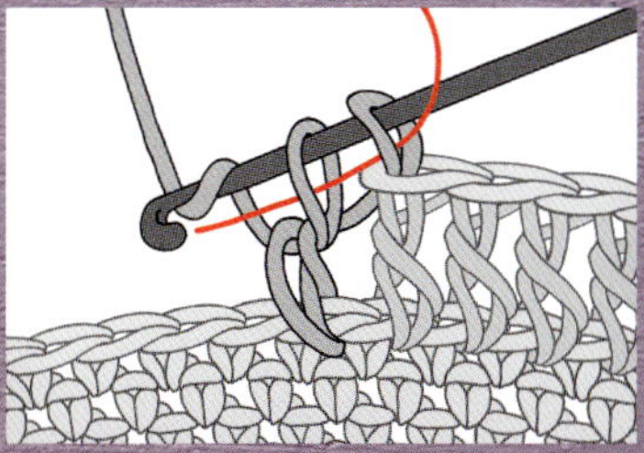

Doppelstäbchen

1 Den Faden zweimal um die Nadel legen (statt wie beim einfachen Stäbchen nur einmal) und durch die nächste Masche der Vorreihe ziehen.

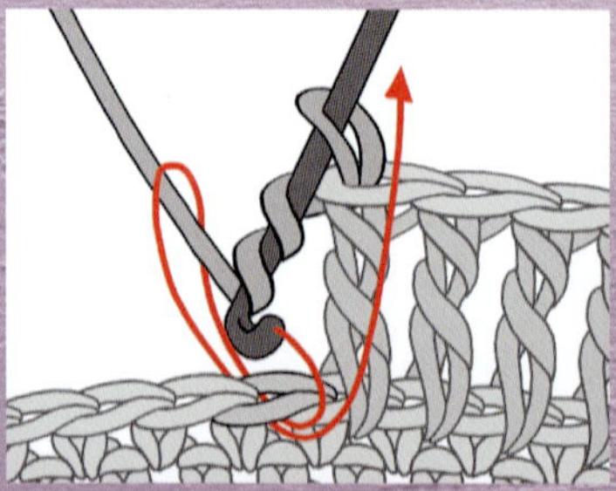

2 Es liegen nun 4 Schlingen auf der Nadel. Den Faden wieder holen und durch die ersten beiden Schlingen ziehen.

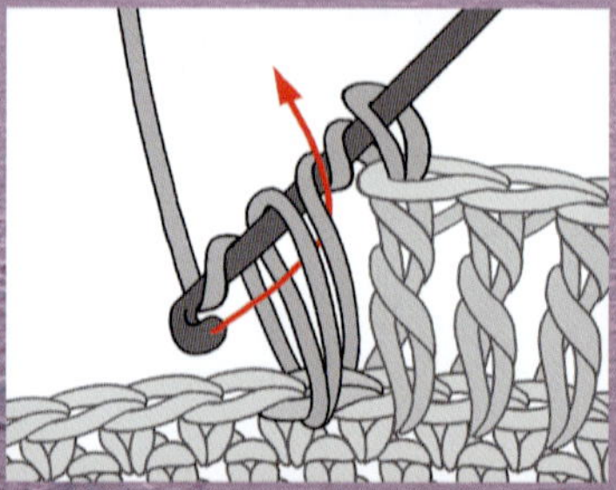

3 Es liegen noch 3 Schlingen auf der Nadel. Den Faden erneut holen und durch 2 der 3 Schlingen ziehen.

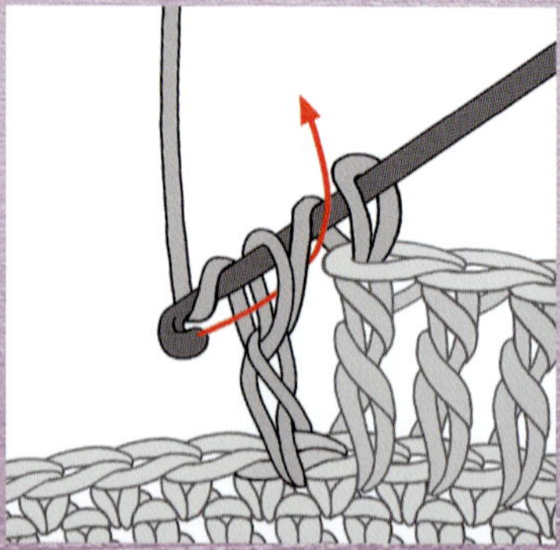

4 Es liegen nun noch 2 Schlingen auf der Nadel. Nun zuletzt den Faden holen und durch diese letzten beiden Schlingen ziehen.

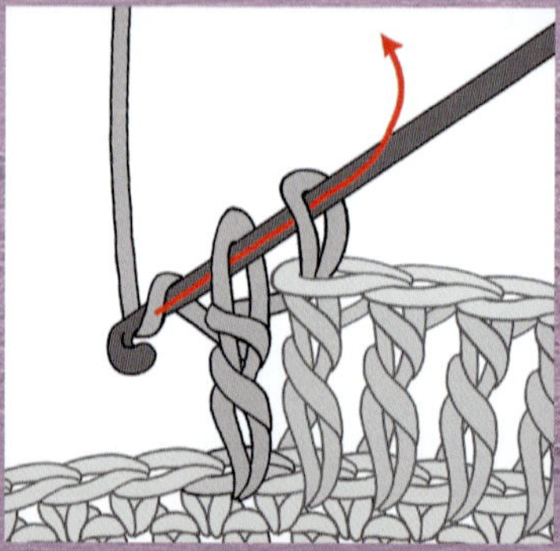

Büschelmasche

Für 1 Stäbchen 1 Umschlag auf die Nadel holen, in die Masche einstechen, den Faden durchholen und die ersten 2 Schlingen abmaschen. Für jedes weitere Stäbchen in dieselbe Masche einstechen und den Vorgang wiederholen. Bei einer Büschelmasche von 5 Stäbchen liegen dann 6 Schlingen auf der Nadel. Zum Schluss den Faden erneut holen und durch alle Schlingen ziehen.

Teile mit festen Maschen zusammenhäkeln

Die Häkelteile aufeinanderlegen. In die Maschenglieder beider Teile gleichzeitig einstechen und mit festen Maschen zusammenhäkeln.

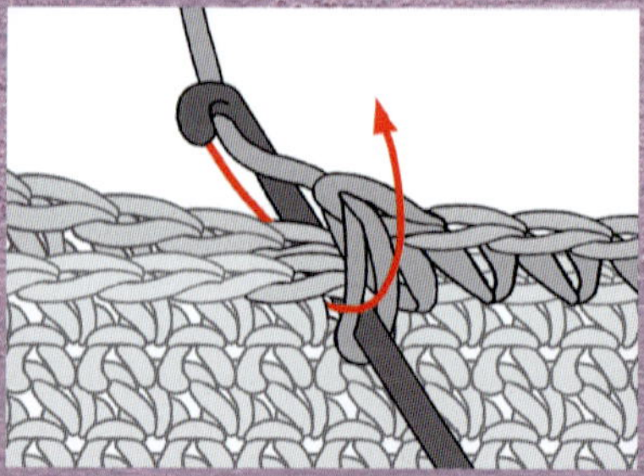

Maschen verdoppeln

Sollen einzelne Maschen zugenommen werden, wird eine bereits gehäkelte Masche „verdoppelt", d.h., in die Einstichstelle der zuletzt gehäkelten Masche wird eine 2. Masche gehäkelt.
Alle Arten von Maschen können so zugenommen werden. Diese Zunahme kann in Runden und in Reihen erfolgen. Die Maschenzahl vergrößert sich um 1 Masche.

2 feste Maschen zusammen abmaschen

1 Sollen 2 feste Maschen zusammen abgemascht werden, für jede feste Masche je 1 Schlinge auf die Nadel holen.

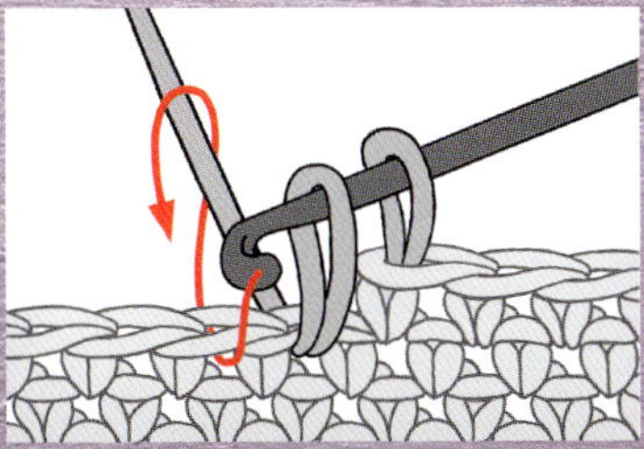

2 Anschließend den Faden holen und durch alle auf der Nadel befindlichen Schlingen ziehen. Die Maschenzahl verringert sich um 1 Masche.

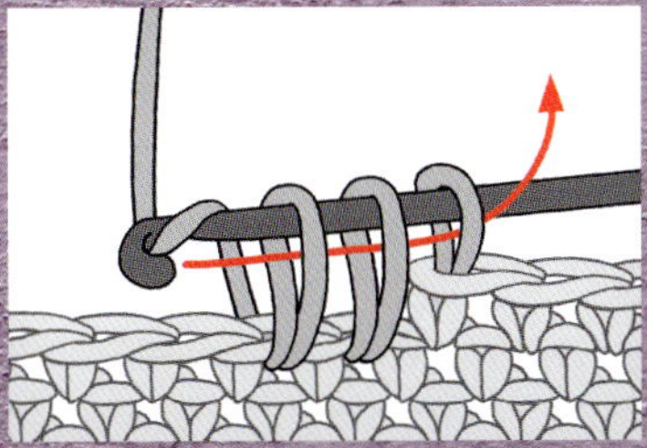

Geschlossene Runden

1 Feste Maschen in den Fadenring häkeln.

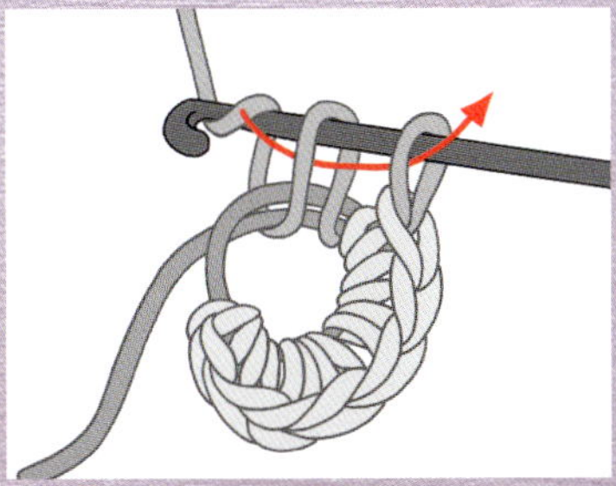

2 In die 1. Masche der nächsten Runde einstechen und die Runde mit 1 Kettmasche schließen.

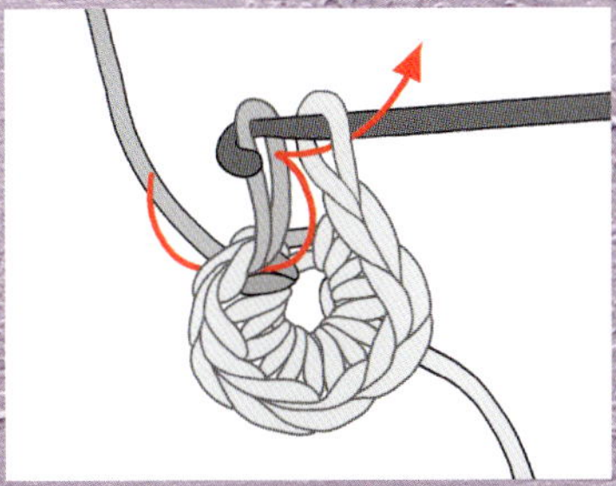

3 1 Steigeluftmasche häkeln. Durch diese wird die richtige Höhe für die nächste Runde erreicht

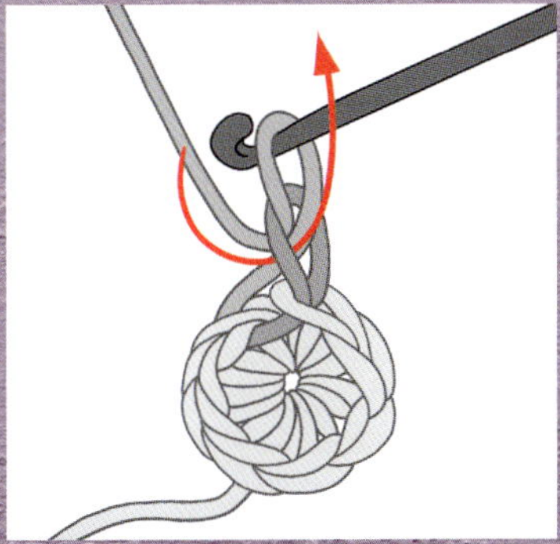

Spiralrunden

1 Feste Maschen in den Fadenring häkeln.

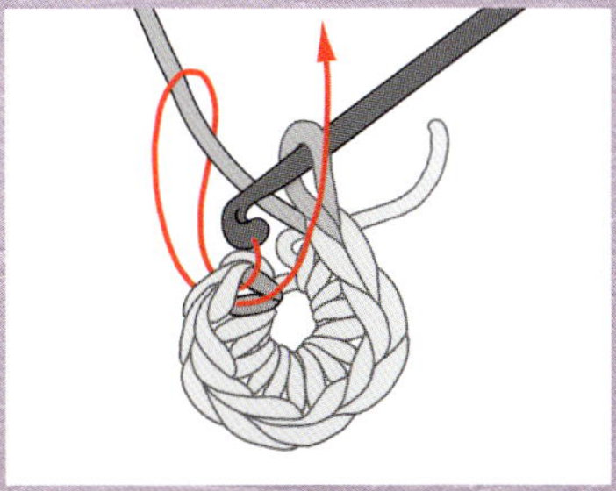

2 Zwischen die letzte Masche der 1. Runde und die 1. Masche der nächsten Runde einen Kontrastfaden legen, um den Rundenanfang zu markieren.

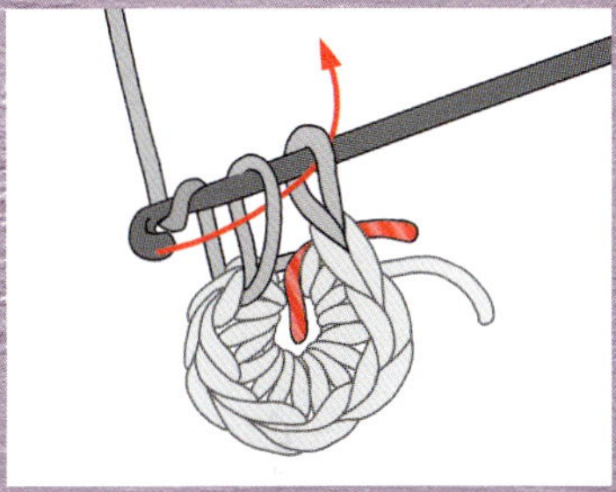

Hinweis: Es empfiehlt sich, in regelmäßigen Abständen weitere Kontrastfäden einzulegen. Dies erleichtert das Abzählen der Runden.

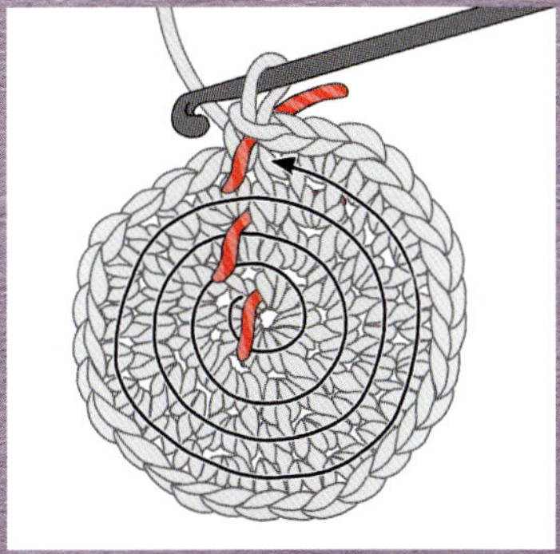

Buchempfehlungen für dich

Noch mehr kreative Bücher zum gleichen Thema gesucht?

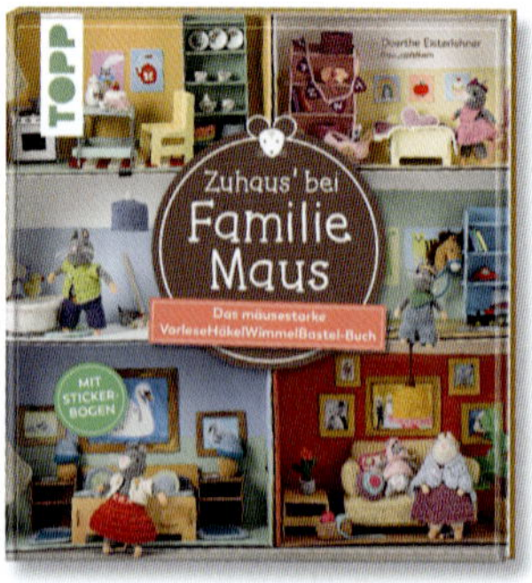

ISBN 978-3-7724-4822-5

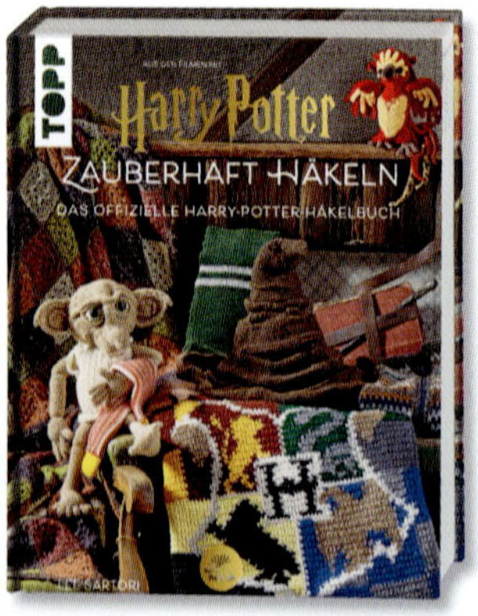

ISBN 978-3-7724-4866-9

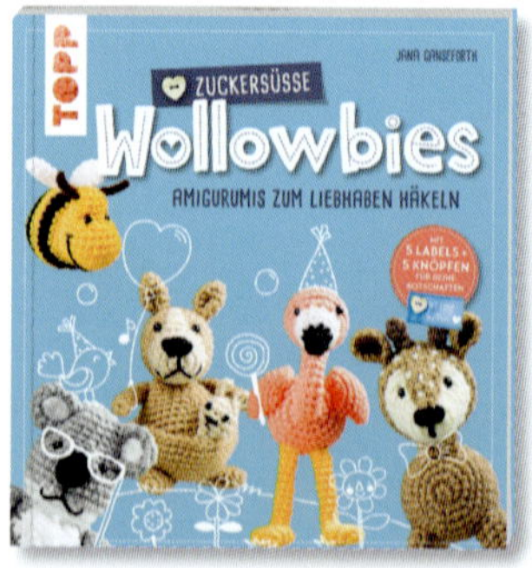

ISBN 978-3-7724-4878-2

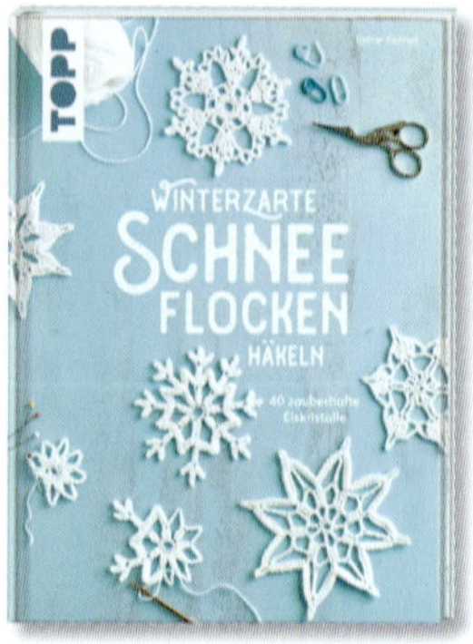

ISBN 978-3-7724-4894-2

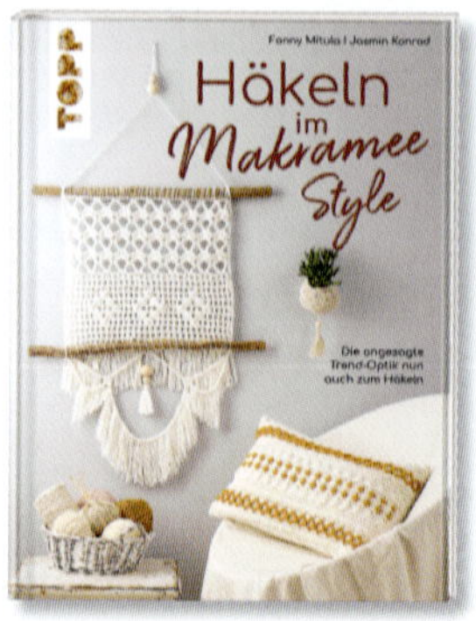

ISBN 978-3-7724-4895-9

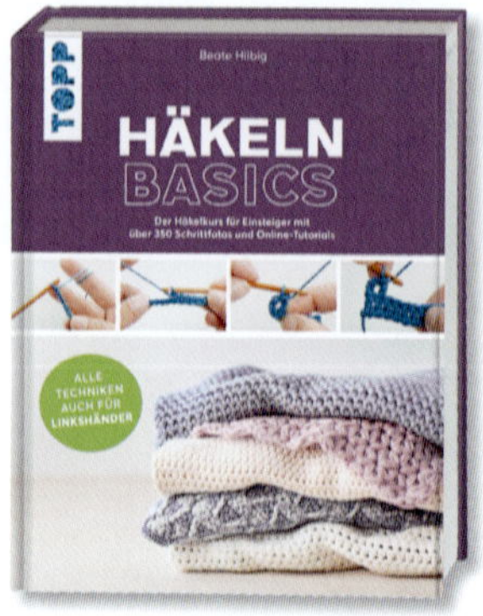

ISBN 978-3-7724-4891-1

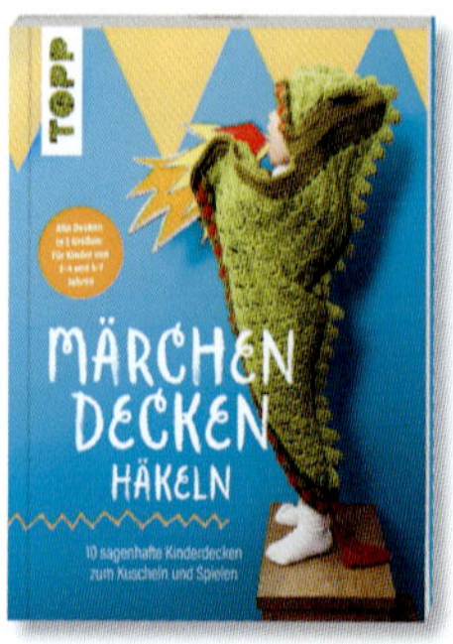

ISBN 978-3-7724-4876-8

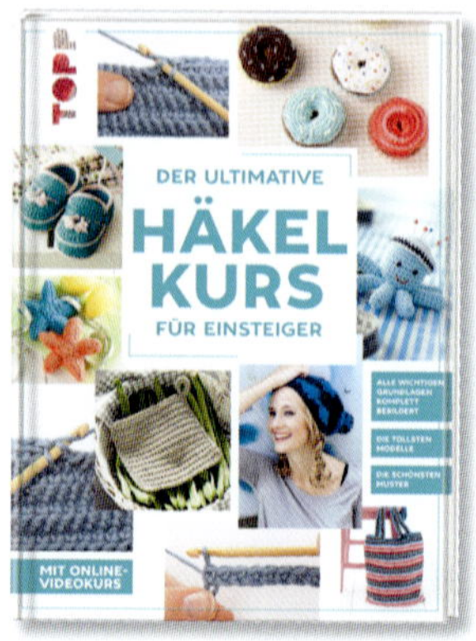

ISBN 978-3-7724-4892-8

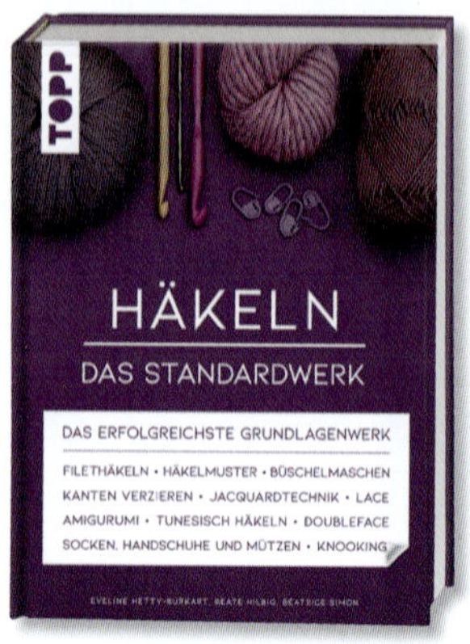

ISBN 978-3-7724-4885-0

Noch mehr Kreativ-Bücher findest du auf www.TOPP-kreativ.de

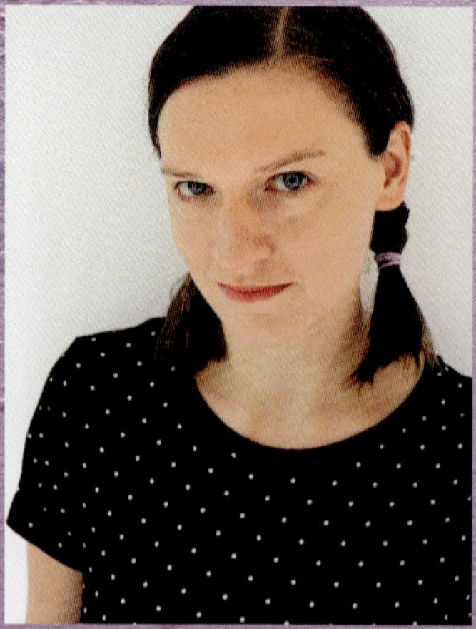

Über die Autorin

Doerthe Eisterlehner ist in Tübingen geboren und in der grünen Nähe von Hamburg aufgewachsen. Sie hat in Hamburg an der HAW Kinderbuchillustration studiert. Nach dem Studium ist sie nach Berlin gezogen, um dort als freischaffende Künstlerin zu arbeiten. Schon als Kind hat sie mit dem Häkeln begonnen, das auch immer ein Teil ihrer künstlerischen Arbeit war. Seit der Geburt ihrer Kinder sind ein großer Wollkorb und ein paar Häkelnadeln ihr ständiger Begleiter. Ihr allerliebster Platz zum Häkeln ist das rote Gartensofa, das unter einem wunderschönen Apfelbaum steht. Unter dem Namen frau_apfelkern zeigt sie bei Instagram Ausschnitte aus ihrem kunterbunten Häkelleben. Sie lebt mit ihrer Familie in Lübeck.

Danksagung

Ein riesengroßes Dankeschön geht an meine Familie, die mich immer unterstützte, auch wenn ich wieder mal länger in meiner Häkelecke verschwunden war und sogar im Urlaub die Häkelnadel, mein Wollkorb und mein pinkes Kladde-Buch dabei waren.
Vielen, vielen Dank dem Frechverlag, der es mir ermöglicht hat, ein kunterbuntes Buch genau nach meinen Vorstellungen zu machen.
Und ein ganz liebes Dankeschön geht an die Firma Schachenmayr, die mit ihren Garnpaketen dafür gesorgt hat, dass ich wirklich mit meinem Lieblingsgarn in Regenbogenfarben häkeln konnte.

IMPRESSUM

Wir danken der Firma MEZ GmbH für die Unterstützung bei diesem Buch.
www.mezcraft.com, www.schachenmayr.com

FOTOS: frechverlag GmbH, 70839 Gerlingen; lichtpunkt, Michael Ruder, Stuttgart

PRODUKTMANAGEMENT: Mareike Upheber

LEKTORAT: Petra Puster, Niederpöcking

LAYOUT: Petra Theilfarth

DRUCK UND BINDUNG: BALTO print, Litauen

4. Auflage 2024

ISBN 978-3-7724-6885-8 · Best.-Nr. 6885

MIX Papier aus verantwortungsvollen Quellen FSC® C107574

Penguin Random House Verlagsgruppe FSC® N001967

Ralf Brauner | Boris Herrmann | Hans-Jörg Nafzger

Wetter auf See

Delius Klasing Verlag

Bildnachweis

Ralf Brauner: Seiten 11, 14, 24 oben, 25, 26, 27, 28 oben, 29 oben, 30 oben, 31, 32, 41, 42, 43, 48, 64, 73, 74, 87, 88, 90, 102, 103, 105, 108, 110, 111, 114, 118, 125 unten, 128, 145, 149, 151, 157, 173, 175, 178
Neele Brauner: Seiten 29 unten, 30 unten
Boris Herrmann/Team Malizia: Titel, Seiten 28 unten, 34, 77, 89, 100, 107, 109, 125 oben, 150, 154, 163, 164, 169, 177, 181
Jochen Meyer: Seiten 24 unten, 51, 65 oben, 67, 126
Hans-Jörg Nafzger: Seiten 53, 65 unten

Bibliografische Information der Deutschen Nationalbibliothek
Die Deutsche Nationalbibliothek verzeichnet diese Publikation in der Deutschen Nationalbibliografie; detaillierte bibliografische Daten sind im Internet über http://dnb.dnb.de abrufbar.

Dieses Buch wurde zuvor unter der
ISBN 978-3-88412-487-1 angeboten.

6., überarbeitete Auflage
ISBN 978-3-667-12215-5

Lektorat: Gerhard Kley
Layout und Computergrafik: machart, Jochen Meyer
Einbandgestaltung: Gabriele Engel
Gesamtherstellung: Print Consult, München
Printed in Czech Republic 2025

Delius Klasing Verlag GmbH, Siekerwall 21, D-33602 Bielefeld
Tel.: 0521/559-0
E-Mail: info@delius-klasing.de
www.delius-klasing.de

MIX
Papier | Fördert gute Waldnutzung
FSC® C106855

Die Autoren

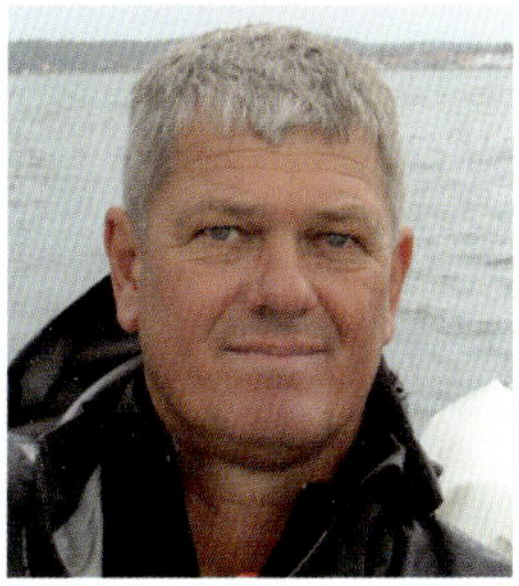

Ralf Brauner, geb. 1964, studierte Meteorologie und Ozeanographie, arbeitete eine Zeitlang als Berufsskipper und nahm an großen Regatten teil, wie etwa am Whitbread Round the World Race, an der Atlantic Rallye for Cruisers (ARC) sowie an den Nordatlantik-Regatten DCNAC 2003 und BLUE Race 2007. Während seiner Arbeit als Meteorologe beim Deutschen Wetterdienst in Hamburg war er auf Forschungsschiffen weltweit im Einsatz und ist aus zahlreichen, monatelangen Aufenthalten auf der Forschungsstation „Neumayer“ auch bestens mit dem Wetter der Antarktis vertraut. Seit 2009 ist er Professor für Maritime Meteorologie am Fachbereich Seefahrt und Logistik der Jade Hochschule in Elsfleth. In der Forschung engagiert er sich in Projekten zur nachhaltigen Schifffahrt und regenerativen Energiesystemen. In seiner Freizeit segelt er mit seiner Familie auf der Nord- und Ostsee.

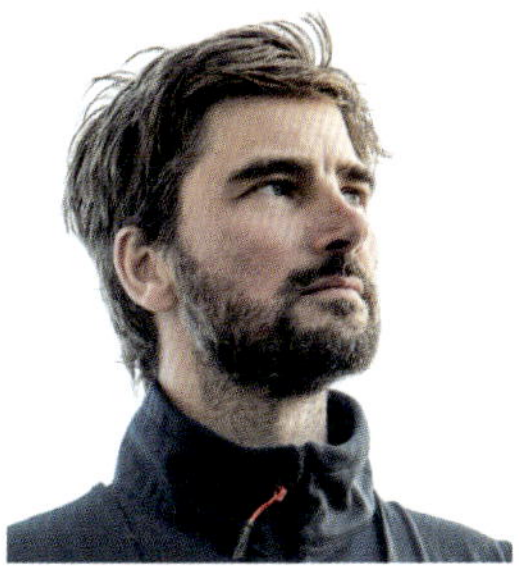

Boris Herrmann, geb. 1981, studierte Ökonomie und ist als Einhandsegler wie als Mitglied von Crews in zahlreichen Regatten unterwegs. Neben zahlreichen nationalen und internationalen Erfolgen im 505er war er unter anderem jüngster Teilnehmer des Minitransat 2001, errang den 2. Platz bei der Einhand-Transatlantikregatta The Artemis Transat 2008 und gewann zusammen mit Felix Oehme das Portimão Global Ocean Race 2009. Er umsegelte mehrfach die Welt und setzte sich dabei intensiv mit dem Wetter auseinander. Insbesondere ist er damit vertraut, Wetterdaten zusammen mit Software taktisch bei Regatten einzusetzen. Er nahm mit seiner Yacht „Seaexplorer“ als erster Deutscher an der Vendée Globe 2020 teil und belegte Platz 5.

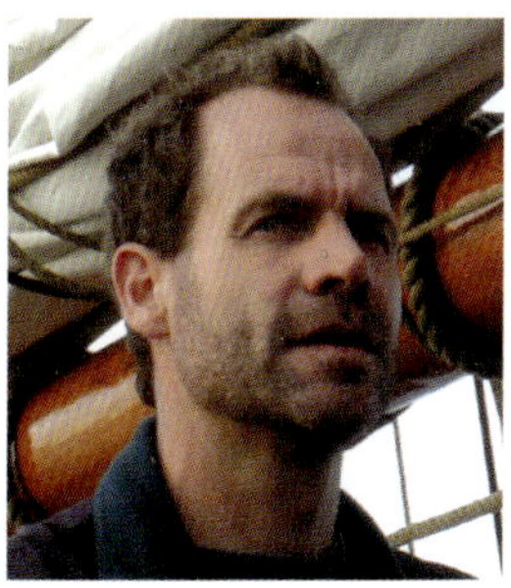

Hans-Jörg Nafzger, geb. 1965, durchlief auf seinem Weg zum Berufsseemann alle Stationen – beginnend beim Schiffsmechanikerbrief bis hin zum Kapitänspatent auf großer Fahrt. Segelreisen unternahm er mit den unterschiedlichsten Fahrzeugen – von der Jolle bis zum Großsegler – und betrieb während seiner Zeit im Management einer britischen Reederei aktiv Regattasegeln an der Südküste der britischen Inseln. Seit 1999 ist er Professor am Fachbereich Seefahrt und Logistik der Jade Hochschule und leitet den Schiffsführungssimulator in Elsfleth. Seine Freizeit verbringt er hauptsächlich auf Segelyachten sowie als Kapitän auf Traditionsseglern.

Matrix für Nutzerprofil

Themenbereiche / **Nutzerprofile**	Klima und Zirkulation – Grundgrößen	Tief- u. Hochdruckgebiete	Lokale u. regionale Wetterereignisse	Wetter der Tropen und Polarregionen	Seegang u. Meeresströmungen	Wetterinformationen	Törnplanung	Regatta
Jollensegeln auf geschützten Gewässern	○	◐	◐	○	○	○	○	○
Tagestörn (Daysailing)	○	●	●	○	◐	●	◐	○
Mehrtägige Törns	◐	●	●	○	●	●	●	○
Mehrwöchiger Segelurlaub	●	●	●	○	●	●	◐	○
Ozeantörn	●	●	●	◐	●	●	●	○
Weltumsegelung	●	●	●	●	●	●	●	○
Kurzstreckenregatta	○	◐	◐	○	◐	●	◐	●
Küstennahe Regatta	◐	●	●	○	●	●	◐	●
Off-Shore-Regatta	●	●	●	◐	●	●	●	●
Traditionsschiffe	●	●	●	◐	●	●	●	○
Mega-Yachten	●	●	●	◐	●	●	●	○
Nautiker (STCW II/2 und II/1)	●	●	●	●	●	●	●	○
SKS-Vorbereitung	●	●	●	○	●	●	◐	○
SSS-Vorbereitung	●	●	●	○	●	●	●	○
SHS-Vorbereitung	●	●	●	●	●	●	●	○
Vorbereitung Trainer/Lehrer A-B-C	●	●	●	○	●	●	◐	●
Reviere								
Binnenreviere	○	○	◐	○	○	●	○	○
Flussmündungen, Strandnähe	◐	◐	●	○	○	●	○	○
Küstennahe Reviere	◐	●	●	○	●	●	◐	○
Küstenferne Reviere	●	●	●	○	●	●	●	○
Ozeane, weltweite Fahrt	●	●	●	●	●	●	●	○

● unbedingt
◐ zu empfehlen
○ optional

Inhalt

Die Autoren ... 5

Matrix für Nutzerprofil ... 6

Einleitung ... 10

1 Klima und Zirkulation – Grundgrößen ... 11
1.1 Wettergeschehen und Klima ... 12
1.2 Luftdruck ... 14
1.3 Wind ... 18
1.4 Lufttemperatur ... 23
1.5 Luftfeuchte ... 24
1.6 Nebel ... 25
1.7 Wolken ... 26

2 Tief- und Hochdruckgebiete ... 33
2.1 Lebensweg der Tiefdruckgebiete ... 34
2.1.1 Welle ... 36
2.1.2 Ideales Tief ... 37
2.1.3 Beginnende Okklusion/Okklusion ... 38
2.2 Wettergeschehen um ein ideales Tief ... 41
2.3 Trog ... 44
2.4 Randtief ... 45
2.5 Teiltief ... 47
2.6 Hochdruckgebiete ... 48

3 Lokale und regionale Wetterereignisse ... 51
3.1 Landwind und Seewind ... 52
3.2 Lokale Windmuster ... 56
3.2.1 Windbänder und Böen ... 56
3.2.2 Wolkenwinde ... 60
3.2.3 Konvergenz und Divergenz ... 62
3.3 Einfluss der Topografie ... 63
3.3.1 In Lee eines Hindernisses ... 64
3.3.2 Düseneffekt ... 66
3.3.3 Küstenführung ... 66
3.3.4 Kapeffekt ... 67
3.4 Gewitter ... 67
3.4.1 Entstehung von Gewittern ... 67
3.4.2 Aufbau einer Gewitterzelle ... 69
3.4.3 Luftmassengewitter ... 70
3.4.4 Frontgewitter ... 72
3.4.5 Blitz und Donner ... 74
3.5 Tornados ... 76
3.6 Wasserhosen ... 76
3.7 Regionale Windsysteme ... 78
3.7.1 Hintergrund ... 78
3.7.2 Hangwindzirkulation ... 78
3.7.3 Berg-Tal-Windsystem ... 79
3.7.4 Föhn ... 79
3.7.5 Katabatische Fallwinde ... 80
3.8 Regionale Winde im Mittelmeerraum ... 80
3.8.1 Mistral ... 81
3.8.2 Bora ... 81
3.8.3 Etesien bzw. Meltemi ... 83
3.8.4 Scirocco ... 84
3.9 Ausgewählte weitere regionale Winde ... 85
3.9.1 Tehuantepecer und Papagayo ... 85
3.9.2 Pampero ... 85
3.9.3 Southerly Buster ... 85
3.9.4 Fremantle Doctor ... 85
3.9.5 Santa Ana Wind ... 86

4 Wetter der Tropen und Polarregionen ... 87
4.1 Intertropische Konvergenzzone (ITC) ... 88
4.2 Passate ... 89
4.3 Monsunzirkulation ... 90
4.4 Easterly Wave ... 91
4.5 Tropische Wirbelstürme ... 92
4.5.1 Entstehung ... 92
4.5.2 Anzeichen für die Annäherung eines tropischen Wirbelsturms ... 94
4.5.3 Jahreszeitliches Auftreten und Zugbahnen ... 94
4.5.4 Warnungen vor Wirbelstürmen ... 97
4.5.5 Ausweichmanöver vor tropischen Wirbelstürmen ... 98
4.6 Wetter der Polarregionen ... 100
4.6.1 Polar Lows ... 101
4.6.2 Katabatische Winde ... 101
4.6.3 Meereis und Eisberge ... 102
4.6.4 Schiffsvereisung ... 106

5 Seegang und Meeresströmungen ... 109
5.1 Seegang ... 110
5.1.1 Seegang – Beobachtung auf See ... 110
5.1.2 Seegang: Windsee und Dünung ... 114
5.1.3 Modifikation des Seegangs durch Wassertiefe und Strömungen ... 117
5.1.4 Vorhersagen des Seegangs ... 119
5.2 Meeresströmungen ... 120
5.3 Wasserstand und Strömungen ... 122
5.3.1 Nordsee ... 122
5.3.2 Ostsee ... 123

6 Wetterinformationen ... 127
6.1 Wettervorhersage: Entstehung und Verlässlichkeit, Ensemblevorhersage ... 128
6.2 GRIB-Daten ... 133
6.2.1 Charakteristiken von GRIBs ... 133
6.2.2 GFS-Modell ... 135
6.2.3 ECMWF-Modell ... 135
6.2.4 Strömungen ... 135
6.2.5 Seegangs-GRIB ... 135
6.2.6 Akquirieren und Darstellen von GRIB-Daten ... 135
6.3 Wetterinformationen im Internet ... 138
6.3.1 Wetterkarten ... 138
6.3.2 Stationsmeldungen ... 139
6.3.3 Satellitenbilder ... 140
6.3.4 Windmessungen von Satelliten ... 140
6.3.5 Radar ... 140
6.3.6 Seewetterberichte/Bulletins ... 141
6.3.7 Seegang ... 142
6.3.8 Strömungen ... 142
6.3.9 Eisinformationen ... 142
6.3.10 Hurrikan-Warnungen ... 142
6.4 Empfang an Bord/Geräte zum Empfang von Wetterinformationen ... 142
6.4.1 Mobiltelefon ... 143
6.4.2 Smartphone, Tablet, mobiles Internet ... 143
6.4.3 UKW-Seefunk ... 143
6.4.4 Rundfunk ... 144
6.4.5 Weltempfänger, Seefunkanlage, SSB (Amateurfunkanlage) ... 144
6.4.6 NAVTEX/EGC ... 144
6.4.7 RTTY ... 145
6.4.8 Wetterfax ... 145
6.4.9 Kombination von Weltempfänger und PC ... 145
6.4.10 Apps über das Internet ... 146
6.4.11 Satellitensysteme für mobiles Internet auf See ... 146
6.5 Hinweise zur datensparenden Internetnutzung an Bord ... 147
6.6 Nachschlagewerke für Wetterinformationen ... 147
6.7 Externe Routen- und Törnberatung ... 147

7 Törnplanung ... 149
7.1 Klimanavigation ... 150
7.2 Witterungsnavigation/Wetterrouting ... 151
7.3 Wetternavigation ... 153
7.4 Praxisbeispiele Tagestörn ... 154
7.4.1 Nordsee (Weser/Nordsee/Wattenmeer) ... 154
7.4.2 Mittelmeer (Sardinien/Korsika) ... 155
7.5 Praxisbeispiele mehrtägiger Törn ... 157
7.5.1 Ostsee ... 157
7.5.2 Karibik ... 158
7.6 Praxisbeispiele für Langfahrt/Ozean ... 159
7.6.1 Nordatlantik/ARC ... 159
7.6.2 Nordpazifik ... 160

8 Regatta ... 163
8.1 Vorbereitung einer Wettfahrt ... 164
8.1.1 Lokalinformationen ... 164
8.1.2 Klima ... 165
8.1.3 Synoptik ... 165
8.1.4 Fronten ... 166
8.1.5 Thermik ... 167
8.1.6 Windprofil und Shear ... 168
8.1.7 Stabilität (Quality of Air) ... 169
8.2. Blick auf den Kompass ... 169

8.2.1 Änderung der Windrichtung – Lift und Header ... 170
8.2.2 Geometrie des Kurses ... 171
8.2.3 Tagesgang ... 172
8.3 Blick zum Himmel ... 172
8.3.1 Fronten ... 173
8.3.2 Stabilität und Böigkeit ... 173
8.3.3 Cumuluswolken und Windfeld ... 173
8.3.4 Konvergenzlinien ... 175
8.3.5 Wolkenstraßen ... 175
8.3.6 Windbänder bei leichtem Wind ... 176
8.4 Entlang der Küste ... 176
8.4.1 Hindernis im Wind ... 176
8.4.2 In Luv einer geraden Küste ... 177
8.4.3 In Lee einer erhöhten Küste ... 177
8.4.4 In Lee einer flachen Küste ... 178
8.4.5 Wind parallel zur Küste ... 178
8.4.6 Kapeffekt ... 179
8.4.7 Düseneffekt ... 180
8.5 Strategie auf See – Routing ... 180
8.5.1 Einsatzbereiche ... 180
8.5.2 Funktionsweise ... 182
8.5.3 Interpretation ... 182
8.5.4 Routingpogamme ... 183
8.6 Die Polare – Das Temperament des Bootes.. 185
8.6.1 Targets ... 185
8.6.2 Arten von Polardiagrammen ... 186
8.6.3 Messen und Erstellen von Polardaten 187

Glossar ... 189

Stichwortverzeichnis ... 191

Einleitung

In den letzten Jahren hören und lesen wir zunehmend von extremeren Wetterlagen. Sport- und Berufsschifffahrt erfahren diese Entwicklung hautnah und nehmen das Wetter bewusster wahr. Die meisten, die auf dem Wasser unterwegs sind, haben aus den verschiedensten Gründen, nicht zuletzt dem der Sicherheit, das Gefühl, sich mehr mit dem Thema Wetter beschäftigen zu müssen.

Parallel dazu haben sich die Rahmenbedingungen für die Sport- und Berufsschifffahrt gewandelt. Die gravierendsten Änderungen hat es im Bereich der Ausrüstung und den technischen Möglichkeiten der Versorgung mit Wetterinformationen gegeben, die uns mittlerweile auch fernab der Küste zur Verfügung stehen. Dies betrifft auch, und vielleicht sogar vor allem, die Art und Weise, wie wir uns mit dem Wetter auseinandersetzen. In der Vergangenheit wurden teilweise recht umständlich und zeitaufwendig Wetterberichte eingeholt und Bordwetterkarten gezeichnet, heute reicht vielfach ein Blick auf das Smartphone. Egal, ob wir Daysailing in geschützten Gewässern betreiben, eine längere Seereise planen und durchführen oder uns auf eine anspruchsvolle Hochseeregatta vorbereiten: Unsere Herangehensweise ist zwar vielfach einfacher und bequemer geworden, doch müssen wir umso mehr ein vertieftes Verständnis der Zusammenhänge besitzen.

Auch das vermehrte Chartern von Schiffen, selbst von Schiffseignern, um neue Reviere in zum Teil entlegenen Gewässern wie um Kap Hoorn oder Spitzbergen zu entdecken, erfordert, sich mit einem oft unbekannten Wettergeschehen auseinandersetzen zu müssen.

Mehrere Wochen zusammenhängender Urlaub sind durch gesellschaftliche Veränderungen sowie Flexibilität und Mobilität rar geworden, und in der Regel wird zudem eine Vielzahl verschiedener Freizeitaktivitäten betrieben. Damit ist die für das Segeln und dessen Vorbereitung zur Verfügung stehende Zeit knapper geworden – und häufig fehlt auch die Gelegenheit, ein Sachbuch in einem Stück zu lesen. Vor diesem Hintergrund entstand dieses vollständig neue Buch, das den beschriebenen Entwicklungen Rechnung trägt. Die Autoren sind begeisterte Segler, anerkannte Fachleute und ergänzen sich in ihren jeweiligen Kompetenzfeldern nahtlos. Auf wissenschaftlicher Grundlage und aus der Praxiserfahrung wird das Wettergeschehen verständlich und anhand eigener Fotos und zahlreicher Abbildungen anwendungsbetont erklärt, sodass neu erworbenes oder vertieftes Wissen unmittelbar nutz- und umsetzbar wird. Wichtige Hinweise sind grafisch in Kästen hervorgehoben und ein Stichwortverzeichnis erleichtert das rasche Auffinden von Sachverhalten. Alle Kapitel sind in sich abgeschlossen und können jeweils für sich gelesen werden; eine Übersicht, welche Themen für welches Nutzerprofil in welchem Umfang erforderlich sind, bietet die Matrix auf Seite 6.

Auf der Basis dieses Konzepts richtet sich „Wetter auf See“ damit auch an einen breiten Kreis von Nutzern:

- Fahrtensegler, für die Wetter von jeher sicherheitsrelevant ist und die in verschiedenen Teilen der Welt schnelle, entspannte Reisen mit möglichst vielen Segelmeilen machen wollen;
- Regattasegler, die ein ausgeprägtes Verständnis für das Wettergeschehen entwickeln müssen, um sich im Regattafeld durchsetzen zu können;
- Schiffsführungen von Traditionsschiffen, die im Hinblick auf die oft großen Besatzungsstärken und unterschiedlichsten Fähigkeiten ihrer Mitsegler besondere Verantwortung übernehmen;
- Sportbootfahrer, Trainer (A-B-C) und Segellehrer, die sich auf Prüfungen wie den Sportküstenschifferschein, Sportseeschifferschein oder Sporthochseeschifferschein vorbereiten;
- Berufsseeleute und Nautik-Studierende.

Ralf Brauner, Boris Herrmann, Hans-Jörg Nafzger

1 Klima und Zirkulation – Grundgrößen

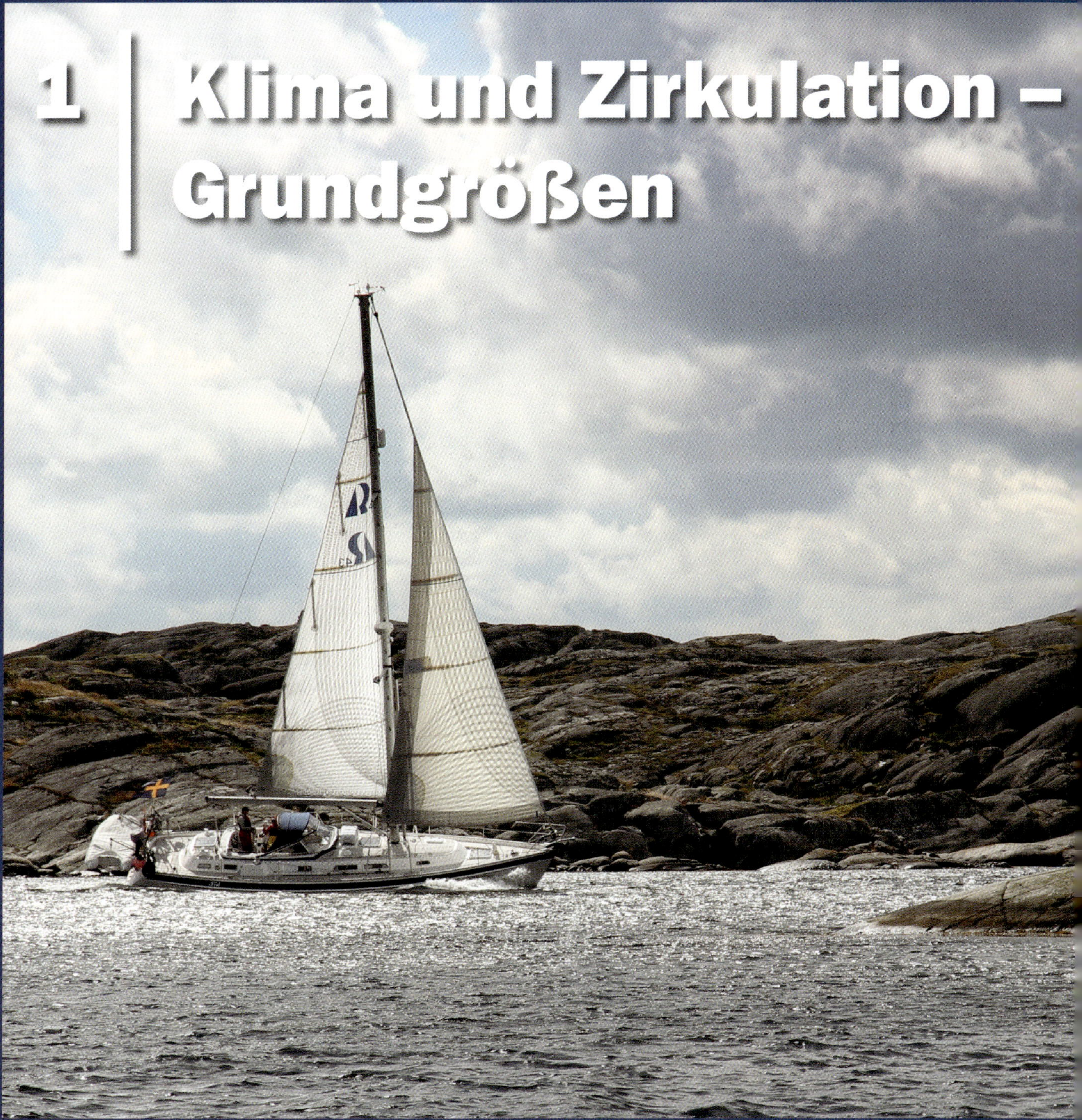

1.1 Wettergeschehen und Klima

Für die Entstehung des Wettergeschehens ist in erheblichem Maße die Sonneneinstrahlung verantwortlich. Aufgrund der annähernden Kugelform der Erde erwärmt sie die Äquatorregionen stärker als die Pole. Dadurch entsteht ein Temperaturgefälle vom Äquator zu den Polen, das durch Luft- und auch Meeresströmungen zu einem Ausgleich strebt. Diese Ausgleichsströmungen verlagern die aufsteigenden warmen Luftmassen in Richtung Pol sowie die kalte

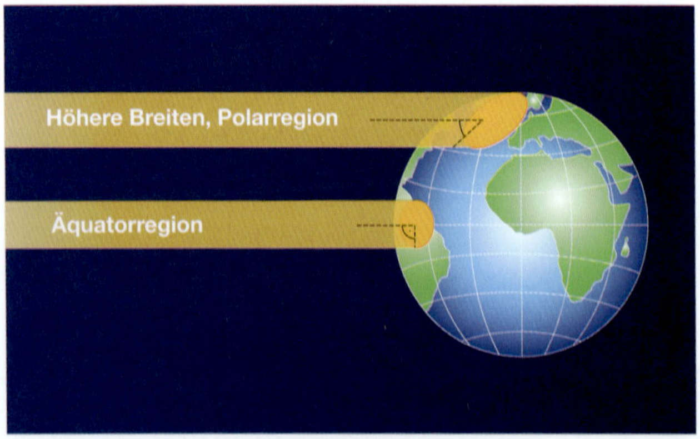

Abb. 1.1 Unterschiedliche Erwärmung der Erde

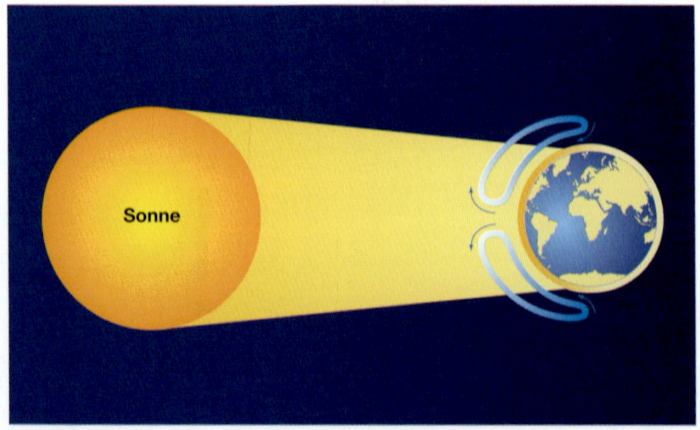

Abb. 1.3 Einfache Ausgleichsströmung ohne Rotation der Erde

Abb. 1.2 Aufbau der Atmosphäre

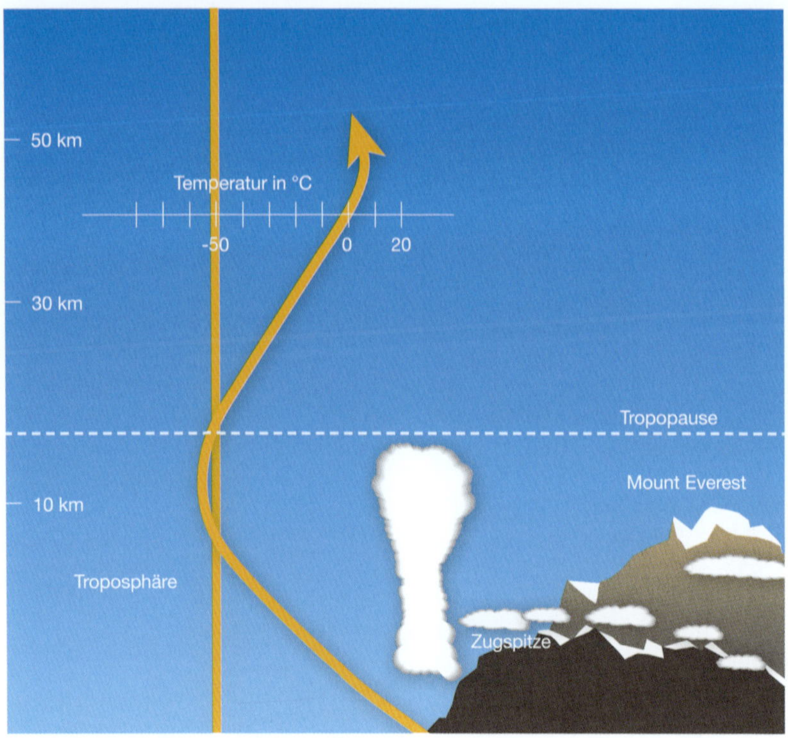

Luft in Richtung Äquator. Die Ausgleichsströmungen finden in verschiedenen Höhen in der Troposphäre, d. h. der untersten Schicht der Erdatmosphäre, statt. Die Troposphäre, oder besser: Wettersphäre, erstreckt sich in den mittleren Breiten bis in eine Höhe von 10 bis 12 km, am Pol sind es nur etwa 5 bis 7 km, am Äquator erreicht sie 14 bis 17 km. In dieser Schicht der Atmosphäre spielt sich das Wetter ab, was uns als Segler interessiert. Die Gesamtdicke der Atmosphäre der Erde lässt sich mit ca. 100 km angeben, damit ist die „Hülle" der Erde im Verhältnis zum Erdradius von über 6000 km sehr gering.

Übrigens: Die Strömungen der Ozeane schaffen trotz der langsameren Geschwindigkeiten, aber dank einer höheren Wärmekapazität im Mittel deutlich mehr „Wärme" polwärts und „Kälte" von den Polen in Richtung Äquator, in der Gesamtmenge beträgt das Verhältnis etwa 80 % zu 20 %.

Die Zone der stärksten Erwärmung verlagert sich mit den Jahreszeiten, da die Sonne

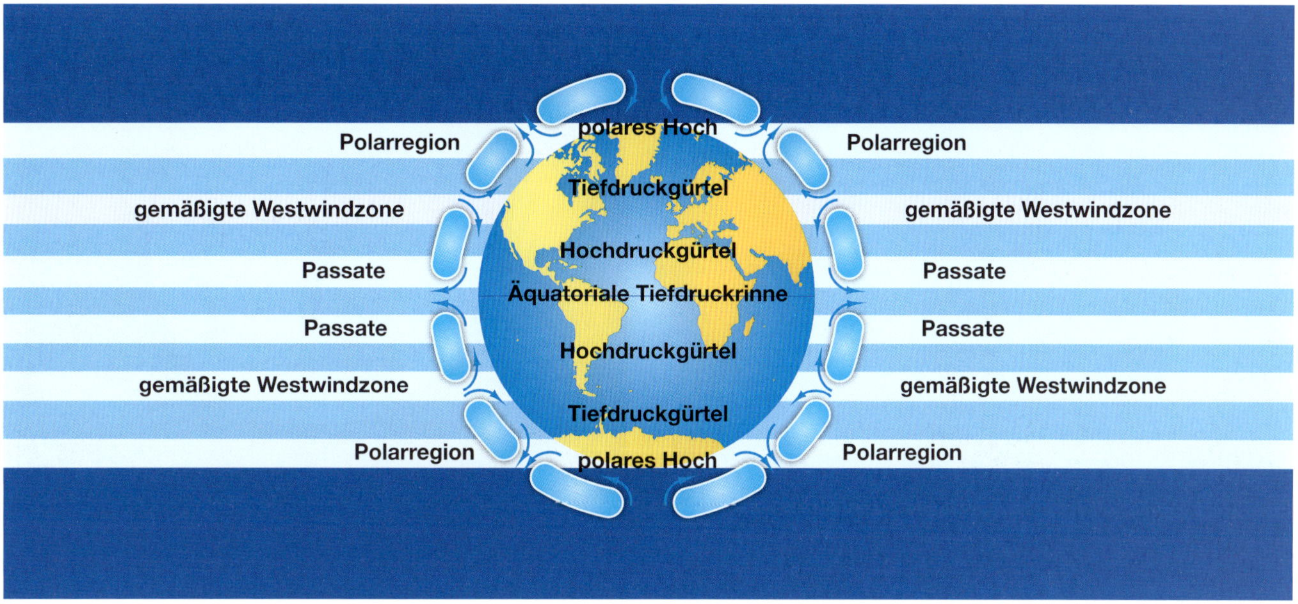

Abb. 1.4 Klima der Erde mit Ausgleichsströmungen

Abb. 1.5 Tiefdruckgebiete mischen die Luftmassen zwischen den Polen und Subtropen

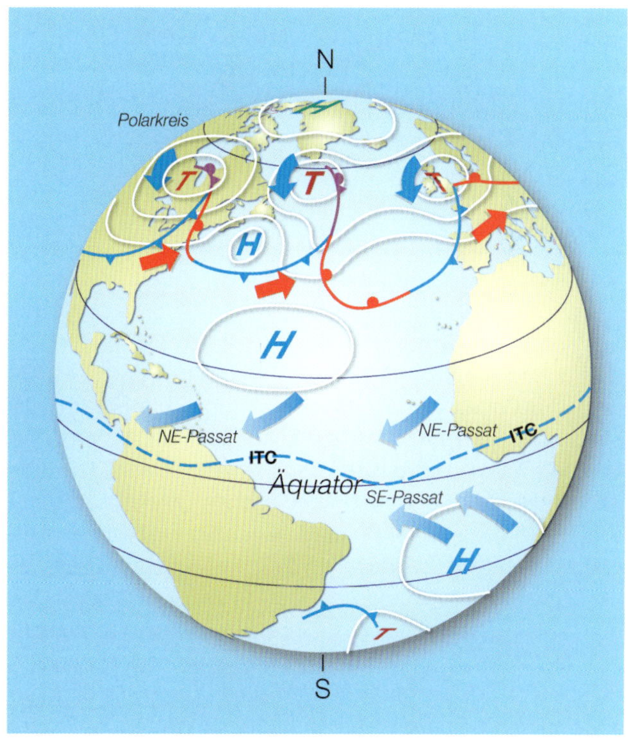

nicht immer über dem Äquator steht. Denkbar wäre eine einfache Ausgleichströmung zwischen der Zone der stärksten Erwärmung nahe dem Äquator und den Polen. Da der Erdball aber auch rotiert, ist die Zirkulation der Luftmassen, bedingt durch zusätzliche Kräfte (z. B. Corioliskraft) komplexer. Nördlich und südlich des Äquators finden sich *Hochdruckgebiete* (Subtropenhochs). Sie entstehen auf beiden Halbkugeln durch absinkende Luftmassen, die am Äquator aufgestiegen sind. Eine Ausnahme stellt der nördliche Indische Ozean zu Zeiten des Sommermonsuns dar (siehe auch Kapitel 4). Auf der Nordhalbkugel auf dem Nordatlantik trägt das Hochdruckgebiet den Namen Azorenhoch, da es über das Jahr gesehen seinen Schwerpunkt über der Inselgruppe der Azoren hat. Im Südatlantik ist es das St.-Helena-Hoch. Zwischen dem Äquator und den Subtropenhochs wehen die Passatwinde aus Nordost (Nordhalbkugel) bzw. Südost (Südhalbkugel). Auch über den Polen (Arktis und Antarktis) beobachtet man im Klimamittel ein Hochdruckgebiet, da hier kalte Luftmassen zum Boden absinken. Zwischen dem Hoch über den Polen und dem Subtropenhoch treffen kalte arktische Luftmassen und warme Luftmassen aus dem Süden aufeinander. Die Grenzfläche zwischen Polarluft und gemäßigter Luft heißt *Polarfront*. Sie befindet

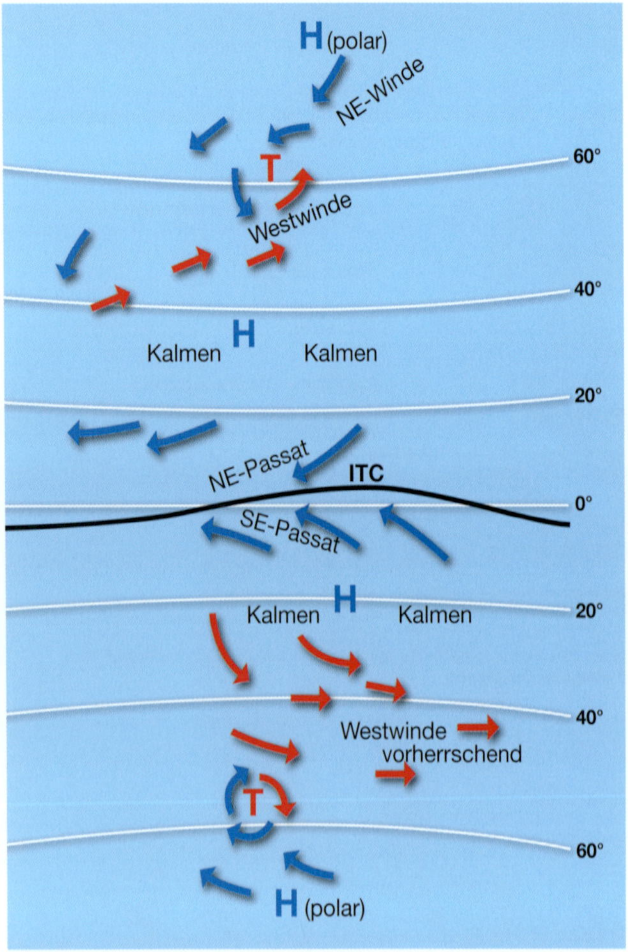

Abb. 1.6 Klima des Atlantiks und Pazifiks

sich auf beiden Halbkugeln je nach Jahreszeit zwischen 45° und 65°. Genau in dieser Zone entstehen die Tiefdruckgebiete. Ihre Funktion ist es, die kalten Luftmassen nach Süden und warme Luftmassen nach Norden zu verlagern. Die Klimazone, wo die Tiefdruckgebiete als „Mischmaschine" wirken, wird als Westwinddrift bezeichnet. Die hier allgemein beschriebene Zirkulation für den Nord- und Südatlantik lässt sich problemlos auf den Pazifik übertragen. Nur der Indische Ozean macht da eine Ausnahme. Im Südindik ist die Situation ähnlich dem Südatlantik und Südpazifik, dagegen gibt es im nördlichen Indischen Ozean die Monsunzirkulation. Doch dazu mehr in Kapitel 4 Wetter der Tropen

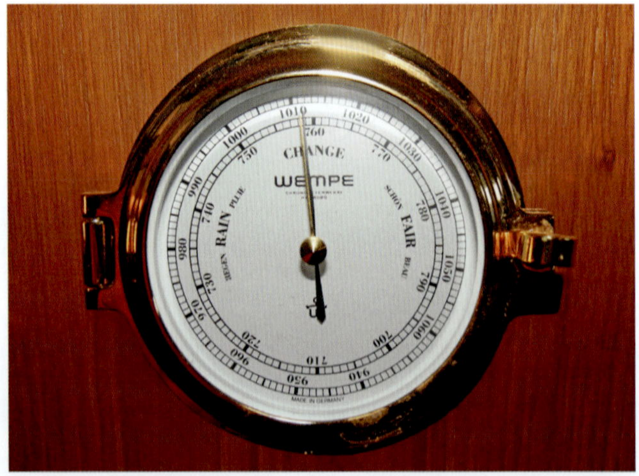

Abb. 1.7 Barometer an Bord von Yachten

und Polarregionen. Tropische Wirbelstürme entstehen in den Passatregionen, Ausnahme ist hier der Südatlantik. Hier gibt es aufgrund der Land-Meer-Verteilung keine Wirbelstürme.

1.2 Luftdruck

Doch begeben wir uns an Bord. Wie bereits im vorigen Abschnitt beschrieben, aber auch auf jeder Bodenwetterkarte zu erkennen ist, gibt es horizontale Luftdruckunterschiede. Diese sind für uns relevant, weil sie die Ursache des für uns so wichtigen Windes und des dadurch ebenfalls erzeugten Seegangs sind.

Daher sollte an Bord auf jeden Fall der Luftdruck gemessen werden. Hier ist jedoch der vor Ort gemessene sekundär, entscheidend sind die Luftdrucktendenzen, denn sie geben einen Hinweis auf mögliche Wetteränderungen. Gemessen wird an Bord meist mit dem Barometer oder dem Barograph. Die Einheit ist Hektopascal (hPa), hin und wieder (z. B. in den USA) wird auch noch Millibar (mb) benutzt. Beide besitzen aber die gleiche Größenordnung und können daher direkt umgewandelt werden.

Extreme Luftdruckwerte, die auf der Erdoberfläche (Meereshöhe) gemessen wurden, waren 873 hPa (in einem Taifun) und 1084 hPa (im sibirischen Winterhoch). Im Bereich von Nord- und Ostsee sind Werte zwischen etwa 940 und 1060

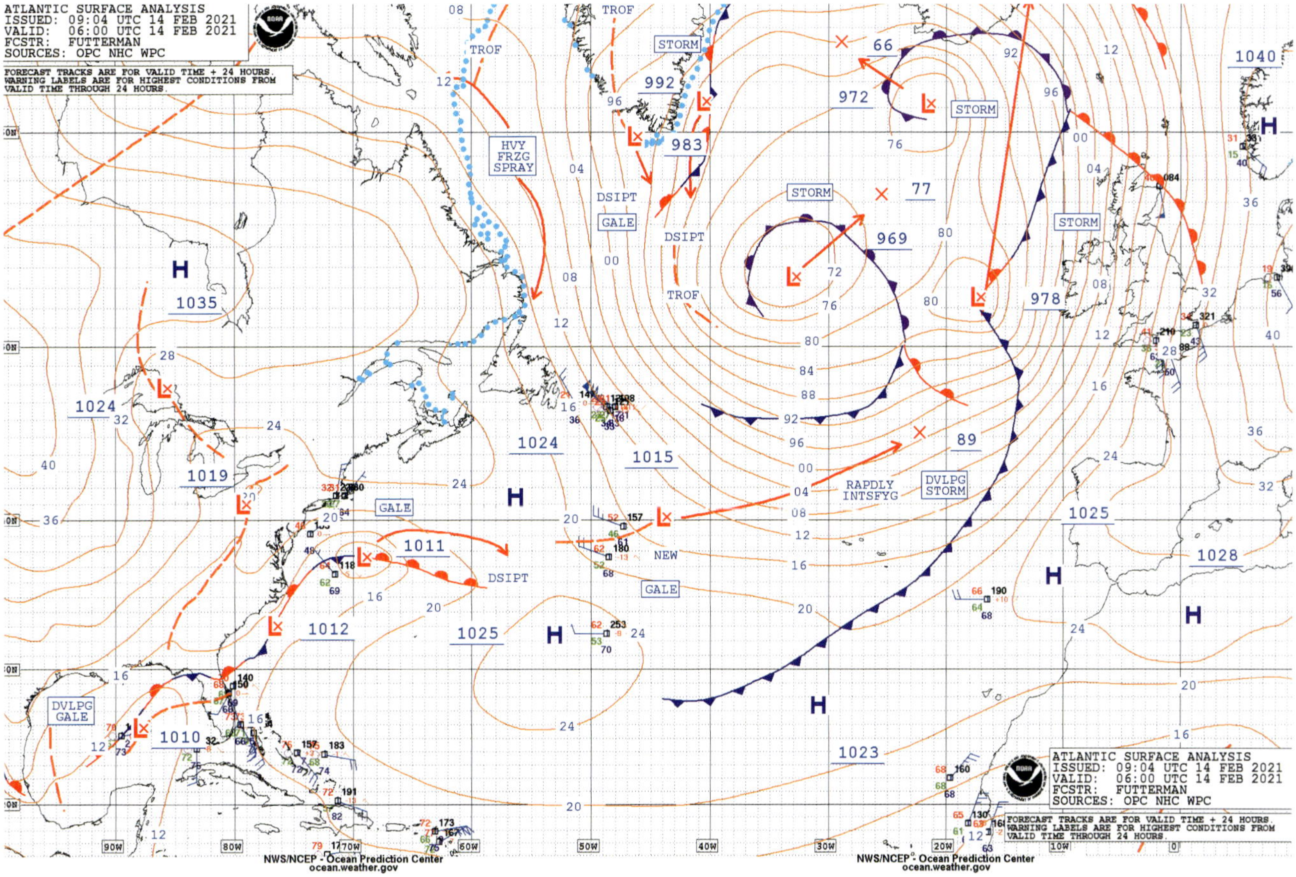

Abb. 1.8 Analysekarte Boden mit Fronten der NOAA (National Oceanic Atmospheric Administration)

hPa im Winter möglich. Im Sommer sind die Unterschiede des Luftdrucks weniger ausgeprägt, etwa zwischen 980 und 1035 hPa.

Das älteste *Messgerät* für den Luftdruck ist das Quecksilberbarometer. Aufgrund seiner Größe und des nicht ganz unproblematischen Quecksilbers findet es an Bord keine Verwendung. Aus der Messmethode des Quecksilberbarometers gingen die Einheiten mm Quecksilbersäule/Torr hervor. In einem U-förmig gebogenen Rohr befindet sich auf einer Seite, die nach oben luftdicht verschlossen ist, Quecksilber. Die andere Seite ist oben offen, sodass hier der Luftdruck auf die Quecksilbersäule wirken kann. Auf den Querschnitt im Rohr wirkt also der Luftdruck, eine Kraft pro Fläche. Die Kraft setzt sich aus dem Gewicht der Luftsäule (multipliziert mit der Schwerebeschleunigung) zusammen. Der Normaldruck auf der Erdoberfläche beträgt 1013,2 hPa. Einige Barometerskalen geben neben hPa auch Torr an. Die Umrechnung ist wie folgt: 1013,2 hPa (mbar) = 760 mm Quecksilber = 760 Torr.

Barometer, die statt Quecksilber luftleere Metalldosen verwenden, heißen Aneroidbarometer. Die Verformung der Dosen durch den von außen wirkenden Luftdruck wird über eine analoge oder digitale Anzeige wiedergegeben. In der Sportschifffahrt wurden klassische Barographen mit einer Trommel, dessen Papier wöchentlich zu wechseln ist, kaum verwendet. Sie sind zwar dekorativ, zugleich aber platzraubend und die Erschütterungen durch Seegang kann man trotz ölgedämpftem Zeigermechanismus kaum verhindern.

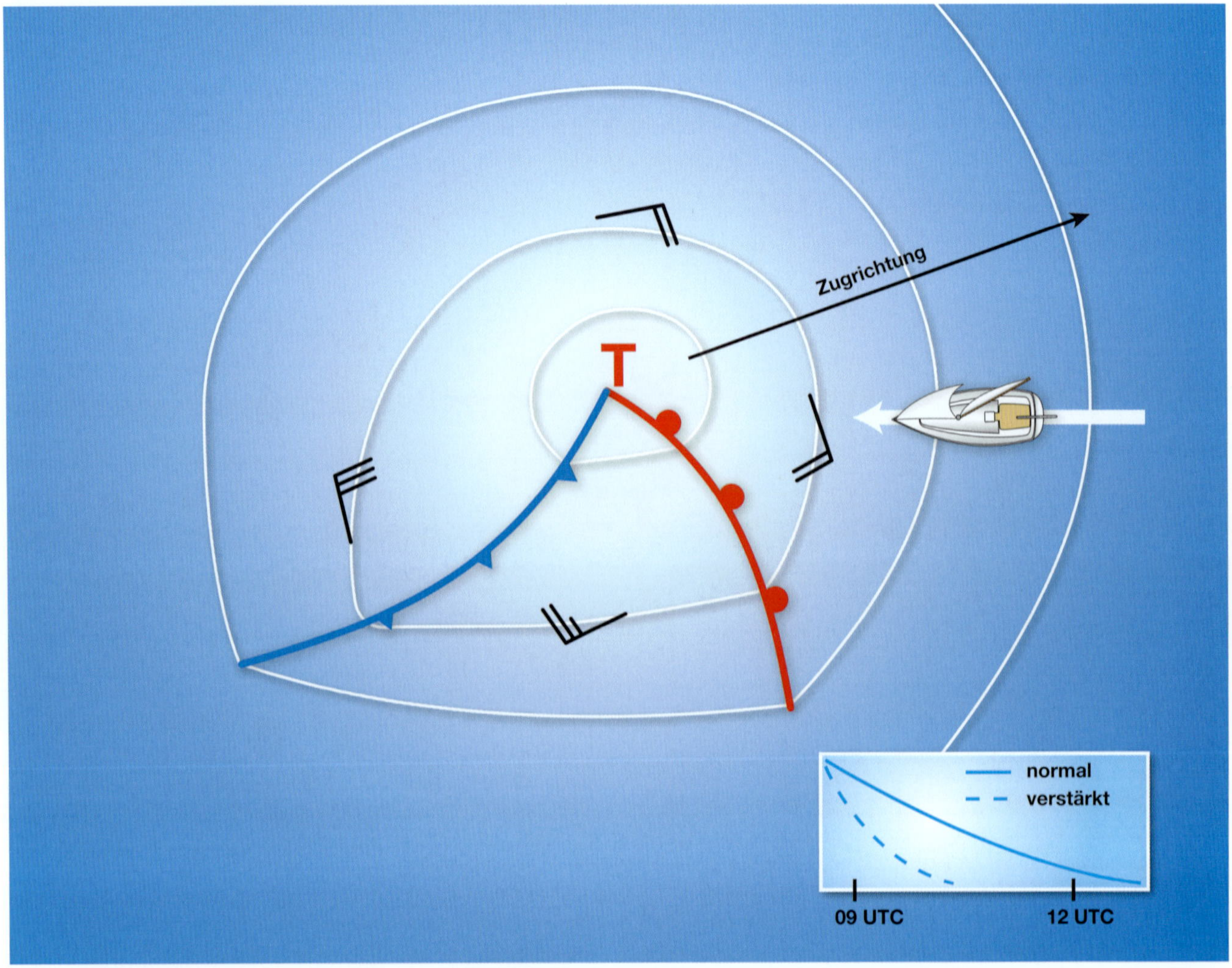

Abb. 1.9 Durch den Kurs in das Tief wird der Luftdruckfall verstärkt

Neben solchen Geräten (s. Abb. 1.7 und 1.26), die meist mit Temperatur-, Feuchtigkeits- und Zeitmessung kombiniert sind, werden solche mit digitalen Anzeigen (s. Abb. 2.19) immer beliebter. Diese lassen sich teils auch über eine Schnittstelle mit dem Computer auslesen und ergänzen somit das (digitale) Logbuch. Egal welches Instrument wir auch an Bord einsetzen, es sollte auf Meeresniveau eingestellt werden. Für diesen Vorgang sollte man sich der geeichten Messungen der Wetterstationen nationaler Wetterdienste bedienen. Ihre Messwerte sind auf vielen Internetseiten verfügbar. Liegt die Yacht beispielsweise in Cuxhaven, kann der an Bord abgelesene Luftdruck zu einer bestimmten Zeit mit dem der Wetterstation im Internet verglichen werden. Man kann auch den Wert zu einer bestimmten Uhrzeit an Bord notieren und im Nachhinein mit den Angaben von Wetterstationen aus dem Internet vergleichen und danach korrigieren. Die meisten Aneroidbarometer verfügen über eine Stellschraube, mithilfe der sich das Gerät nachjustieren lässt. Nach diesem Vorgang sollte das Bordbarometer auf seinem festen Platz im Schiff verbleiben, weil es nun auf Meeresniveau kalibriert ist und der Luftdruck abhängig ist von der Höhe über Grund. Einfach betrachtet

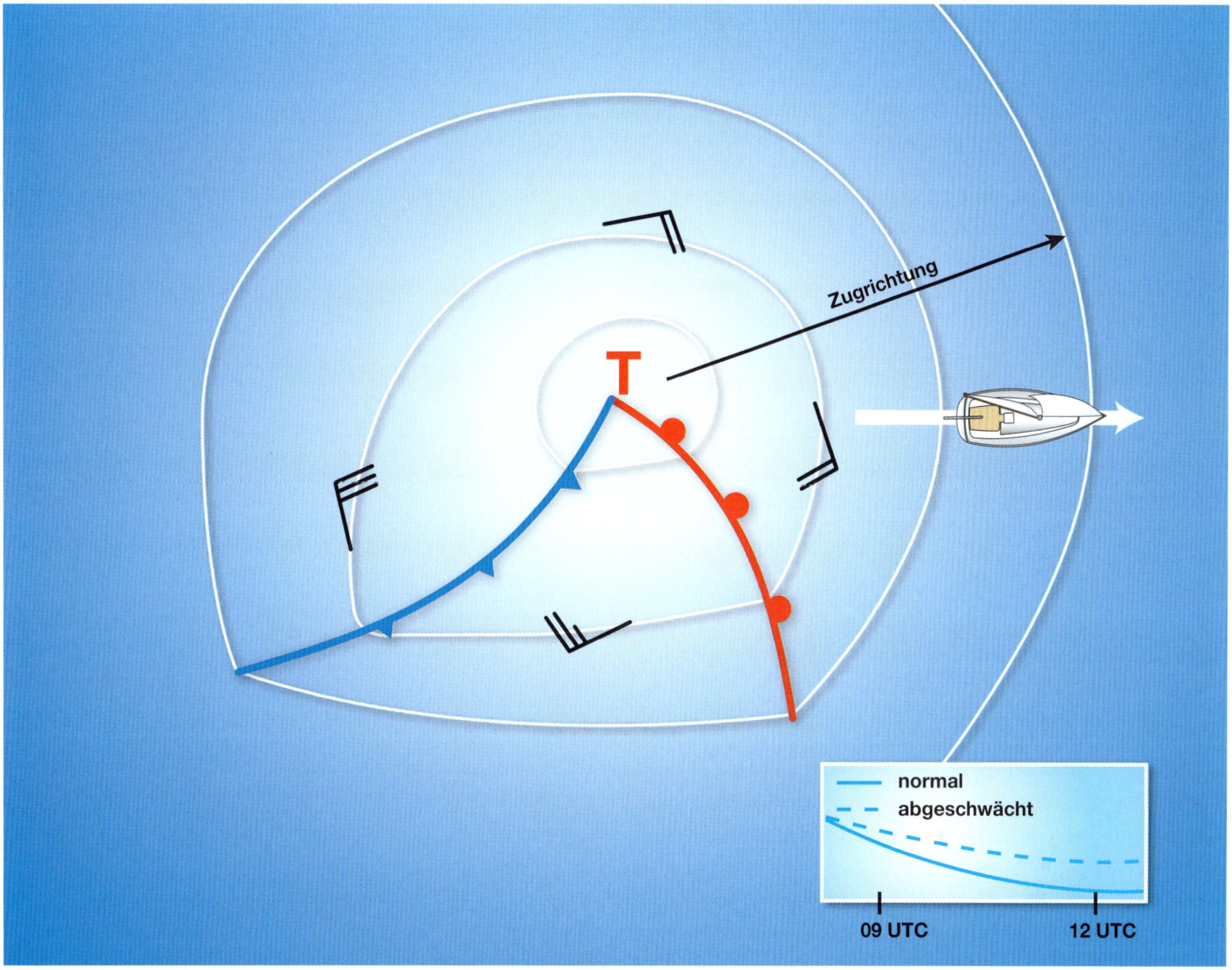

Abb. 1.10 Der Luftdruckfall ist abgeschwächt durch die Verlagerung mit dem Tief

bedeutet es: Je höher man in der Atmosphäre aufsteigt, umso geringer ist das Gewicht der sich darüber befindlichen Luftmasse. In den untersten Metern nimmt der Luftdruck etwa um 1 hPa pro 8 m ab. Die sich dahinter verbergende Gesetzmäßigkeit ist die barometrische Höhenformel in Bezug auf das hydrostatische Gleichgewicht.

In *Analysekarten*, die von nationalen Wetterdiensten erstellt werden und z. B. im Internet frei verfügbar sind, werden die von Wetterstationen gemessenen Werte eingetragen (s. Abb. 1.8). Erstellt werden Höhen- und Bodenwetterkarten. Anhand der Eintragungswerte werden meist Linien gleichen Luftdrucks gezogen, die Isobaren. Sie werden international in einem Abstand von 5 hPa, teilweise aber auch von 4 hPa, dargestellt. Isolinien in Höhenwetterkarten werden als Isohypsen (Linien gleicher Höhe in einem bestimmten Druckniveau) bezeichnet.

An Bord sollte der Luftdruck regelmäßig aufgezeichnet werden. Da die Luftdrucktendenz besonders relevant ist, empfiehlt es sich, möglichst alle 3 Stunden einen Wert vom Barograph abzulesen oder den Wert vom Barometer ins Logbuch zu übertragen. In Bodenwettermeldungen von Stationen, Schiffen oder Bojen wird die 3-stündige Druckänderung (auch Tendenz genannt) in zehntel hPa angegeben. Das sollte auch an Bord so erfolgen, damit die Vergleichbarkeit gegeben ist.

Fällt der Luftdruck, deutet das vielleicht darauf hin, dass sich ein Tiefdruckgebiet nähert oder ein Hochdruckgebiet abschwächt. Es kann immer sein, dass ein Hoch- oder Tiefdruckgebiet seine Intensität ändert oder sich verlagert. Denkbar sind allerdings auch Kombinationen, etwa dass ein Tief sich intensiviert und in Richtung des Messortes, etwa der im Hafen liegenden Yacht, zieht. Was außerdem bei der Messung des Luftdrucks und der Luftdrucktendenz eine Rolle spielt, sind Kurs und Geschwindigkeit der Yacht. Ist der Kurs entgegengesetzt zur Zugrichtung des Tiefs, wird die Abnahme des Luftdrucks verstärkt.

Aufgrund dieser Komplexität sollte man von der Anwendung von Luftdruckregeln absehen, die etwa aussagen: Wenn der Luftdruck um mehr als 10 hPa in 3 Stunden fällt, dann gibt es Sturm!

Das mag zwar annähernd stimmen, wenn man ortsfest ist. Es birgt aber Fehler, wenn die Yacht einen entgegengesetzten Kurs zur Zugrichtung des Tiefs hat. Dann wird der Luftdruckfall verstärkt und man erwartet viel Wind. Tatsächlich tritt die Windzunahme aber nicht ein.

Problematisch ist der umgekehrte Fall, d. h., wenn man vor dem Tief mit einem Kurs fährt, der in etwa der Zugrichtung des Tiefs nahekommt. Dann fällt der Luftdruck langsamer und die Anwendung der oben angeführten Luftdruckregel hätte einen noch viel stärkeren Wind zur Folge. Man ist also auf das „Wetter" nicht vorbereitet.

Anhand des Luftdruckabfalls kann zwar ortsfest im Hafen oder vor Anker auf eine Wetteränderung geschlossen werden, jedoch sollte man sich bereits vorher ausreichend über das aktuelle sowie das Wetter der folgenden Tage informiert haben und nicht erst die Luftdruckmessung an Bord als Indikator für den sich annähernden Sturm nutzen. Übrigens: Nicht nur stark fallender Luftdruck bedeutet eine Zunahme des Windes, auch stark ansteigender Luftdruck kann Starkwind, Sturm oder Orkan hervorrufen.

1.3 Wind

Die *Windrichtung* wird als 8-teilige Skala (N, NW, W, SW, S, SE, E, NE) in 45°-Stufen angegeben, und zwar aus der Richtung, aus der der Wind weht. Bei Südwestwind kommt die

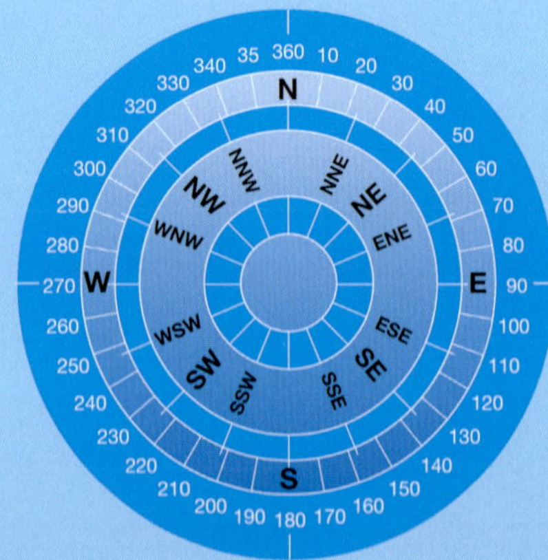

Abb. 1.11 Angabe der Windrichtung

Abb. 1.12 Beaufortskala und verschiedene Einheiten der Windgeschwindigkeit

Stufe	Beaufortskala
0	Windstille
1	Leiser Zug
2	Leichter Zug
3	Schwacher Wind
4	Mäßiger Wind
5	Frischer Wind
6	Starker Wind
7	Steifer Wind
8	Stürmischer Wind
9	Sturm
10	Starker Sturm
11	Orkanartiger Sturm
12	Orkan

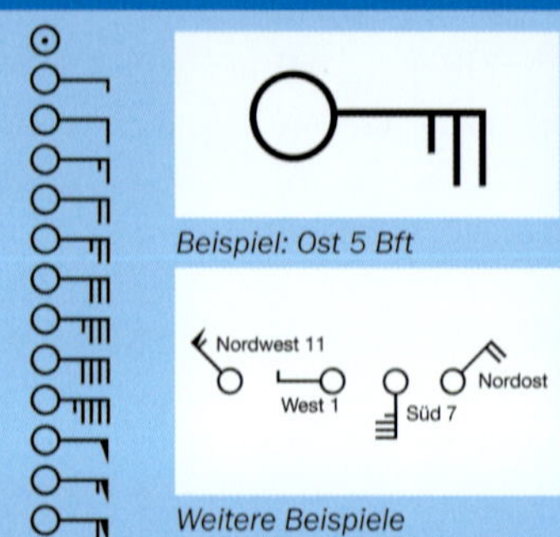

Beaufortskala	Knoten	m/s	km/h
0	*1*	*0,0 - 0,2*	*1*
1	*1 - 3*	*0,3 - 1,5*	*1 - 5*
2	*4 - 6*	*1,6 - 3,3*	*6 - 11*
3	*7 - 10*	*3,4 - 5,4*	*12 - 19*
4	*11 - 15*	*5,5 - 7,9*	*20 - 28*
5	*16 - 21*	*8,0 - 10,7*	*29 - 38*
6	*22 - 27*	*10,8 - 13,8*	*39 - 49*
7	*28 - 33*	*13,9 - 17,1*	*50 - 61*
8	*34 - 40*	*17,2 - 20,7*	*62 - 74*
9	*41 - 47*	*20,8 - 24,4*	*75 - 88*
10	*48 - 55*	*24,5 - 28,4*	*89 - 102*
11	*56 - 63*	*28,5 - 32,6*	*103 - 117*
12	*> 63*	*> 32.7*	*> 118*

Knoten = Seemeilen pro Stunde (1 Seemeile = 1852 Meter)
m/s = Meter pro Sekunde
km/h = Kilometer pro Stunde

Luft also aus Südwesten. Bei Stationsmeldungen von Wetterstationen wird eine 16-teilige Auflösung in 22,5°-Stufen verwendet, also N, NNE, NE usw. Im Internet oder beispielsweise auch bei Meldungen von Flughäfen wird die Windrichtung in 10°-Schritten angegeben (Beispiel: 180° entspricht Südwind [S]).

Zur Messung der *Windgeschwindigkeit* benutzt man die Einheiten kn (Knoten), m/s oder auch km/h. Im Bereich der Seefahrt wird aber meistens die 13-teilige Windstärkenskala (0–12) verwendet.

In Bodenwetterkarten werden Windrichtung und -stärke eingetragen, so wie in der Abbildung 1.12 ersichtlich. Der Strich der Windfieder zeigt in die Richtung, aus der der Wind weht. Die Windstärke wird durch Fieder gekennzeichnet, die immer zum tiefen Luftdruck angebracht werden. Eine Windfieder bedeutet 2 Bft, eine halbe 1 Bft. Bei Vorhersagekarten (z. B. im Internet) oder GRIB-Daten (s. Kap. 6.2) wird hingegen oft anders verfahren. Hier bedeutet eine Fieder 10 kn. Das kann zu großen Unterschieden führen:

Bei zwei Fiedern ergeben sich nach der Beaufortskala 4 Windstärken, 20 kn sind jedoch die obere Grenze der Windstärke 5.

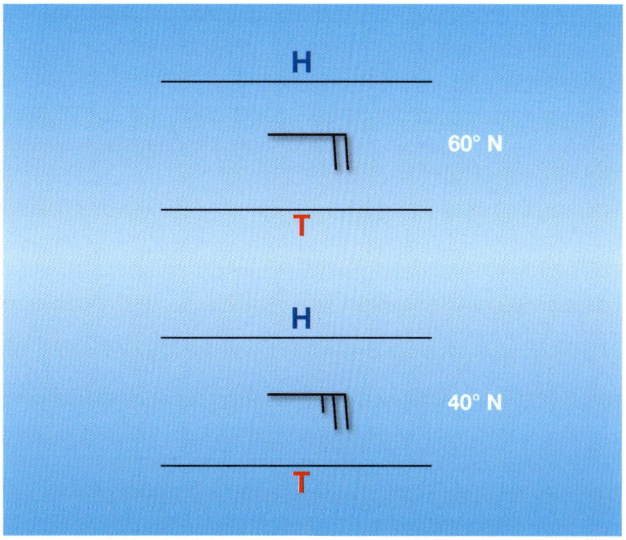

Abb. 1.13 Veränderung der Windstärke in verschiedenen Breiten

Je stärker der Luftdruckunterschied zwischen zwei Orten ist, desto stärker weht der Wind. Umso geringer der Abstand zwischen den Isobaren ist, desto größer ist das Druckgefälle und umso stärker ist der Wind.

Abb. 1.14 Wirkung der Corioliskraft auf ein Luftpaket

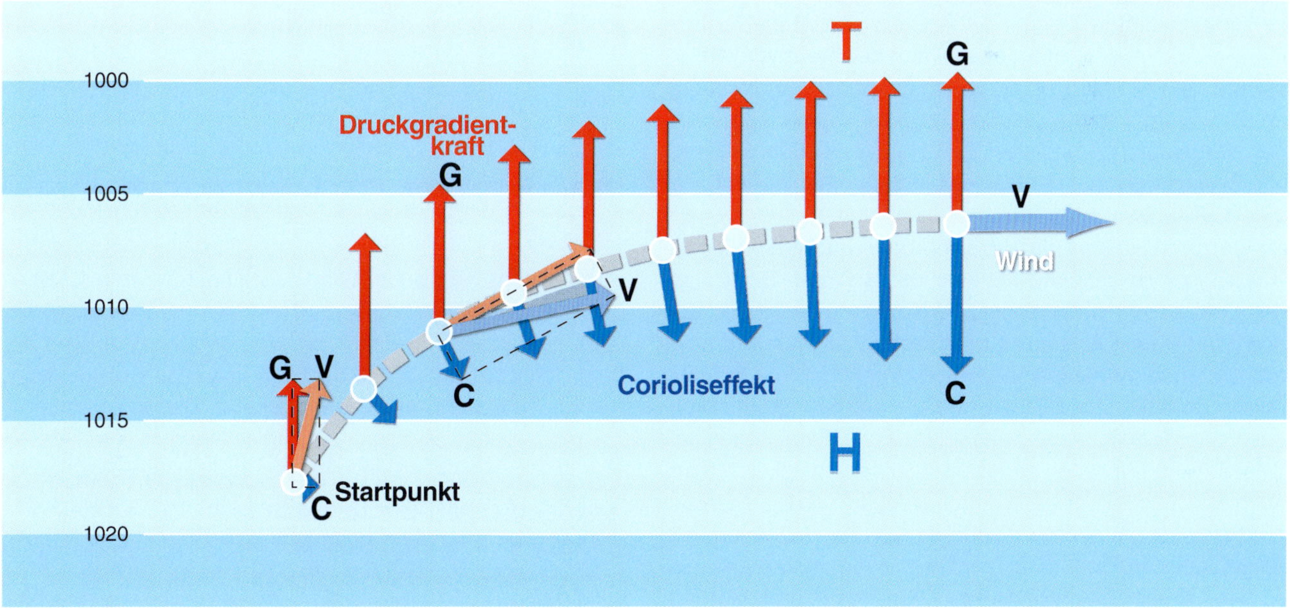

An die Beschreibung des Luftdrucks, oder genauer: der horizontalen Luftdruckunterschiede, schließt sich unmittelbar die Erklärung der *Entstehung des Windes* an. Eine Bodenwetterkarte mit Fronten und Isobaren stellt die Informationen bereit, mit denen Aussagen zur Windgeschwindigkeit und -stärke getroffen werden können.

Wo immer in der Atmosphäre horizontale Druckunterschiede auftreten, sind horizontale Luftbewegungen die Folge. Ist der Luftdruck an irgendeinem Punkt höher als in dessen Umgebung, wird eine Kraft wirksam, die vom höheren zum tieferen Druck gerichtet ist. Sie ist umso größer, je größer die Druckunterschiede sind.

Die Kraft, welche die Luft vom höheren zum tieferen Druck strömen lässt, ist die Druckgradientkraft. In den Betrag dieser Druckgradientkraft gehen also die horizontalen Druckdifferenzen und die Entfernungen zwischen den Gebieten mit höherem und tieferem Druck ein. Sie bewirkt, dass Luftteilchen vom höheren zum tieferen Druck in Bewegung gesetzt werden. Dass sich ein Luftteilchen allerdings nicht direkt vom Hoch zum Tief bewegt, was schnell zum Ausgleich bestehender Druckunterschiede führen würde, liegt an der Rotation der Erde. Sie bewirkt eine Richtungsablenkung aller großräumigen, relativ zur Erdoberfläche erfolgenden Bewegungsvorgänge. Dieser Effekt wird als Corioliskraft bezeichnet. Die Corioliskraft wächst mit der Windgeschwindigkeit und ist abhängig von der geografischen Breite. An den Polen ist sie am größten und null am Äquator. Daher gibt es am Äquator auch keine rotierenden Systeme, wie etwa Wirbelstürme. Die Corioliskraft wirkt senkrecht zur Windrichtung (in Strömungsrichtung gesehen), und zwar nach rechts auf der Nordhalbkugel und nach links auf der Südhalbkugel. Alle Bewegungen auf der Nordhalbkugel werden daher nach rechts abgelenkt.

Im Startpunkt eines Luftpakets wirkt die Druckgradientkraft G mit einer Beschleunigung zum tiefen Druck. Setzt sich das Luftteilchen in Bewegung, bewirkt die einsetzende Corioliskraft C eine Ablenkung nach rechts, sodass sich eine resultierende Windgeschwindigkeit V ergibt. Die Kräfteparallelogramme verdeutlichen, wie die Luftbewegung durch den Corioliseffekt immer weiter in Richtung der Isobaren abgelenkt wird. Mit zunehmender Windgeschwindigkeit nimmt auch die Corioliskraft zu. In dem Augenblick, da C die Druckgradientkraft G in Richtung und Betrag genau ausbalanciert (in gemäßigten Breiten nach einigen Stunden), hat sich ein stabiles Gleichgewicht eingestellt. Der resultierende Wind wird als *geostrophischer Wind* bezeichnet (s. Abb. 1.15). Der geostrophische Wind weht auf der Nordhalbkugel so, dass bei einem Betrachter mit dem Rücken zum Wind der tiefe Druck zur Linken und der hohe Druck zur Rechten liegt. Auf der Südhalbkugel ist es umgekehrt. Dieser Zusammen-

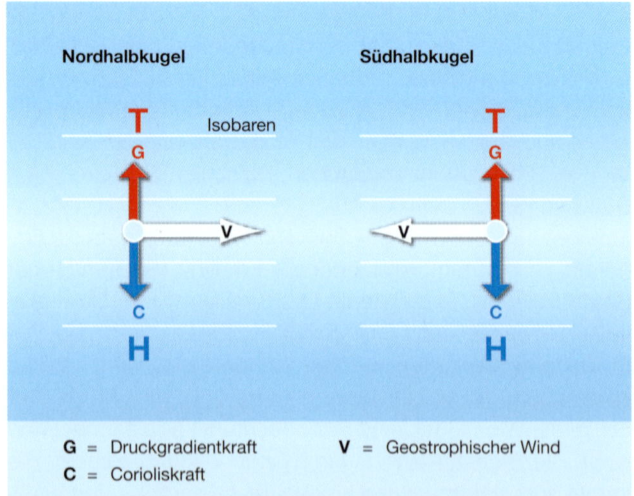

Abb. 1.15 Geostrophisches Gleichgewicht der Nord- und Südhalbkugel

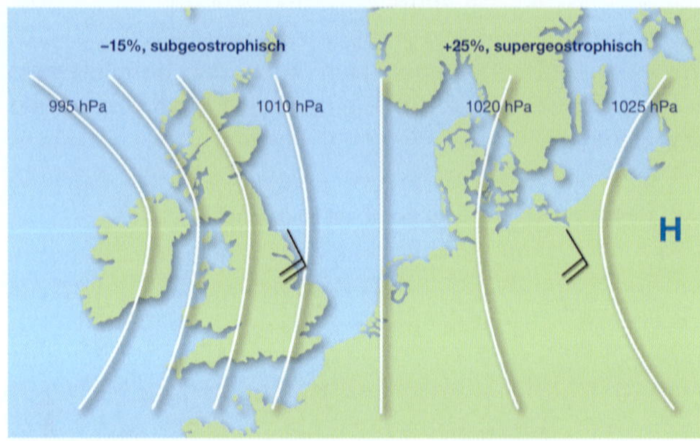

Abb. 1.16 Geostrophischer Wind und gekrümmte Isobaren

> Aus der Abhängigkeit der Corioliskraft von der geografischen Breite ergibt sich: Bei gleichem Abstand der Isobaren auf 40° Nord und 60° Nord weht in niederen Breiten mehr Wind.

hang heißt barisches Windgesetz. Bei der Eintragung von Winddaten in Wetterkarten wird diese Regel berücksichtigt: Die Fieder zur Kennzeichnung der Windstärke wird stets in Richtung zum tieferen Druck hin gezeichnet; also auf der Nordhalbkugel zur linken, auf der Südhalbkugel zur rechten Seite des Windpfeils (mit dem Rücken zum Wind).

Da die Isobaren aber nicht immer geradlinig sind, kommt eine weitere Kraft hinzu – die Zentrifugalkraft. In der Abbildung 1.16 ist dargestellt, wie sie bei gekrümmtem Isobarenverlauf wirkt. Das Produkt aus Corioliskraft C, Druckgradientkraft G und Zentrifugalkraft Z ist der Gradientwind. Die Zentrifugalkraft wirkt vom Drehzentrum nach außen. Daher wirkt bei Isobaren, die um ein Tief herum gekrümmt sind (zyklonale Krümmung), die Zentrifugalkraft entgegengesetzt zur Druckgradientkraft. Da die Corioliskraft balancierend wirkt, ist die Windgeschwindigkeit reduziert und somit geringer (subgeostrophisch) als beim geradlinigen Verlauf der Isobaren. Bei antizyklonaler Krümmung (um ein Hochdruckgebiet) addieren sich Druckgradientkraft und Zentrifugalkraft und der Wind ist erhöht (supergeostrophisch). Das bedeutet beim Blick auf die schematisierte Bodenwetterkarte mit Isobaren, dass trotz eines geringeren Isobarenabstands bei dem eingezeichneten Tief eine antizyklonale Krümmung um das Hoch eine Verstärkung hervorruft und der Wind nahezu gleich ist.

Neben der Zentrifugalkraft ist noch ein weiterer Effekt besonders beim Segeln zu beachten: Der geostrophische Wind weht zwar parallel zu den Isobaren, doch ist dies in Bodennähe nicht der Fall – hier ist der Wind durch die *Bodenreibung* auf der Nordhalbkugel rückgedreht (gegen den Uhrzeigersinn) und abgeschwächt. Siehe hierzu das in der Abbildung 1.17 dargestellte Kräfteparallelogramm. Ist die Bodenreibung sehr stark, ist auch der Winkel größer, über See beträgt er etwa 10 bis 25°. Dadurch weht der Wind auf der Nordhalbkugel linksherum (gegen den Uhrzeigersinn) in ein Tief hinein und rechtsherum (im Uhrzeigersinn) aus dem Hoch heraus. Die Reibung wirkt sich in einer Schicht von etwa 1000 bis 1500 m über dem Untergrund aus. Diese Schicht wird als Ekman- oder auch Reibungsschicht bezeichnet. Oberhalb dieser Schicht weht der Wind im geostrophischen Gleichgewicht. Das bedeutet, dass der bodennahe Wind abgeschwächt ist und seine Richtung verändert. Insgesamt bewirkt die Reibung auch eine Abnahme der Intensität der Luftdrucksysteme und einen Ausgleich durch das bodennahe Ausströmen aus einem Hoch und Einströ-

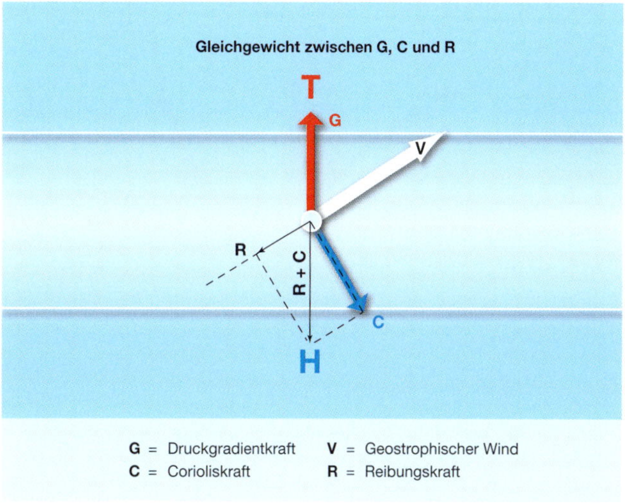

Abb. 1.17 Änderung der Windrichtung und -geschwindigkeit in Bodennähe durch Reibung

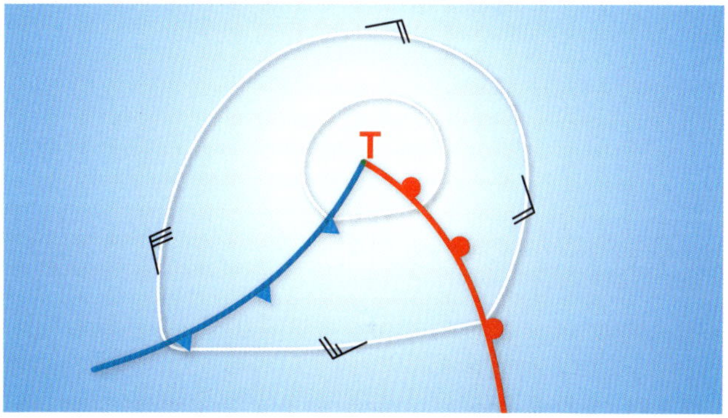

Abb. 1.18 Windverhältnisse in Bodennähe – Tiefdruckgebiet, Nordhalbkugel

Abb. 1.19 Windverhältnisse in Bodennähe – Hochdruckgebiet, Nordhalbkugel

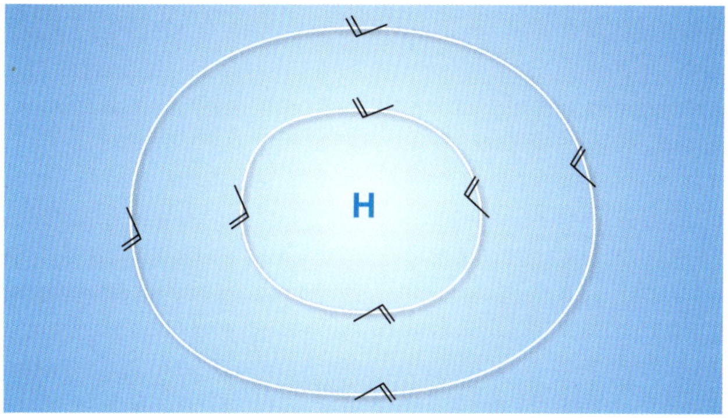

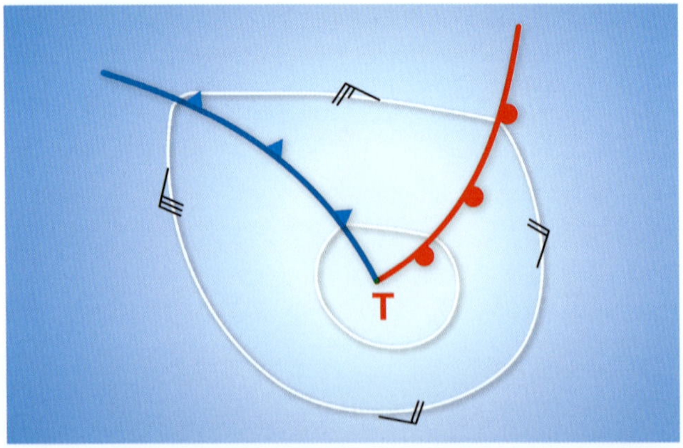

Abb. 1.20 Windverhältnisse in Bodennähe – Tiefdruckgebiet, Südhalbkugel

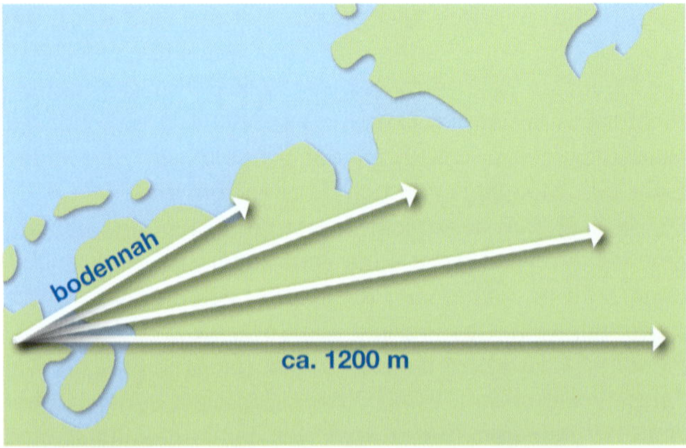

Abb. 1.22 Änderung der Windrichtung und -geschwindigkeit in der Reibungsschicht

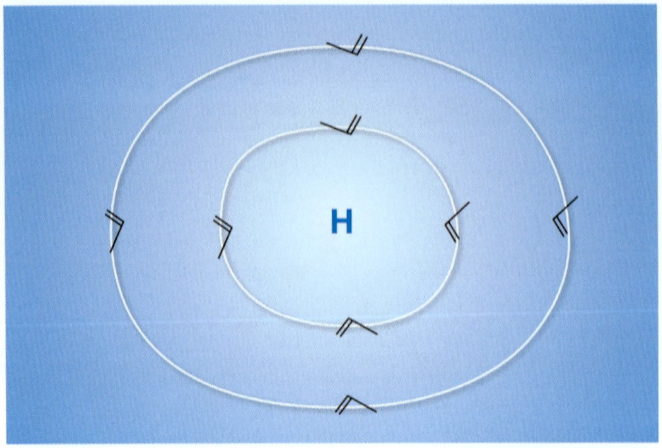

Abb. 1.21 Windverhältnisse in Bodennähe – Hochdruckgebiet, Südhalbkugel

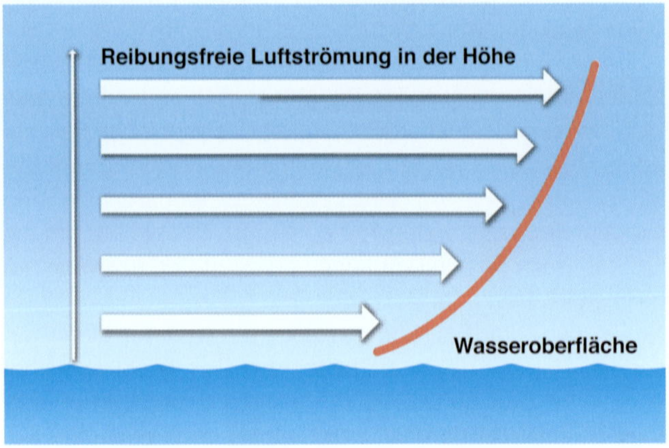

Abb. 1.23 Änderung der Windgeschwindigkeit mit der Höhe

men ins Tief. Beispielhaft sei an dieser Stelle die Wirkung der Reibung anhand eines tropischen Wirbelsturms angeführt. Besitzt der tropische Wirbelsturm über dem Ozean noch Hurrikan-Status, schwächt er sich beim Übergang auf Land rasch auf ein Sturmtief oder ein normales Tiefdruckgebiet ab.

Bei Windvorhersagen, egal ob im Seewetterbericht über UKW-Seefunk oder auch mit GRIB-Daten, ist zu beachten, dass der angegebene Mittelwind für eine Höhe von 10 m über der Wasseroberfläche gilt. Böen, d. h. Windspitzen, werden in Vorhersagen meist gesondert angegeben. Da zur Messung der Windstärke bzw. -geschwindigkeit das Anemometer verwendet wird, muss die international vereinbarte Höhe berücksichtigt werden. Da die Windgeschwindigkeit je nach Rauigkeit mehr oder weniger stark mit der Höhe zunimmt (logarithmisches Windprofil), ist die Messung nicht ganz unproblematisch (s. Abb. 1.23). Das Windmessgerät sollte daher nach Möglichkeit auf eine Höhe von 10 m über der Wasseroberfläche eingestellt werden. Zu unterscheiden ist dabei zwischen wahrem Wind und scheinbarem Wind. Bei einer Messung sollte nach Möglichkeit der wahre Wind ins Logbuch eingetragen werden. Dieser lässt sich aus dem scheinbaren Wind und der Schiffsgeschwindigkeit bestimmen. Jedoch ist auch zu berücksichtigen, dass durch Bewegungen des Schiffs im Seegang oder Krängung die Qualität der Messungen mit der Windmessanlage nachlässt.

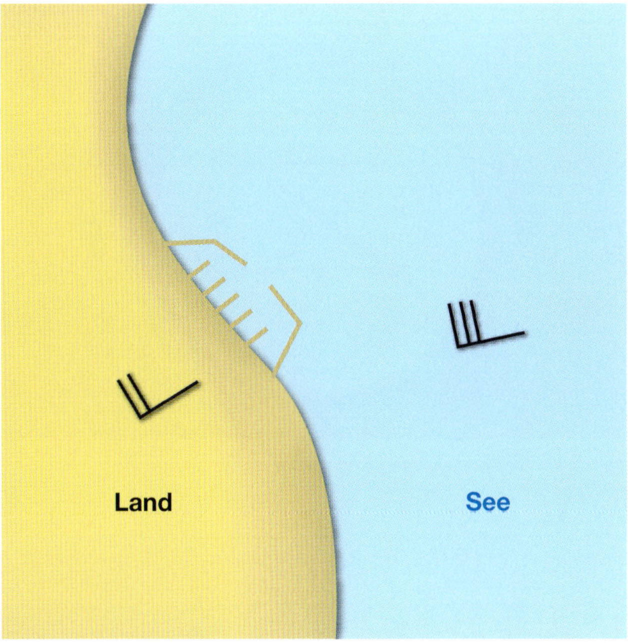

Abb. 1.24 Der Wind über See ist stärker und etwas rechtgedreht

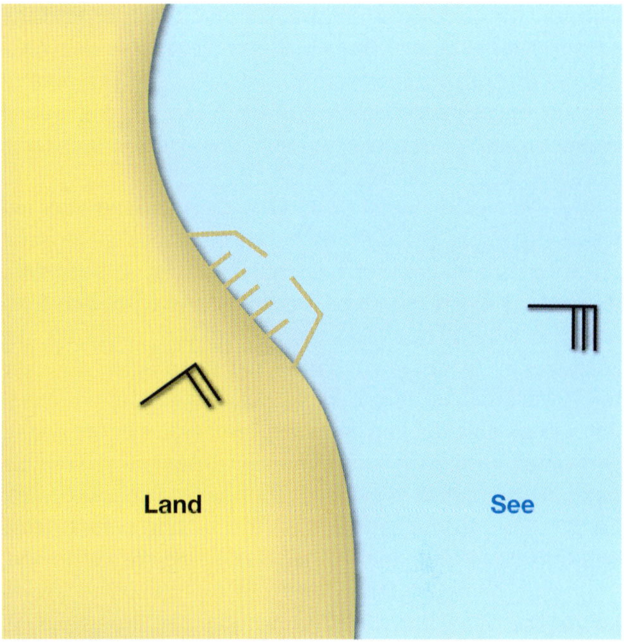

Abb. 1.25 Der Wind über Land ist abgeschwächt und etwas rückgedreht (links)

Bei der Windmessung im Hafen ist zu beachten, dass bei ablandigem Wind die Verhältnisse auf der freien See deutlich höhere Windgeschwindigkeiten aufweisen können, da die Bodenreibung über Land stärker und damit die Windgeschwindigkeit reduziert ist. Weht der Wind auflandig, entspricht die Messung im Hafen etwa den Verhältnissen auf der freien See. Ist keine Windmessanlage vorhanden, lässt sich die Windstärke anhand von Beobachtungen des Seegangs nach der Einteilung der Beaufortskala beurteilen und die Richtung des Windes anhand der Verlagerung der Wellenzüge mit dem Kompass bestimmen.
Windspitzen oder auch *Böen* entstehen durch Turbulenzen im bodennahen Windfeld. Vereinfacht kann man sagen, dass es sich dabei um Wind handelt, der aus größeren Höhen zum Boden hinunterweht. Da die Windböe aus höheren Schichten stammt, ist die Windrichtung, wie schon beschrieben, verändert. Auf der Nordhalbkugel ist sie meist rechtdrehend (im Uhrzeigersinn). Praktisch bedeutet das beispielsweise, dass man beim Segeln an der Kreuz auf Backbordbug beim Einfallen der Böe höher segeln kann. Beim Segeln vor dem Wind auf Backbordbug kann der Einfall einer Böe aber die Gefahr einer Halse mit sich bringen, wenn der Kurs nicht entsprechend geändert wird. Vor dem Wind auf Steuerbordbug fällt dagegen die Böe meist raumer ein. Beim Segeln auf der Südhalbkugel ist der Wind in höheren Schichten aufgrund der geringeren Reibung und somit auch die Böe rückgedreht; deshalb sind alle eben beschriebenen Möglichkeiten entgegengesetzt anzuwenden.

1.4 Lufttemperatur

Die Lufthülle, in der sich das gesamte Wettergeschehen abspielt, wird Troposphäre genannt. Wie bereits zu Beginn des Kapitels erwähnt, erstreckt sie sich in den mittleren Breiten bis in eine Höhe von 10 bis 12 km, in den polaren Regionen ist sie niedriger und in den Tropen erreicht sie bis zu 17 km. Bis zur Tropopause nimmt die Lufttemperatur im Mittel stetig ab (s. Abb. 1.2). Oberhalb der Tropopause nimmt in der Stratosphäre die Temperatur wieder zu, was an der Ozonschicht liegt. Dort finden chemische Reaktionen mit den UV-Strahlen des Sonnenlichts statt, wobei Wärme freigesetzt wird.
Lufttemperaturen werden mit einem Thermometer in Grad

Celsius (°C) gemessen. Dieses hat als Fixpunkte die Temperatur schmelzenden Eises und den Siedepunkt von Wasser bei einem Luftdruck von 1013,2 hPa: Die Temperatur des Schmelzpunktes bezeichnet 0 °C, die des siedenden Wassers 100 °C. Besonders in Nordamerika wird auch noch in Fahrenheit (°F) gemessen.
Verwendet werden meist Quecksilberthermometer oder mit Alkohol gefüllte. In der Praxis haben sich auch elektrische Thermometer durchgesetzt. Grundsätzlich ist zu beachten, dass Messungen mit dem Thermometer nicht durch Sonneneinstrahlung verfälscht werden sollten, weshalb die Messung im Schatten stattfinden sollte. An Bord von Yachten ist zu berücksichtigen, dass sich das Instrument meist unter Deck befindet und damit die Temperatur in der Kajüte gemessen wird. Doch auch wenn die Lufttemperatur mittels eines Instrumentes außerhalb der Kajüte gemessen wird, bringen die Messungen für die Törnplanung selbst keine wesentlichen Erkenntnisse: Auf See spielt die Lufttemperatur eine untergeordnete Rolle, da die darüber liegende Luftmasse stark durch die Temperatur des Meerwassers bestimmt ist.

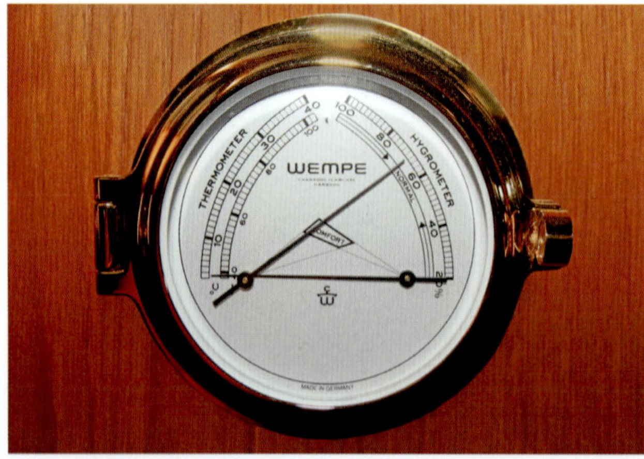

Abb. 1.26 Thermometer und Hygrometer

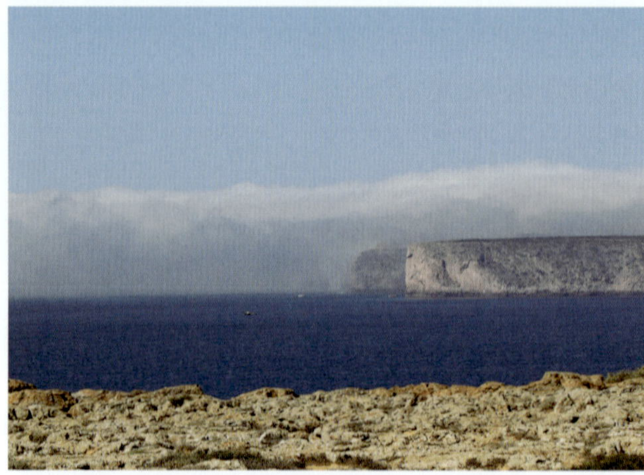

Abb. 1.27 Kaltwassernebel bewegt sich auf die portugiesische Küste zu

1.5 Luftfeuchte

Die Luftfeuchte, d. h. der Wasserdampf in der Luft, spielt besonders im Zusammenhang mit Nebel und schlechten Sichten eine wichtige Rolle. Wasserdampf ist ein durchsichtiges und farbloses Gas, das als Beimengung in der Luft enthalten ist. Trockene Luft besteht aus 78 Vol.-% Stickstoff, 21 Vol.-% Sauerstoff und etwa 1 Vol.-% Edel- und Spurengasen. Wasser tritt in der Atmosphäre als Gas (Wasserdampf), Flüssigkeit (Regentropfen, Nebeltröpfchen, Tau) oder in fester Form (Hagel, Graupel, Schneekristalle) auf. Beim Übergang von einem Aggregatzustand in einen anderen wird Wärme verbraucht oder gewonnen. Der maximal mögliche Wasserdampfgehalt (Sättigung) in der Luft hängt allein von der Temperatur ab. Je wärmer die Luft ist, desto mehr Wasserdampf kann sie aufnehmen. Als praktische Größe für die Luftfeuchte wird in der Seefahrt die *relative Feuchte* verwendet. Sie ist das Verhältnis des augenblicklichen (gemessenen) Wasserdampfgehaltes zum möglichen Höchstwert bei einer bestimmten Temperatur und wird in Prozent angegeben.
Beispiel: Bei einer Temperatur von 25 °C kann 1 m³ Luft maximal 23 g Wasser aufnehmen. Werden 11,5 g Wasser in der Luft gemessen, dann ergibt sich die relative Feuchte zu:

$11{,}5/23 \cdot 100\,\% = 50\,\%$ relative Feuchte

Durch Abkühlung oder Erwärmung der Luft verändert sich die absolute Feuchte. Da kalte Luft weniger Wasserdampf aufnehmen kann als warme, ist ihre Sättigungsfeuchte niedriger als bei warmer Luft. Die Temperatur, auf die die Luft abgekühlt werden muss, damit der Sättigungswert des Wasserdampfes erreicht wird, wird als Taupunkt bezeichnet. Es

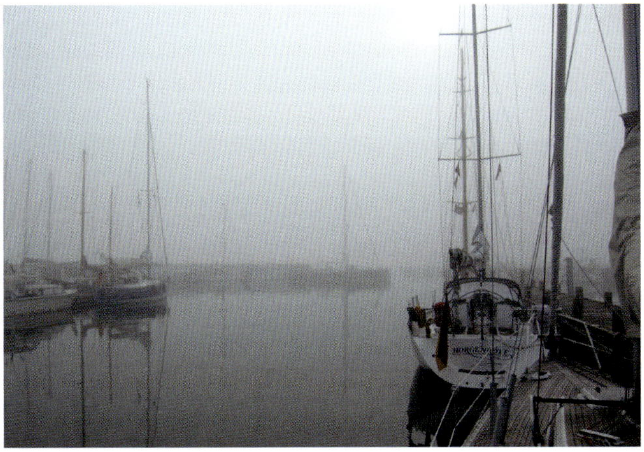

Abb. 1.28 Strahlungsnebel im Hafen

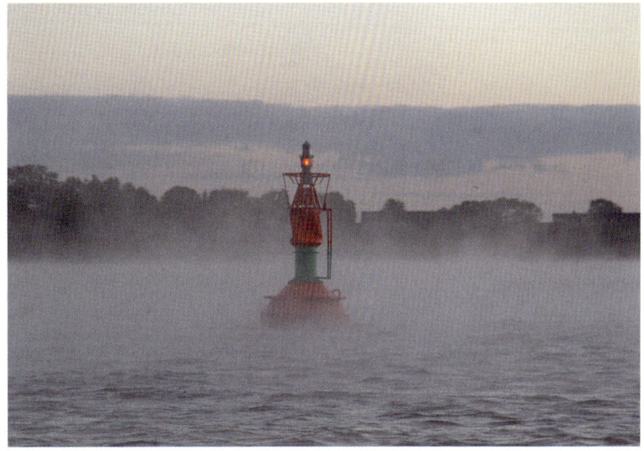

Abb. 1.29 Warmwassernebel

ist die Temperatur, bei der sich durch Abkühlung Tau infolge Kondensation niederschlägt. Die höchsten gemessenen Taupunkte werden in den Tropen angetroffen; sie liegen bei maximal 25 bis 27 °C. Überschreitet der Taupunkt 16 °C, wird dies bereits als Schwüle empfunden.
An Bord ist es nicht einfach, die Luftfeuchtigkeit zu messen. Als *Messinstrument* dient allgemein das Hygrometer, das häufig als Kombi-Instrument mit der Lufttemperatur zu finden ist. Da das Hygrometer oft in der Kajüte angebracht ist, ist die Messung stark verfälscht. Leicht lässt sich vorstellen, wie stark die Luftfeuchte ansteigt, wenn z. B. Spaghetti gekocht werden.
Verwendet werden kann auch das aus zwei Thermometern bestehende Schleuderpsychrometer: Ein Thermometer ist mit einem Gewebe überzogen und mit Wasser angefeuchtet. Dieses Thermometer wird der umgebenden Luft ausgesetzt; zur schnelleren Abkühlung wird es in ventilierte Luft gehalten oder in der Luft geschleudert. Wegen der entstehenden Verdunstungskälte zeigt dieses „feuchte" Thermometer eine im Vergleich zum „trockenen" Thermometer niedrigere Temperatur an. Wenn sich nach etwa 2 Minuten Ventilation die Verdunstungskälte am Thermometer und die Wärmezufuhr durch die vorbeiströmende Luft im Gleichgewicht befinden, sinkt die Temperatur nicht weiter, sondern bleibt konstant. Mithilfe dieser Feuchttemperatur und der tatsächlichen Lufttemperatur, der Trockentemperatur, können Taupunkt und relative Feuchte der Luft aus einer Psychrometertabelle entnommen werden.

1.6 Nebel

Von der relativen Feuchte hin zur Nebelbildung ist es nur ein kleiner Schritt. Es gibt verschiedene Möglichkeiten, die eine Luftmasse zur Kondensation bringen, z. B. die Zufuhr von Feuchtigkeit, die Mischung von Luftmassen mit hoher Luftfeuchtigkeit oder die Abkühlung der Luft. Die Kondensation bei 100 % relativer Feuchte setzt voraus, dass Kondensationskerne, etwa Salz, Staub oder Rußpartikel, vorliegen. Bei industriell gereinigter Luft muss sehr viel mehr Feuchtigkeit zugefügt werden, denn die Kondensation tritt erst bei 600 % ein.
Nebel ist in der Schifffahrt immer noch eine Wettergröße, die große Unsicherheit in den beabsichtigten Törn bringen kann. Während zwar die Navigation im Nebel dank GPS einfacher geworden ist, ist die hohe Gefahr der Kollision trotz AIS, Radar und anderer Hilfsmittel mit anderen Fahrzeugen geblieben.
Nebel ist streng genommen eine am Boden aufliegende Wolke vom Typ Stratus. In der Schifffahrt wird dann von Nebel gesprochen, wenn die Sichtweite weniger als 1000 m beträgt. Nebeltröpfchen sind sehr fein, im dichten Nebel haben sie größere Durchmesser und es kann Sprühregen oder Schneegriesel beobachtet werden.
Nebelarten gibt es viele; die für die Schifffahrt wichtigen sind der Strahlungsnebel sowie Warm- und Kaltwassernebel.
Strahlungsnebel bildet sich überwiegend nachts oder in den Morgenstunden bei klarem oder nur gering bewölktem Him-

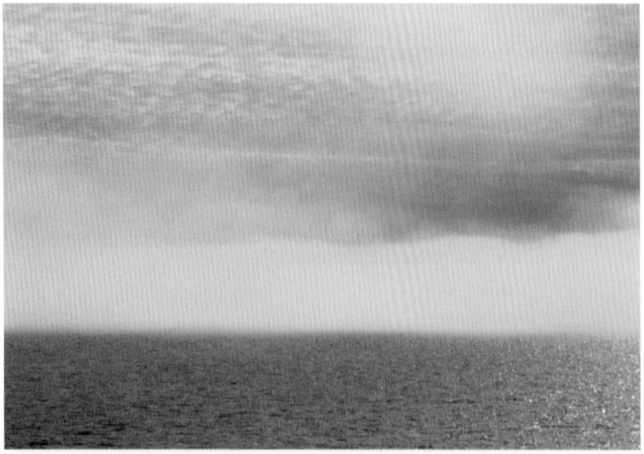

Abb. 1.30 Kaltwassernebel über dem Humboldtstrom

mel über Land. Er tritt vor allem auf, wenn ein großer Unterschied zwischen den Tages- und den Nachttemperaturen herrscht und dabei relativ wenig Wind weht. Der Erdboden gibt nach Sonnenuntergang durch Ausstrahlung Wärme an obere Luftschichten ab. Die Lufttemperatur der bodennahen Schichten nimmt ab und erreicht ihren Taupunkt, wobei die Kondensation bzw. Nebelbildung einsetzt. Strahlungsnebel über Land kann durch Wind auf See verdriften und führt zur raschen Sichtverschlechterung insbesondere in Küstennähe, Flussmündungen oder auch engen Durchfahrten zwischen Inseln. Im Sommer wird er durch stärkere Sonneneinstrahlung rasch aufgelöst.

Über See dominant sind aber eher die jahreszeitlich bedingten Nebelarten Warmwasser- und Kaltwassernebel. Der *Warmwassernebel* entsteht, wenn kalte Luft über warmes Wasser strömt. Durch Verdunstung an der Wasseroberfläche kommt es bei einer hohen Temperaturdifferenz zwischen Luft und Wasser zur Kondensation. Auf beiden Halbkugeln der Erde tritt dieser Nebel jeweils im Herbst in den gemäßigten Breiten auf, da dann das Wasser noch relativ warm ist. Der Warmwassernebel löst sich auf, sobald die Sonne die Luftmassen über dem Meer erwärmt.

Mit Kaltwassernebel muss im Frühjahr der jeweiligen Halbkugel gerechnet werden, wenn warme und feuchte Luftmassen über das noch kalte Meer geführt werden. Die Luft wird unter den Taupunkt abgekühlt. Es kommt zur Kondensation, der Kaltwassernebel entwickelt sich. Im Gegensatz zum Warmwassernebel trägt die Erwärmung durch die Sonneneinstrahlung nur wenig dazu bei, den Nebel aufzulösen, denn die Wassertemperatur bleibt nahezu unverändert. Da sich das Meer nicht so rasch erwärmen kann, beendet nur die Heranführung einer deutlich trockeneren Luftmasse die Nebelsituation. Kaltwassernebel ist aber auch das ganze Jahr über in Seegebieten anzutreffen, in denen warme Luft über kalte Meeresströmungen weht. Bekannte Gebiete dafür sind die Grand Banks vor Neufundland, wo der kalte Labradorstrom nach Süden strömt. Auch der kalte Kalifornienstrom und der Humboldtstrom produzieren bevorzugt Kaltwassernebel.

Auch Auftriebswasser kann Kaltwassernebel hervorrufen. Auftriebswasser entsteht, wenn ablandiger Wind die Wassermassen nahe der Oberfläche von der Küste auf den Ozean vertreibt. Als Folge strömt kaltes Wasser aus der Tiefe nach.

Schlechte Sichten können aber nicht nur durch Nebel oder starken Niederschlag hervorgerufen werden, sondern auch durch Staub. Beispielsweise kann im Mittelmeerraum mit der Luftmasse transportierter Saharastaub die Sichtweite stark vermindern.

1.7 Wolken

Die Wolkenbildung ist fast immer mit aufsteigender Luft verbunden. Dabei gelangt Luft in kältere Schichten und wird unter den Taupunkt abgekühlt. Luft kann z. B. durch Gebirge oder andere Hindernisse gezwungen werden, in kältere Schichten aufzugleiten. Oder aber die Luft steigt auf, weil sie eine geringere Dichte hat, da sie z. B. durch die Sonne erwärmt wurde.

Damit es überhaupt zur Kondensation kommt, müssen in der Luft – wie auch bei der Nebelbildung – Kondensations- oder Gefrierkerne vorhanden sein, wie etwa kleine Salzpartikel oder Staubteilchen. Wird also Luft abgekühlt, ist in ihr mehr Feuchtigkeit vorhanden und an den Kondensationskernen lagert sich das Wasser an und bildet kleine Tröpfchen. Bei Temperaturen unter 0° C sind Gefrierkerne erforderlich. Zu beobachten ist das gut an Kondensstreifen von Flugzeugen. Sie entstehen durch den Verbrennungsausstoß der Flugzeugtriebwerke. Bei Wolken findet man je nach Höhe und Temperatur der Luftmasse *Wasserwolken, Eiswolken oder Mischwolken*.

Bei stärker aufsteigender Luft entstehen Quellwolken (Cumu-

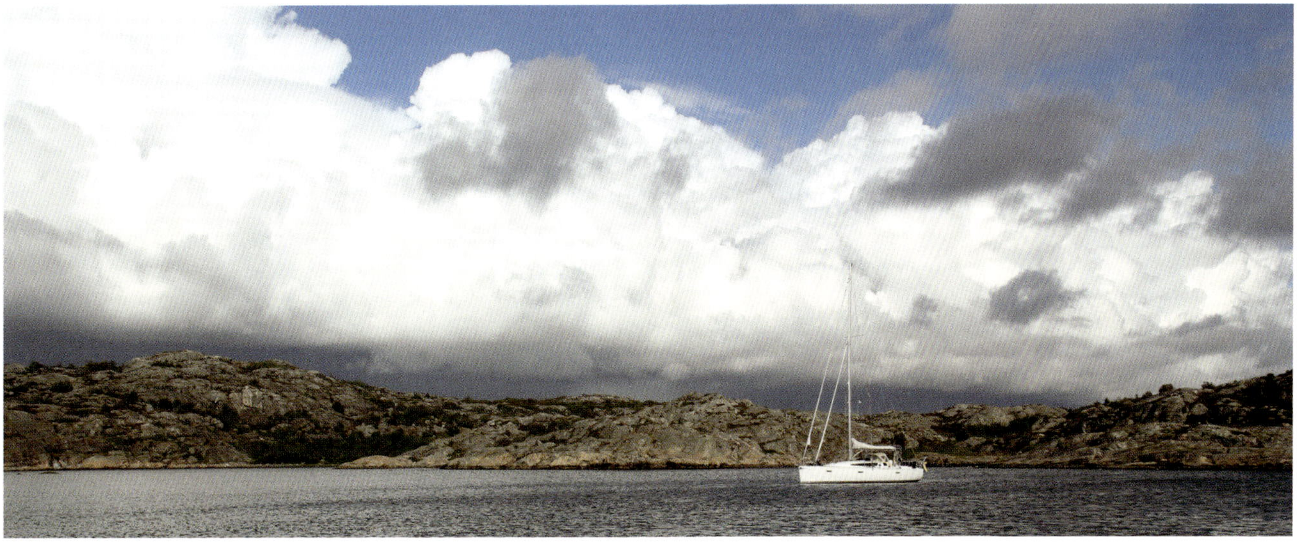

Abb. 1.31 Quellwolken, entstanden durch aufsteigende Luftmassen

Abb. 1.32 Wolkenstockwerke

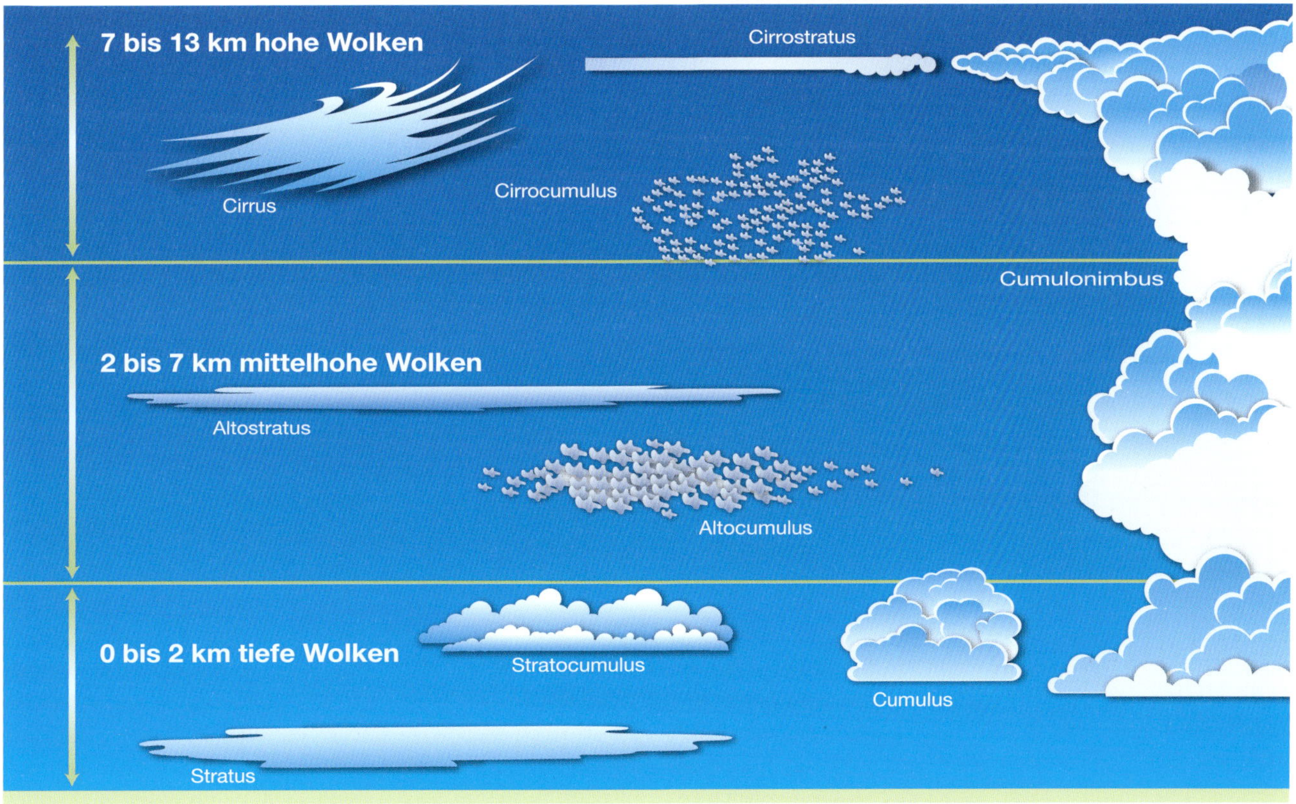

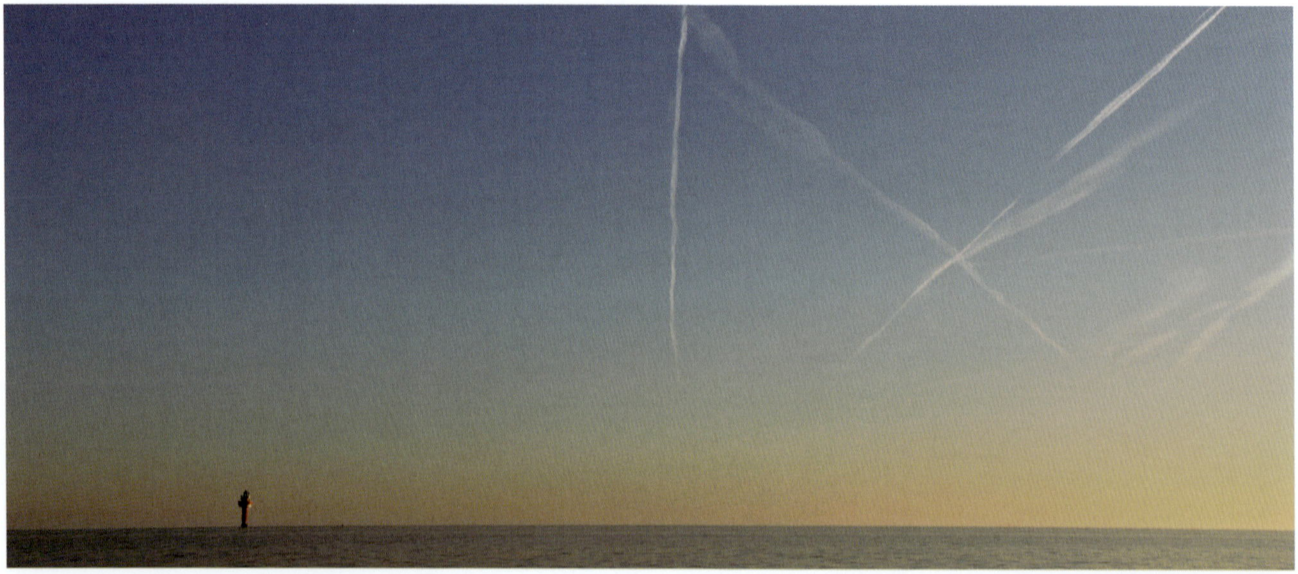

Abb. 1.33 Kondensstreifen bei wolkenlosem Himmel

Abb. 1.34 Tiefer Stratus/Nebel

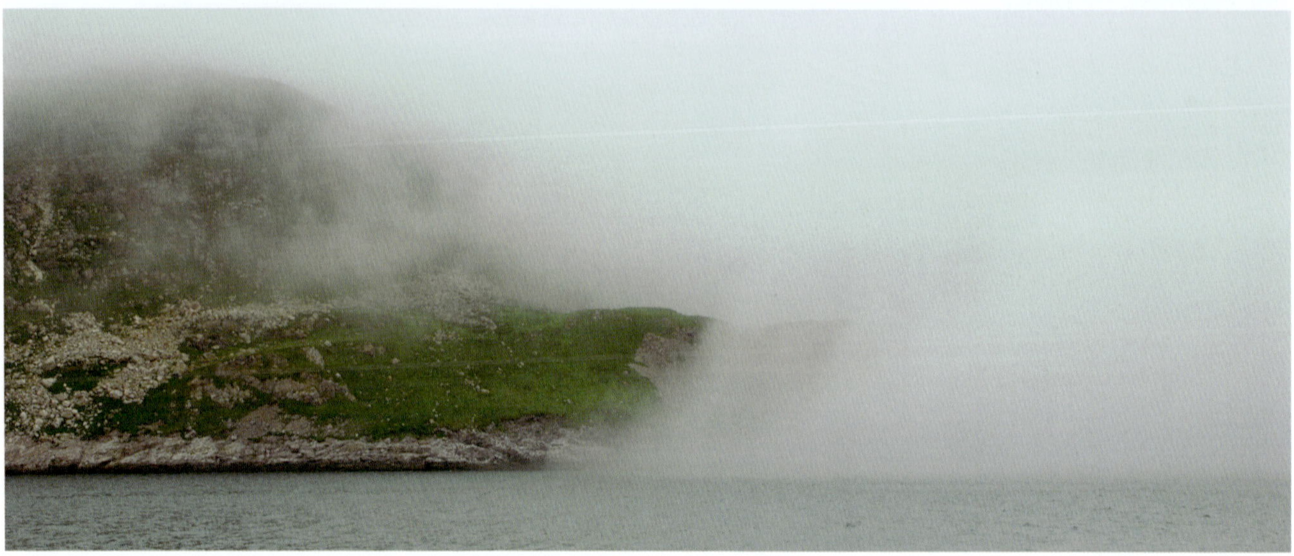

luswolken, auch Konvektions- oder Haufenwolken). Wird die Luft nur sehr langsam und großräumig gehoben, entwickeln sich Schichtwolken (Stratuswolken). Quellwolken bilden sich meistens tagsüber, vor allem über Land, wenn die Sonne die Erdoberfläche erwärmt. Über See kann man sie aber auch beobachten, etwa in der Passatregion. Dabei steigt feuchte und wärmere Luft auf bis in eine Höhe, in der der Wasserdampf kondensiert, es entstehen Wolkentröpfchen. Schichtwolken finden sich dagegen an und vor der Warmfront eines Tiefdruckgebietes, wo die warme Luft langsam auf die kalte Luft aufgleitet. Auch hier ist die Kondensation für die Wolkenbildung verantwortlich.

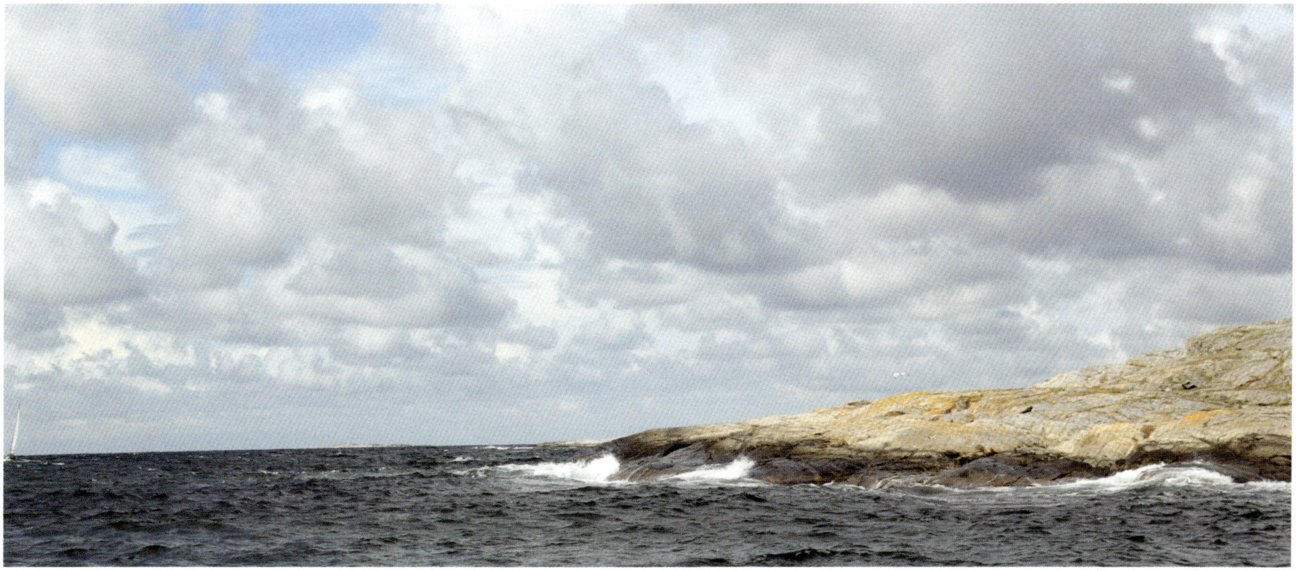

Abb. 1.35 Cumulus

Abb. 1.36 Stratocumulus

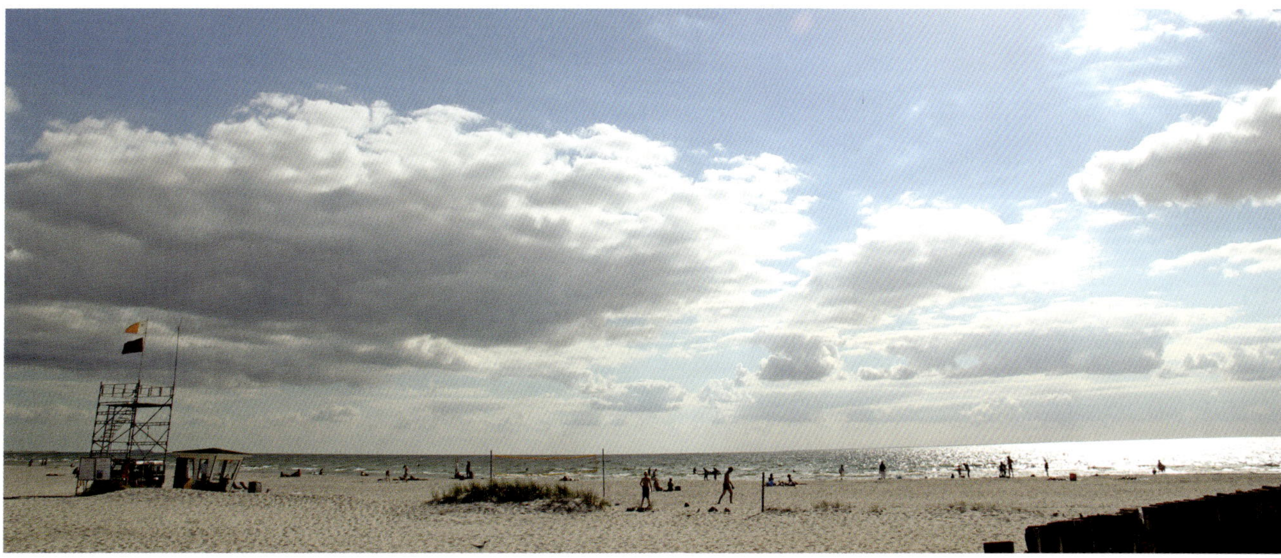

Wolken werden nach ihrem Erscheinungsbild in mehrere Typen eingeteilt. International wird in *zehn Haupttypen* (Gattungen) unterschieden: Cirrus (Ci), Cirrocumulus (Cc), Cirrostratus (Cs), Altocumulus (Ac), Altostratus (As), Nimbostratus (Ns), Stratocumulus (Sc), Stratus (St), Cumulus (Cu) und Cumulonimbus (Cb). Für weitere Arten, Unterarten und Sonderformen gibt es noch besondere lateinische Bezeichnungen, wie z. B. den Altocumulus opacus. Der Zusatz „opacus“ bedeutet schattig oder dicht, mit anderen Worten: Die Sonne kann nicht mehr durch die Wolke scheinen.

Neben der Klassifikation werden die Wolken auch definierten *Stockwerken* zugeordnet. Zu unterscheiden sind

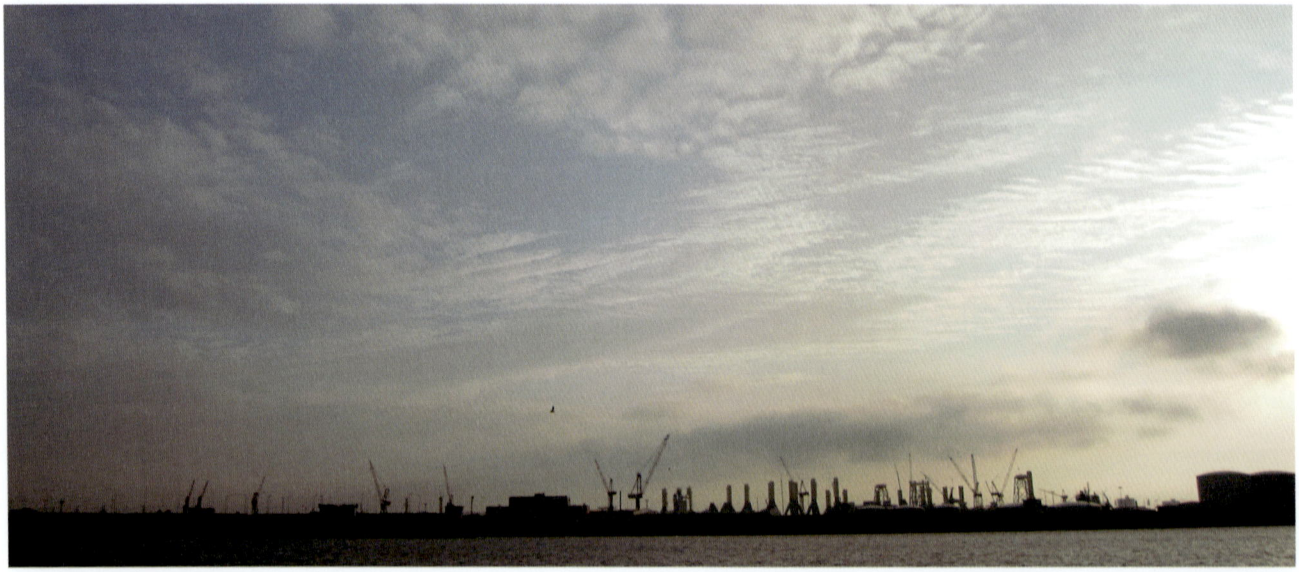

Abb. 1.37 Altocumulus

Abb. 1.38 Altostratus

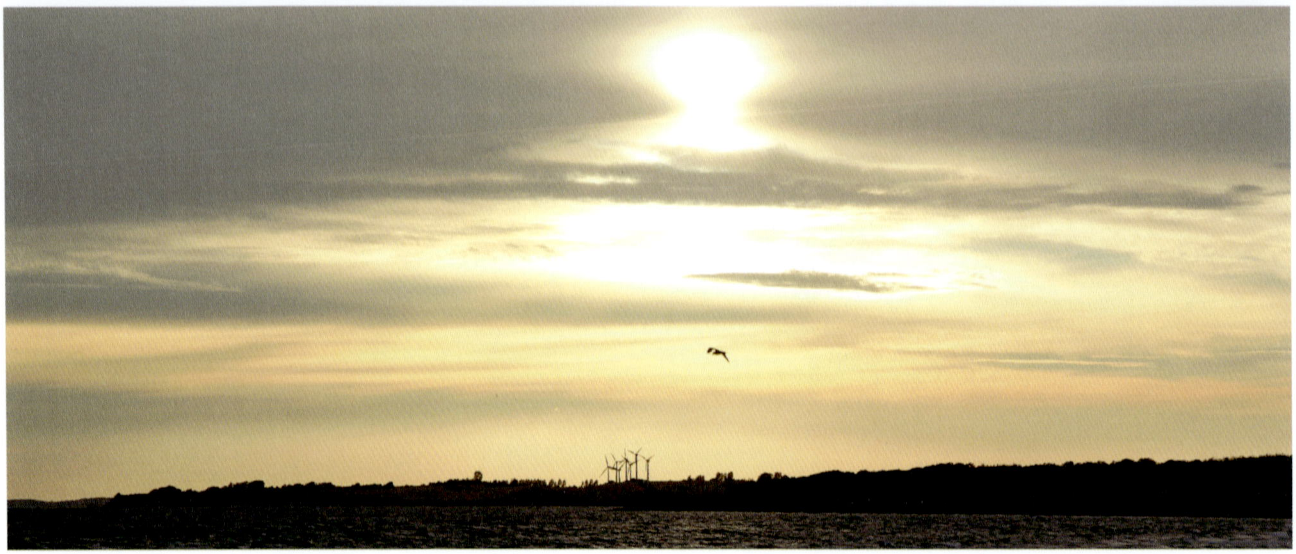

drei: ein tiefes, ein mittleres und ein hohes Stockwerk. In den gemäßigten Breiten entsprechen dem tiefen Stockwerk Höhen von etwa 0 bis 2 km, dem mittleren 2 bis 7 km und dem hohen bis 13 km. Hohe Wolken bestehen aus Eiskristallen, tiefe Wolken dagegen aus Wassertröpfchen. Wasserwolken sind wenig lichtdurchlässig. Sie erscheinen grau oder weiß. Eiswolken dagegen haben eine große Lichtdurchlässigkeit. Ihre Ränder sind unscharf, oft haben sie ein faseriges Aussehen.

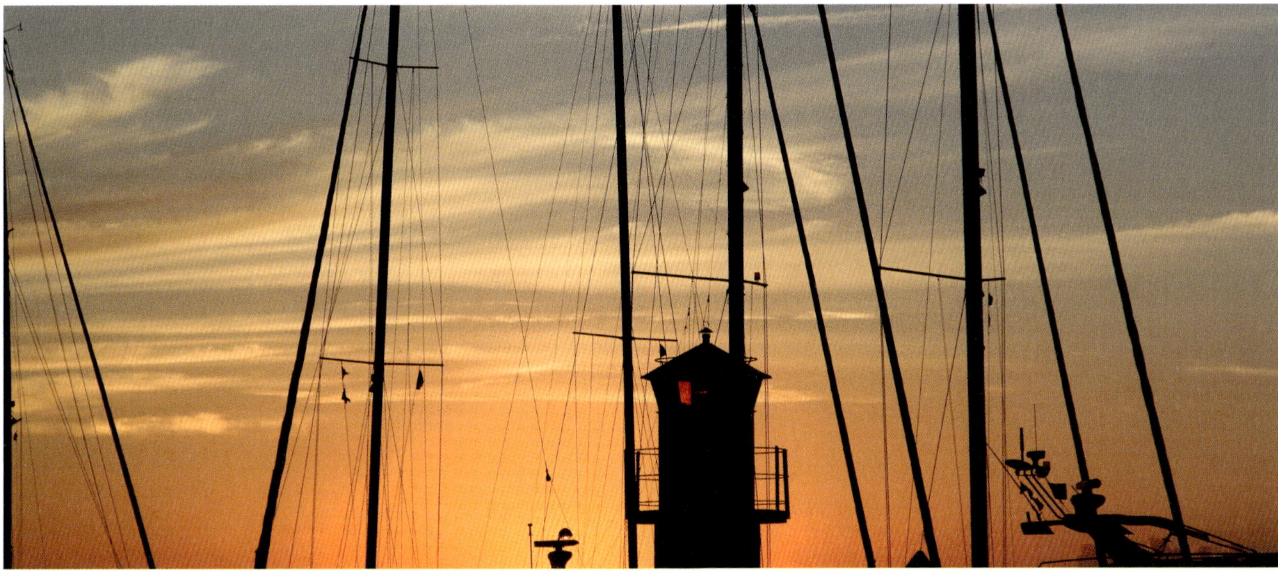

Abb. 1.39 Cirrus

Abb. 1.40 Cirrostratus über Cumulus

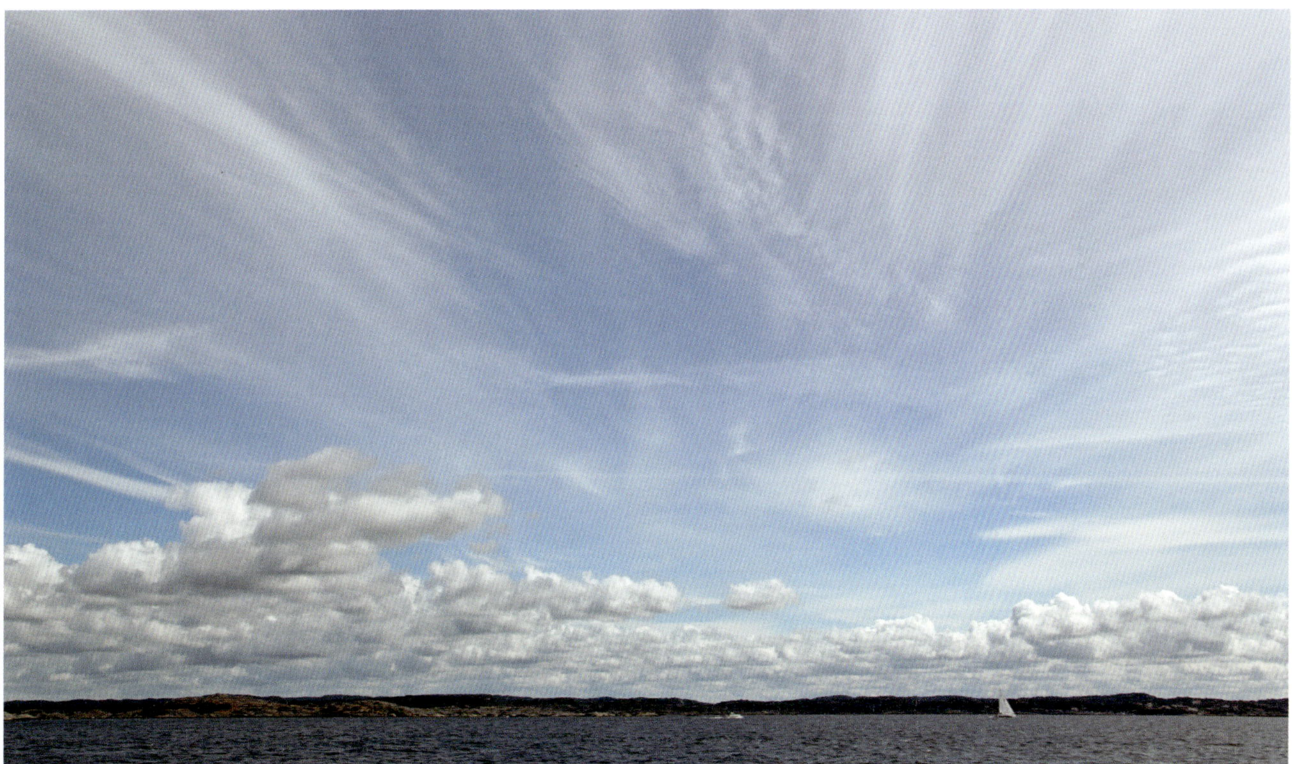

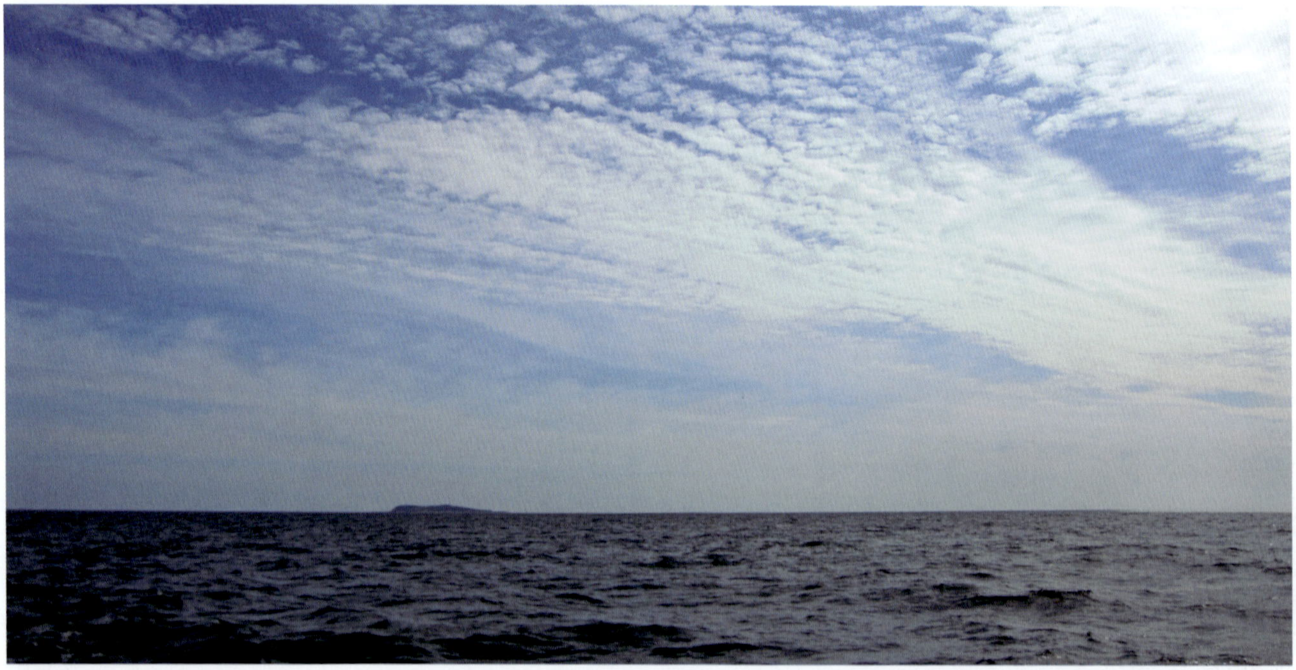

Abb. 1.41 Cirrocumulus

Abb. 1.42 Cumulonimbus

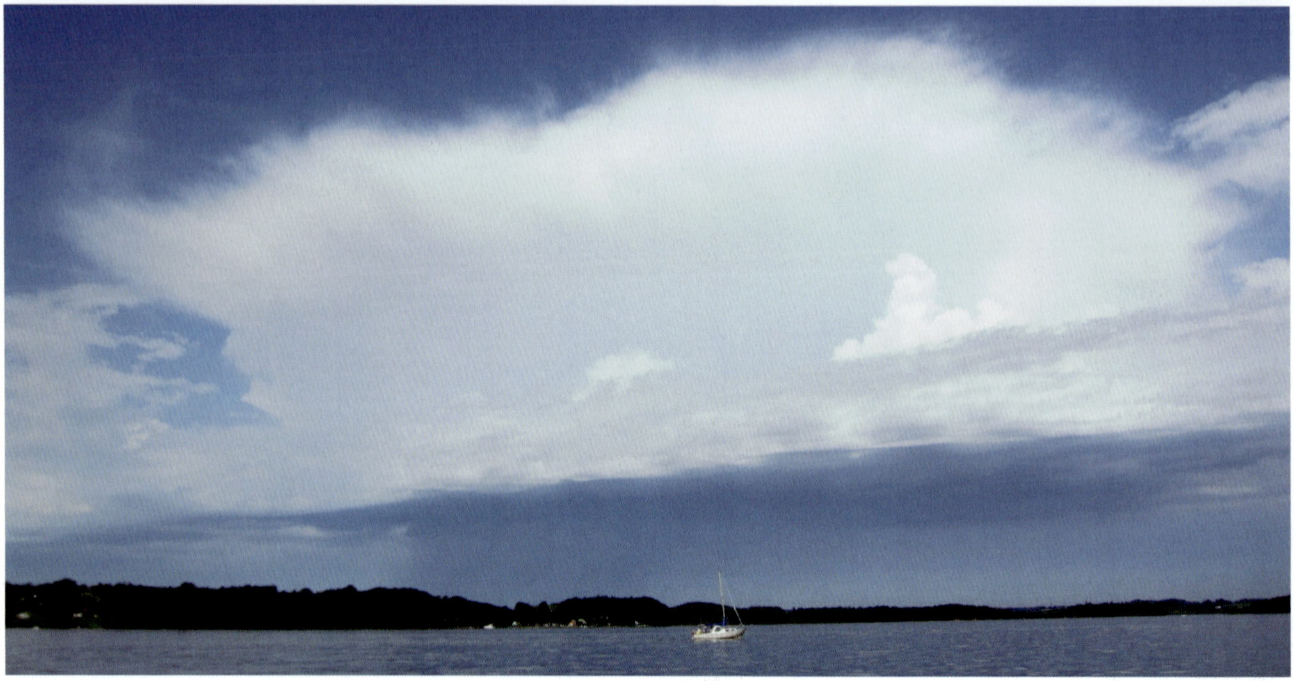

2 Tief- und Hochdruckgebiete

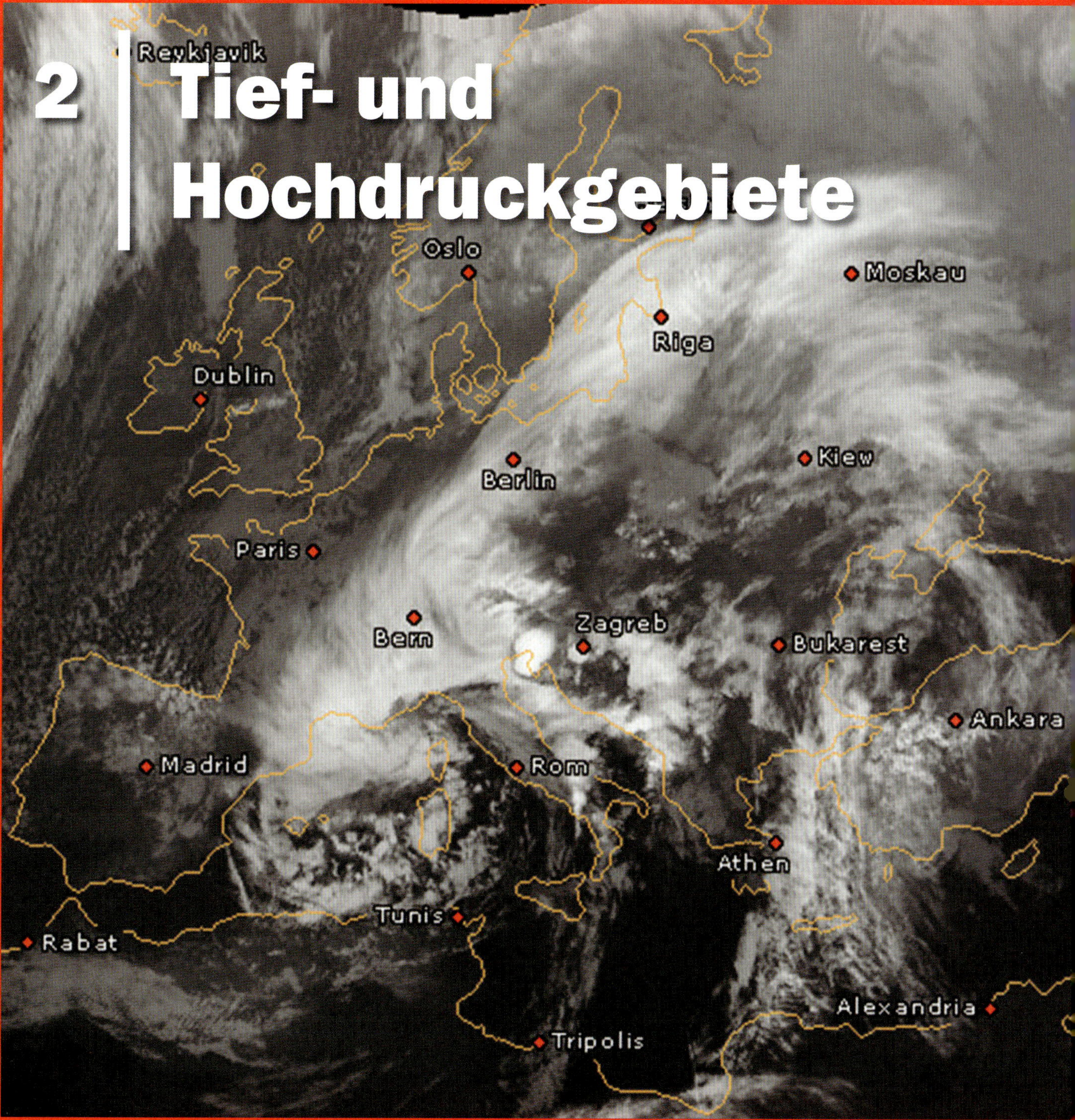

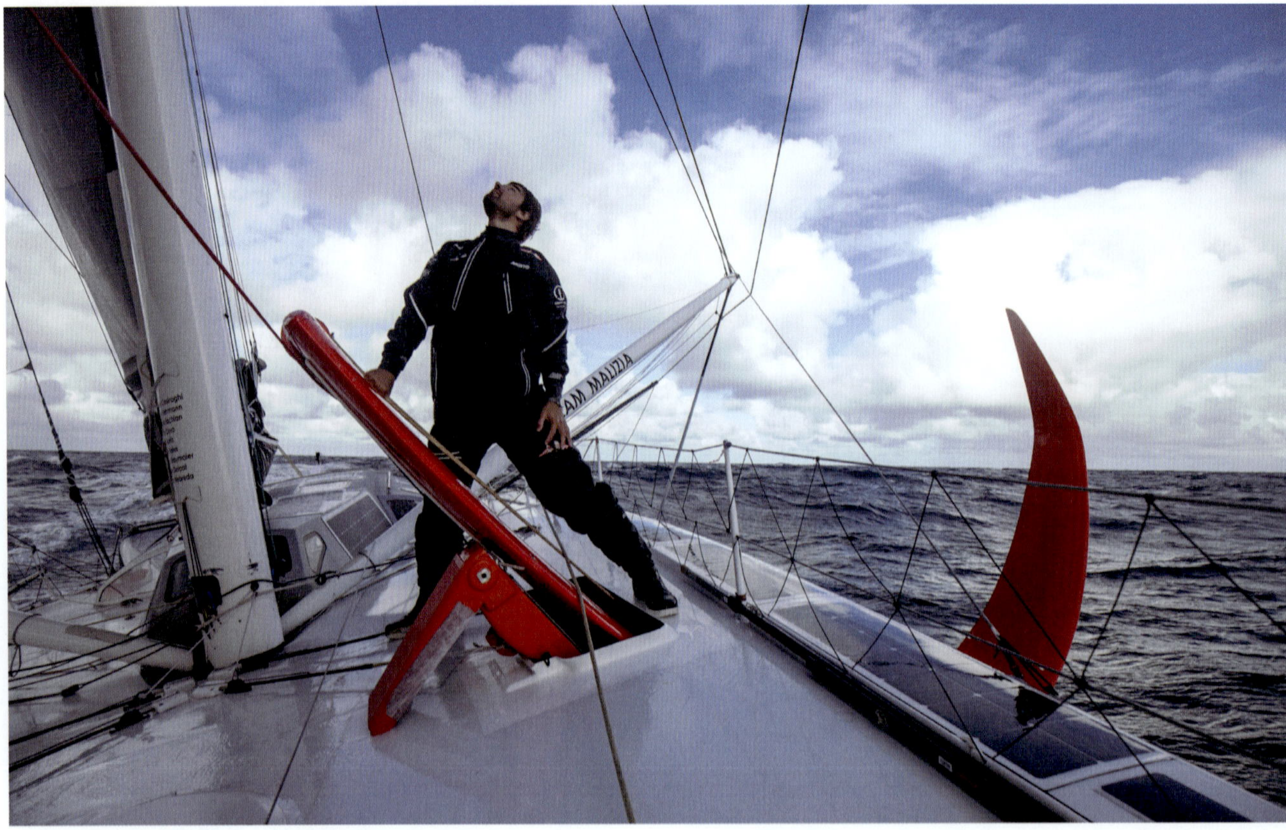

Abb. 2.1 Segeln in den Westwindbreiten

2.1 Lebensweg der Tiefdruckgebiete

Segelt man in den gemäßigten Breiten der Nord- und Südhalbkugel, ist das Wetter oft durch ziehende Tiefdruckgebiete (Zyklonen) geprägt. Diese Klimazone ist die Westwinddrift. Obwohl diese Tiefdruckgebiete das Wetter recht abwechslungsreich gestalten, zeigen sie doch für beide Halbkugeln einen *typischen Wetterverlauf*. Dieser wird anhand des „idealen Tiefs" beschrieben (s. Kap. 2.1.2) und kann an Bord gut nachvollzogen werden. Allerdings ist die Westwinddrift mit den Tiefs auf der Nord- und Südhalbkugel unterschiedlich ausgeprägt. Das liegt daran, dass die Antarktis im Mittel kälter ist als die Arktis. Denn je größer der Unterschied zwischen den beteiligten Luftmassen ist, umso kräftiger sind die Tiefdruckentwicklungen. Zudem ist der Einfluss der Bodenreibung in der Westwinddrift der Südhemisphäre geringer, denn nur die Südspitze Südamerikas sowie Teile von Australien und Neuseeland unterbrechen die Verlagerung der Tiefdruckgebiete um die Antarktis in östlicher Richtung. Deshalb tragen die windigen Breiten der Südhalbkugel auch Namen wie die „Roaring Forties"; aus der Zeit der Segelschifffahrt gibt es über diese „Brüllenden Vierziger" und die „Wütenden Fünfziger" (Furious Fifties) viele Berichte.

Auf die Funktion der Tiefdruckgebiete wurde bereits in Kapitel 1 „Klima und Zirkulation – Grundgrößen" eingegangen. Die Tiefdruckgebiete der Nord- und Südhalbkugel sind die „Mischmaschinen" zwischen dem Subtropenhoch und dem Hochdruckgebiet über den Polen. Bezogen auf die Nordhalbkugel und den Nordatlantik bedeutet es, dass das Azorenhoch warme und feuchte Luftmassen aus südwestlichen und das polare Hoch kalte Luftmassen aus nordöstlichen

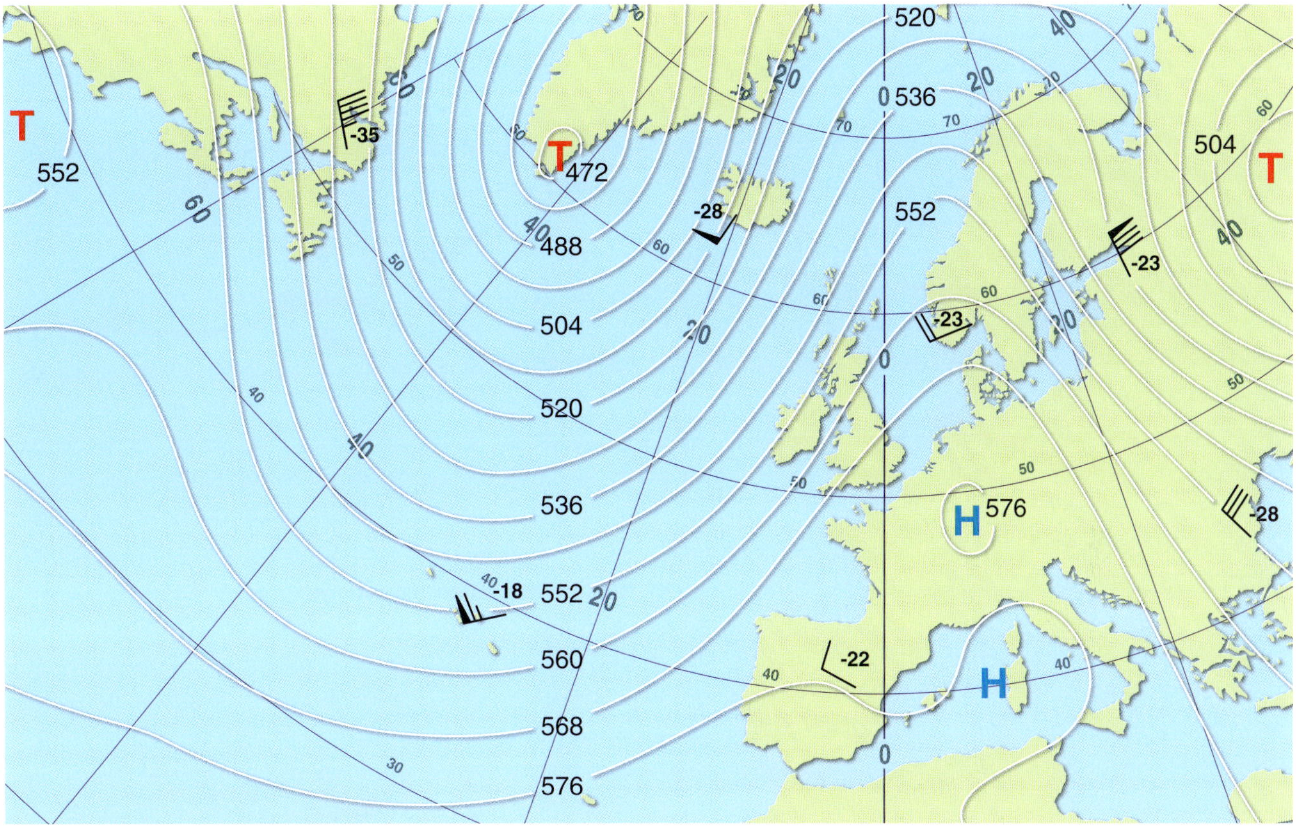

Abb. 2.2 Höhenströmung in etwa 5 km Höhe

Richtungen heranführt. An einer Grenzfläche, die sich bis zur Tropopause und somit auch in größere Höhen erstreckt, treffen diese aufeinander. Diese Luftmassengrenze verläuft zirkumpolar um die Arktis und wird als Polarfront bezeichnet. Nahe der Tropopause findet man in großer Höhe an der Polarfront ausgeprägte Starkwindbänder (Strahlstrom, Jetstream).

Nehmen die Temperaturgegensätze an der Polarfront immer weiter zu, dann ergeben sich an der Polarfront/Luftmassengrenze kleine instabile Temperatur- und Druckschwankungen mit Wellenbildungen. Diese Wellenbildungen werden durch Entwicklungen in der Atmosphäre in einer Höhe von etwa 5 km angeregt. Das lässt sich anhand von Höhenwetterkarten nachvollziehen, in denen nicht Isobaren, wie in den Bodenwetterkarten, analysiert werden, sondern die Höhenlinien (Isohypsen) einer bestimmten Hauptdruckfläche. Sie verbinden Orte gleicher Höhe über NN in einer bestimmten Druckfläche. Die wichtigste Höhenwetterkarte ist die des 500-hPa-Niveaus. Ihre tatsächliche Höhe schwankt in den gemäßigten Breiten zwischen Werten unter 5 bis zu 6 km über dem Meeresniveau. Die Isohypsen (s. Abb. 2.2) zeigen oft ein ausgeprägtes Wellenmuster mit veränderlichen Trögen (Ausbuchtung äquatorwärts) und Keilen (Ausbuchtung polwärts). Vereinfacht lässt sich sagen, dass deren Intensität und Verlagerung maßgeblich die Entwicklung und Verlagerung der Tief- und Hochdruckgebiete steuern. Die Rotation der Tiefdruckgebiete ergibt sich aus der „Vorticity“ (Wirbelgröße). Diese hier zu erklären, würde jedoch zu ausführlich geraten. Die Intensität der Tiefdruckgebiete ist aber nicht durch die Rotation bestimmt, entscheidend sind die Temperaturunterschiede der beteiligten Luftmassen an der Polarfront.

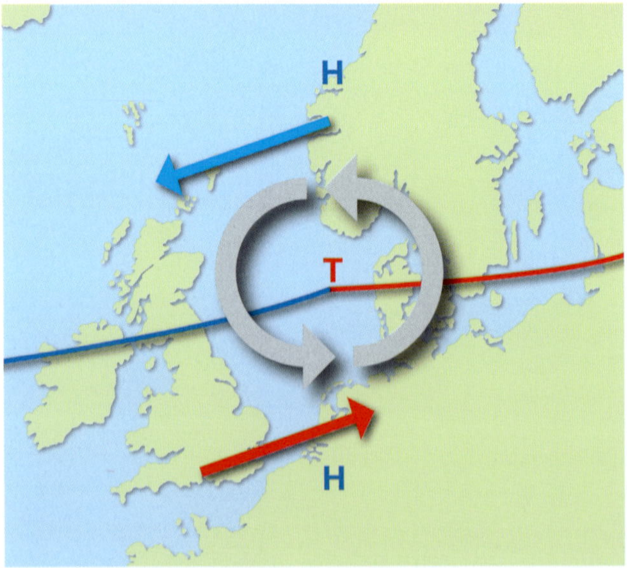

Abb. 2.3 Ausbildung einer Welle an der Polarfront

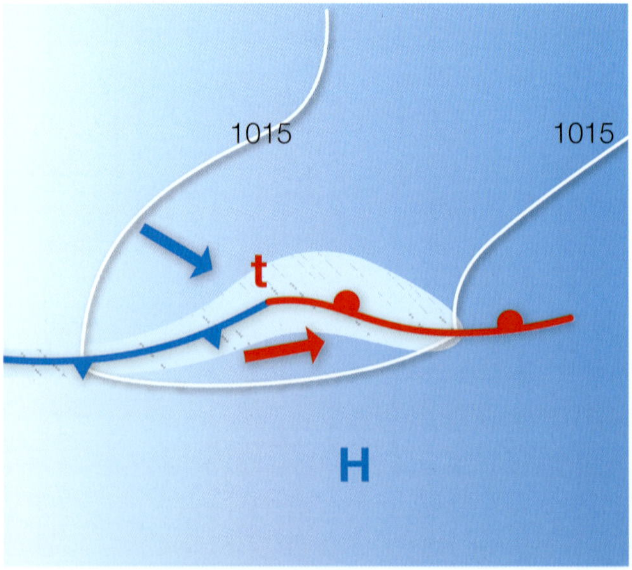

Abb. 2.4 Welle auf der Nordhalbkugel

Sind vor allem die Voraussetzungen ausreichender Temperaturunterschiede der Luftmassen und Vorticity erfüllt, können sich die Wellen an der Polarfront zu Tiefdruckgebieten entwickeln. Tiefdruckgebiete haben, von ihrer Entstehung an der Polarfront bis sie sich „auffüllen", einen typischen „Lebensweg". Dieser lässt sich in die *vier Phasen* „Welle", „ideales Tief", „beginnende Okklusion" und schließlich „okkludiertes" Tief einteilen.

2.1.1 Welle

Betrachtet man bei der Tiefentwicklung der Einfachheit halber nur die Entwicklung am Boden und zunächst nur auf der Nordhalbkugel, bildet sich im Anfangsstadium zunächst eine Welle (s. Abb. 2.3) aus. Das geschieht dort, wo, wie bereits beschrieben, die Höhenströmung die Entwicklung durch bestimmte Antriebsmechanismen, wie etwa Hebungsvorgänge, in der Atmosphäre begünstigt ist. Dazu fällt der Luftdruck über dem Ort. Die Wellenbildung bewirkt mit der Vorticity, dass sich die Luftmassengrenze nach Norden verlagert. Ihr folgt warme Luft, wodurch die Luftmassengrenze zur Warmfront wird. Gleichzeitig schiebt sich mit der Verwirbelung kalte Luft nach Süden vor; diese Luftmassengrenze wird zur Kaltfront. Die Front ist also die vordere Grenze einer Luftmasse in Bewegungsrichtung. International wird für die Warmfront die Farbe Rot benutzt, außerdem werden Halbkreissymbole an die Linie angebracht. Die Kaltfront bekommt die Farbe Blau mit spitzen Dreiecken als Symbol.

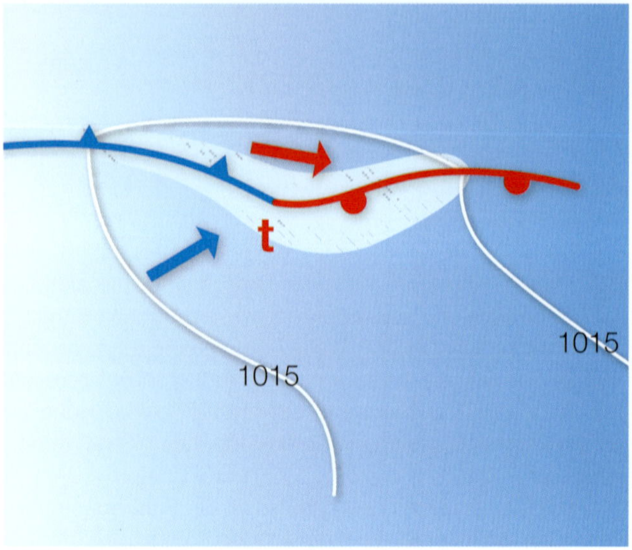

Abb. 2.5 Welle auf der Südhalbkugel

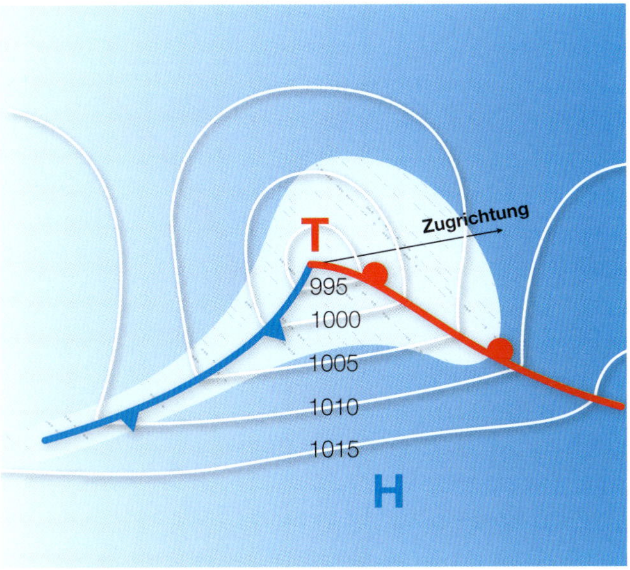

Abb. 2.6 Ideales Tief auf der Nordhalbkugel

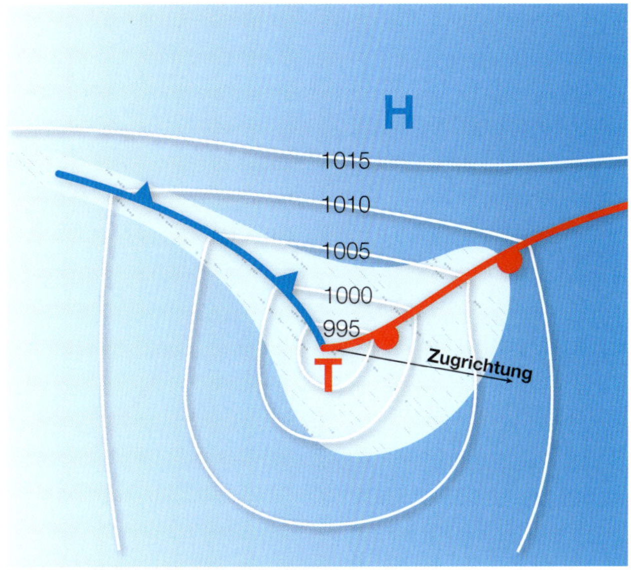

Abb. 2.7 Ideales Tief auf der Südhalbkugel

Nicht jedes Tief, welches das Stadium der Welle erreicht hat, entwickelt sich zum „idealen Tief", z. B. wenn die Vorticity nicht ausreichend ist.

2.1.2 Ideales Tief

Das ideale Tief entwickelt sich aufgrund der unterschiedlichen Verlagerung der Warm- und Kaltfront. Besonders infolge der höheren Dichte der kalten Luft kommt die Kaltfront wesentlich schneller voran als die Warmfront. Mitentscheidend für die Geschwindigkeit ist auch, welche Windgeschwindigkeiten hinter den Fronten wirken. Bevor die Kaltfront die Warmfront einholt, nimmt die Warmluftmasse an der Südseite des Tiefs eine typische Form an, es entsteht der sogenannte Warmsektor. Auf der Vorderseite des Tiefs gleitet die leichtere warme Luft auf die sich davor befindende kühlere und schwere Luft auf und wird dadurch gehoben. Somit kommt die warme Luft in kältere Regionen und der Kondensationsprozess setzt ein. Die damit verbundene Wolkenbildung erzeugt den mehrere hundert Kilometer breiten Aufgleitschirm mit einem ausgedehnten Niederschlags-

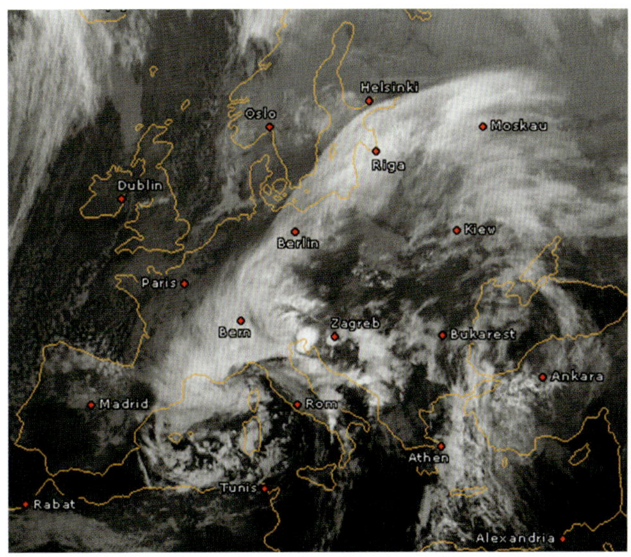

Abb. 2.8 Breiter Aufgleitschirm einer Warmfront über Südfrankreich und der Schweiz (Quelle: Wetteronline)

gebiet. Dieser ist im Satellitenbild (s. Abb. 2.8) sehr gut zu erkennen. Bei den Bildern im Infrarotkanal macht man sich die Wärmeabstrahlung der Erde und der Wolken zunutze, um auch nachts bei Dunkelheit die Wolken- und Wetter-

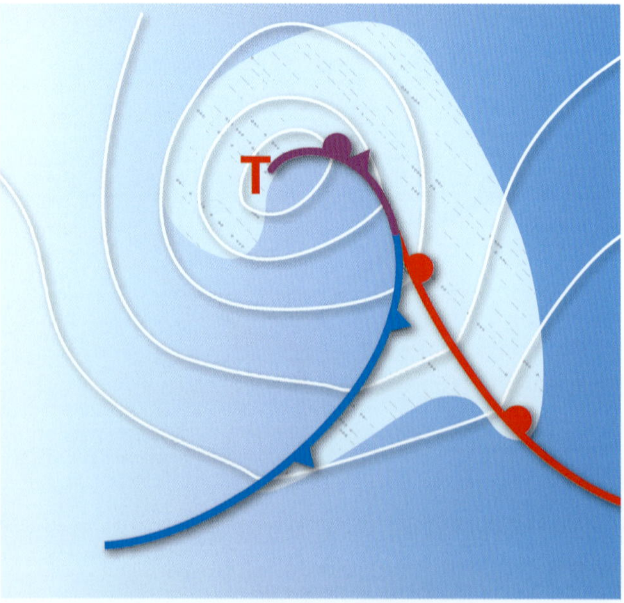

Abb. 2.9 Beginnende Okklusion auf der Nordhalbkugel

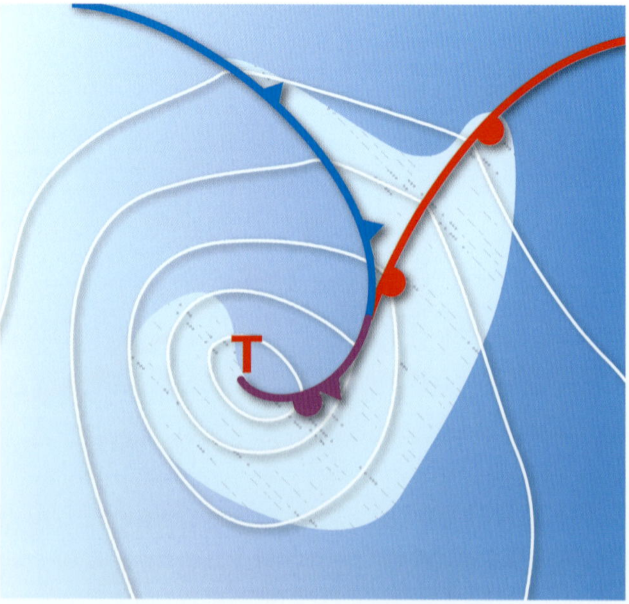

Abb. 2.10 Beginnende Okklusion auf der Südhalbkugel

entwicklung verfolgen zu können. Je heller die Wolken sind, desto höher reichen sie in kältere Atmosphärenschichten. Allerdings ist dabei immer nur die „obere Schicht“ zu sehen, da die darunterliegenden Wolken verdeckt sind. Bei den Bildern im sichtbaren Bereich kann man es sich so vorstellen, dass der Satellit mit einer Fotokamera Aufnahmen macht, wie das menschliche Auge die Erde sehen würde. Dadurch sind in der Dunkelheit keine Informationen verfügbar.
An der „klassischen“ Kaltfront des idealen Tiefs dagegen ist auf einem Satellitenbild nur ein sehr schmales Wolkenband zu erkennen. Nach der Passage der Kaltfront tritt „Rückseitenwetter“ ein, die Wolkendecke „reißt“ auf.

2.1.3 Beginnende Okklusion/Okklusion

Da die Kaltluft den Kern des Tiefs schneller umrundet als die Warmluft, holt die Kaltfront die Warmfront ein. Dieser Vorgang beginnt nahe dem Kern, denn dort ist der Abstand zwischen der Warm- und Kaltfront am geringsten und setzt sich nach außen hin fort. Vom Tiefkern aus entsteht somit die Okklusionsfront, kurz Okklusion genannt (s. Abb. 2.9, 2.10), für die manchmal auch der Begriff „Ausläufer“ oder „Tiefausläufer“ verwendet wird. In Bodenwetterkarten wird zur Kennzeichnung die Farbe Lila verwendet, zusätzlich werden abwechselnd die Symbole für Warm- und Kaltfront benutzt.
Dort, wo sich Warm- und Kaltfront „verzweigen“, liegt der Okklusionspunkt. Der Okklusionspunkt wandert an der Kaltfront entlang nach außen, bis das Tief (s. Abb. 2.11, 2.12) vollständig okkludiert ist. Mit dem Prozess der Okklusion schmilzt der Energievorrat, denn der Lieferant, der Temperaturgegensatz zwischen Warm- und Kaltluft, ist erschöpft. Das Tief hat seine Aufgabe erfüllt, warme Luftmassen polwärts und kalte Luftmassen in Richtung Äquator zu verlagern.
Bei dieser Entwicklung eines Tiefs durch alle vier Phasen erfolgt während des gesamten Entwicklungsprozesses eine Verlagerung meist in östliche Richtungen. Dabei steuert die Höhenströmung auch die Verlagerungsrichtung der Tiefdruckgebiete. Ist die Höhenströmung zonal (entlang der Breitengrade) ausgelegt, erfolgt eine Verlagerung von West nach Ost (s. Abb. 2.13). Ist die Höhenströmung eher parallel zu den Längengraden, spricht man von einer meridionalen Strömung (s. Abb. 2.14).
Oft liegt eine Mischform vor, sodass Zugrichtungen der Tiefs in Richtung Nordost, Ost und Südost sehr häufig sind.

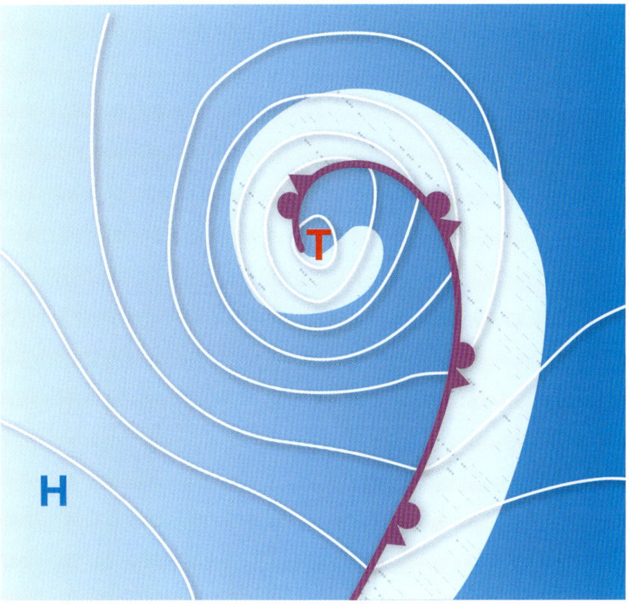

Abb. 2.11 Okkludiertes Tief, Nordhalbkugel

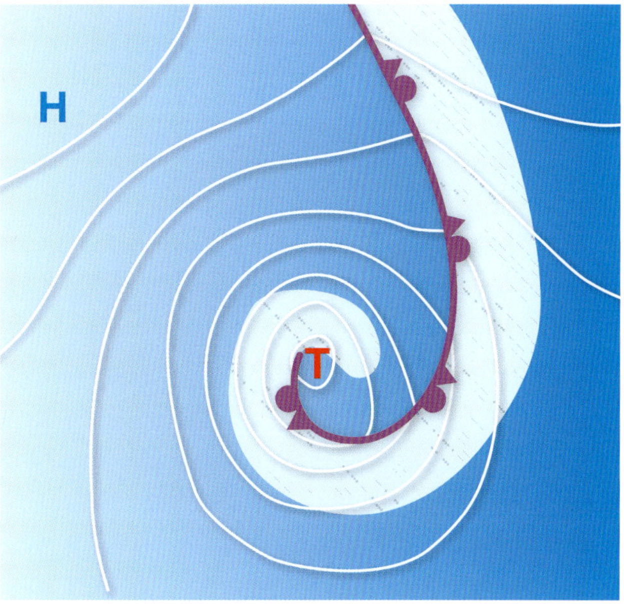

Abb. 2.12 Okkludiertes Tief, Südhalbkugel

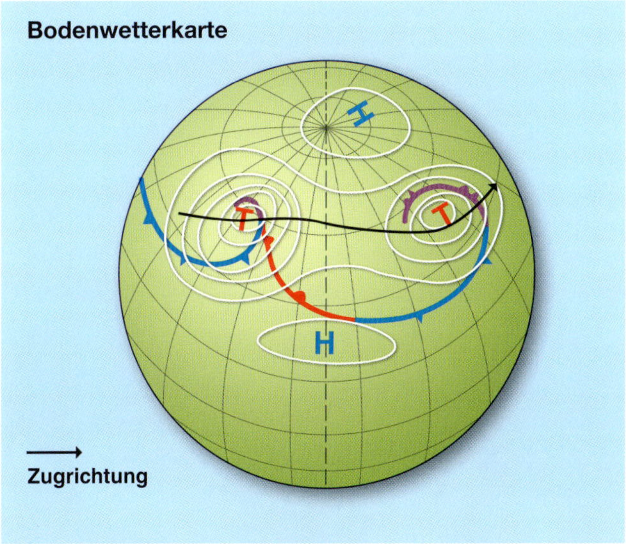

Abb. 2.13a Zonale Zirkulation: Zugbahnen folgen nahezu den Breitengraden (Bodenwetterkarte)

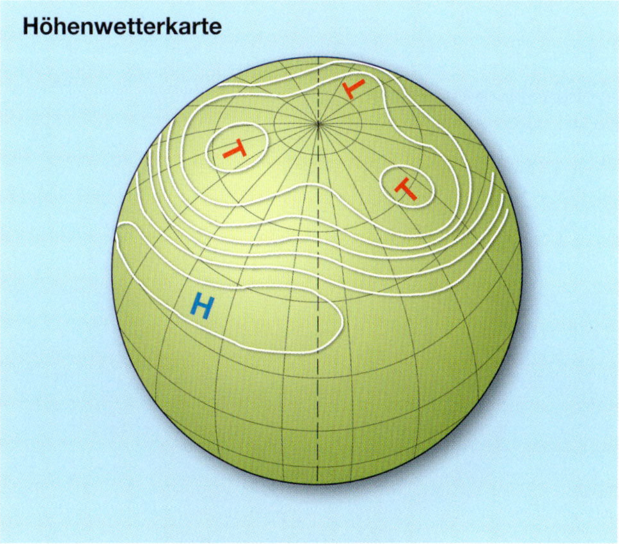

Abb. 2.13b Zonale Zirkulation (Höhenwetterkarte)

Gerade bei der meridionalen Zirkulation sind aber auch Verlagerungen von Tiefdruckgebieten in Richtung Nordwest möglich.

Die Zuggeschwindigkeiten von Tiefdruckgebieten können in schnell (30–50 kn), mittel (15–30 kn) und langsam (unter 15 kn) unterteilt werden.

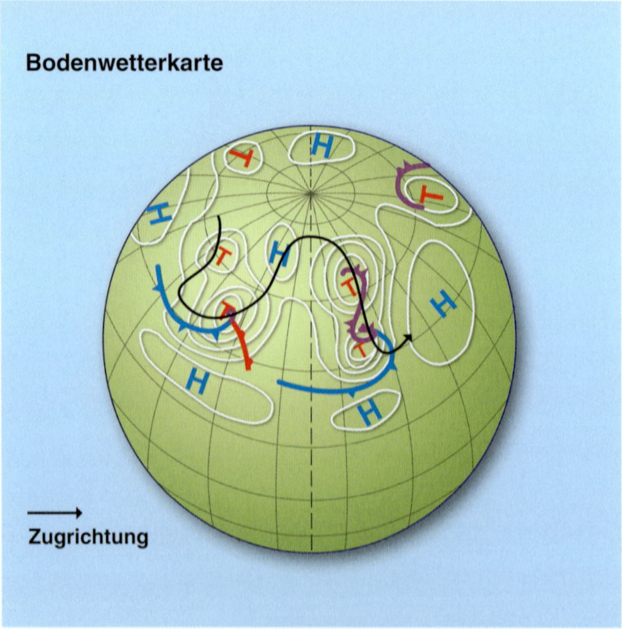

Abb. 2.14a Meridionale Zirkulation: Die Zugbahnen der Tiefdruckgebiete folgen nahezu den Längengraden (Bodenwetterkarte)

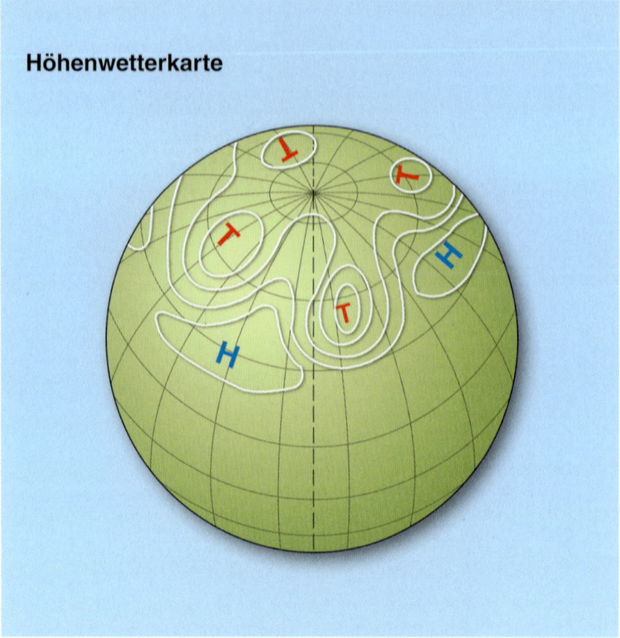

Abb. 2.14b Meridionale Zirkulation (Höhenwetterkarte)

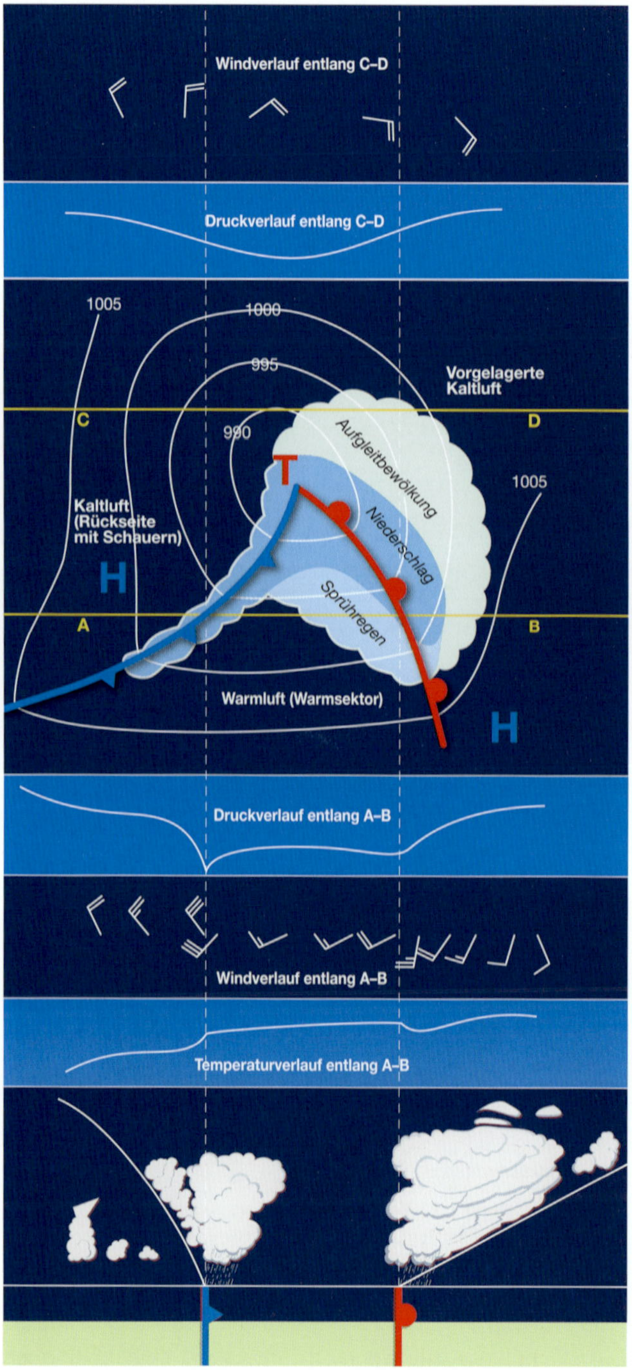

Abb. 2.15 Wettergeschehen um ein ideales Tief auf der Nordhalbkugel

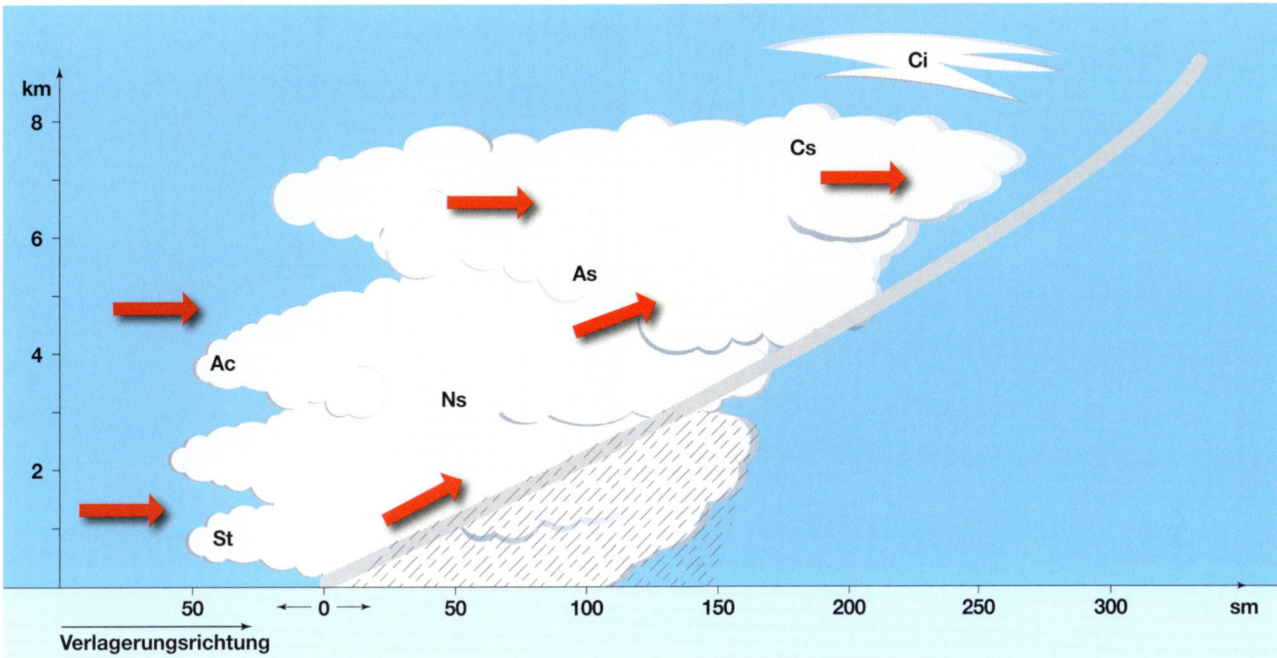

Abb. 2.16 Wolkenentwicklung an der Warmfront

2.2 Wettergeschehen um ein ideales Tief

Tiefdruckgebiete an der Polarfront haben einen typischen Wetterablauf, der besonders durch die Fronten geprägt ist. In der Abbildung 2.15 ist, bezogen auf die Nordhalbkugel, ein Tiefdruckgebiet mit seinen Fronten dargestellt. Um typische Wetterabläufe zu betrachten, ist ein Schnitt südlich des Kerns durch A–B gelegt. Betrachtet man also die Wetterentwicklung entlang A–B, zieht der Kern des Tiefs nördlich, was typisch für die mittleren Breiten ist.

Betrachtet man zunächst die Wolken- und Wettererscheinungen, können als erste Anzeichen für das sich *annähernde Tief bzw. die Warmfront* aufziehende Cirruswolken (Ci) beobachtet werden. Diese ersten Wolken der Aufzugsbewölkung verdichten sich allmählich zum Cirrostratus (Cs). Mit dem Cirrostratus kann tagsüber manchmal ein Halo um die Sonne wahrgenommen werden. Dieser helle farbige Ring entsteht durch Brechung des Lichts an den Eiskristallen. Nachts ist bei gleichen Bedingungen ein Hof um den Mond sichtbar. Da die Warmluft des Warmsektors auf die kalte Luft aufgleitet, sind die ersten Cirren schon weit vor der

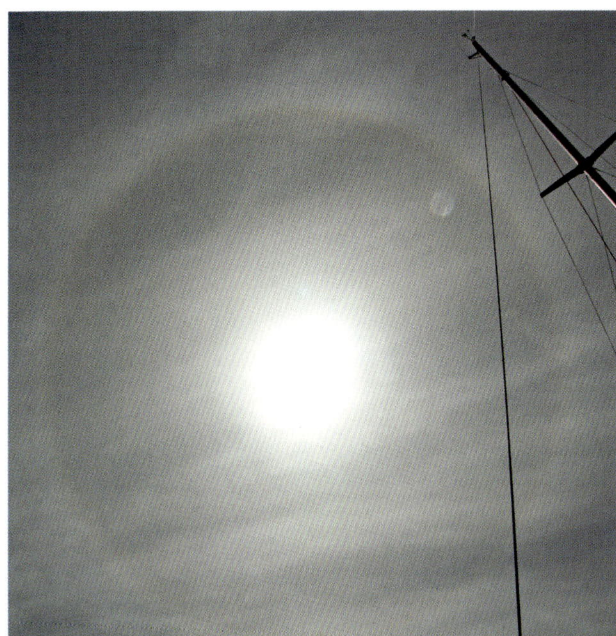

Abb. 2.17 Cirrostratus mit Halo

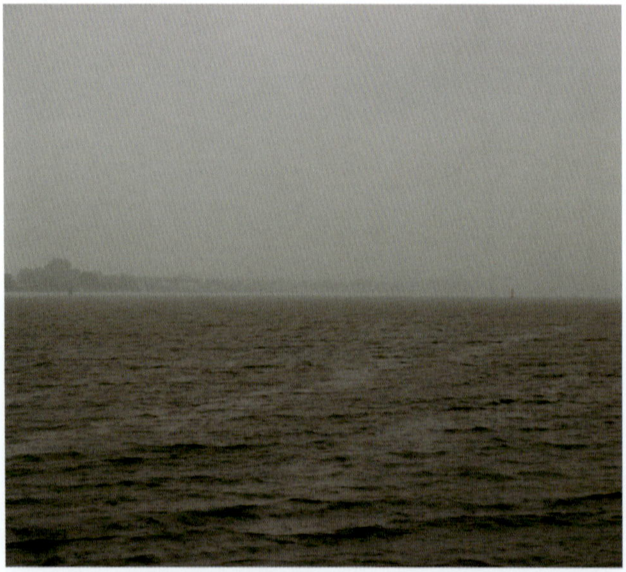

Abb. 2.18 Nimbostratus mit Regen

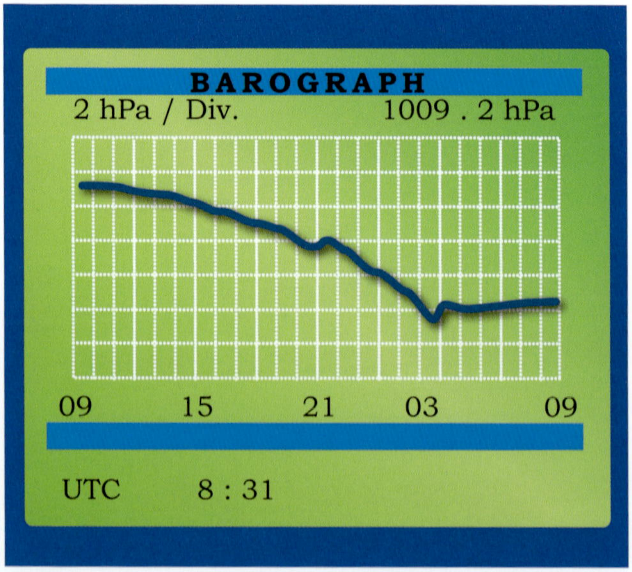

Abb. 2.19 Der Luftdruck fällt bis zum Erreichen der Warmfront

Warmfront am Boden in einem Abstand von 300 bis 400 sm zu beobachten. Wenn sich Tiefdruckgebiet und Warmfront z. B. mit etwa 20 kn verlagern, lässt sich daraus schließen, dass mit einer Warmfront verbundene Cirruswolken bis zu 20 Stunden vor dem Frontdurchgang am Boden die Wetterveränderung ankündigen.

Es reicht jedoch nicht aus, nur aufgrund einer Cirrusbewölkung auf eine Wetterverschlechterung zu schließen. Selbst während einer lang anhaltenden Schönwetterperiode können Cirruswolken am Himmel vorhanden sein. Sie können beispielsweise auch im Zusammenhang mit einem Jetstream (kräftiger Wind in der oberen Troposphäre) entstehen. Erst ein Seewetterbericht oder eine Bodenwetterkarte, in der die Annäherung der Warmfront zu erkennen ist, machen das Bild komplett. Die Cirrusbewölkung ist daher lediglich ein Indikator.

Bei *weiterer Annäherung der „idealen“ Warmfront* folgt im mittelhohen Stockwerk Altostratus (As), durch den anfangs noch die Sonne zu erkennen ist, der aber später in den kompakten Nimbostratus (Ns) mit länger andauerndem Regen („Landregen“) übergeht. Dadurch kommt es zu einer Sichtverschlechterung. Vor der Warmfront dreht der Wind auf südliche Richtungen und nimmt zu. Dazu kann der Luftdruckabfall gemessen werden, oder wie es umgangssprachlich heißt: Das Barometer fällt. Nach Passage der Warmfront lockert die Bewölkung im Warmsektor häufig auf. Meistens sind Stratocumulus (Sc) und Altocumulus (Ac) zu beobachten. Die Sicht ist mäßig oder es ist durch die warme und feuchte Luft auch noch diesig. In Küstennähe entstehen besonders im Frühjahr und Frühsommer durch das kalte Wasser häufig Nebel oder tiefer Stratus (Hochnebel). Der Wind dreht nach der Warmfront von Süd auf Südwest und weht nahezu parallel zu den Isobaren des Warmsektors. Meist nimmt er nach dem Frontdurchgang wieder etwas ab. Der Luftdruck fällt mit Annäherung der Warmfront.

Betrachtet man weiter das Wetter entlang des Schnittes A–B (s. Abb. 2.15), folgt nun die Kaltfront mit ihren typischen Wettererscheinungen. Da das Bewölkungsband der *Kaltfront* nur sehr schmal ist, ist die „Vorwarnzeit“ durch Wolken nicht annähernd mit der der Warmfront vergleichbar. Etwa 100 bis 150 sm vorher kann oft Altostratus beobachtet werden. Nähert sich die Front, geht es meist sehr schnell. Regen setzt ein, der Luftdruck fällt wieder gering. Mit Passage der Kaltfront erreicht der Luftdruck den tiefsten Wert und steigt dann wieder deutlich an. Dazu dreht der Wind meist von Südwest auf Nordwest. Die Winddrehung kann durchaus Werte um 90° annehmen. Hinter der Kaltfront wird es oft wolkenlos. Erst in einem gewissen Abstand

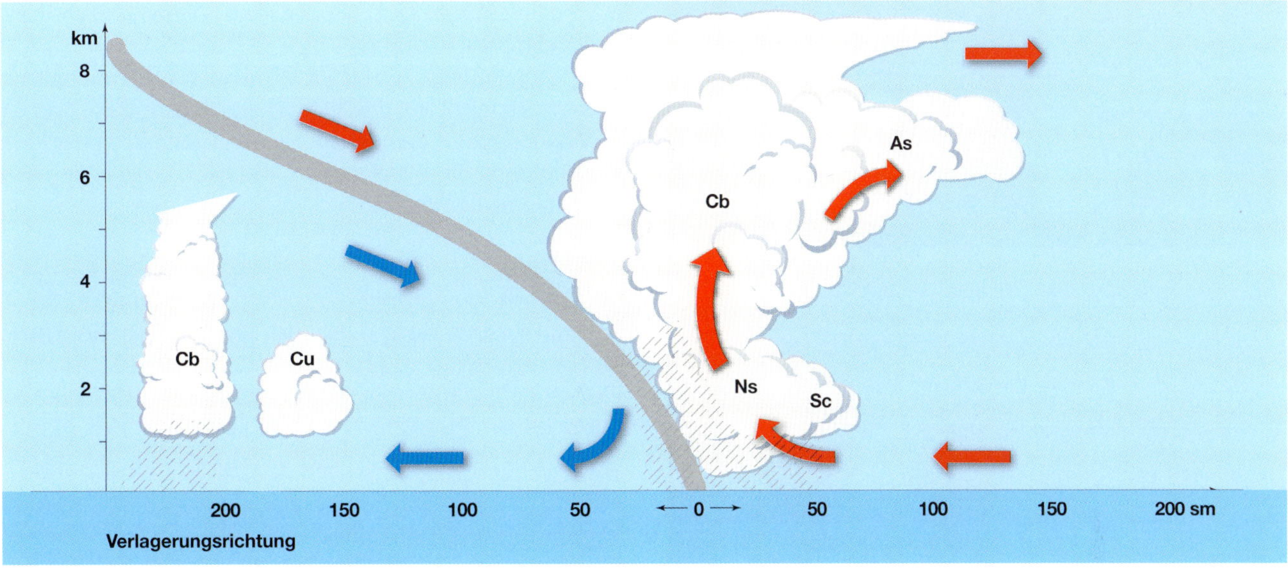

Abb. 2.20 Wolkenentwicklung an der Kaltfront

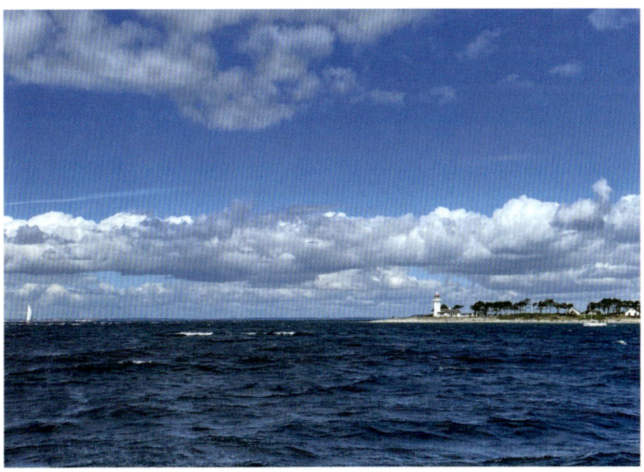

Abb. 2.21 Rückseite nach Passage einer Kaltfront

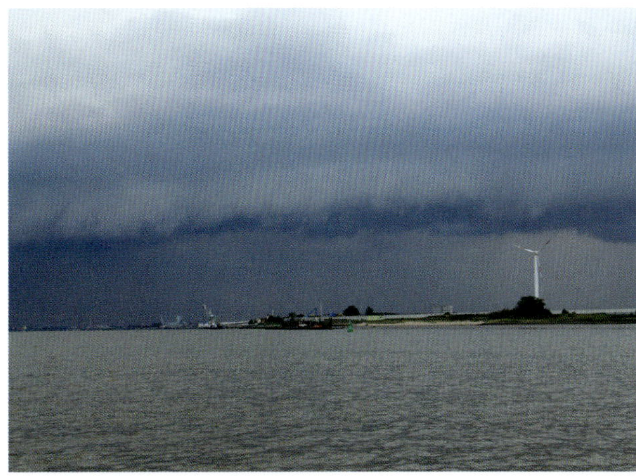

Abb. 2.22 Kaltfront mit Frontgewitter

nach der Front bilden sich Haufen- bzw. Quellwolken. Dann herrscht das typische *Rückseitenwetter* mit Schauern und Gewittern. Im Bereich der Schauer- und Gewitterwolken (Cumulonimbus) muss mit einer erhöhten Böigkeit gerechnet werden. Während im direkten Bereich der Kaltfront, bedingt durch Regen, schlechte Sicht herrscht, werden danach ausgezeichnete Sichtverhältnisse angetroffen. Lediglich während der Schauertätigkeit wird sich die Sichtweite kurzzeitig verringern.

Zieht ein Tief auf der Nordhalbkugel mit seinem Kern südlich durch, ergibt sich ein anderer typischer Wetterablauf. Wie im Schnitt C–D dargestellt, dreht der Wind nicht sprunghaft, da weder Warm- und Kaltfront vorhanden sind, sondern gleichmäßig.

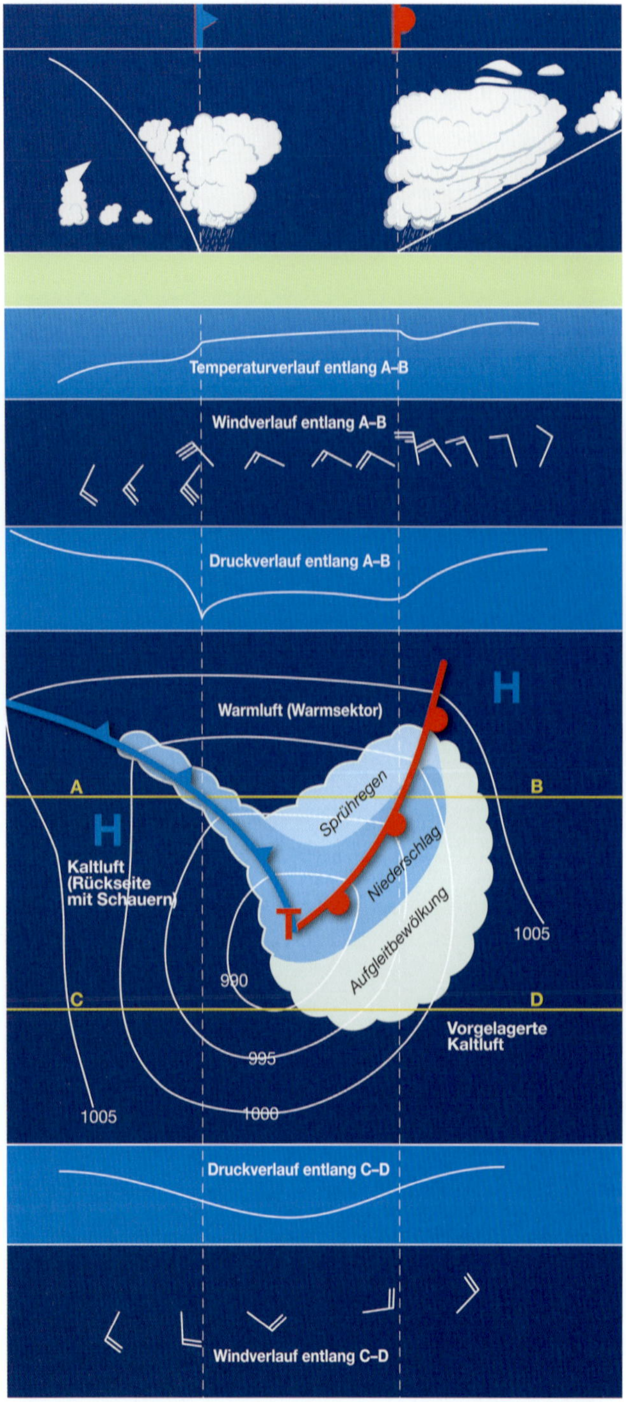

Abb. 2.23 Wettergeschehen um ein ideales Tief auf der Südhalbkugel

Auch der Luftdruck fällt, bis der Kern nahezu südlich liegt, und steigt dann wieder an.
Alle beschriebenen typischen Wind- und Wetterereignisse lassen sich leicht auf die Südhalbkugel übertragen. Das ist in Abbildung 2.23 dargestellt. Die Rückseite nach der Kaltfront ist dann ein Südwestwind, der kalte Luftmassen aus der Antarktis heranführt.

Wetter nach „Fahrplan“: Das Verständnis des idealen Tiefs ist der Schlüssel für eine Beurteilung des Wettergeschehens. Aus der Beobachtung der Indikatoren Wind, Luftdruck und Wolken und deren Zuordnung um ein ideales Tief lässt sich auf die weitere Entwicklung des Wetters fast eindeutig schließen.

2.3 Trog

Insbesondere bei kräftigen Tiefdruckgebieten bis hin zum Orkan können sich nach der Kaltfront oder Okklusion ein Trog oder mehrere Trogstaffeln ausbilden. Auf einer Bodenwetterkarte sind sie zu erkennen an der starken Isobarendrängung, die wellenförmig deformiert ist. In diese Ausbuchtung werden typischerweise Troglinien als gestrichelte Linien, manchmal auch als durchgezogene Linien eingezeichnet. Da Tröge aber nicht immer ausreichend berücksichtigt werden, sollte deshalb der prüfende Blick auf die Bodenwetterkarte hinsichtlich des Isobarenverlaufs erfolgen.
Etwas einfacher lässt sich sagen, dass ein Trog nichts anderes ist als eine „zweite Kaltfront“. Falls sich ein Trog hinter der Kaltfront nähert, erfolgt die Abkühlung in der Kaltluft nach dem Trog. In den Wetterinformationen für die Schifffahrt werden schwache Tröge, Tröge und markante Tröge unterschieden. Sie haben eine räumliche Ausdehnung von 50 km bis zu mehreren 100 km. Tröge weisen einen markanten Windsprung auf, meist ändert sich die Windrichtung bis zu 90°. Dabei dreht der Wind auf der Nordhalbkugel recht. Winde mit Böen bis zur Orkanstärke sind keine Seltenheit. Zudem können Gewitter und Kreuzseen auftreten.
Doch wie lässt sich an Bord ein herannahender Trog erkennen? Ist keine Bodenwetterkarte zur Hand, die den Trog

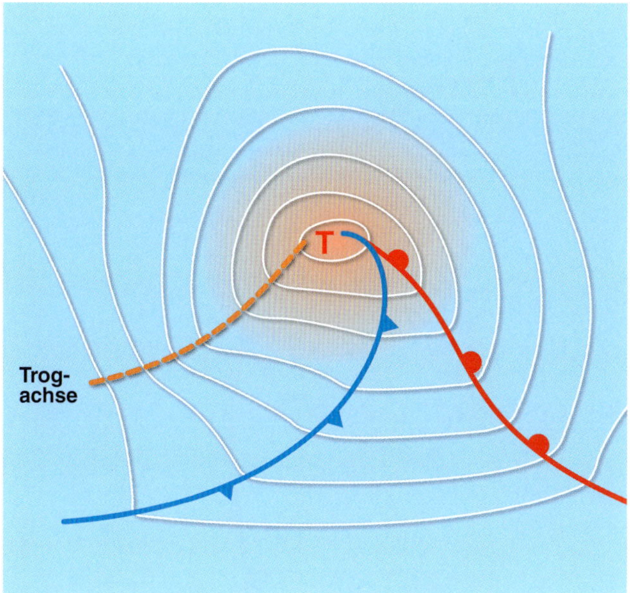

Abb. 2.24 Trog nach einer Kaltfront auf der Nordhalbkugel

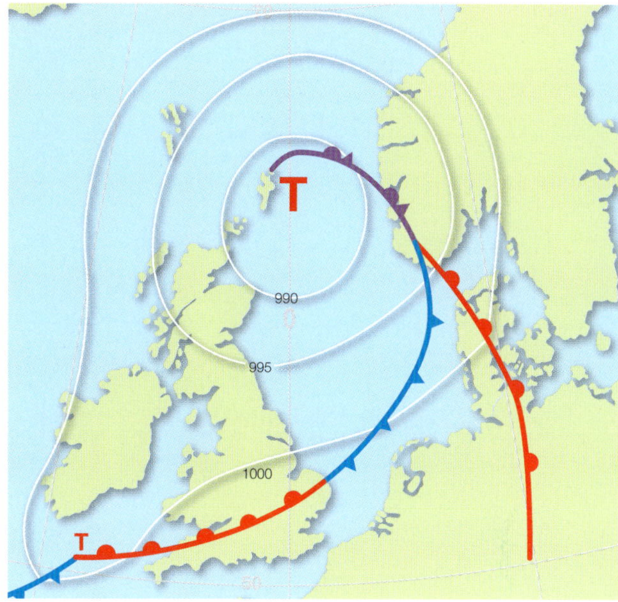

Abb. 2.25 Welle an der Kaltfront

andeutet, gilt Folgendes: In einem Seewetterbericht für die Nordhalbkugel wird eine herannahende Kaltfront erwähnt, nicht aber der Trog. Man kann aber auf einen Trog schließen, wenn der Luftdruck nach dem Durchgang der Kaltfront nicht ansteigt, sondern bereits kurz nach der Passage wieder leicht fällt. Auch der Wind wird nicht wie sonst typisch um 90° recht drehen, sondern behält seine Richtung annähernd bei und dreht oft sogar wieder leicht rück. Erst mit Trogpassage dreht der Wind recht und der Luftdruck steigt deutlich an (s. Abb. 2.24).

2.4 Randtief

Neben Trögen, die um ein Tiefdruckgebiet zu finden sind, können Randtiefs an einer lang gestreckten Kaltfront eines umfangreichen Tiefs aus Wellen entstehen, wie die Abbildung 2.25 verdeutlicht.
Auch ein Randtief erlebt alle vier Phasen wie das steuernde Tief (Haupttief). Dass sich an der Kaltfront ein neues Tief entwickelt, ist gegeben durch die verschiedenen Luftmassen vor und hinter der Kaltfront. Ausgangspunkt einer Wellenentwicklung ist ein Gebiet starker Auffächerung der

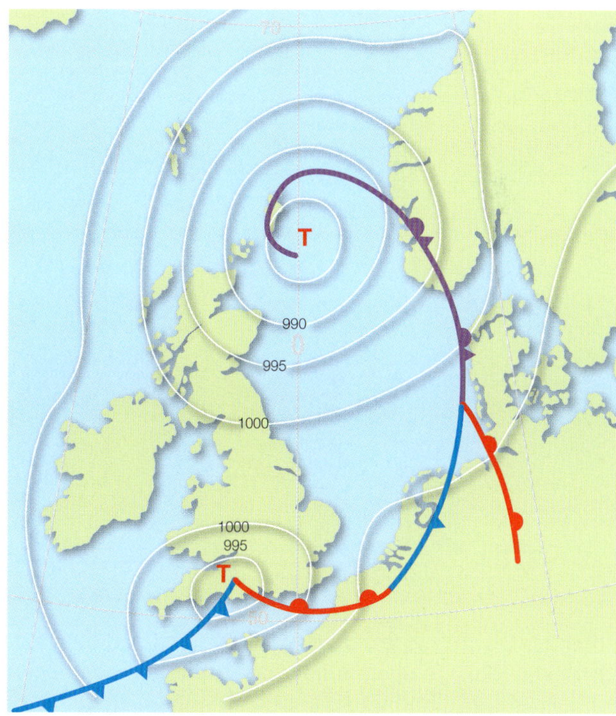

Abb. 2.26 Das Randtief hat sich zum idealen Tief entwickelt

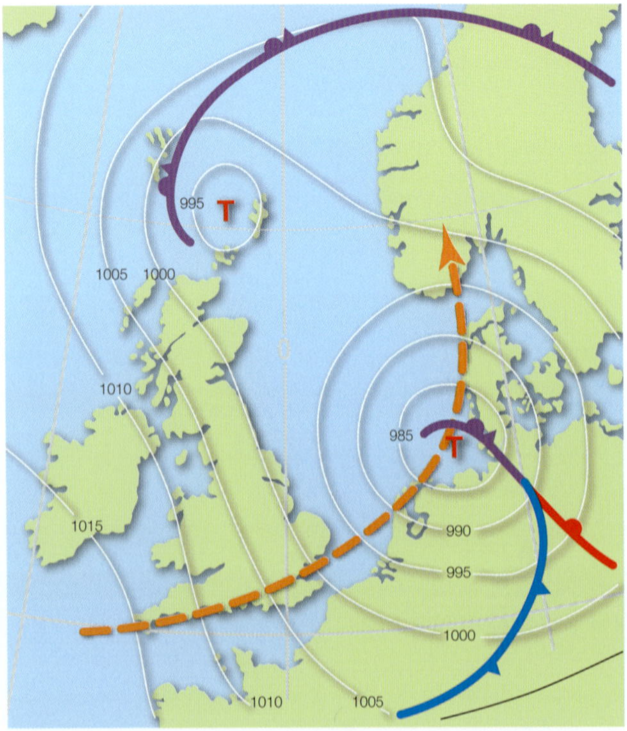

Abb. 2.27 Die Okklusion hat beim Randtief begonnen und es dreht polwärts ein

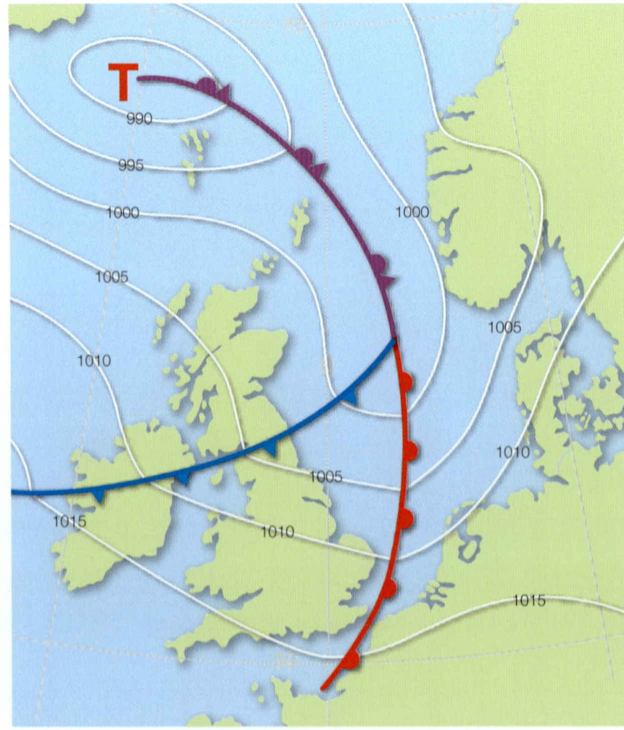

Abb. 2.29 Beginnende Entwicklung eines Teiltiefs

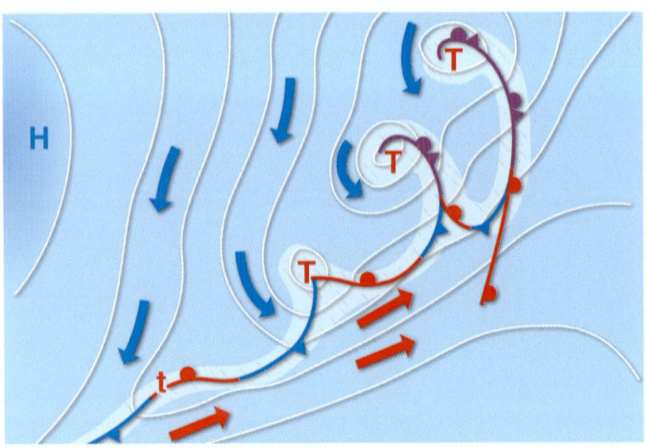

Abb. 2.28 Zyklonenfamilie mit mehreren Randtiefs

Isobaren. Ob sich eine zunächst flache Welle intensiviert, hängt von den Temperaturunterschieden der beteiligten Luftmassen ab. Dann wird die Welle zu einem idealen Tief des steuernden Tiefs, welches bereits okkludiert ist. Das Randtief dreht ein, d. h., es zieht auf zyklonaler Bahn (auf der Nordhalbkugel entgegen dem Uhrzeigersinn) um das steuernde Tief herum, wobei es sich dessen Zentrum nähert. Die typische Entwicklung und Verlagerung eines Randtiefs zeigen die Abbildungen 2.26 und 2.27. Je stärker sich das Randtief vertieft, umso größer ist seine Tendenz, von einer anfänglich eher geradlinigen Zugbahn auf einer zyklonal gekrümmten Bahn polwärts „einzudrehen". Häufig schwächt sich das steuernde Tief ab und das Randtief wird zum steuernden Tief. An dessen Kaltfront kann sich wiederum ein weiteres Randtief bilden und ganze Zyklonenfamilien können durch eine Abfolge von Randtiefs an der Polarfront entstehen. Bekannt für Randtiefentwicklungen ist die Biskaya. Im Seegebiet bringen diese einen raschen Wetterwechsel, oft begleitet von Starkwind, Sturm oder Orkan. Auf ihrem Weg ostwärts treffen sie meist ohne Vorwarnung auf die Westküsten Frankreichs und führen zu plötzlichen Änderungen in der Wettervorhersage in West- und Mitteleuropa.

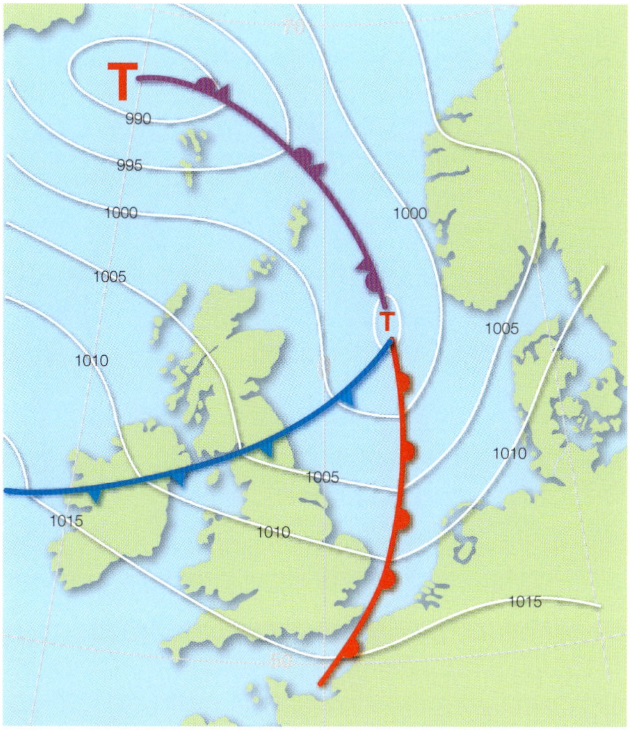

Abb. 2.30 Das Teiltief ist am Okklusionspunkt entstanden

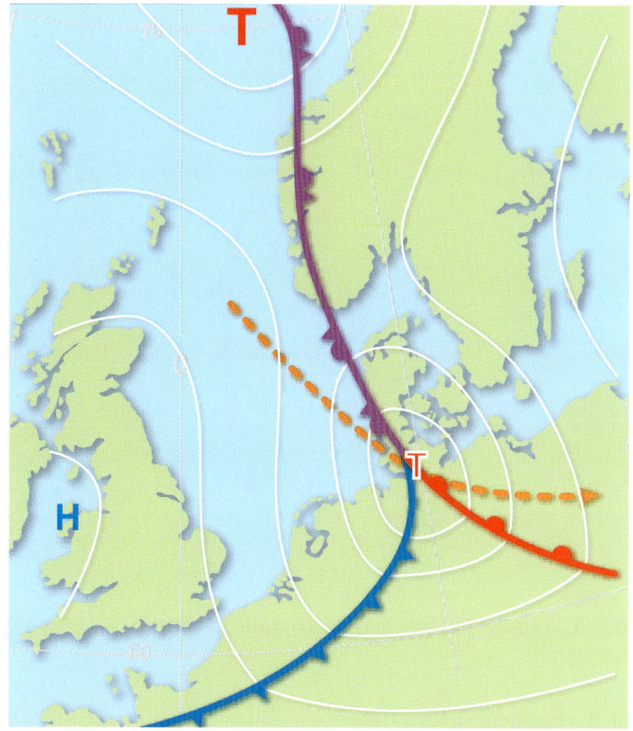

Abb. 2.31 Das Teiltief zieht meist auf antizyklonaler Bahn weiter

2.5 Teiltief

Bei einem Teiltief findet die neue Tiefentwicklung nicht an der Kaltfront statt, sondern am Okklusionspunkt. Anzeichen für eine Teiltiefbildung sind eine lang gestreckte Okklusion und eine starke Ausbuchtung der Isobaren. Das Teiltief dreht nicht wie das Randtief ein, sondern zieht meist auf antizyklonaler Bahn weiter und entfernt sich vom Haupttief. Teiltiefs sind daher in der Zugrichtung weniger gut vorhersagbar als Randtiefs. Bevorzugte Gebiete für die Teiltiefbildung sind die Südspitzen lang gezogener meridionaler (Nord-Süd-verlaufender) Gebirgszüge, zum Beispiel Kap Farvel (Südspitze Grönlands), das Skagerrak (auf der Leeseite des südnorwegischen Gebirges) oder auch die Südspitze Südamerikas.

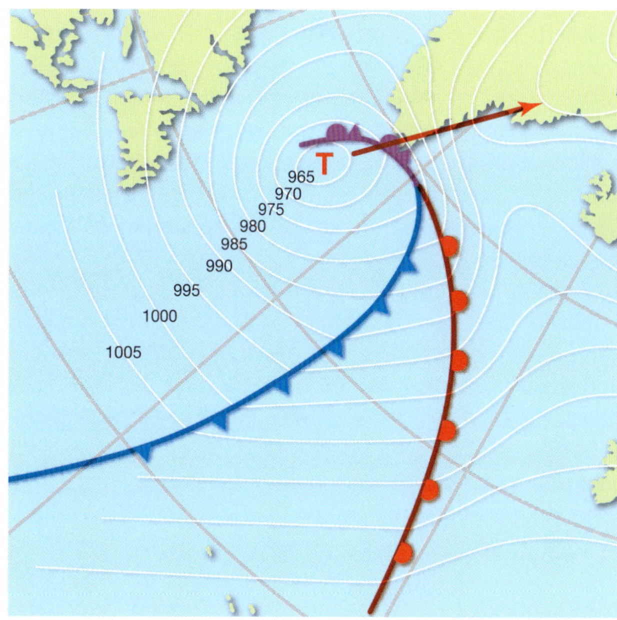

Abb. 2.32 Wetterlage mit beginnender Teiltiefentwicklung bei Kap Farvel, Grönland

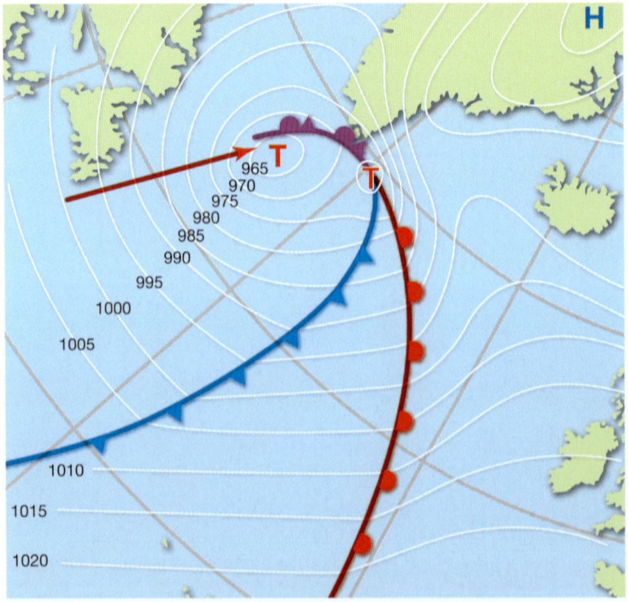

Abb. 2.33 Das Teiltief ist am Okklusionspunkt entstanden

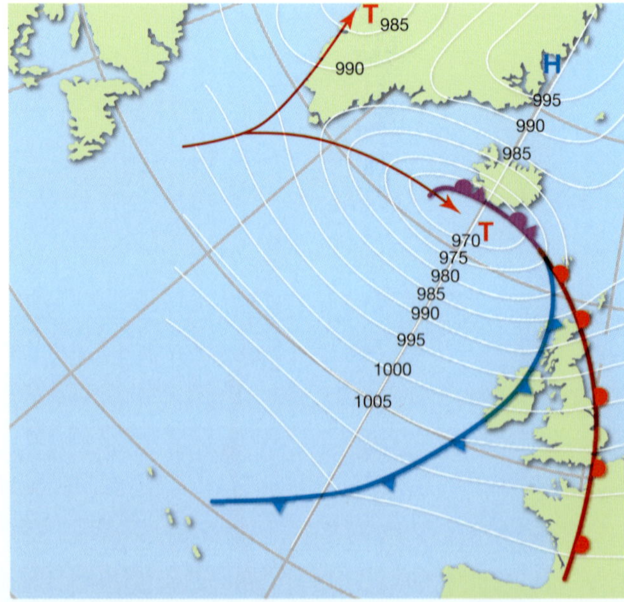

Abb. 2.34 Das Teiltief zieht auf antizyklonaler Bahn ostwärts

2.6 Hochdruckgebiete

Die *stationären bzw. steuernden Hochdruckgebiete* (Antizyklonen) der Subtropen befinden sich, wie in Kapitel 1 erläutert, über den Ozeanen der Erde. Sie verlagern sich den Jahreszeiten entsprechend langsam nach Norden oder Süden. Auch die Passatgürtel, die sich jeweils zwischen Äquator und Subtropenhoch befinden, zeigen diese jahreszeitliche Veränderung. Eine Ausnahme ist der nördliche Indische Ozean, da hier der Sommer- und Wintermonsun die Zirkulation bestimmen; mehr dazu in Kapitel 4 Wetter der Tropen und Polarregionen.

Bezogen auf den Atlantik ist das Subtropenhoch der Nordhalbkugel das Azorenhoch, im Südatlantik trägt es den Namen St.-Helena-Hoch. Ein typisches Wetter um ein Hochdruckgebiet wie das Azorenhoch lässt sich wie folgt schematisieren: An der Südflanke des Azorenhochs befindet sich das Gebiet der Passatwinde. Dort entwickeln sich auch die „Easterly Waves" und Wirbelstürme bzw. Hurrikane. An der Nordflanke ziehen die Tiefs der Westwinddrift und gestalten das Wetter abwechslungsreich. Die West- und Ostflanke eines Hochs haben, wie in der Abbildung 2.36 dargestellt, generell einen sehr typischen, aber auch

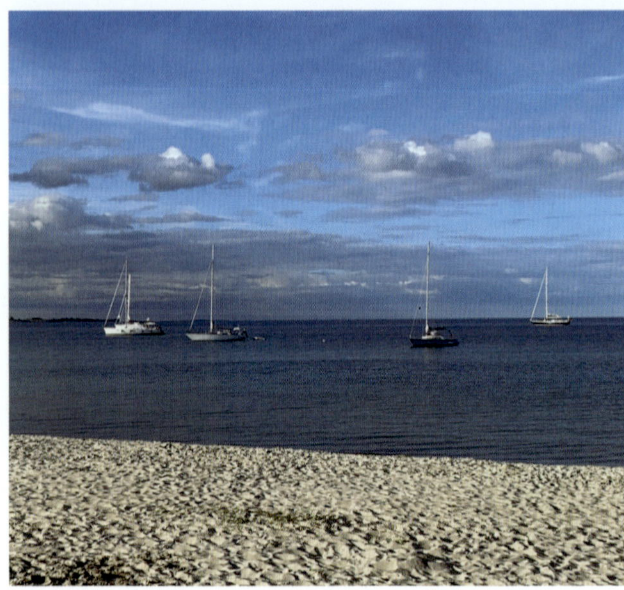

Abb. 2.35 Sommerliches Hochdruckwetter

sehr unterschiedlichen Wettercharakter. Die Westflanke eines Hochs wird häufig von Tiefs und deren Ausläufern beeinflusst. Hier werden bodennah und auch in höheren

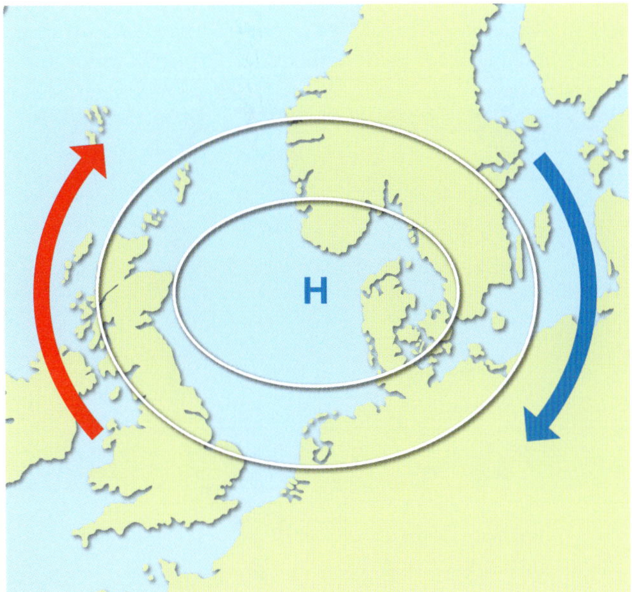

Abb. 2.36 Typische Luftmassen um ein Hoch auf der Nordhalbkugel

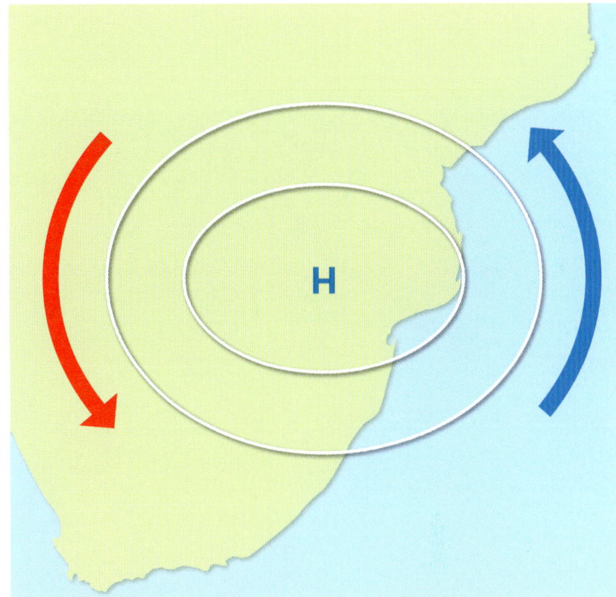

Abb. 2.37 Typische Luftmassen um ein Hoch auf der Südhalbkugel

Schichten feuchte, warme und zugleich auch wolkenreiche Luftmassen herangeführt. Es muss mit Regen gerechnet werden, zum Teil auch länger andauernd. Die Sicht ist oft schlecht oder diesig, und mit den herannahenden Tiefs weht der Wind frisch bis stark, zum Teil auch stürmisch aus südlichen Richtungen. An der Ostflanke dagegen strömen mit nordwestlichen Winden kühlere Luftmassen nach Süden. Die Luft ist meist trocken und die Sicht daher gut. Gerät die kühle Luft über relativ warmes Wasser, bilden sich flache Quellwolken, zum Teil auch vom Typ Cumulonimbus mit Schauern und Gewittern. Die Verhältnisse für die Südhalbkugel sind in der Abbildung 2.37 dargestellt.

Es gibt auch Hochdruckgebiete, die sich bevorzugt über den Kontinenten aufhalten. Diese ebenfalls stationären und sehr umfangreichen Hochdruckgebiete bilden sich vorzugsweise im Winter über den großen Landmassen der nördlichen Breiten. Sie sind außerordentlich kalte Druckgebilde. Sehr intensiv ist das winterliche Sibirische Hoch. Die Verlagerung und auch die Intensität der kalten stationären Hochdruckgebiete im Winter sowie die sommerlichen stationären Hochs über den Kontinenten bringen in der Wettervorhersage oft Schwierigkeiten mit sich. Die Tiefdruckgebiete werden in der Form eines Omegas um das Zentrum des Hochs herumgeführt. Diese sogenannten Omega-Wetterlagen dauern typischerweise 10 bis 14 Tage an. Die Wettervorhersagemodelle unter- oder überschätzen oft die Intensität und Verlagerung, sodass die Perioden einer warmen oder kalten Witterung oft um einige Tage oder sogar Wochen länger andauern können.

Während stationäre bzw. steuernde Hochdruckgebiete im Sommer und auch im Winter eine über Wochen beständige Witterung bringen, schaffen das *wandernde Hochdruckgebiete* nur einige Tage lang. Noch kürzer ist der Einfluss des *Zwischenhochs*, das sich oft keilförmig zwischen zwei Tiefdruckgebiete schiebt. Auf der Nordhalbkugel wird an dessen Ostflanke noch Kaltluft auf der Rückseite des vorhergehenden Tiefdruckgebietes nach Süden transportiert. An der Westflanke werden dagegen schon wieder warme Luftmassen vor dem nächsten Tiefdruckgebiet herangeführt. Die Geschwindigkeit der Verlagerung der Zwischenhochdruckgebiete oder Hochkeile entspricht der Zuggeschwindigkeit der flankierenden Tiefdruckgebiete. Sowohl an der West- als auch an der Ostflanke können sich im Zusammenhang mit kräftigen Tiefdruckgebieten in unmittelbarer Nähe zum Zentrum des Hochdruckgebietes Gebiete mit Starkwind oder Sturm ausbilden. Unter bestimmten Voraussetzungen kann

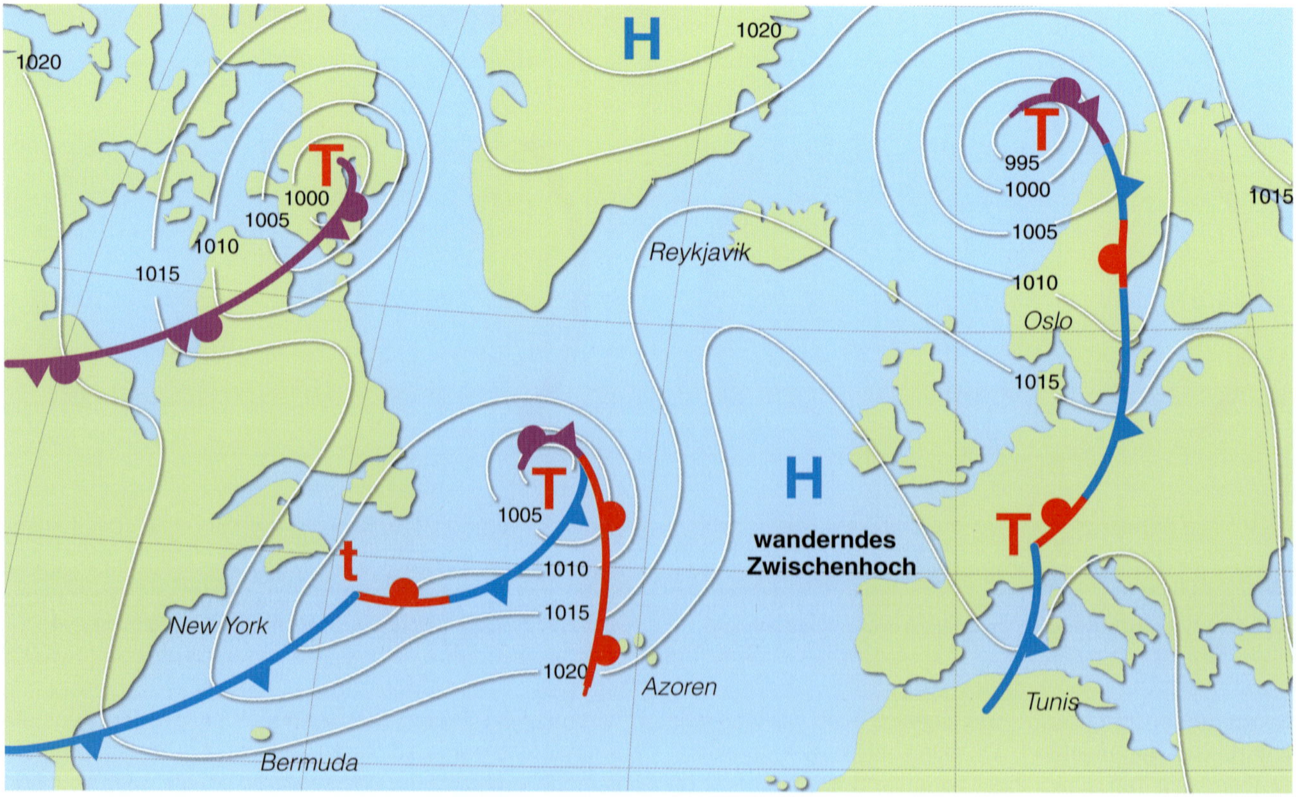

Abb. 2.38 Zwischenhochs bringen eine vorübergehende Wetterbesserung

sich der temporäre Zwischenhochkeil in ein steuerndes Hoch umwandeln.

Prinzipiell gilt für Hochdruckgebiete, dass in ihnen die Luftmassen absinken. Eine Ursache dafür ist der Bodenwind, der auf der Nordhalbkugel im Uhrzeigersinn aus dem Hoch (Antizyklone) herausweht. Dadurch werden aus dem Hoch bodennah „Luftmassen" entführt. Dieser Verlust wird durch Zufluss in höheren Atmosphärenschichten ausgeglichen. Überwiegt der bodennahe Massenabfluss den Zugang aus höheren Schichten, fällt der Luftdruck und das Hoch schwächt sich ab. Sinken dagegen mehr Luftmassen aus höheren Luftschichten ab, als bodennah abgeführt werden, kann man am Barometer einen steigenden Luftdruck ablesen. Ohne eine äußere Wärmezufuhr erwärmt sich die absinkende Luft. Da „wärmere" Luft eine größere Menge Wasserdampf enthalten kann, verringert sich durch die Absinkbewegung die relative Feuchte. Daher lösen sich Wolken unter Hochdruckeinfluss normalerweise auf.

Manchmal setzt sich die Abwärtsbewegung der Luft allerdings nicht bis zum Boden durch. In der Höhe, in der die Erwärmung aufhört, bildet sich eine Sperrschicht, die Inversion. Unmittelbar unterhalb der Inversion sammelt sich Feuchte. Ist die relative Feuchte hoch genug, bildet sich eine Hochnebeldecke bzw. tiefer Stratus aus. Besonders in der kalten Jahreszeit kann in Landnähe die Nebeldecke bis zum Boden anwachsen und hat trübes Wetter zur Folge.

3 Lokale und regionale Wetterereignisse

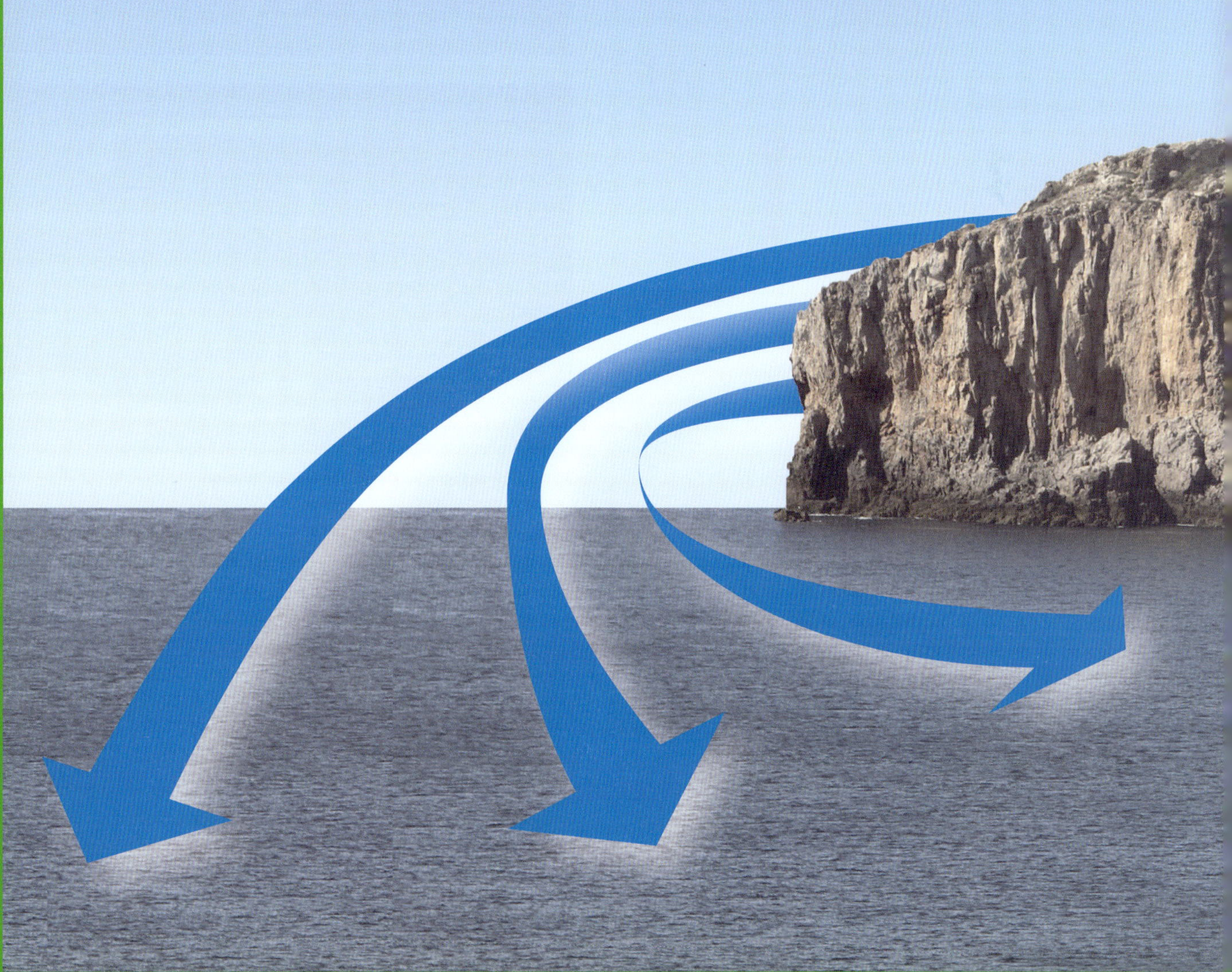

3.1 Landwind und Seewind

Die in Kapitel 1 beschriebene allgemeine Zirkulation berücksichtigt noch nicht den lokalen Einfluss von Wasser- und Landmassen, die sich bei Sonneneinstrahlung unterschiedlich erwärmen und auf diese Weise ihre eigenen lokalen oder regionalen Windsysteme erzeugen. Um solche Windsysteme zu verstehen, müssen wir uns zunächst mit dem Prinzip der Land-Seewind-Zirkulation auseinandersetzen. Bei sehr geringen großräumigen Luftdruckunterschieden entwickeln sich diese Windsysteme ungestört. Sind die Druckunterschiede größer, kommt es in Küstennähe regelmäßig zu Überlagerungen zwischen dem Gradientwind und der sogenannten Land-Seewind-Zirkulation. In der Praxis führt dies unter Umständen zu großen Abweichungen zwischen einer Windvorhersage, die diese lokalen Effekte in der Regel nicht berücksichtigt, und den tatsächlich eintretenden Windverhältnissen. Für eine optimale Wettfahrt- oder Reiseplanung sollten Boots- und Schiffsführer deshalb in der Lage sein, den Einfluss der Land-Seewind-Zirkulation auf die vorhergesagte Wetterentwicklung einzuschätzen.

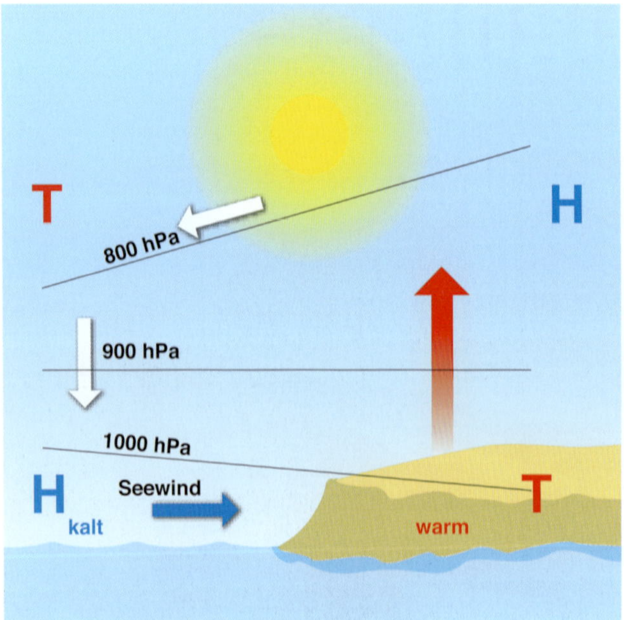

Abb. 3.1 Entstehung der Land-Seewind-Zirkulation

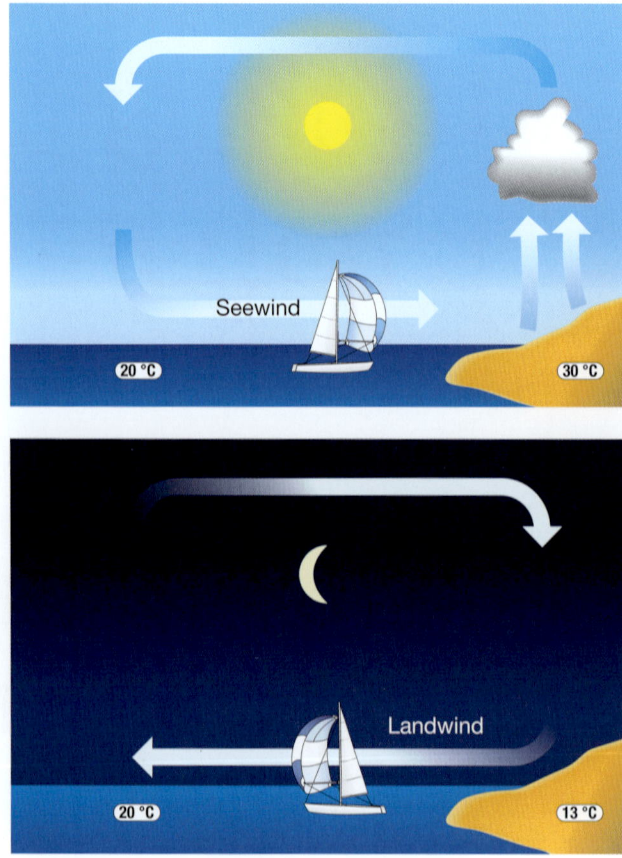

Abb. 3.2 Ausgeprägte Land-Seewind-Zirkulation

Betrachten wir zunächst eine reine Land-Seewind-Zirkulation ohne Berücksichtigung des Gradientwindes. Für deren Zustandekommen sind horizontal unterschiedliche Erwärmungen der Erdoberfläche maßgebend.

Entscheidend ist die Erwärmung einer an das Wasser angrenzenden Landmasse durch Sonneneinstrahlung am Tage und deren Auskühlung bei Nacht. Selbst bei einer starken Sonneneinstrahlung ändert sich die Wassertemperatur an der Oberfläche nur wenig. In den meisten Küstengebieten entsteht Land- bzw. Seewind deshalb nur bei typischen Schönwetterlagen (d. h. wolkenloser Himmel und hoher Luftdruck).

Die unterschiedlichen Reaktionen von Land und Wasser auf die Einstrahlung der Sonne beruhen auf folgenden Ursachen:

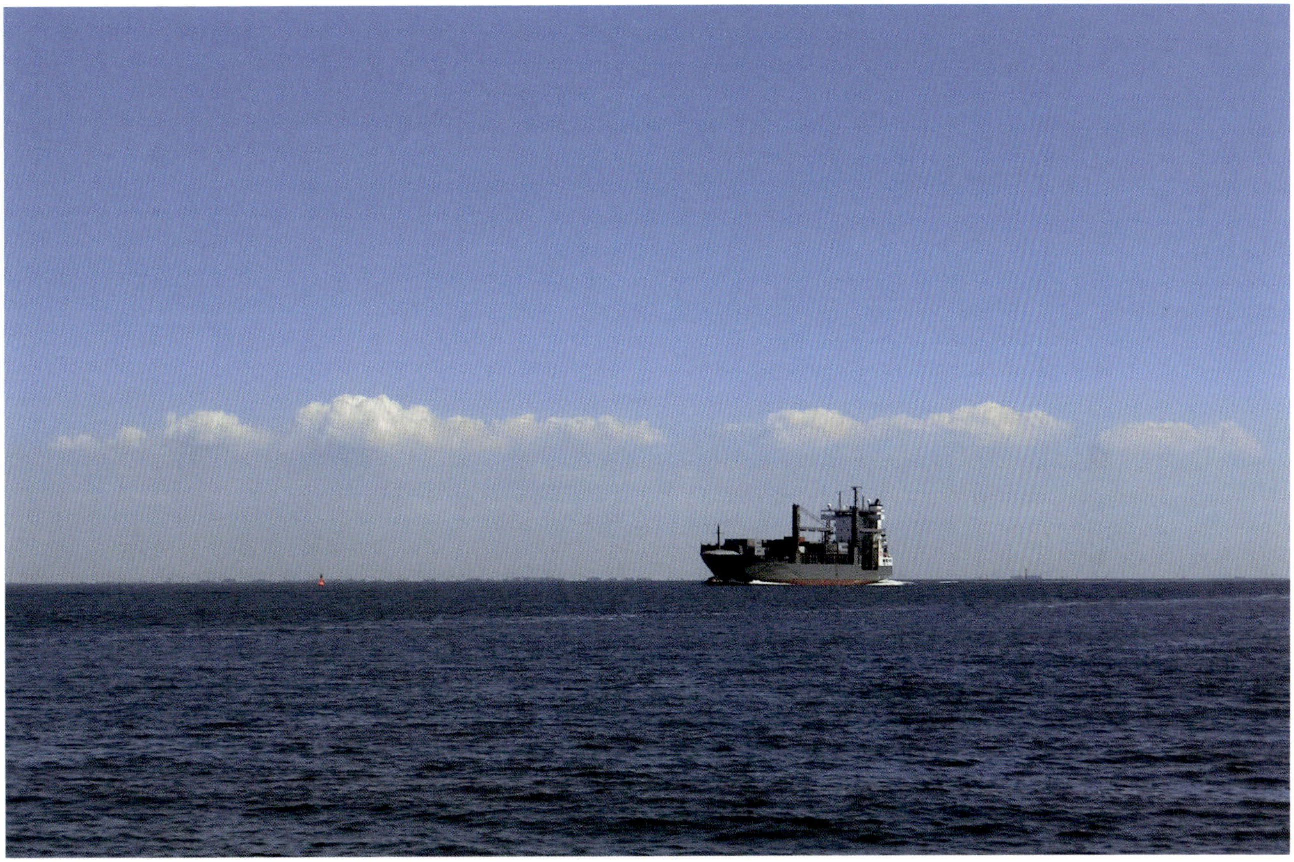

Abb. 3.3 Cumulus-Wolkenband

- Im Wasser wird erheblich mehr Energie bzw. Wärme gespeichert als im Erdboden.
- Die Lufttemperatur verändert sich über der Wasseroberfläche im Laufe eines Tages nur geringfügig. Über Land wird sie wesentlich stärker von der Erwärmung der Landmassen durch Sonneneinstrahlung bzw. deren nächtlicher Abkühlung beeinflusst.

Verstärkt werden diese Effekte durch die Tatsache, dass der größere Teil der eingestrahlten Sonnenenergie entweder direkt an der Wasseroberfläche reflektiert oder durch Verdunstung an die Atmosphäre abgegeben wird und so zunächst kaum zu einer Änderung der Wassertemperatur führt.

Der *Entstehungsprozess* der Land-Seewind-Zirkulation ist folgender:

- Die Sonne erwärmt tagsüber eine Landmasse, was auch zu einer Temperaturerhöhung der unmittelbar darüber liegenden Luft führt.
- Durch diese Erwärmung dehnt sich die über Land liegende Luftmasse aus. Dadurch steigt der Luftdruck in der Höhe an, am Boden sinkt er durch die aufsteigende Luft. Ein Hitzetief entsteht.
- Ein horizontaler Druckausgleich in der Höhe führt dort zu einem Luftstrom in Richtung See und zu einer Verringerung des Luftdrucks am Boden über der Landmasse.
- Ein horizontaler Druckausgleich am Boden führt dort zu einem Luftstrom in Richtung Land, der als Seewind wahrgenommen und bezeichnet wird. Im Frühjahr führt dieser bedingt durch das kalte Wasser zu einer deutlichen Abkühlung an der Küste.

Bei Nacht kehrt sich dieser Prozess um: Im Gegensatz zur bodennahen Lufttemperatur über der schnell auskühlenden Landmasse bleibt diese über dem Wasser relativ hoch. Deshalb erfolgt der daraus resultierende horizontale Druckausgleich am Boden als Luftströmung in Richtung See (Landwind). Da nachts die Temperaturunterschiede zwischen Land und Wasser geringer sind als tagsüber, ist der Landwind in der Regel schwächer als der Seewind. Die Abbildungen 3.1 und 3.2 verdeutlichen die beschriebenen Zusammenhänge, in Abbildung 3.2 wird auch die typische Entwicklung von Cumuluswolken bei Tage über der erwärmten Landmasse, die durch das Aufsteigen erwärmter Luft über ihr Kondensationsniveau hinaus verursacht wird, angedeutet.

Der Tagesgang der Sonne ist nicht nur die wesentliche Ursache für die Entstehung der Land-Seewind-Zirkulation, sondern beeinflusst auch deren Windstärken entscheidend: Nach einer morgendlichen Flaute nimmt der Seewind bis zu ca. 2 Stunden nach Mittag zu, schläft nach Sonnenuntergang ein und wird in der Nacht von dem bis etwa 2 Stunden nach Mitternacht immer stärker und danach wieder schwächer werdenden Landwind abgelöst.

Der reine Seewind erreicht typischerweise eine Stärke von maximal 4 Bft., im Mittelmeer auch 5 bis 6 Bft., der reine Landwind dagegen lediglich maximal 3 Bft. In Gegenden mit intensiver Sonneneinstrahlung und typischerweise eher schwachen Luftdruckgegensätzen werden diese Werte jedoch häufig überschritten. Als Beispiel sei die Küste von Florida genannt.

Die vertikalen Bewegungen der Land-Seewind-Zirkulation reichen etwa 1500 m hoch. Da sie sich auch horizontal zwischen 25 und gut 50 sm ausbreitet, müssen wir diese Zirkulation unter Umständen auch schon in recht großer Entfernung von der Küste berücksichtigen.

Der Seewind befördert die im Vergleich mit der über Land liegenden Luftmasse kühlere und feuchtere Seeluft landeinwärts und zwingt diese zum Aufsteigen über ihr Kondensationsniveau. Dieser Konvektions- und Kondensationsprozess ist oft sogar optisch an einem hinter der Küstenlinie liegenden Band von Cumuluswolken, die manchmal sogar abregnen, zu erkennen (siehe z. B. Abb. 3.3). Diese Cumuluswolken formen sich auch über isolierten Landmassen, sie wurden im Übrigen auch schon vor einigen Jahrhunderten von Seeleuten zur Navigation bzw. zum Entdecken von Inseln im Südpazifik genutzt.

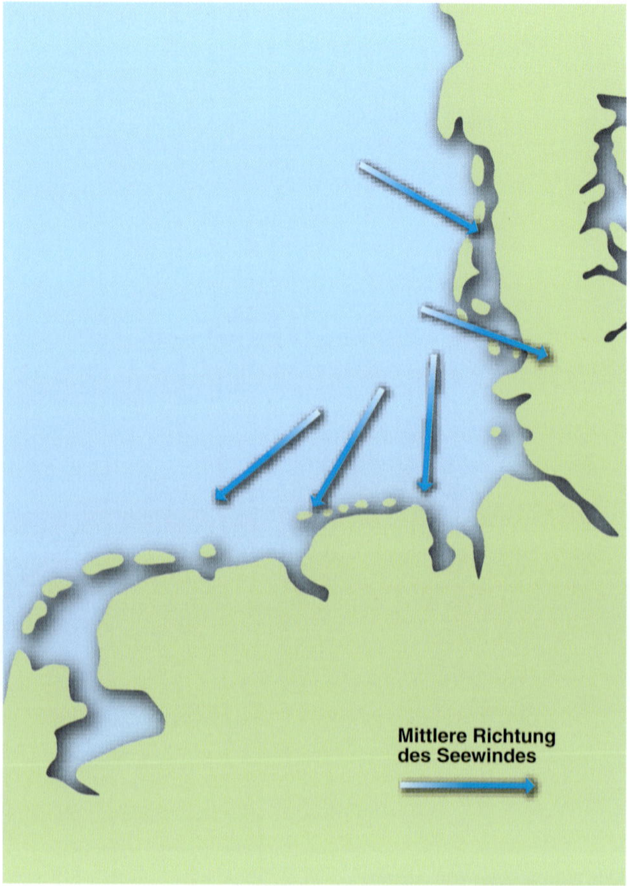

Abb. 3.4 Richtung des Seewindes an der deutschen Nordseeküste

Bei seiner Entstehung beschränkt sich der Bereich des Seewinds zunächst auf die Küstenlinie. Nach und nach weitet sich dieser Bereich immer weiter nach See hin aus. Die Abbildung 3.4 hebt die typische Richtung des Seewindes an der deutschen Nordseeküste hervor: Nordöstliche Richtungen im Bereich der ostfriesischen Inseln, nordwestliche Richtungen an der nordfriesischen Küste und nördliche im Bereich der Elbmündung. Mitunter kann es aber auch im Tagesverlauf zu starken Abweichungen vom Gradientwind und damit auch erheblichen Winddrehungen bis zu 180° kommen. Dies kann z. B. bei einer schwachen Ostwindlage an der Nordsee oder einer schwachen Westwindlage an der dänischen Kattegatküste eintreten, wenn sich der Seewind klar gegen den Gradientwind durchsetzt.

Im Hinblick auf eine *eigene lokale Windprognose* an gradientschwachen Sommertagen stellt sich dem Segler immer zunächst die Frage, ob Seewind einsetzt. Bei der Entscheidung müssen die folgenden Faktoren bestimmt und gegeneinander abgewogen werden:

- erwartete Sonneneinstrahlung,
- Temperaturunterschiede zwischen Land und küstennahem Wasser,
- aus dem Bodendruckfeld abgeleiteter Bodenwind.

Der ambitionierte Regattasegler kann anhand von Zahlenwerten abgeschätzte Aussagen über das Auftreten von Seewind treffen, wenn die folgenden Größen (mithilfe moderner, alltäglicher Kommunikationstechnik in Küstennähe) zumindest näherungsweise in Erfahrung gebracht werden können (s. auch Kap. 6):

- die vom Seewind noch unbeeinflusste, möglichst von einer Küstenstation gemeldete, Windgeschwindigkeit V in m/s,
- die an dieser Station zu erwartende Tageshöchsttemperatur T_{Land} in °C,
- die küstennahe, meist selbst an Bord gemessene, Wassertemperatur T_{Wasser} in °C.

Zunächst bestimmen wir die Temperaturdifferenz $\Delta T = T_{Land} - T_{Wasser}$. Danach berechnen wir den Wert des Quotienten $V^2/\Delta T$. Je kleiner der berechnete Wert ist, desto größer ist die Wahrscheinlichkeit, dass Seewind eintritt. Erreicht der Quotient einen bestimmten Grenzwert, tritt kein Seewind auf. Dieser Grenzwert ist revierspezifisch und wird als *Seebrisenindex* (SBI, Sea Breeze Index) bezeichnet. Er kann nur durch umfangreiche Beobachtungen ermittelt werden. Für Regattasegler und deren Berater ist die möglichst genaue Bestimmung des SBI ein wichtiger Aspekt professioneller Vorbereitungen auf Wettfahrtserien in fremden Küstenrevieren.

Wenn wir, etwa als Fahrtensegler, den damit einhergehenden Aufwand nicht treiben wollen, können wir einen SBI von 5 annehmen und die folgenden Zahlenwerte zur Abschätzung nutzen:

$V^2/\Delta T > 5$:	kein Seewind, da SBI überschritten wird
$V^2/\Delta T < 1$:	Seewindwahrscheinlichkeit größer als ca. 60 %
$V^2/\Delta T < 0{,}5$:	Seewindwahrscheinlichkeit größer als ca. 80 %

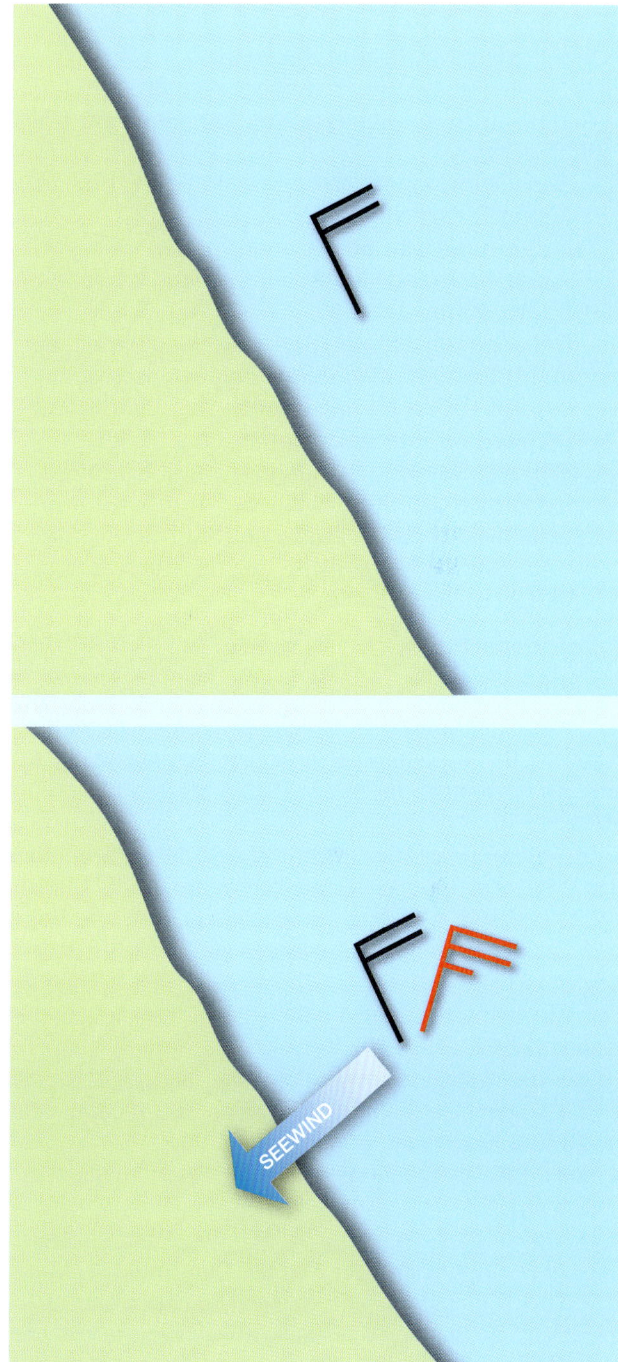

Abb. 3.5 Windverhältnisse vormittags (oben), nachmittags verändert durch Seewind (unten)

Orientierungswerte zum Seewind:
Zur Orientierung und Planung können die folgenden mittleren Zahlenwerte zum Seewind benutzt werden.

- Der Seewindbereich erstreckt sich bis zu knapp 50 sm vor die Küste.
- In gemäßigten Klimazonen gehen wir von Windgeschwindigkeiten im Seewind zwischen 5 und 15 kn aus.
- Bei ungestörter Sonneneinstrahlung, wie z. B. im Mittelmeer, steigt die Windgeschwindigkeit bis auf 25 kn an. Im Bereich des Landwinds rechnen wir dagegen nur mit 3 bis 10 kn.
- Prüfung Seewind in Kurzform: Aus Erfahrung lässt sich ableiten, dass der Temperaturunterschied zwichen Lufttemperatur über Land und Wassertemperatur mindestens 8 bis 10°C betragen sollte.

Beispiel: Am Vorabend einer Wettfahrt von Bremerhaven nach Helgoland werden innerhalb der Crew mögliche Strategien für den nächsten Tag diskutiert. Die Abbildung 3.6 zeigt die Wetterlage für den nächsten Morgen um 06:00 UTC.
Für den Bereich der Wesermündung sagt der Seewetterbericht 2 Bft. aus östlichen Richtungen voraus. In der Diskussion kristallisiert sich sehr schnell heraus, dass die Frage nach dem Einsetzen des Seewindes von zentraler Bedeutung ist.
Der „Wetterfrosch“ an Bord ermittelt zunächst die grundlegenden Daten:

- Für die Wassertemperatur im Wettfahrtgebiet wurde 13 °C gemeldet. Als Lufttemperatur über Land sind 23 °C vorhergesagt. ΔT beträgt also 10 K.
- Bei 2 Bft. beträgt die Windgeschwindigkeit im Mittel ca. 2,5 m/s.

Berechnet wird zunächst der Wert des Quotienten $V^2/\Delta T$ als $2{,}5^2/10 = 0{,}6$, und wir nehmen einen SBI von 5 an.
Damit liegt die Seewindwahrscheinlichkeit zwischen 60 und 80 %. Wir können deshalb davon ausgehen, dass am Vormittag Seewind aus nördlichen Richtungen einsetzen wird (s. Abb. 3.4).

3.2 Lokale Windmuster

3.2.1 Windbänder und Böen

Jedes Mal, wenn wir segeln, erfahren wir so hautnah wie wenige andere Menschen, dass der Wind fast nie in Richtung und Stärke konstant ist. Das heißt, dass sich der Wind, der unseren „Segelmotor“ antreibt, laufend ändert und wir uns darauf einstellen müssen.
Wenn wir die diesem Phänomen zugrunde liegenden Prozesse verstehen, können wir nicht nur auf Änderungen der Windrichtung und -stärke schneller reagieren, sondern diese sogar voraussagen und bei der Wahl unseres Kurses einplanen. So bringt uns z. B. eine Wende bei einem um 25° schralenden Wind auch 25° mehr Höhe am Wind und damit wesentlich schneller zu einem in Luv liegenden Ziel. Betrachten wir in diesem Beispiel den Wendewinkel, stellen wir sogar 50° Unterschied bei einer Wende gegen die Winddrehung im Vergleich zum Wenden mit dem Dreher fest.
Selbst mit großen Investitionen in Segel und anderes Material könnte ein solches Mehr an Höhe kaum realisiert werden. Diese Überlegungen zeigen deutlich, dass die Fähigkeit, lokale Änderungen in der Zirkulation vorausahnen zu können, für Regattasegler essenziell ist und auch Fahrtenseglern hilft, ihre Törns sicherer und zügiger durchzuführen.
In diesem Abschnitt wird deshalb der Entstehung solcher lokaler Windmuster auf den Grund gegangen.
Für die Entwicklung von *Böigkeit* sind die Mechanismen der thermischen Konvektion sowie die Erzeugung vertikaler Bewegungsantriebe ursächlich (s. auch Kap. 1.3). Immer wenn erwärmte Luft aufsteigt und kältere Luft absinkt, werden horizontale Luftströme zum Ausgleich entstandener Luftdruckunterschiede erzeugt (dies haben wir schon bei der Land-Seewind-Zirkulation kennengelernt).
Da sich der Wind in unterschiedlichen Höhen hinsichtlich seiner Richtung und Stärke erheblich unterscheidet, führt jeder Austausch in der vertikalen Schichtung zu einer örtlichen Abweichung vom mittleren Wind. Die damit verbundenen Wettererscheinungen hängen stark von der Intensität der Konvektion ab und erzeugen die lokalen Windmuster, die als Böigkeit wahrgenommen werden.
Um diese Windmuster zu verstehen, müssen wir uns die Veränderung der atmosphärischen Luftbewegung mit zunehmender Höhe vor Augen führen. In sehr großen Höhen, in denen die Reibung an der Erdoberfläche keinen Einfluss

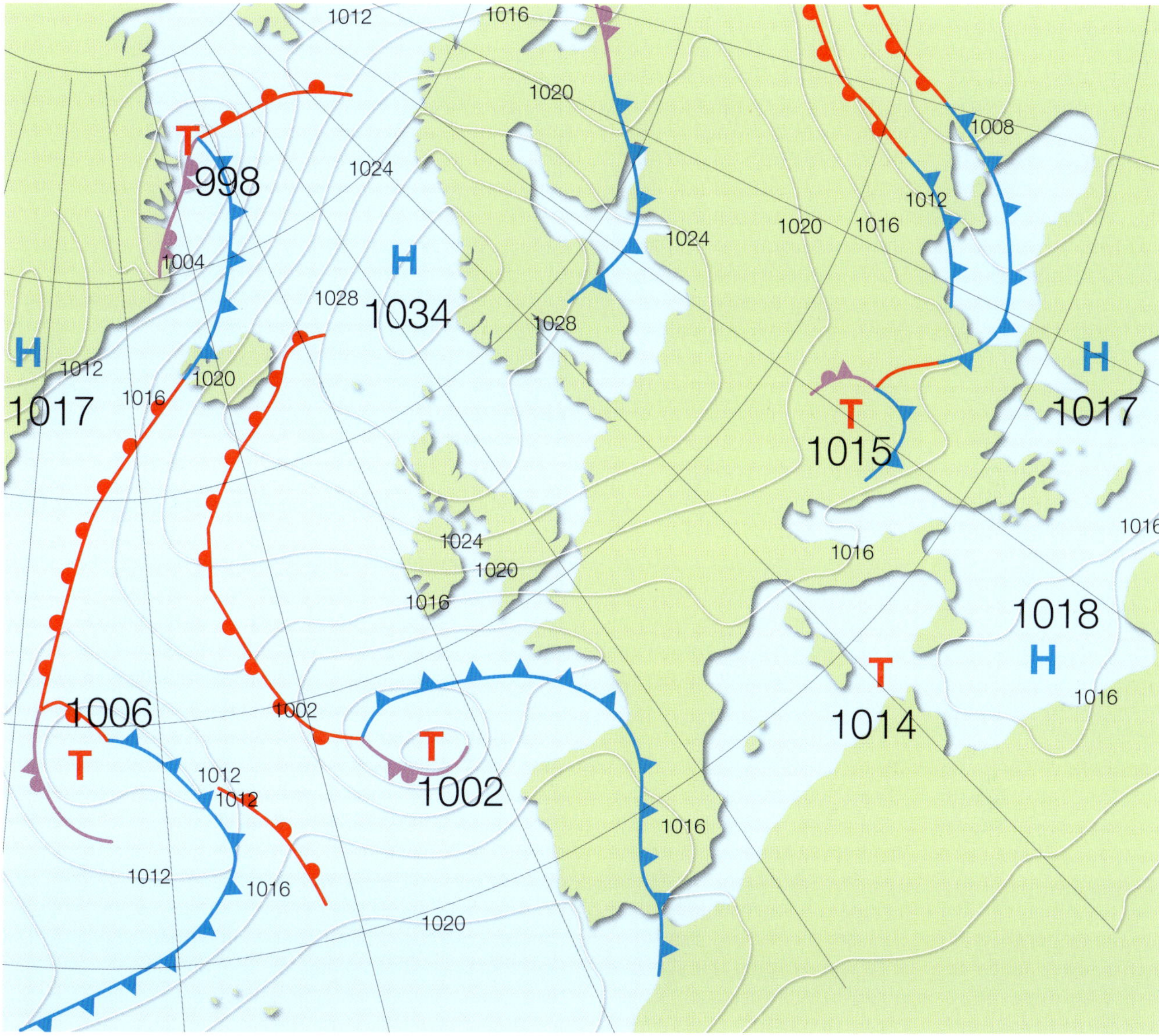

Abb. 3.6 Wetterkarte für das Fallbeispiel

mehr auf den Wind hat, weht dieser nahezu parallel zu den Isobaren (geostrophischer Wind, s. Kap. 1.3).
Mit abnehmender Höhe, d. h. innerhalb der sogenannten Reibungsschicht, steigt der Einfluss der Bodenreibung. Dies führt dazu, dass der Wind mit abnehmender Höhe abgeschwächt und aufgrund des abnehmenden Einflusses der Corioliskraft auf der Nordhalbkugel in seiner Richtung nach links (auf der Südhalbkugel nach rechts), also rückgedreht wird. Dringen nun aufgrund von Konvektion oder Reibungseffekten an Hindernissen Luftpakete aus größeren Höhen an die Erdoberfläche vor, werden sie dort als Böen wahrgenommen.

Regeln für den Umgang mit Böen auf der Nordhalbkugel (auf der Südhalbkugel muss umgedacht werden):

1. Beim Einfallen einer Böe dreht der Wind in der Regel recht. Beim Abflauen dreht er wieder rück. Ausnahmen gehen in der Regel mit Gewittererscheinungen und Böenwalzen einher.
2. Beim Kreuzen wird die Geschwindigkeit nach Luv (VMG, Velocity Made Good) größer, wenn man die Böe auf Backbordbug einfallen lässt und dadurch in der Böe mehr angeluvt werden kann.

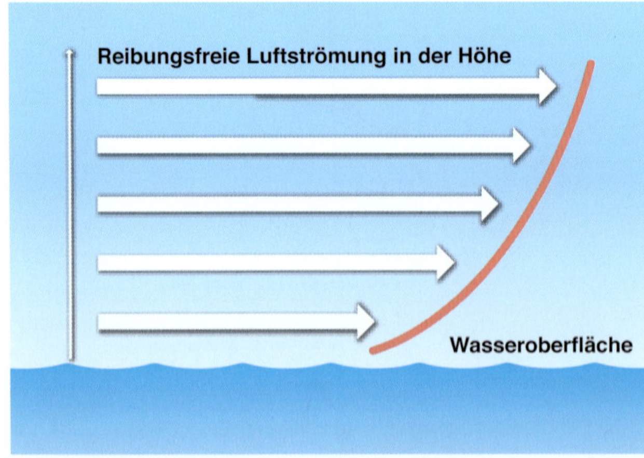

Abb. 3.7 Vertikale Windabnahme durch erhöhte Reibung in der Nähe der Wasseroberfläche

Da die Atmosphäre im Sommer nachts in der Regel eine stabilere Schichtung aufweist als tagsüber, verschieben sich die Luftpakete aufgrund geringerer Konvektion schwerer. Deshalb ist der Wind in einer Sommernacht bei ansonsten gleichen meteorologischen Bedingungen meist weniger böig als bei Tage. Entscheidend ist hier jedoch grundsätzlich der Unterschied zwischen Wasser- und Lufttemperatur. Gerade im Herbst kann das im Vergleich zur Luft noch warme Wasser zu einer erhöhten Böigkeit und sogar zu Schauern oder Gewittern führen.

Um das Phänomen der Böigkeit quantitativ noch besser erfassen zu können, betrachten wir im Folgenden den Einfluss der Reibung auf den Wind etwas genauer. Die durch Reibung verursachte vertikale Windabnahme bezeichnet man als *Windprofil*. Die Abbildung 3.7 veranschaulicht die Zusammenhänge grafisch. Bei der Ausbildung des Windprofils spielt neben der Oberflächenrauigkeit die vertikale Temperaturverteilung eine große Rolle. Bei stabiler Schichtung der Atmosphäre, d. h. bei kaum vorhandenem Vertikalaustausch, nimmt der Wind in der Höhe stark zu (d. h., in 1 m Höhe hat die Windgeschwindigkeit nur ca. ein Drittel des in 10 m Höhe gemessenen Wertes). Im Gegensatz dazu kommt es bei einer labilen Schichtung aufgrund des starken Vertikalaustausches ab ca. 2 m Höhe nur zu einer relativ geringen Windzunahme.

Hinsichtlich der Oberflächenrauigkeit gilt, dass diese über Land im Allgemeinen höher als über See ist. Auf See wird die Oberflächenrauigkeit maßgeblich von der Wellenhöhe bestimmt. Im Vergleich zu einem glatten Untergrund führt eine größere Oberflächenrauigkeit zu einem schnelleren Anstieg der Windgeschwindigkeit mit zunehmender Höhe. Bei schwachem bis mäßigem Wind (d. h. bis maximal 15 kn Windgeschwindigkeit) und einer dementsprechend niedrigen Windsee nimmt der Wind oft nur innerhalb der ersten 3 m zu. Bei höheren Windgeschwindigkeiten ist die Windzunahme mit der Höhe wesentlich stärker: In ca. 20 m über der Wasseroberfläche kann oft bereits die doppelte Windgeschwindigkeit gemessen werden. Dieser Sachverhalt muss auf größeren Segelfahrzeugen, wie z. B. rahgetakelten Traditionsschiffen, regelmäßig berücksichtigt werden, wenn Entscheidungen hinsichtlich der Führung der Obersegel oder des Reffens getroffen werden müssen (beim Reffen wird nicht nur die Segelfläche reduziert, sondern auch der Segelschwerpunkt abgesenkt). Aber auch für den ambitionierten Regattasegler ist es wichtig, die vom Anemometer im Masttopp gemessene Windstärke auf eine standardisierte Höhe beschicken zu können bzw. die eigenen Messungen mit den in der Regel für eine Höhe von 10 m gültigen Windvorhersagen abzugleichen.

Die für die Beschickung anzuwendenden Zahlenwerte sind allerdings sehr stark von der aktuell vorherrschenden Stabilität der Schichtung abhängig und weichen in der Praxis oft vom theoretischen, streng logarithmischen Windprofil ab. Generell gilt, dass bei stabiler Schichtung die Windgeschwindigkeit mit der Höhe stärker zunimmt als bei labiler Schichtung. Für die „nasse“ Praxis auf dem Wasser haben sich bei einem gut ausgereiften Windprofil (dies ist typischerweise im Zeitraum von Mittag bis zum späten Nachmittag der Fall) und einer mittleren Wellenhöhe die folgenden Faustformeln zur Beschickung auf die gewünschte Höhe bewährt:

- In 35 m Höhe gemessene Windgeschwindigkeiten (d. h. bei einer Anemometerhöhe von 35 m über der Wasseroberfläche, wie z. B. auf Traditionsseglern, Megayachten oder in der Seeschifffahrt) müssen um ca. 30 % ihres Wertes reduziert werden, um sie auf die den Windvorhersagen zugrunde liegende Höhe von 10 m zu beschicken.
- Bei einer Anemometerhöhe von 20 m (dies gilt für etwas größere Segelyachten) müssen die Messwerte um ca. 20 % reduziert werden, um sie auf 10 m Höhe zu beschicken.
- Bei einer Anemometerhöhe von 15 m (dies gilt typischerweise für Segelyachten durchschnittlicher Größe) müssen die Messwerte um ca. 10 % reduziert werden, um sie auf 10 m Höhe zu beschicken.
- Um den für 10 m Höhe vorhergesagten Wert auf ihre „Nasenhöhe" zu beschicken, müssen Jollensegler diesen Wert um fast 40 % reduzieren.

Berücksichtigt man diese Kenntnisse über das Windprofil und beobachtet als Segler laufend seine Umgebung, kann man eine bevorstehende lokale Windrichtungs- oder Windstärkenänderung rechtzeitig erkennen und optimal ausnutzen.

Am einfachsten wahrzunehmen sind Windrichtungs- und Windstärkenänderungen anhand von Effekten, die direkt zu beobachten sind. Dazu zählen *Böenlinien*, die sich auf der Wasseroberfläche als Kräuselungen abzeichnen, sowie Krängung, Kurs und Geschwindigkeit anderer Segler oder „Windfahnen", wie z. B. Schornsteine an Land. In dieselbe Kategorie fällt der Einfluss des Küsten- bzw. Uferverlaufs oder von Hindernissen, die im nächsten Abschnitt detailliert behandelt werden.

Schwieriger und nur mit einiger Erfahrung auszunutzen sind Effekte, die wir nur indirekt wahrnehmen können. So folgen Winddrehungen oft einem regelmäßigen, aktuellen Muster, das sich durch Beobachtung und Aufzeichnungen ermitteln lässt. Regattasegler nutzen regelmäßig eine lange Vorbereitungsphase vor dem Start, um das aktuelle Windmuster zu bestimmen und mit den Aufzeichnungen vergangener Tage, an denen ähnliche atmosphärische Bedingungen herrschten, abzugleichen. Die Abbildung 3.8 veranschaulicht ein

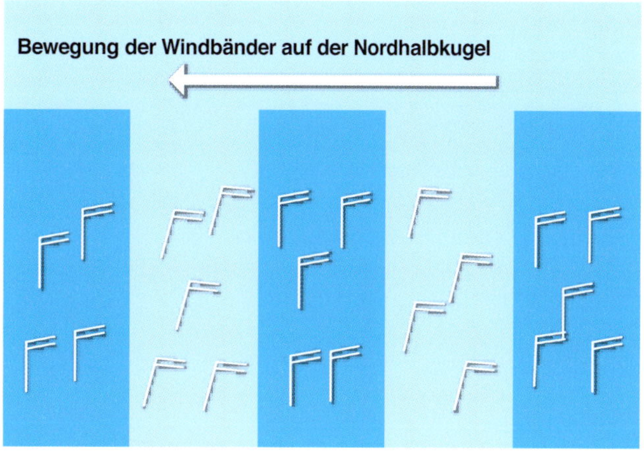

Abb. 3.8 Windbänder

Windmuster in Form von *Windbändern*, die sich im freien Seeraum mit relativ konstanter Geschwindigkeit, angetrieben vom Gradientwind, senkrecht zur mittleren Windrichtung (in Windrichtung blickend auf der Nordhalbkugel von rechts nach links, auf der Südhalbkugel von links nach rechts) bewegen. Die Windrichtungsänderungen werden vom Beobachter als regelmäßige Oszillation wahrgenommen und er kann die Abfolge seiner Wenden auf der Kreuz auf die entsprechenden Zeiträume abstimmen und immer im „Lift", d. h. auf dem jeweils günstigeren Bug, segeln. In Küstennähe kommt es öfter vor, dass sich die Windbänder an einer Küstenformation „aufhängen" und stationär bleiben. Auf offener See hingegen bewegen sich die Windbänder nahezu gleichförmig.

> Leichtwindtaktik:
> Eine beliebte Leichtwindtaktik ergibt sich aus der vorgenannten Bewegungsrichtung der Windbänder: In nördlichen Breiten dem nächsten Windband so lange mit Wind von Backbord entgegensegeln, bis der Wind zugenommen hat. Dann auf den anderen Bug wenden bzw. halsen, um möglichst lange in dem Windband zu bleiben.

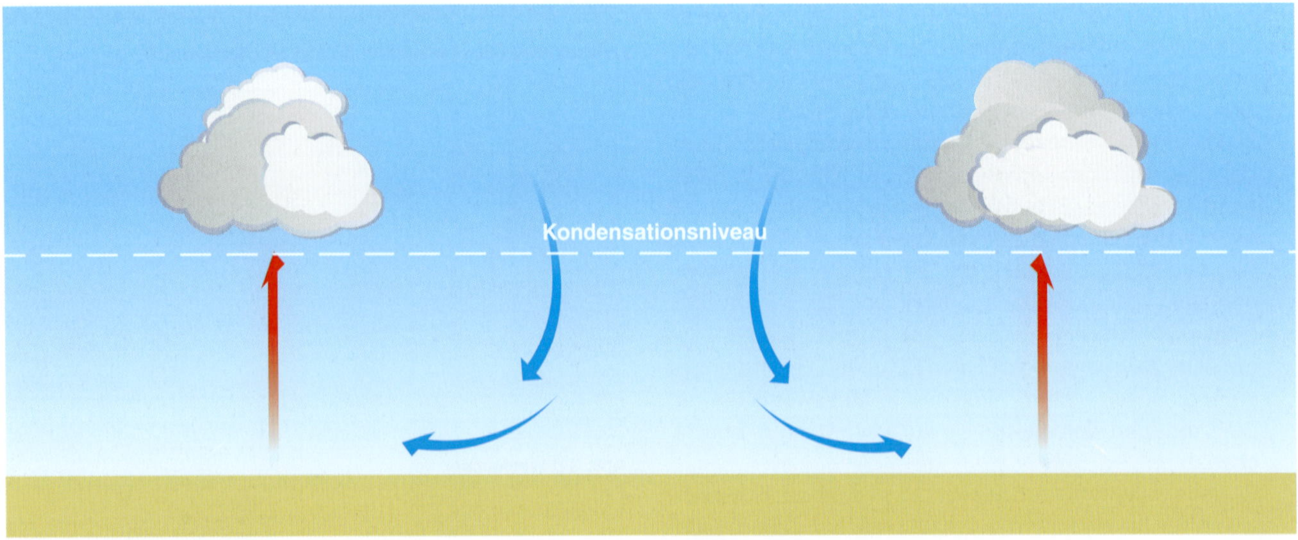

Abb. 3.9 Cumuluskonvektion

3.2.2 Wolkenwinde

Ein weiteres, indirekt wahrzunehmendes Anzeichen für eine lokale Änderung des Windes sind Cumuluswolken, die eine starke Konvektion in der Atmosphäre anzeigen: Durch starke Sonneneinstrahlung wird die Luft in Bodennähe erwärmt und steigt als Luftpaket (Thermal) auf. Wird das Kondensationsniveau erreicht, bildet sich eine Cumuluswolke und Teile des Höhenwindes werden bis an die Erdoberfläche herangeführt. Die Abbildung 3.9 veranschaulicht dieses Geschehen, das allerdings nur bei relativ tiefliegenden Wolken (d. h. Höhe der Wolkenunterseite über der Erdoberfläche < Dicke der Wolke) deutlich wahrzunehmen ist.
Das Windfeld im Nahbereich unter einer Wolke unterscheidet sich bei einer abregnenden Wolke grundsätzlich von dem einer Wolke, aus der kein Regen austritt.
Betrachten wir zunächst eine *Wolke, aus der kein Regen austritt.* Die Abbildung 3.10 zeigt das lediglich durch Konvektion erzeugte Windfeld unter einer „trockenen“ Cumuluswolke, d. h., der Gradientwind wird hier nicht berücksichtigt. Die Abbildung 3.11 zeigt die realen Windverhältnisse, die sich aus einer Vektoraddition der durch Konvektion erzeugten Luftbewegung und des Gradientwindes ergeben.
Zur optimalen Ausnutzung des Windfeldes bestimmen die folgenden Ziele die Taktik, die wir wählen sollten:

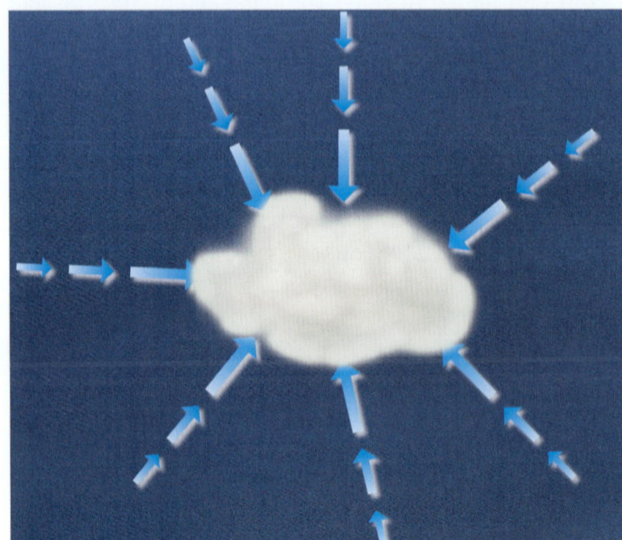

Abb. 3.10 Draufsicht auf ein Windfeld unter einer Cumuluswolke, aus der kein Regen austritt, ohne Gradientwind

1. Die windarme Vorderseite und die Mitte unter der Wolke gilt es zu meiden.
2. Die größere Windstärke auf der Rückseite der Wolke gilt es genauso wie die jetzt für uns vorhersehbaren Winddrehungen zu verwerten.

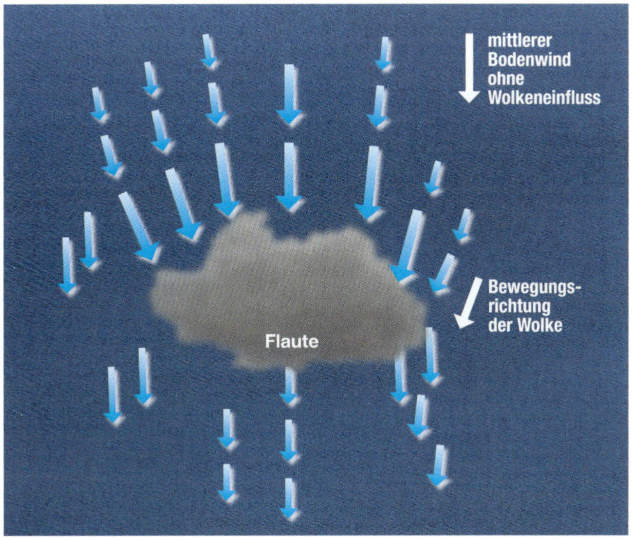

Abb. 3.11 Draufsicht auf die realen Windverhältnisse unter einer Cumuluswolke, aus der kein Regen austritt

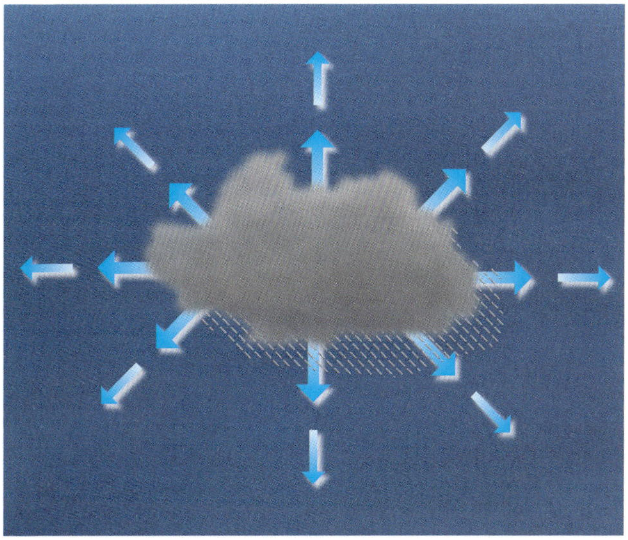

Abb. 3.12 Draufsicht auf ein Windfeld unter einer Cumuluswolke, aus der Regen tritt, ohne Gradientwind

Bei der Ansteuerung der Wolke muss beachtet werden, dass diese vom Wind in höheren Luftschichten angetrieben und gesteuert wird. Dieser ist im Vergleich mit dem Bodenwind auf der Nordhalbkugel jedoch in der Regel ca. 15° rechtgedreht (auf der Südhalbkugel ca. 15° rückgedreht).

Tritt aus einer Wolke Regen aus, stellen sich die Verhältnisse anders dar: Die durch den Regen abgekühlten, schwereren Luftmassen treten aus der Wolke aus und sinken mit zunehmender Geschwindigkeit ab. Die Abbildung 3.12 zeigt das entsprechende Windfeld, analog zu Abbildung 3.10, ohne Berücksichtigung des Gradientwindes. Die Abbildung 3.13 zeigt die tatsächlichen Windverhältnisse, die wir als Segler in unsere taktischen Überlegungen mit einbeziehen müssen.

Die Ziele, die wir für die Wahl der Taktik berücksichtigen, lauten jetzt wie folgt:

1. Die windarme Rückseite und die Mitte unter der Wolke gilt es zu meiden.
2. Die größere Windstärke auf der Vorderseite der Wolke und die Winddrehungen gilt es zu verwerten.

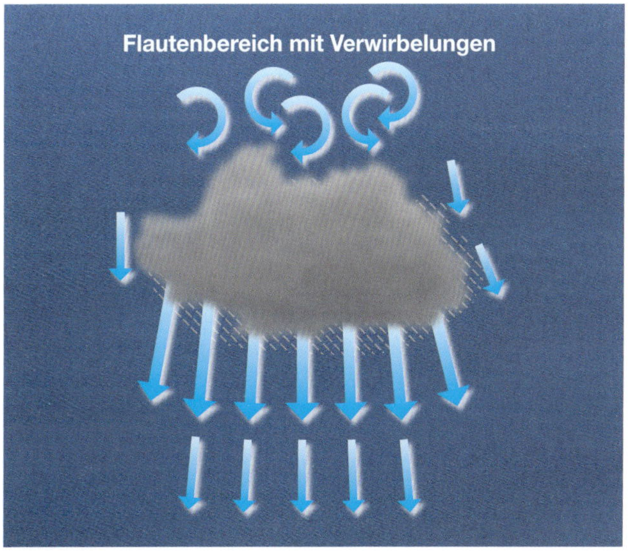

Abb. 3.13 Draufsicht auf die realen Windverhältnisse unter einer Cumuluswolke, aus der Regen austritt

Oft formieren sich einzelne Cumuluswolken zu sogenannten *Wolkenstraßen*. Dies tritt meistens dann auf, wenn kältere Luft über eine relativ warme Wasseroberfläche geführt wird. Das geschieht in unseren Breiten meist auf der Rückseite einer Kaltfront oder eines Troges. Sehr eindrucksvoll sind die Wolkenstraßen in den Passatgürteln, wo sie sich über 100 sm und mehr erstrecken können. Abbildung 3.14 zeigt eine Draufsicht auf diese Wolkenformation, bei der der Wind unter den Wolkenstraßen schwächer ist als der Wind dazwischen.

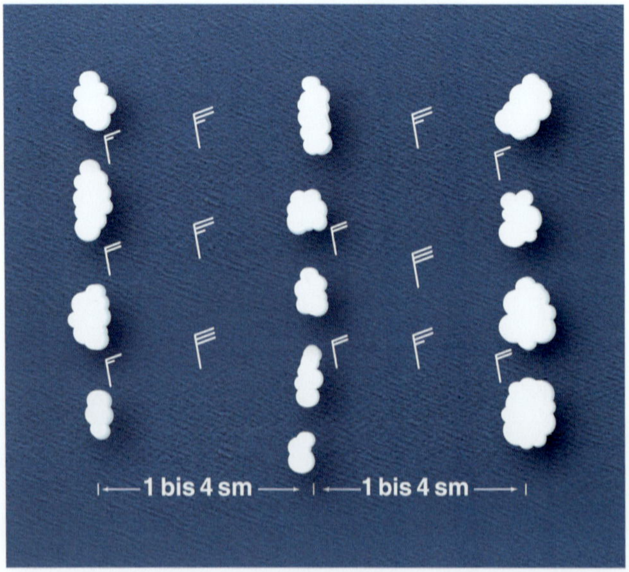

Abb. 3.14 Wolkenstraßen von oben betrachtet

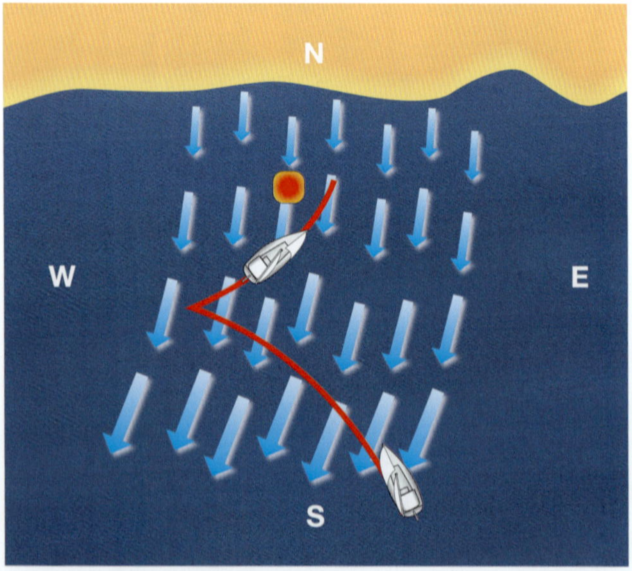

Abb. 3.15 Taktische Nutzung der Rückdrehung (Nordhalbkugel) des ablandigen Windes unter Land

Den stärkeren Wind in den Zwischenräumen kann man sich entsprechend zunutze machen.

3.2.3 Konvergenz und Divergenz

Wegen Reibungseffekten ist der Bodenwind über Land gegenüber dem Gradientwind um ca. 40° rückgedreht. Die geringere Reibung über der Wasseroberfläche führt zu einem kleineren Winkel von ca. 15°. Diese Zusammenhänge haben die folgende Auswirkung: Weht der Wind vom Land über das Wasser, nimmt die Windgeschwindigkeit zu und die Windrichtung ist auf der Nordhalbkugel um ca. 25° nach rechts gedreht. Dieser Effekt kann über eine Distanz von ca. 0,5 bis 2,5 sm in Windrichtung von der Küste entfernt wahrgenommen werden.

Die genaue Entfernung wird von der Art der Schichtung bestimmt: Je labiler die Schichtung, desto schneller (d. h. in kürzerer Entfernung vom Land) ist der Wind um den gesamten Betrag rückgedreht. Bei labiler Schichtung (d. h. kalte Luft über warmem Land oder Wasser) ist der Wind schon nach ca. 0,5 sm komplett rückgedreht. Deshalb zahlt es sich beim Aufkreuzen zu einem Ziel, das vor einer Küste liegt, aus, in Erwartung einer Linksdrehung mit Wind von Steuerbord zu beginnen und noch vor der Anliegelinie zu wenden, um dann mit der Linksdrehung das Ziel zu erreichen (s. Abb. 3.15).

Wenn der Wind entlang einer Küstenlinie weht, führen die oben genannten Zusammenhänge zu folgenden Effekten: Befindet sich eine Küstenlinie auf der linken Seite eines in Windrichtung (definiert als die Richtung, aus welcher der Wind weht, s. Kap. 1.3) blickenden Beobachters, konvergieren die Richtungen des Bodenwindes über Land und über See. In Landnähe führt dies zu einer signifikanten Zunahme der Windgeschwindigkeit in der Größenordnung von 25 % (z. B. Zunahme von 12 auf 15 kn), die als *Konvergenz* bezeichnet wird. Die zusammenströmenden Luftmassen erzeugen darüber hinaus Vertikalbewegungen, die eine verstärkte Wolkenbildung und manchmal auch die Bildung von Regenschauern verursachen. Befindet sich eine Küstenlinie auf der rechten Seite eines in Windrichtung blickenden Beobachters, divergieren die Richtungen des Bodenwindes über Land und über See, was wiederum zu einer entsprechenden Abnahme der Windgeschwindigkeit in Landnähe führt. Dieser Effekt wird als *Divergenz* bezeichnet. Er verursacht ein Absinken der Luftmassen und somit die Auflösung von ggf. vorhandenen niedrigen Wolken. Konvergenz und Divergenz beeinflussen den Wind bis zu einer Entfernung von etwa 5 sm vor der Küste.

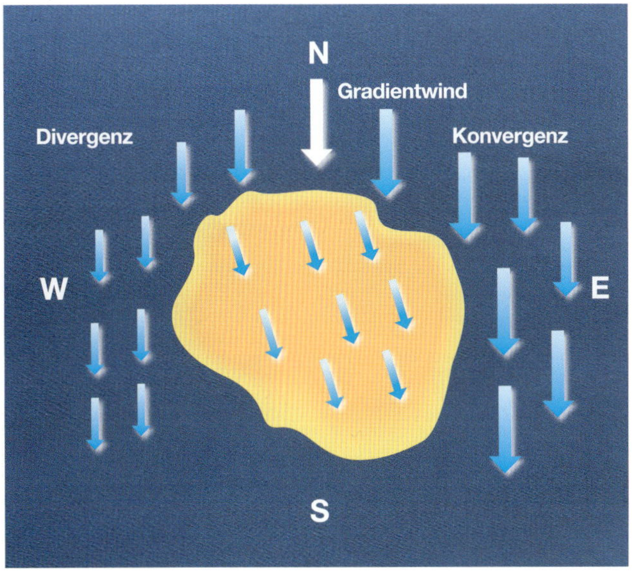

Abb. 3.16 Konvergenz und Divergenz in der Umgebung einer Insel

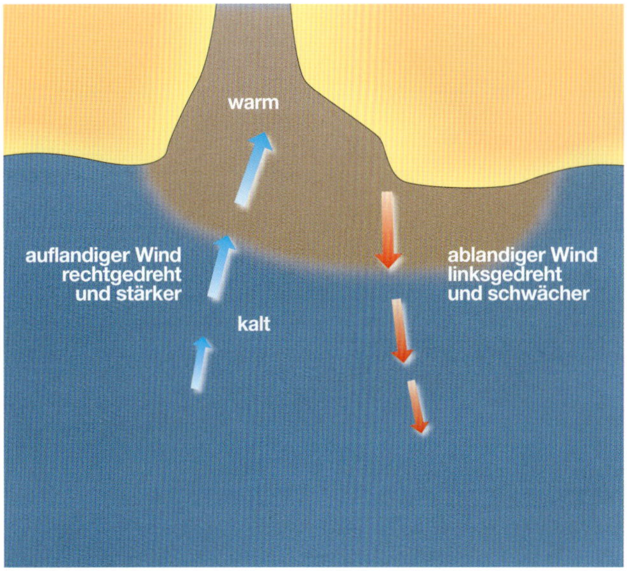

Abb. 3.17 Winddrehung in Abhängigkeit von der Wassertemperatur im Bereich einer Flussmündung

Konvergenz und Divergenz wirken sich auch auf den Wind in der Umgebung einer Insel aus. Die Abbildung 3.16 zeigt eine typische Windsituation um eine flache Insel herum. Bei Nordwind wird der Wind entlang der Ostküste der Insel verstärkt und entlang der Westküste abgeschwächt. An welcher Seite die Insel passiert werden soll, können wir als Segler von unserem „Windbedarf" abhängig machen: Herrscht tendenziell zu viel Wind, werden wir uns vorzugsweise westlich der Insel aufhalten. Sind wir auf der Suche nach stärkerem Wind, werden wir östlich der Insel passieren. Da die von der Insel erzeugten Windbänder oft auch bis auf Entfernungen von ca. 20 sm in Lee der Insel intakt bleiben, sollten sie auch dort bei Überlegungen, die Wettfahrttaktik oder Reiseplanung betreffen, berücksichtigt werden.

Ganz ähnlich wie eine Küstenlinie wirkt sich eine plötzliche lokale Änderung der Wassertemperatur aus, die, besonders in Tidengewässern, oft durch eine unterschiedliche Färbung erkennbar ist. Eine solche tritt z. B. im Sommer bei Ebbe an Flussmündungen auf oder wenn auflandige Winde warmes Oberflächenwasser vor einer Küste aufstauen. Ohne Weiteres können Temperaturunterschiede von etwa 5 °C auftreten, die zu Unterschieden in der Windgeschwindigkeit von bis zu 25 % führen können. Der Mechanismus erklärt sich folgendermaßen: Die Luft über dem wärmeren Wasser erwärmt sich und die Schichtung wird weniger stabil. Dies führt zur Zunahme und Rechtdrehung des Windes. Über kälterem Wasser tritt der umgekehrte Effekt ein, das heißt Abnahme und Rückdrehung.

Abbildung 3.17 verdeutlicht diese Zusammenhänge am Beispiel einer Flussmündung, an der warmes Flusswasser auf kälteres Seewasser trifft.

Weht der Wind parallel zur Grenze zwischen den Wassermassen, treten genauso wie bei einer Küstenlinie Konvergenzen und Divergenzen auf: Liegt das kältere Wasser links von einem Beobachter auf der Nordhalbkugel, der in Windrichtung blickt, verstärkt sich der Wind entlang der Grenzlinie aufgrund der eintretenden Konvergenz. Befindet sich das kältere Wasser rechts vom Beobachter, schwächt sich der Wind wegen der Divergenz entsprechend ab.

3.3 Einfluss der Topografie

Neben ihren Funktionen als Barrieren haben Küstenformationen weitere wichtige Auswirkungen auf die lokalen Windverhältnisse.

Diese topografischen Auswirkungen werden als Düsen-, Ecken- oder auch Kapeffekte bezeichnet.

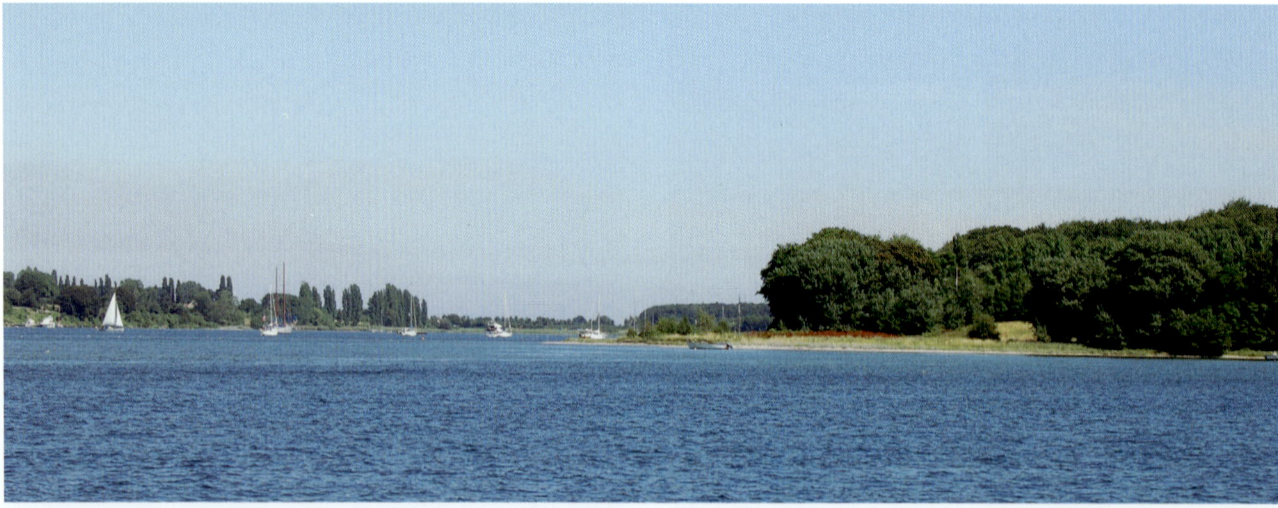

Abb. 3.18 Der Wald in der rechten Bildhälfte stellt ein halb offenes Hindernis dar

3.3.1 In Lee eines Hindernisses

Die meisten werden die folgende oder eine ähnliche Situation bereits erlebt haben: Mit mehreren anderen Booten auf Backbordbug dicht in Lee einer Küste entlang segelnd, beobachten sie, dass die auf Parallelkurs fahrenden Boote in Abhängigkeit ihrer Entfernung vom Ufer verschiedene Segelstellungen fahren und unterschiedliche Windstärken antreffen. Sie schließen daraus, dass sich Windrichtung und -stärke lokal stark ändern. Allerdings wundert sie, dass einige Boote, die sehr dicht an der Küstenlinie segeln, in stärkerem und manchmal raumerem Wind segeln als Boote, die etwas weiter ab vom Land stehen. Die Ursachen hierfür werden in diesem Abschnitt erklärt.

Das Windfeld in der untersten Luftschicht wird nicht nur durch Thermik verändert, sondern auch durch Objekte, die Hindernisse oder Barrieren für den Wind bilden. Beispiele für solche Hindernisse sind Uferformationen oder -bebauungen wie Silos und Wohnhäuser, Baumreihen, aber auch andere Fahrzeuge wie große Seeschiffe oder Boote von Konkurrenten in einem Regattafeld. Durch diese Hindernisse wird zum einen der Querschnitt der Luftströmung und dadurch auch die Windgeschwindigkeit verändert. Zum anderen erzeugen die Hindernisse Verwirbelungen, die stellenweise auch den stärkeren Wind aus höheren Luftschichten in Bodennähe bringen. Aufgrund der Verschiedenartigkeit der Hindernisse und aufgrund der großen Abhängigkeit von der Stabilität der Schichtung ist es schwierig, eine exakte Systematisierung vorzunehmen.

Dennoch lässt sich die Veränderung des Windfeldes grob abschätzen. Wenn wir wie folgt vorgehen, sind wir im Vorteil gegenüber Seglern, die diese Grundlagen nicht berücksichtigen. Zunächst nehmen wir eine Einteilung der *Hindernisformen* nach ihrer Winddurchlässigkeit vor:

1. offene Hindernisse: Winddurchlässigkeit mehr als 40 %, z. B. einzelner Baumbestand am Ufer.
2. halb offene Hindernisse: Winddurchlässigkeit zwischen 20 % und 40 %, z. B. dichter Wald,
3. dichte Hindernisse: Winddurchlässigkeit kleiner als 20 %, z. B. Gebäudekomplexe, Steilküsten.

Wie können wir diese Information in der Praxis nutzen? Als Einheit ist die Höhe H des Hindernisses anzusehen. Mit ihr drücken wir den Abstand zwischen Beobachter und Hindernis aus. Untersuchungen zeigen, dass in einer Distanz der 30- bis 40-fachen Höhe der Wind in der Regel nicht mehr von dem Hindernis beeinflusst wird.

Situationsabhängig müssen wir zusätzlich noch die aktuelle Stabilität der Schichtung der Atmosphäre berücksichtigen: Während sich die Distanz bei stabiler Schichtung vergrößert, wird sie bei labiler Schichtung aufgrund der ohnehin schon vorhandenen Verwirbelungen etwas geringer. Erwartungsgemäß ist bei einem dichten Hindernis die

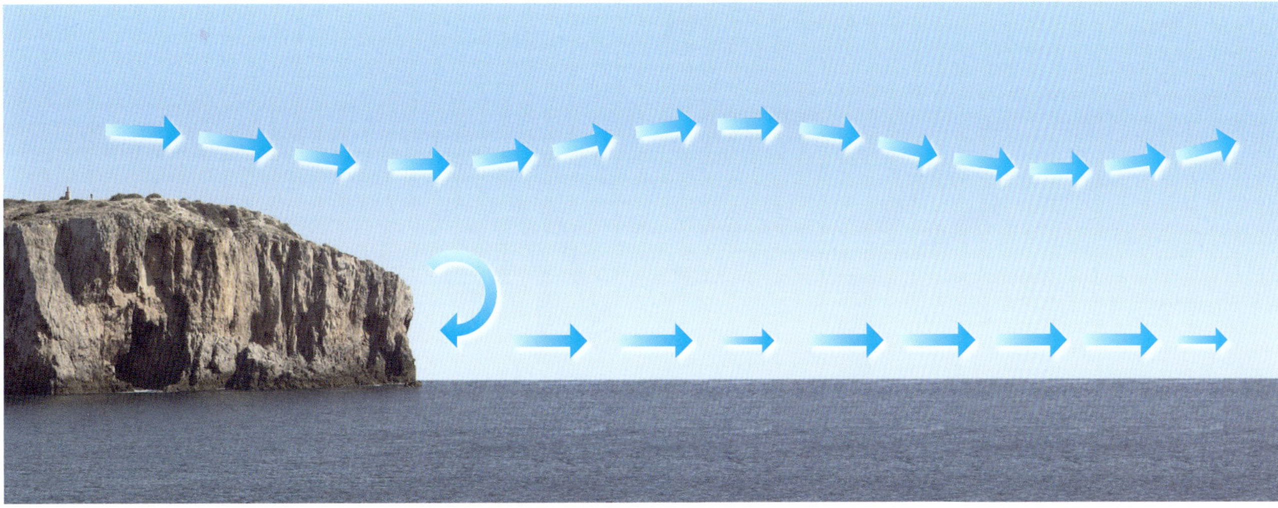

Abb. 3.19 Typische Windsituation in Lee einer Steilküste mit Turbulenz und stehender Welle

Windgeschwindigkeit unmittelbar in Lee des Hindernisses minimal und steigt dann fast linear an. Wider Erwarten wird die Luftströmung hinter einem halb offenen Hindernis am meisten gestört: Unmittelbar hinter dem Hindernis nimmt die Windgeschwindigkeit zunächst rapide ab, erreicht im Abstand seiner 5-fachen Höhe ein Minimum und steigt dann wieder an. Für das offene Hindernis gilt Ähnliches in abgeschwächter Form. Der Grund für diese Beobachtung liegt darin, dass das Hindernis in Lee Verwirbelungen erzeugt, die in Bodennähe der ungestörten Luftströmung entgegengesetzt sind und diese in ihrem Einflussbereich so weiter abschwächen.

Jetzt sollten auch die Hintergründe der eingangs beschriebenen Situation klar sein. Die meisten Uferformationen (wie z. B. Wald, Felsen oder Bebauung) sind typische Vertreter eines halb offenen Hindernisses. Segeln wir an einem solchen Ufer entlang, kann in größerer Nähe zum Hindernis eine höhere Windgeschwindigkeit erwartet werden.

Diese Kenntnis ist jedoch auch bei der Bewältigung völlig anderer nautischer Herausforderungen wertvoll. So ist es z. B. bei starkem Wind oft sehr schwierig, ein Seeschiff oder Traditionsschiff mit einer großen Windangriffsfläche in einem engen Hafenbecken zu drehen. Wir wissen jetzt, wie wir uns durch die Wahl einer geeigneten Entfernung zu einer vorhandenen Barriere (Silos, Lagerschuppen etc.) diese am besten als Windschutz zunutze machen können.

Abb. 3.20 Windfelder

Die Abbildung 3.19 ist besonders für das küstennahe Segeln relevant und veranschaulicht eine typische Windsituation in Lee einer Steilküste. Sie zeigt, wie sich die Luftströmung dort als Turbulenz und in der Höhe als eine stehende Welle ausbildet. Letztere beeinflusst den Wind in der Nähe der Wasseroberfläche und prägt im Abstand bis zu 5 sm Zonen stärkeren Windes (jeweils unter den Wellentälern der stehenden Welle) und Zonen schwächeren Windes (jeweils unter den Wellenbergen der stehenden Welle) aus. Bei gleichbleibender Richtung des Gradientwindes und besonders bei stabiler Schichtung verändern vor allem die Zonen stärkeren Windes ihre Lage mit der Zeit kaum und sollten beim Steuern entsprechend eingeplant werden.

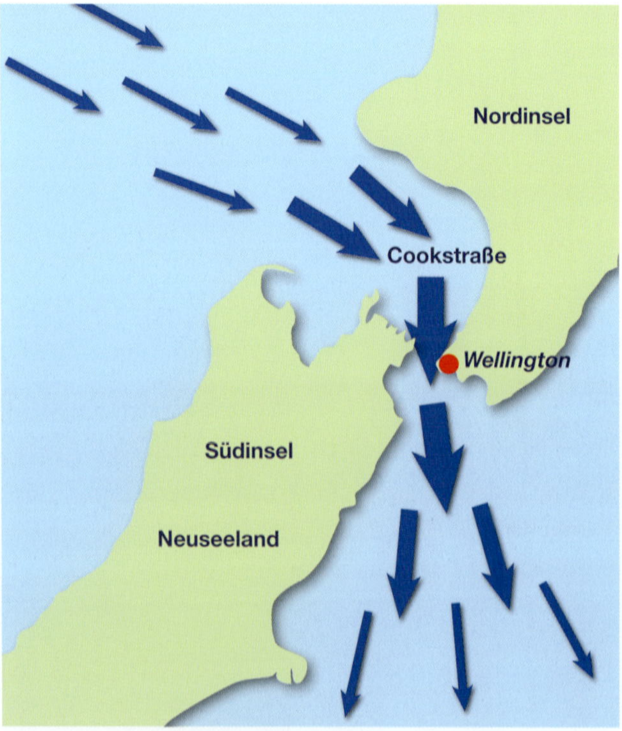

Abb. 3.21 Düseneffekt und Küstenführung in der Cookstraße zwischen der Nord- und Südinsel Neuseelands

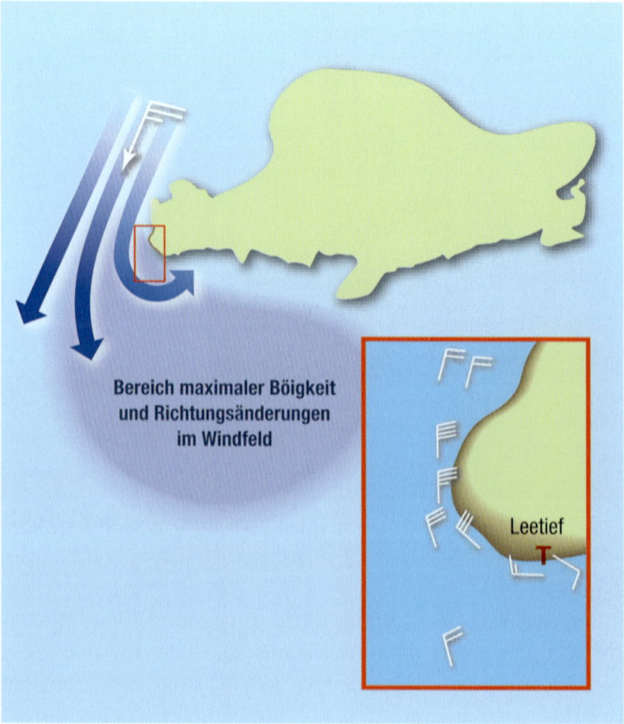

Abb. 3.22 Schema des Kapeffekts

Die Abbildung 3.20 zeigt die Situation an der Wasseroberfläche aus der Perspektive eines Betrachters, der mit dem Wind im Rücken eine Klippe hinabblickt.

3.3.2 Düseneffekt

Der Düseneffekt tritt immer dann auf, wenn Luftmassen durch eine Querschnittsverengung gedrückt werden. Typische Querschnittsverengungen sind z. B. Passagen zwischen Inseln und Festland, Flusstäler oder Fjorde. Über die Hindernisse fließt weniger Luftmasse, sodass die Mengen, die durch die Öffnung transportiert werden, entsprechend größer sein müssen. Da sich die Dichte der Luft nicht ändert, führt dies (entsprechend der Kontinuitätsgleichung) zu einer erhöhten Windgeschwindigkeit im Bereich der Verengung.
Abbildung 3.21 veranschaulicht diesen Zusammenhang anhand der Cookstraße zwischen der Nord- und der Südinsel Neuseelands. Weltweit gibt es viele weitere Beispiele, etwa die Straßen von Dover, Messina, Bonifacio und Gibraltar, das Rhône-Tal, den Doro-Kanal und die Meerenge zwischen Paros und Naxos. Die Änderungen in der Windstärke können bis zu 4 Bft. ausmachen.

3.3.3 Küstenführung

Trifft der Wind nicht senkrecht auf ein Hindernis, z. B. eine Steilküste, sondern wird diese unter einem kleineren Winkel angeströmt, dann wird ein Teil der Luftmassen in Luv parallel am Hindernis entlang geführt und dadurch beschleunigt. Diesen Effekt nennt man Küstenführung.
In Flussläufen mit hohen oder bewaldeten Ufern ist ein ähnlicher Effekt besonders ausgeprägt:
Stimmt die Hauptrichtung eines Flusses ungefähr mit der Richtung des Gradientwindes überein, folgt der Wind fast jeder Flussbiegung. Deshalb hat man den Wind auf vielen Flussrevieren oft entweder direkt von vorne oder direkt von achtern.

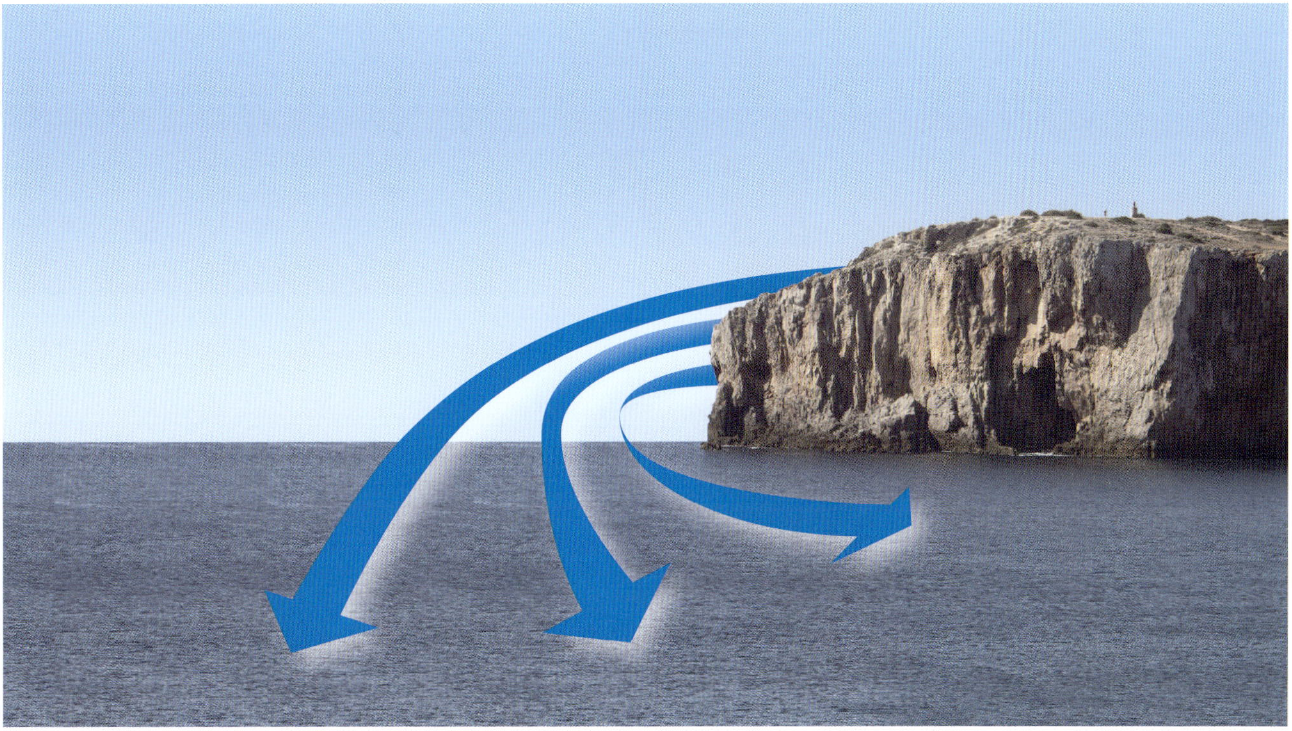

Abb. 3.23 Kapeffekt

3.3.4 Kapeffekt

Immer wenn der Gradientwind zur Umströmung eines Kaps oder eines sonstigen hohen Landvorsprungs gezwungen wird, treten große lokale Änderungen in der Windrichtung oder -geschwindigkeit auf. Bedingt durch diesen sogenannten Kap- oder Eckeneffekt treten Windsprünge auf, die auf kurze Entfernung 10 kn oder mehr betragen. Abbildung 3.22 veranschaulicht dies am Beispiel des Westzipfels einer Insel. Der Wind wird nach einem kurzen Bereich des Windstaus um das Kap herumgeführt und direkt am Kap erheblich verstärkt. In Lee des Kaps kommt es zu Verwirbelungen und manchmal auch zu Fallwinden.

Oft bildet sich an dieser Stelle durch den geringeren Luftdruck ein regelrechtes Leetief mit schwachen und umlaufenden Winden.

Beobachtungen haben gezeigt, dass ein Windeinfallswinkel von ca. 75° zur Küstenlinie die stärkste Böigkeit hinter einem Kap verursacht. Berücksichtigen wir die im gesamten Abschnitt 3.3 angestellten Überlegungen, sollte uns ein Blick in die Seekarte oder auf eine entsprechende Internetseite (z. B. Google Earth) genügen, um eine eigene, sehr zuverlässige, kleinräumige Windvorhersage, die so in den Wettervorhersagen meist nicht enthalten ist, zu erstellen.

3.4 Gewitter

In diesem Abschnitt befassen wir uns mit lokalen Wetterereignissen, die besonders für Seeleute und Segler eine große Gefahr darstellen können. Gründliche Kenntnisse dieser Naturphänomene sind unerlässlich, um die Risiken für Mensch, Umwelt und Schiff zu minimieren.

3.4.1 Entstehung von Gewittern

Die wichtigste Voraussetzung für die Entstehung eines Gewitters ist eine starke Cumuluskonvektion, die anhand der

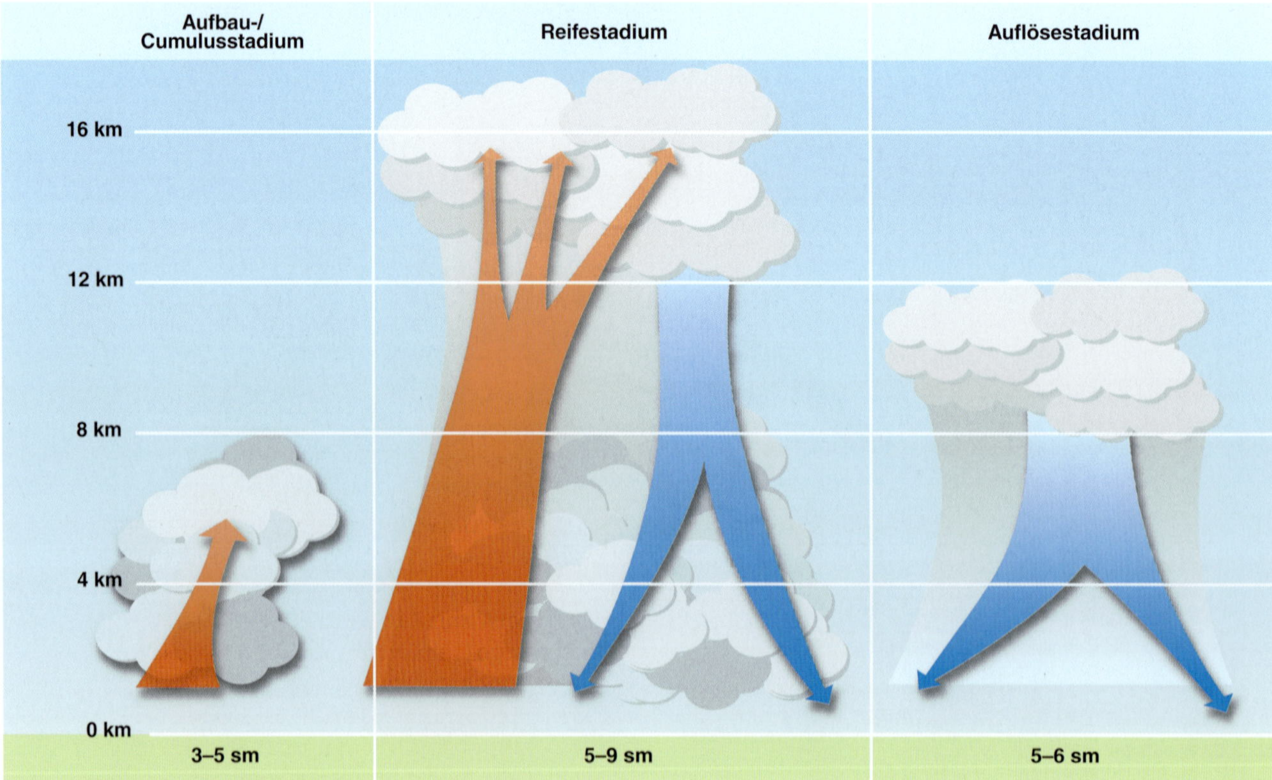

Abb. 3.24 Lebenslauf einer Gewitterzelle

Bildung der charakteristischen Cumulonimbuswolken zu erkennen ist. Abgesehen von der Konvektion ist zur Gewitterbildung das Zusammenwirken weiterer Umgebungsbedingungen notwendig. Diese Bedingungen lassen sich wie folgt zusammenfassen:

- *Labilität der Atmosphäre:* Die Atmosphäre muss bis in die Höhe labil geschichtet sein, damit Luftpakete aufsteigen können. Gewitter können sich erst entwickeln, wenn eine mindestens 2500 m dicke Luftschicht von Labilität betroffen ist. Nur so kann die Wolke in Lufträume, in denen Temperaturen von unter 0 °C herrschen, vordringen. Zur Entstehung eines ersten Blitzes müssen die Temperaturen im oberen Bereich der Wolke im zweistelligen negativen Bereich liegen.
- *Feuchtenachschub:* Damit die Labilität aufrechterhalten wird, muss bodennah ein ausreichender Nachschub von Feuchte gewährleistet sein. Diese Voraussetzung ist gerade über See bei entsprechenden Wetterlagen in der Regel gegeben.
- *Hebungsantrieb:* Erst wenn der in der Luftschicht vorhandene Wasserdampf Sättigung erreicht, wird die Feuchtlabilität wirksam. In den meisten Fällen wird dies durch Hebung der Luft erreicht. Der Antrieb für diesen Prozess kann auf vier verschiedene Arten erzeugt werden:

1) Konvektiv: durch einen warmen Untergrund wird die bodennahe Luftschicht aufgeheizt und zum Aufsteigen gezwungen.
2) Dynamisch: Im Bereich von Fronten oder bei konvergenten Luftströmungen werden Luftmassen aktiv gehoben, was zu einem Druckabfall an der Erdoberfläche führt.
3) Advektiv: In größeren Höhen wird Kaltluft oder in tieferen Schichten Warmluft herangeführt. Beson-

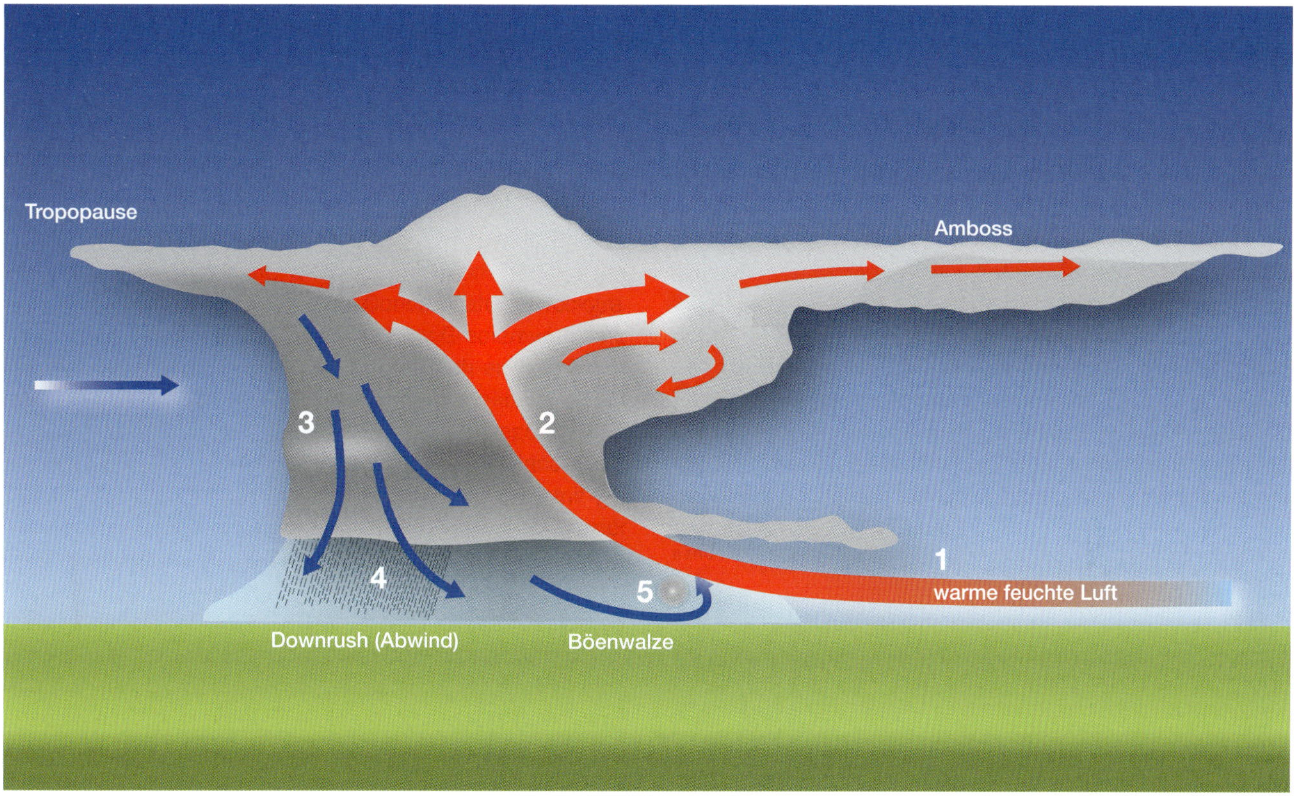

Abb. 3.25 Luftströmungen im Einflussbereich einer Gewitterzelle

ders über See ist dies vor allem im Spätsommer und Herbst (relativ hohe Wassertemperaturen) eine häufige Gewitterursache.

4) Orografisch: Bodennahe Luftmassen treffen auf ansteigendes Gelände und werden von diesem zum Aufsteigen gezwungen.

Erläuterung der Abbildung 3.25:

1 Warme und feuchte Luft wird herangeführt
2 Aufwindschlauch
3 Abwindbereich auf der Rückseite der Gewitterzelle
4 Downrush
5 Böenwalze

3.4.2 Aufbau einer Gewitterzelle

Eine Gewitterzelle entwickelt sich in *drei Stadien*: Cumulus- oder Aufbaustadium, Reifestadium und Auflösestadium. Die Abbildung 3.24 verdeutlicht die unterschiedliche Verteilung von Auf- und Abwinden sowie ihre jeweilige räumliche Ausdehnung. Die Dauer der einzelnen Stadien beträgt in der Regel 1 bis 1,5 Stunden.

Der stärkste Kaltluftausbruch, der sogenannte Downrush, ist mit der maximalen Windstärke in Böen an der Wasseroberfläche verbunden und entsteht im Reife- und Auflösestadium. Die Abbildung 3.25 gibt einen detaillierteren Einblick in eine voll entwickelte Gewitterzelle, die Abbildung 3.26 zeigt eine solche Zelle im Querschnitt.

Obwohl Gewitter stets Gegenstand intensiver meteorologischer Untersuchungen gewesen sind und gegenwärtig die

grundlegenden dynamischen Prozesse erklärt werden können, kann schon die mittlere Böengeschwindigkeit eines Gewitters bei bekannter Wetterlage nur mit größerer Ungenauigkeit vorhergesagt werden als andere meteorologische Parameter. Ein Grund hierfür ist der turbulente Charakter der Auf- und Abwindbereiche in den Cumulonimben. Diese sind nämlich nicht als regelmäßig angeordnete vertikale Luftsäulen ausgebildet, sondern bestehen aus einer Reihe massiver, sich in der Vertikalen bewegenden und von Turbulenzen überlagerten Luftpaketen.
Die in der Gewitterzelle herabstürzende Kaltluft tritt unten nach vorn und seitwärts aus. Dies ist mit stärksten Böen verbunden. Der warme Bodenwind vor der Gewitterzelle ist meist schwach und weht auf diese zu, weil die starken Aufwinde innerhalb der Zelle die Luftmassen von außen in sie hineinsaugen. Somit sind die starken Kaltluftböen im Zentrum und am vorderen Rand der Zelle diesem Wind entgegengesetzt. Deshalb erfolgt in der Gewitterböe meist ein Rückdrehen des Windes. Auf der Nordhalbkugel ist dies ein wesentlicher Unterschied zu den bisher besprochenen Böenzellen, die mit einer Rechtdrehung einhergehen. Im Bereich des Starkregens treten ebenfalls kräftige Böen auf. Beim weiteren Passieren der Zelle nimmt der Wind ab und dreht recht.

> Ausweichstrategie:
> Ein geeignetes Ausweichmanöver führt uns nach Steuerbord auf einen zur Zugrichtung rechtwinkligen Kurs. Bei ausreichender Schiffs- bzw. Bootsgeschwindigkeit bleibt das Zentrum der Zelle mit Hagel und starken Böen an Backbord liegen. Auf Segelschiffen begünstigt unter Umständen die bodennah in die Gewitterzelle einströmende Warmluft dieses Manöver.

Abgesehen von der Blitzschlaggefahr ist das Hagelgebiet wohl der gefährlichste Teil einer Gewitterzelle. Dieses befindet sich meist auf der aus Beobachtersicht linken Rückseite eines ihm entgegenkommenden Gewitters und sollte nach Möglichkeit gemieden werden.
Die Zugrichtung einer etwas weiter entfernten Gewitterzelle lässt sich am Ausfasern des ambossförmigen, oberen Teils des Cumulonimbus erkennen: Die Wolke zieht immer in die Richtung, in der sie vom Höhenwind ausgeweht wird. In geringerer Entfernung von der Zelle, wenn der Amboss nicht mehr zu sehen ist, sollte die Zugrichtung mithilfe der Bewegungsrichtung der mittelhohen Wolken bestimmt werden, weil die tieferen Wolken in Gewitternähe bereits durch Einströmvorgänge abgelenkt werden.
Eine weitere, mit der Böenfront und dem Downrush zusammenhängende Problematik ist die des *Seegangs*. Durch die unterschiedlichen Windrichtungen und die sich verlagernden Böenfelder ist der Seegang höher und chaotischer als unter „normalen" Bedingungen. Dies wird durch die Vertikalkomponente des Downrush, die ausgeprägter als bei einem großräumigen Windfeld ist und zusätzliche Impulse auf die Wasseroberfläche überträgt, noch weiter verstärkt.
Wir wissen nun, wie Gewitter aufgebaut sind und dass sie auf sehr unterschiedliche Art und Weise entstehen können. Zur besseren Unterscheidung und als Entscheidungshilfe hinsichtlich der zur Risikominimierung zu treffenden Maßnahmen hat sich die Einteilung in Luftmassengewitter und Frontgewitter durchgesetzt. Diese beiden Gewittertypen werden nachstehend betrachtet.

3.4.3 Luftmassengewitter

Gewitter, die durch thermische oder orografische Hebungsprozesse ausgelöst werden, können nur entstehen, wenn die betreffende Luftmasse an sich labil ist. Da diese Labilität räumlich meist sehr weit ausgedehnt ist, bilden sich die entsprechenden Gewitter, die sogenannten Luftmassengewitter, oft großräumig aus. Im Gegensatz dazu ist die Größe der einzelnen Gewitterzellen jedoch verhältnismäßig gering.
Typisch für Luftmassengewitter sind die *Wärmegewitter*. Über See entstehen solche Gewitter vornehmlich nachts, wenn die warme Wasseroberfläche für eine Labilisierung der Luftmasse sorgt.
Dieser Gewittertyp tritt z. B. bei an sich kälteren Lufttemperaturen im Spätherbst in der noch sehr warmen Adria und Ägäis auf.
Während starke Höhenwinde die konvektiven Prozesse stören und so die Entwicklung von Wärmegewittern verhindern, gelten die folgenden Faktoren als ideale Voraussetzungen für die Entstehung von Wärmegewittern:
- warme Luftmassen mit hohem Feuchtigkeitsgehalt,
- kleiner Druckgradient,

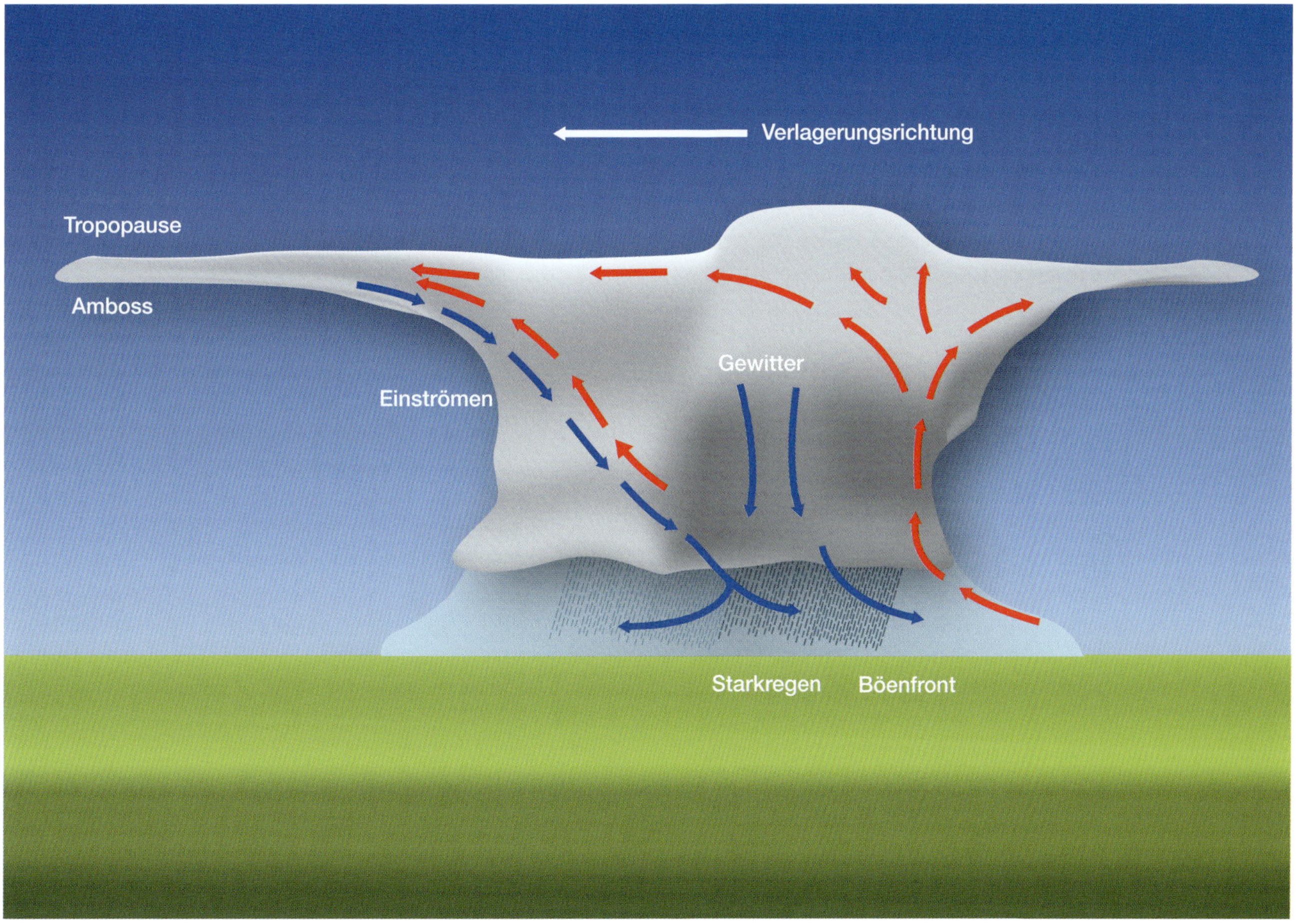

Abb. 3.26 Querschnitt einer Gewitterzelle

> Gefahren für Wasserfahrzeuge, die von einem Gewitter ausgehen:
> Windböen in Orkanstärke, starke Änderungen der Windrichtung, durch die Vertikalkomponente der Luftbewegung verstärkter Seegang, Sichtbehinderung durch Starkregen und Graupel, Hagel und Blitzschlag. Um diese Gefahren zu vermeiden, bleibt Schiffs- und Bootsführern auch heute nichts anderes übrig, als Gewitterzellen frühzeitig zu entdecken und nach Möglichkeit weiträumig zu umfahren.

- durch eine Kombination von Isobarenkrümmung und Bodenreibung hervorgerufene bodennahe Konvergenz der Luftströmungen.

Konvergente Bodenströmungen treten auch im Küstenbereich infolge der sprunghaft ansteigenden Bodenreibung auf (s. Kap. 3.2.3). Die bodennah zusammenfließenden Luftmassen lösen dann die Hebungsprozesse aus. Außer an Fronten und Troglinien entsteht typischerweise auch eine beträchtliche Konvergenz, wenn sich die aus zwei oder mehr Hochdruckgebieten austretenden Luftströmungen in einer dazwischenliegenden Tiefdruckrinne vereinigen und so einen Hebungsprozess erzeugen.

Bei einer im Sommer häufig vorliegenden feuchtlabilen Schichtung der Atmosphäre erzeugt dieser Hebungsprozess häufig Schauer und Gewitter.
Charakteristisch für Luftmassengewitter ist die Bildung sogenannter Labilitätszonen. Dies sind ganze Regionen, die in einer einheitlichen, feuchtlabil geschichteten Luftmasse liegen. Über Land gibt der im Sommer von der Sonneneinstrahlung aufgeheizte Boden viel Wärme an die darüber liegende untere Luftschicht ab und zwingt diese zum Aufstieg in große Höhen. Auf diese Weise werden Cumulonimbuswolken gebildet, die ihrerseits Schauer und oft auch Gewitter mit sich bringen.
Innerhalb der Labilitätszonen entstehen regelmäßig konvergente Luftströmungen, die zur Bildung von Gewitterzellen führen.
Da der Boden nachts abkühlt und sich die konvektiven Prozesse dadurch deutlich abschwächen, sinkt die Gewitterwahrscheinlichkeit über Land im Laufe der Nacht immer weiter. Dies gilt allerdings nicht in der Nähe der Küste, da die Seewassertemperatur im Tagesverlauf im Wesentlichen konstant bleibt und so labilisierend wirkt.
Da sich Bereiche mit Gewittertätigkeit innerhalb weniger Stunden, manchmal sogar innerhalb nur weniger Minuten, quasi aus dem Nichts bilden können, ist es für Meteorologen auch heute noch sehr schwierig bzw. unmöglich, Gewitter örtlich und zeitlich vorherzusagen. Deshalb kann in den Wettervorhersagen nur generell vor einer Gewittergefahr gewarnt werden und wir müssen an solchen Tagen die Wetter- und Wolkenentwicklung besonders gut beobachten. Wo die Gewitter auftreten, kann trotz modernster Wettervorhersage nach wie vor nicht exakt angegeben werden. Man kann es mit Wasser in einem Kochtopf vergleichen, das zum Kochen gebracht wird. Der genaue Ort, wo die erste Luftblase aufsteigt, lässt sich nicht vorhersagen.
In der Praxis an Bord kündigen sich am Nachmittag auftretende Gewitter in der Regel bereits morgens mit der Bildung zinnenartiger, mittelhoher Wolken (Altocumulus castellanus) an.
Auch eine eigene, gegen Mittag durchgeführte Messung des Taupunkts kann, sofern dieser in gemäßigten Klimazonen über ca. 15 °C liegt, ein Indikator für eine starke Labilität sein.
Wie bereits erwähnt zwingt ansteigendes Gelände eine heranströmende Luftmasse zum Aufstieg. Ist diese labil geschichtet, bilden sich sogenannte orografische Gewitter.

3.4.4 Frontgewitter

Labile Luftmassen können auch an Warm- oder Kaltfronten angehoben werden und verursachen dort Frontgewitter. Die Hebungsprozesse werden an Fronten wie folgt verursacht:

- Anstieg feuchter Warmluft entlang einer geneigten Frontebene,
- bodennah zufließende Kaltluft hebt die Warmluft in höhere Schichten,
- Warmluft in höheren Schichten wird durch eindringende Kaltluft labilisiert.

Im Gegensatz zu Luftmassengewittern haben Frontgewitter eine wesentlich größere Ausdehnung. Eingelagert in der Kaltfront oder Okklusionfront erstrecken sie sich linienartig entlang der Front oft über mehrere Hundert Seemeilen. Verursacht wird dies durch eine Art Kettenreaktion: Die im Abwindbereich einer Gewitterzelle ausfließende sehr kalte Luft hebt die davor lagernde Warmluft und erzeugt so eine weitere Gewitterzelle. Auf diese Weise formen sich ganze Gruppen von Zellen, die sogenannten Multizellen. Neue Zellen bilden sich alle 5 bis 10 Minuten und es können bis zu 30 Zellen nacheinander entstehen. Die Dynamik und Ausdehnung macht es uns auf See sehr schwer, diesem Gewittertyp auszuweichen. Steht uns, z. B. in Küstennähe oder auf Binnengewässern, ein Internetanschluss zur Verfügung, können wir in einer solchen Situation auch die einschlägigen „Wetterseiten" zu Rate ziehen. Dort finden wir neben Radar- und Satellitenbildern auch Informationen über das aktuelle Auftreten von Blitzen. Im Gegensatz zu den Luftmassengewittern lassen sich Frontgewitter besser vorhersagen, da das Auftreten der Gewitterzellen an die Existenz einer Front gebunden ist.
An labilen Warmfronten liegen die einzelnen Gewitterzellen etwas weiter auseinander. Deshalb sind die zu erwartenden Böen bei *Warmfrontgewittern* etwas schwächer als bei Kaltfrontgewittern. Allerdings gestaltet sich die rechtzeitige, optische Erkennung der Ersteren schwieriger. Das liegt daran, dass sich an der Frontebene Schichtwolken bilden, die die Cumulonimben, nach denen wir Ausschau halten, verstecken. Als Beobachter müssen wir uns deshalb auf die rechtzeitige Wahrnehmung des Herannahens einer labilen Warmfront konzentrieren. Diese kündigt sich häufig durch die bereits im Zusammenhang mit den Luftmassengewittern erwähnten, oft schon Fallstreifen aufweisenden, Altocumulus castellanus an.

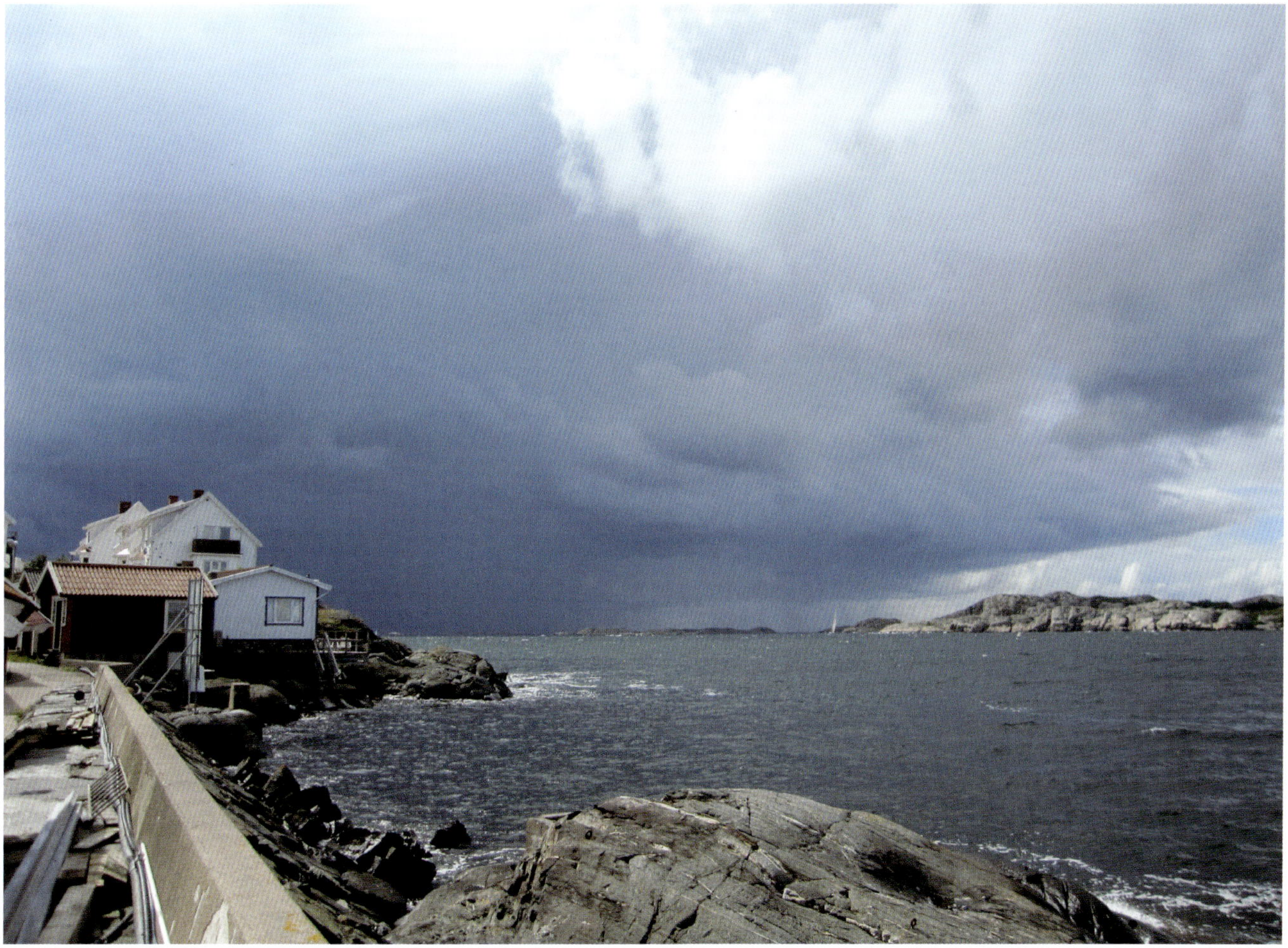

Abb. 3.27 Schnell zieht eine Gewitterfront auf

Kaltfrontgewitter bilden sich bevorzugt im Gebiet der stärksten Neigung im vorderen Bereich der Front. Meistens erreichen die einzelnen Zellen höhere Ober- und niedrigere Untergrenzen als in Warmfrontgewittern. Die größere Dynamik der Hebungsprozesse führt dazu, dass Kaltfrontgewitter intensiver als Gewitter an Warmfronten sind.

Besonders über kaltem Wasser treten Frontgewitter auch an Trögen auf.

An der Vorderseite ausgeprägter Gewitterzellen, wie sie für Frontgewitter typisch sind, bilden sich oft die gefürchteten *Böenlinien*, die sich zu sogenannten Böenfronten weiterentwickeln können. Der englische Begriff „Squall Line" wird im Sprachgebrauch oft für beides benutzt, streng genommen steht er allerdings nur für die Böenfront. Der Unterschied liegt letztlich nur in der räumlichen Ausdehnung (ab einer Länge von 100 km spricht man von einer Böenfront). Eine Squall Line entspricht in ihrem Wesen einer Kaltfront und entsteht, wenn in der Höhe vorauseilende Kaltluft weit in den Warmsektor hineinreicht und hier zu heftigen vertikalen Umlagerungen führt.

Dadurch ist die vertikale Ausdehnung der einzelnen Zellen mächtiger als bei Warmfrontgewittern. Durch die bereits beschriebene Kettenreaktion ordnen sich die entstehenden Gewitterzellen linienartig an.

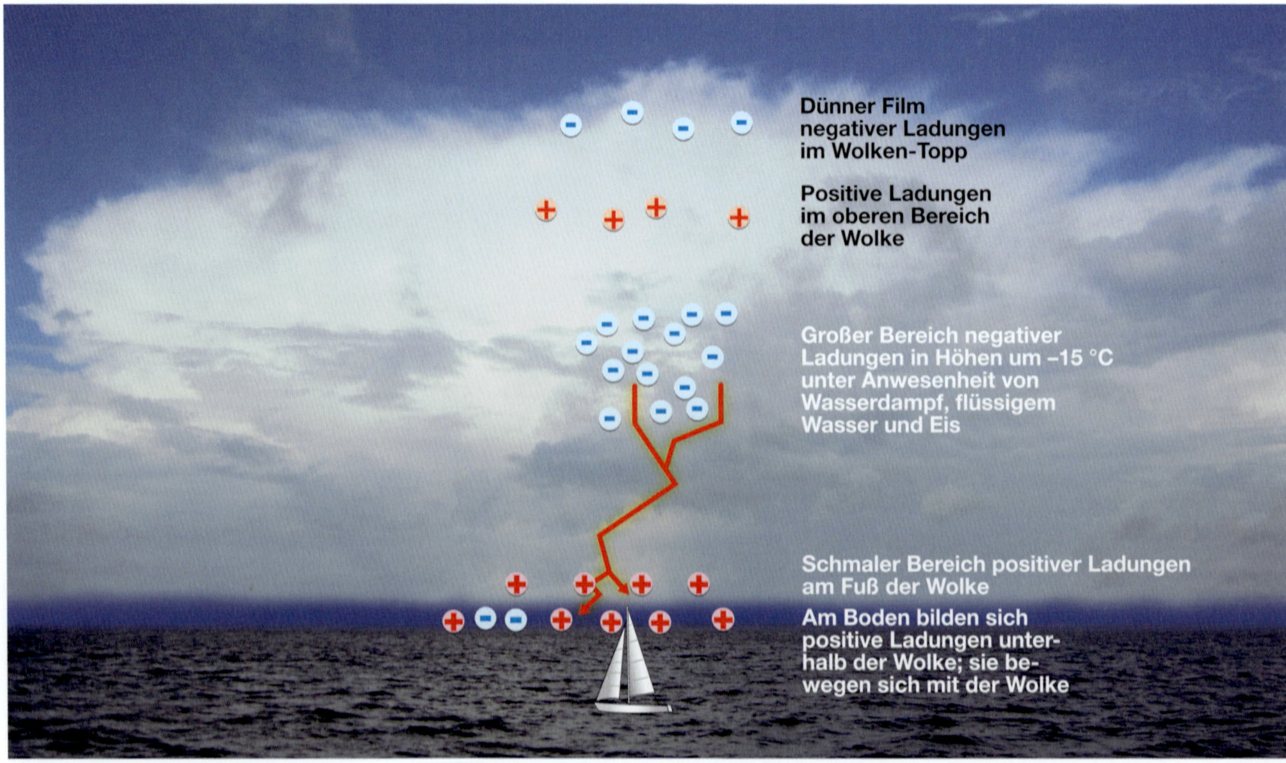

Abb. 3.28 Cumulonimbus mit grober Ladungsverteilung

3.4.5 Blitz und Donner

Der Blitzschlag ist eine der größten von einem Gewitter ausgehenden Gefahren. Deshalb ist es wichtig, sich zunächst mit seinem Entstehungsprozess auseinanderzusetzen. Abbildung 3.28 zeigt die typische Ladungsverteilung in einer Cumulonimbuswolke und in ihrer unmittelbaren Umgebung. Der Blitzschlag wird durch elektrische Potenzialunterschiede erzeugt. Damit sich diese in einer Gewitterwolke und deren Umfeld bilden können, muss zunächst eine Ladungstrennung erfolgen. Wie dieser Prozess im Einzelnen abläuft, kann durch verschiedene Theorien, von denen allerdings noch keine wissenschaftlich erwiesen ist, erklärt werden. Alle diese Theorien stützen sich jedoch auf sehr starke Aufwinde innerhalb der Cumulonimben (regelmäßig werden Windgeschwindigkeiten von ca. 60 kn gemessen), die Regentropfen und Eiskristalle nach oben tragen. Dabei kommt es zu Kollisionen mit herabfallenden, schwereren Graupelteilchen. Einige Theorien gehen davon aus, dass die Ladungstrennung durch einen Elektronenübergang zwischen den Kollisionspartnern erfolgt.

Grundsätzlich können drei unterschiedliche *Blitzarten* auftreten:

1. Erd- bzw. Seeblitze zwischen Wolken und Erdoberfläche,
2. Wolkenblitze zwischen zwei Wolken oder innerhalb einer Wolke,
3. Luftblitze von der Wolke in den umgebenden wolkenfreien Luftraum.

In Mitteleuropa sind ca. 65 % aller Blitze Wolkenblitze. Erd- bzw. Seeblitze treten in der Regel nur auf, wenn die Wolkenuntergrenze nicht höher als 3000 m über der Erdoberfläche liegt. Die elektrische Entladung erfolgt zunächst ruckweise in Form eines Leitblitzes, der den charakteristisch verästelten Blitzkanal bildet. Bevor der Leitblitz auf den Erdboden trifft, kommen ihm von unten die sogenannten Fangentladungen entgegen. Diese treten meist aus spitzen Objekten, die ihre Umgebung überragen (z. B. Masttopp), aus und sind mit dem Auge kaum zu erkennen, weil sie wie auch der Leitblitz sehr lichtschwach sind. Trifft eine Fangentladung mit dem Leitblitz zusammen, bildet sich ein geschlossener Blitzkanal, durch den nun die Hauptentladung von unten nach oben erfolgt. Die Hauptentladung ist sehr lichtstark und wird vom Beobachter als der eigentliche Blitz wahrgenommen.

Die *„technischen Daten"* eines Blitzes sind eindrucksvoll und flößen Respekt vor dieser Urgewalt ein:

- Eine Hauptentladung dauert typischerweise 30 µs. Dabei werden durchschnittliche Stromstärken von 20000 Ampere erreicht. Die Höchstwerte liegen bei 300000 Ampere.
- Die mittleren Temperaturen im Blitzkanal betragen während der Hauptentladungsphase 25000 bis 30000 °C. Die Höchsttemperaturen können noch um einige Tausend Grad höher liegen.

Durch die hitzebedingte schlagartige Ausdehnung und die nachfolgende Kontraktion der Luft wird der *Donner* ausgelöst.

Der Donner eines in der Nähe des Beobachters einschlagenden Blitzes wird als lauter Knall wahrgenommen. Der Donner eines weiter entfernten Blitzes hört sich über einen längeren Zeitraum dumpf grollend an. Dies liegt wiederum in der Laufzeit des Schalls begründet.

Ein Blitz kann sich ohne Weiteres über einige Kilometer erstrecken, weshalb die von seinem Ausgangs- und Endpunkt ausgehenden Geräusche einen längeren Zeitraum belegen.

Da Blitze bevorzugt in Objekte, die ihre Umgebung in der Höhe überragen, einschlagen, sind Schiffe und Boote bei einem Gewitter über See besonders gefährdet. Für ein Stahlschiff ist die Gefahr aufgrund der guten Erdung in der Regel nicht besonders groß. Allerdings stellt die große elektromagnetische Energie eines Blitzes selbst auf solchen Schiffen eine große Gefahr für die gesamte Bordelektrik und -elektronik dar, und auch ein Magnetkompass muss nach einem Blitzschlag neu kompensiert werden. Boote aus GFK ohne ausreichende Blitzschutzeinrichtungen sind bei einem Blitzschlag in ihrer Substanz gefährdet und für die Besatzung besteht akute Lebensgefahr. Eine wirkungsvolle und ausreichend dimensionierte Blitzschutzeinrichtung (zu benutzen sind bei Stahl z. B. Kabelquerschnitte von mind. 35 mm^2 und spezielle Blitzschutzklemmen mit großer Übergangsfläche, die auch unbedingt korrosionsfrei gehalten werden müssen) ist aufwendig; sollte bei einem Boot eine solche Einrichtung nicht serienmäßig vorgesehen sein, ist deshalb eine fachmännische individuelle Beratung beziehungsweise die Installation durch einen Fachbetrieb unabdingbar.

Abschätzung der Distanz zwischen Blitz und Beobachter:
Die Entfernung zu einem Blitz lässt sich durch Stoppen oder Abzählen der Sekunden, die zwischen der optischen Wahrnehmung eines Blitzes und der akustischen Wahrnehmung des dazugehörigen Donners verstreichen, schnell und einfach abschätzen: Die Ausbreitungsgeschwindigkeit des Schalls in der Luft beträgt etwa 330 m/s. Die Zahl der ausgezählten Sekunden, die zwischen Blitz und Donner liegen, geteilt durch 3 ergibt deshalb die Entfernung zum Blitz in km.

Auf See müssen in der Nähe eines Gewitters (unabhängig von den jeweiligen Blitzschutzvorrichtungen) die folgenden Verhaltensregeln unbedingt eingehalten werden:

- Verfolgen der aktuellen Wetterlage, Messen der Taupunkttemperatur und Beobachtung der Wolkenentwicklung ermöglichen ein frühzeitiges Entdecken von aufziehenden Gewittern und geben uns bessere Möglichkeiten, den Gewitterzellen gegebenenfalls auszuweichen.
- Selbst wenn noch kein Donner hörbar ist, empfangen wir mit der Funkanlage bzw. einem Radio auf der Mittelwelle charakteristische Störungen (Knistern bzw. Prasseln).
- Auf Segelschiffen ist die Segelführung rechtzeitig den zu erwartenden Böen anzupassen und Strecktaue sollten gespannt werden.

- Ausrüstung und Ladung müssen sicher gelascht sein.
- Im Wasser besteht bei Gewitter akute Lebensgefahr.
- Jede Bewegung über die Bordwand hinaus (z. B. Ausreiten) ist auch auf Schiffen mit einer Blitzschutzeinrichtung gefährlich, weil dadurch der Schutzbereich durchbrochen wird.
- Der sicherste Aufenthalt für alle Personen an Bord ist unter Deck, entfernt von leitenden Bauteilen.
- Personen, die sich an Deck aufhalten müssen, sollten isolierende Kleidung (z. B. Gummistiefel und -handschuhe) tragen und keine umliegenden Metallteile (z. B. Reling, Winschen, stehendes Gut) berühren bzw. einen Mindestabstand von 2 m einhalten (auf kleineren Booten praktisch kaum zu realisieren).
- Ankermanöver müssen vermieden werden, da das Ankergeschirr in der Regel elektrisch leitfähig ist.
- Sowohl nach einem direkten Blitzeinschlag als auch bei Einschlägen in unmittelbarer Nähe des Schiffes sind wichtige Einrichtungen, wie Kompass, Maschinenanlagen, Ruderanlage sowie elektronische Navigationssysteme, auf Funktionstüchtigkeit zu überprüfen.

3.5 Tornados

Tornados gehören zweifellos zu den eindrucksvollsten Wetterphänomenen. Im Gegensatz zu den im nächsten Abschnitt behandelten Wasserhosen entstehen sie grundsätzlich über Land und bilden nur dann eine Gefahr für die Schifffahrt, wenn sie über Wasserflächen ziehen. Ihr Aussehen ist typisch, aber dennoch verschieden, und reicht von gebogenen, leinenartigen Schläuchen über rüsselförmige Trichter bis hin zu großen, schwarzen Zylindern. Alle diese Gebilde stehen jedoch immer mit einer großen, rotierenden Wolkenmasse in Verbindung.

Der Durchmesser eines Tornados beträgt meist zwischen 100 und 600 m, es wurden aber auch schon Ausnahmen mit Durchmessern bis 1600 m beobachtet. Ein typischer Tornado bewegt sich mit einer Geschwindigkeit zwischen 20 und 40 kn fort, aber auch hier gibt es Ausnahmen (70 kn sind schon gemessen worden). In der Regel „leben" Tornados nur einige Minuten und legen dabei eine Strecke von ca. 7 km zurück. In Sonderfällen haben Tornados jedoch auch schon mehrere Stunden angedauert und dabei mehrere Hundert Kilometer zurückgelegt.

Die Windgeschwindigkeiten im Tornado liegen typischerweise zwischen 100 und 200 kn. Zusammen mit dem um ca. 100 hPa abgesenkten Luftdruck innerhalb des rotierenden Aufwindschlauchs und den herumfliegenden Trümmerteilen sind diese für das immense Zerstörungspotential des Tornados verantwortlich.

Tornados sind hauptsächlich in den USA anzutreffen (durchschnittlich werden dort ca. 900 im Jahr beobachtet), treten aber auch in anderen Regionen der Erde regelmäßig auf (z. B. Südamerika, Australien, Südostasien). Wissenschaftlich ist der genaue Entstehungsprozess eines Tornados noch nicht vollständig geklärt, allerdings sind feuchtlabile Bedingungen eine Grundvoraussetzung, und die meisten schweren Tornados werden in den rotierenden Luftmassen der Aufwindschläuche von Gewitterzellen gebildet.

Die Begegnung mit einem Tornado auf See muss unbedingt vermieden werden. Wie bei Gewittern ist das zur Zugbahn rechtwinklige Ausweichen die sinnvollste Vermeidungsstrategie.

3.6 Wasserhosen

Wie ihr Name schon sagt, werden Wasserhosen grundsätzlich über Wasseroberflächen gebildet (über Land wird der Begriff „Windhose" benutzt). Sie können von ihrem Entstehungsprozess her den Tornados sehr ähnlich sein und als Begleiterscheinung von starken Gewittern auftreten. Allerdings bilden sich Wasserhosen auch oft unter sehr guten Wetterbedingungen: Über den warmen, seichten Küstengewässern der Florida Keys bilden sich z. B. im Sommer monatlich an die hundert Stück solcher „Schönwetterwasserhosen". Auf dem Mittelmeer treffen wir im Frühjahr und

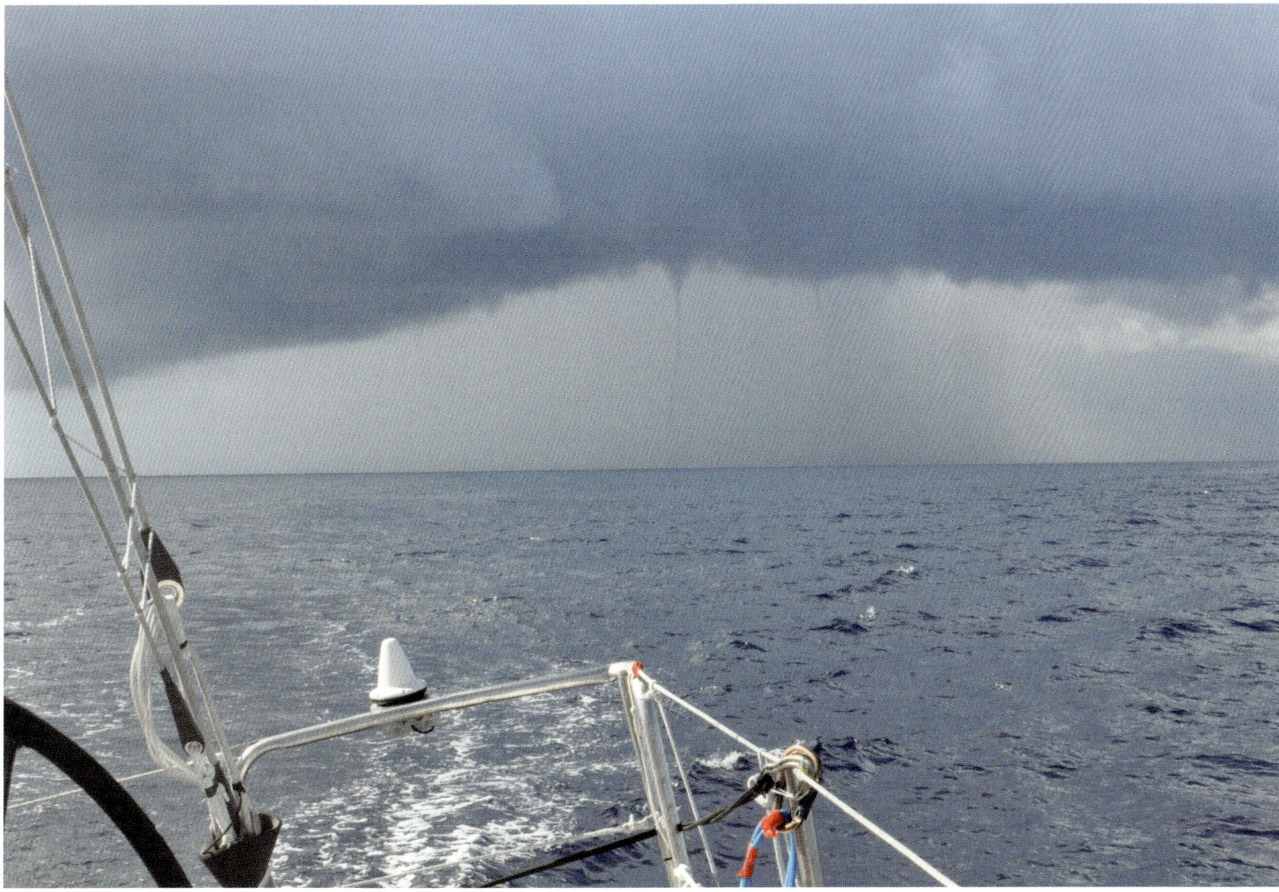

Abb. 3.29 Wasserhose

Winter oft auf Wasserhosen. Gelegentlich beobachten wir sie auch auf Nord- und Ostsee und auf Binnenseen.

Grundsätzlich sind Wasserhosen kleiner und schwächer als Tornados. Im Durchmesser liegen sie zwischen 3 und 100 m, bewegen sich wesentlich langsamer fort (ca. 10 bis 15 kn) und die Windgeschwindigkeiten im Aufwindschlauch liegen durchschnittlich bei etwas weniger als 45 kn (im äußeren Bereich des Trichters können allerdings auch 120 kn und mehr erreicht werden).

Die typische „Lebensdauer" einer Wasserhose beträgt zwischen 10 und 30 Minuten.

In dieser Zeit durchlebt die Wasserhose fünf Phasen, die im Folgenden beschrieben werden (Abb. 3.29 stellt eine Wasserhose in ihrer Reifephase dar):

1) *Dunkler Fleck:* Die Bildung eines optisch als dunkel wahrgenommenen Flecks ist das erste Anzeichen der Entstehung einer Wasserhose. Allerdings ist er nur aus einer größeren Augeshöhe (d. h. nicht von einem Boot aus) erkennbar. Manchmal hat sich über dem dunklen Fleck bereits eine Trichterwolke ausgebildet. Allerdings führt nicht jeder dunkle Fleck schon zur Entstehung einer Wasserhose – oft verschwinden sie einfach wieder ohne sich weiterzuentwickeln.
2) *Spiralstruktur:* Auf der Wasseroberfläche entwickeln sich spiralförmige Strukturen. Ein in der Nähe positionierter Beobachter spürt die Zunahme sowie die Richtungsänderung des Windes und erkennt eine ausgeprägte Trichterwolke.

3) *Gischtring:* Ein Wirbel, der die Wasseroberfläche aus der Wolke heraus erreicht, erzeugt einen Gischtring, der auch aus geringer Augeshöhe gut zu sehen ist. Ein deutlich ausgebildeter Trichter verbindet den Ring mit der darüber liegenden Cumuluswolke.
4) *Reifephase:* Die trichterförmige Wolke reicht in dieser Phase bis auf die Wasseroberfläche. Der Trichter ist innen hohl. Zentrifugalkraft und Unterdruck erzwingen die Ablagerung kleiner Wassertröpfchen an der inneren Trichterwand. Wenn sich die bis zu ca. 100 m hohe, jetzt voll ausgebildete, Wasserhose fortbewegt, verursacht sie ein regelrechtes Kielwasser mit entsprechender Wellenbildung.
5) *Auflösungsphase:* Wenn sich das Einströmen warmer und feuchter Luft abschwächt, verliert der Wirbel seine Nahrung und das gesamte Gebilde beginnt sich aufzulösen. Dies tritt in der Regel ein, sobald die über der Wasserhose befindliche Cumuluswolke durch Konvektionsprozesse genug Feuchtigkeit aufgenommen hat und abregnet. Die Regentropfen befördern kältere Luft in den Einzugsbereich des Wirbels und bringen ihn zum Erliegen.

Auch wenn die Bedingungen in einer Wasserhose weniger extrem als in einem Tornado sind, ist ihr Gefahrenpotenzial für die Schifffahrt trotzdem groß. Deshalb sollten auch in ihrem Fall Begegnungen vermieden werden, indem rechtwinklig zur Zugbahn ausgewichen wird.

3.7 Regionale Windsysteme

3.7.1 Hintergrund

In fast jeder Region der Welt gibt es lokale Winde, die seit jeher einen erheblichen Einfluss auf das alltägliche Leben, die Lebensbedingungen und sogar das wirtschaftliche Wohlergehen der örtlichen Bevölkerung haben. Dementsprechend vertraut sind die Einheimischen auch mit den entsprechenden Bedingungen und nutzen diese zu ihrem Vorteil oder treffen zumindest die notwendigen Vorkehrungen, um wind- und wetterbedingte Schäden zu minimieren.

Neben Berufsseeleuten, die ohnehin meist weltweit unterwegs sind, verschlägt es auch zunehmend Segler in entlegenere Gebiete, die immer besser für den Chartermarkt erschlossen werden. Dort sind sie dann „ortsfremd" und die gute Seemannschaft gebietet ihnen, sich neben den navigatorischen Gegebenheiten unbedingt auch mit den örtlichen meteorologischen Bedingungen auseinanderzusetzen und diese bei ihrer Reiseplanung zu berücksichtigen. Als Informationsquellen müssen sie hierfür See- und Hafenhandbücher, in denen auch das lokale Wettergeschehen behandelt wird, nutzen.

Notwendig ist die Kenntnis lokaler Windsysteme auch für Regattasegler, die außerhalb ihres Heimatrevieres zu Wettfahrten antreten.

Da die weltweit mehr als 100 lokalen Windsysteme nicht in diesem Buch behandelt werden können, sollen im Folgenden die Grundmechanismen dieser Windsysteme erklärt und einige exemplarisch betrachtet werden. Diese Kenntnisse lassen sich dann jeweils vor Ort einsetzen, um die in den Handbüchern oft ohne meteorologischen Hintergrund beschriebenen Effekte besser verstehen und einordnen zu können.

Im Grunde genommen lassen sich fast alle *lokalen Windsysteme* auf einen oder mehrere der folgenden *Prozesse* zurückführen:

- Land-Seewind-Zirkulation,
- Düseneffekt,
- Hangwindzirkulation und das Berg-Tal-Windsystem,
- Föhn,
- katabatische Fallwinde.

Die Land-Seewind-Zirkulation und der Düseneffekt wurden bereits eingehend in den Abschnitten 3.1 bzw. 3.3.2 betrachtet. Den drei letzten Vorgängen, die vor allem für Binnenseen und Küstengewässer, die von gebirgiger Landschaft umgeben sind, von Bedeutung sind, wollen wir uns jetzt widmen.

3.7.2 Hangwindzirkulation

Diese thermisch bedingte Zirkulation entwickelt sich entlang von Bergrücken und Gebirgstälern. Die schon morgens fast senkrecht auf einen nach Osten ausgerichteten Hang einfallende Sonnenstrahlung erwärmt diesen und die unmittelbar darüber liegende Luftschicht mehr als die noch im Schatten liegende Umgebung.

Die erwärmte Luft steigt entlang des Hanges auf und macht sich dort als sogenannter *Hangaufwind* bemerkbar (s. Abb. 3.30). Seine maximale Windgeschwindigkeit von ca. 6 kn

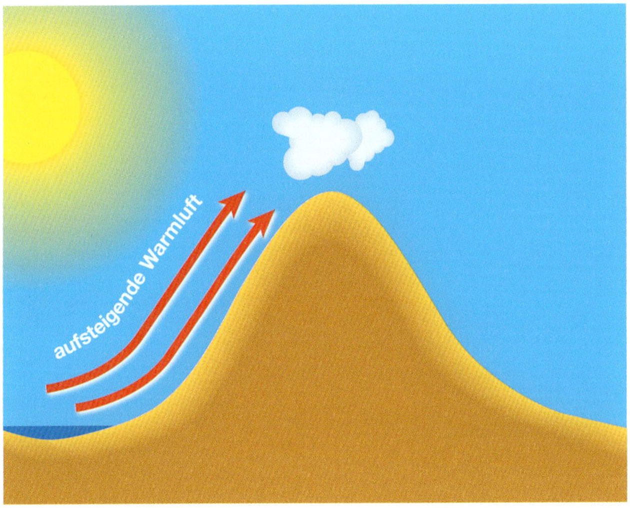

Abb. 3.30 Hangwindzirkulation

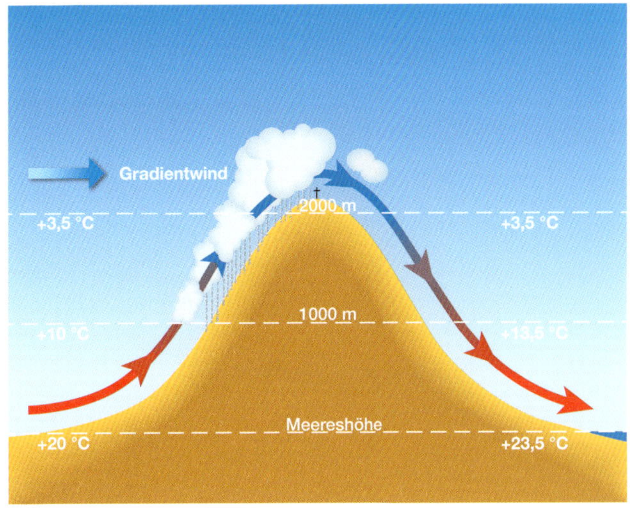

Abb. 3.31 Entstehungsprozess des Föhns

erreicht er gegen Mittag, und bei ausreichendem Feuchtigkeitsgehalt bildet sich entlang der Berggipfel eine typische Cumulusbewölkung.
Dies erklärt auch, warum im Gebirge die Bewölkung in der Regel gegen Nachmittag zunimmt und Regenschauer oder sogar Gewitter entstehen können.
In der Nacht kehrt sich der Vorgang um: Die nicht mehr von der Sonne angestrahlten Hänge und die darüber liegende Luft kühlen schneller aus als die Umgebung und sinken als *Hangabwind*, der sein Maximum kurz vor Sonnenaufgang erreicht, talwärts.

3.7.3 Berg-Tal-Windsystem

In gebirgiger Landschaft bildet sich die Hangwindzirkulation etwas großräumiger aus und bezieht sowohl den gesamten Talquerschnitt als auch das Gebirgsvorland mit ein: Tagsüber weht der Wind als *Talwind* vom Vorland das Tal hinauf, nachts bewegt sich die Luft als *Bergwind* das Tal hinab bis in das Vorland hinein. Da in der Regel keine Ausgleichsströmung vorhanden ist, bildet sich hier meist keine geschlossene Zirkulation aus. Sobald sich ein Berg-Tal-Windsystem entwickelt, überlagert es die gleichzeitig vorhandene Hangwindzirkulation und es entsteht ein recht komplexes Windsystem. Bei wenig ausgeprägtem Gradientwind und vergleichbarer Sonneneinstrahlung wird sich der Wechsel der Windrichtung und -stärke jedoch alltäglich wiederholen. Deshalb lohnt es sich für Segler, entsprechende Regattareviere (z. B. Gardasee, Comer See und norditalienische Küstenreviere) vor Wettfahrtbeginn ausgiebig zu erkunden und entsprechende Aufzeichnungen anzufertigen.

3.7.4 Föhn

Der Begriff „Föhn“ ist heute nicht mehr an den Bereich der Alpen gebunden. Vielmehr verstehen wir darunter einen Effekt, der generell eintreten kann, wenn der Gradientwind auf ein Gebirge trifft und über dieses hinwegströmt. Wenn in Lee des Gebirges eine abwärts gerichtete, vertikale Luftbewegung entsteht, die mit deutlichem Lufttemperaturanstieg und zumeist mit Wolkenauflösung einhergeht, wird diese ganz allgemein als „Föhn“ bezeichnet. In den meisten Gegenden der Welt trägt der Föhn seinen eigenen, lokalen Namen, z. B. heißt der föhnartige Wind an den Osthängen der Rocky Mountains in Nordamerika „Chinook“.
Abbildung 3.31 verdeutlicht den Entstehungsprozess des Föhns beispielhaft: Die Luftmassen in Luv des Gebirges werden zum Aufstieg gezwungen und kühlen sich zunächst mit 1 °C pro 100 m bis zum Erreichen des für dieses Beispiel frei gewählten Kondensationsniveaus in 1000 m Höhe ab. Von da an kühlt sich die Luft um 0,65 °C pro 100 m ab und es setzt bald Niederschlag ein, der der Luft das Wasser

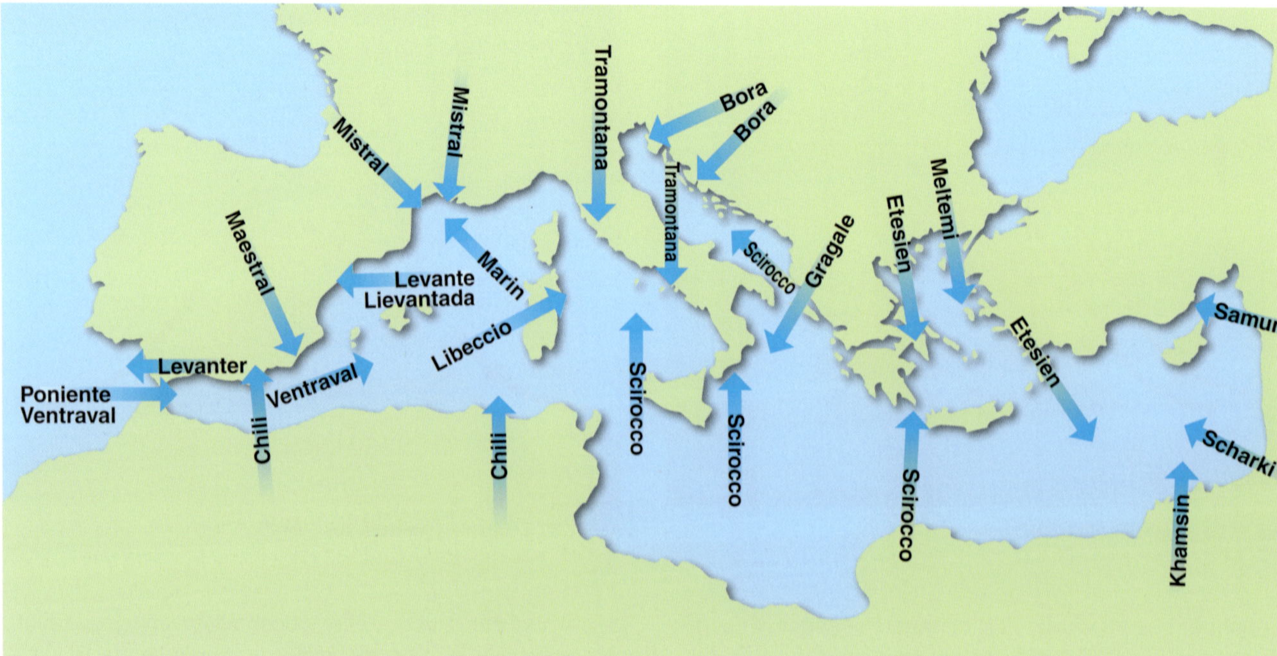

Abb. 3.32 Bezeichnungen der verschiedenen regionalen Winde im Mittelmeer

entzieht. Nach Überwindung des Gebirgskamms sinken die Luftmassen in Lee ab und erwärmen sich dabei zunächst feuchtadiabatisch. Da die Luft durch den Niederschlag einen großen Teil ihrer ursprünglichen Feuchte verloren hat, setzt sich die Erwärmung schon nach kurzer Zeit trockenadiabatisch fort, sodass die Temperatur im Tal in Lee des Gebirges erheblich höher ist als die Ausgangstemperatur.

3.7.5 Katabatische Fallwinde

Diese kalten Fallwinde treten überall da auf, wo Luftmassen unterschiedlicher Temperatur zwischen einem kalten, höher gelegenen Plateau und einer warmen, tiefer gelegenen Luftschicht klar getrennt sind. Eine gut ausgebildete Inversion, etwa zwischen 900 und 850 hPa, sowie eine bestimmte Hangneigung sind Voraussetzungen für stärkere Fallwinde. Neben der vom Druckgradienten ausgehenden Kraft wirkt dann noch zusätzlich die Schwerkraft auf die Luftpartikel.
Wenn die kritische Hangneigung (ca. 1:100) überschritten wird, wird die bis dahin im Wesentlichen stetige Strömung turbulent. Dabei haben die Turbulenzen (Böen) eine größere Geschwindigkeit als die Grundströmung und laufen deshalb dieser voraus. Dadurch entsteht die besonders für Segler tückische böige Struktur der katabatischen Fallwinde. Obwohl sich auch bei diesen Winden die herabstürzenden Luftmassen erwärmen, werden sie allerdings immer noch als kalt wahrgenommen, da die Temperatur in der Zielregion am Boden höher liegt. In der Antarktis erreichen solche Fallwinde eine Stärke von bis zu 7 Bft.

3.8 Regionale Winde im Mittelmeerraum

Die weltweit wohl bekanntesten regionalen Winde treten im Mittelmeerraum auf und spielen dort seit Beginn der Seefahrt eine wesentliche Rolle. Abbildung 3.32 zeigt die wichtigsten dieser Winde und ihre Bezeichnungen in der Übersicht.
Im Folgenden werden Mistral, Bora, Etesien (Meltemi) und Scirocco etwas eingehender behandelt. Um die Zusammenhänge komplett zu verstehen, müssen wir uns zunächst

einige Besonderheiten der *natürlichen Begebenheiten* in dieser Region vor Augen führen:

- Wie sein Name schon sagt, ist das Mittelmeer fast komplett von überwiegend gebirgigen Landmassen umgeben, die Höhen von mehreren Tausend Metern erreichen.
- Das Mittelmeer ist eine Tiefsee. Doch selbst in den großen Wassertiefen von 2000 bis 3000 m sinkt die Wassertemperatur nicht unter 13 °C (in den großen Ozeanen werden in dieser Tiefe etwa 4 °C gemessen).
- Die das Mittelmeer einschließenden Berge sperren die Luftmassen – bildlich ausgedrückt – in einer Art mit Wasser gefülltem „Gefäß" ein. Dies führt das gesamte Jahr über zu einer verhältnismäßig hohen Luftfeuchtigkeit, schnellerer Erwärmung dieser Luftmassen im Winter und ihrer sommerlichen Abkühlung. Im Ergebnis entsteht über dem Mittelmeer eine ca. 1500 m dicke Luftschicht, die im Vergleich mit den kontinentalen Luftmassen den Winter über warm und feucht, im Sommer kühl und feucht ist.

3.8.1 Mistral

Mistral (span. Maestral, ital. Maestro, Maestrale, lat. ventus magistralis, d. h. Meisterwind) ist die übliche, französische Bezeichnung für einen kalten, trockenen Nord- oder Nordwestwind, der unter bestimmten Bedingungen an den nordwestlichen Küsten des Mittelmeers auftritt und leicht Orkanstärke erreichen kann. Durch den Mistral gehört das nordwestliche Mittelmeer zu den sturmreichsten Gebieten der Erde.

Verursacht wird der Mistral typischerweise durch hohen Luftdruck über der Biskaya und einem Tief über Nord- bzw. Osteuropa. Begünstigend wirken sich außerdem die Bildung eines weiteren Tiefdruckgebiets im Gebiet zwischen dem Golf von Genua und dem Balkan sowie der Durchzug einer Kaltfront über Frankreich aus. Die Abb. 3.33 zeigt exemplarisch solch eine typische Mistralwetterlage.

Zwischen der Ostseite des Hochs und der Westseite der Tiefs wird die Kaltluft nach Süden gelenkt. Da ihr Gebirge wie Pyrenäen und Alpen den Weg versperren, wird die Kaltluft immer durch dieselben engen Öffnungen wie das Garonne-Tal oder das Rhône-Becken geleitet und dort durch den Düseneffekt bis in große Höhen erheblich beschleunigt. Stärke und Richtung des Mistrals sind sehr von der Topografie abhängig und weichen folglich teilweise erheblich vom aufgrund der Wetterkarte erwarteten Gradientwind ab. So verursachen Täler, die den Kaltluftstrom zur Küste führen, regelmäßig eine Zunahme der Windgeschwindigkeit über See. Beispielhaft sind die Mündungsgebiete des Ebros und der Rhône sowie die Gegend um das südfranzösische Perpignan zu nennen.

Als vor Mistral gut geschützt gelten die spanische Küste um Barcelona herum sowie der Golf von Genua. Bei starkem nordwestlichem Mistral sind kalte Fallböen, wie sie regelmäßig in Lee stark angeströmter Berge auftreten, allerdings keine Besonderheit.

Tritt Mistral auf, haben wir mit Windstärken um die 8 Bft. zu rechnen, wobei in Böen auch Orkanstärke (Windgeschwindigkeiten von 64 kn und mehr) erreicht wird. In Küstennähe ist an ca. 10 bis 15 Tagen im Jahr mit Sturm zu rechnen. Über See, z. B. im Golfe du Lion, nimmt die Häufigkeit zu und liegt im jährlichen Mittel bei 7 % aller Beobachtungen. Eine Mistral-Periode dauert im Mittel 3,5 Tage an.

Bei Wetterlagen im nordwestlichen Mittelmeer, die im Verdacht stehen, einen Mistral auslösen zu können, sollte besonders auf die folgenden Faktoren geachtet werden:

- Vom Nordwesten Frankreichs ausgehende südöstliche Verlagerung einer Kaltfront
- signifikante Abnahme der Lufttemperatur hinter der Kaltfront
- Bildung eines Leetiefs im Golf von Genua
- Ausbildung eines Keils des Azorenhochs über der Biskaya bzw. Spanien

3.8.2 Bora

Die Bezeichnung Bora leitet sich aus dem griechischen und lateinischen Wort für den Gott des Nordwindes (boreas) ab. Dieser Wind entsteht, wenn polare Luft aus nordöstlichen Richtungen über die Berge, die die Adria im Osten umsäumen, an der kroatischen Küste einfällt.

Voraussetzung dafür sind Luftdruckverhältnisse, die zu einem Gradientwind aus Nord oder Nordost führen. Dies ist beispielsweise bei einem Tief über Griechenland und einem Hoch über Mitteleuropa der Fall.

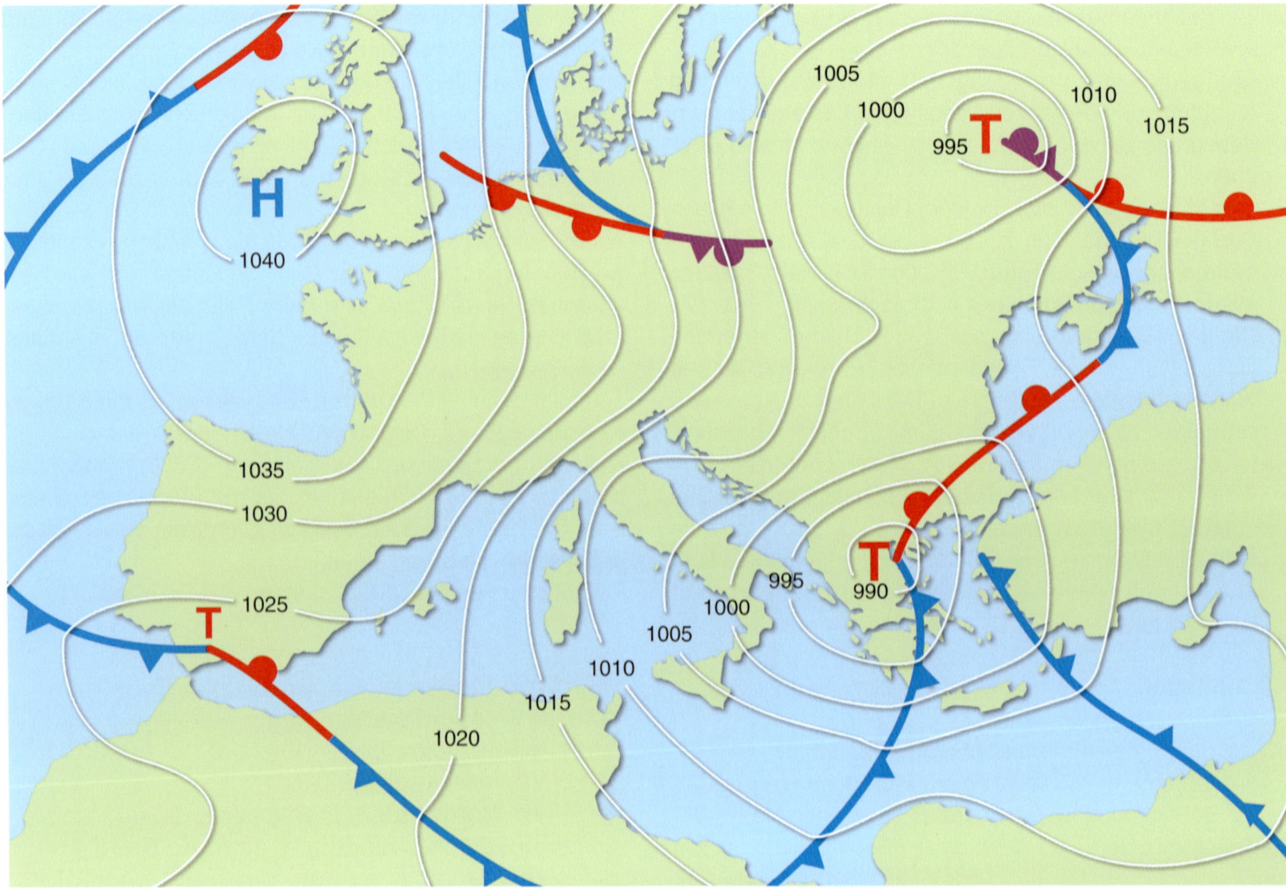

Abb. 3.33 Typische Mistral-Wetterlage

Abb. 3.34 Bora-Wolkenwand

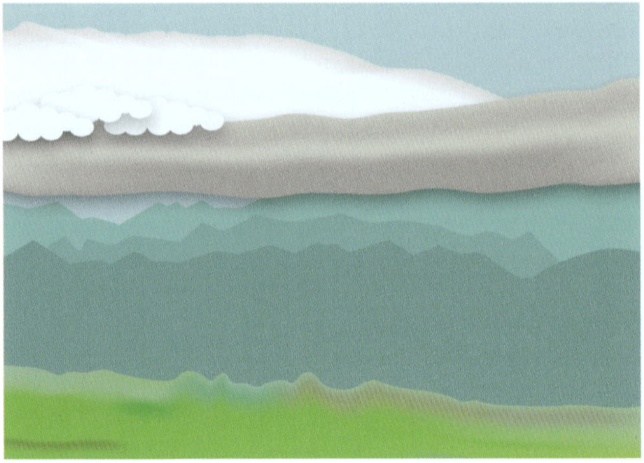

Wie hoch die Windgeschwindigkeiten in einer Bora werden, hängt unmittelbar von den Temperaturunterschieden zwischen der vordringenden Kaltluft und der feuchtwarmen Luft über der Adria ab. Diese sind im Winter besonders groß und führen daher um diese Jahreszeit zu einem besonderes häufigen Auftreten einer sehr starken Bora. Zur weiteren Verstärkung der Böigkeit tragen der beschriebene Mechanismus der katabatischen Fallwinde (s. Kap. 3.7.5) sowie Ecken- und Düseneffekte, die sich aus der Topografie der gebirgigen Landschaft ergeben, bei. In winterlichen Böen sind Windgeschwindigkeiten bis zu 110 kn gemessen worden. Sogar im Sommer können überraschend Böen mit Windgeschwindigkeiten über 50 kn auftreten. Vor der italienischen Adriaküste weht die Bora zwar nicht mehr so stark,

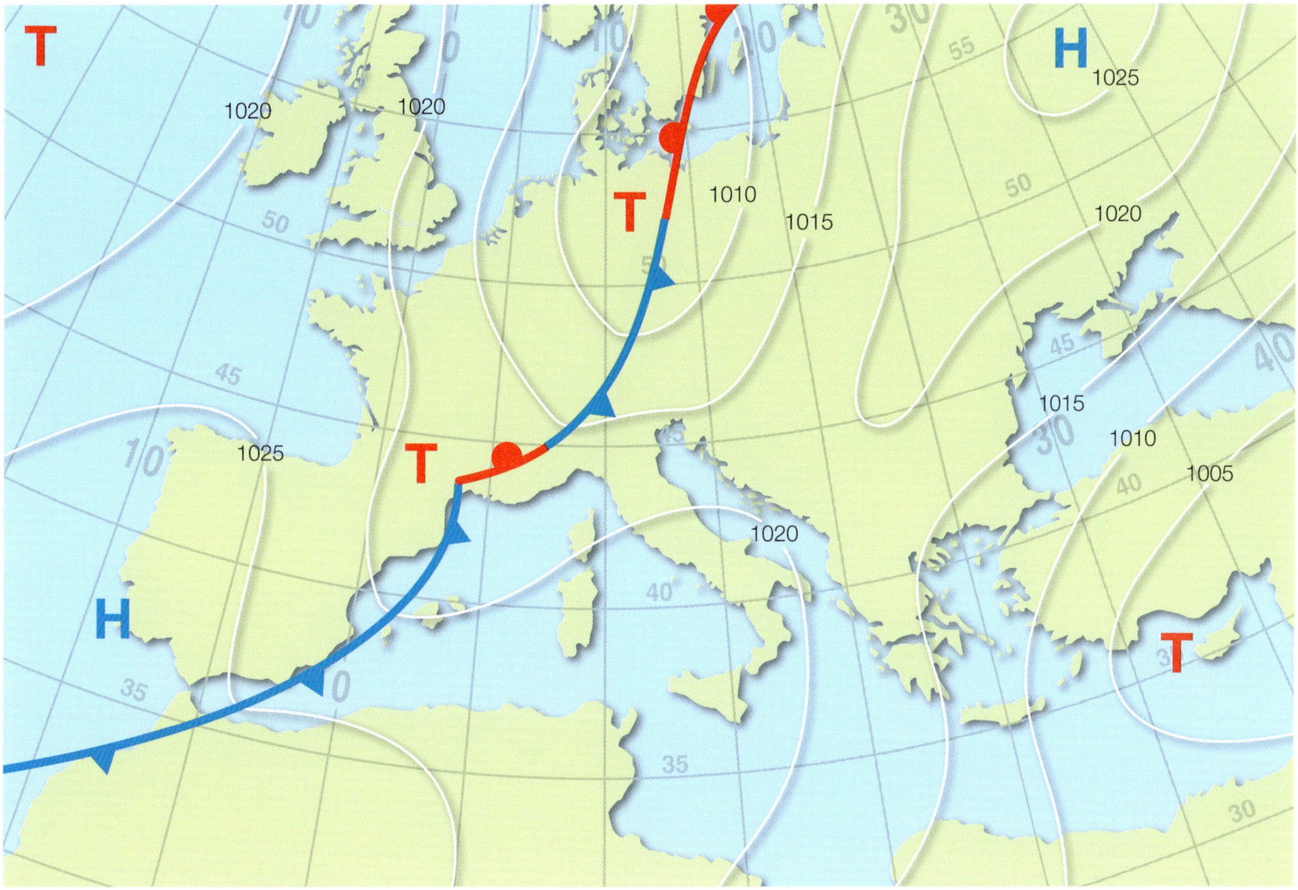

Abb. 3.35 Typische Etesien-Wetterlage

aber als Leeküste stellt sie besonders für Segelfahrzeuge eine nicht zu vernachlässigende Gefahr dar.

Für den Segler stellt sich vor der kroatischen Küste nach dem überraschenden Einfall einer schweren Bö, die der Crew einen kleinen Schrecken versetzt, oft die Frage, ob man sich auf eine Bora einrichten muss, oder ob es sich nur um einen sehr kleinräumigen Fallwind handelt. Der Letztere hört in der nächsten Bucht meist wieder auf und in diesem Fall können künftige lokale Böen durch einen größeren Passierabstand von ca. 5 sm vermieden werden.

Um diese Frage zu klären, sollte einerseits die Wetterkarte studiert, andererseits aber nach einem typischen, optischen Anzeichen der Bora Ausschau gehalten werden: Die Kondensation der aufsteigenden Luftmassen in Luv der Bergketten führt zu einer charakteristischen Wolkenwand, die sich zu den Bergkämmen emporgeschoben hat (s. Abb. 3.34).

3.8.3 Etesien bzw. Meltemi

Etesien und Meltemi bezeichnen beide denselben Wind, wobei der letztere Begriff die türkische Bezeichnung ist. Etesien leitet sich vom griechischen Wort „etesios“ ab. Dessen Bedeutung (jährlich) macht den regelmäßigen und wiederkehrenden Charakter dieses Windes, der von vielen Seglern als „Passatwind des Mittelmeers“ betrachtet wird, deutlich.

Die Etesien sind nordwestliche bis nordöstliche Winde über

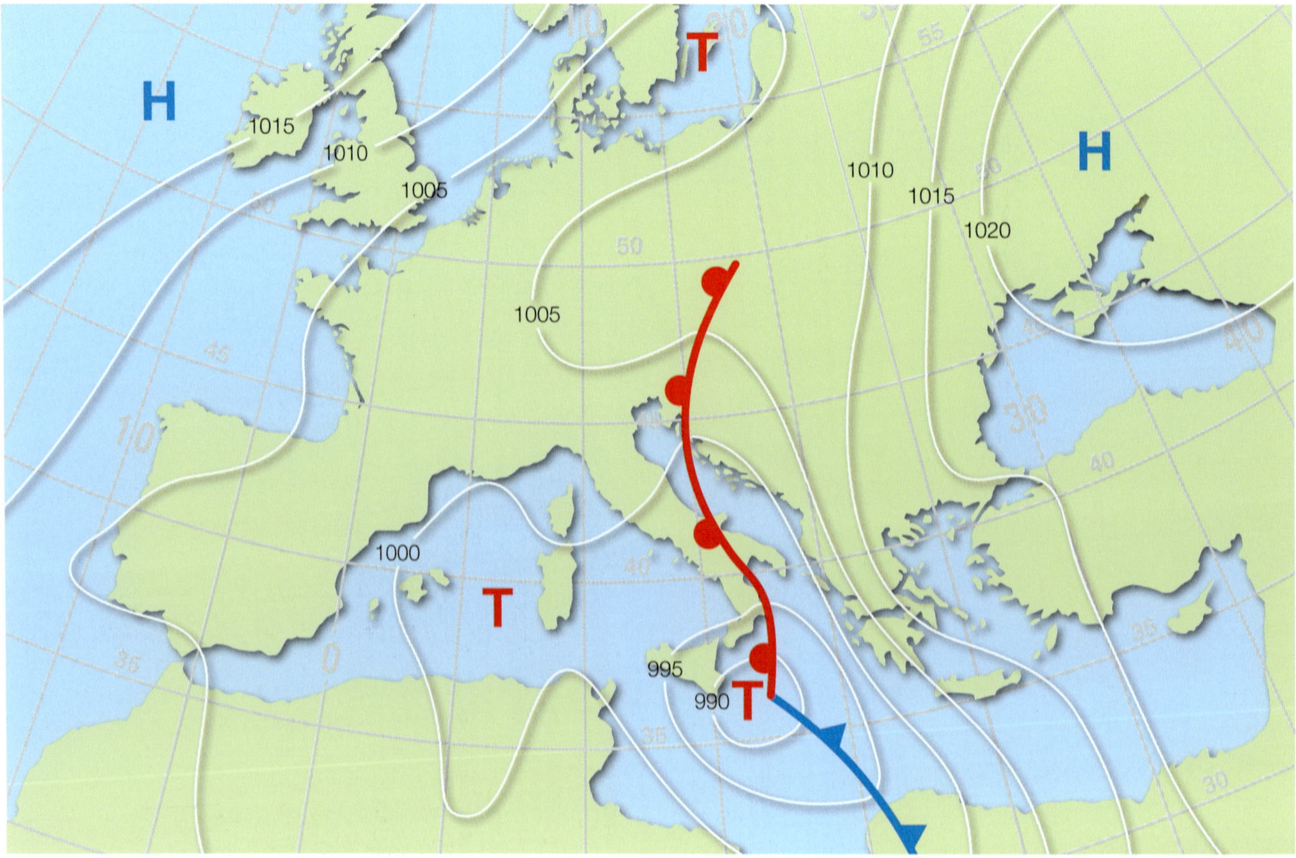

Abb. 3.36 Typische winterliche Scirocco-Lage

Griechenland, der Ägäis und dem östlichen Mittelmeer. Die auf diese Weise herangeführten kontinentalen Luftmassen sind verhältnismäßig trocken, was vor allem im Norden gute Sicht und wolkenlosen Himmel bewirkt. Wie schon an der Windrichtung zu erkennen ist, entstehen die Etesien aufgrund eines Tiefdruckgebiets über Vorderasien und hohem Luftdruck über dem südlichen und östlichen Europa bzw. dem westlichen Mittelmeer. Großräumig können sie sogar als Teil der Monsunzirkulation Südasiens angesehen werden. Die beschriebenen monsunartigen Luftdruckverhältnisse sind im Sommer sehr beständig. Entsprechend treten die Etesien von April bis Ende September/Anfang Oktober, mit maximalen Windstärken im Juli und August, auf.
Die mittleren Windstärken der Etesien liegen zwischen umgänglichen 3 und 5 Bft. Vorsicht ist allerdings an Stellen geboten, die einen Ecken- oder Düseneffekt erzeugen und den Wind lokal erheblich verstärken können. Aufgrund der Regelmäßigkeit des Windes und unserer Kenntnis dieser durch die Topografie bedingten Effekte (s. Kap. 3.3) sollte uns das bei der Reiseplanung allerdings nicht mehr vor größere Probleme stellen.
Die Abbildung 3.35 veranschaulicht eine typische Etesien-Wetterlage.

3.8.4 Scirocco

Der italienische Name Scirocco ist aus dem Arabischen (shûluq = heißer Wind) entlehnt und bezeichnet einen unangenehm heißen Wind, der seinen Ursprung in den nordafrikanischen Wüsten hat und aus Südwest bis Süd-

ost weht. Im Vergleich zu den anderen klassischen Mittelmeerwinden tritt er großräumiger auf und hat daher in den Küstengebieten der einzelnen Regionen eigene Namen (s. Abb. 3.32).
Typischerweise wird der Scirocco durch ein über den Wüsten Nordafrikas entstandenes Tiefdruckgebiet ausgelöst. An der Vorderseite dieses Tiefs führt er heiße Wüstenluft, die große Mengen von Staub und Sand enthält, heran. Über dem Mittelmeer nimmt die zunächst sehr trockene Luft viel Feuchtigkeit auf und produziert eine instabile Schichtung der Atmosphäre. Besonders in der Nähe der Warmfront entstehen so umfangreiche Regengebiete und häufig auch Gewitterzellen. Der jahreszeitliche Höhepunkt dieser Entwicklung liegt in den Monaten April und Mai.
Auch wenn der Scirocco nur selten Windstärken über 7 Bft. erreicht, stellt er durch die verminderte Sicht, den Sandgehalt und die entstehenden Gewitter mit ihren schweren Böen eine Gefahr für die Schifffahrt dar. Besonders gefährdet sind der Golf von Genua und die Adria, wo der Scirocco auflandig weht und aufgrund des vergleichsweise langen Fetches hohen Seegang erzeugen kann. Abbildung 3.36 zeigt eine typische winterliche Scirocco-Lage, bei der sich in der Umgebung von Mallorca regelmäßig roter Sand aus der Sahara an Deck der Schiffe niederschlägt.

3.9 Ausgewählte weitere regionale Winde

Einige weitere Winde, die entweder repräsentative Beispiele abgeben oder für die weltweite Fahrt besonders wichtig sind, werden nachstehend kurz betrachtet.

3.9.1 Tehuantepecer und Papagayo

Beide sind nach den Buchten an der Pazifikküste Mittelamerikas, an denen sie besonders ausgeprägt sind, benannt. Der Tehuantepecer ist ein kalter Nord- oder Nordwestwind, der durch die Kluft zwischen den Bergen Mexikos und Guatemalas kanalisiert und aufgrund des Düseneffekts beschleunigt wird. Er wirkt sich weit über den Golf von Tehuantepec hinaus in den Pazifik aus. Meist liegt die Windgeschwindigkeit zwischen 20 und 40 kn, die boraähnlichen Fallwinde können in Böen jedoch auch leicht 100 kn erreichen. Der Papagayo ist der Nachbar des Tehuantepecer und ist ihm sowohl in seiner Entstehung als auch in seiner Ausprägung sehr ähnlich. Er ist an der Pazifikküste von Nicaragua und Costa Rica beheimatet.
Beide Winde treten am heftigsten im Winter auf und werden im Wesentlichen von Luftdruckunterschieden zwischen der Atlantik- und der Pazifikseite Mittelamerikas verursacht. Die gebirgige Topografie trennt die beiden Luftmassen barrierenartig und ein Druckausgleich ist nur über kleine Lücken in der Gebirgskette möglich. Besonders ausgeprägt ist das Geschehen, wenn sich ein über den Great Plains in den USA liegendes Hochdruckgebiet südwärts in den Golf von Mexiko erstreckt.

3.9.2 Pampero

Die Voraussetzung für den Pampero ist ein Tief über Patagonien und den Falklandinseln. Der Durchzug der zugehörigen Kaltfront erzeugt über den Pampas von Argentinien und Uruguay eine schwere Böenfront, die stürmische südwestliche Winde mit sich bringt (s. Abb. 3.37) . Der Pampero tritt am häufigsten im südamerikanischen Winter, d. h. zwischen Juni und September, auf.

3.9.3 Southerly Buster

Dieser Wind ist dem Pampero sehr ähnlich, tritt allerdings an der Südostküste Australiens in der Gegend um Sydney herum auf. Er ist wohl fast allen Seglern, die schon in dieser Region unterwegs waren, ein Begriff. Auch hier handelt es sich um eine Böenfront, die mit einem durchziehenden Tief in Verbindung steht. Die südlichen Winde erreichen 30 kn und mehr, und die Lufttemperatur fällt innerhalb weniger Minuten um bis zu 15 °C.

3.9.4 Fremantle Doctor

Der Fremantle Doctor ist ein ausgeprägter Seewind, der in den südwestlichen Küstenregionen Australiens auftritt. Er weht aus südwestlicher Richtung mit einer Windgeschwindigkeit zwischen 15 und 20 kn und setzt regelmäßig am frühen Nachmittag ein, wenn der Unterschied zwischen der Seewassertemperatur und der Temperatur der Luft über Land ausreichend groß ist.
Dementsprechend ist der Fremantle Doctor im Dezember und Januar am stärksten, weil dann die Temperaturdifferenzen am größten sind.

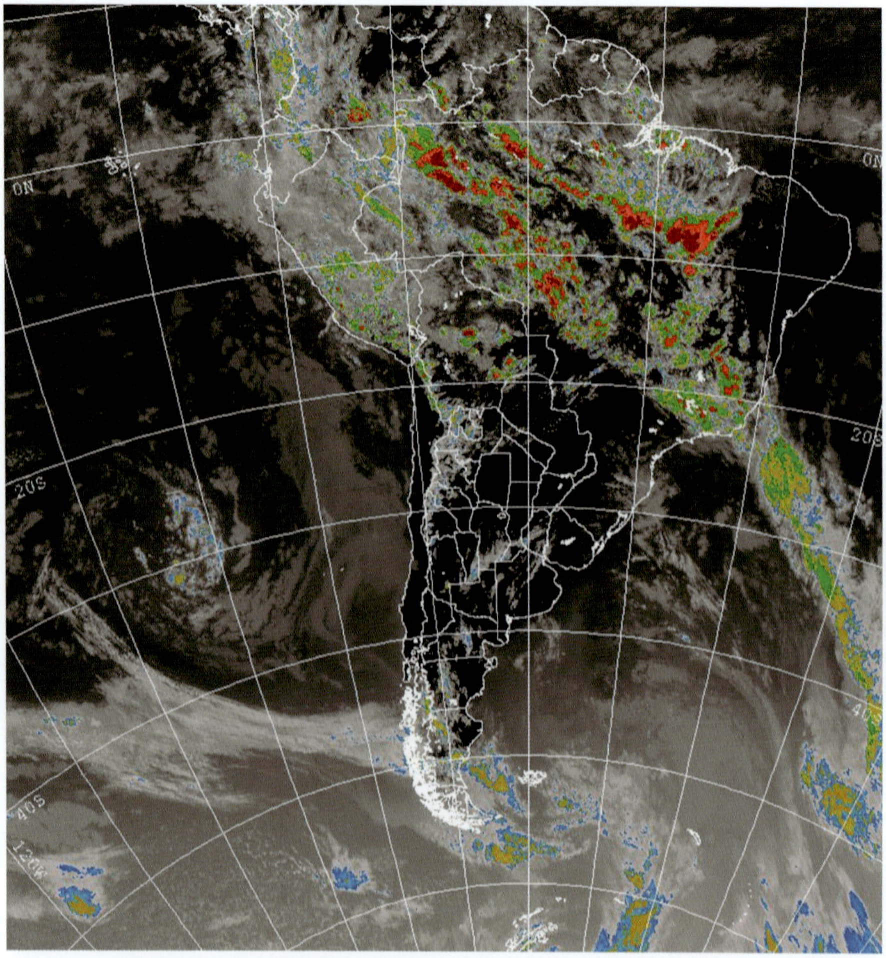

Abb. 3.37 Satellitenbild zu einer Pampero-Wetterlage: Die Kaltfront ist weit nach Norden vorangekommen (Quelle: GOES-13, SMN Argentina)

Da der Wind im australischen Sommer von der hitzegeplagten Bevölkerung wegen seiner wohltuenden und kühlenden Wirkung geschätzt wird, hat er den Namen „Doctor" bekommen.

3.9.5 Santa Ana Wind

Dieser heiße und trockene föhnartige Wind tritt an der südkalifornischen Küste auf und weht mit Geschwindigkeiten von oft 50 kn aus östlicher bis nordöstlicher Richtung. Er entsteht, wenn sich im Großen Becken (das nordöstlich von Südkalifornien gelegene Wüstenhochland) ein Hochdruckgebiet bildet. Da sich dort im Sommer eher ein Hitzetief entwickelt, ist dies fast nur im Winter der Fall. Die Zirkulation um das Hoch herum zwingt die Luftmassen vom Hochland durch die Canyons an die Küste (einer dieser Canyons ist der Santa Ana Canyon). In den engen Tälern werden sie durch den Düseneffekt beschleunigt und erwärmen sich beim Herabstürzen adiabatisch um 1 °C für jede 100 Höhenmeter. Dies führt dann zu einer Temperaturerhöhung an der Küste von fast 15 °C.

4 Wetter der Tropen und Polarregionen

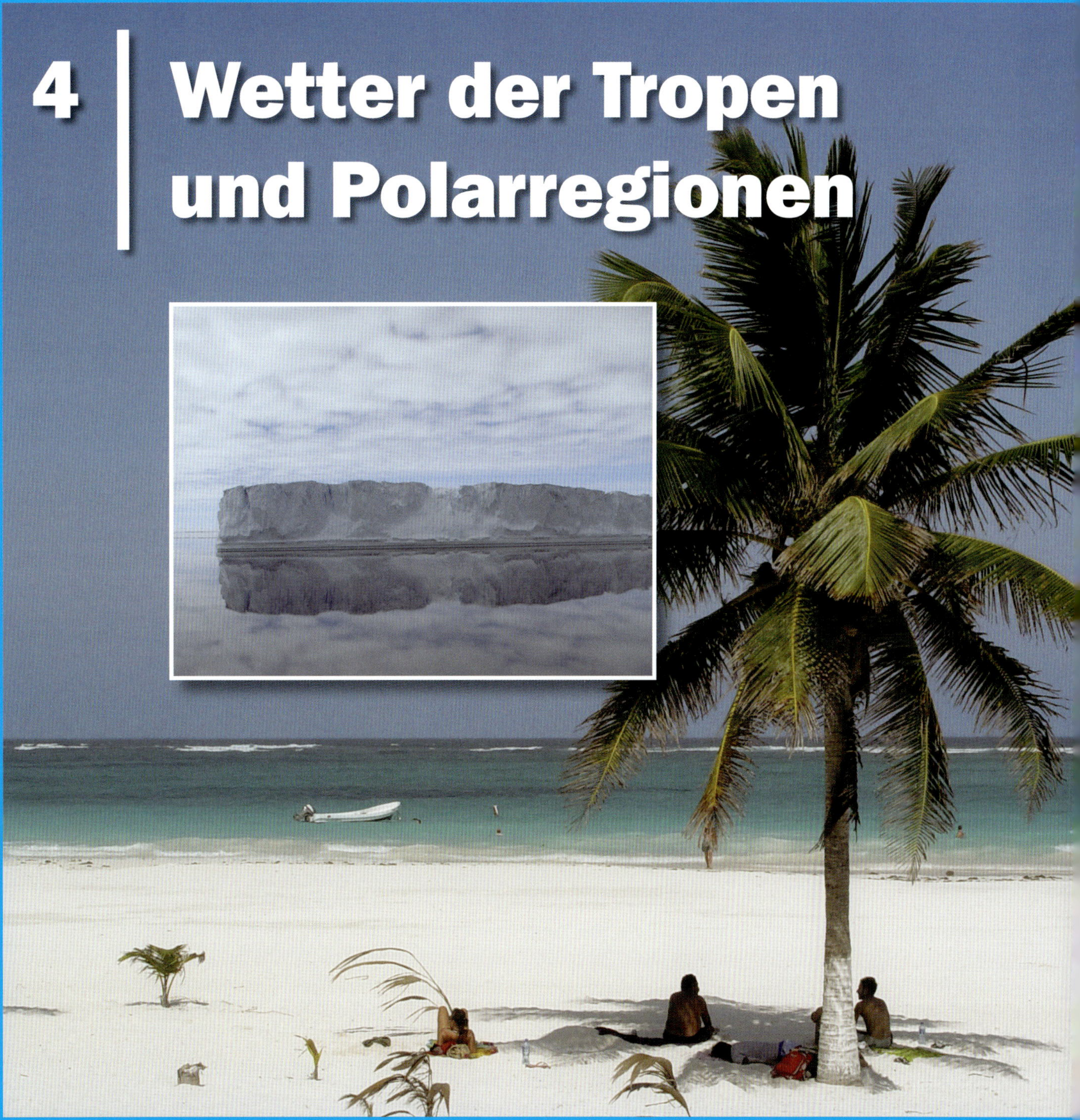

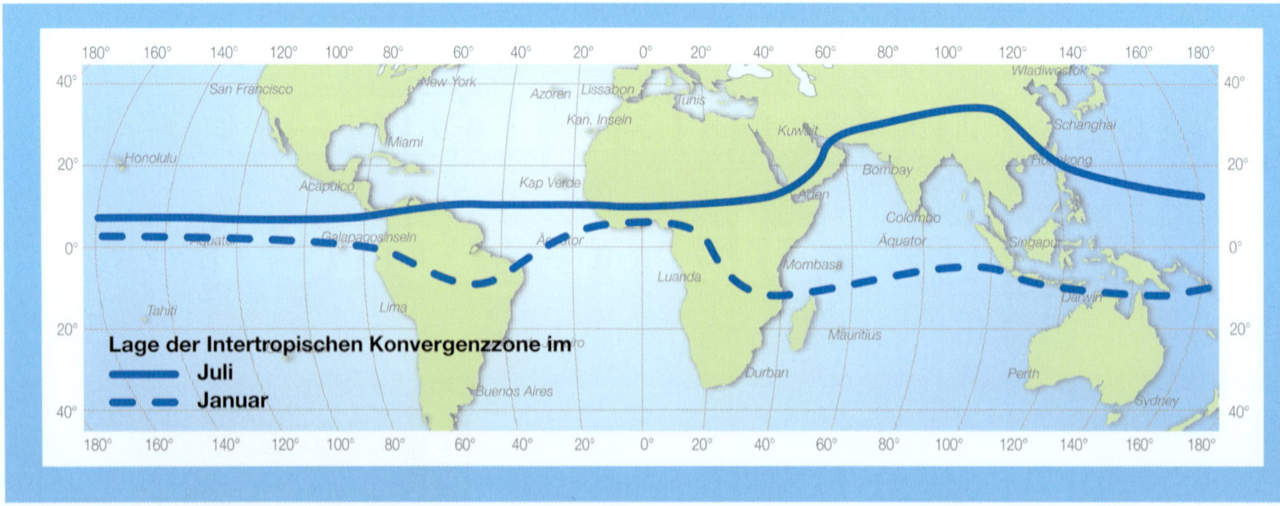

Abb. 4.2 Analyse der ITC

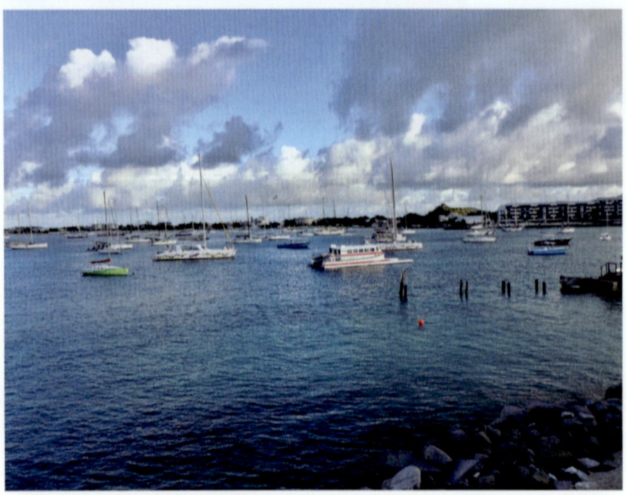

Abb. 4.1 In tropischen Breiten

Viele attraktive Chartergebiete, etwa die Karibik, die Seychellen, die Südsee oder die Kanarischen Inseln, befinden sich im Bereich oder im Randbereich der Tropen. Wassersportler, die auf „Langfahrt“ sind, bezeichnen das Segeln in den niedrigen Breiten als die „Barfuß-Route“. Damit wird ausgedrückt, dass neben angenehmen Temperaturen kein schweres Wetter zu erwarten ist. Für einen großen Bereich, nämlich für die beständigen Passatwinde (Trade Winds) mag dies meist gelten. Doch auch hier gibt es Systeme, wie den zum Teil stürmischen Sommermonsun, die Easterly Waves oder gar Wirbelstürme (tropische Zyklone, auch: Hurrikane), die Beachtung bei der Törn- und Routenplanung verlangen.

Im Kapitel 1 wurde bereits darauf eingegangen, dass der „Motor des Wetters“ die unterschiedliche Einstrahlung der Sonne zwischen den Polen und Äquator ist. Das Temperaturgefälle wird durch Luft- und Meeresströmungen ständig ausgeglichen.

4.1 Intertropische Konvergenzzone (ITC)

Aufgrund der ablenkenden Kraft der Erdrotation gibt es keine direkte Zirkulation vom Äquator zu den Polen. Die sehr intensive Sonneneinstrahlung in den Tropen erzeugt eine mächtige Quellbewölkung mit heftigen Schauern und Gewittern. Die hohe Temperatur und das Aufsteigen der Luftmassen lassen in Meeresniveau eine Tiefdruckrinne entstehen, in die von beiden Seiten des Äquators Luftmassen hineinströmen. Daher wird dieses Gebiet auch als Intertropische Konvergenzzone, kurz ITC (Inter Tropic Convergence), bezeichnet. Sie ist eine Zone mit überwiegend schwachen Winden, die nur in der Nähe von Schauern und Gewittern böig auffrischen.

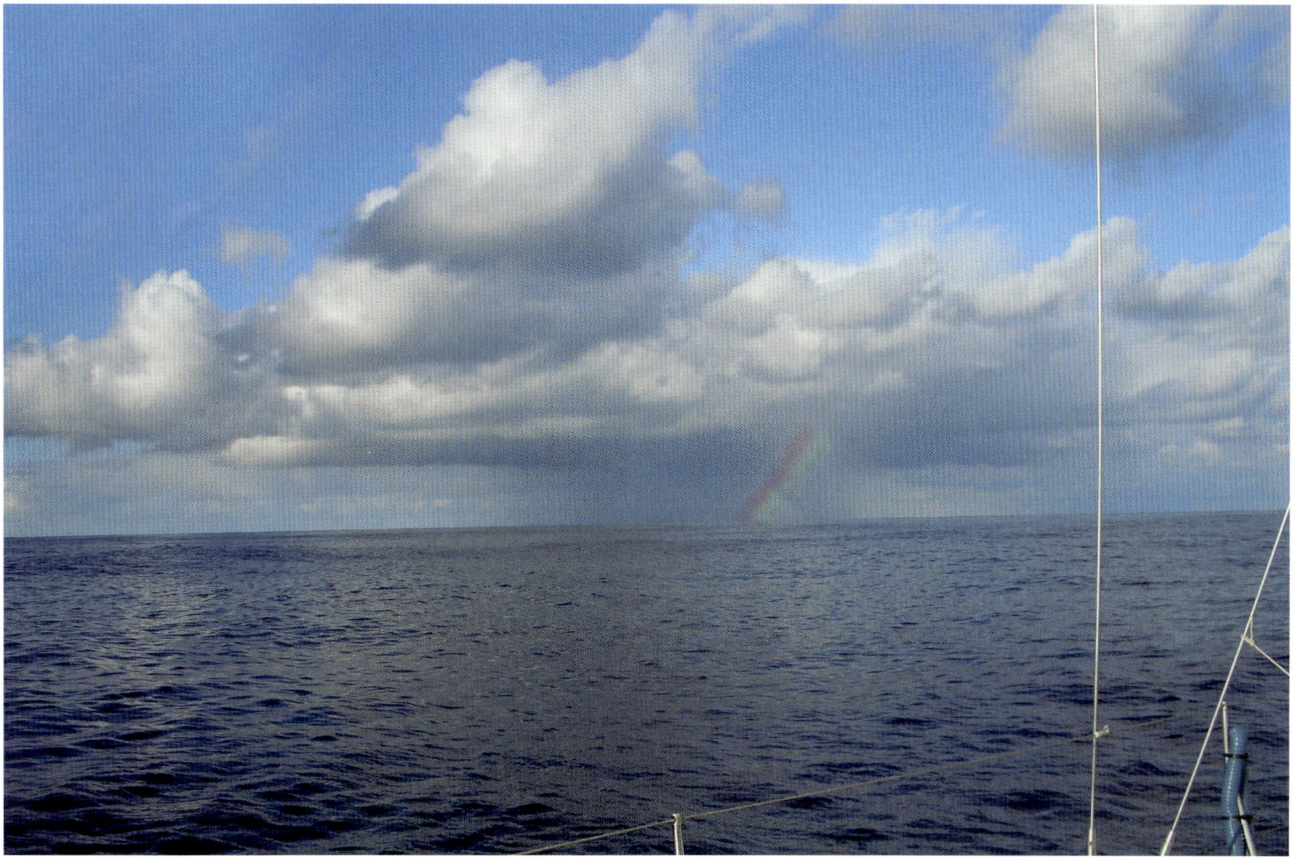

Abb. 4.3 Im Bereich der ITC mit wenig Wind

Da sich ca. 80 % aller Landmassen auf der Nordhalbkugel befinden, heizen sich diese bei hoch stehender Sonne stärker auf als die Meeresgebiete auf der Südhalbkugel. Deshalb liegt die ITC im Mittel etwas nördlich vom geografischen Äquator. Jeweils mit den höchsten Sonnenständen auf den Halbkugeln der Erde variiert die ITC (meteorologischer Äquator) um ca. 5 Breitengrade nach Nord bzw. Süd. Im Sommer der Nordhalbkugel liegt die ITC im Mittel bei etwa 10° Nord, kann sich über den Landmassen Asiens aber aufgrund der Erhitzung auch bis ca. 30° Nord verlagern. Die windschwachen Gebiete der ITC sind allgemein als Kalmen, Mallungen oder Doldrums bekannt.

Insbesondere bei Hochseeregatten, deren Routenführung die ITC kreuzt, können ganze Etappen entschieden werden, denn die Yacht, die die ITC gut queren kann und nicht in der Flaute dümpelt, kann hier einen entscheidenden Vorsprung herausarbeiten. Die Analyse der ITC, d. h. die Ermittlung der windschwachen Regionen, ist nicht einfach. Hier helfen unter anderem Satellitenbilder weiter, die zeigen, wo man vielleicht mithilfe der Böen von den dort anzutreffenden Schauern und Gewittern größere Flauten umsegeln kann.

4.2 Passate

Die Passate schließen sich auf beiden Halbkugeln an die ITC an. Eine Ausnahme bildet der nördliche Indische Ozean zeitweise durch den Sommermonsun. Sonst sind sie aber auf dem Pazifischen und Atlantischen Ozean als beständige Windsysteme anzutreffen. In der Zeit der Schifffahrt ohne

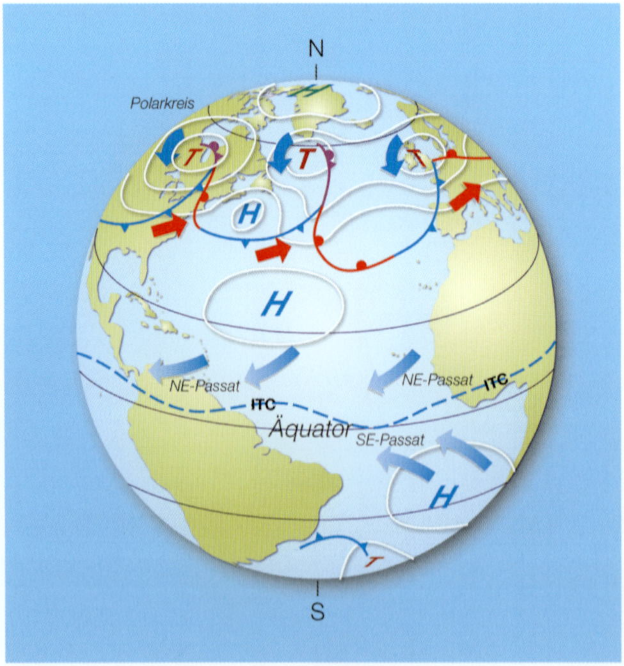

Abb. 4.4 Passatwind nördlich und südlich der ITC

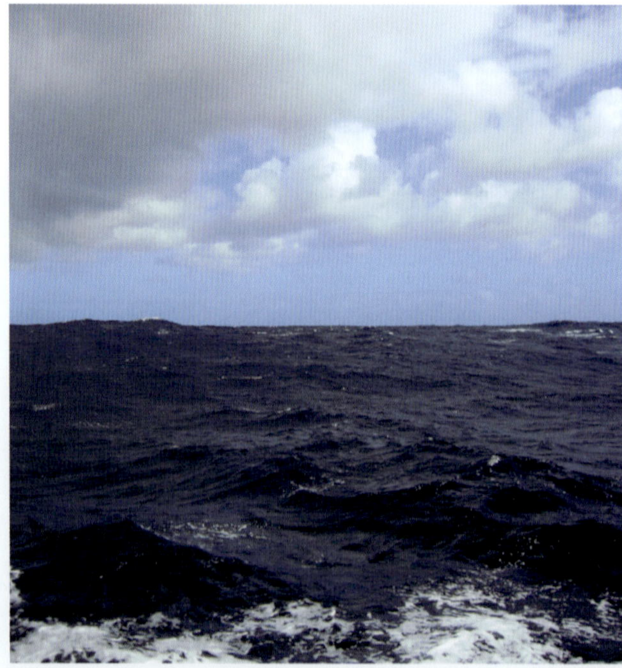

Abb. 4.5 Typische Passatbewölkung

Motoren waren sie von großer Bedeutung; heute werden diese beständigen Winde in der Freizeitschifffahrt gerne zur Überquerung der Ozeane benutzt. Der Ursprung der Passate sind die Hochdruckgebiete der Subtropen, die mit schwachen Winden verbunden sind. Über dem Nordatlantik wird das Subtropenhoch als Azorenhoch bezeichnet. Manchmal wird auch der Begriff Rossbreiten verwendet, ein Name, der aus den Zeiten der Reisen mit Segelschiffen nach Mittel- und Südamerika stammt, da dort in den Flauten viele Pferde infolge Wassermangels verendeten.

Aus den subtropischen Hochdruckgürteln fließen bodennah Luftmassen in Richtung Äquator. Infolge der Reibung wird der Ostwind in den unteren Luftschichten zum Äquator hin abgelenkt: Es entstehen der Nordostpassat auf der Nordhalbkugel sowie der Südostpassat auf der Südhalbkugel.

Während in den Subtropenhochs durch absinkende Luftbewegung meist wolkenloser Himmel anzutreffen ist, bilden sich im Passat mehr oder weniger mächtige Cumuluswolken aus. Im Passat werden typischerweise Windstärken zwischen 3 und 5 angetroffen, manchmal auch darüber. Durch eingelagerte Wellenstörungen (Easterly Waves) können auch Starkwind und Sturm mit dabei sein, begleitet von Schauern und Gewittern. Hinweise zur Beständigkeit des Passats kann den Monatskarten, Routing Charts oder Pilot Charts entnommen werden. Es gibt aber auch Skipper, die den Nordatlantik von den Kanaren in die Karibik überquert haben und empfehlen: „Kurs Südwest bis die Butter schmilzt, und dann rechts ab in die Karibik“. Für eine Reiseplanung ist das freilich zu wenig, zu mehr Informationen siehe Kapitel 7 Törnplanung.

4.3 Monsunzirkulation

Der nördliche Indische Ozean stellt eine Ausnahme dar, da das Subtropenhoch (s. Kap. 1.1, 2.6) nicht ganzjährig vorhanden ist. Als Monsune bezeichnet man jahreszeitlich sich umkehrende Winde im indischen und ostasiatischen Raum, die sich aufgrund der Temperatur- und damit der Druckunterschiede der großen Land- und Wassermassen in Asien im Jahresverlauf ausbilden. Während der warme und feuchte *Sommermonsun* für den Niederschlagsreichtum großer

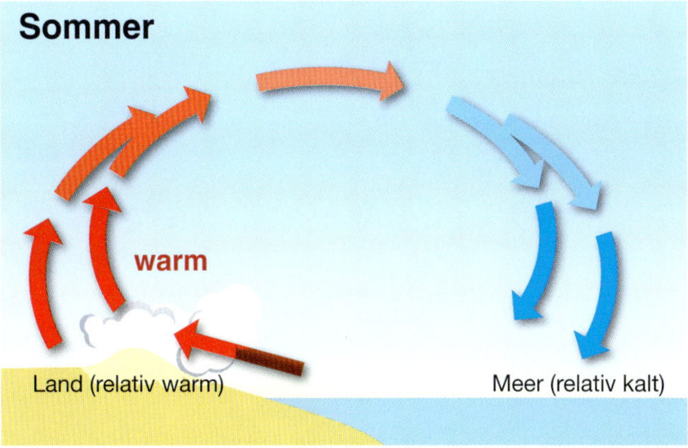

Abb. 4.6 Zirkulation Sommermonsun

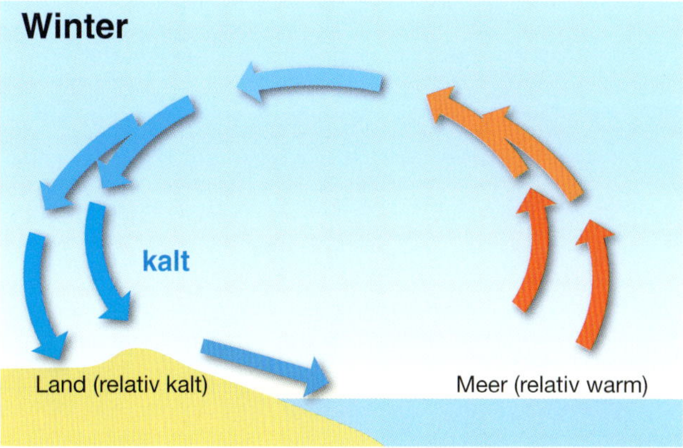

Abb. 4.7 Zirkulation Wintermonsun

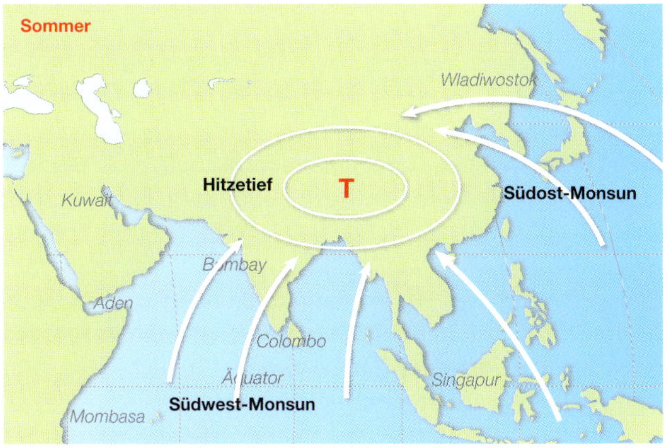

Abb. 4.8 Sommermonsun

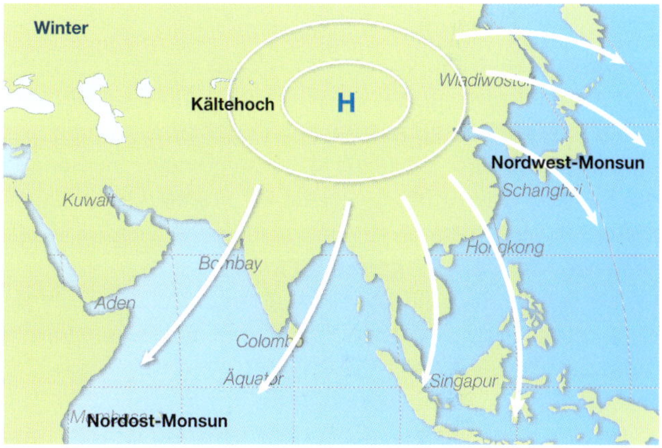

Abb. 4.9 Wintermonsun

Teile des asiatischen Kontinents verantwortlich ist, fließen mit dem *Wintermonsun* trocken-kalte Festlandsluftmassen aus dem winterlichen Hoch. Schaut man sich die mittleren Druckverteilungen in Bodennähe an, zeigt sich durch die über Land aufsteigenden Luftmassen über Asien im Sommer tiefer Luftdruck, im Winter ein Kältehoch.

Im Sommer auf der Nordhalbkugel liegt die ITC infolge der starken Landerwärmung zeitweise bei 30° Nord. Daher ist der sonst für die Breiten übliche Nordostpassat nur im Herbst/Winter anzutreffen. Im Sommer dagegen weht über dem westlichen Teil des Indischen Ozeans ein Südwestwind, der im Mittel 5 bis 8 Bft. erreichen kann. Dieser führt die feuchtwarmen Luftmassen des Indischen Ozeans dann beispielsweise nach Indien, was dort zu zum Teil verheerenden Niederschlägen führt.

Der Sommermonsun endet Mitte bis Ende September, und es dauert dann noch einige Wochen bis sich der Wintermonsun einstellt. Weitere Angaben zu den klimatischen Verhältnissen sind in den Monatskarten, Routing Charts oder Pilot Charts enthalten.

4.4 Easterly Wave

Die Easterly Wave ist eine Wellenstörung, die in den Passatgürteln anzutreffen ist. Dabei handelt es sich um einen

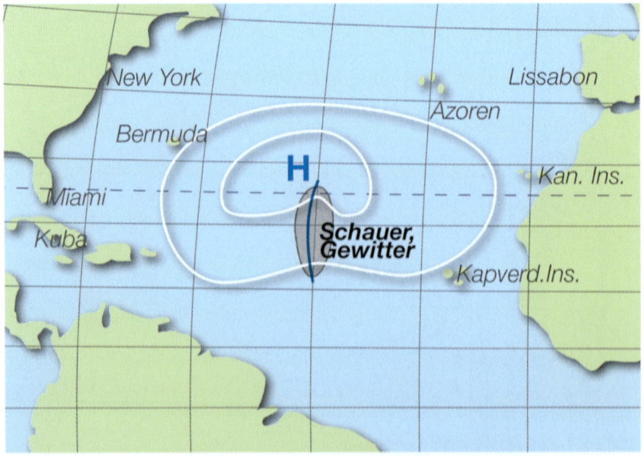

Abb. 4.10 Easterly Wave im Bereich des Nordost-Passats

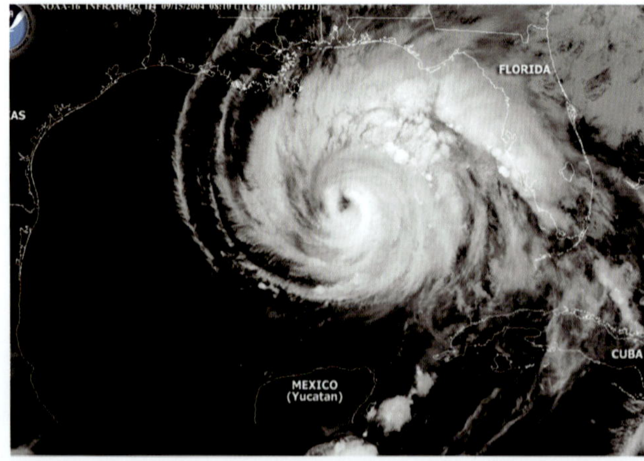

Abb. 4.11 Hurrikan „Ivan" über dem Golf von Mexiko (Quelle: NOAA)

schwachen Trog, der von Ost nach West wandert. Er verlagert sich mit etwa 20 kn westwärts und führt auf der Vorder- und Rückseite zu Änderungen in der Windrichtung und -stärke, wie in der Abbildung 4.10 dargestellt. Im Bereich der Easterly Wave muss kurzzeitig mit Starkwinden, manchmal auch bis Sturmstärke, und schlechten Sichten durch Schauer oder Gewitter gerechnet werden.
Für die Fahrt in den beliebten Passatwinden ist zu beachten, dass diese Tröge das ganze Jahr über in den Passatgürteln auftreten können.
Easterly Waves können sich zu einem tropischen Tief (Depression) mit geschlossener Zirkulation entwickeln; statistisch betrachtet entwickeln sich nur etwa 9 % zu einem tropischen Wirbelsturm.

4.5 Tropische Wirbelstürme

Die sonst für Langfahrten so beliebten Passatwinde lassen nicht vermuten, dass in ihrem Bereich, also zwischen dem Subtropenhoch und dem Äquator, auf beiden Halbkugeln Wirbelstürme mit verheerenden Auswirkungen entstehen können. Generell ist zu beachten, dass diese Regionen zur Wirbelsturmzeit grundsätzlich zu vermeiden sind. Einige Informationen und Grafiken hinsichtlich des Auftretens und der Häufigkeit von Wirbelstürmen sind in diesem Buch enthalten. Es empfiehlt sich jedoch unbedingt, die Fachliteratur (z. B. Pilot Charts, Seehandbücher, Revierführer) für die Routenplanung zu benutzen, da diese meist sehr viel detaillierter sind.
In der Karibik beginnt die Wirbelsturmsaison im Juni und endet im November. Aufgrund dieser klimatischen Verhältnisse meiden Yachten das Gebiet oder verholen sich näher zum Äquator, da die Wahrscheinlichkeit für das Ereignis eines Wirbelsturms dort deutlich abnimmt. Ist man aber dennoch mit einem Wirbelsturm konfrontiert, gibt es „Hurricane Holes", wo die Stürme abgewettert werden können. Doch darf das nicht das Ziel sein; vielmehr sollte eine gute Routenplanung so vorausschauend sein, dass es nicht einmal zu einem Ausweichen vor einem Wirbelsturm kommt.

4.5.1 Entstehung

Eine mehrtägige Vorhersage der Entwicklung von Wirbelstürmen ist im Gegensatz zu den Tiefdruckgebieten in der Westwinddrift trotz modernster Methoden in der Wettervorhersage noch nicht möglich. Vorhersagekarten geben kaum Hinweise, erst durch die Analyse der Hurrikan-Zentralen mithilfe von Satellitenbildern, Wettermeldungen und weiteren Hilfsmitteln werden tropische Wirbelstürme erkannt. Erst dann kann eine relativ treffsichere Aussage zur Verlagerung und Entwicklung der Stürme von den Vorhersagezentralen, z. B. dem NHC (National Hurricane Center) in Miami, gemacht werden. Dabei werden auch Flugzeuge eingesetzt, die mit verschiedenen Messmethoden genauere Aussagen zu deren Größe und Intensität zulassen.

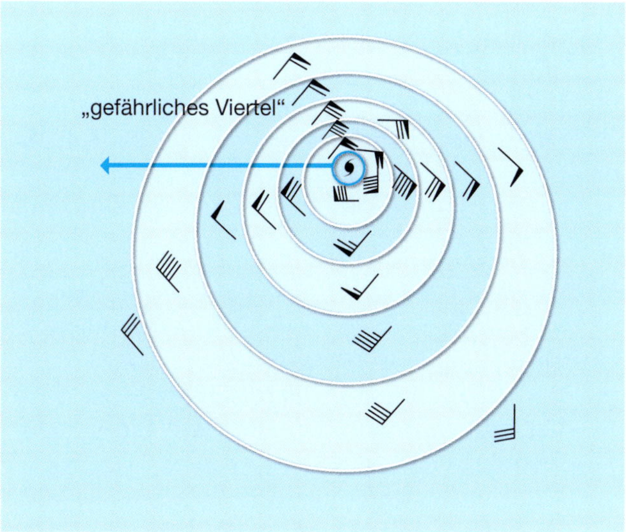

Abb. 4.12 Asymmetrie eines Wirbelsturms auf der Nordhalbkugel

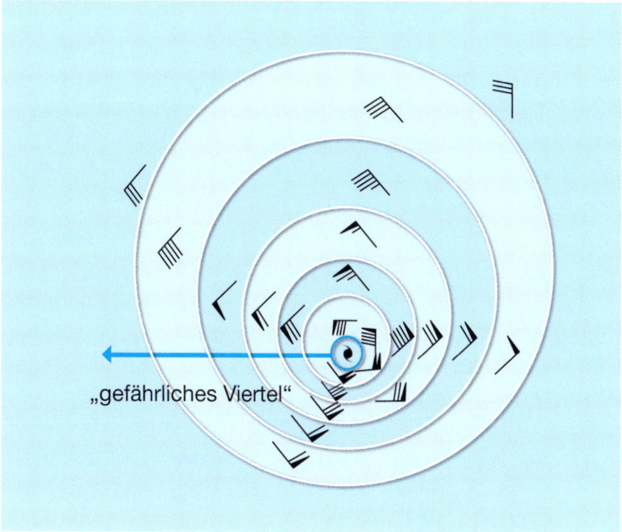

Abb. 4.13 Asymmetrie eines Wirbelsturms auf der Südhalbkugel

Man unterscheidet *vier Arten* von tropischen Tiefdruckgebieten. Die tropische Störung mit einem Wolkenfeld (Cloud Cluster), die unterste Entwicklungsstufe, tritt am häufigsten auf. Sie entsteht bevorzugt im Bereich einer Easterly Wave. Die Easterly Wave kann sich zu einem tropischen Tief (Depression) mit geschlossener Zirkulation entwickeln, wo dann Winde bis zur Stärke von 7 Bft. in Bodennähe auftreten. Die nächste Entwicklungsstufe ist der tropische Sturm mit Windstärken von 8 Bft. bis einschließlich 11 Bft. Der Sturm kann sich nun noch zum tropischen Orkan mit Windgeschwindigkeiten bis über 135 kn intensivieren. Im Vergleich zur Anzahl der Tiefdruckgebiete in der Westwinddrift ist die Entwicklung eines tropischen Orkans eher selten. Wirbelstürme haben zudem keine Fronten, da die Entstehung sehr unterschiedlich ist.

Die *Entstehung* eines tropischen Orkans ist bis heute nicht vollständig geklärt, aber anhand von langen Beobachtungen konnte festgestellt werden, dass u. a. folgende Bedingungen erfüllt sein müssen:

- Temperatur der Meeresoberfläche > 27 °C,
- geografische Breite über 5°,
- Entwicklung überwiegend aus westwärts wandernden tropischen Störungen (Easterly Wave),
- Entstehung ausschließlich über den Ozeanen.

Die hohen Wassertemperaturen sind erforderlich, damit ausreichend Energie zur Verfügung steht. Die wasserdampfreiche Luft über der Meeresoberfläche wird beim Strömen zum tiefen Druck bewegt und dort zum Aufsteigen gezwungen. Es muss jedoch ein gewisser Abstand zum Äquator gegeben sein, denn bei zu geringer Corioliskraft ist eine geschlossene Zirkulation nicht möglich. Daher ist es auch nicht möglich, dass ein auf der Nordhalbkugel entstandener Wirbelsturm über den Äquator auf die Südhalbkugel zieht. Er bleibt der Hemisphäre treu und folgt dem warmen Wasser, denn nur so lange sich der Wirbel über dem sehr warmen Wasser befindet, ist der Energienachschub gewährleistet. Über kälterem Wasser wird die Entwicklung gehemmt, über Land wird der Wirbelsturm auch durch die erhöhte Bodenreibung abgeschwächt.

Die horizontale Ausdehnung von Wirbelstürmen erreicht nicht die Ausmaße eines umfangreichen Sturmtiefs der Westwinddrift. Der Bereich um den Kern mit Sturmstärke (ab 8 Bft.) umfasst einen Durchmesser von 300 bis 500 sm. Das Auge hat eine Ausdehnung von 15 bis etwa 25 sm und ist durch plötzliche Windabnahme gekennzeichnet und meist wolkenlos. Daher ist es auf einem Satellitenbild gut sichtbar.

Der Wirbelsturm besitzt hinsichtlich der Windverteilung eine gewisse Asymmetrie. Auf der Nordhalbkugel werden die höchsten Windgeschwindigkeiten in Zugrichtung gesehen

auf der rechten Seite (nach Norden hin!) erreicht, die dem steuernden Subtropenhoch zugewandt ist. Hier addiert sich die Rotation und Verlagerung des Wirbelsturms mit der östlichen Grundströmung des Hochs. Die rechte Vorderseite wird daher auch als „gefährliches Viertel" bezeichnet. Auf der Südhalbkugel befindet sich ausgehend vom Zentrum das gefährliche Viertel im südwestlichen Sektor.
Bedingt durch die hohen Windgeschwindigkeiten rund um den Wirbelsturm und Seegang aus unterschiedlichen Richtungen ist es dort chaotisch: Die signifikante Wellenhöhe beträgt meist über 10 m, begleitet von Kreuzsee. Da die Dünung in ihrer Verlagerung deutlich schneller ist als das Windfeld des Wirbelsturms (s. auch Kap. 5 Seegang und Meeresströmungen), sind Schifffahrt und Küste schon deutlich früher gefährdet. An den Küsten treten zudem Flutwellen auf, die erhebliche Wasserstandserhöhungen und Zerstörungen verursachen.

4.5.2 Anzeichen für die Annäherung eines tropischen Wirbelsturms

Generell sollten unbedingt die NAVTEX- und EGC-Warnungen des GMDSS und alle weiteren Warnungen der nationalen Wetterdienste beachtet werden, denn nur diese Hilfsmittel können ein rechtzeitiges Erkennen der Gefahr gewährleisten. Die nachfolgend im Kasten rechts beschriebenen Anzeichen können auf See beobachtet werden, ersetzen aber im Sinne der „guten Seemannschaft" nicht die vorausschauende Nutzung der Wetterwarnungen. Sie erfüllen nur ein Minimum.

Sichere Anzeichen für die Annäherung eines Wirbelsturms:

- Die in den Tropen tägliche Entwicklung des Luftdrucks (Luftdruckminima um ca. 04:00 und 16:00 Uhr Ortszeit sowie Luftdruckmaxima um ca. 10:00 und 22:00 Uhr Ortszeit) bleibt aus.
- Der Luftdruck weicht um mehr als 3 hPa vom langjährigen Mittel ab; bei einer Abweichung von mehr als 5 hPa sollte von einem Wirbelsturm ausgegangen werden.
- Der Wind verändert sich entgegen der Vorhersage oder dem Klimamittel in Stärke und Richtung erheblich.
- Die in den Passatwinden vorhandene Dünung wird deutlich höher und kommt aus der Richtung, in der der Wirbelsturm vermutet wird.
- Am Himmel zeigen sich ausgeprägte Felder mit Cirrusbewölkung, oft spiralförmig angeordnet.

4.5.3 Jahreszeitliches Auftreten und Zugbahnen

Aufgrund der oben beschriebenen Bedingungen gibt es bestimmte Entstehungsgebiete, in denen mit tropischen Wirbelstürmen gerechnet werden muss. So stellen die tropischen Weltmeere an der Äquatorseite des subtropischen Hochdruckgürtels ein ideales Entstehungsgebiet dar, und zwar jeweils im Sommer oder Herbst der betreffenden Halbkugel.
Weltweit treten im Mittel jährlich etwa 80 tropische Stürme auf, wobei nur die Hälfte Orkanstärke erreicht. Über dem Südatlantik und dem östlichen Südpazifik ist die Intertropische Konvergenzzone (ITC) überwiegend in die nördliche Hemisphäre hinein verschoben. Dies ist der Grund dafür, dass sich in diesen Teilen der Ozeane keine Wirbelstürme entwickeln. Mit Easterly Waves muss jedoch gerechnet werden.
Das Vorkommen tropischer Wirbelstürme und ihre maximale Häufigkeit– verteilt auf die verschiedenen Ozeane – ist in der Abbildung 4.14 dargestellt.
Die meisten tropischen Zyklone entwickeln sich über dem westlichen Nordpazifik. In diesem Seegebiet treten in jedem Monat tropische Zyklonen auf, während auf dem Nordatlantik in den Monaten Januar bis April keine tropischen Stürme auftreten. Die aktivste „Hurrikan-Zeit" fällt für den Bereich des Nordatlantiks auf Anfang bis Mitte September. Hier dauert die offizielle Hurrikan-Saison vom 1. Juni bis 30. November; in diesem Zeitraum erstellt das NHC Vorhersagen. Die Anzahl der tropischen Stürme und Orkane in den einzelnen Seegebieten ist von Jahr zu Jahr sehr unterschiedlich. Auf dem Nordatlantik werden beispielsweise jährlich durchschnittlich 9 tropische Stürme und Hurrikans gezählt. Die typischen Zugbahnen der tropischen Zyklone sind in Abbildung 4.15 dargestellt. Sie ziehen entlang der Äquatorseite der Subtropenhochs westwärts, wobei typischerweise Verlagerungsgeschwindigkeiten um 10 kn erreicht werden.

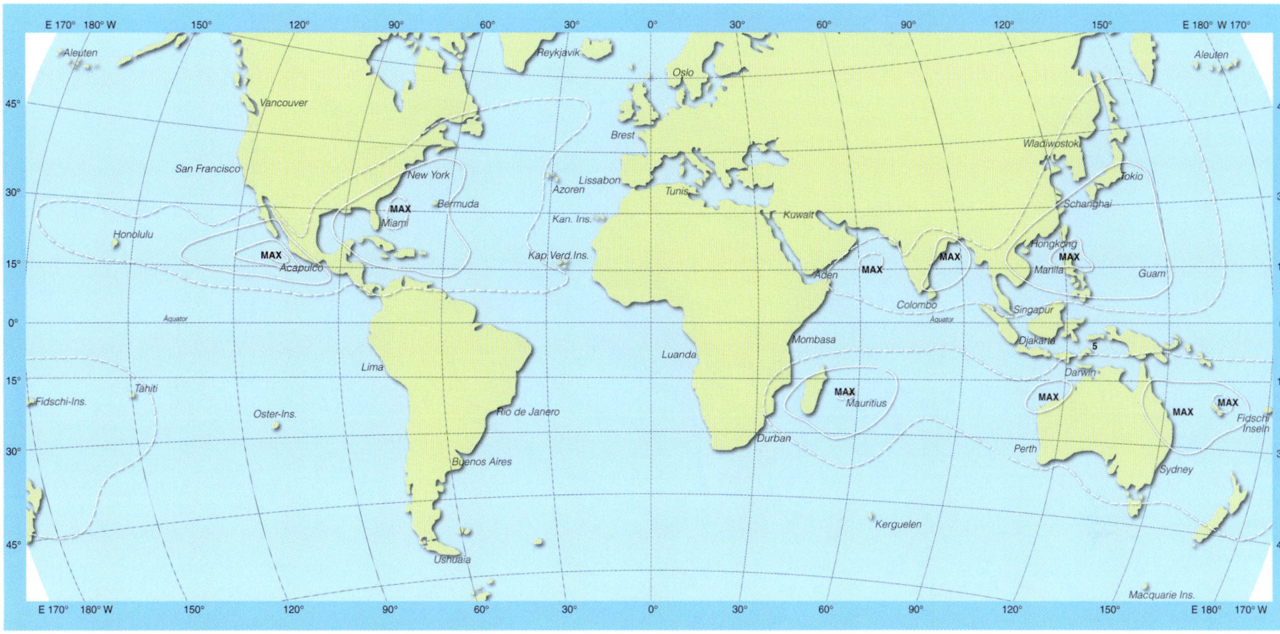

Abb. 4.14 Mittlere Häufigkeit von Wirbelstürmen

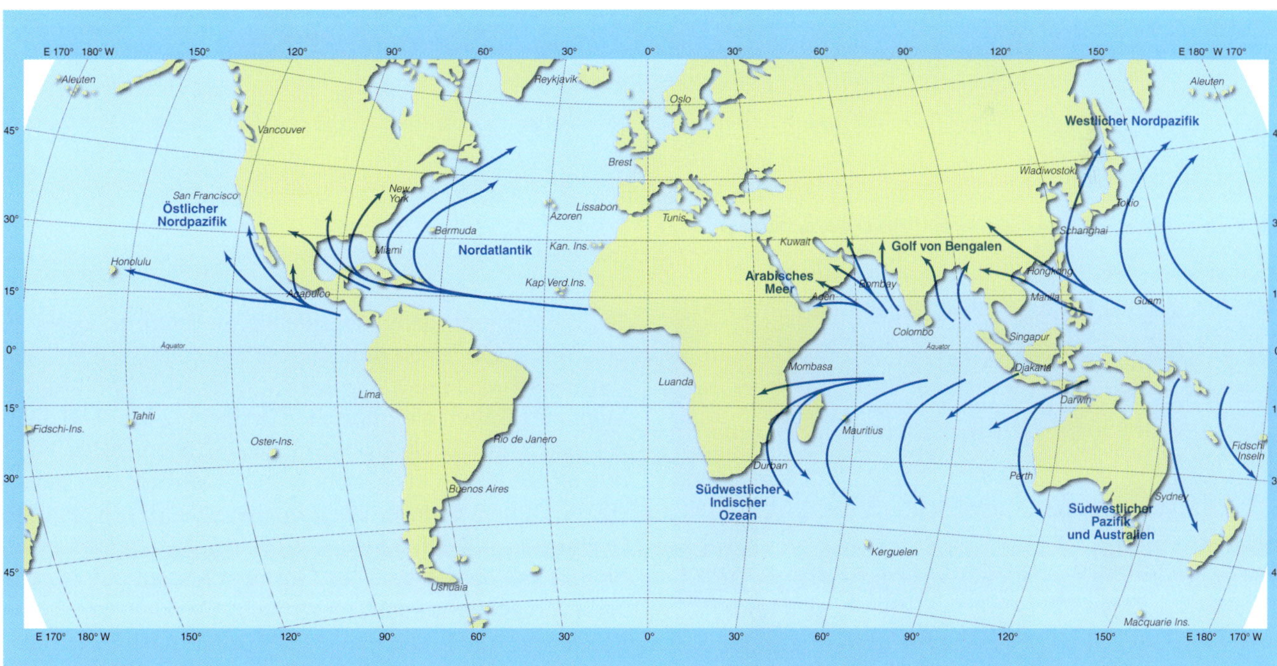

Abb. 4.15 Typische Zugbahnen und mittlere Verlagerungsgeschwindigkeiten

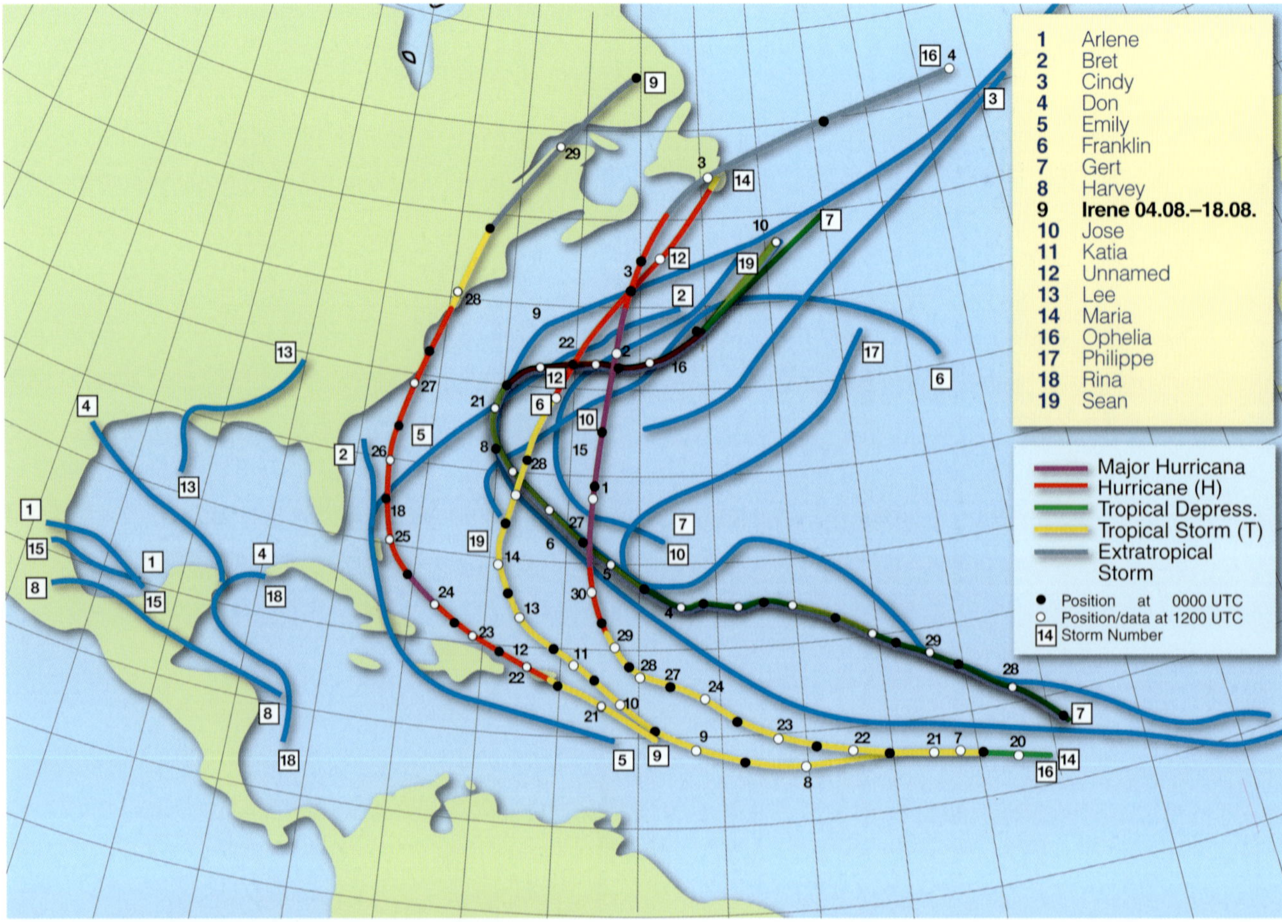

Abb. 4.16 Zugbahnen der Hurrikane im Jahr 2011 (Quelle: NOAA)

Abb. 4.17 Grafische Vorhersageprodukte des NHC Miami

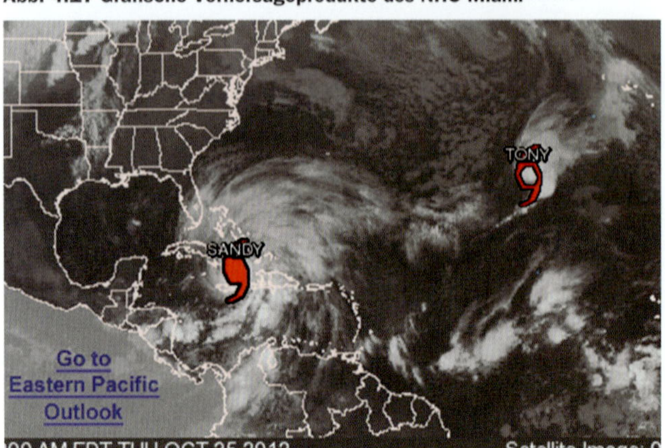

Gelangen sie an deren Westflanke, scheren sie polwärts aus. An diesen Umbiegestellen verringert sich die Verlagerungsgeschwindigkeit. Hier spricht man auch vom „Trödelstadium“. Ziehen die tropischen Zyklonen weiter und dann allmählich in die Westwinddrift hinein, nehmen sie Fahrt auf, wandeln sich in „gewöhnliche“ Sturmtiefs und ziehen mit typischen Verlagerungsgeschwindigkeiten in östliche Richtungen. Auf den Bodenanalysen der Wetterdienste werden sie mit dem Zusatz „ex“ vor dem Namen des ehemaligen Wirbelsturms kenntlich gemacht. Da durch ihre Rotation wiederum kalte und warme Luftmassen nach Süden bzw. nach Norden verlagert werden, können in der Wetterkarte auch wieder Fronten eingezeichnet sein.

Nicht jeder Wirbelsturm dreht an den Umbiegestellen nach Norden auf der Nordhalbkugel bzw. nach Süden auf der Südhalbkugel ein. Alternativ dazu kann auch die Zugrichtung beibehalten werden, und der tropische Wirbelsturm zieht beispielsweise auf dem Nordatlantik weiter in Richtung West bis Nordwest und trifft dann auf den amerikanischen Kontinent.

4.5.4 Warnungen vor Wirbelstürmen

Für die Navigation in Gebieten mit Wirbelstürmen sind Warnungen die wichtigste Informationsquelle. Aufgrund der modernen Beobachtungsmethoden, insbesondere durch die Wettersatelliten, wird heute jeder tropische Sturm und jeder Wirbelsturm erkannt. Die Warnungen sind in den unterschiedlichen Gebieten recht ähnlich aufgebaut. Der Vorhersagezeitraum umfasst bislang maximal fünf Tage.

Die *Bezeichnung* tropischer Wirbelstürme ist je nach Seegebiet verschieden. Zwar gibt es internationale Empfehlungen zur Standardisierung, doch werden in den Warnungen die national gebräuchlichen Bezeichnungen verwendet, damit diese für die Schifffahrt und die Bevölkerung der betroffenen Nation gleichlautend und verständlich sind.

Die tropischen Wirbelstürme erhalten weibliche und männliche Vornamen in alphabetischer Reihenfolge, was einer einfachen und eindeutigen Zuordnung dient.

Die Tabellen 4.1 und 4.2 enthalten die Standardbezeichnungen nach den Empfehlungen der Weltorganisation für Meteorologie (WMO) sowie die unterschiedlichen Begriffe für jedes größere Seegebiet und die nationalen Bezeichnungen (in englischer Sprache).

Über die Grenzen der USA hinaus ist eine Intensitätsskala – auch Saffir-Simpson-Scale genannt – bekannt, welche die Hurrikan-Stärke nach Windgeschwindigkeit oder Höhe der Sturmflut (und deren Auswirkungen) beschreibt, siehe Tabelle 4.3.

Die zum Beispiel vom National Hurricane Center (NHC) herausgegebenen *Warnungen für die Schifffahrt* werden als Marine Advisories bezeichnet und haben folgenden standardisierten Inhalt:

1. WMO-Header, WMO-Dokument-Kennziffer, Dokument-Kennziffer des Nationalen Wetterdienstes, Typ und Name der tropischen Zyklone, Warnungsnummer und Ausgabestelle Uhrzeit und Tag der Warnung, spezielle Kennung der tropischen Zyklone;

Windgeschwindigkeit		WMO-Standard	
Bft.	**kn**	**Englisch**	**Deutsch**
bis 7	bis 33	Tropical depression	Tropisches Tief
8–9	34–47	Moderate tropical storm	Mäßiger tropischer Sturm
10–11	48–63	Severe tropical storm	Schwerer tropischer Sturm
12	64 u. mehr	Hurricane (or local synonym)	Hurrikan (oder Synonym)

Tabelle 4.1

Windgeschwindigkeit		Seegebiet	
Bft.	**kn**	**Nordatlantik/Östl. Nordpazifik**	**Westl. Nordpazifik**
bis 7	bis 33	Tropical depression	Tropical depression
8–9	34–47	Tropical storm	Tropical storm
10–11	48–63	Tropical storm	Severe tropical storm (China tropical storm)
12	> 64	Hurricane	Typhoon (Taifun)
		bei Australien	**Indischer Ozean**
bis 7	bis 33	Tropical low	Tropical depression (15–33 kn)
8–9	34–47	Tropical cyclone	Moderate trop. depression/storm
10–11	48–63	Tropical cyclone	Severe tropical depression/storm
12	> 64	Severe tropical	Tropical cyclone
			Cyclone (64–90 kn)
			Intense tropical cyclone (90–115 kn)
			Very intense tropical cyclone (über 116 kn)
		Nördlicher Indischer Ozean Indien/Bangladesh	**Sri Lanka**
6	22–27	Depression	Depression
7	28-33	Deep depression	Depression
8–9	34–47	Cyclonic storm	Cyclonic storm
10–11	48–63	Severe cyclonic storm	Cyclonic storm
12	64 u. mehr	Severe cyclonic storm of hurricane intensity	Severe cyclone

Tabelle 4.2

Saffir-Simpson-Scale		
Stärke	**Wind in kn**	**Sturmflut in m**
TD	> 34	—
TS	34-63	—
1	64-82	ca. 1,5
2	83–95	2,0–2,5
3	96–113	2,6–3,7
4	114–135	3,8–5,5
5	> 135	> 5,5

Tabelle 4.3

2. Warnungen, die in Kraft sind;
3. Position des Zentrums der tropischen Zyklone in Grad, Zehntelgrad mit Uhrzeit (UTC) und genauer Position (Nm);
4. gegenwärtige Zugrichtung (16-teilige Windrose, rechtweisend) und Geschwindigkeit (kn);
5. geschätztes Minimum des Kerndruckes (hPa/mb);
6. geschätzter Durchmesser des Kernes (Auge) (Nm);

7. Maximale Windverhältnisse, Wind-Radien und Radien der Bereiche mit Wellenhöhen > 12 ft, maximale geschätzte Windgeschwindigkeit und Böen-Radien mit 64-, 50- und 34-kn-Winden, aufgeschlüsselt nach Quadranten, bezogen auf die Position des Zentrums, Radius des Gebietes mit Seegang > 12 ft (3,7 m), aufgeschlüsselt nach Quadranten, erläuternde Hinweise;
8. Wiederholung der Lage des Zentrums mit Zeit und Angabe von Position/Zeit der vorhergehenden advisory;
9. Vorhersagen T+12, T+24, T+36, T+48, T+72, T+96 und T+120 Stunden für Position des Wirbelsturms, Max-Wind (mittlere Windgeschwindigkeit), Böen sowie Radien der Bereiche mit > 64, 50 und 34 kn, aufgeschlüsselt nach Quadranten;
10. Bitte um Schiffswettermeldungen von allen Schiffen in einem genannten Abstand (Nm) vom Zentrum der tropischen Zyklone;
11. nächstes Advisory, Angabe der planmäßigen Ausgabe des folgenden Bulletins (normalerweise 6 Stunden nach dem Termin des aktuellen Bulletins).

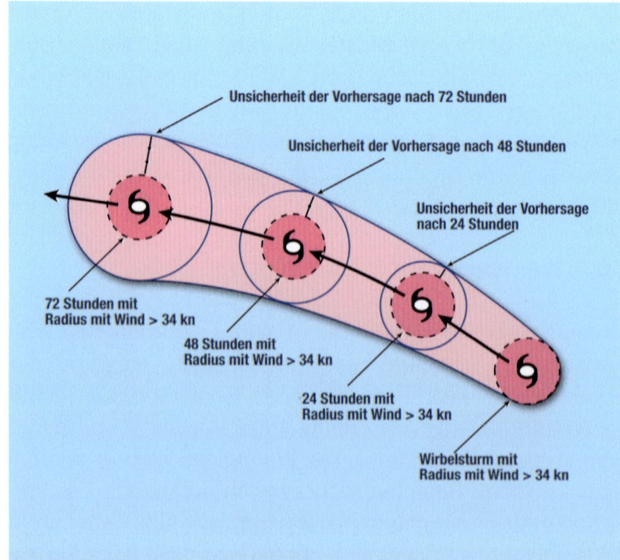

Abb. 4.18 Prinzip der Anwendung der 1-2-3 Rule

4.5.5 Ausweichmanöver vor tropischen Wirbelstürmen

Allgemein gilt, dass Seegebiete mit tropischen Wirbelstürmen grundsätzlich zu meiden oder zu umfahren sind. Doch ist das vor allem in der Berufsschifffahrt oft nicht möglich. Für das Ausweichmanöver spielen die Asymmetrie, kombiniert mit der Verlagerungsrichtung und -geschwindigkeit, eine wichtige Rolle. Einige Wetterroutingprogramme sind in der Lage, Ausweichkurse bei der Annäherung zu berechnen. Ist so etwas an Bord nicht verfügbar, hilft die *„1-2-3 Rule"* weiter, die die Intensität und Verlagerung des Wirbelsturms für die nächsten drei Tage darstellt. Mit dieser Methode ist es möglich, das Gebiet des Wirbelsturms mit einem Maximum von 34 kn Windgeschwindigkeit grafisch darzustellen und dann zu umfahren. Dabei gibt es eine Fehlertoleranz für die vorhergesagte Position, die mit zunehmender Vorhersagedauer ansteigt.

Von Jahr zu Jahr hat sich aber die Genauigkeit verbessert; derzeit beträgt sie:

- 75 sm nach 24 Stunden
- 140 sm nach 48 Stunden
- 210 sm nach 72 Stunden
- 252 sm nach 96 Stunden
- 326 sm nach 120 Stunden

Nach Angaben des NHC (s. Abb. 4.19) konnte für den Atlantischen Ozean der Fehler auf etwa 50 sm nach 24 Stunden und nach 48 Stunden auf unter 100 sm verringert werden. Die Anwendung der „1-2-3 Rule" demonstriert das Beispiel mit dem Hurrikan „Bill" aus dem Jahr 2009. Die Wetterwarnung vom 20.08.09 1500z (= 15:00 UTC) enthielt folgende Informationen:

Bulletin Wirbelsturm „Bill"
ZCZC MIATCMAT3 ALL
TTAA00 KNHC DDHHMM CCA
HURRICANE BILL FORECAST/ADVISORY NUMBER 21...CORRECTED
NWS TPC/NATIONAL HURRICANE CENTER MIAMI FL AL032009
1500 UTC THU AUG 20 2009

CORRECTED FOR 12 FOOT SEAS

AT 11 AM AST...1500 UTC...THE BERMUDA WEATHER SERVICE HAS ISSUED A
HURRICANE WATCH FOR BERMUDA. A HURRICANE WATCH MEANS THAT
HURRICANE CONDITIONS ARE POSSIBLE WITHIN THE WATCH AREA...GENERALLY
WITHIN 36 HOURS.

HURRICANE CENTER LOCATED NEAR 22.6N 61.7W AT 20/1500Z

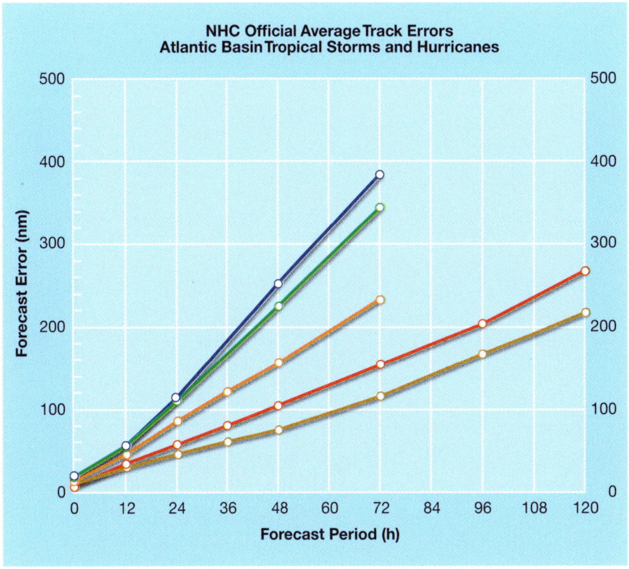

Abb. 4.19 Entwicklung der Vorhersagegenauigkeit der Zugbahnen von Wirbelstürmen (NOAA)

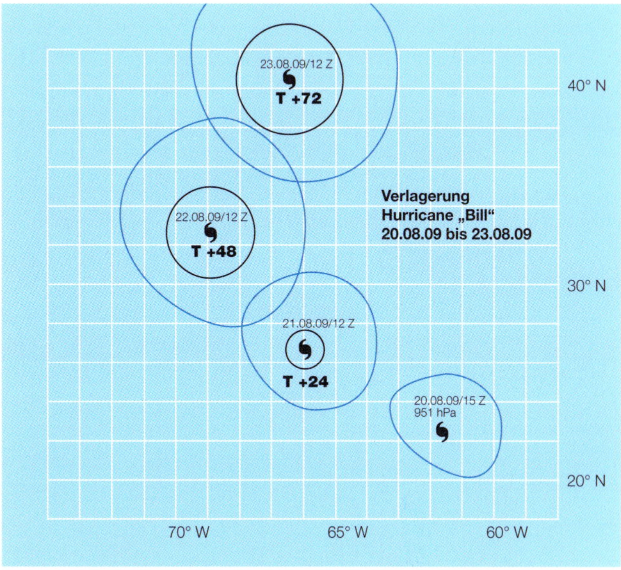

Abb. 4.20 Grafische Lösung der Routenplanung beim Hurrikan Bill

POSITION ACCURATE WITHIN 10 NM

PRESENT MOVEMENT TOWARD THE NORTHWEST OR 305 DEGREES AT 16 KT

ESTIMATED MINIMUM CENTRAL PRESSURE 951 MB
EYE DIAMETER 20 NM
MAX SUSTAINED WINDS 105 KT WITH GUSTS TO 130 KT.
64 KT....... 90NE 45SE 30SW 75NW.
50 KT.......120NE 90SE 60SW 100NW.
34 KT.......225NE 200SE 100SW 200NW.
12 FT SEAS..440NE 320SE 350SW 375NW.
WINDS AND SEAS VARY GREATLY IN EACH QUADRANT. RADII IN NAUTICAL MILES ARE THE LARGEST RADII EXPECTED ANYWHERE IN THAT QUADRANT.

REPEAT...CENTER LOCATED NEAR 22.6N 61.7W AT 20/1500Z
AT 20/1200Z CENTER WAS LOCATED NEAR 22.1N 61.0W

FORECAST VALID 21/0000Z 24.2N 63.8W
MAX WIND 110 KT...GUSTS 135 KT.
64 KT... 90NE 45SE 30SW 75NW.
50 KT...120NE 90SE 60SW 100NW.
34 KT...225NE 200SE 100SW 200NW.

FORECAST VALID 21/1200Z 26.6N 66.0W
MAX WIND 115 KT...GUSTS 140 KT.
64 KT... 75NE 45SE 30SW 45NW.
50 KT...120NE 100SE 70SW 100NW.
34 KT...225NE 200SE 120SW 180NW.

FORECAST VALID 22/0000Z 29.5N 67.5W
MAX WIND 115 KT...GUSTS 140 KT.
64 KT... 75NE 45SE 30SW 45NW.
50 KT...120NE 100SE 70SW 100NW.
34 KT...225NE 200SE 120SW 180NW.
FORECAST VALID 22/1200Z 32.5N 69.0W
MAX WIND 110 KT...GUSTS 135 KT.
50 KT...120NE 100SE 70SW 100NW.
34 KT...225NE 200SE 120SW 180NW.

FORECAST VALID 23/1200Z 40.5N 66.5W
MAX WIND 100 KT...GUSTS 120 KT.
50 KT...120NE 120SE 70SW 100NW.
34 KT...225NE 225SE 120SW 180NW.

EXTENDED OUTLOOK. NOTE...ERRORS FOR TRACK HAVE AVERAGED NEAR 225 NM ON DAY 4 AND 300 NM ON DAY 5...AND FOR INTENSITY NEAR 20 KT EACH DAY

OUTLOOK VALID 24/1200Z 48.0N 53.0W...BECOMING EXTRATROPICAL MAX WIND 65 KT...GUSTS 80 KT.

OUTLOOK VALID 25/1200Z 55.0N 28.0W...EXTRATROPICAL MAX WIND 50 KT...GUSTS 60 KT.

REQUEST FOR 3 HOURLY SHIP REPORTS WITHIN 300 MILES OF 22.6N 61.7W
NEXT ADVISORY AT 20/2100Z

$$ FORECASTER AVILA NNNN

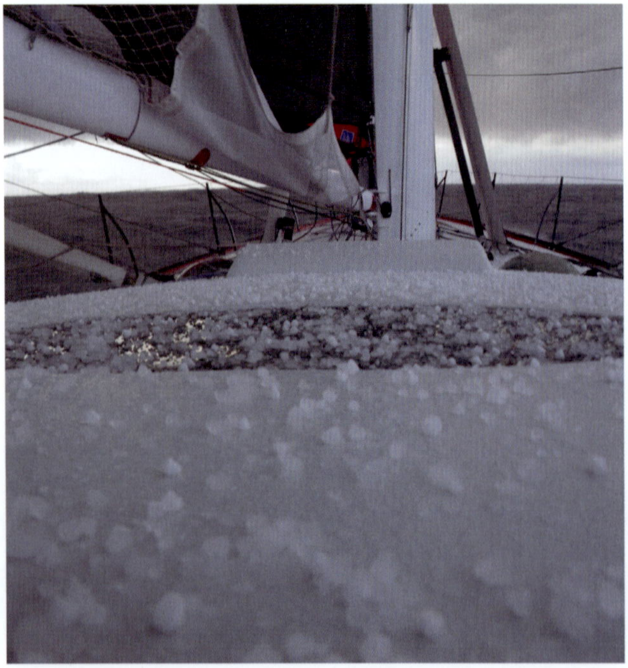

Abb. 4.21 Eis auf Deck

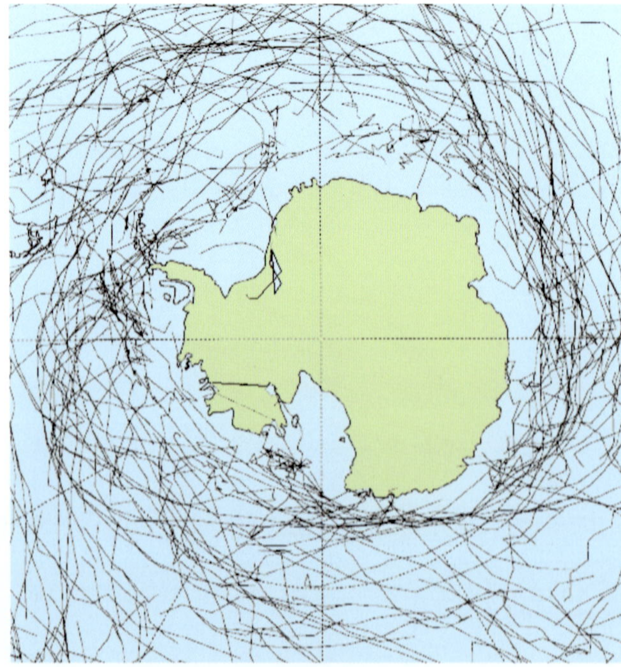

Abb. 4.22 Zugbahnen der Tiefdruckgebiete um die Antarktis (Quelle: International Antarctic Weather Forecasting Handbook)

Zunächst wird die Position von „Bill" am 20.08.09 um 15:00 Uhr auf einer Seekarte eingetragen. Die mittleren Winde betragen wie angegeben 105 kn, die Böen 130 kn. Nun wird der Radius mit Winden größer als 34 kn eingetragen. Die Werte aus dem Bulletin sind: 225NE 200SE 100SW 200NW.

Es werden also vom Zentrum die Distanzen von 200 sm nach Nordost, 200 sm nach Südost usw. abgetragen. Aus den unterschiedlichen Angaben für die Quadranten lässt sich gut die Asymmetrie des Wirbelsturms erkennen: Der Gefahrenbereich ist nach Norden hin größer in Richtung Subtropenhoch. Die Eintragung wird nun noch vorgenommen für die vorhergesagten Positionen für 24, 48 und 72 Stunden mit den entsprechenden Unsicherheitsradien und den Quadranten für die Windgeschwindigkeit 34 kn. Mit der in der Abbildung 4.20 dargestellten grafischen Lösung kann nun die Routenplanung so umgestellt werden, dass der Gefahrenbereich vermieden wird.

Ungenauigkeiten können sich beim Eintragen in die Seekarte ergeben oder, wie in diesem Beispiel, wo die vorhergesagte Position für den 28.08.05 um 12:00 Uhr nur für 18 Stunden von momentanen Positionen prognostiziert wird. Trotzdem wurde die Ungenauigkeit der Vorhersage für 24 Stunden benutzt. Dem Brauch einer guten Seemannschaft folgend sollten zusätzlich noch weitere Unsicherheiten, wie etwa die kalkulierte Durchschnittsgeschwindigkeit, mit in die Fehlerbetrachtung eingehen.

Für weitere Informationen sei auf die Webseite des NHC verwiesen.

4.6 Wetter der Polarregionen

Ziele in den hohen Breiten, z. B. Spitzbergen oder Kap Hoorn, erfreuen sich großer Beliebtheit. Es sind Reviere mit besonderen Reizen, die aber auch eine entsprechende Kenntnis der Wettersysteme voraussetzen. Neben den rund um die Antarktis stürmischen Breiten, den „Brüllenden Vierzigern" (Roaring Forties) und den „Wütenden Fünfzigern" (Furious Fifties), gibt es noch weitere Besonderheiten wie die Polar Lows (Polartiefs). Diese kleinräumigen Tiefdruckgebiete können um Nord- und Südpol das Wetter schnell

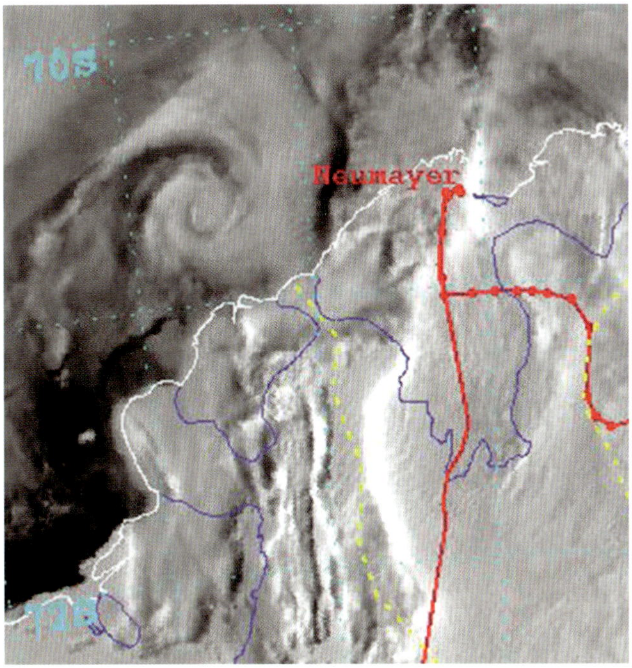

Abb. 4.23 Satellitenbild Polar Low im Sommer der Antarktis

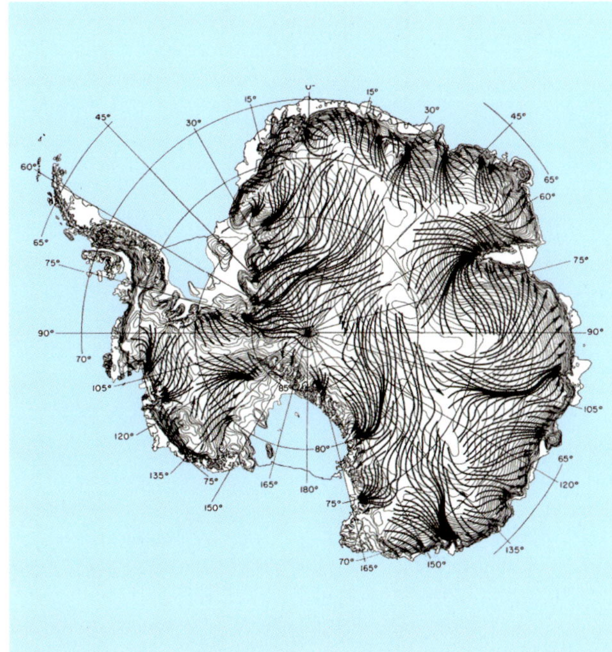

Abb. 4.24 Katabatische Winde in der Antarktis (Quelle: International Antarctic Weather Forecasting Handbook)

verändern. Auch katabatische Winde, Meereis und Eisberge sind typisch für die hohen Breiten.

Das Wetter der zentralen Arktis und Antarktis ist gekennzeichnet durch ein polares Hochdruckgebiet. Um diese im Mittel sehr stabilen Druckgebilde ziehen Tiefdruckgebiete zirkumpolar ostwärts. Die Antarktis ist im Gegensatz zur Arktis ein mit Schnee bedeckter Kontinent und in der Jahresmitteltemperatur kälter. Da Temperaturgegensätze die Intensität von Tiefdruckentwicklungen steuern, haben die Tiefs rund um die Antarktis im Mittel einen niedrigeren Kerndruck und Sturm- und Orkanwind sind dort häufiger anzutreffen.

4.6.1 Polar Lows

Polar Lows sind kleinräumige und kurzlebige Tiefdruckgebiete, die sich über den Meeren der Polarregionen oder dem küstennahen Meer- oder Schelfeis entwickeln. Ein wesentlicher Faktor für ihre Entstehung ist gegeben, wenn die kalten Luftmassen der Polarregionen auf das offene und relativ „warme" Meerwasser gelangen. Die Ursachen dieser polaren Tiefdruckgebiete ähneln der Entwicklung von Wirbelstürmen. Die Polar Lows haben jedoch nur horizontale Ausdehnungen von weniger als hundert bis zu mehreren hundert Kilometern. In der Antarktis beträgt ihre Lebensdauer mehrere Stunden, aber nicht mehrere Tage. Die Auswirkungen zeigen sich in einer Windzunahme bis zu Sturmstärke und starkem Niederschlag mit Sichtrückgang. Ihr Aussehen auf dem Satellitenbild gleicht manchmal dem eines tropischen Wirbelsturms, nur sehr viel kleiner in den Ausmaßen. Das NOAA-Satellitenbild im sichtbaren Kanal zeigt ein Polar Low im Südsommer der Antarktis nahe des Schelfeises (s. Abb. 4.23). Mit heutigen Mitteln können Polar Lows nicht vorhergesagt werden. Nur mit viel Erfahrung lassen sie sich auf einem Satellitenbild mit hoher Auflösung erkennen.

4.6.2 Katabatische Winde

Insbesondere an den Küsten von Grönland und in der Antarktis können katabatische Winde auftreten. Diese Winde entstehen, wenn sich über den Eisflächen eines Hochpla-

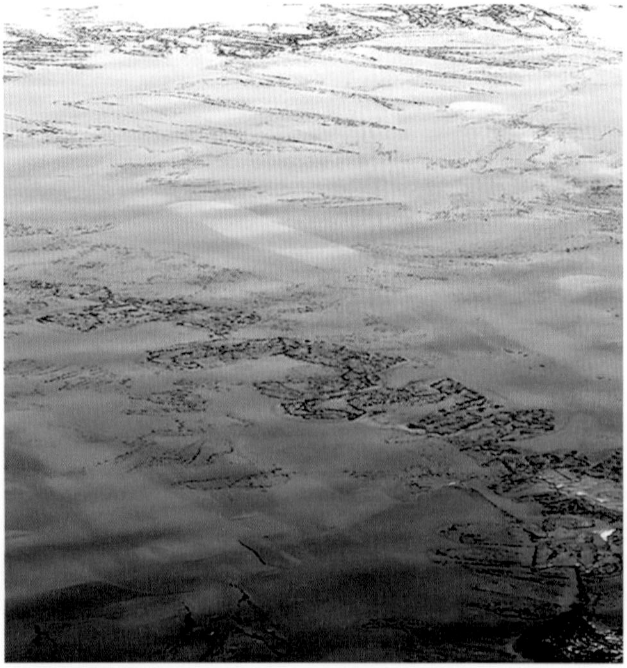

Abb. 4.25 Nilas

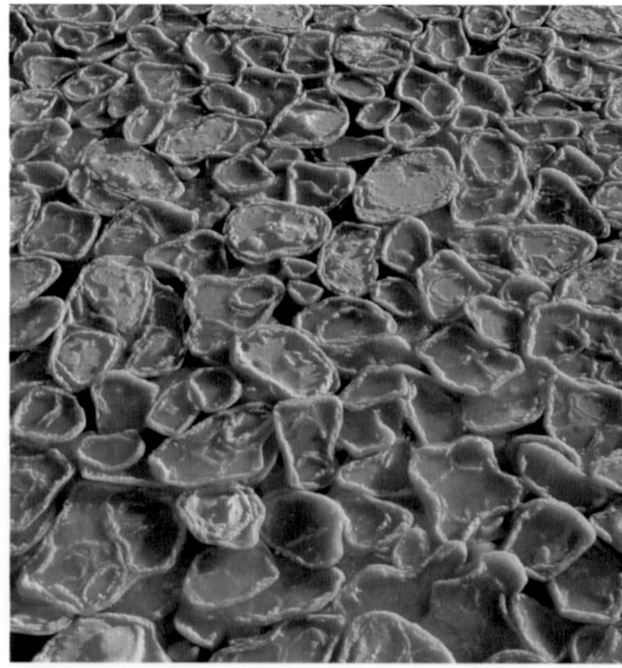

Abb. 4.26 Pancake Ice

teaus, eines Gebirges oder eines Gletschers die Luft abkühlt. Die Luft mit hoher Dichte fließt als Druckausgleichsströmung ab, es entsteht ein kalter Fallwind. Katabatische Winde tragen als ablandige Winde zur Entstehung von küstennahen Polynjas (Öffnungen im Meereis) bei. Das Phänomen ist vor den ausgedehnten Schelfeisfeldern im Ross-Meer und im Weddell-Meer besonders ausgeprägt. Die katabatischen Winde der Antarktis können Geschwindigkeiten bis zu Orkanstärke annehmen. Die Abbildung 4.24 zeigt das Vorkommen und Abfließen katabatischer Winde in der Antarktis.

4.6.3 Meereis und Eisberge

Vor allem in den hohen Breiten, aber auch im Winter in gemäßigten Breiten, stellen Meereis und Eisberge eine Gefahr dar. Insbesondere sind die Growler, Bruchstücke von Eisbergen, gefährlich, da sie im Seegang glattgewaschen wurden und deshalb im Gegensatz zu größeren Eisbergen auf dem Radar nur schwer zu erkennen sind.
Meereis entsteht bei einer Temperatur von 0 °C, denn dann ändert sich der Aggregatzustand des Wassers von flüssig zu fest. Eis hat eine geringere Dichte als Wasser, deshalb schwimmt es. Wie stark die Meereisbildung ist, hängt im Wesentlichen von den meteorologischen Bedingungen ab, also der Lufttemperatur und der Andauer niedriger Lufttemperaturen. Die Eisbildung wird auch durch weitere Faktoren wie etwa den Salzgehalt des Wassers, die Wassertiefe, Gezeiten- und Meeresströmungen sowie Seegang beeinflusst. Mit zunehmendem Salzgehalt sinkt der Gefrierpunkt des Meerwassers. Bei einem mittleren Salzgehalt liegt der Gefrierpunkt bei etwa –1,8 °C. Da bei größeren Wassertiefen mehr Zeit für die Abkühlung erforderlich ist, beginnt die Eisbildung meist in Küstengewässern. In stehenden Gewässern (ohne Tide) folgt sie meist den Tiefenlinien. Auch Schneefall begünstigt die Eisbildung, denn der Schnee kühlt die oberflächennahe Schicht rasch ab. Das Meereis bedeckt im Mittel rund 6,5 % der Ozeane.
Bei Abkühlung des Wassers sammeln sich zunächst millimetergroße Eiskristalle an. Bei ruhigem Wetter entsteht dabei ein mehrere Dezimeter dicker Eisbrei. Bei glattem Wasser bildet sich eine kristalline Neueisdecke, die häufig

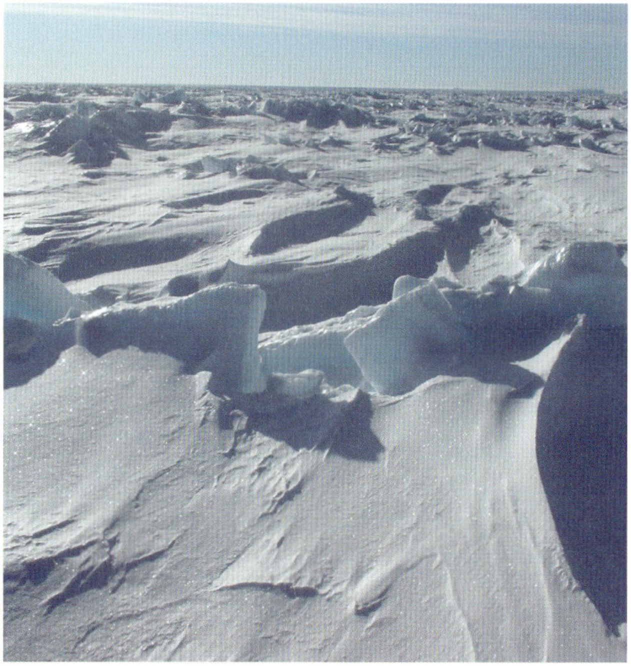

Abb. 4.27 Presseisrücken

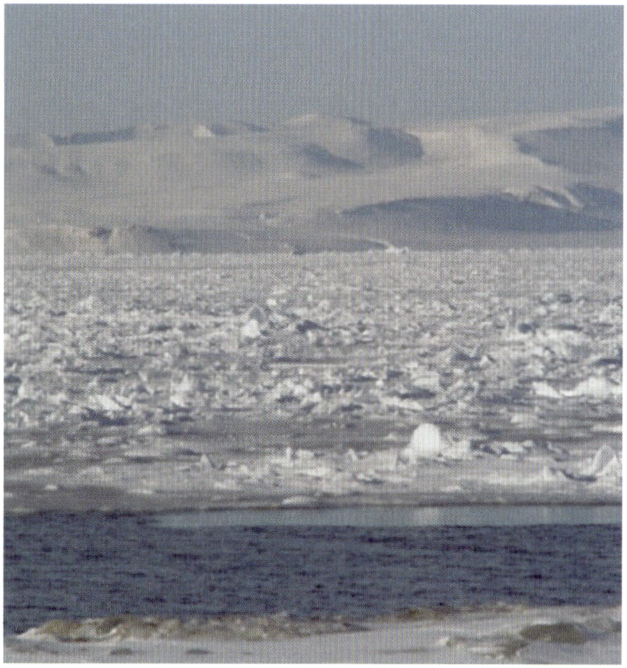

Abb. 4.28 Einjähriges Eis bei Spitzbergen

Art	Beschreibung
Eisschlamm *Grease Ice*	Eisschlamm entsteht aus Eisnadeln oder Eisplättchen (Frazil Ice) und bildet eine suppenartige Schicht an der Wasseroberfläche
Nilas	Dünne elastische Eisschicht, Bildung bei ruhiger See
Pfannkucheneis *Pancake Ice*	Runde Eisstücke mit einem Durchmesser von 30 cm bis 3 m und mit wulstigen Rändern, die durch Kollisionen unter dem Einfluss des Seegangs gebildet werden
Junges Eis *Young Ice*	Übergang vom Nilas zum erstjährigen Eis
Einjähriges Eis *First-Year Ice*	Meereis, das in nur einem Winter gebildet wurde
Mehrjähriges Eis *Multi-Year Ice*	Meereis, das die Eisschmelze mindestens eines Sommers überstanden hat
Trümmereis *Brash Ice*	Eisbruchstücke
Rinne *Lead*	Bruch oder Durchgang im Meereis
Polynia	Öffnung im Meereis
Offenes Wasser *Open Water*	Nicht vom Meereis bedeckter Ozean

Tabelle 4.4 Internationale Eisnomenklatur

als Nilas (s. Abb. 4.25) bezeichnet wird. Sie ist beim Zufrieren von Seen zu beobachten oder auch auf von Eisbrechern eröffneten Rinnen. Ist dagegen das Meer bewegt, verdichtet sich der Eisbrei zu Klumpen. Durch Aneinanderreiben bekommen die Klumpen eine scheiben- oder pfannkuchenförmige Gestalt (s. Abb. 4.26). Bei Andauer von tiefen Temperaturen und wenig Seegang bildet sich dann Festeis. Wird das Festeis wiederum durch Seegang aufgebrochen, spricht man allgemein von Packeis. Wirkt auf das Packeis Wind oder Strom, kann das zu einem hohen Seitendruck auf die Schollen führen und es bildet sich Presseis. Mitunter schieben sich die Schollen übereinander, wenn sie z. B.

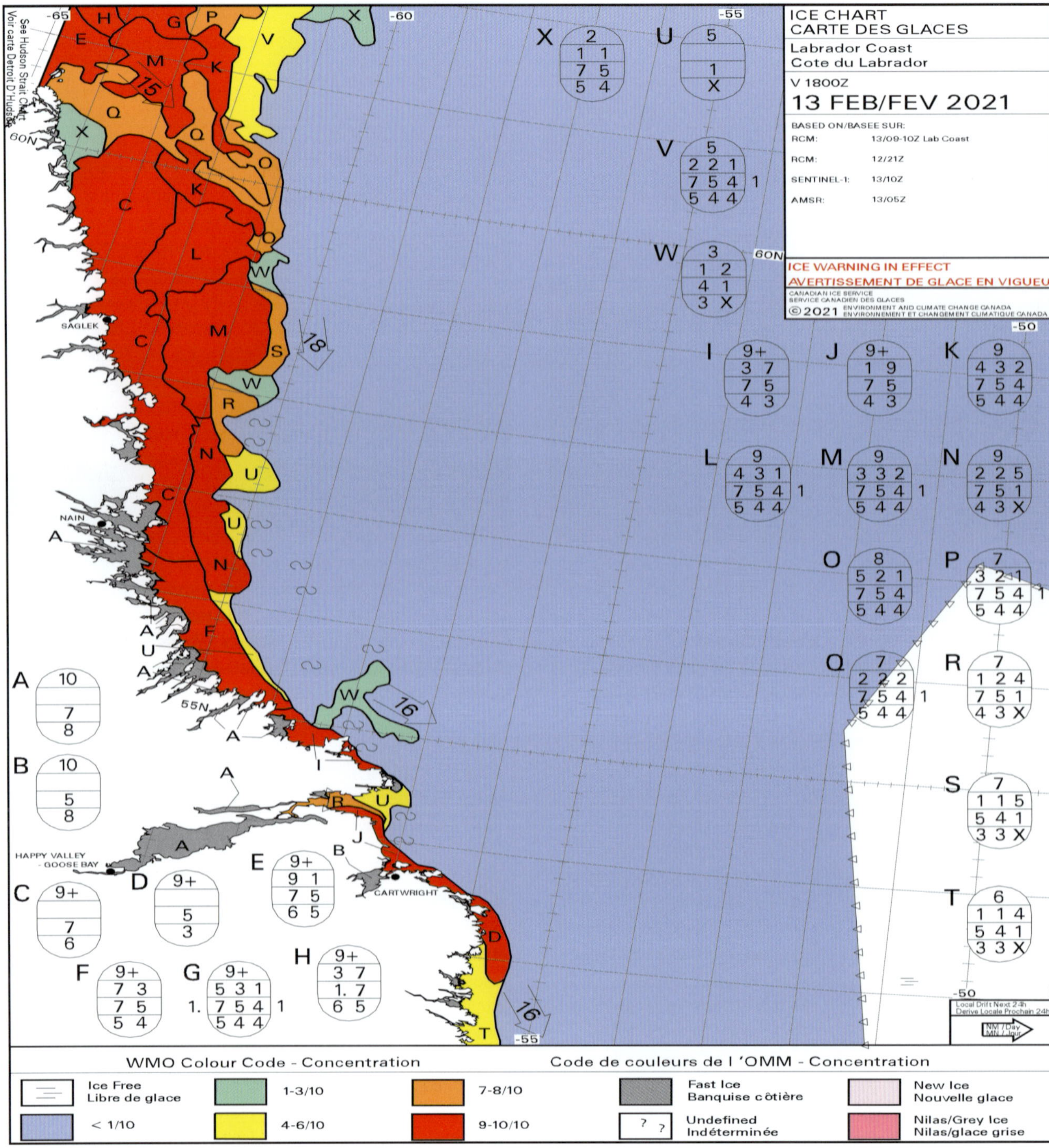

Abb. 4.29 Eiskarte (Quelle: Kanadischer Eisdienst)

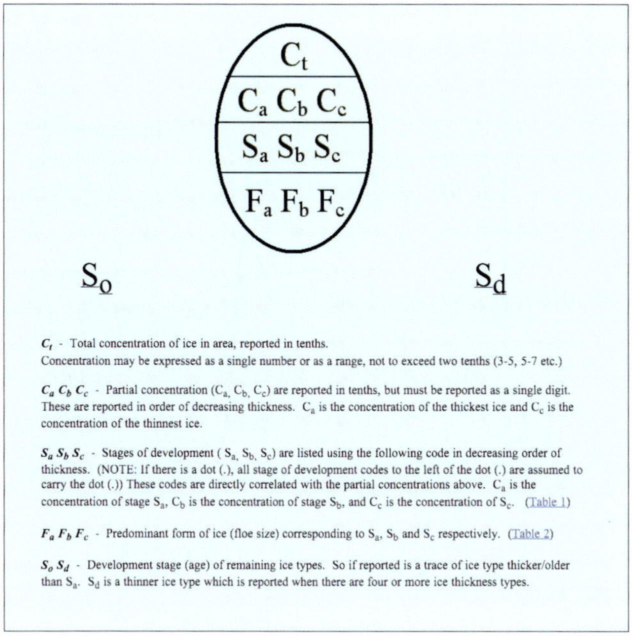

Abb. 4.30 Erklärung des Egg Code

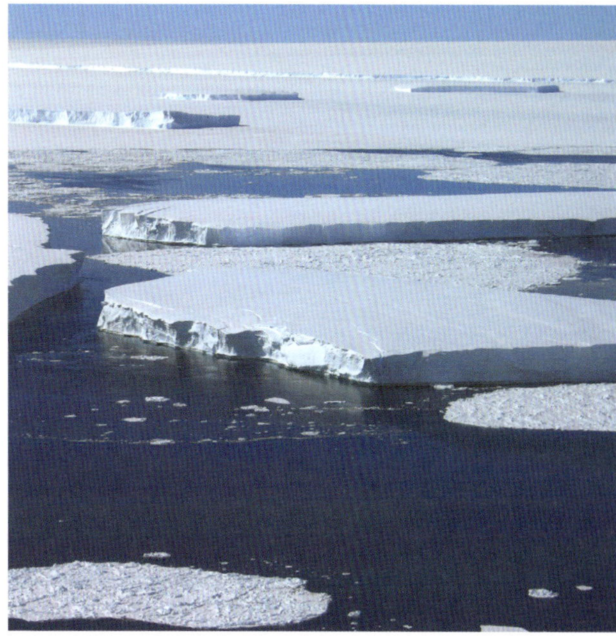

Abb. 4.31 Tafeleisberge in der Antarktis

auf ein Hindernis stoßen. Dann entstehen Presseisrücken, die einige Meter hoch sein können und auch einen entsprechenden Tiefgang haben (s. Abb. 4.27). Bei der Fahrt durch Treibeis bzw. Packeis sollten Gebiete vermieden werden, in denen das Eis gepresst werden könnte. In der internationalen Eisnomenklatur (s. Tabelle 4.4) wird zusätzlich noch zwischen einjährigem und mehrjährigem Eis unterschieden. Das mehrjährige Eis in der Arktis hat Dicken zwischen 3 und 4 m, in der Antarktis meist geringer.

Eiskarten können bei verschiedenen nationalen hydrographischen Instituten im Internet eingesehen oder angefordert werden. Neben der farblichen Darstellung bezüglich der Bedeckung in Zehntel werden die unterschiedlichen Eisarten und deren Entwicklungszustand im Egg Code (s. Abb. 4.30) beschrieben.

Neben dem Meereis stellen *Eisberge* eine weitere Gefahr dar. Eisberge entstehen an den Küsten der Polargebiete. Die mächtigen Inlandeismassen sowohl Grönlands als auch der Antarktis fließen aufgrund der Schwerkraft in Form von Gletschern zu den Küsten ab. Man unterscheidet in Tafel- und Gipfeleisberge.

Tafeleisberge mit maximalen Seitenlängen bis zu 300 km kommen nur in den Regionen der Antarktis vor. Sie stammen von den Schelfeisplatten. Das Schelfeis entsteht, wenn der Gletscher an die Küsten, also den Meeresgrund, gelangt. Die Eisdecke schiebt sich auf dem Boden des Schelfmeeres zum offenen Ozean vor. Selbst bei Wassertiefen von 600 m ist dies der Fall. Wird das Wasser tiefer, beginnt die Schelfeisdecke zu schwimmen und die Dicke nimmt ab. Die schwimmende Schelfeisdecke wird an den Rändern durch lange Dünungswellen des Ozeans bewegt. Dabei brechen größere Teile ab, die dann als Tafeleisberge mit den Meeres- oder Windströmungen treiben. Den Vorgang des Abbrechens nennt man „kalben“. Der Eisberg schwimmt, da er aus gefrorenem Süßwasser besteht, das ein geringeres spezifisches Gewicht als Meerwasser besitzt. Das Verhältnis zwischen der Höhe des Tafeleisbergs zum Tiefgang beträgt 1:7. Bei einer Höhe von ca. 30 m beträgt also der Tiefgang 210 m.

Gipfeleisberge haben ihren Ursprung im Nordpolarmeer aus den Gletschern Grönlands. Da die Temperaturen nahe der grönländischen Küste im Vergleich zur antarktischen Küs te, eher positive Werte erreichen, bilden sich keine großen Schelfeisflächen. Daher sind die Eisberge eher unregelmä-

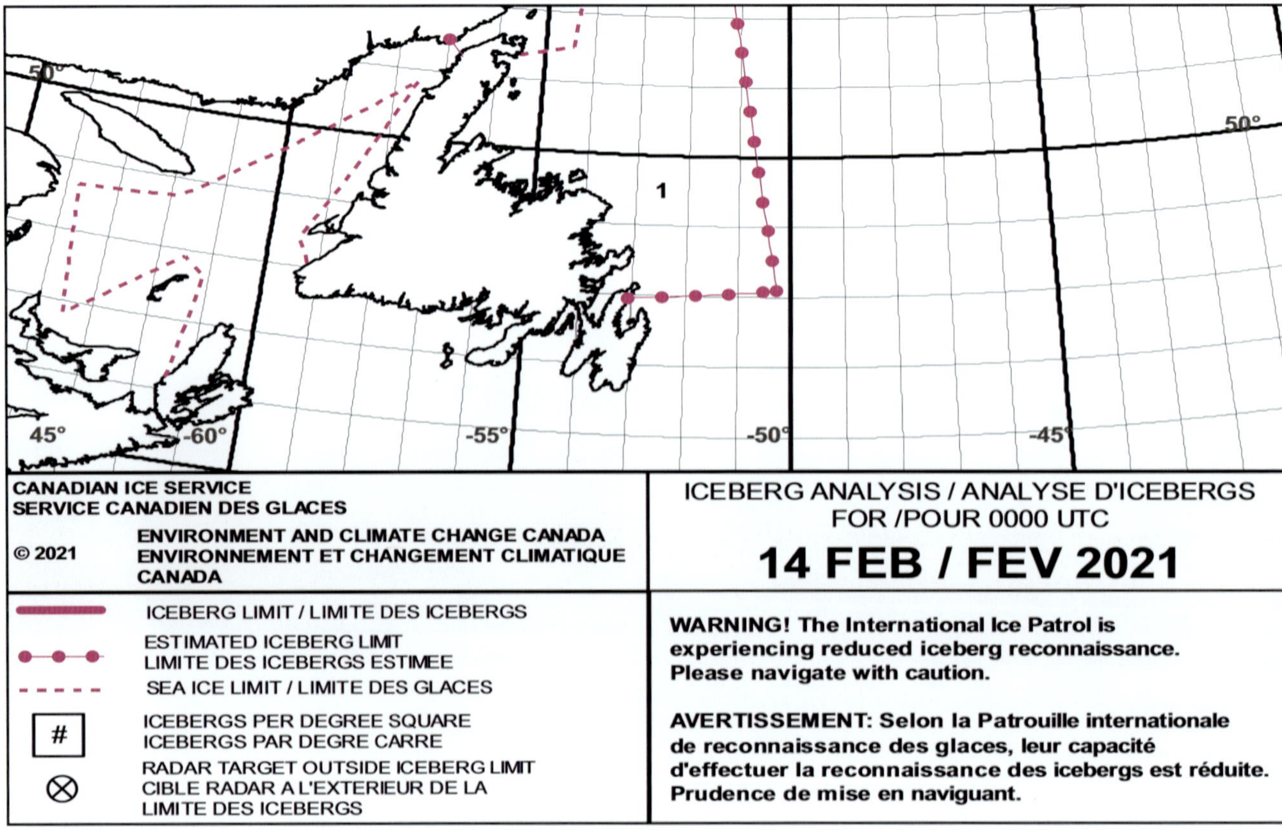

Abb. 4.32 Tägliche Eisbergananalyse (Quelle: Kanadischer Eisdienst)

ßig geformt. Es ragen bei dem unregelmäßig geformten Gipfeleisberg nur die Zacken aus dem Wasser, die kompakte Masse befindet sich wie beim Tafeleisberg unter Wasser, das Verhältnis zwischen Höhe und Tiefgang beträgt 1:5. Der Gipfeleisberg erreicht Höhen bis zu 70 m über der Meeresoberfläche. Maximale Höhen bis zu 215 m Höhe wurden bereits gemessen.
Im Winter frieren die Eisberge in der Meereisdecke fest. Besonders im Frühjahr und Sommer treiben sie mit den Meeresströmungen, etwa dem Ostgrönland- oder Labradorstrom, nach Süden. Mithilfe von Flugzeugen, Satelliten und Schiffen wird täglich die Eisberggrenze durch den Canadian Ice Service analysiert und veröffentlicht.
Während sich Eisberge im Radar in einer Entfernung von 10 bis 20 sm gut lokalisieren lassen, besteht eine große Gefahr bei Growlern. Growler, die noch zerklüftet und etwa 3 m hoch sind, lassen sich mit dem Radar in 1 bis 2 sm Entfernung erkennen.
Bei Seegang wird die Erkennung mit dem Radar schwieriger. Besonders schlecht im Radar sind die Growler auszumachen, die durch Seegang an der Oberfläche „glattgewaschen“ wurden.

4.6.4 Schiffsvereisung

Seegang und Schiffsvereisung hängen unmittelbar zusammen, da *Spritzwasser* bei Lufttemperaturen von –3 bis –18 °C und Wassertemperaturen nahe oder unter dem Gefrierpunkt beim Auftreffen auf Schiffsteile gefriert. Über die Stärke der Vereisung entscheiden natürlich auch die Schiffsgeschwindigkeit, der Kurs, bezogen auf die Richtung des Seegangs, und die Windstärke. Bei tieferen Tempera-

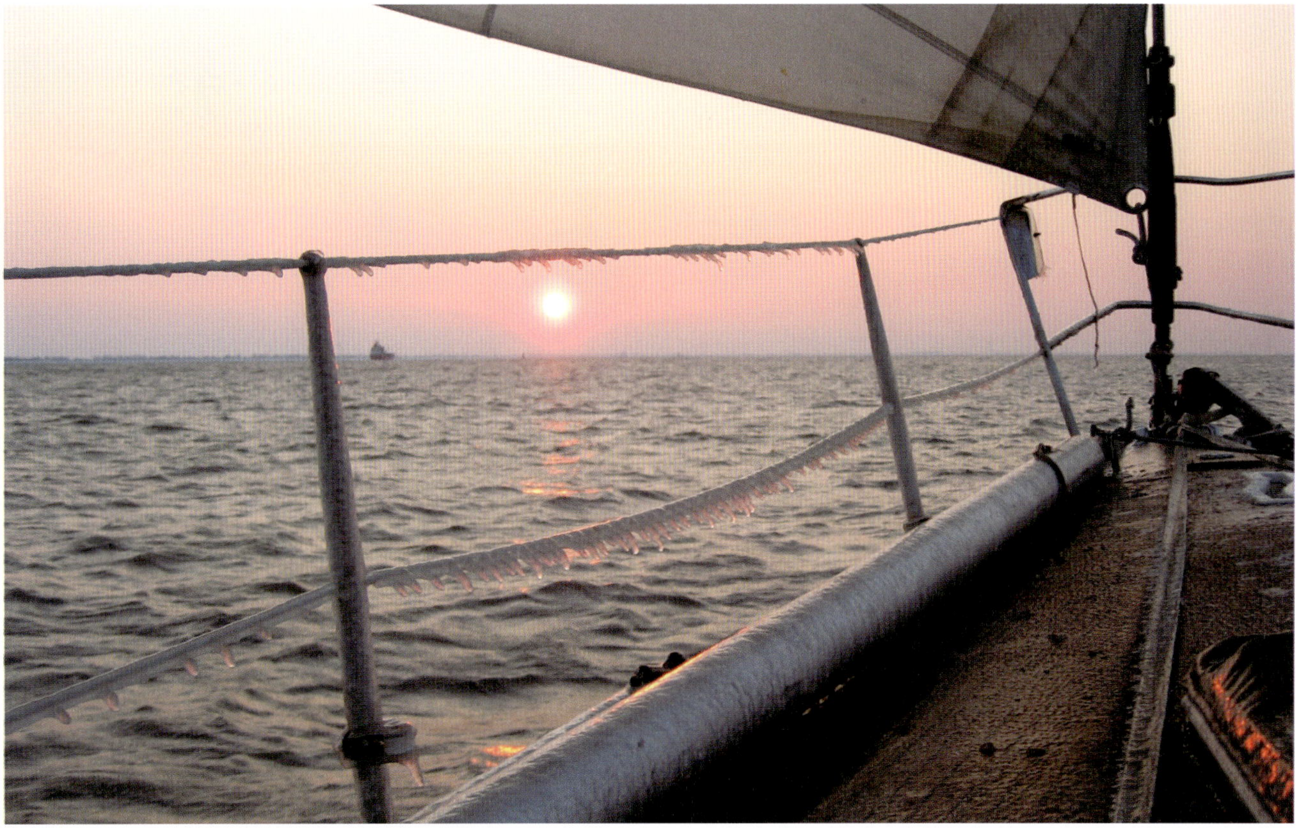

Abb. 4.33 Spritzwasservereisung an Bord einer Yacht

turen gefriert das Spritzwasser bereits in der Luft und lagert sich nicht mehr direkt am Schiff an. Durch die Spritzwasservereisung können sich innerhalb kurzer Zeit erhebliche Mengen Eis anlagern, wodurch die Lage des Schwerpunktes und somit auch die Stabilität erheblich verändert werden. Aber auch geringe Mengen an Eis beeinträchtigen schon die Funktionalität vieler Gegenstände an Deck und steigern die Gefahr des Ausrutschens.

Neben der Vereisung bei hohem Seegang kann es selbst bei geringem Seegang oder auch spiegelglatter See zur Schiffsvereisung durch *Gefrieren von Nebel* (Luft mit hoher Feuchte) an kalten Schiffsteilen kommen. Das dabei gefrierende Süßwasser wird als Black-Frost bezeichnet.

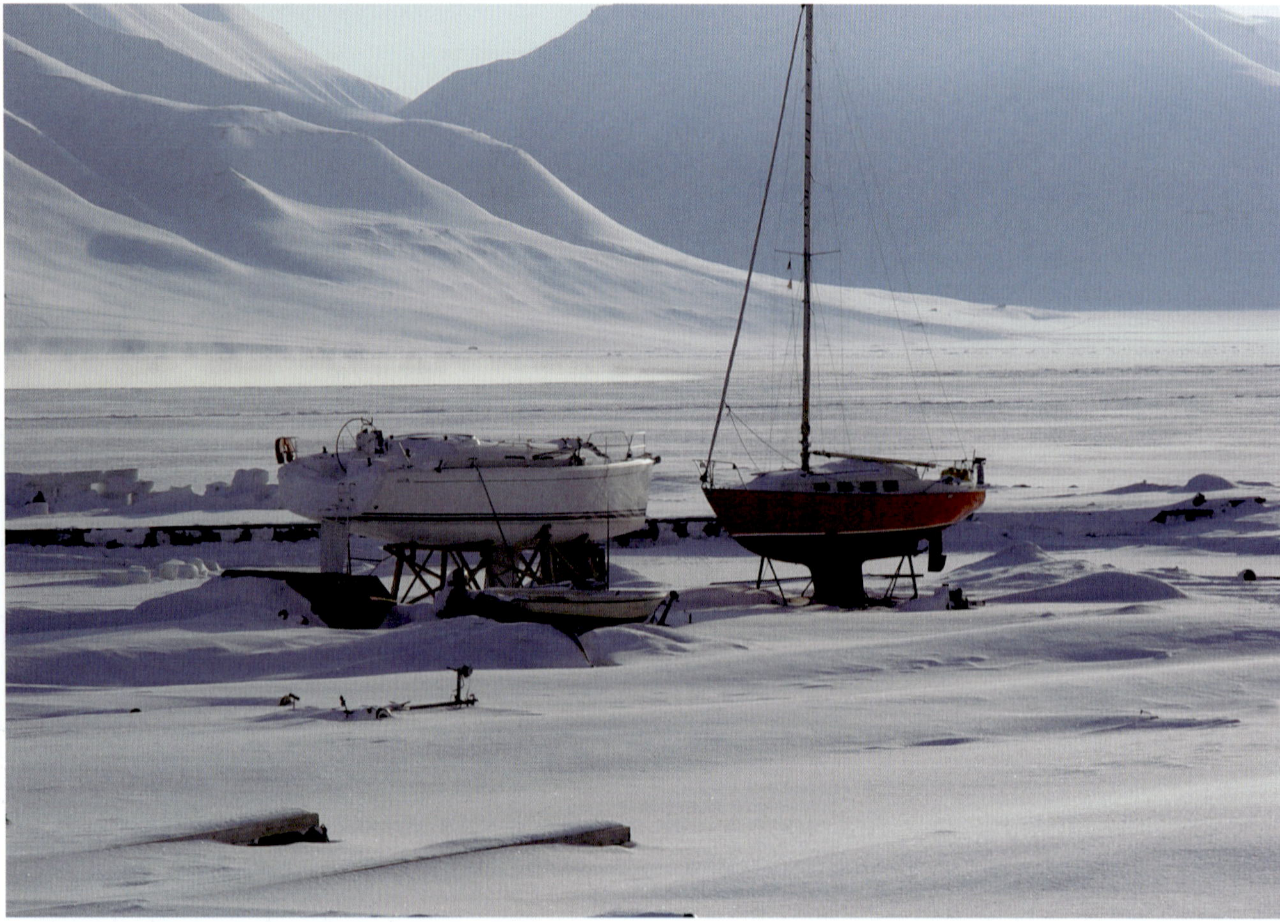

Abb. 4.34 Die Yachten liegen noch im Winterlager auf Spitzbergen

5 Seegang und Meeresströmungen

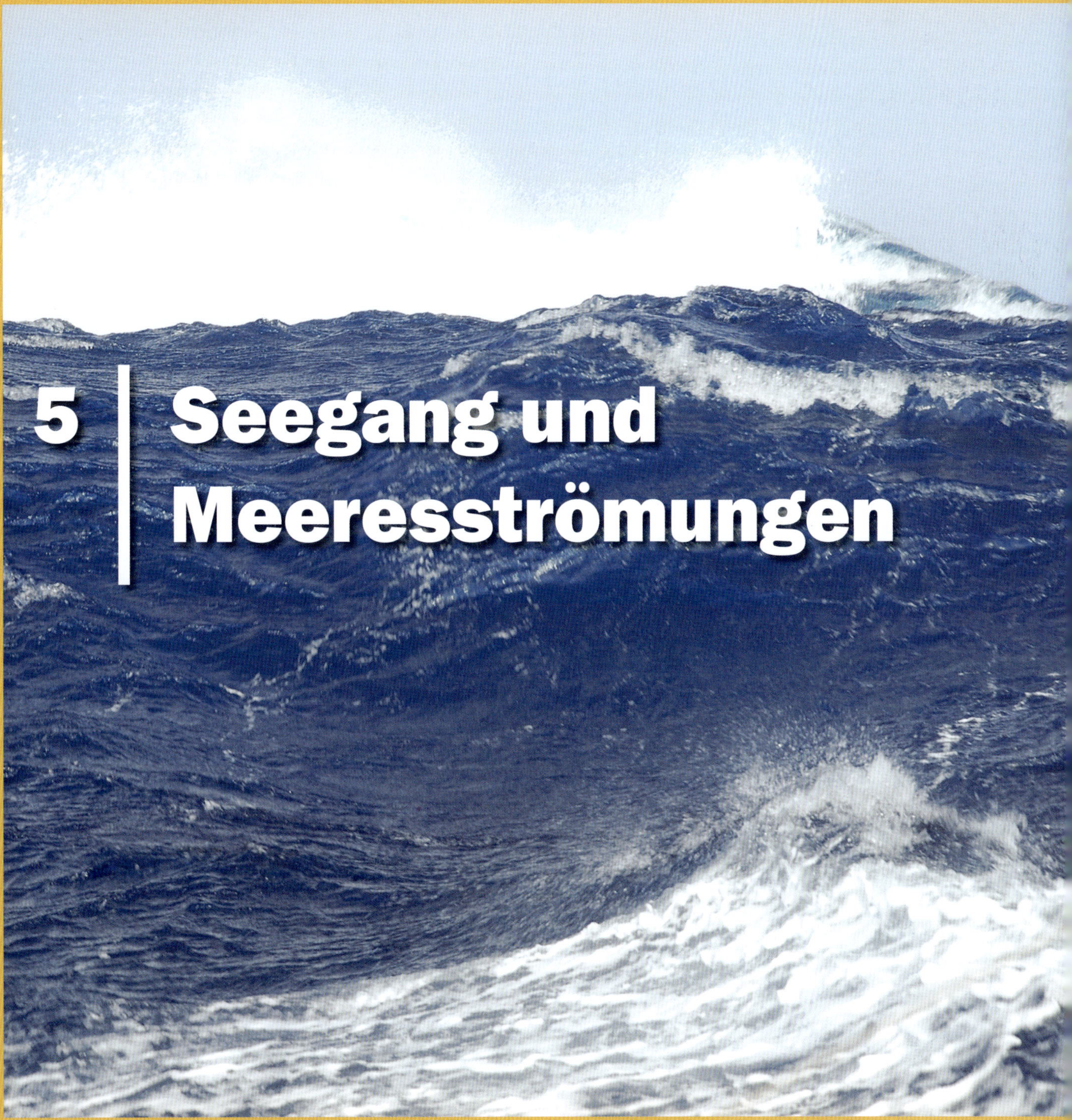

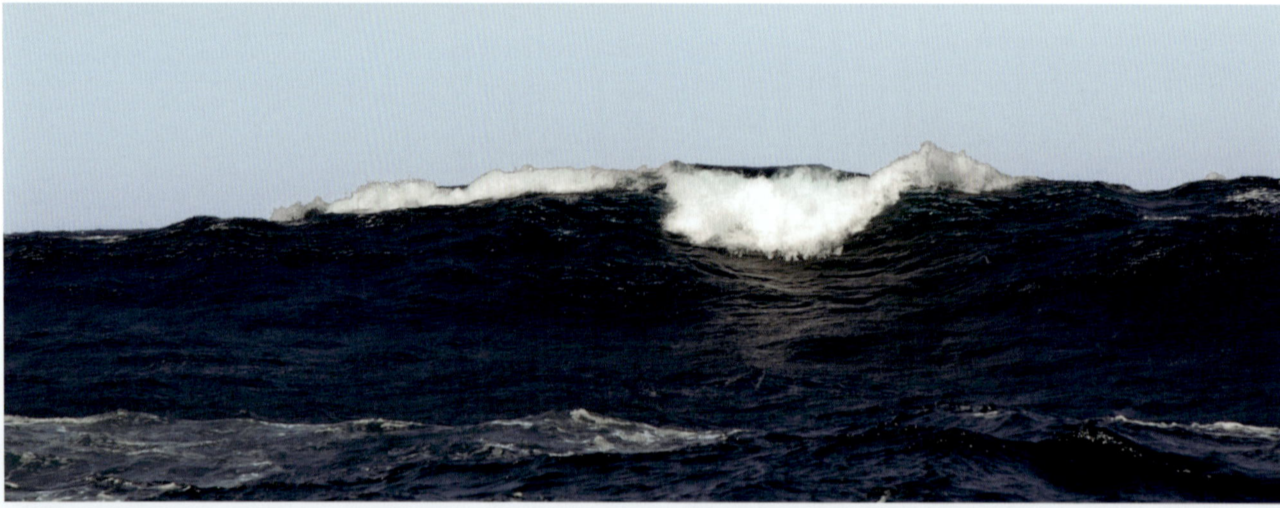

Abb. 5.1 Hoher Seegang auf dem Nordatlantik

Zu einer Törn- und Routenplanung gehört das Wetter. Doch ist es nicht nur wichtig, wie sich Wind, Wolken und Sicht entwickeln, auch Seegang und Strömungen sind entscheidende Faktoren im Küstenbereich und auf hoher See. Bei Gesprächen im Clubhaus wird gerne über Erscheinungen des Seegangs gesprochen – wobei die Höhe des Seegangs oft von den tatsächlichen Gegebenheiten abweicht. Manchmal machen sich aber auch die Begleiterscheinungen des Seegangs bemerkbar, wenn etwa der flaue Magen infolge der Schiffsbewegungen und des angestrengten Gleichgewichtssinns Seekrankheit ankündigt.

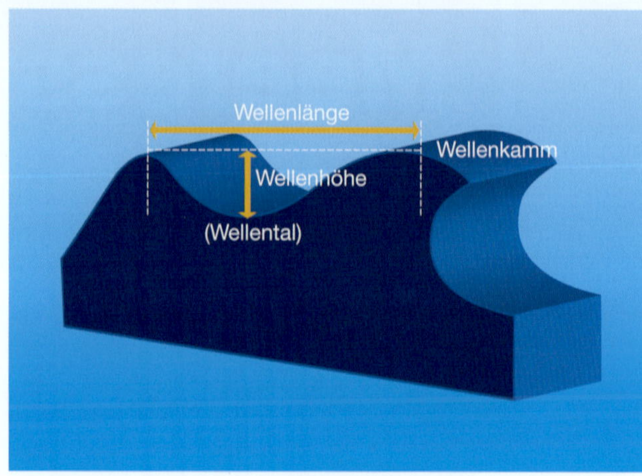

Abb. 5.2 Definitionen Wellenhöhe und Wellenlänge

5.1 Seegang

5.1.1 Seegang – Beobachtung auf See

Unter Seegang versteht man zunächst einmal die Wellen auf der Oberfläche der Ozeane und Meere. Tatsächlich findet auch neben einer periodischen vertikalen eine horizontale Auslenkung der Wasserteilchen um ihre Ruhelage statt. Bei genügend großer Wassertiefe ist es eine kreisförmige Bahn, die auch als Orbitalbewegung bezeichnet wird. Zunächst werden Wellen im tiefen Wasser betrachtet.

Die *Wellenhöhe* (H) ist definiert als der senkrechte Abstand zwischen Wellental und Wellenberg. Als Wellenlänge (L) wird der Abstand zwischen zwei aufeinanderfolgenden Wellenbergen bezeichnet. Die Wellenperiode (T) ist die Zeit, die zwischen den Durchgängen zweier gut ausgeprägter Wellenzüge am Ort verstreicht. Die Bestimmung der Wellenlänge, Wellenhöhe und Wellenperiode ist von Bord aus nicht einfach und erfordert einige Erfahrung.

Die *Wellenperiode* lässt sich tagsüber gut mit der „Schaumfleckmethode“ bestimmen. Dazu verfolgt man einen Schaumfleck bzw. Schaumstreifen auf der Meeresoberflä-

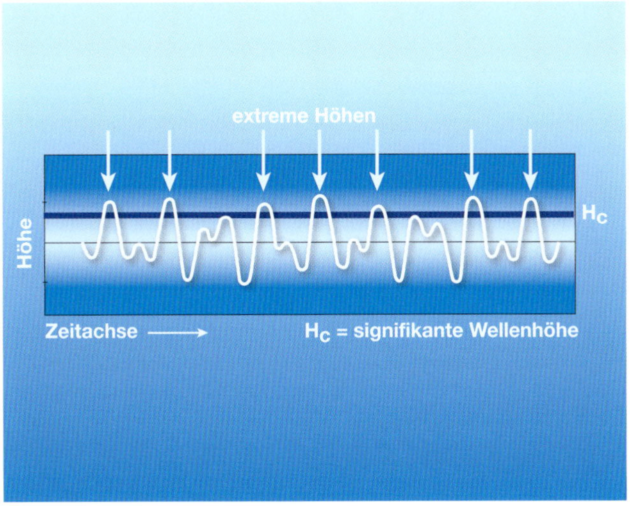

Abb. 5.3 Definition signifikante Wellenhöhe

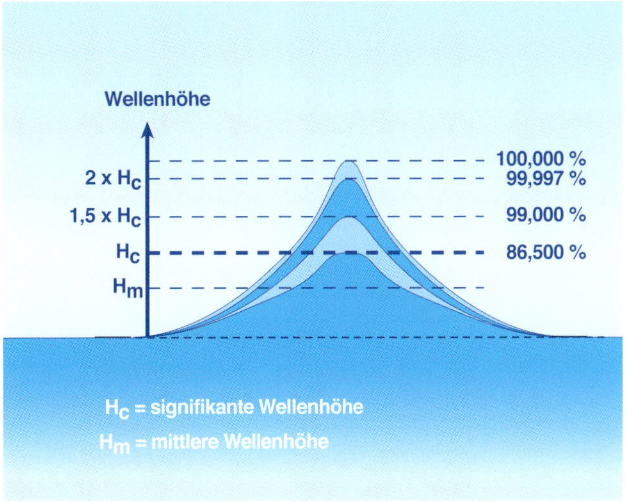

Abb. 5.4 Mehr als 13 % aller Wellen sind höher als H_C

che. Befindet sich der beobachtete Schaumfleck auf einem Wellenberg, muss die Zeit in Sekunden gestoppt werden, bis er sich nach einem Wellental wieder auf einem Berg befindet.

Die *Wellenlänge* kann nur schwer anhand der Länge des Schiffs abgeschätzt werden. Sie lässt sich aber ermitteln, indem man die Wellenperiode quadriert und mit dem Faktor 1,56 multipliziert. Die Formel für die Wellenlänge (L) in Meter lautet:

$$L = 1{,}56 \cdot T^2 \text{ (m)}$$

Auch die *Höhe des Seegangs* zu bestimmen bereitet oft Schwierigkeiten. International wird in der Wetter- und Seegangsbeobachtung sowie in der Seegangsvorhersage die signifikante oder kennzeichnende Wellenhöhe ($H_{1/3}$, H_C) verwendet. Darunter ist die mittlere Höhe der gut ausgeprägten Wellen (Mittel des oberen Drittels) – nicht der extremen Wellen – zu verstehen. Da die extremen bzw. maximalen Wellen, die das Doppelte der kennzeichnenden Wellenhöhe erreichen können, nicht berücksichtigt werden, kann die Höhe einzelner Wellen den in der Seegangsvorhersage (GRIB-Daten u. Ä.) vorhergesagten Wert der signifikanten Wellenhöhe übertreffen.

Wer seine Beobachtung mit professionellen Messungen vergleichen möchte, findet für Nord- und Ostsee Seegangsmessungen auf den Internetseiten des Bundesamtes für Seeschifffahrt und Hydrographie (BSH). Dort findet man

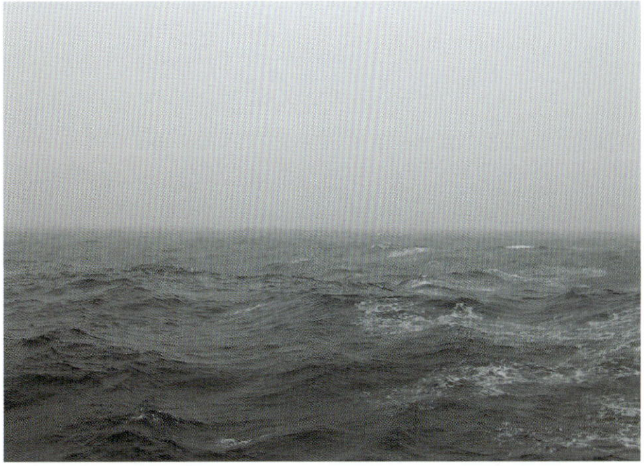

Abb. 5.5 Bei schlechter Sicht werden Wellenhöhen oft unterschätzt

Seegangsbeobachtung an Bord: Tagsüber lassen sich bei geringer Bewölkung und guten Sichten die Wellenhöhen gut schätzen. Bei bedecktem Himmel oder schlechten Sichten werden Wellenhöhen oft unterschätzt. In der Dämmerung und nachts verhält es sich umgekehrt, die Höhe des Seegangs wird oft überschätzt.

Wind Bft.	kn	Schl.*	Schl.*	Seegang Bezeichnung	Auswirkung des Windes auf die See
0	0	00	0	spiegelglatt	Spiegelglatte See.
1	1–03	02	1	gekräuselt	Kleine schuppenförmig aussehende Kräuselwellen ohne Schaumkämme.
2 3	4–06 7–10	05 09	2	schwach bewegt	Kleine Wellen, noch kurz, aber ausgeprägter. Kämme sehen glasig aus, brechen sich nicht. Kämme beginnen sich zu brechen. Schaum überwiegend glasig, ganz vereinzelt können kleine weiße Schaumköpfe auftreten.
4	11–15	13	3	leicht bewegt	Wellen noch klein, werden aber länger. Weiße Schaumköpfe treten schon ziemlich verbreitet auf.
5	16–21	18	4	mäßig bewegt	Mäßige Wellen, die eine ausgeprägte lange Form annehmen; überall weiße Schaumkämme. Ganz vereinzelt kann schon Gischt vorkommen.
6	22–27	24	5	grob	Bildung großer Wellen beginnt. Kämme brechen sich und hinterlassen größere weiße Schaumflächen; etwas Gischt.
7	28–33	30	6	sehr grob	See türmt sich; der beim Brechen entstehende weiße Schaum beginnt sich in Streifen in Windrichtung zu legen.
8 9	34–40 41–47	37 44	7	hoch	Mäßig hohe Wellenberge mit Kämmen von beträchtlicher Länge. Von den Kanten der Kämme beginnt Gischt abzuwehen. Schaum legt sich in gut ausgeprägten Streifen in die Windrichtung. Hohe Wellenberge, dichte Schaumstreifen in Windrichtung. „Rollen" der See beginnt. Gischt kann die Sicht schon beeinträchtigen.
10	48–55	52	8	sehr hoch	Sehr hohe Wellenberge mit langen überbrechenden Kämmen. Schweres stoßartiges „Rollen" der See. Sicht durch Gischt beeinträchtigt.
11 12	56–63 64 und mehr	60 64	9 10	außergewöhnlich schwere See	Außergewöhnlich hohe Wellenberge. Kanten der Wellenkämme werden zu Gischt zerblasen; Sicht herabgesetzt; Luft mit Schaum und Gischt angefüllt. See vollständig weiß. Sicht stark herabgesetzt. Jede Fernsicht hört auf.

*** Schl. = Schlüssel für die Eintragungen der Wetter- und Seegangsbeobachtungen auf See**

Abb. 5.6 Seegangsskala nach Petersen

Registrierungen von Seegang; auch Daten der Vergangenheit lassen sich dort einsehen. Weltweit sind Bojendaten beim National Data Buoy Center der National Oceanic and Atmospheric Administration (NOAA) (www.ndbc.noaa.gov) abrufbar.

Die Höhe des Seegangs wird bestimmt durch mehrere Faktoren. Zusätzlich zur Windgeschwindigkeit hängt sie ab vom Fetch (Windwirklänge) und der Wirkdauer des Windes. Unter dem Fetch ist die Anlaufstrecke zu verstehen, in der der Wind den Seegang anfachen kann. Wie in der Abbildung 5.7 dargestellt, ist der Fetch als Abstand zwischen der Küstenlinie und dem Schiff unter Berücksichtigung der Windrichtung definiert. Soll der Seegang bestimmt werden, kann der Fetch mithilfe der Seekarte ermittelt werden. Die Windgeschwindigkeit kann aus Seewetterberichten, Prognosekarten oder Stationsmeldungen entnommen oder durch eigene

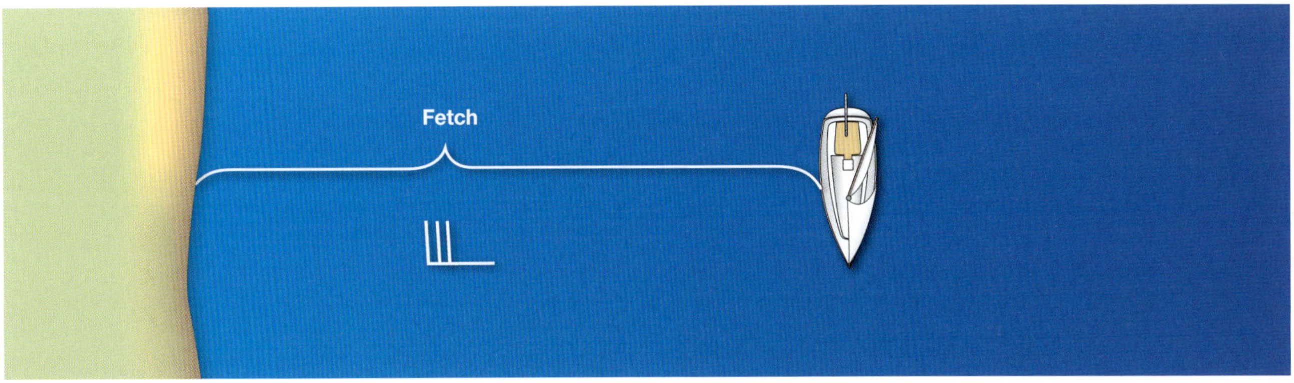

Abb. 5.7 Definition Fetch

Abb. 5.8 Wellendiagramm zur Bestimmung der Wellenhöhe H_c im tiefen Wasser

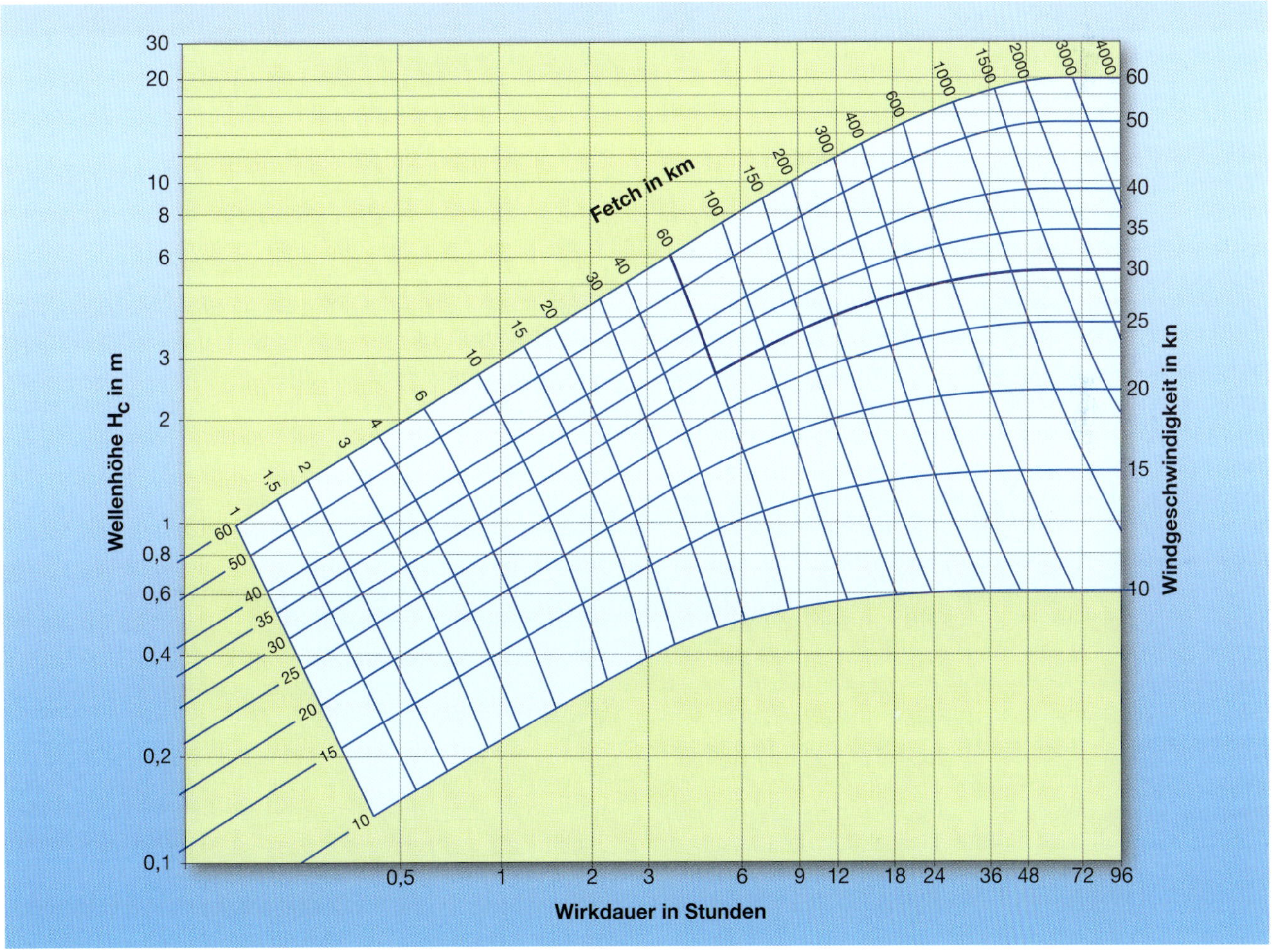

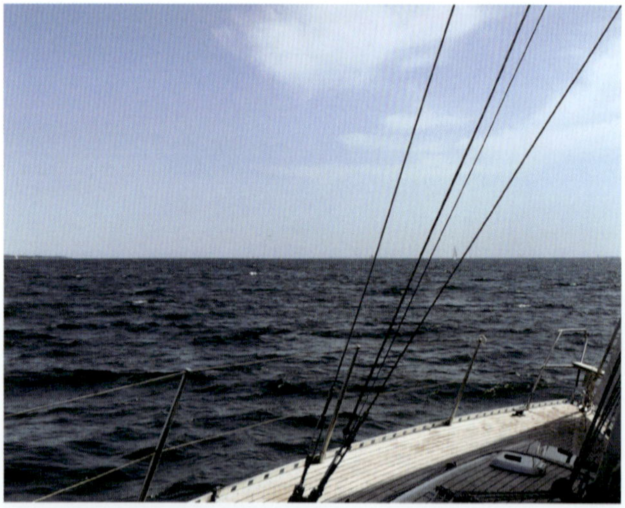

Abb. 5.9 Windsee auf der Ostsee

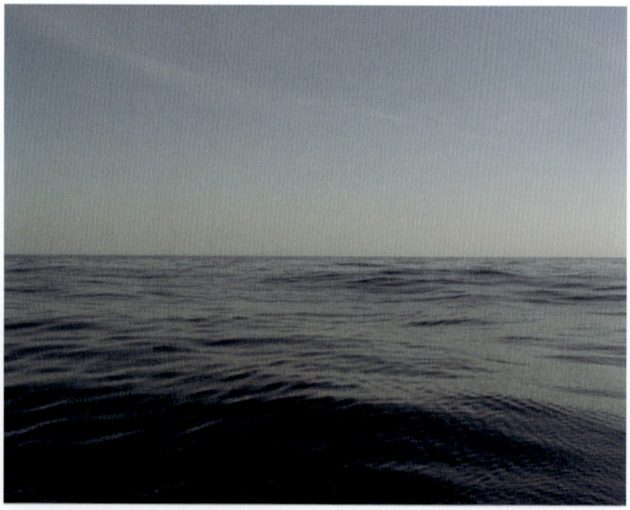

Abb. 5.10 Lange Dünungswellen

Messungen belegt werden. Dagegen ist das Einschätzen der Wirkdauer eher schwierig.

Mithilfe des Diagramms in der Abbildung 5.8 kann die *kennzeichnende Wellenhöhe* $H_{1/3}$ im tiefen Wasser (nach WMO-Nr. 702) bestimmt werden. Bei einer Windgeschwindigkeit von 30 kn, einer Wirkdauer von 12 Stunden und einem Fetch von 60 km geht man wie folgt vor: Auf der 30-kn-Windgeschwindigkeitskurve sucht man den Schnittpunkt zur senkrechten Linie mit der Wirkdauer von 12 Stunden. Auf der 30-kn-Windgeschwindigkeitskurve wird nun der Schnittpunkt mit der Kurve Fetch 60 km ermittelt. Nun lässt sich eine signifikante Wellenhöhe von 2,6 m ablesen. Erst ein Fetch von 200 km führt zu einer Wellenhöhe von 4 m.

Mittlere kennzeichnende Seegangshöhen sind für den Nordatlantik unter 2 m im Juli und etwa 4 m im Winter. Im nördlichen Indischen Ozean sind es im Winter etwa 1 bis 1,5 m, während der Monsunzeit 4 m. Bei Sturm oder Orkan werden vielfach höhere Werte dieser Seegangshöhen erreicht. Selbst in der Nordsee wurden im Südteil bei Orkan Wellenhöhen von mehr als 10 m registriert, im Nordteil im tiefen Wasser wurden auf Plattformen 15 bis 18 m aufgezeichnet. In der Ostsee sind im Südwestteil aufgrund des Fetches die maximalen Wellenhöhen deutlich geringer, aber im Ostteil, insbesondere in den Seegebieten Nördliche, Zentrale und Südöstliche Ostsee, sind bei Sturm Wellenhöhen von mehr als 6 m möglich.

5.1.2 Seegang: Windsee und Dünung

Während der Seegang bisher als eine Einheit betrachtet wurde, sollen nun dessen Teilkomponenten erläutert werden. Seegang ist gemäß Definition das Produkt aus Windsee und Dünung. Die Windsee ist der Anteil der Wellen, der direkt durch den Wind angefacht wird. Das sind Wellen mit einer relativ kurzen Wellenlänge. Dünungswellen sind länger und energiereicher. Deshalb bleiben Sie auch noch erhalten, obwohl der Wind abgeflaut hat. Neben der Dünung als alter Seegang gibt es auch Dünung, die dem erzeugenden Windfeld vorausläuft, denn Dünungswellen sind lang und verlagern sich schneller als kurze Wellen.

Die Geschwindigkeit von Wellen bzw. *Phasengeschwindigkeit* (c) ist durch die Dispersionsrelation bestimmt.

Ist das Verhältnis von Wellenlänge (L) zu Wassertiefe (h) sehr klein (<< 1), ergibt sich:

$$c = \sqrt{\frac{g \cdot L}{2\pi}}\ (\text{m/s}) \text{ oder } c = 1{,}25 \cdot \sqrt{L}\ (\text{m/s})$$

Diese Beziehung gilt für Wellen im tiefen Wasser. Danach ist die Phasengeschwindigkeit (c) nur von der Wellenlänge (L) abhängig. Lange Wellen verlagern sich demnach mit einer größeren Geschwindigkeit als kurze Wellen.

Wellenperiode (T) und Phasengeschwindigkeit (c) stehen im Zusammenhang über die Beziehung:

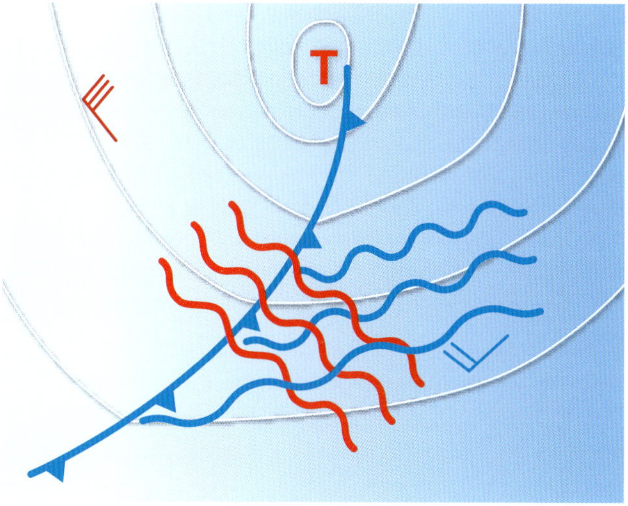

Abb. 5.11 Kreuzsee vor einer Kaltfront

$$c = 1{,}56 \cdot T \text{ (m/s)}$$

Für geringe Wassertiefen (h) im Verhältnis zur Wellenlänge (L) wird für flaches Wasser (h/L < 1/20) folgende Annäherung benutzt:

$$c = \sqrt{g \cdot h} \text{ (m/s)}$$

Hier ist die Phasengeschwindigkeit (c) neben der Erdbeschleunigung somit nur noch abhängig von der Wassertiefe (h).

Neben der Phasengeschwindigkeit ist nun noch der Begriff der *Gruppengeschwindigkeit* einzuführen. Bei der Beobachtung des Seegangs ist zu erkennen, dass Seegang aus der Überlagerung von Einzelwellen zusammengesetzt ist. Oft wird der Begriff Seegangsspektrum verwendet. Bei der Überlagerung von Wellen benachbarter Wellenlängen und Perioden können Wellengruppen entstehen, die wie Einzelwellen eine Geschwindigkeit besitzen. Diese wird als Gruppengeschwindigkeit (c_{gr}) bezeichnet. Für tiefes Wasser beträgt die Gruppengeschwindigkeit $c_{gr} = 0{,}5 \cdot c$, für flaches Wasser ist $c_{gr} = c$.

Dünungswellen sind nicht nur auf den Ozeanen, sondern auch auf der Nordsee und dem Mittelmeer zu beobachten. Besonders nach dem Abflauen des Windes bleiben auch dort noch lange und flache Dünungswellen erhalten.

Für die Praxis auf See ist festzuhalten:

- Seegang ist generell ein Produkt aus den Komponenten Windsee und Dünung.
- Als Windsee wird der Teil des Seegangs bezeichnet, der im Wesentlichen durch den am Ort oder in näherer Umgebung herrschenden Wind angefacht wird. Die Wellenkämme haben eine spitze Form und die einzelnen Wellen erscheinen ungleichmäßig. Die Windsee ist im Gegensatz zur Dünung auf See leicht zu beobachten.
- Dünungswellen haben eine größere Wellenlänge und die Wellenberge sind stark abgerundet. Dadurch sind sie gegenüber denen der Windsee nicht so auffällig und erst nach längerer Betrachtung des Seegangs zu erkennen.
- Dünung tritt in zwei Formen auf:
  1. Dünung ist gealterter bzw. auslaufender Seegang. Hört der Windeinfluss auf, verschwinden zunächst die kurzen Wellen der Windsee. Physikalisch betrachtet besitzen die langen Dünungswellen eine höhere Energie. Deshalb sind sie auch nach dem Abflauen des Windes noch vorhanden.
  2. Da lange Wellen (Dünung) schneller fortschreiten als kurze Wellen (Windsee), läuft die Dünung dem eigentlichen Windfeld voraus. Sie ist schon weit vor einem noch kommenden Sturm zu beobachten. Dünung kann daher auch ein Frühwarnsignal für ein noch folgendes Windfeld sein.

Dünungswellen, die dem eigentlichen Windfeld vorauslaufen, sind die Ursache der Kreuzsee. Sie entstehen bevorzugt in der Nähe von Kaltfronten, Trögen oder Zentren von Tiefdruckgebieten und tropischen Wirbelstürmen, wo sich die Richtung des Windes sprunghaft ändert. Kreuzseen sind gefährlich, weil durch die Überlagerung der beiden Wellensysteme unvermutet hohe Einzelwellen entstehen.

Dazu ein Beispiel für die Nordsee: Vor einer Kaltfront weht der Wind aus Südwest mit etwa 6 bis 7 Windstärken. Der Seegang wird daher vor der Kaltfront aus Südwest beobach-

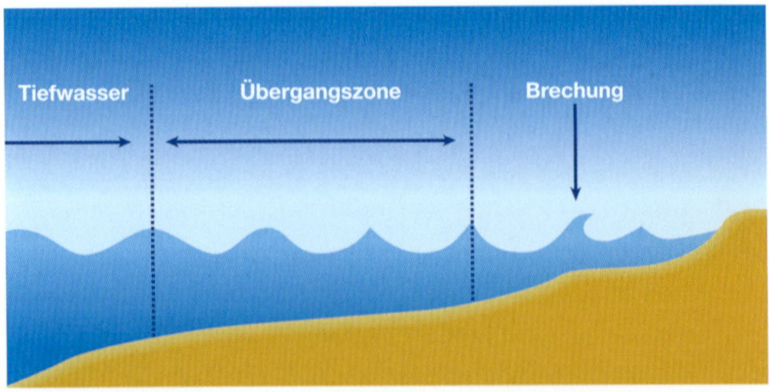

Abb. 5.12 Modifikation des Seegangs durch abnehmende Wassertiefe

tet. Hinter der Kaltfront wird der Wind aus Nordwest mit Stärke 8 erwartet. Aus dem Windfeld hinter der Kaltfront eilt die Dünung, der langwellige Anteil des Seegangs, voraus. Somit wird mit Annäherung der Kaltfront auch noch Dünung aus Nordwest zusätzlich zum Seegang aus Südwest zu beobachten sein. Während der Passage der Kaltfront wird neben der Sichtverschlechterung der Seegang chaotisch.

Auf Ozeanen können meist mehrere Dünungen aus unterschiedlichen Richtungen heranrollen, die durch mehrere Tief- oder Hochdruckgebiete hervorgerufen werden.

Abb. 5.13 Die mit einer transparenten blauen Fläche markierten Bereiche zeigen gefährdete Bereiche mit Grundsee bei Sturm aus Nordwest

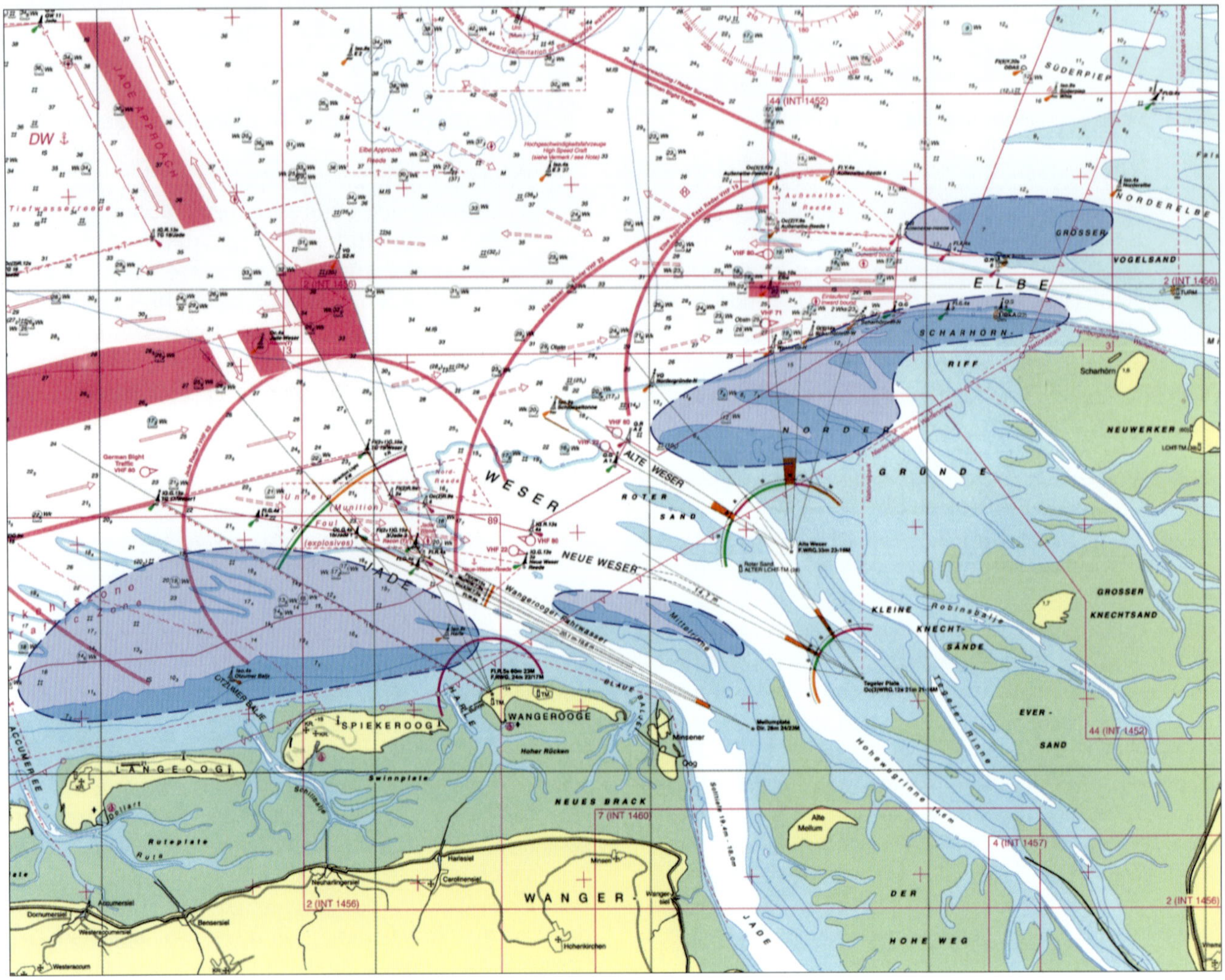

5.1.3 Modifikation des Seegangs durch Wassertiefe und Strömungen

Die Höhe des Seegangs ist nicht nur von Windgeschwindigkeit, Wirkdauer und Fetch abhängig, denn auch Änderungen in der Wassertiefe sowie Meeres- und Gezeitenströme modifizieren den Seegang.

Beim Übergang zum flachen Wasser ändern sich Wellenhöhe und Wellenlänge. Sobald die Wassertiefe die halbe Wellenlänge unterschreitet, beginnen die Wellen den Meeresboden zu „fühlen". Die Verlagerung der Wellen verlangsamt sich, die Wellen werden steiler und die Wellenlänge verkürzt sich. Dieser Effekt macht sich insbesondere in flachen Gewässern wie z. B. der Ostsee bemerkbar. Hier werden in der Regel sehr kurze Wellen angetroffen. Ist ein kritischer Wert überschritten, beginnt die Brechung der Wellen. Wellen, die durch Untiefen oder durch stark abnehmende Wassertiefe in Küstennähe hervorgerufen werden, werden als *Grundseen* bezeichnet. Ihre Höhe kann das 2,5-Fache der charakteristischen Wellenhöhe betragen. Das passiert auch

Abb. 5.14 Die mit einer transparenten blauen Fläche markierten Bereiche zeigen gefährdete Bereiche mit Grundsee bei Sturm aus Nordwest

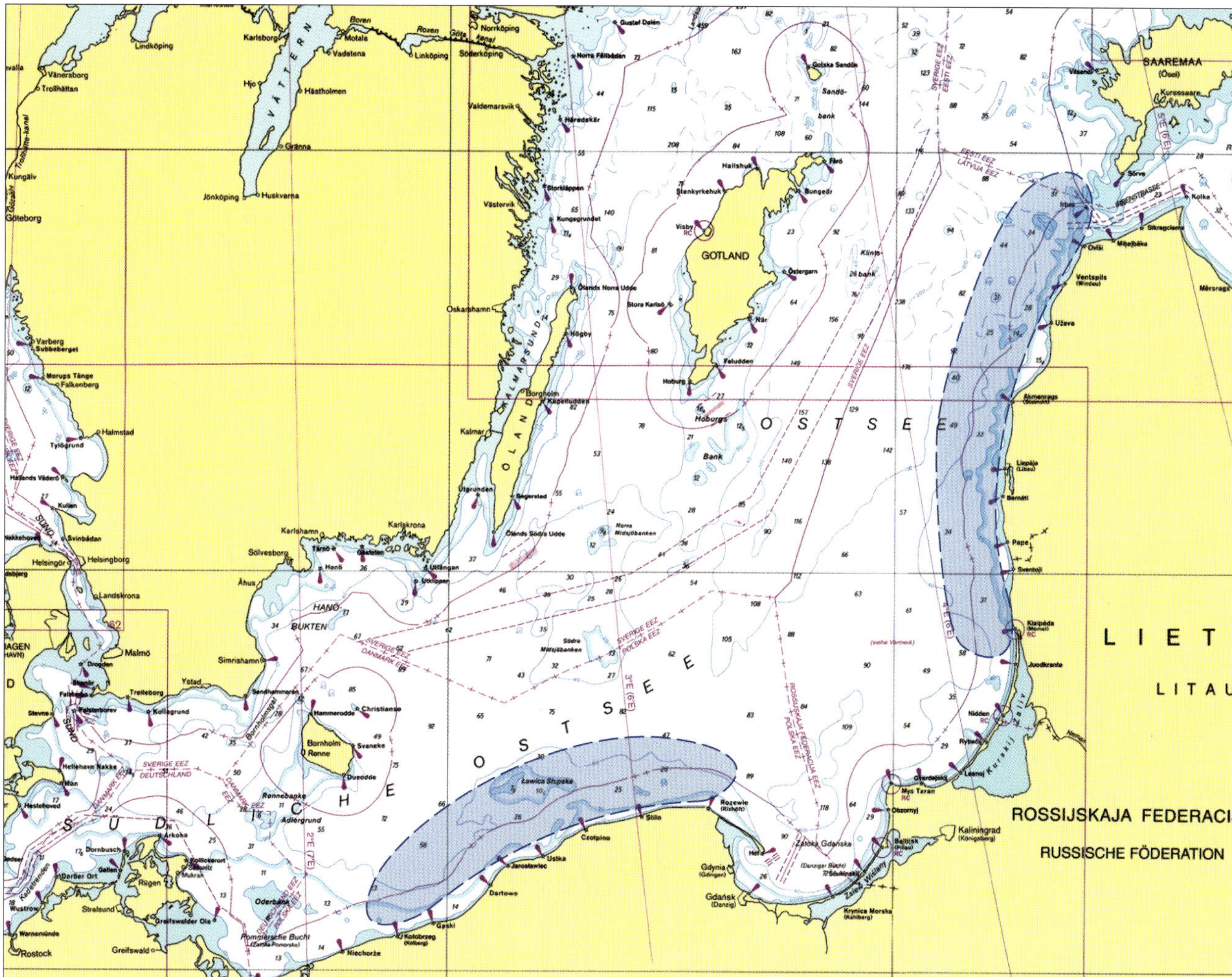

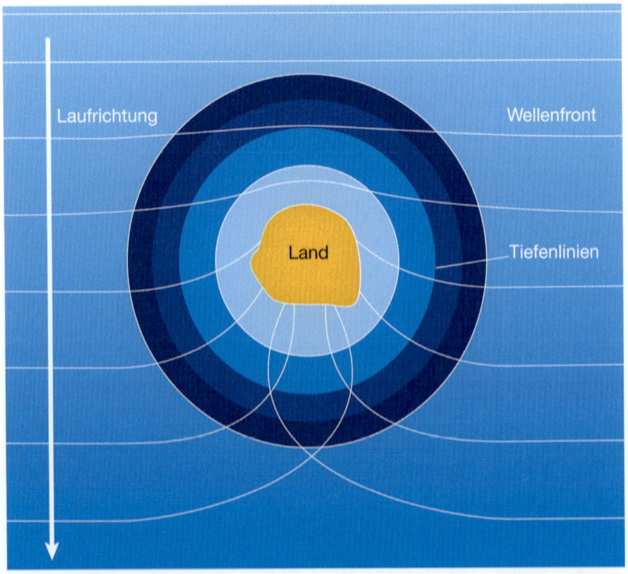

Abb. 5.15 Seegang in Lee von kleinen Inseln

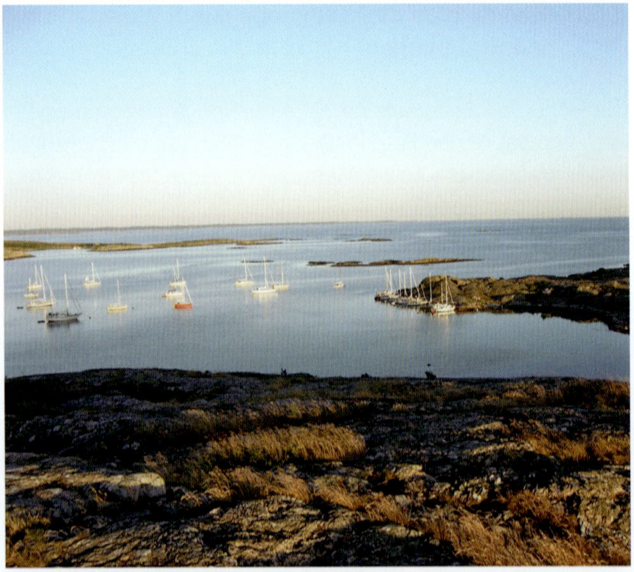

Abb. 5.16 Die Ankerbucht ist gut gewählt

abseits der Küstenlinie über Barren und Untiefen. Durch die veränderte Wassertiefe und die damit verbundene verlangsamte Verlagerung beugen sich Wellen in Küstennähe, d. h., sie verändern ihre Richtung. In Lee von kleinen Inseln muss daher oft mit kreuzlaufenden und kabbeligen Seen gerechnet werden, aber auch beim Ankern hinter einem Kap kann man auf kreuzlaufende Wellen stoßen.
Stark modifiziert wird der Seegang besonders in Küstennähe und in Meerengen, wo die Gezeiten in Richtung und Stärke erheblich wechselnde Strömungen im Wasser hervorrufen.

> Modifikation des Seegangs durch Gezeiten- und Meeresströmungen: Läuft die See gegen den Wind, wird der Seegang steiler und kürzer. Umgekehrt verhält es sich, wenn die See und der Strom die gleiche Richtung haben: Der Seegang wird länger und flacher.

Bekannt für die durch eine starke Meeresströmung hervorgerufene Veränderung im Seegang ist der Agulhasstrom an der Südostküste von Afrika. Hier können besonders hohe und steile *Extremwellen* (Freak Waves) entstehen. Mit solchen Wellen muss aber auf allen Ozeanen und Randmeeren bei entsprechenden Konstellationen gerechnet werden. Die Freak Waves treten als Einzelwelle (Kaventsmann), in kleinen Gruppen (Three Sisters) und als eine mehrere hundert Meter lange Wand (White Wall) auf. Nach neuesten Theorien können Freak Waves unter anderem dadurch entstehen, dass ein Tiefdruckgebiet mit seinem Sturmwindfeld über einen gewissen Zeitraum und eine gewisse Distanz in Richtung der angefachten Wellen mit deren Gruppengeschwindigkeit zieht. Dadurch wird eine Konstellation von Fetch und Wirkdauer erzeugt, die für hohe Windstärken allgemein als sehr wenig wahrscheinlich gilt. Treffen mehrere Wellensysteme hoher Wellen aufeinander, können sich diese überlagern. Dabei entstehen insbesondere im Südatlantik und Südpazifik ausgeprägte Monsterwellen (MaxWave), die wie beim Zusammentreffen mit dem Passagierschiff „MS Bremen“ im Jahr 2001 mit Höhen von bis zu 35 m angegeben wurden. Dabei wurden die Fenster der Brücke von den Wassermassen zerschmettert, die Elektronik lahmgelegt und das Schiff war für einen Zeitraum von 2 Stunden nur schwer zu manövrieren.
Wellen können außer vom Wind auch durch *Seebeben* ausgelöst werden. Tsunami-Wellen haben auf den Ozeanen

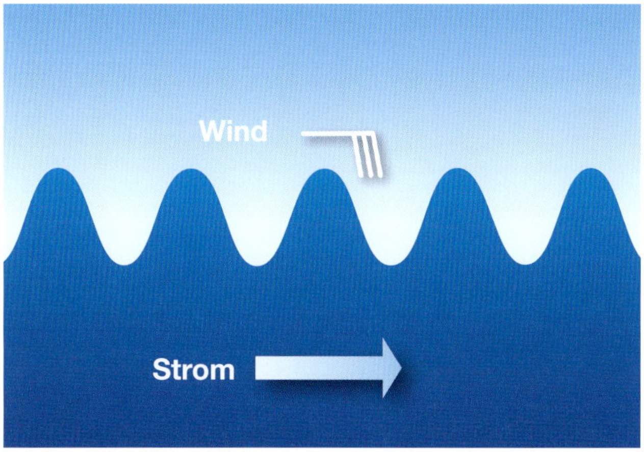

Abb. 5.17 Kurzer und steiler Seegang, wenn der Strom gegenan läuft

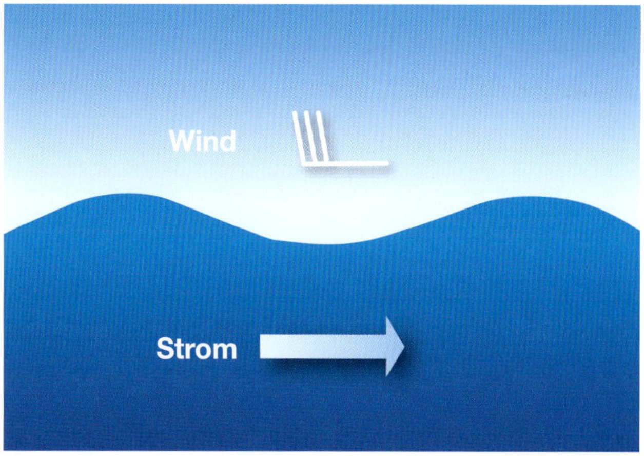

Abb. 5.18 Langer und flacher Seegang, wenn der Strom in Richtung der Wellenverlagerung läuft

Wellenhöhen von nur wenigen Dezimetern bei einer großen Wellenlänge. Diese Wellen laufen mit Geschwindigkeiten von 300 bis 500 kn auf Küsten zu. Dort werden sie unter anderem durch die abnehmende Wassertiefe modifiziert, sie steilen sich auf und können in Küstennähe zu großen Schäden führen. Auflaufhöhen erreichen leicht Werte bis zu 10 m, in Fjorden oder trichterförmigen Buchten wurde ein Vielfaches berichtet oder gemessen. Da die Tsunami-Wellen hohe Geschwindigkeiten erreichen, sind die Vorwarnzeiten sehr kurz und man wird daher kaum eine Chance haben, den Hafen zu verlassen, um auf hoher See über tiefem Wasser in Sicherheit zu kommen.

Abb. 5.19 Vorhersage Seegang auf den Internetseiten des DWD

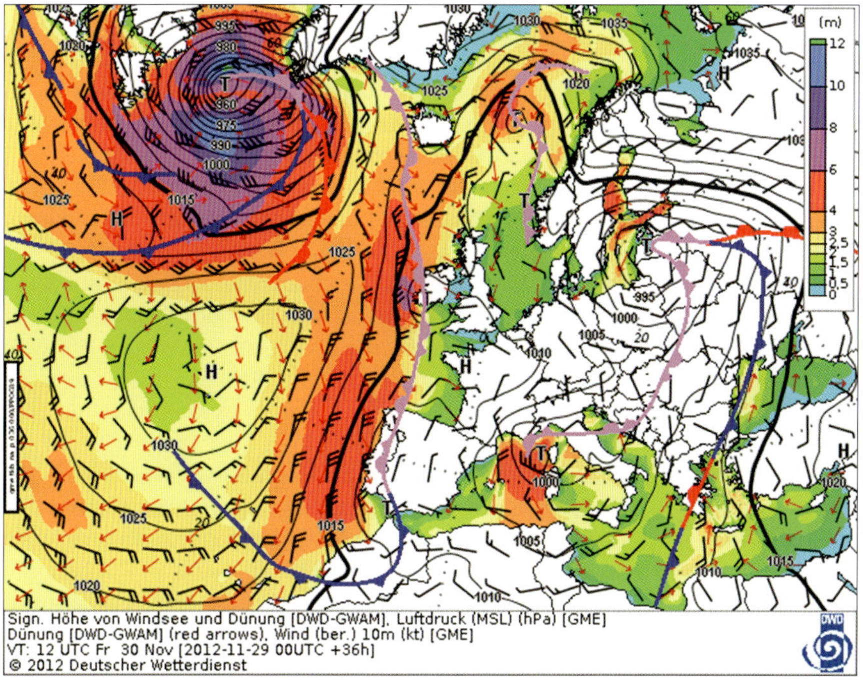

5.1.4 Vorhersagen des Seegangs

Neben der eigenen Beobachtung des Seegangs sind für die Törn- und Reiseplanung insbesondere Vorhersagen des Seegangs von Interesse. Dazu gibt es viele Internetseiten, die die signifikante Höhe des Seegangs angeben. Dabei muss einkalkuliert werden, dass etwa jede zehnte Welle das 1,5-Fache und einzelne auch das 2-Fache erreichen können. Auch sind die oben beschriebenen Modifikationen durch veränderliche Wassertiefen oder Strömungen nicht in den Vorhersagen enthalten. GRIB-Daten haben den Vorteil, dass die Seegangs-

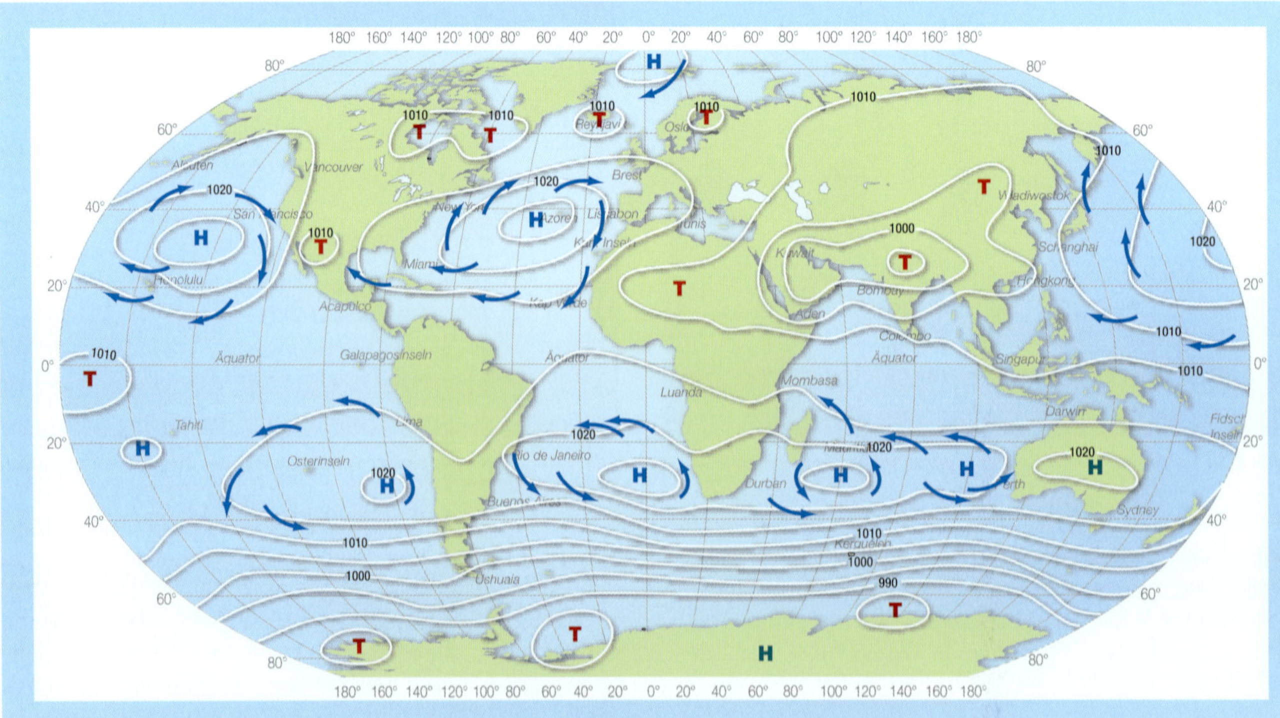

Abb. 5.20 Die atmosphärische Zirkulation erzeugt die Meeresströmungen

vorhersagen für 5 bis 7 Tage Angaben zur Höhe, Richtung der Verlagerung und Periode für die Teilkomponenten Windsee, 1. Dünung und 2. Dünung enthalten.

5.2 Meeresströmungen

Gemeinsam mit der allgemeinen atmosphärischen Zirkulation transportieren Meeresströmungen die wesentlichen Wärmemengen auf der Erde. Da Wasser die höhere Wärmekapazität besitzt, schafft es im Mittel mehr Wärme in Richtung Pol (z. B. Golfstrom) als Luftströmungen, obwohl die Geschwindigkeiten der Strömungen allgemein nur 15 bis 30 sm pro Tag erreichen. Nur in bestimmten Gebieten werden weit über 50 sm pro Tag erreicht. Die Oberflächenströmungen werden im Wesentlichen durch Windschub als Driftströmungen durch die vorherrschenden Windsysteme, wie etwa Passate und Westwinddrift, erzeugt (s. Abb. 5.20). Infolge der Reibung an der Grenzfläche zwischen Wasser und Luft erfolgt ein Impulstransport, der das Wasser nahezu in Richtung des Windes bewegt. Durch innere Reibung (Viskosität) werden Wassermassen in tieferen Schichten (bis zu 200 m) vom Oberflächenwasser mitgezogen. Zusätzlich entstehen infolge von Dichteunterschieden (Veränderung des Salzgehaltes und der Temperatur) auch vertikale Strömungen. Durch die globale atmosphärische Zirkulation gibt es um die großen subtropischen Hochdruckgebiete auf der Nord- und Südhalbkugel stabile Luftströmungen. Auf dem Atlantischen Ozean und dem Pazifischen Ozean existieren zwei große Strömungskreise, jeweils einer nördlich und südlich des Äquators. Auf dem Indischen Ozean gibt es nur einen Strömungskreis wegen der Monsunzirkulation.
Besonders auf der Nordhalbkugel folgen die Strömungen den Küsten der Kontinente. Wegen der Strömungsrichtung im Uhrzeigersinn liegen die Küsten jeweils in Richtung der Strömung betrachtet links von der Strömung. Grundsätzlich ist zu erkennen, dass an den Westküsten beider Halbkugeln kaltes polares Wasser in gemäßigte Breiten transportiert

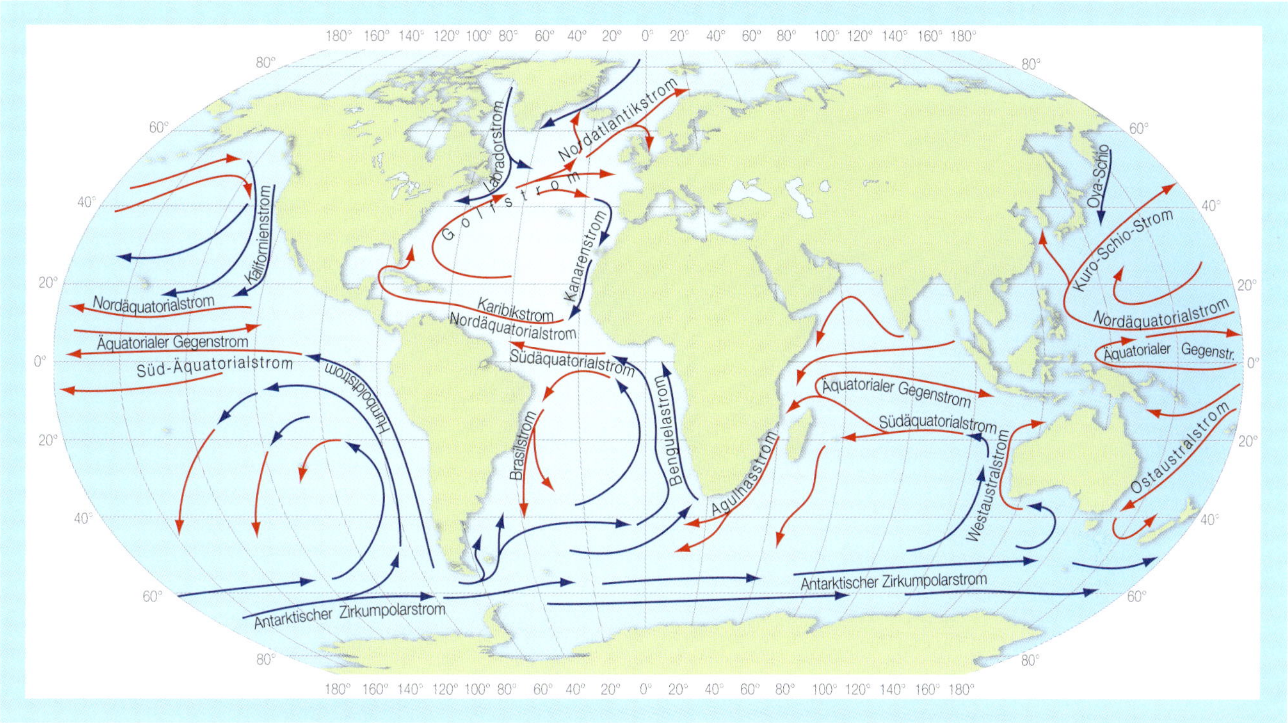

Abb. 5.21 Oberflächennahe Meeresströmungen

wird. Dagegen strömt warmes subtropisches Wasser an den Ostküsten polwärts.

Die kalten und warmen oberflächennahen Meeresströmungen sind in Abbildung 5.21 dargestellt. Auf dem Nordatlantik erkennt man den Stromkreis mit dem warmen Nordäquatorialstrom und dem Karibikstrom. Nordöstlich davon beginnt der Golfstrom mit dem anschließenden Nordatlantikstrom. Nach Süden schließt sich der Kreis durch den kalten Kanarenstrom, der wieder in den Nordäquatorialstrom übergeht. Auf dem Südatlantik dreht ein Teil des Antarktischen Zirkumpolarstroms vor Südafrika mit der Bodenwindströmung nach Norden ab als kalter Benguelastrom, der in den Südäquatorialstrom mündet und südlich des Äquators vor Südamerika als warmer Brasilstrom wieder südwärts fließt. Im Stromkreis des Indischen Ozeans ist besonders der warme, südwärts setzende Agulhasstrom zu erwähnen. Auf dem Nordpazifik wendet sich der warme Nordäquatorialstrom bei den Philippinen nordwärts und fließt als warmer Kuro-Schio-Strom an Japan vorbei. Er kommt als Pazifikstrom an der Westküste Kanadas und der USA an, wo er der Küste nach Süden folgt als kalter Kalifornienstrom. Auf dem Südpazifik dreht ein Teil des Antarktischen Zirkumpolarstroms vor Südamerika als kalter Humboldtstrom nordwärts und versorgt so die Galapagos-Inseln mit kaltem und nährstoffreichem Wasser. Danach fließt er als Südäquatorialstrom weiter nach Westen.

Ein weiterer Stromkreis schließt sich zwischen Neuseeland und Australien als warmer Ostaustralstrom an. Westlich Australiens fließt der kältere Westaustralstrom nordwärts. Zwischen den beiden Süd- und Nordäquatorialströmen bildet sich zum Massenausgleich der Äquatoriale Gegenstrom aus. Die äquatorialen Gegenströmungen lassen Teile der westwärts transportierten Wassermassen des Nord- und des Südäquatorialstromes zurückfließen. Im Pazifik und Atlantik ist der Äquatoriale Gegenstrom ganzjährig, im Indischen Ozean nur in den Sommermonaten (Mai bis Oktober) anzutreffen. Für die Törn- und Routenplanung können Hinweise zu den Strömungen (Richtung, Geschwindigkeit)

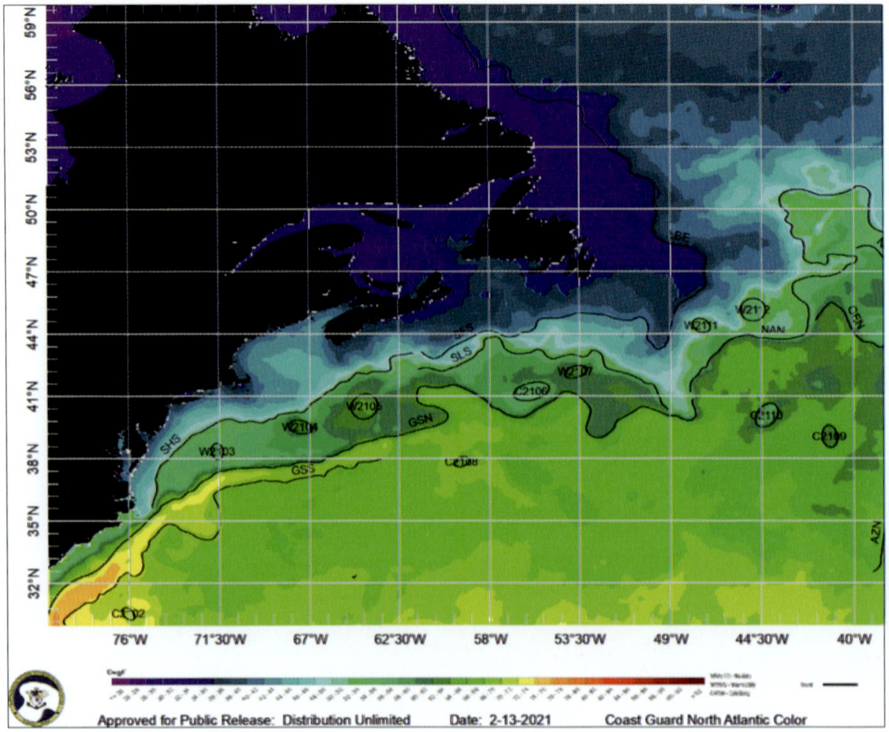

Abb. 5.22 Golfstromanalyse (Quelle: Ocean Prediction Center/NOAA)

Kalte Meeresströmungen, wie etwa der Labradorstrom, besitzen ein hohes Potential für Nebel. Uns bekannt ist der Kaltwassernebel als der typische Nebel im Frühjahr, wenn warme Luftmassen über das noch recht kalte Wasser, etwa der Nord- und Ostsee, geführt werden. Die Luft wird unter den Taupunkt abgekühlt und kondensiert. Dieser für die Jahreszeit typische Nebel kann über dem Labradorstrom jedoch ganzjährig auftreten, wenn warme und feuchte Luftmassen herangeführt werden. Der kalte Wasserkörper aus den polaren Breiten sorgt für beständigen und dichten Nebel, der selbst bei Winden mit Sturmstärke nicht verschwindet. Erst wenn sich die Luftmasse ändert und trockene und kalte Luft über das kalte Wasser strömt, wird die Sicht besser.

und deren Beständigkeit den Pilot Charts oder den Monatskarten des BSH entnommen werden. Hier findet man Mittelwerte für den Wind und die Meeresströmungen aus langjährigen Messungen von Schiffen, Plattformen oder driftenden Bojen über einen Zeitraum von mehreren Jahrzehnten. Diese Karten und Atlanten können im Fachhandel erworben werden. Näheres zur Anwendung siehe Kapitel 7 Törnplanung.

Im Besonderen soll hier noch auf den Golf- und Labradorstrom eingegangen werden. Der Golfstrom und sein Partner der Nordatlantikstrom ziehen hoch bis Spitzbergen. Der Golfstrom verläuft zunächst an der Ostküste der USA in Richtung Nord bis Nordosten. Weiter im Norden trifft er auf den kalten Labradorstrom.

An der Grenze zwischen dem warmen Golfstrom und dem kalten Labradorstrom lösen sich Wirbel ab. Die kalten und warmen Wirbel (cold/warm eddies) mit Durchmessern von 50 bis 150 sm reduzieren oder erhöhen je nach Drehrichtung dann die Fahrt.

5.3 Wasserstand und Strömungen

5.3.1 Nordsee

Dank der Beständigkeit der Gezeitenströme lassen sich auf der Nordsee Oberflächenströmungen gut in die Navigation und Planung mit einbeziehen; hierfür gibt es Gezeitenstromatlanten. Für den in ihnen nicht enthaltenen Einfluss durch den Wind gibt es numerische Vorhersagemodelle beim BSH, deren grafische Produkte auf seiner Webseite angeboten werden. Erhältlich sind Vorhersagen für Oberflächenströmungen auch als GRIB-Daten.

Änderungen des Wasserstandes, etwa Abweichungen des Hoch- oder Niedrigwassers, finden sich ebenfalls auf den Webseiten des BSH. Diese Vorhersagen werden auch über verschiedene Medien, z. B. Rundfunk, UKW-Seefunk oder Revierzentralen, übermittelt und mehrmals täglich aktualisiert.

Für die Deutsche Bucht kann durch einen kräftigen Ost- bis

Südostwind das Hoch- und Niedrigwasser niedriger im Wasserstand ausfallen, dieser negative Windstau beträgt bis zu 1,5 m. Bei Westnordwestwind der Stärke 6 erreicht der positive Windstau etwa 0,5 m. Weht er mit Sturmstärke, besteht die Gefahr einer Sturmflut. Winde aus Nordnordost oder Südsüdwest haben keine oder nur eine geringe Wirkung auf den Wasserstand.

5.3.2 Ostsee

Auf der Ostsee sind Strömungen durch Gezeiten zu vernachlässigen. Die Änderungen des Wasserstandes betragen nicht mehr als 10 bis 20 cm, im Bereich von Skagerrak und Kattegat etwa 30 cm. Die daraus resultierenden Oberflächenströme sind gering; Gezeitenstromatlanten gibt es daher nicht. Strömungen werden in der Ostsee hauptsächlich durch Wind, Luftdruckschwankungen, Dichteunterschiede (Temperatur- und Salzgehaltverteilung) sowie Eigenschwingungen (Seiches) erzeugt. Da der Wind in der Ostsee die treibende Kraft zur Erzeugung von oberflächennahen Strömungen ist, findet man u. a. in der Literatur für die Sportschifffahrt (z. B. im Yachtpilot, DSV-Verlag) Angaben über die Stromgeschwindigkeiten der vier Windrichtungen Ost, Süd, West und Nord für jeweils für 3 bzw. 6 Bft.
Aktuelle Berechnungen und Vorhersagen der Oberflächenströmungen sind auf der Internetseite des BSH verfügbar. Diese Strömungen sind die Ursache für Veränderungen im Wasserstand.
Gibt es Sturm über der Ostsee,

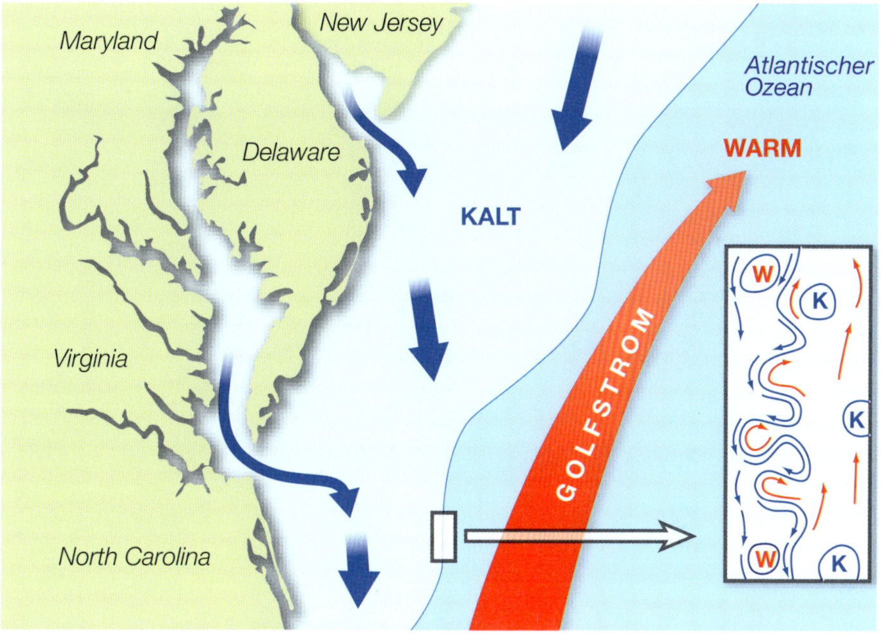

Abb. 5.23 Wirbel an der Grenze Labradorstrom/Golfstrom

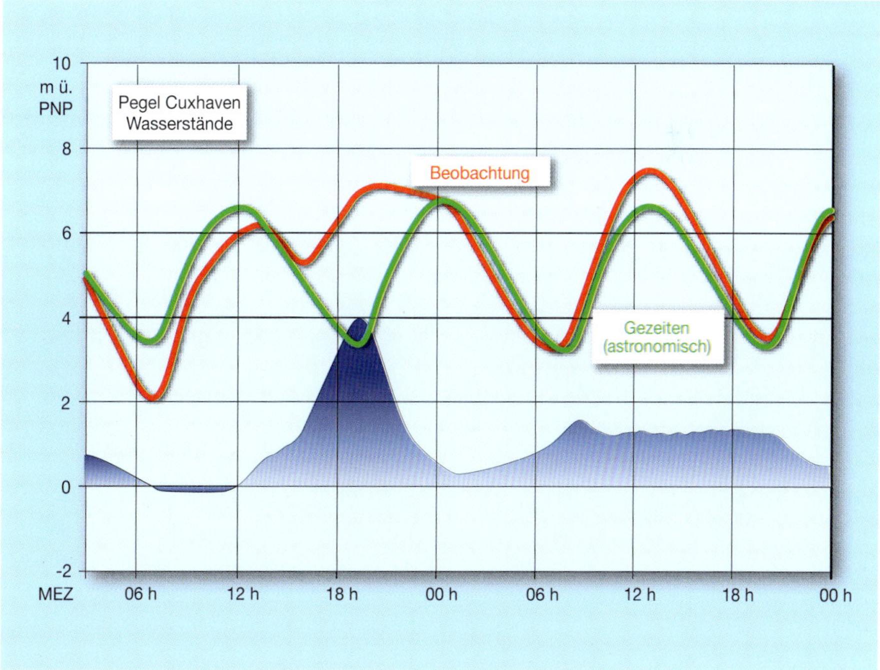

Abb. 5.24 Positiver Windstau kann die Höhe von Sturmfluten erreichen

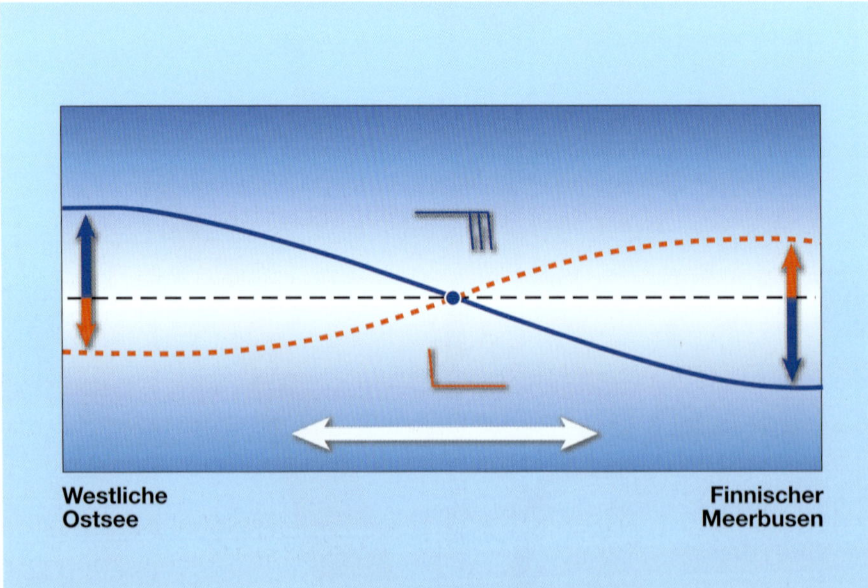

Abb. 5.25 Anhaltender Wind staut das Wasser zunächst in der Westlichen Ostsee

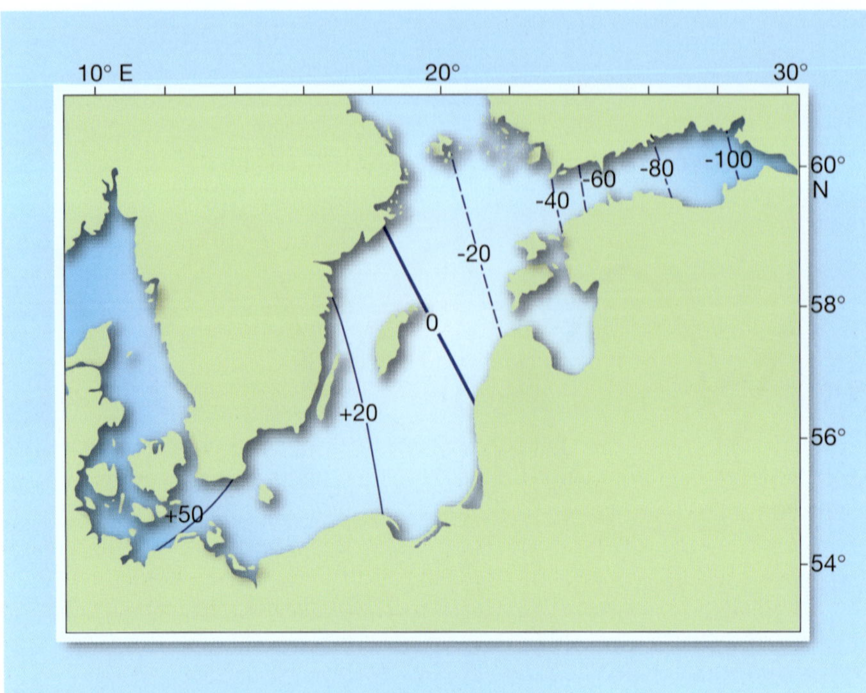

Abb. 5.26 Wasserstandsänderungen in cm durch eine Seiches

können auch hier Sturmfluten auftreten. Leichte Sturmfluten mit Wasserständen um 1 m finden statistisch etwa zweimal im Jahr statt. Schnelle Wasserstandsänderungen an den Ostseeküsten werden auch als „Seebär" bezeichnet. Hierbei kann sich der Wasserstand innerhalb einer Stunde oder weniger um etwa 0,5 m erhöhen. Das ist auf lange Wellen zurückzuführen, die durch eine plötzliche Änderung in der Windrichtung oder eine starke Gewitterböe ausgelöst werden können.

Generell können auch durch anhaltend hohen oder niedrigen Luftdruck über Ost- und Nordsee Schwankungen des Wasserstands von etwa 20 bis 30 cm verursacht werden.

Periodische Schwankungen der Wasserstände können in der Ostsee auftreten, wenn durch den Wind eine Seiches (Eigenschwingung) erzeugt wird.

Zum Beispiel wird bei anhaltendem Sturm aus Nordost Wasser in Richtung Westliche Ostsee „gedrückt", sodass der Wasserstand z. B. im Finnischen Meerbusen fällt. Lässt der Wind nach, „schwappt" das Wasser zurück und führt dabei zu beträchtlichen Strömungen. Die Periode dieser Eigenschwingung beträgt etwa 27 Stunden.

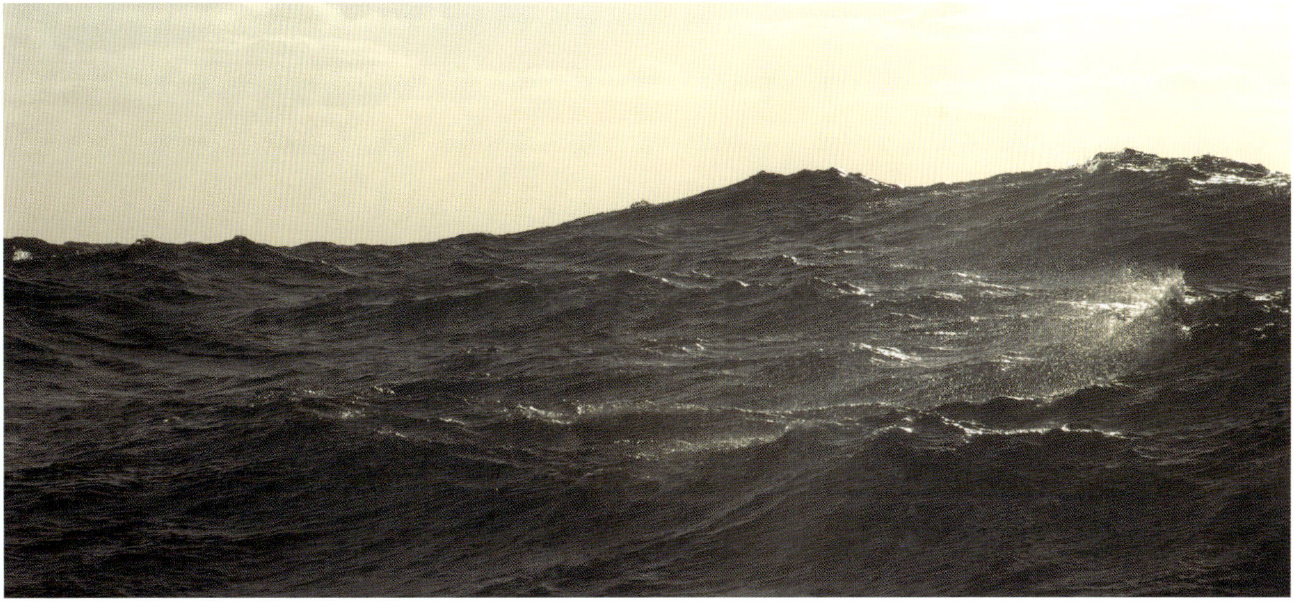

Abb. 5.27 Dünung

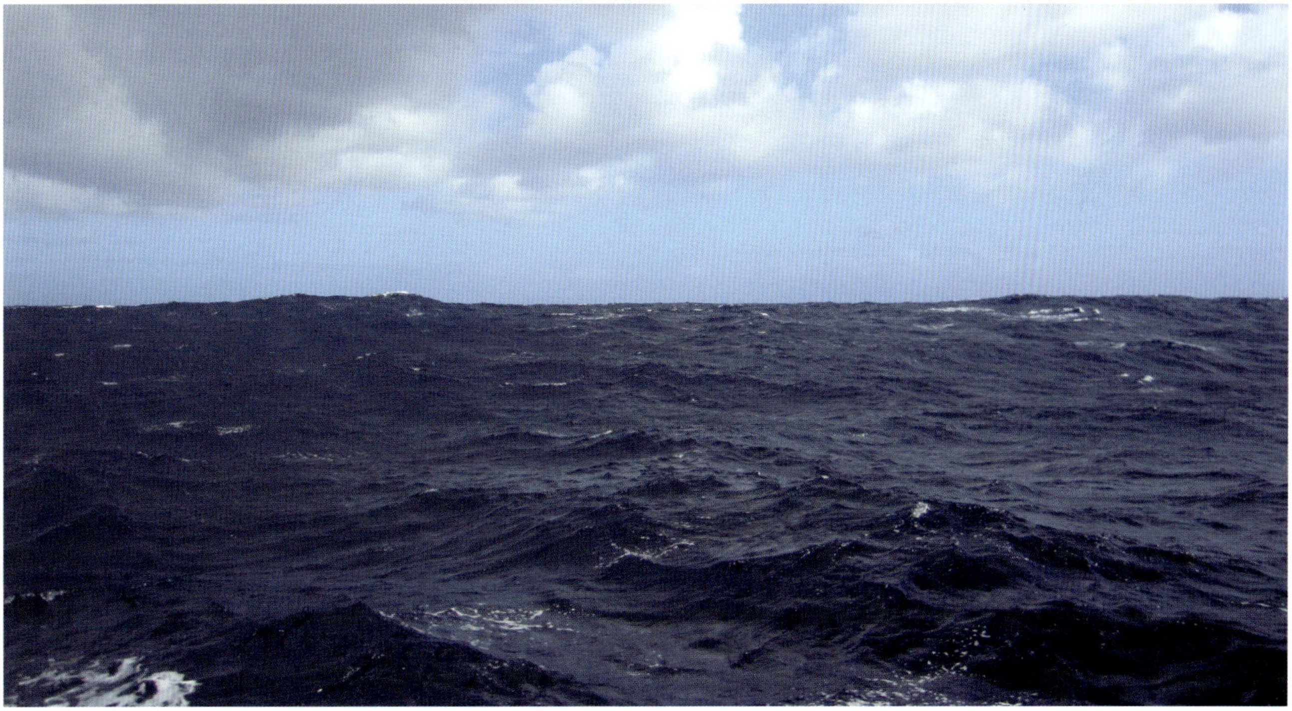

Abb. 5.28 Dünung mit Passatbewölkung

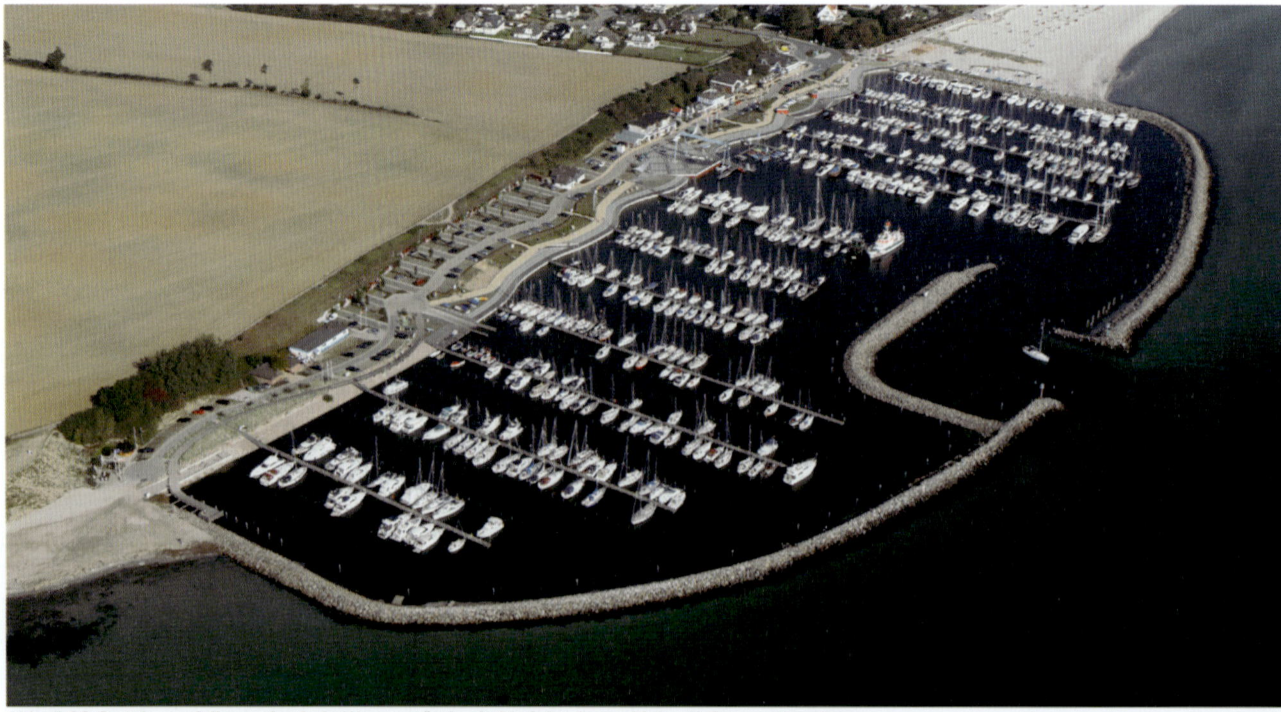

Abb. 5.29 Gegebenenfalls wechselnde Wasserstände sind bei der Auswahl des Hafens zu beachten

6 Wetterinformationen

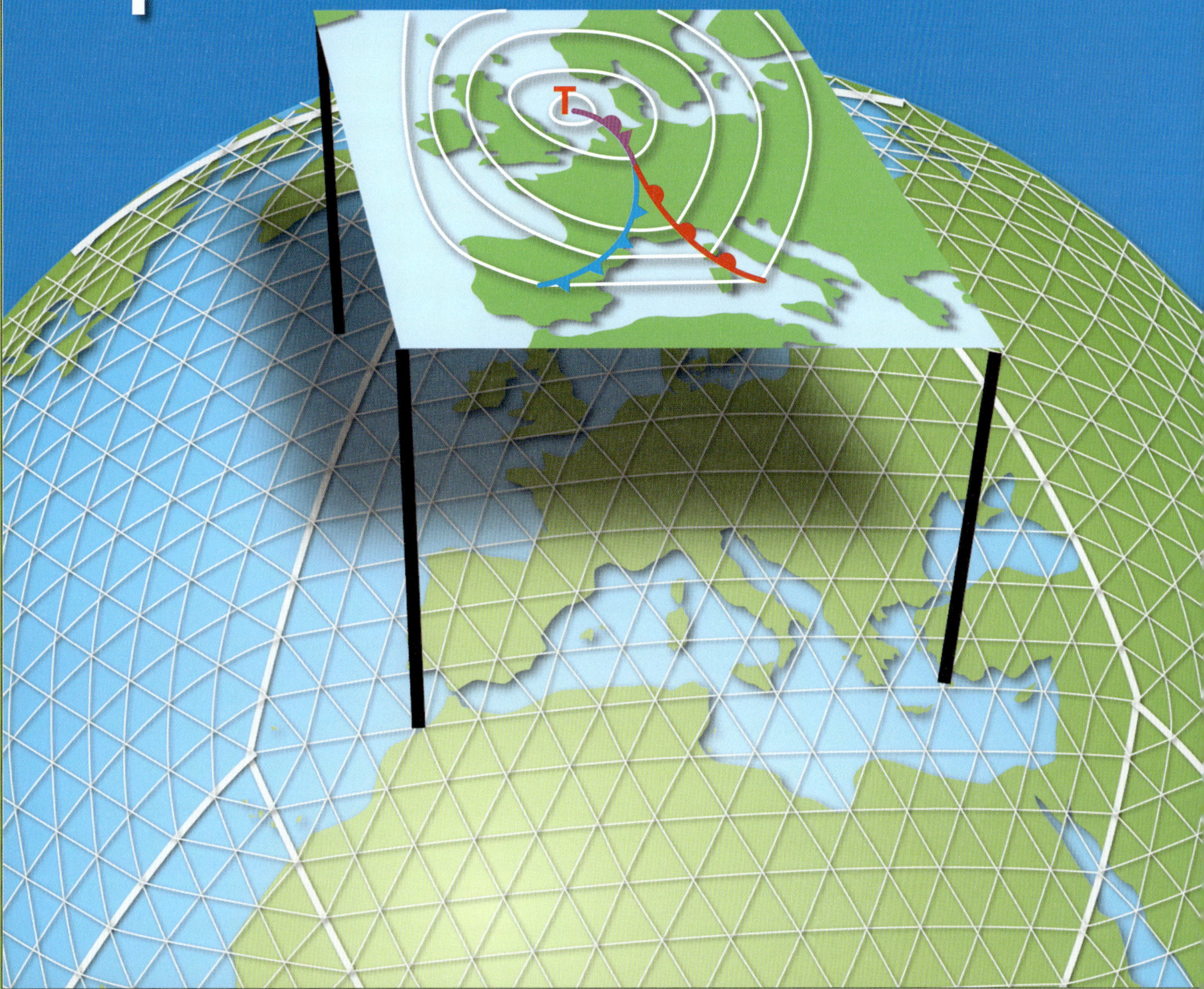

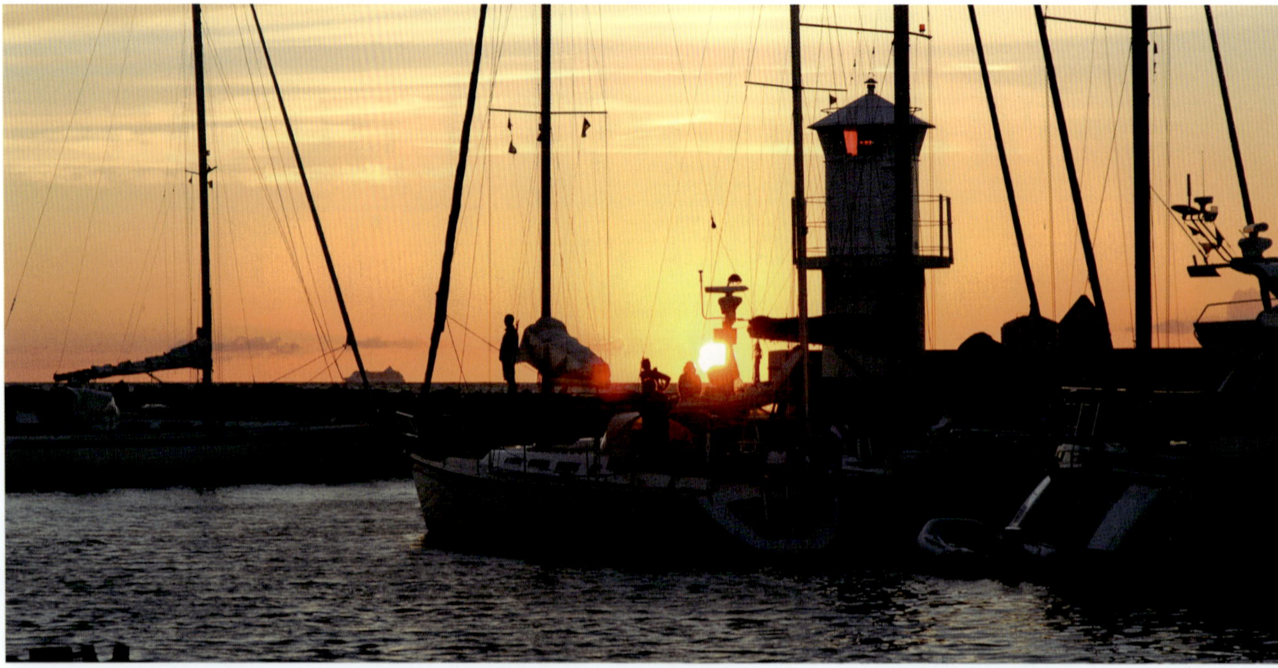

Abb. 6.1 Wetterregeln zum Abendrot haben nichts mit moderner Wettervorhersage zu tun

6.1 Wettervorhersage: Entstehung und Verlässlichkeit, Ensemblevorhersage

Wetterinformationen werden heute über viele Medien angeboten und von Nutzern ausgewertet. Abgesehen von der jeweiligen Qualität im Besonderen gilt jedoch ganz allgemein: Umso detaillierter die Vorhersage auf Ort und Zeit berechnet ist, desto höher ist die Genauigkeit. Dabei lassen sich einige Elemente der Wettervorhersage, wie Bodendruck und Wind, gut prognostizieren, andere, etwa Bedeckung, Wolkenart oder Niederschlag, haben geringere Trefferquoten.
Wettervorhersagen können keine hundertprozentige Zuverlässigkeit besitzen, u. a. auch, weil es viele lokale Windsysteme gibt, die nur schwer erfasst werden können. Oft schon ist es an Bord schwierig, den Mittelwind und die Böen/Windspitzen voneinander bei der Beobachtung oder Messung zu trennen.
Um Wettervorhersagen zu erstellen, bedient man sich sehr leistungsfähiger Supercomputer und versucht mit Methoden der Physik und Mathematik, die meteorologischen Vorgänge zu berechnen. Damit Wettervorhersagemodelle das zukünftige Wetter simulieren können, werden sie mit aktuellen Wetterdaten bzw. -beobachtungen „gefüttert“. Erste Versuche unternahm Lewis Fry Richardson um 1920. Seine Berechnung nahm zwar einen Zeitraum von ca. einem Jahr in Anspruch, sodass es mit einer Vorhersage nichts mehr zu tun hatte, aber das von ihm benutzte Verfahren der Extrapolation wird heute noch angewendet.
Eine Wettervorhersage beginnt mit Messdaten, die aus regelmäßig durchgeführten Wetterbeobachtungen, etwa von Wetterstationen und Schiffen, stammen. Das schließt auch Gebiete wie die Pole oder andere nicht dicht besiedelte Regionen ein, da Wetter ein globales Phänomen ist. Beobachtet wird einheitlich nach Vorgaben der World Meteorological Organisation (WMO) zu bestimmten Terminen nach Weltzeit UTC. An Flughäfen wird im Rhythmus von 30 Minuten, auf See alle 3 oder 6 Stunden das Wetter (auch Seegang und Eis) beobachtet. Ergänzt werden die Beobachtungen von Wetterstationen und Schiffen durch automatische Wetterstationen, Flugzeuge, Satelliten, driftenden Bojen, Radiosonden (Wetterballons) u. Ä. Auf diese Weise wird eine riesige Anzahl von Daten gesammelt, um ein komplettes

Bild von der aktuellen Situation des Wetters zu bekommen. Der zeitnahe Austausch der Wetterdaten war erst mit Kommunikationstechniken seit der Erfindung der Telegrafie möglich. Heute übernehmen Satelliten und schnelle Datenleitungen zusammen mit Computern die Übertragung, um weltweit Wetterdaten in Echtzeit auszutauschen. Mit den Daten zu den Hauptterminen 00:00, 06:00, 12:00 und 18:00 UTC starten die Berechnungen der Wettervorhersagemodelle. Vorher werden die Daten auf Plausibilität geprüft, denn eine fehlerhafte Wettermeldung kann die Wettervorhersage erheblich verfälschen. Zum Beispiel könnte die Wettermeldung von einem Schiff, deren Luftdruckangabe zu niedrig ist, ein neues lokales Tief oder Sturmtief „entstehen" lassen.

Eine unvermeidbare Fehlerquelle im System der Wettervorhersagen liegt im Ausgangszustand der Berechnung, da nie ausreichend Messungen für eine vollständige Simulation der Wetterentwicklung verfügbar sind. Das betrifft nicht nur Bodenwettermeldungen, sondern auch die aus den Luftschichten darüber.

Nicht jede Nation verfügt über die Hochleistungscomputer, die zur Berechnung notwendig sind, sowie das Wissen zur Programmierung von *Wettervorhersagemodellen*; weltweit gibt es nur wenige Länder, die sich diesen Aufwand leisten. In Deutschland betreibt der Deutsche Wetterdienst in Offenbach einen Großcomputer, das ECMWF (European Centre for Medium-Range Weather Forecasts) ist ein Zusam-

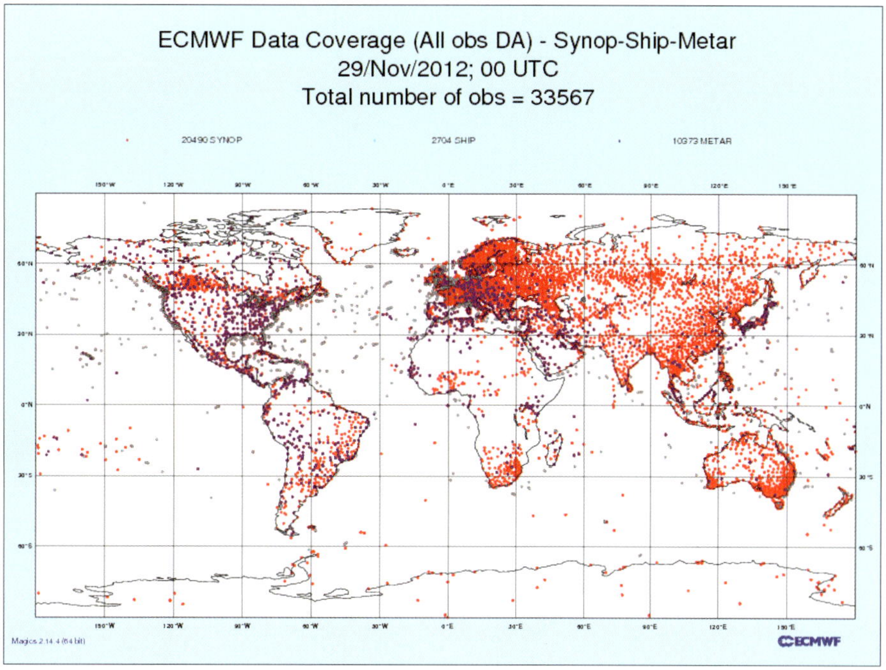

Abb 6.2 Messdaten von Stationen und Flughäfen für den 29.11.12 um 00:00 UTC, (Quelle: ECMWF)

Abb. 6.3 Messdaten von Bojen für den 29.11.12 um 00:00 UTC, (Quelle: ECMWF)

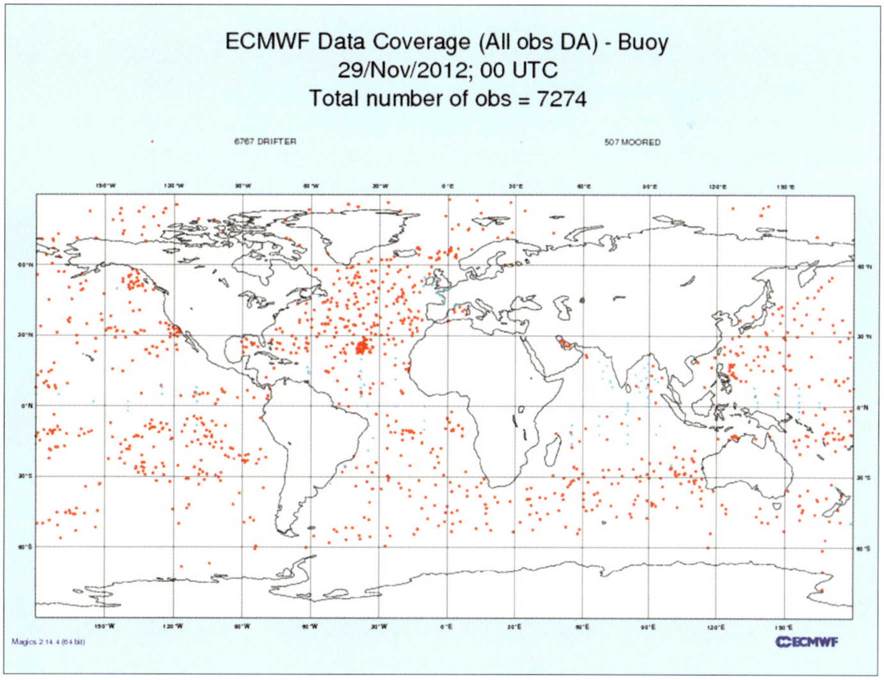

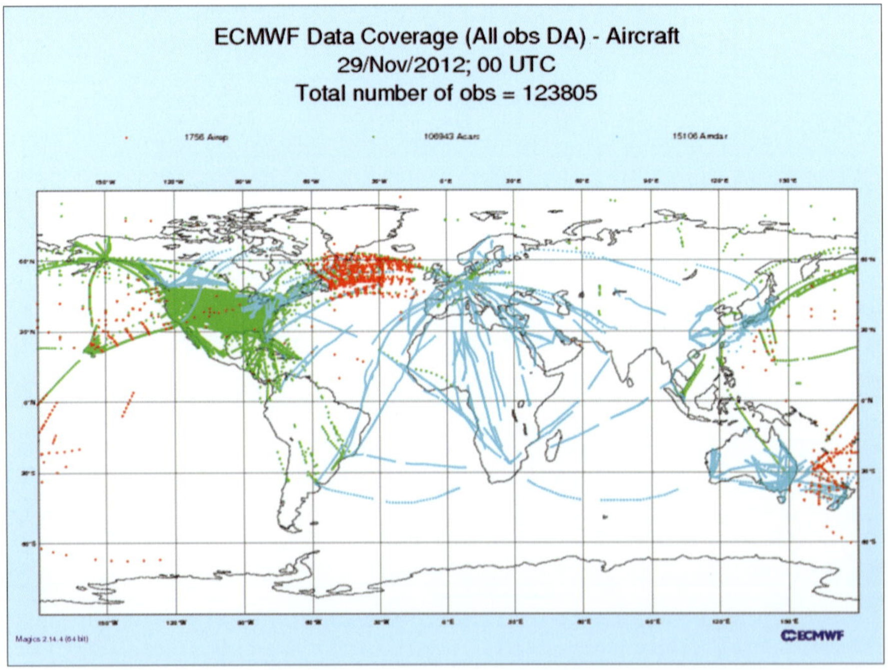

Abb. 6.4 Messdaten von Flugzeugen für den 29.11.12 um 00:00 UTC, (Quelle: ECMWF)

menschluss von einigen nationalen Wetterdiensten, die gemeinsam einen Supercomputer mit Experten betreiben.

In den Wettervorhersagemodellen werden die Wetterdaten etwas vereinfacht und zugleich anschaulich dargestellt auf ein „Gitternetz“ gebracht, das über die Erdkugel gelegt wird (s. Abb.6.5). Dieses Gitternetz hat eine bestimmte räumliche Auflösung, beispielsweise 22 km. Für jeden Punkt im Gitternetz, also alle 22 km, müssen Wetterdaten (Luftdruck, Temperatur, Feuchte, Wolken usw.) vorliegen. Doch muss dieses Gitternetz nicht nur in Bodennähe mit Daten belegt werden, sondern auch in vielen Schichten weit über die Tropopause (ca. 12 km) hinaus. Die fehlenden Daten werden interpoliert, wodurch zugleich auch Fehler entstehen. Zusätzlich müssen viele weitere Parameter vorgegeben werden, wie etwa Oberflächentemperaturen der Ozeane, Bodenbeschaffenheit, Eisbedeckung auf Seen und Ozeanen sowie Höhenstrukturen der Gebirge. Auf dieser Grundlage berechnet der Hochleistungscomputer mehrere Stunden mit mathematischen Gleichungen aus Bereichen wie der Thermo- oder Hydrodynamik das zukünftige Wetter. Vorhersagen des Seegangs können erst dann vorgenommen werden, wenn die Berechnungen der Atmosphäre abgeschlossen sind.

Neben den nicht ausreichenden Daten kommen weitere Fehlerquellen hinzu. Die Natur verhält sich nicht linear (mathematisch), oft ist es auch ein chaotisches System, und viele Wechselwirkungen, etwa zwischen Ozean und Atmosphäre, können nur vereinfacht berücksichtigt werden.

Trotz der vielen Einschränkungen liefert die Wettervorhersage gute Ergebnisse; sie sind umso besser, je enger man die „Maschenweite“ im Wettervorhersagemodell wählt. Liegt die Auflösung beispielsweise horizontal bei 40 km, können kleinräumige Zirkulationen, z. B. Seewind, nicht berücksichtigt werden. Dagegen hätte eine Auflösung von weniger als 1 km keine Schwierigkeit, lokale Windmuster, wie etwa Küstenführung, zu erfassen. Doch abgesehen von den fehlenden Messdaten würde eine derartige Berechnung auch Tage in Anspruch nehmen.

Um dennoch kleinräumige Wetterentwicklungen prognostizieren zu können, werden mit den Ergebnissen der grobmaschigen globalen Wettervorhersagemodelle und zusätzlichen Daten regionale oder lokale Wettervorhersagemodelle mit einer höheren Auflösung gestartet.

Vorhersagen für Regenmengen, Bedeckung (Wolkenart) oder Gewitter sind weniger zuverlässig, da sie erst aus anderen Parametern errechnet werden müssen. Zum Beispiel lässt sich lediglich eine Gewitterbereitschaft über der Deutschen Bucht ermitteln, nicht aber der Cumulonimbus über Helgoland.

Die *Weiterverarbeitung* aller Ergebnisse der Wettervorhersagemodelle für den Endverbraucher erfolgt meist als Grafik, Karte oder Text. Für Seewettervorhersagen werden meist Vorhersagekarten für Bodendruck, Wind oder Seegang angeboten. Beliebt sind auch GRIB-Daten für Wind, Seegang oder Oberflächenströmungen der Ozeane. Sie sind jedoch wie viele andere Produkte direkt den Computer-

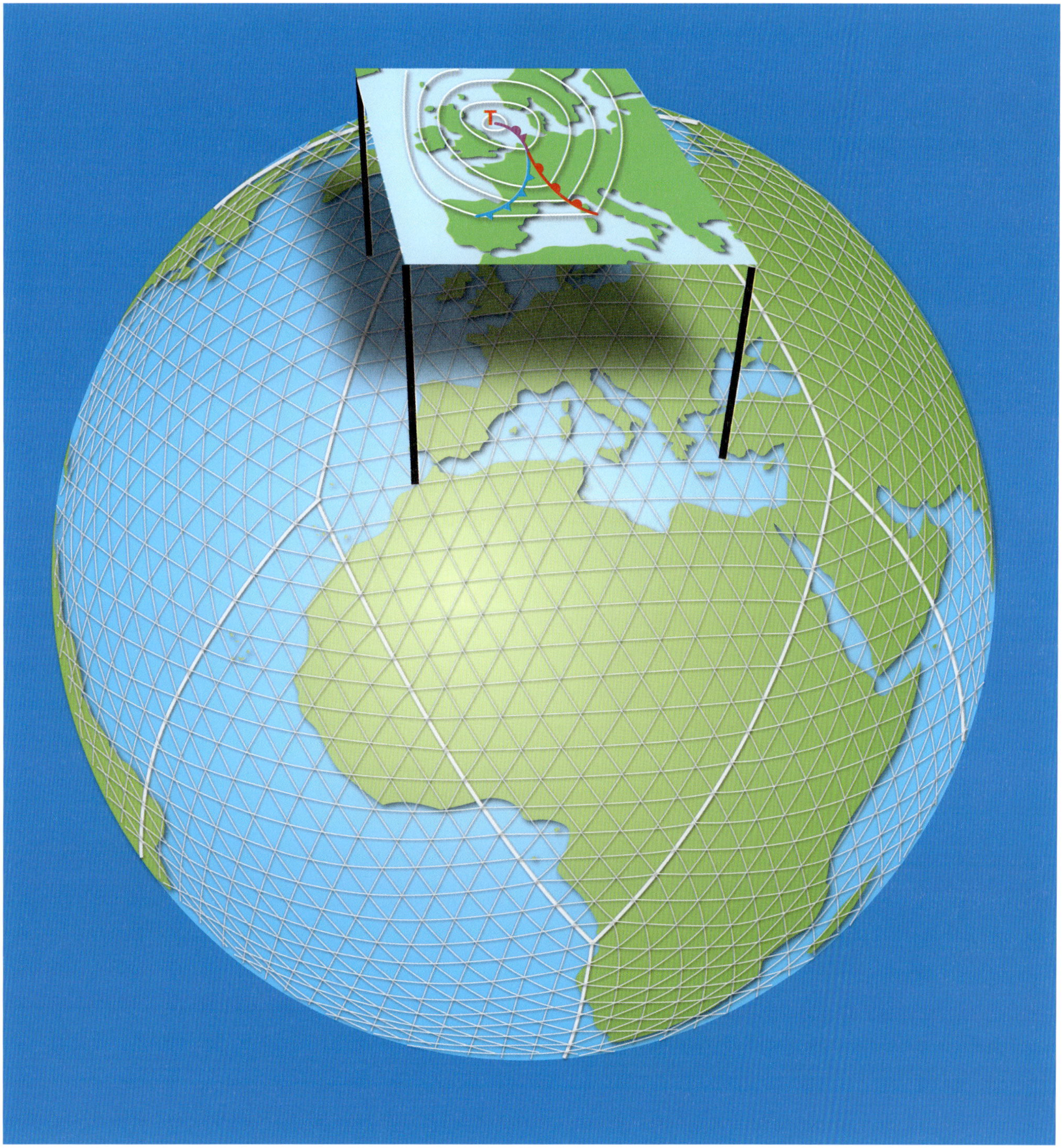

Abb. 6.5 Prinzip eines „Gitternetzes" der Wettervorhersagemodelle

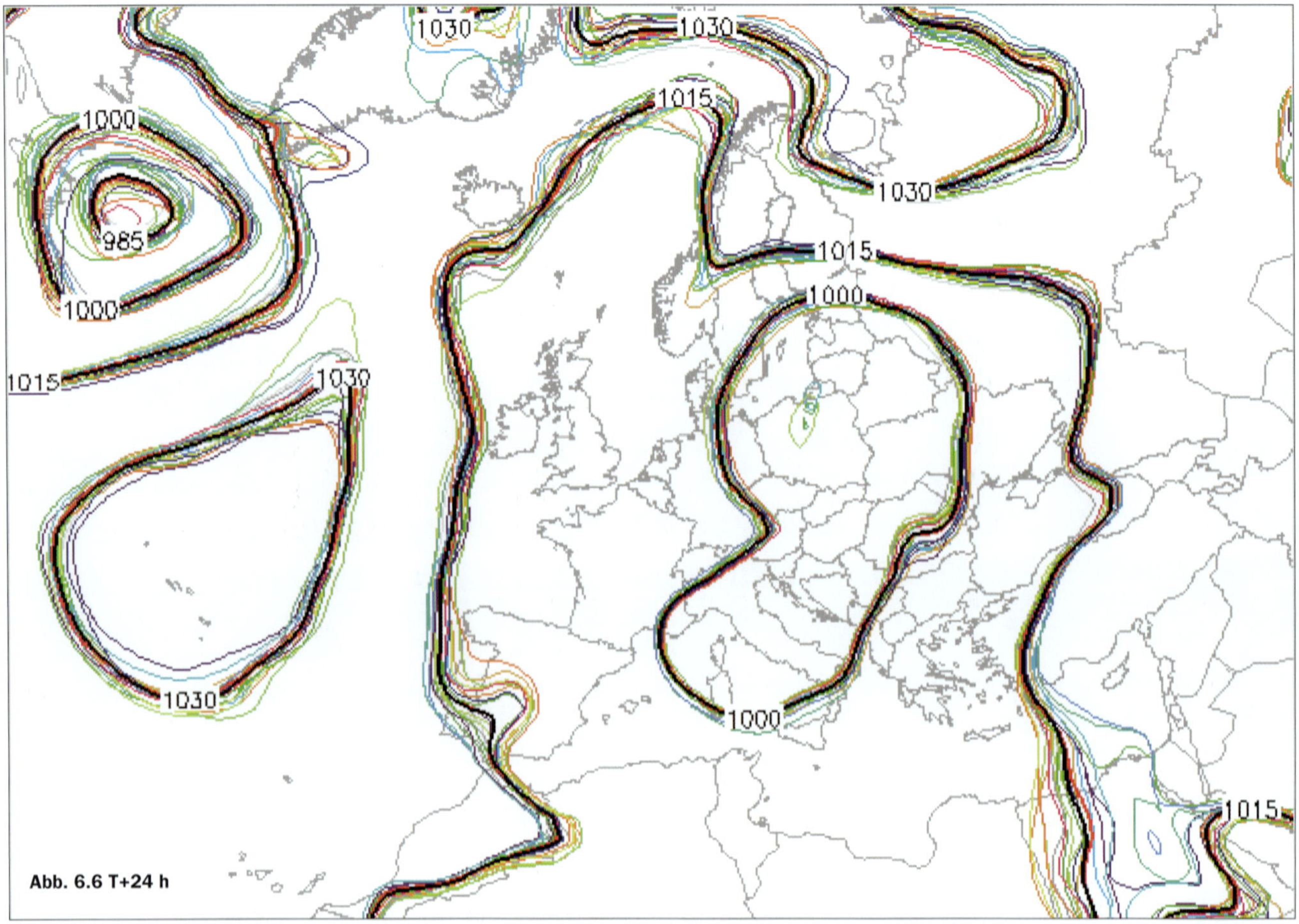

Abb. 6.6 T+24 h

Abb. 6.6, 6.7, 6.8 Die Ensemble-Vorhersage zeigt für die Vorhersagen T+24 h und T+72 h noch ähnliche Ergebnisse, nach T+120 h lassen sich nur noch Muster erkennen (Quelle: Wetteronline)

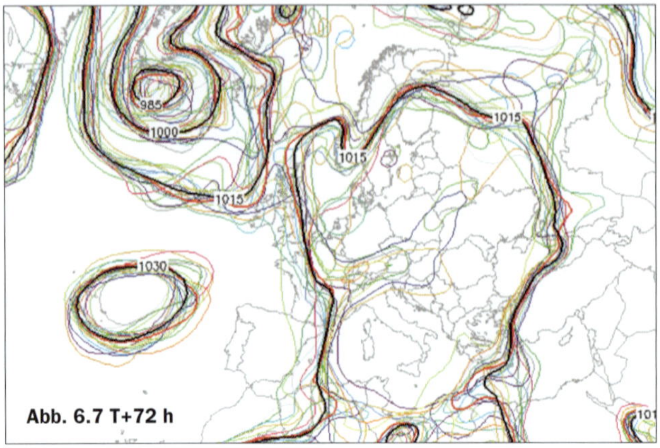

Abb. 6.7 T+72 h

berechnungen entnommen und von keinem Fachpersonal geprüft.

Um die Verlässlichkeit der Wettervorhersage darzustellen, bedient man sich der *Ensemblevorhersage*. Sie beruht darauf, dass man das Wettervorhersagemodell mit Dutzenden von Variationen (je nach Modell und Computerkapazität) der Anfangsbedingungen startet. Somit versucht man den möglichen Fehler für unterschiedliche Parameter (Luftdruck, signifikante Wellenhöhe usw.) zu erkennen, denn die Güte der Berechnung hängt wesentlich von den eingehenden Wetterdaten ab, die jedoch letztlich nicht in ausreichender Menge zur Verfügung stehen. Anhand der Ergebnisverteilung der Ensembles (s. Abb. 6.6 bis 6.8)

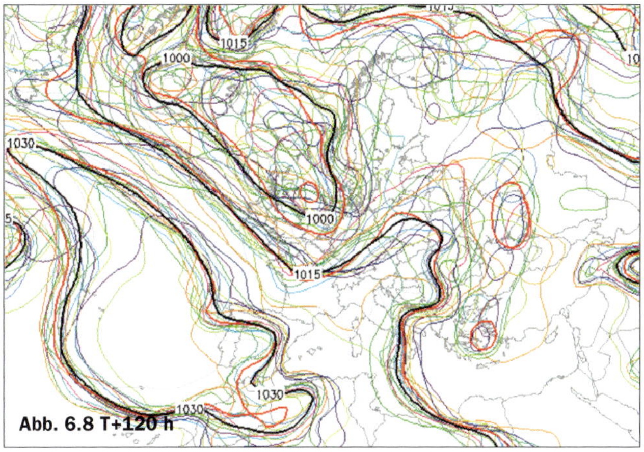

Abb. 6.8 T+120 h

lässt sich erkennen, ob die mit leicht unterschiedlichen Anfangsbedingungen berechneten Ergebnisse ähnlich sind. Ist das der Fall, ist die Prognose verlässlich.

> Wetterinformationen an Bord tragen zur Sicherheit bei. Es gibt viele Kommunikationswege, diese an Bord zu empfangen. Neben internationalen Informationssystemen wie dem GMDSS oder dem UKW-Seefunk bieten sich dem Nutzer viele Möglichkeiten an, die unterschiedlich detailliert im Informationsgehalt sind. Gerade hinsichtlich der Kommunikationswege auf See erfolgt meist eine subjektive Abstimmung zwischen Informationsgehalt/Detaillierung und Datenfluss/Kommunikationskosten.

6.2 GRIB-Daten

GRIB (Gridded Binary) ist das weltweit standardisierte Datenformat zum Austausch meteorologischer und ozeanografischer Informationen sowie das Outputformat der Wettermodelle.

Supercomputer, z. B. der US-amerikanischen NOAA und des Europäischen Wetterzentrums ECMWF, rechnen rund um die Uhr und geben alle 3 bis 12 Stunden ihre Modellresultate im GRIB-Format aus. Alle Modellparameter wie Windrichtung, -stärke und Druck (die Modelle berechnen über 150 Parameter) werden Punkt für Punkt und Zeitschritt für Zeitschritt (außerdem für verschiedene Atmosphärenschichten) codiert.

Die Roh-GRIB-Daten verschiedener Modelle sind heutzutage die Basis aller professionellen Vorhersagen und auch für den privaten Gebrauch äußerst nützlich, da sich mit ihnen der zeitliche und räumliche Ablauf der Wetterentwicklung effizient überblicken lässt und auch Routingprogramme mit diesen Informationen „gefüttert“ werden können. Es ist allerdings wichtig, den Modellcharakter dieser Informationen zu berücksichtigen und die mit den Modellen verbundenen Anomalien zu kennen, um die Aussagekraft der Vorhersage richtig einzuschätzen, wie beispielsweise, dass das GFS (s. Kap. 6.2.2) die Windgeschwindigkeit im Mittel um 10 % unterschätzt.

6.2.1 Charakteristiken von GRIBs

Aufgrund begrenzter Rechenleistungen selbst modernster Supercomputer stellen Wettermodelle stets einen Kompromiss zwischen *Vorhersagedauer* und *Detaillierungsgrad* dar. Die weltumspannenden Modelle rechnen ihre Hauptläufe zwei- bis viermal am Tag mit den Wetterdaten von 00:00, 06:00, 12:00 und 18:00 Uhr Weltzeit (UTC). Das bedeutet, dass solche Modellvorhersagen stets auf Messwerten basieren. Die Auflösung, die diese Modelle bieten, liegt bei einem ca. 3-stündigen Zeitintervall von Vorhersage zu Vorhersage und 0,1° räumlichem Abstand. Es gibt zahlreiche Modelle, die eine höhere lokale (bis zu 1 km) und zeitliche (bis 1 Stunde) Auflösung bieten, doch ist deren Vorhersagedauer signifikant kürzer als die der globalen Modelle, auch decken sie nicht alle Gebiete der Erde ab. Darüber hinaus nehmen die meisten „Lokalmodelle“ GFS oder ECMWF als „Umgebungsmodell“, um ihr lokales Modell mit den Startwerten zu versorgen („initialisieren“).

Die Kosten oder technischen Begrenzungen der *Datenübertragung* an Bord bedeuten einen weiteren Engpass. Ein hochauflösendes Regionalmodell kann schnell mehrere Megabyte Datenvolumen umfassen und nur von entsprechend mit Breitbandinternet ausgestatteten Yachten oder in Küstennähe empfangen werden. In der Mehrzahl aller Fälle wird der Anwender aus diesen Gründen wohl mit

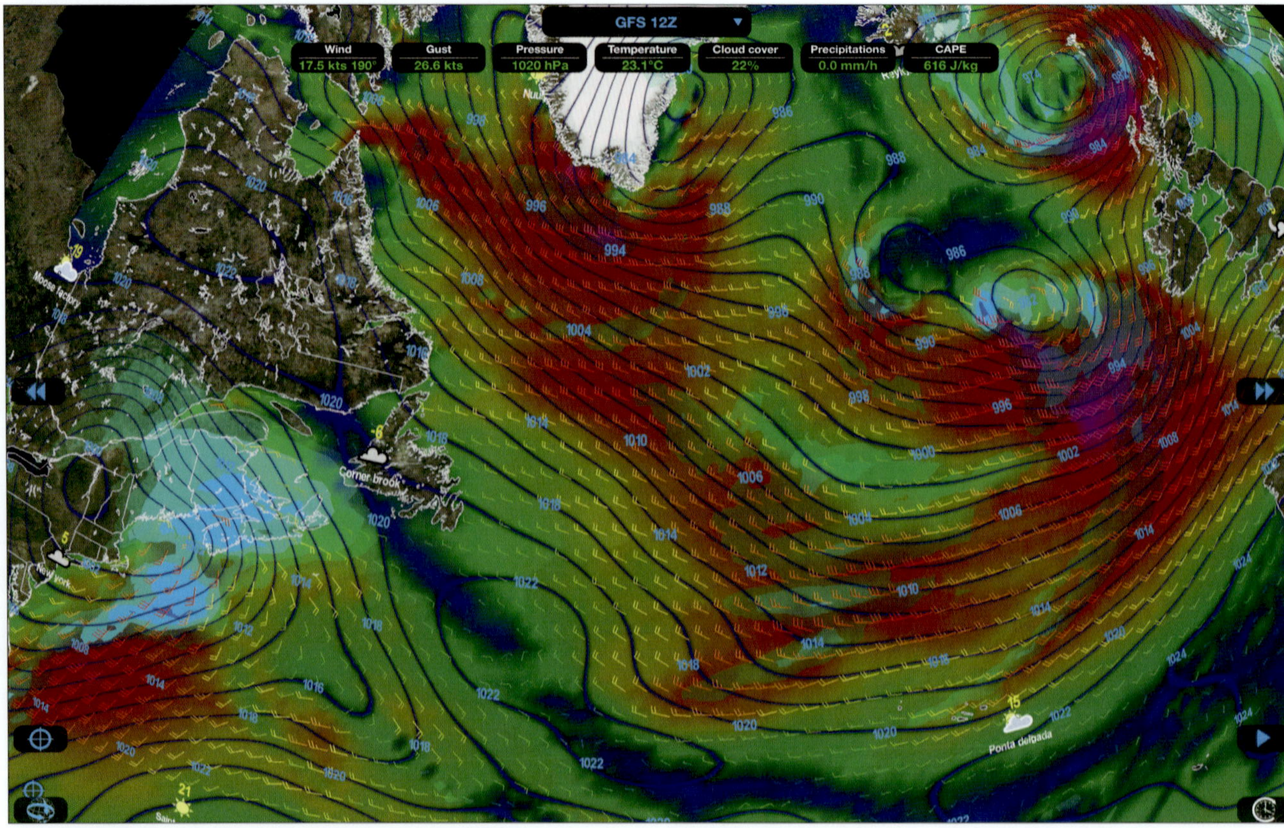

Abb. 6.9 GRIB-Daten dargestellt mit der App Weather4D

„normal“ aufgelösten Modellen arbeiten, deren Übertragung sich mit geringem technischen Aufwand bewerkstelligen lässt (Iridium, HF-Funk, Mobilfunk, Inmarsat usw.). Davon abgesehen sind diese Daten im Hafen oder daheim mit schnelleren Datenleitungen schnell und problemlos zu beziehen.

In den letzten Jahren hat sich die Nutzung von GRIB-Daten stark verbreitet. Sie sind nicht nur kostenfrei zugänglich, sondern als Wetterinformationsmedium außerordentlich effizient, wie das folgende Beispiel verdeutlicht:

Betrachten wir ein GRIB mit Windgeschwindigkeit, Windrichtung, Niederschlag und Bodendruck für ein Seegebiet von 300 sm Ausdehnung und einem Vorhersagezeitraum von 5 Tagen mit zeitlicher Auflösung von 3 Stunden und räumlicher Auflösung von 0,5°, bedeutet dies faktisch, dass wir 16.000 einzelne Werte vor uns haben. Zur Erinnerung: 0,5° entsprechen 30 sm, womit alle 30 sm eine Information vorliegt, was in dem Gebiet von 300 sm also 10 x 10 = 100 Informationspunkten entspricht. (Hinsichtlich der Kartenprojektion wäre das allerdings noch zu differenzieren, da z. B. die Mercatorprojektion nicht flächentreu ist. Doch das nur als Ergänzung.) Es steht also für das Beispiel für jeden Punkt 8-mal am Tag an 5 Tagen eine Information zur Verfügung, also zu 40 unterschiedlichen Zeitpunkten. Bei den 4 Parametern Windgeschwindigkeit, Windrichtung, Niederschlag und Bodendruck zu 40 Zeitpunkten an 100 Orten enthält das GRIB also 16.000 Wetterinformationen zuzüglich der Zeit- und Ortsinformationen. Mit dem GRIB-Format können diese Werte in gerade mal 100 kB untergebracht werden.

Von den weltumspannenden Wettermodellen werden nachfolgend einige vorgestellt.

6.2.2 GFS-Modell

Das Global Forecasting System (GFS) der US-amerikanischen NOAA ist das bedeutendste Modell, einerseits, weil es im Bereich der Nordhemisphäre, insbesondere des Nordatlantiks, von herausragender Güte ist, andererseits ist es für uns als Endnutzer auch deshalb besonders relevant, weil es kostenfrei zur Verfügung steht. Das Modell hat folgende Eigenschaften:

- Vorhersagezeitraum: bis 16 Tage/384 Stunden
- zeitliche Auflösung: 3 Stunden bis 10 Tage, 12 Stunden bis 16 Tage
- Initialisierungszeiten: 00:00, 06:00, 12:00, 18:00 UTC
- räumliche Auflösung: 0,5° bis 8 Tage, 1° bis 16 Tage

6.2.3 ECMWF-Modell

ECMWF steht für European Centre for Medium-Range Weather Forecasts. Das europäische Modell ist neben dem GFS das wichtigste, weltumspannende Wettermodell, berechnet von einem Supercomputer und getragen von einem Zusammenschluss europäischer Staaten. Beziehen lassen sich diese Daten im GRIB-Format nur kostenpflichtig über nationale oder private Wetterdienste.

Ein Wetterdienst oder ein privater Wetterdienstleister sollte stets Zugang zum ECMWF haben; allerdings ist das wegen der damit verbundenen Kosten durchaus nicht immer der Fall. Die Eckdaten des ECMWF:

- Vorhersagezeitraum: 10 Tage
- zeitliche Auflösung: 1 Stunde bis 3,75 Tage, 3 Stunden bis 6 Tage, 6 Stunden bis 10 Tage für 00:00 und 12:00 UTC
- Initialisierungszeiten: 00:00, 06:00, 12:00, 18:00 UTC
- räumliche Auflösung: 0,1° weltweit

6.2.4 Strömungen

Meeresströmungen sind für Segler zwar je nach Geschwindigkeit nachrangiger Bedeutung gegenüber dem Wind, in bestimmten Situationen und Regionen jedoch durchaus bedeutend, wie etwa der Golfstrom. Strömungsinformationen im GRIB-Format haben für uns ganz äquivalent zum Wind die Vorteile der „datensparenden" Übertragung und der effizienten Visualisierung, einschließlich der Möglichkeiten der Darstellung auf der elektronischen Seekarte und der Berücksichtigung der Daten beim Wetterrouting.

Im Environmental Modeling Center (EMC) der US-Behörde NOAA sind GRIB-Daten zu Strömungen frei verfügbar; aufgrund der geringen Modellauflösung haben diese Daten aber in Küstennähe wenig Aussagekraft.

Für typische Regattareviere wie den Solent oder die Bretagne gibt es von privaten Anbietern höher auflösende Strömungs-GRIBs, z. B. von Winningtides, Proudman, Tidetech oder Shom. Für die deutschen Gewässer finden sich Strömungs-GRIBs auf der Webseite des BSH. Für den Golfstrom kann man von privaten Anbietern GRIB-Files erstellen lassen, etwa von Commanders' Weather.

6.2.5 Seegangs-GRIB

Ebenfalls im Environmental Modeling Center der NOAA eingebunden sind Vorhersagen für den Seegang. Grundlage dafür ist die Windvorhersage des GFS. Es rechnet viermal am Tag, 00:00, 06:00, 12:00 und 18:00 UTC, und beschreibt weltweit die Seegangsvorhersage bis zu 180 Stunden im Voraus. Viele der Produkte der NOAA sind als grafischer Output verfügbar, sie lassen sich aber auch als GRIBs und einem „Viewer" für GRIB-Daten laden. Weitere Anbieter bieten auch Vorhersagen für spezielle Reviere an. Da der Seegang stark durch oberflächennahe Strömungen und die Wassertiefe modifiziert wird (s. Kap. 5), ist bei der Benutzung von Seegangsvorhersagen zu hinterfragen, ob diese beiden Parameter mit Eingang gefunden haben.

6.2.6 Akquirieren und Darstellen von GRIB-Daten

Es gibt zahlreiche Möglichkeiten, GRIB-Daten zu akquirieren und anzuzeigen. Im Folgenden werden einige dieser Möglichkeiten vorgestellt.

Im Bereich der Applikationen für Smartphones, Tablets und Notebooks gibt es ebenfalls zahlreiche Angebote:

Neben den spezialisierten GRIB-Akquise- und Darstellungsprogrammen können auch die meisten Navigations- und Routingprogramme von Haus aus GRIB-Files akquirieren und darstellen. Adrena, Expedition, Deckman und Timezero – um nur einige Programme beispielhaft zu nennen – bieten über das Menü jeweils Funktionen, die direkt GRIB-Files aus dem Internet in das Navigationsprogramm laden.

Bei weiteren Anbietern wie etwa PredictWind oder Squid, die sich neben der Entwicklung eigener Apps auch auf den Verkauf von GRIB-Files unterschiedlicher Vorhersagemodel-

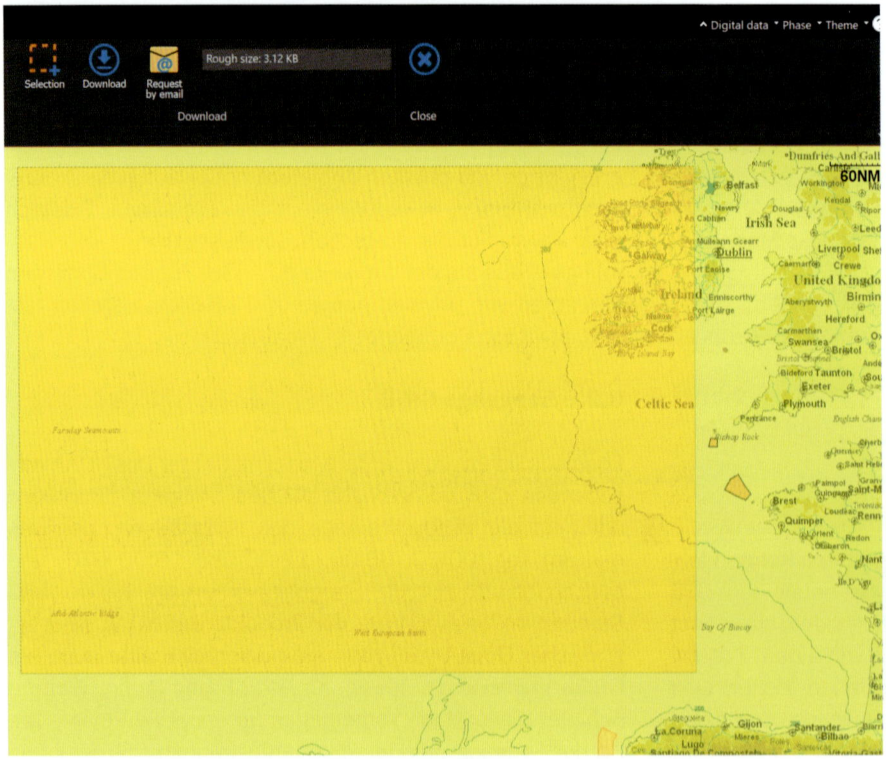

Abb. 6.10 Auswahl der GRIB-Daten in der Software Adrena

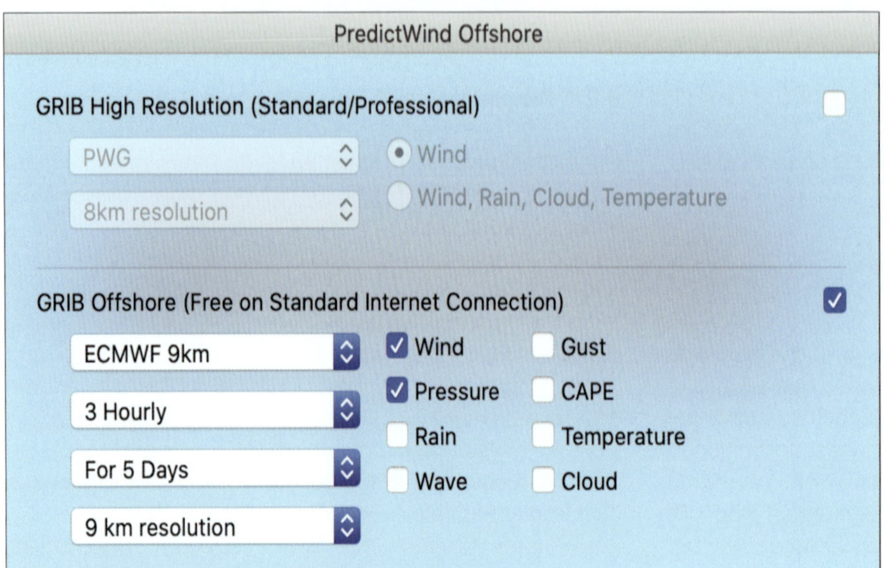

Abb. 6.11 Auswahl der GRIB-Daten beim Anbieter PredictWind

le spezialisiert haben, kann man online je nach Bedarf im Abonnement den Download beauftragen. Die Abonnements unterscheiden sich in den Anforderungen des Kunden. Es kann beispielsweise zwischen unterschiedlichen Wettervorhersagemodellen (küstennah oder Hochseesegeln), in der Auflösung und dem Abstand der Gitterpunkte ausgewählt werden.

Über die App Windy können in der Basisversion die GRIB-Files verschiedener Wettervorhersagemodelle kostenlos dargestellt werden. Für eine höhere Auflösung fallen Kosten an. Sehr gut gelungen ist bei dieser App, dass die Zeit der Aktualisierung der Modelldaten ersichtlich ist. Zudem lassen sich auch Satellitenbilder, Radarbilder, aktuelle Windbeobachtungen und viele weitere Parameter darstellen.

Die typischen Merkmale der *Visualisierung von Wettervorhersagen* mittels GRIB verdeutlichen die Abbildungen: Pfeile, Farben und Linien. In diesen Beispielen sind es farbige Windpfeile mit Fiedern, farbige Zonen, welche die Verteilung der Windstärken zusätzlich hervorheben, und Isobaren. Um sich den Ablauf des Wettergeschehens zu verdeutlichen, ist diese mehrfarbige Visualisierung von GRIBs äußerst effizient: Verschiedene Parameter können isoliert oder gleichzeitig betrachtet werden, z. B. Wind und Druck oder nur Wind.

Sobald es zu unübersichtlich wird, können Parameter ausgeblendet, zur Zusammenschau dann aber wieder eingeblendet werden. Vor allem der zeitliche Ablauf ist in animierter Form gut aufzunehmen.

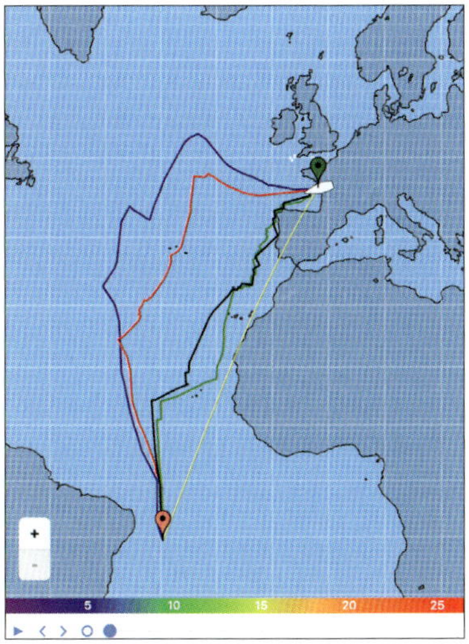

Abb. 6.12 Routing mit der App von PredictWind

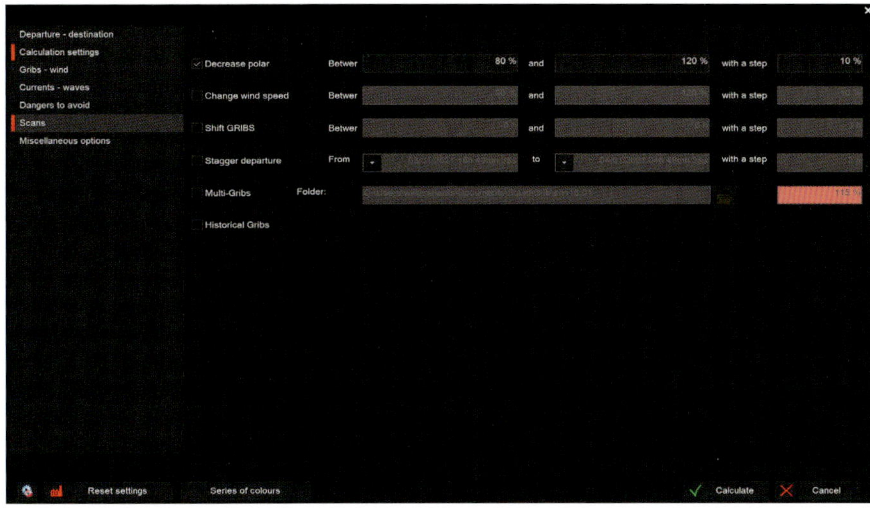

Abb. 6.13 Auswahlfenster in der Software Adrena zur Berechnung des Routings mit Varianten der Polare einer IMOCA 60

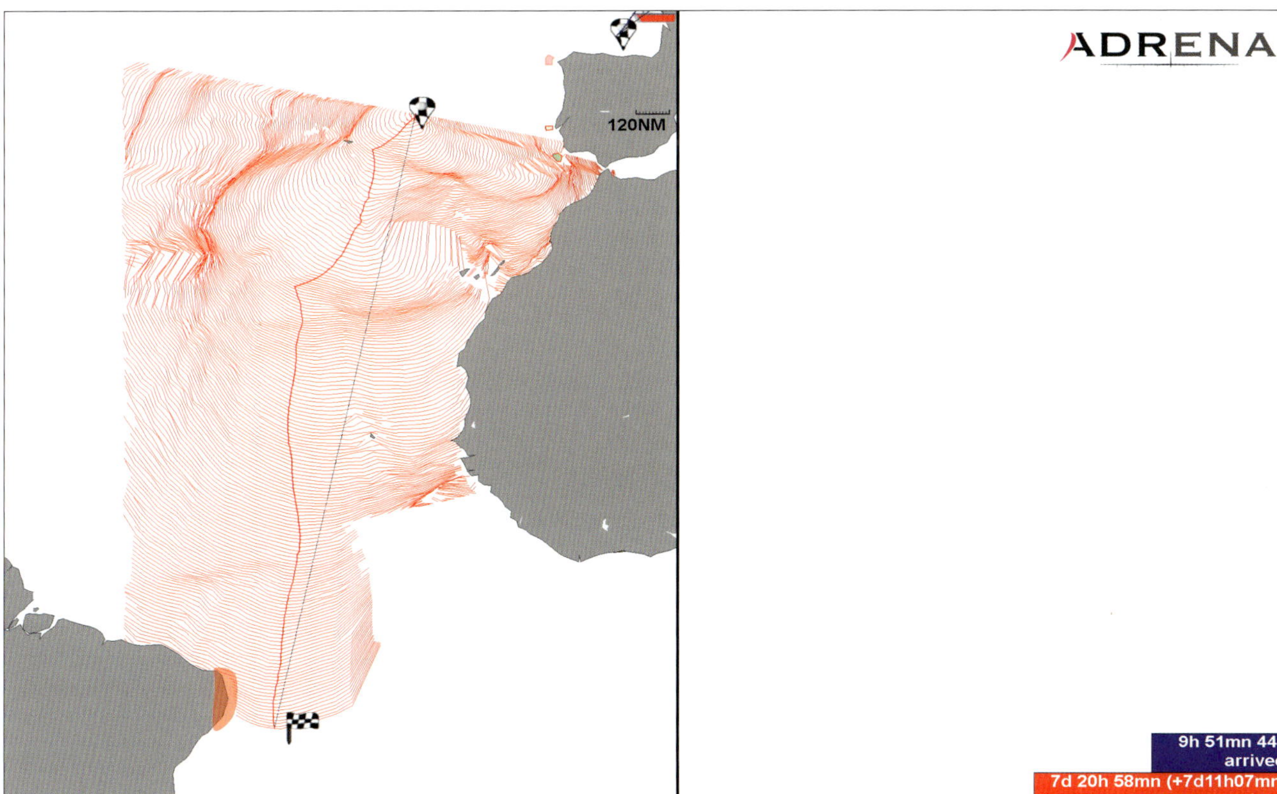

Abb. 6.14 Routing mit dargestellten Isochronen in der Software Adrena

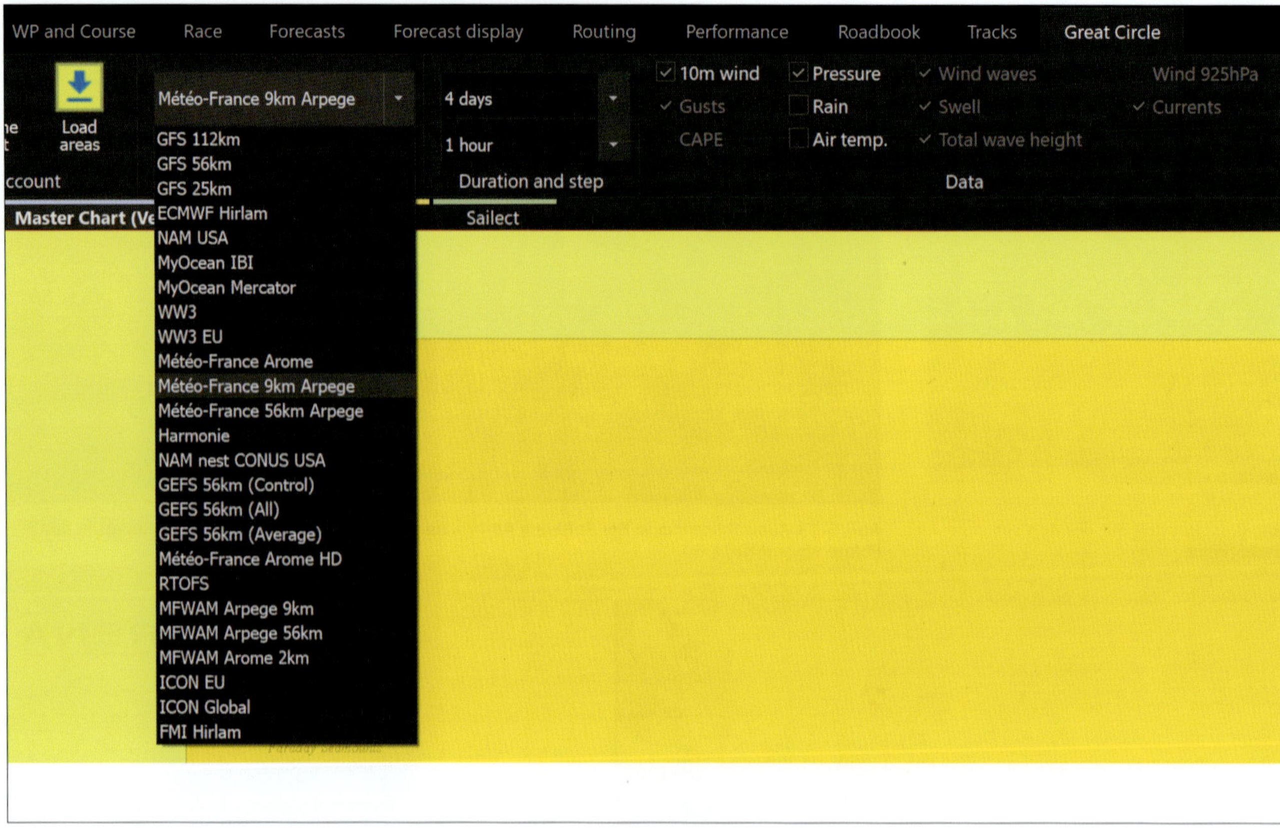

Abb. 6.15 Auswahl des Wettervorhersagemodells zum Download der GRIB-Daten

Die meisten Programme bieten eine Histogramm-Funktion, mit der man für einen bestimmten Ort den Wetterverlauf, z. B. die Entwicklung von Windstärke und -richtung, in einem Diagramm darstellt.

6.3 Wetterinformationen im Internet

6.3.1 Wetterkarten

Wetterkarten bieten einen Überblick über ein großes Gebiet, sind aber weniger detailreich als etwa die GRIB-Files.
Setzt man sich mit dem Wetter auseinander, sollte man stets mit der *Bodenanalysekarte* beginnen. In dieser sind in der Regel Fronten verzeichnet, ebenso in Vorhersagekarten des Bodendrucks. Im Gegensatz dazu sind in GRIB-Daten Fronten nicht explizit visualisiert, sondern es bedarf der Erfahrung des Betrachters, diese zu lokalisieren. Daher sind Bodenwetterkarten in Kombination mit GRIB-Daten die Grundlage für das Verständnis des Wetters. Auch ein Satelliten- oder Radarbild (s. Kap. 2) kann bei der Analyse weiterhelfen.
Neben der klassischen Bodendruck-Analysekarte, die in den meisten Hafenbüros aushängt, existieren zahlreiche *weitere Typen* von Wetterkarten, welche die Modellparameter der Wettermodelle grafisch repräsentieren, z. B. Bodendruck, 10-Meter-Wind, Seegang, Oberflächenwassertemperatur.
Für Europa findet man bei zahlreichen Anbietern einen praktischen Zugang zu Wetterkarten. Diese greifen meist auf die von den nationalen Wetterdiensten erstellten Produkte zurück.

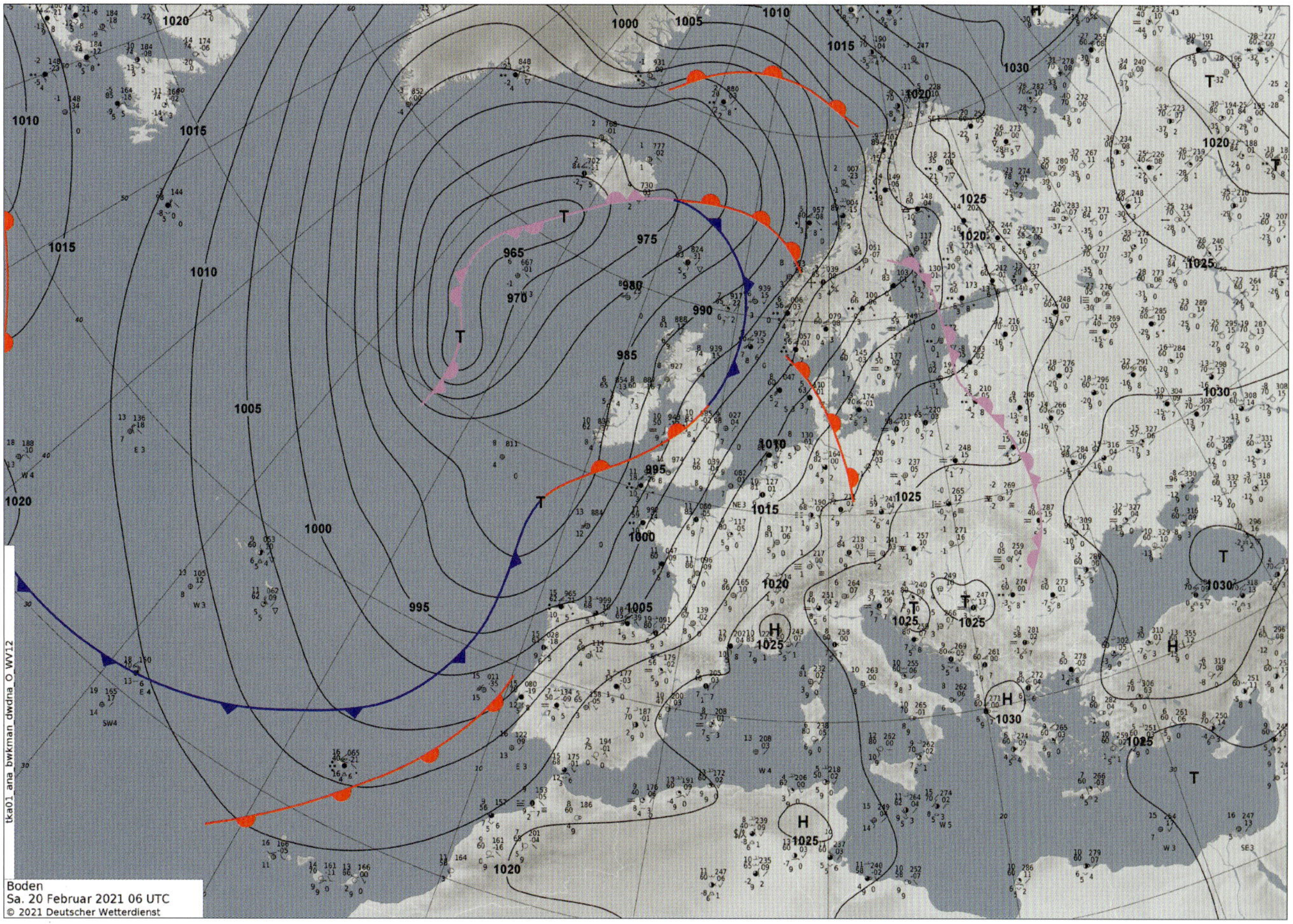

Abb. 6.16 Vorhersage des Bodendrucks mit Fronten (Quelle: DWD)

Um Wetterkarten für fremde Reviere im Internet ausfindig zu machen, bietet es sich an, als Erstes zum jeweiligen nationalen Wetterdienst des betreffenden Landes zu navigieren. Für weltweite Reviere außerhalb Europas ist meist die NOAA eine der besten Quellen; die z. T. auch als Wetterfax verbreiteten Karten lassen sich finden, wenn man die Begriffe „Fax“ und „NOAA“ in eine Suchmaschine eingibt.

6.3.2 Stationsmeldungen

Stationsmeldungen sind Referenzpunkte bei der Betrachtung der aktuellen Wettersituation. Meldungen von *Wetterstationen* oder Flughäfen können über Internetseiten (z. B. Windfinder, WetterOnline) eingesehen werden. Zu beachten ist aber, dass insbesondere Flughäfen nur eingeschränkt repräsentativ sind, da sie meist entfernt von der Küste liegen.

Segelt man intensiv in einer begrenzten Region, kann man zudem auf Daten von *Messbojen* oder *Messungen von Forschungsinstituten* zurückgreifen. Solche Wetterstationen sind am besten über eine Internetrecherche zu ermitteln. Für den Leuchtturm Kiel lassen sich beispielsweise die Messungen des GEOMAR-Instituts abrufen. Sehr gut strukturiert und weltweit verfügbar sind *Messbojen* auf der Internetseite des National Data Buoy Center der NOAA (http://www.ndbc.noaa.gov/).

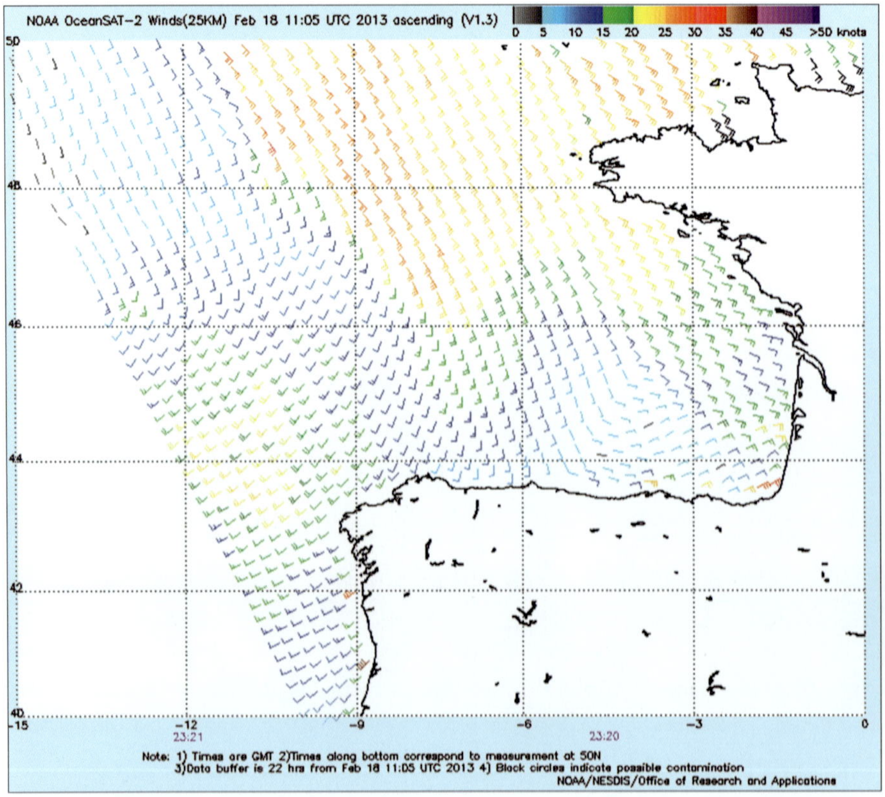

Abb. 6.17 Messungen der bodennahen Winde mit dem Satelliten, hier Biskaya (Quelle: NOAA)

Für Mobilgeräte gibt es Applikationen, die beispielsweise die nächstgelegene Boje oder die umliegenden Flughäfen und deren Stationsmeldungen anzeigen.

6.3.3 Satellitenbilder

Satellitenbilder geben uns, ähnlich wie Stationsmeldungen, Auskunft über die momentane und vergangene Wetterentwicklung. Sie eignen sich vor allem dazu, die großräumige Wetterlage einzuschätzen und Wetterphänomene wie Fronten, Tiefs usw. zu positionieren.
Bei Satellitenbildern für maritime Anwendungen sind grundsätzlich zwei Typen zu unterscheiden, und zwar visuelle und mit Infrarot aufgenommene. Während visuelle Bilder Tageslicht/Sonneneinstrahlung voraussetzen, erlaubt Infrarot auch nachts auf Satellitenbildern die Bewölkung zu erkennen (vgl. auch Kap. 2.1.2).

Für Europa bietet die „Wetterzentrale" (www.wetterzentrale.de) ein großes Angebot an Satellitenbildern, für weltweite Reviere ist auf die nationalen Wetterdienste und die NOAA zu verweisen.

6.3.4 Windmessungen von Satelliten

Mittels großräumiger Beobachtung der momentanen Windverhältnisse per Satellit können wir uns ein Bild über die Positionen von Tiefs, Fronten, Flautenzonen und die tatsächlichen Windverhältnisse am Boden machen. Diese „Momentaufnahme" lässt sich dann mit dem GRIB-File vergleichen, um dieses auf Plausibilität zu überprüfen. Insbesondere in Regionen mit geringem Druckgradienten, wie in großen Hochdruckgebieten und der Intertropischen Konvergenzzone, sind die Prognosen der Wettermodelle ungenauer und diese Satellitenbeobachtungen daher besonders wertvoll.

Die Messungen werden mittels einer Radartechnologie bewerkstelligt, welche die „Rauheit" der Wasseroberfläche vom Satelliten aus abtastet und daraus auf die momentan herrschende Windgeschwindigkeit/-richtung zurückrechnet. Für die NOAA leistet das der Satellit QuickScat. Produkte sind im Internet bei der NOAA im Center for Satellite Application and Research (STAR) beim Ocean Surface Wind Team (OSWT) verfügbar. Aus den archivierten Daten dieser Satelliten wurde eine Klimatologie ähnlich zu Monatskarten/Pilotcharts angelegt.

6.3.5 Radar

Wetter- oder Regenradar ermöglicht uns, Gebiete mit Niederschlag zu beobachten. Die Annäherung einer Kaltfront (schmales Bewölkungsband) beispielsweise mit dem damit verbundenen Regen lässt sich mittels Wetterradar im Inter-

Der Empfang von Wetterinformationen sollte auch außerhalb des Bereichs der Mobilfunknetze gewährleistet sein.
Nur weitere Empfangsmöglichkeiten lassen die Auswertung aktueller Warnungen an Bord zu und tragen so zur Sicherheit an Bord bei.

net verfolgen. Auf den Internetseiten wird meist ein 30- oder 60-Minuten-Zeitraffer der jüngsten Aufnahmen gezeigt, mit dem sich die Verlagerung von Regenfeldern eindeutig lokalisieren lässt. Neben Regen oder Schnee werden oft auch Informationen zu Blitzen dargestellt. Damit lassen sich Gewitter und ihre Verlagerung beobachten.
Um Regenradarbilder im Internet zu finden, bietet es sich an, die Seiten der nationalen Wetterdienste des jeweiligen Landes aufzusuchen (s. oben 6.3.1), auf denen in der Regel diese Bilder bereitgestellt werden.

6.3.6 Seewetterberichte/Bulletins

Seewetterberichte oder „Bulletins“ haben den Vorteil einer weitgehenden Simplifizierung der Informationen, da sie für Seegebiete oder Küstenabschnitte in Textform meist Vorhersagen für Wind, Seegang und Sicht bieten. Nachteilig ist, dass sie oft wenig detailliert und ohne zusätzliche grafische Informationen relativ schwer zu verstehen sind. So kann alleine eine Wetterlage mit verschiedenen Positionsangaben den weniger geübten Schiffsführer überfordern. In Kombination mit grafischen Produkten wird die Anwendung oft vereinfacht. Allerdings wird die Möglichkeit, eigene Bordwetterkarten anhand von Textwetterberichten und Stationsmeldungen zu erstellen, immer weniger genutzt.
Für Deutschland und das Mittelmeer finden sich Textwetterberichte auf der Seite des DWD. Für Reviere weltweit kann gegebenenfalls auf die lokalen Wetterdienste zurückgegriffen werden; eine Schwierigkeit besteht allerdings darin, dass dies häufig die Kenntnis der jeweiligen Landessprache voraussetzt.
Das weltumspannende *Global Marine Distress and Safety System* (GMDSS) umfasst die Verbreitung von Seewetterberichten mit einem Vorhersagezeitraum von 2 bis 3 Tagen als kurze Bulletins für verschiedene Regionen, die in sogenannten METAREAS zusammengefasst werden. Verfügbar sind diese auf der Internetseite https://wwmiws.wmo.int und bei nationalen Wetterdiensten.

Wetterinformationen:

Rechtdrehender Wind (veering)	Änderung der Windrichtung im Uhrzeigersinn um mindestens 45°
Rück(links-)drehend (backing)	Änderung der Windrichtung gegen den Uhrzeigersinn um mindestens 45°
Gewitterböen (thunder squalls)	Oft wird die Stärke angegeben, da im Sommer bei Schwachwindlagen Böen mit Sturm oder Orkanstärke auftreten können
Sturmwarnung (gale warning)	Mittlere Windstärken von mindestens 8 Bft.
Starkwindwarnung (near-gale warning)	Mittlere Windstärken zwischen 6 und 7 Bft.
Orkan (storm)	ab Windstärke 10, dabei auch oft Böen von 12 Bft.
Schauerböen (shower squalls)	in Schauernähe können Böen auftreten, die den Mittelwind um mehr als 2 Bft. überschreiten können
Gute Sicht (good visibility, kurz: vis good)	Sichtweite über 10 km
Mittlere Sicht (moderate visibility, kurz: vis mod)	Sichtweite 5 bis 10 km
Diesig (misty)	Sichtweiten 1 bis 5 km
Nebel (fog)	Sichtweite unter 1000 m

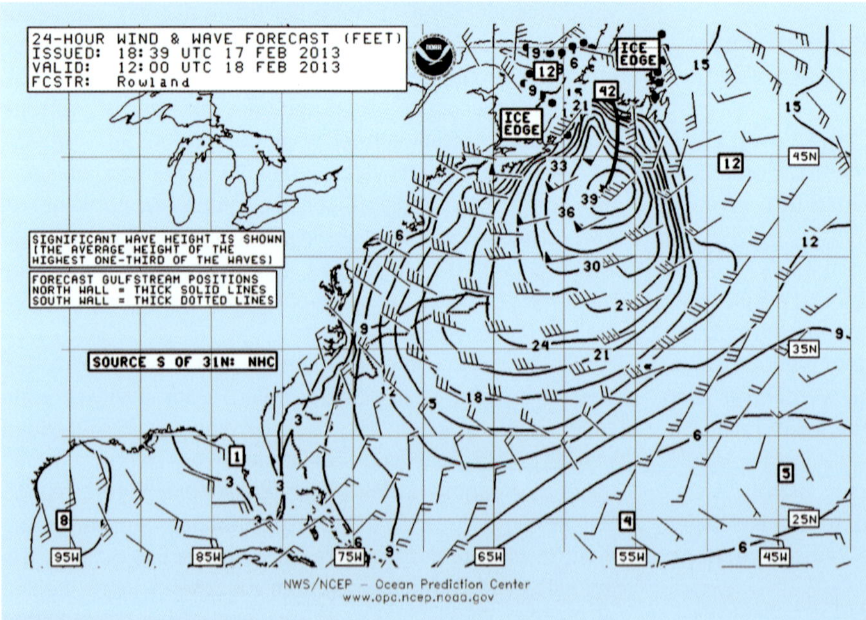

Abb. 6.18 24-stündige Vorhersagekarte Wind und Seegang (Quelle: NOAA)

6.3.7 Seegang

Seegangsvorhersagen als Resultate der verschiedenen Modelle finden sich als Texte, meist aber als Grafiken auf verschiedenen Websites. Beispielhaft sind die Vorhersagen des Fleet Numerical Meteorology and Oceanography Center (FNMOC) zu erwähnen.
Nationale Wetterdienste wie die NOAA bieten oft für verschiedene Regionen ebenfalls grafische Produkte zur Vorhersage des Seegangs an.

6.3.8 Strömungen

Weltweite Ozeanströmungen lassen sich von den Seiten der NOAA unter dem Stichwort „Ocean Prediction Center" unter https://ocean.weather.gov abrufen. Strömungen für Nord- und Ostsee finden sich unter anderem auf der Internetseite des Bundesamtes für Seeschifffahrt und Hydrographie. Strömungsdaten für das Mittelmeer sind auf der Website des Mediterranean tidal currents forecast (ENEA) verfügbar.

6.3.9 Eisinformationen

Meereis und Eisberge können selbst im Frühjahr bei Fahrten auf der Ostsee im Bottnischen Meerbusen für Wassersportler von Interesse sein. Informationen dazu findet man bei den nationalen meteorologischen und ozeanografischen Diensten. Für die weltweite Fahrt bietet sich als Bezugsquelle das U. S. National Ice Center (www.natice.noaa.gov) an. Die Handhabung der Informationen an Bord wird in Kapitel 4.6 erläutert. Insbesondere für Fahrten über den Nordatlantik ist die Eisberggrenze von Bedeutung. Dafür empfiehlt sich die „Daily Iceberg Chart" des kanadischen Eisdienstes bei Environment Canada.

6.3.10 Hurrikan-Warnungen

Auf der Webseite der World Meteorological Organization findet sich ein Überblick über die weltweit regionalen Tropical Cyclone Centres (RSMCs, Regional Specialized Meteorological Centers) und deren Webseiten, auf denen sich für die jeweiligen Regionen der Welt die Hinweise auf Warnungen und Zyklonaktivitäten finden.
Für den Atlantik ist das RSMC in Miami zuständig, das National Hurricane Center (NHC) der NOAA (http://www.nhc.noaa.gov/). Auf den Seiten der RSMCs werden die Verlagerungen und Entwicklungen der tropischen Wirbelstürme grafisch und textlich verbreitet. Weitere Informationen zur Auswertung in Kapitel 4.5.

6.4 Empfang an Bord/Geräte zum Empfang von Wetterinformationen

Wetterfax und Seefunkanlage sind traditionelle Empfangsgeräte; ein Smartphone, Tablet oder Notebook mit einem Satellitentelefon sind vielfach genutzte Empfangsgeräte.
Für die weltweite Fahrt lässt sich etwa ein Wireless-Hotspot per USB an ein Iridium-Handy anschließen, was selbst aus

entlegensten Gebieten wie Alaska oder Patagonien ohne weiteren Aufwand das Herunterladen von Wetterkarten zusammen mit der persönlichen E-Mail-Post auf den Tablet-PC o. Ä. erlaubt.
Allerdings haben auch die „alten“ Dienste und Technologien weiterhin Bestand und ihre Berechtigung. Es hängt ganz vom Fahrtgebiet, der Dauer der Reisen, der Bordkasse, den technischen Affinitäten und den sonstigen Kommunikationsbedürfnissen der Segler ab, welche Technik sich auf Yachten findet. So ermöglicht die klassische Seefunkanlage neben dem Empfang von Seewetterberichten kostenlose Konferenzgespräche mit der Seglergemeinde rund um den Erdball und bietet über ein Modem auch E-Mail-Möglichkeiten.

6.4.1 Mobiltelefon

Ein einfaches Handy kann Windvorhersagen und Stationsmeldungen per SMS an Bord bringen, solange man sich in Reichweite des Mobilfunknetzes befindet. In der Regel bedürfen diese Dienste vorheriger (Online-)Anmeldung bei einem der zahlreichen Anbieter.
Als registrierter Benutzer sendet man eine Request-SMS oder tätigt einen Request-Anruf und bekommt dann kurz darauf seinen Wetterbericht per SMS. Auf den Internetseiten der Anbieter findet man die spezifischen Telefonnummern für die verschiedenen Vorhersageorte.
Oft lässt sich auch eine Variante als Abo auswählen, z. B. ausschließlich die Starkwind- und Sturmwarnungen.
Vereinzelt oder kurzfristig findet man diese Dienste auch kostenlos angeboten, in der Regel jedoch sind sie kostenpflichtig. In jedem Fall fallen die Mobilfunk- und Roaminggebühren an.

6.4.2 Smartphone, Tablet, mobiles Internet

Je nach Höhe und Stärke der Sendemasten an Land und je nach den Empfangsgeräten an Bord kann das mobile Datennetz z. T. weit vor der entfernten Küste genutzt werden. Für den Urlaubstörn kann es sich anbieten, eine lokale Prepaid-Daten-SIM-Karte zu erstehen.
Die größten Reichweiten (bis zu ca. 40 sm) wird man mit einem professionellen Router für mobiles Breitband und einer guten Antenne auf dem Masttopp erzielen. Diese Datenverbindung kann dann für den Bordrechner und auch Mobilgeräte per WLAN freigegeben werden, so wie es heutzutage auf vielen Yachten schon praktiziert wird.
Für Smartphone und Tablet gibt es zahlreiche nützliche Applikationen, um Wetterinformationen einzuholen und darzustellen: Insbesondere sind hier die Darstellungsmöglichkeiten von GRIB-Files (z. B. Weather4D, Windy), das Auffinden von Stationsmeldungen und Beobachtungen (z. B. NOAA Buoy and Tide Data, Windfinder) zu nennen.
Abgesehen von den GRIBs lassen sich aber alle diese Informationen auch über Browser darstellen (allgemein zum Internet s. Kapitel 6.3).

6.4.3 UKW-Seefunk

Von Land zu Land unterschiedlich ist das Angebot mit Wetterinformationen über den UKW-Seefunk. Zu festgelegten Sendezeiten werden von der Küstenfunkstelle meist in Landessprache und zum Teil auf Englisch Wetterinformationen (Wetterlage, Warnungen, Vorhersagen, Stationsmeldungen usw.) verbreitet.
Den Nutzen des UKW-Funks auch in Zeiten des Internets veranschaulicht ein konkretes Beispiel: Beim Auslaufen von Cuxhaven oder Brunsbüttel in die Nordsee ist die „Lagemeldung“ der *Revierzentrale* auf UKW-Kanal 71 jeweils zur Zeit h+35 sehr hilfreich, vor allem wenn man bei starken NW-Winden unsicher ist, wie hart die Bedingungen in der Außenelbe sind: Wind, Böen und Seegang sowie Sichtverhältnisse werden angegeben.
Die private *Küstenfunkstelle DP07* verbreitet Wetterinformationen flächendeckend an der deutschen Nord- und Ostseeküste. Neben der Betriebszentrale Hamburg auf Kanal 83 sendet DP07 über folgende Relaisstationen:

Relaisstation	UKW-Kanal
Accumersiel	62
Borkum	61
Elbe-Weser	83
Hamburg Radio	01
Bremen Radio	23
Nordfriesland	01
Arkona	66
Flensburg	21
Kiel	23
Lübeck	04
Rostock	60

Die *Sendezeiten* sind 07:45, 09:45, 12:45, 16:45, 19:45 GZ. Gesendet werden Sturm- und Starkwindwarnungen, Wetterlage, Übersicht, Vorhersage für 12 Stunden, Aussichten für weitere 12 Stunden sowie Stationsmeldungen. Um 09:45, 16:45 und 19:45 GZ werden zusätzlich die Aussichten für Nord- und Ostsee für 4 bis 5 Tage gesendet.
Da im Gegensatz zu den meist staatlichen Küstenfunkstellen in anderen Ländern in Deutschland die private Küstenfunkstelle DP07 diesen Dienst anbietet, kann dieser nur aufrechterhalten werden, wenn Wassersportler ihn durch eine Jahresgebühr unterstützen (www.dp07.com).
Informationen zu weiteren Küstenfunkstellen an Nord- und Ostsee finden sich auch in dem vom BSH herausgegebenen Infoblatt „Wetter- und Warnfunk“, das auch kostenfrei als Download erhältlich ist.
Informationen zu den Aussendungen aller Küstenfunkstellen weltweit sind in der „Admiralty List of Radio Signals“ (auch als digitale Publikation verfügbar) verzeichnet.

6.4.4 Rundfunk

Das Angebot für Rundfunk-Seewetterberichte hat in Deutschland in den letzten Jahren kontinuierlich abgenommen. Andere Länder, wie etwa Dänemark, halten an der Versorgung mit Rundfunkwetterberichten fest. Angaben zu Frequenzen und Zeiten finden sich in dem regelmäßig aktualisierten BSH-Infoblatt „Wetter- und Warnfunk“ und im „Funkdienst für die Klein- und Sportschifffahrt“. Für jegliche internationale Reviere können die entsprechenden Informationen den jeweiligen Revierführern und den Publikationen „Admiralty List of Radio Signals“ entnommen werden.

6.4.5 Weltempfänger, Seefunkanlage, SSB (Amateurfunkanlage)

Ein Radioempfänger mit gut installierter Antenne bietet eine Grundversorgung mit Wetterberichten. In Kombination mit einem PC und entsprechender Software können auch Wetterfaxe, Telex usw. empfangen werden.
Ein Zusatznutzen ist die Empfangsmöglichkeit von Nachrichtensendungen, wie z. B. der BBC oder der Deutschen Welle, was auf langen Seestrecken eine willkommene Abwechslung liefern kann.
Selbst ein kleines batteriebetriebenes Handgerät an Bord zu haben ist besser als nichts, denn es kann bei Ausfall aller übrigen Kommunikationsmittel als Notgerät dienen.
So sind diese kleinen Weltempfänger bei vielen Hochseerennen Bestandteil der Pflichtausrüstung und beim Mini-Transat-Rennen sogar der einzige Zugang zu Wetterinformationen.
Fest eingebaute Geräte verfügen über eine Antenneninstallation, entweder in Form einer Peitschenantenne (bei Motoryachten) oder mit Anschluss an das (isolierte) Achterstag.
Ein gutes Gerät sollte über ein durchgehendes Kurzwellenband, Abstimmmöglichkeit auf Zehntel-Kilohertz genau, gute Frequenzstabilität und Single-Side-Band-Empfang (SSB) verfügen; sie kosten allerdings mehr als ein Iridium-Telefon. Einige Geräte verfügen über eine USB-Verbindung zum PC, von dem aus sie sich bequem steuern lassen.
Einen ersten Überblick über die Empfangsmöglichkeiten in unserem erweiterten „Heimatrevier“ bietet das Infoblatt „Wetter- und Warnfunk“ des BSH (s. o.). Die „Admiralty List of Radio Signals“ verzeichnet alle weiteren Sender weltweit sowie Karten mit den Vorhersagegebieten. Zu den wichtigen Sendern auf hoher See zählen beispielsweise BBC, Monaco Radio und RFI (Radio France Inter).

6.4.6 NAVTEX/EGC

NAVTEX (Navigational Textmessage) und SafetyNet-EGC (Enhanced Group Call) sind Bestandteil des weltweiten GMDSS. NAVTEX-Geräte empfangen codierte Textnachrichten auf der internationalen NAVTEX-Frequenz 518 kHz und zeigen diese entweder auf einem Display an oder drucken sie aus.
Empfangen werden können Warnmeldungen, z. B. zu vertriebenen Seezeichen, zum Such- und Rettungswesen oder zu Schießgebieten und Wettermeldungen. Außerhalb der Reichweite von NAVTEX können die Warnmeldungen über EGC mithilfe von Inmarsat C empfangen werden.
Im Bereich von Nord- und Ostsee bietet NAVTEX keinen Wetterbericht mit mehreren Tagen Vorhersage; über die nationale NAVTEX-Frequenz 490 kHz gibt es in Deutschland mehr Informationen. Die skandinavischen Wetterdienste senden Vorhersagen im Kurzfristbereich, und in manchen Teilen der Erde gibt es deutlich detailliertere Vorhersagen über NAVTEX, in der Regel in englischer Sprache.
Obwohl NAVTEX als Technologie schon relativ alt ist, ist es nicht obsolet, da es im Warndienst Teil des GMDSS ist

und damit fern der Küste automatisch Wetterwarnungen empfangen werden. Zu empfehlen ist es mindestens als Backup.

```
WOUK55 EGRR 071544
WOUK55 EGRR 071543
GB68
CULLERCOATSRADIO
GALE WARNING WEDNESDAY 07 APRIL 1540 UTC

VIKING
GALE NOW CEASED BUT SOUTHERLY GALE FORCE 8 EXPECTED LATER

FORTIES
GALE NOW CEASED BUT SOUTHWESTERLY GALE FORCE 8 EXPECTED LATER

CROMARTY FORTH
SOUTHWESTERLY GALE FORCE 8 EXPECTED LATER

IMMINENT: EXPECTED WITHIN SIX HOURS OF TIME OF ISSUE

SOON: EXPECTED WITHIN SIX TO 12 HOURS OF TIME OF ISSUE

LATER: EXPECTED MORE THAN 12 HOURS FROM TIME OF ISSUE
```

Abb. 6.19 NAVTEX-Bericht mit Warnungen für die Seegebiete Viking und Forties

6.4.7 RTTY

RTTY bedeutet Radio Teletype und ist hinsichtlich der Technik mit NAVTEX vergleichbar. Daher sind auf dem Markt oft kombinierte Empfangsgeräte mit Thermodrucker oder Display erhältlich. Grundvoraussetzung für den Empfang ist eine gut installierte und nicht gestörte Antenne. Wenn man in Seegebieten unterwegs ist, in denen gute RTTY-Seewetterberichte verfügbar sind, bietet diese schon etwas veraltet erscheinende Technologie den Vorteil, einen Wetterbericht mit Vorhersagen bis zu 5 Tagen an Bord automatisch zu empfangen. Für Nord- und Ostsee sendet der DWD über die Station Pinneberg.

Für internationale Reviere ist auch hier die „Admiralty List of Radio Signals“ das umfangreichste und vollständigste Nachschlagewerk für Frequenzen und Sendepläne anderer Länder. Allerdings ist in vielen Revieren außerhalb Mitteleuropas die Versorgung mit RTTY-Wetterberichten lückenhaft.

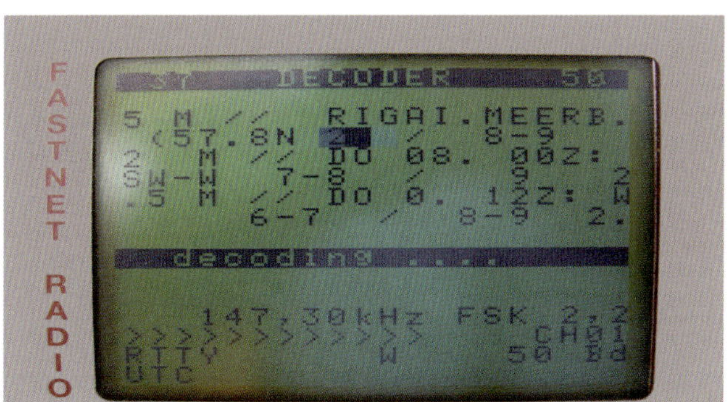

Abb. 6.20 RTTY-Seewetterbericht

6.4.8 Wetterfax

Wetterfax (auch Radiofax oder HF-Fax) ist eine analoge Bildübertragungstechnik mittels Kurzwelle. Bildlich beschrieben wird – wie beim Faxgerät im Büro – eine schnelle Abfolge von Pieptönen übertragen, die Pixel für Pixel kontinuierlich ein Faxbild konstruieren.

Diese Signale können mit einem Kurzwellenempfänger, einem klassischen Weltempfänger oder einem speziell für die Seefahrt vertriebenen Wetterfaxgerät empfangen werden. Im Fall des Empfangs über ein Kurzwellengerät können die Signale über den Audioeingang in den PC gespeist und dort von einer Software in ein Bild umgewandelt werden.

Die zu empfangenden Inhalte umfassen Satellitenbilder, Wetter-Analysekarten, Wetter-Vorhersagekarten, zum Teil mit Windpfeilen, und zahlreiche weitere Parameter wie etwa Seegang und Wassertemperatur oder Eiskarten. Somit besteht grundsätzlich ein großes Informationsangebot. Der DWD sendet über Pinneberg, die amerikanische NOAA über Northwood und weitere Stationen. Die Inhalte an sich sind ausgesprochen nützlich und das Angebot international sehr umfangreich.

Sendezeiten und -frequenzen finden sich in der „Admiralty List of Radio Signals“. Mit dem Sendeplan lassen sich die gewünschten Produkte mit den Empfangszeiten in den Wetterfaxempfänger programmieren.

6.4.9 Kombination von Weltempfänger und PC

Die oben genannten Übertragungsarten – Fax, RTTY und NAVTEX – können alternativ zu den klassischen Geräten auch mittels PC empfangen werden. Dazu muss dieser über ein Audiokabel mit dem Kopfhörerausgang des Weltempfängers oder des Seefunk-/Amateurfunkgerätes verbunden und spezielle Software für das Decodieren des Audiosignals eingesetzt werden. Da z. B. hochwertige, klassische Wetterfaxgeräte zusätzlichen Platz benötigen, ist dies eine auf Sportbooten bevorzugte Methode, zumal viele Yachten ein Notebook an Bord mitführen.

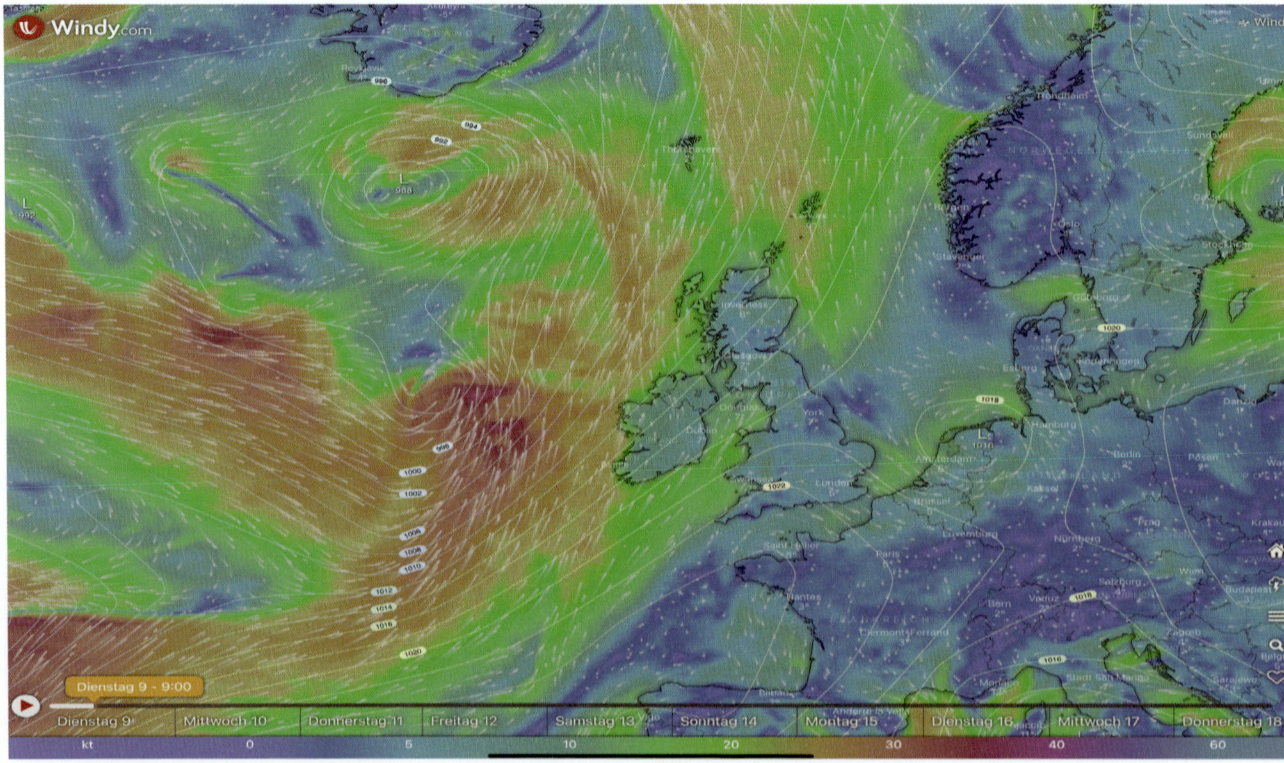

Abb. 6.21 Die App Windy ist sehr umfangreich

6.4.10 Apps über das Internet

Ist man erst einmal mit dem Internet verbunden, ist das Angebot an Wetterinformationen sehr groß. Neben den allgemeinen Seiten rund um das Thema Wetter haben sich ein paar Favoriten wie beispielsweise Windy, Windfinder oder auch Passageweather etabliert. Diese Seiten zeigen eine Auswahl an verschiedenen Vorhersagemodellen für Wind und Seegang und lassen auch Kombinationen mit anderen Parametern wie etwa Satelliten- und Radarbilder zu. In Kombination mit den zusätzlich angebotenen Apps bleibt das mühsame Aufsuchen der wichtigen Informationen für den Törn oder die Regatta aus. Die Aktualität der Daten sollte jeweils beachtet werden, denn nur so ist gewährleistet, dass auch die neusten Berechnungen genutzt werden.

6.4.11 Satellitensysteme für mobiles Internet auf See

Iridium betreibt ca. 66 polumlaufende Satelliten, was eine erdumspannende, qualitativ hochwertige Abdeckung für Telefonie und Datenverkehr gewährleistet. Iridium-Handys sind praktisch, handlich, stromsparend und liefern eine hervorragende Sprachqualität zu „annehmbaren“ Preisen, d. h., dass die Preise teilweise unter dem üblichen Mobilfunk-Roaming liegen. Der Nachteil der kleinen Telefone besteht darin, dass die Datenverbindung geringe Übertragungsraten hat. Daher kann man mittels Iridium zwar E-Mails austauschen, kleine GRIB-Files empfangen und auch Wetterkarten herunterladen, doch sollte man seine Internetnutzung genau vorbereitet haben. Mit dem Iridium-Breitbandsystem sind die Übertragungsraten verbessert.

Thuraya: Zwei geostationäre Satelliten bieten über Teilen der Erde eine Abdeckung an. Mit entsprechender Hardware lässt sich ein Internetzugang im Breitband herstellen.

Inmarsat Standard C: Mit *Standard C* können E-Mails versendet und empfangen werden. *Standard C* ist eine sehr kleine Anlage, deren Antenne ohne bewegliche Teile auskommt. Das System kann per serieller Schnittstelle an den PC angeschlossen werden und hat in der Regel zusätzlich eine kleine Bedieneinheit mit einem Distress-Button, über den sich ein Distress-Notsignal absetzen lässt. Sprachdienste stehen nicht zur Verfügung.

Inmarsat Fleet Broadband: Dieses System arbeitet mit vier geostationären Satelliten. Über den Polen ist keine Abdeckung vorhanden. Auch hier lässt sich mit einem Satellitenhandy oder einer externen Antenne und Hardware ein schneller Zugang zum Internet herstellen. Da *Fleet Broadband* Datendienste über Volumen statt über Zeit abrechnet, bietet sich dem Navigator ein sehr schneller Internetzugang zu „überschaubaren" Kosten.

6.5 Hinweise zur datensparenden Internetnutzung an Bord

Um die Kommunikationskosten an Bord, die in Verbindung mit dem Empfang von Wetterinformationen über das Satelliten-Internet entstehen, möglichst gering zu halten, bietet es sich an, die folgenden Hinweise zu berücksichtigen:

- Deaktivieren aller automatischen Updates des Computers (Updates des Betriebssystems, Viren- und sonstiger Programme).
- Schließen aller Programme, die augenblicklich nicht benötigt werden.
- Vor einem Seetörn, bei dem man über Satellit Wetterinformationen empfangen möchte, bietet es sich an, schon vorher an Land die benötigten genauen Webadressen, z. B. der Wetterkarte, herauszusuchen und in einem Favoriten-Dokument zu speichern. So kann die Information direkt und ohne Umwege (über Suchmaschinen oder Verlinkung) angewählt werden.
- Ebenfalls lassen sich Kosten einsparen, wenn man sich schon vorab über die Erneuerungszeiten der Informationen kundig macht und so z. B. nicht aus Versehen zweimal dieselben Wetterkarten lädt.
- Nutzen von komprimierten Daten: Bestimmte Provider ermöglichen das Komprimieren von GRIB-Daten.

6.6 Nachschlagewerke für Wetterinformationen

Das Nachschlagewerk für weltweite Empfangsmöglichkeiten von Wetterinformationen ist die „Admiralty List of Radio Signals", die im Fachhandel oder online auch als digitale Version erhältlich ist. Dieses Werk erscheint jährlich in sechs Bänden und wird wöchentlich in den „Admiralty Notices to Mariners" korrigiert.

Für Nord- und Ostsee bietet sich der „Funkdienst für die Klein- und Sportschifffahrt" vom BSH an. Für Gesamteuropa (Ostsee ausgenommen) ist der „Reeds Nautical Almanac" der Standard-Revierführer mit allen relevanten Detailinformationen (auch als Tablet-Version erhältlich).

6.7 Externe Routen- und Törnberatung

Für die individuelle Beratung kann man sich einer Routen- und Törnberatung bedienen. Über einen Kommunikationsweg, z. B. E-Mail oder Telefon, kann mit dem Meteorologen oder Wetterexperten des Anbieters ein direkter Austausch erfolgen. Dabei kann individuell auf das Schiff und die beabsichtigte Törnplanung eingegangen werden. Übermittelt werden können dazu unterstützend Wetterkarten, individuelle Textberichte oder auch GRIB-Daten. Diese persönliche Beratung ist generell kostenpflichtig und wird weltweit von vielen nationalen Wetterdiensten und privaten Wetterfirmen angeboten. Zu den etabliertesten Wetterberatungsfirmen für See- und Regattasegler zählt „Commanders' Weather".

Kostenfrei hingegen ist die Wetterberatung über Amateurfunkerrunden wie z. B. Intermar e. V., die auf Deutsch kommunizieren. Eine Mitgliedschaft im Verein und eine gültige Funklizenz sowie die entsprechende Ausrüstung sind hier allerdings Voraussetzung. Für Blauwassersegler ist es eine gesellige Art, sich mit zusätzlichen Wetterinformationen zu versorgen: Ein „Intermar-Netcontroller" in Deutschland sendet während der täglichen Intermar-Funkrunde ab 16:30 UTC für die ihm bekannten Schiffsstandorte der angemeldeten Mitglieder auf 14313 kHz Wetterinformationen. Wer neben einer Empfangs- auch über eine Sendeeinheit an Bord verfügt, kann mit dem Intermar-Netcontroller Details besprechen und rückfragen.

To: S/Y "Next Boat"
From: Commanders' Weather Corp
Route: Bermuda to Newport
Depart: 1200edt, Sun, June 26, 2016
Prepared: 0600edt Sun, June 26, 2016

Summary:
1) Still looks OK leaving today with mainly S to S-SW winds for much of way to Newport!
2) Low pressure near 41n/61w moves NE and N to south of Nova Scotia today, while associated cold front extends SW to near 35n/68w, then to off northern FL coast
  a) cold front is slowly moving SE and stalls out today
3) Satellite imagery shows areas of showers/squalls and t-storms close to this front, and there also some showers around Bermuda this morning
4) With leaving later this AM/midday, there will be a fairly light S-SW to S breeze into early this evening
  a) wind speeds mainly 5-10 kts range
5) Stalled front weakens and lifts back N during tonight into Mon, and
6) With high pressure building to the E, you will get into a slightly stronger S-SE to S flow during Mon
  a) Wind to around 10 kts or low teens, which
  b) You should have comfortable conditions heading toward the N-NW or NW
7) High pressure builds to 1035 mb near 40n/35w during Tue, and
8) In between this stronger high and next cold front moving E toward US E coast, there will be a stronger S-SW flow to crossing Gulf Stream during Tue PM/evening
  a) Wind into teens to around 20 kts, which
  b) You should be able to make great time, possible faster than projections in forecast
9) With stronger S-SW flow, watch out for some showers and squalls, possible t-storms around, which
  a) some activity may contain gusts to 30-40 kts
10) Cold front weakens and pushes off the coast during Wed and Wed night
11) Bulk of any showers/squalls shifts more E and SE of you by Wed AM, and
12) Behind this activity, wind diminishes and shifts right into SW during day on Wed
  a) wind speeds down to 10 kts
13) Think you will see frontal passage closer to Newport later Wed night or by early Thu AM
14) Any NW wind behind the front is quite weak
  a) Max to around 10 kts, and
15) Weak NW flow will give way to onshore sea breeze during Thu PM

Routing...No change!
1) Best to head NW to near 36n/68w to get favorable current E of cold eddy, then
2) You can enter stream near 37 30n/69w and exiting 38 15n/69w
3) Once north of stream, you can take most direct route to Newport
4) Some estimated positions below

Wind forecasts
Wind directions are TRUE, wind speed in kts, and time is EDT

Sun, June 26
08: 190-210/ 6-10
12: 180-200/ 5-9 departing
14: 190-210/ 5-9
17: 170-190/ 5-9
20: 170-190/ 6-10
Weather...Variable clouds, chance for isolated showers and squalls around, mostly this morning and then again during tonight
Seas 2-4 ft, mostly SE to SW swell

Abb. 6.22 Beispiel für eine Wetterberatung des Anbieters Commanders' Weather

7 Törnplanung

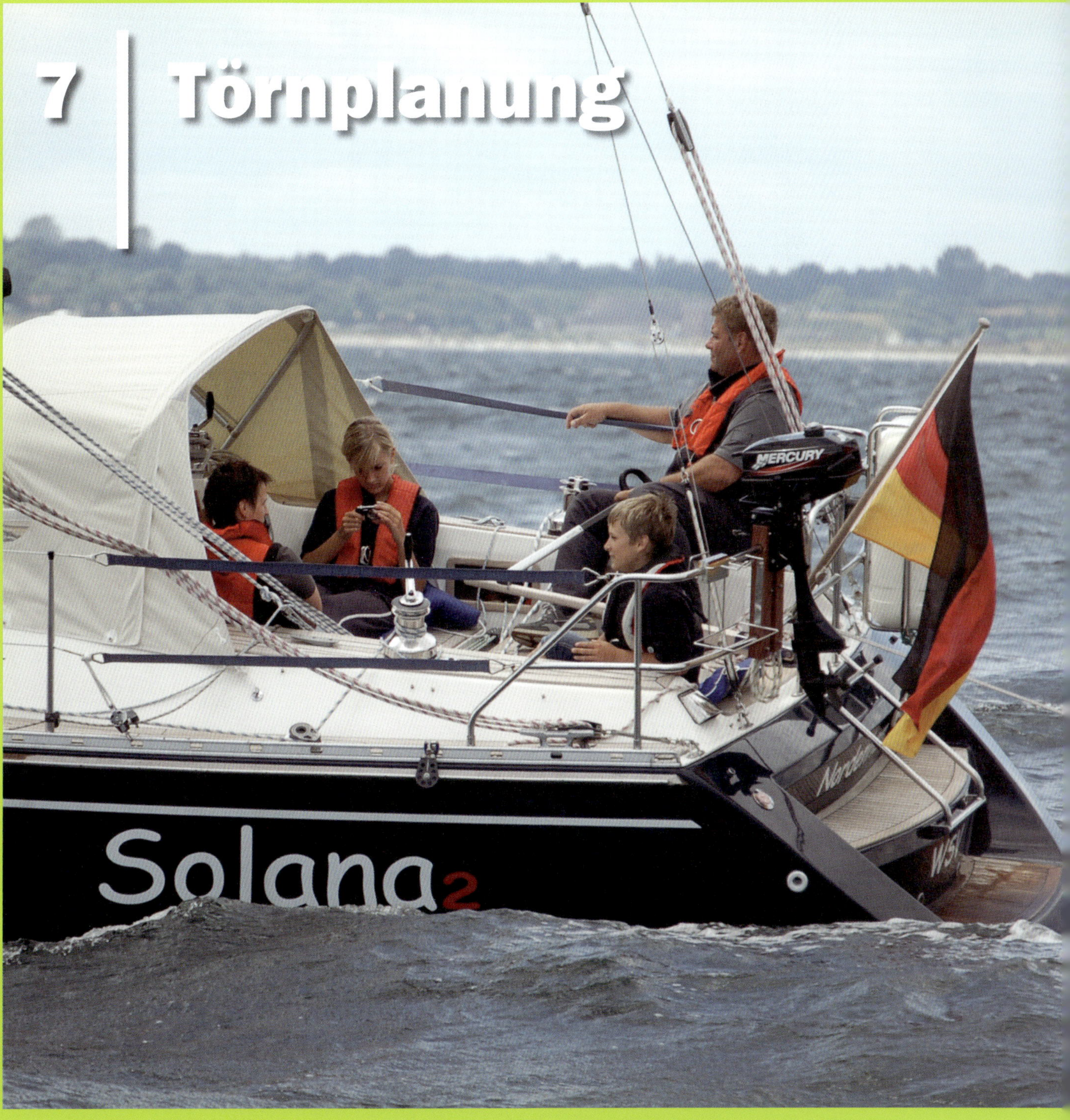

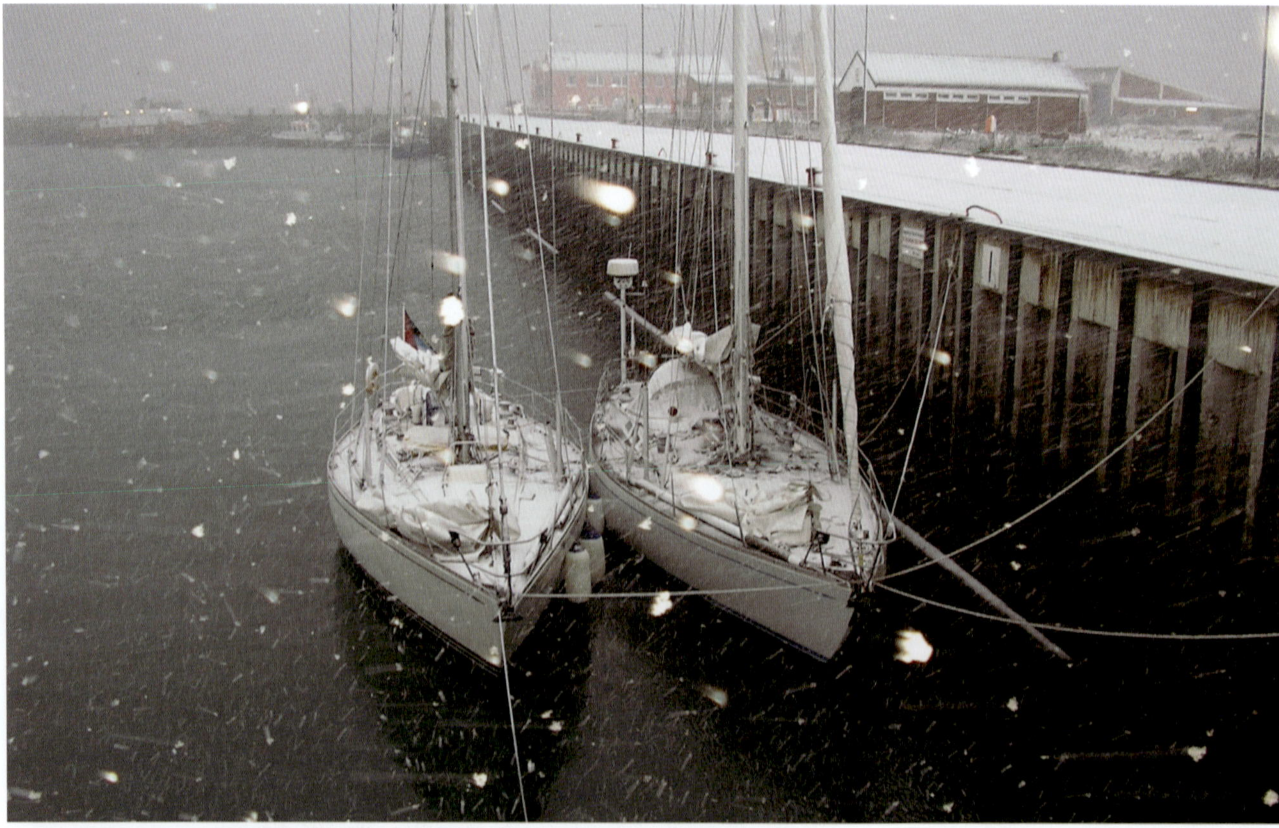

Abb. 7.1 Dank guter Törnplanung liegen die Schiffe im Schneesturm im Hafen von Helgoland

Ein wesentlicher Grundstein für die Törnplanung ist das Wetter. Deshalb sollte neben der Anschaffung bzw. Charter einer Yacht für das Fahrtgebiet und entsprechender Ausrüstung auch der Zeitraum der Reise wohl überlegt sein. Sonst könnte etwa eine Karibikreise mitten in der Hurrikansaison und damit in einer Katastrophe enden.

Wenn man als Skipper ohne hinreichende Vorbereitung erst dann Interesse für das Wetter entwickelt, wenn der Sturm bevorsteht, ist das mit Sicherheit zu spät. Im Gegensatz zur Berufsschifffahrt gibt es in der Sportschifffahrt keine verpflichtenden Empfangseinheiten wie NAVTEX oder EGC über Inmarsat C, es sei denn, das Schiff wird gewerblich betrieben. Doch egal auf welche Weise die Wetterinformationen vor oder während des Törns eingeholt werden, die gute Seemannschaft verlangt, dass ein Törn sicher durchgeführt wird, und das in jeglicher Hinsicht.

Planung und Durchführung von Törns lassen sich in *drei Aspekte* aufteilen: Klima-, Witterungs- und Wetternavigation. Die Begriffe werden zunächst erläutert und nachfolgend anhand von Fallbeispielen erklärt.

7.1 Klimanavigation

Klimanavigation kann vereinfacht als das *Auswerten des „mittleren Wetters“* bezeichnet werden. Dazu stehen Hilfsmittel wie Pilot Charts, Routing Charts oder Monatskarten zur Verfügung, herausgegeben von der US-amerikanischen NGA (National Geospatial-Intelligence Agency), dem britischen UKHO (United Kindom Hydrographic Office) und dem BSH in Hamburg (Bundesamt für Seeschifffahrt und Hydrographie).

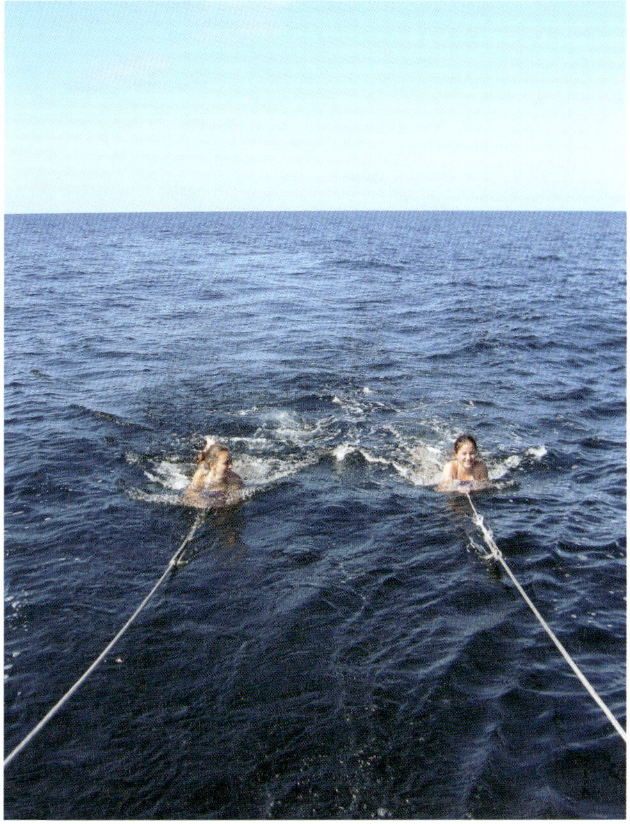

Abb. 7.2 Gut geplant wird ein Törn zum Vergnügen

Sie sind im gut sortierten Seekartenfachhandel erhältlich, teilweise auch als Download im Internet. Darüber hinaus liefern Seehandbücher, Revierführer oder weitere nautische Literatur vielfach Hinweise zum Klima für Seegebiete, wenn auch nicht so detaillierte Angaben.
Aus den Statistiken der Routing Charts oder Monatskarten lässt sich ableiten, welchen grundlegenden „Charakter“ das Wettergeschehen (Wind, Strömungen, Sicht, Seegang, Meereis, Eisberge usw.) in dem Revier oder auf der geplanten Route aufweisen wird. Die zu entnehmenden Werte basieren in der Regel auf Wetterbeobachtungen von Schiffen sowie verankerten und driftenden Bojen, welche über einen Zeitraum von mindestens 30 bis 50 Jahren erfasst wurden.
Angaben zum Wind werden in Windsternen (s. Abb. 7.3) dargestellt. Die in den Monatskarten dargestellten Wind-

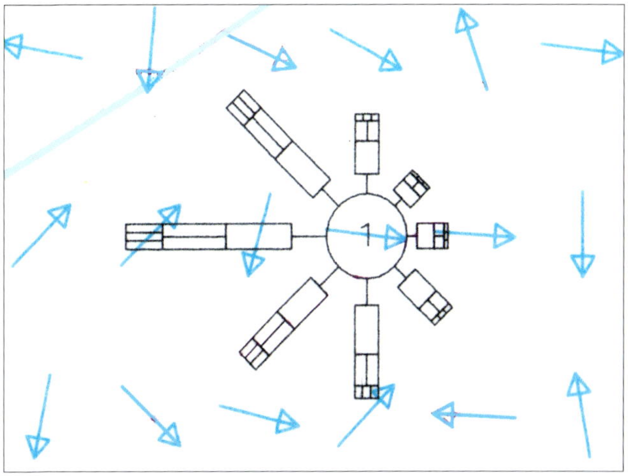

Abb. 7.3 Windstern, Auszug aus den Monatskarten

sterne zeigen die mittleren prozentualen Häufigkeiten der Windrichtungen für vier verschiedene Windstärkenintervalle (1–3; 4–5; 6–7; gleich/größer 8 Bft.) für ein 5 x 5° großes Seegebiet. Mit dem beigefügten Maßstab können die prozentualen Häufigkeiten gemessen werden. Die Häufigkeit von Windstille oder schwach umlaufenden Winden steht als Zahl im Kreis. Die Oberflächenströmungen sind als Pfeile dargestellt, die der häufigsten Richtung der Strömung entsprechen. Außerdem sind Linien gleicher Strömungsgeschwindigkeit (Isotachen) in sm/h dargestellt.

7.2 Witterungsnavigation/Wetterrouting

Die *Witterungsnavigation* umfasst einen *Zeitraum von bis zu 10 oder 16 Tagen*. Das sind auch die Zeiträume, für die Produkte der Wettervorhersage für eine Planung angeboten werden. Prinzipiell müssen vor Beginn des Törns, kurz vor dem Auslaufen und auch ständig unterwegs Wind, Seegang, Sicht usw. ausgewertet werden. Dafür stehen Wetterinformationen in verschiedenen Varianten und aus zahlreichen Quellen zur Verfügung (ausführlich s. Kap. 6). Über das weltweite Seenot- und Sicherheitsfunksystem GMDSS werden neben den wichtigen Wetterwarnungen über NAVTEX und EGC (Enhanced Group Call) via Inmarsat C keine Vorhersagen über einen Zeitraum von 2 bis 5 Tagen hinaus angeboten.

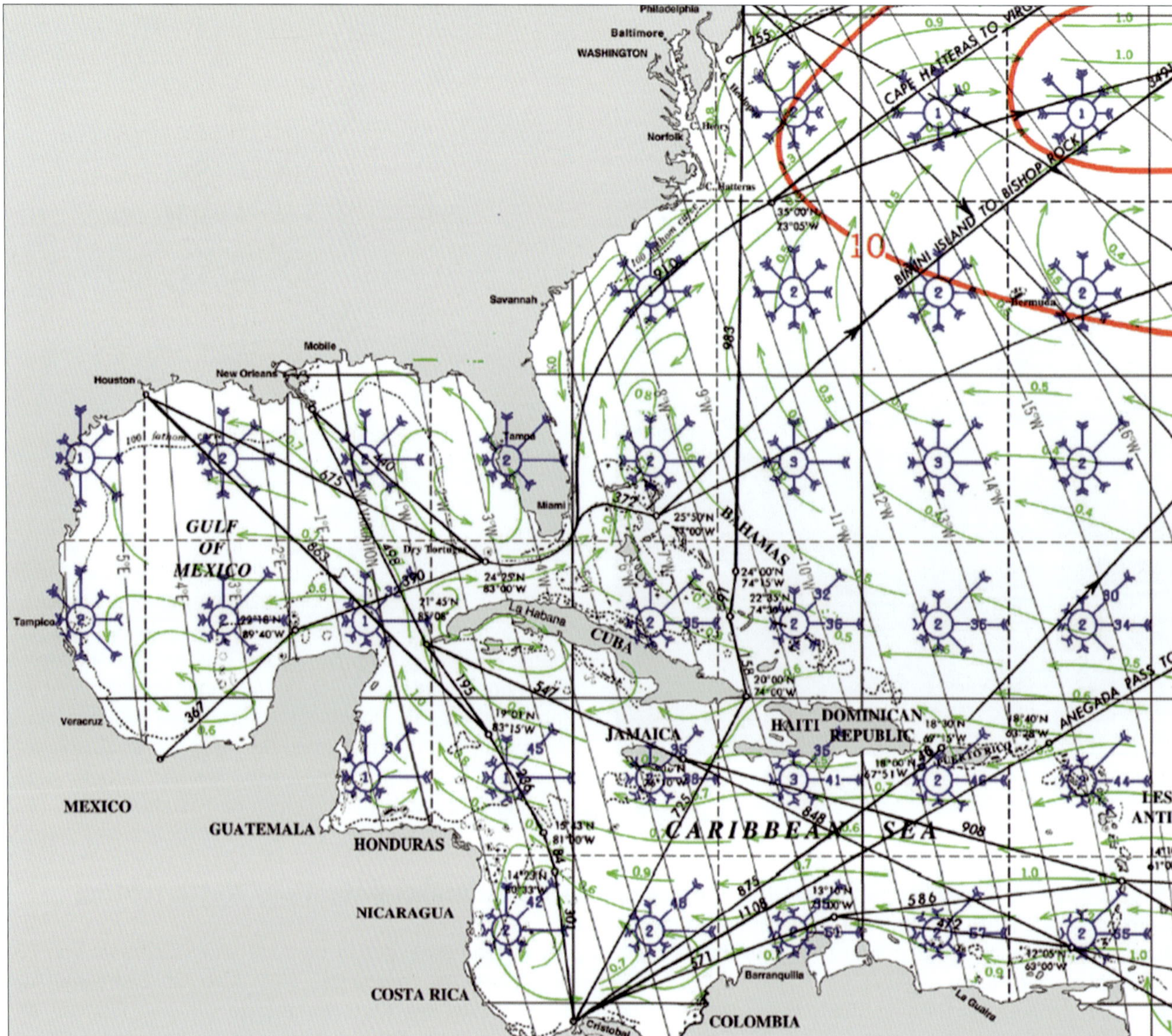

Abb. 7.4 Auszug aus den Pilot Charts

Übersichtlicher sind dagegen die in grafischer Form verfügbaren Analyse- und Vorhersagekarten für den Bodendruck mit Fronten, die für einen Vorhersagezeitraum bis maximal 16 Tagen erhältlich sind. Diese Wetterkarten müssen noch ausgewertet werden, sie liefern dann aber einen guten Überblick über die Wetterentwicklung. Hier kann das Wissen zum idealen Tief in der Praxis angewendet und vertieft werden (s. Kap. 2).

Es gibt aber auch Vorhersagekarten mit sogenannten Windpfeilen, die etwas einfacher zu verwenden sind. Für die Planung bzw. das *Wetterrouting* an Bord haben sich GRIB-Daten durchgesetzt. Hierzu bedarf es außerhalb der Reichweite der Mobilfunknetze einer Datenverbindung über Kurzwelle oder Satellit, um fern der Küste E-Mails abrufen zu können, denen die GRIB-Daten als Anhang angefügt werden. Im Hafen geht dies etwa über WLAN oder das Mobiltelefon mit Datenverbindung.

Besonders anschaulich und komfortabel gestaltet sich die Auswertung, wenn die GRIB-Daten mit in die Navigationssoftware eingebunden werden können, im Idealfall sogar mit einem Wetterrouting kombiniert. Software für die Darstellung von GRIB-Daten lässt oft nur die Auswertung eines Streckenwetters zu, was bedeutet, dass nach Auswahl der beabsichtigten Route einfach und schnell das zu erwartende Wetter im Routenverlauf dargestellt wird. Dies mag für viele Aufgabenstellungen bereits ausreichen, doch oft ist eine Funktion zur Optimierung der Route von Vorteil. Hierbei berechnet das Programm die optimale Route unter Berücksichtigung der individuellen Schiffsparameter (Schiffsgeschwindigkeit in Abhängigkeit von Windeinfallswinkel und Windgeschwindigkeit) und der Reduktion der Geschwindigkeit, bedingt durch die Wettervorhersagedaten (Wind, Seegang, Strömungen). Das dauert meist nur wenige Sekunden und liefert eine gute Entscheidungsgrundlage für die weitere Kurs- und Routenplanung.

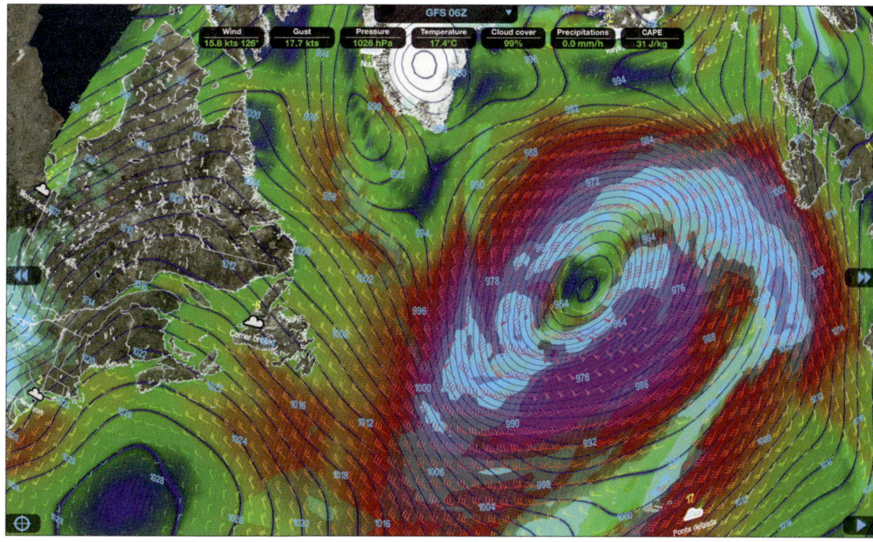

Abb. 7.5 GRIB-Daten (Weather4D)

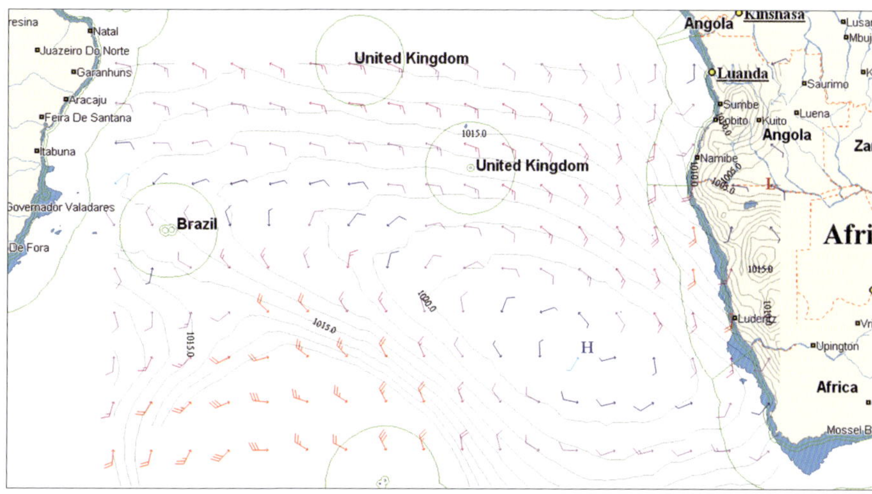

Abb. 7.6 GRIB-Daten mit Navigationsoftware (MaxSea)

> Das Aktualisieren der Wetterinformationen sollte nach Möglichkeit mehrmals täglich erfolgen, mindestens aber einmal pro Tag. Nichts ist so alt und unzuverlässig wie überholte Wetterdaten.

7.3 Wetternavigation

Hierbei geht es um die *momentanen Wetterbedingungen* und einen *Vorhersagezeitraum von etwa 2 Stunden*. Auch wenn sich die Zuverlässigkeit der Wettervorhersagen für die Parameter Wind, Druck und Seegang stetig verbessert, kann es zu Abweichungen kommen. Das kann der Fall sein,

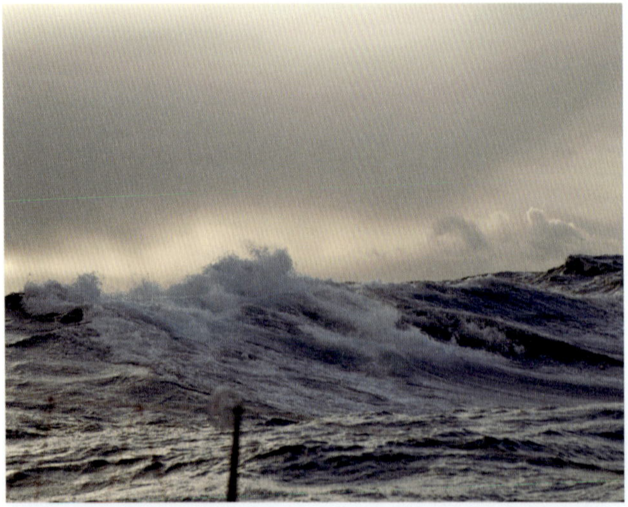

Abb. 7.7 Entgegen der Planung haben sich Wind und Seegang entwickelt, nun muss gehandelt werden

wenn sich ein Tiefdruckgebiet intensiviert und somit auch der Wind stärker zunimmt oder sich eine vorher nicht absehbare Seewindbrise entwickelt, die das Windfeld komplett umstellt. Auch beim Seegang können Differenzen zur Vorhersage eintreten. So kann beispielsweise die in der Vorhersage angegebene signifikante Wellenhöhe vom beobachteten Seegang dadurch abweichen, dass Meeres- oder Gezeitenströme den Seegang „aufgesteilt“ haben. Und schließlich kann es besonders bei den Vorhersagen für die Sicht zu sprunghaften Änderungen kommen, wenn z. B. Strahlungsnebel auf See verdriftet. In derartigen Fällen ist von der Crew mitunter ein schnelles Umdenken für die Törnplanung erforderlich und Route oder Ziel müssen entsprechend abgeändert werden.

Aspekte der Törnplanung:
1. Klimanavigation: Auswerten der Klimadaten vor dem Törn
2. Witterungsnavigation: Auswerten von Wetterkarten und GRIB-Daten vor und während des Törns, Törnplanung anpassen
3. Wetternavigation: Abweichungen von der Witterungsnavigation korrigieren, Törnplanung kurzfristig anpassen

7.4 Praxisbeispiele Tagestörn

Natürlich bedarf ein Tagestörn keiner so umfassenden Planung hinsichtlich der Klimaunterlagen wie ein Urlaubstörn, insbesondere wenn er im Heimatrevier stattfindet. Doch das prinzipielle Vorgehen ist gleich, wie die nachstehenden Beispiele zeigen.

7.4.1 Nordsee (Weser/Nordsee/Wattenmeer)

Mit einer Segelyacht ist ein Törn im Juli von Bremerhaven nach Wangerooge geplant. Dabei wird das Fahrwasser der Weser genutzt und dann weiter mit westlichem Kurs, bis von Norden durch das Seegatt zwischen Spiekeroog und Wangerooge eingesteuert werden kann.
Klimanavigation: Dem Revierführer Nordsee (DSV-Verlag) ist zu entnehmen, dass der Windstern Wind aus Nordwest mit einer Häufigkeit von 43 % anzeigt. Winde aus West und Südwest treten weniger häufig auf, noch weniger aus Nord, Ost und Süd. Häufig ist mit 4 bis 5 Windstärken zu rechnen, Windstärken größer als 7 sind dagegen sehr selten. Für die Törnplanung bedeutet es, dass bei den geplanten Kursen überwiegend mit Gegenwind zu rechnen ist, für eine Segelyacht heißt es daher kreuzen. Gerade im Hinblick auf die Tide ist die Abfahrt von Bremerhaven so einzuplanen, dass die Ebbe voll genutzt werden kann.
Witterungsnavigation: Bereits Tage vorher und zudem natürlich unmittelbar vor der Abfahrt werden Wetterkarten, Wetterwarnungen und GRIB-Daten genutzt. Die Ebbe setzt um 08:00 Uhr ein. Dann soll gestartet werden, um kurz nach Niedrigwasser am Seegatt zwischen Spiekeroog und Wangerooge zu stehen. Für den Tag der Abfahrt wird ein Südwestwind der Stärke 3 vorhergesagt, welcher am Nachmittag, bedingt durch eine Kaltfront, auf Nordwest drehen und auf Stärke 5 auffrischen soll. Der Seegang soll zunächst unter 0,5 m, später 1 m hoch sein. Das bedeutet für den Törn, dass zunächst mit Halbwind eine gute Geschwindigkeit erzielt wird. Mit der Winddrehung auf Nordwest muss dann teilweise gekreuzt werden, und in das Seegatt wird mit Südkurs vor dem Wind eingelaufen.
Vor dem Auslaufen werden die Registrierungen des Seegangs im Internet auf den Webseiten des BSH abgerufen. Der signifikante Seegang zeigt Messwerte von 0,4 m. Aktuelle Messwerte der Wetterstationen Helgoland und Alte Weser belegen den in der Vorhersage zunächst angekündig-

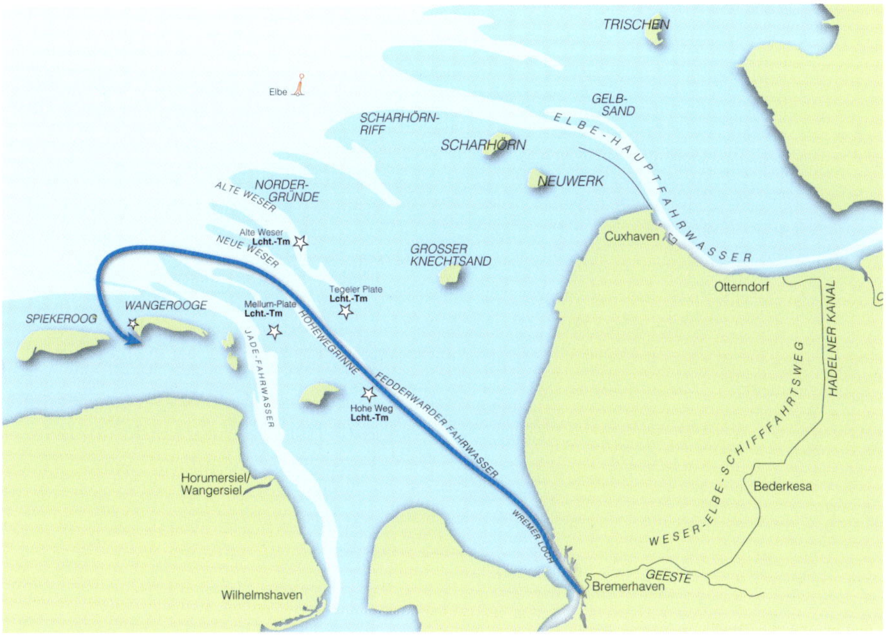

Abb. 7.8 Geplanter Törn nach Wangerooge

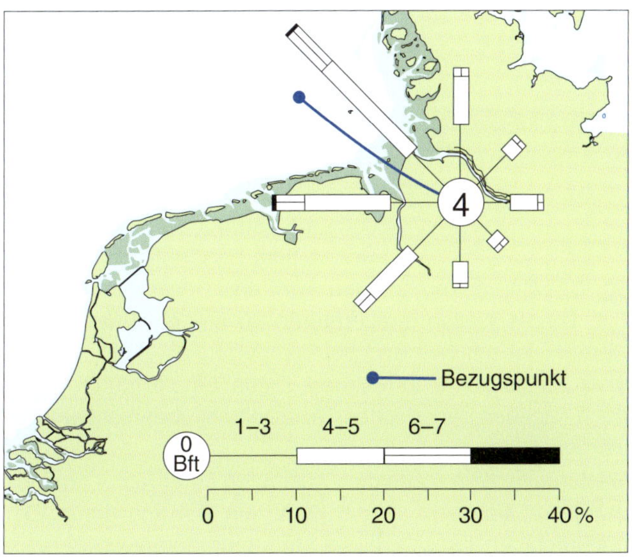

Abb. 7.9 Klimainformation aus dem Revierführer Nordsee (DSV-Verlag)

ten Südwest 3. Die Crew stellt fest, dass die Wassertiefe dicht nördlich von Wangerooge nur um die 10 m beträgt, im Seegatt deutlich weniger, was zur Modifizierung des signifikanten Seegangs führt – er wird kürzer und steiler. Im flachen Bereich des Seegatts könnte es zudem Grundseen geben. Die Crew diskutiert, dass ein Einlaufen in das Seegatt aufgrund der Grundseen gefährlich sein könnte. Daher werden Wilhelmshaven, Hooksiel oder auch Helgoland als alternative Ziele mit aufgenommen. Die Planung ist abgeschlossen, nun geht es los.

Wetternavigation: Die Crew entschließt sich auszulaufen. Über Funk (Verkehrszentrale) wird eine Windwarnung Nordwest 5 bis 6 empfangen. Die Fahrt verläuft zunächst problemlos und mit guter Fahrt. Nach etwa der halben Distanz von Bremerhaven bis zur Einsteuerung in das Seegatt dreht der Wind, begleitet von schweren Schauerböen, bereits auf Nordwest. Nun müssen der Rest des Fahrwassers und auch noch ein Teil der Strecke bis nördlich Wangerooge gekreuzt werden. Der Seegang ist sehr kurz und steil, da der Ebbstrom gegen die Windrichtung setzt. Der Wind nimmt noch leicht zu und erreicht fast Windstärke 6. Aufgrund des Seegangs, der höher ist als geplant, und insbesondere wegen der zu erwartenden Grundseen im Seegatt entschließt sich die Crew, obwohl schon über die Hälfte des Törns zurückgelegt ist, zum Umkehren. Es wird Kurs auf Wilhelmshaven genommen.

7.4.2 Mittelmeer (Sardinien/Korsika)

Mit einer Segelyacht ist ein Törn im Monat Juni von Palau/Nordsardinien nach Bonifacio/Korsika geplant. Dabei ist die Straße von Bonifacio mit einem nordwestlichen Kurs zu queren.

Klimanavigation: Beim Einsehen der Pilot Charts für den Monat Juni zeigt der Windstern westlich von Korsika, dass mit hoher Häufigkeit Winde aus Nordwest, West und Südwest auftreten, jedoch meist mit 1 bis 3 und 4 bis 5 Windstärken. Eine geringe Häufigkeit zeigt sich aus Nordwest bis West mit 6 bis 7 Bft. und mehr. Verbunden werden kann dieser Anteil mit dem Mistral. Dieser wird zwar streng genommen auf das Seegebiet Golf du Lion (Löwengolf) bezogen, sein Windfeld erreicht aber auch Korsika und Nordsardinien. Die Oberflächenströmungen setzen östlich der Straße von Bonifacio nach Südost, westlich der Straße nach Nordwest. Sollte der Wind aus Nordwest bis West wehen, stellt sich die Crew auf eine längere Reise ein, da dann zum Teil gekreuzt werden muss.

Witterungsnavigation: Schon Tage vor der Reise und nach Ankunft in Palau werden Wetterkarten und GRIB-Daten ausgewertet. Tage zuvor hat ein Westwind der Stärke 5 geweht, nun ist der Wind abgeflaut und wird aus Ost auf Stärke 4 bis 5 auffrischen. Die See soll 1 m, teilweise 1,5 m hoch sein. Die GRIB-Daten zeigen örtlich eine Zunahme der Windstärke auf 5 bis 6 Bft. Die Crew schätzt dies als Düseneffekt ein, der für die Straße von Bonifacio bekannt ist; dabei ist auch zu bedenken, dass der Düseneffekt durchaus stärker ausfallen kann. Neben dem Düseneffekt wird auch der Seewind in Vorhersagen nicht ausreichend berücksichtigt. Da als Wassertemperaturen 20 bis 22 °C gemessen werden, ist mit Seewind bei Temperaturen über Land von über 28 bis 30 °C zu rechnen. Diese Temperaturen sollen nach Angaben der örtlichen Tageszeitung aber nicht erreicht werden.

Wetternavigation: Nach dem Auslaufen unter Motor am Morgen setzt sich erst sehr zögernd ein Ostwind durch. Der Inselarchipel Nordsardiniens stellt eine natürliche Barriere dar. Der Fetch bzw. die Windgeschwindigkeit sind gering und der Seegang somit auch. Nach und nach frischt der Wind auf etwa 4 bis 5 Bft. auf. In der Straße nimmt der Wind auf 6 bis 7 Bft. zu. Mit dem raumen Wind stellt die Windstärke kein Problem dar; die Crew ist auf die Verstärkung des Windes

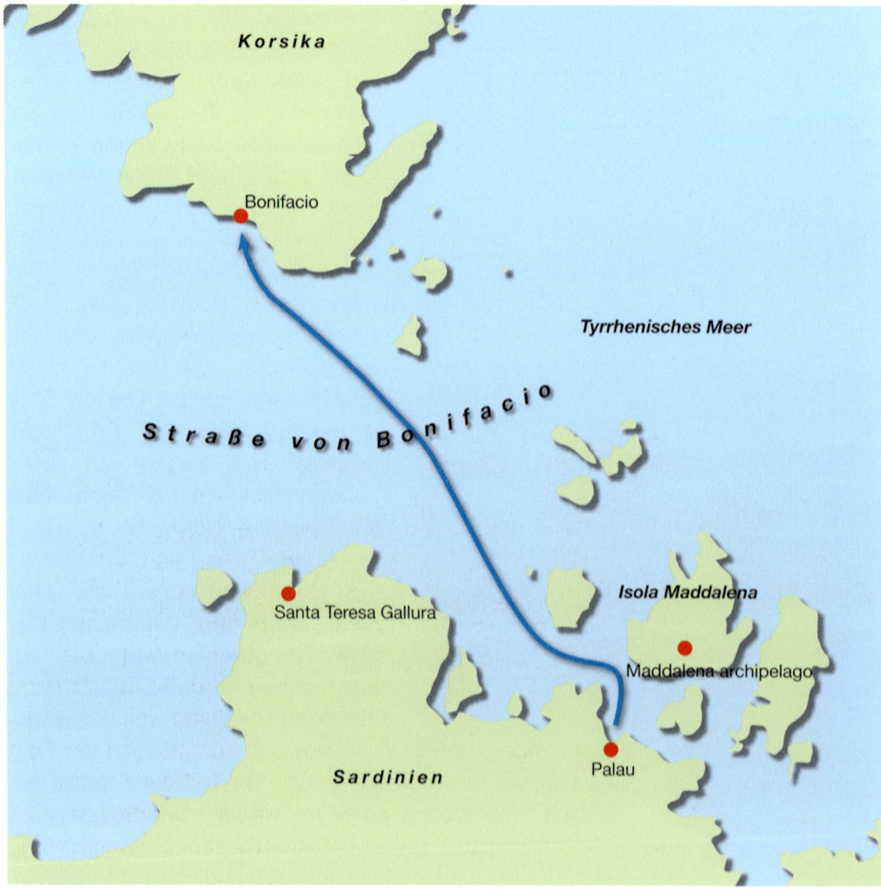

Abb. 7.10 Törn von Palau nach Bonifacio

Abb. 7.11 Auszug aus den Pilot Charts

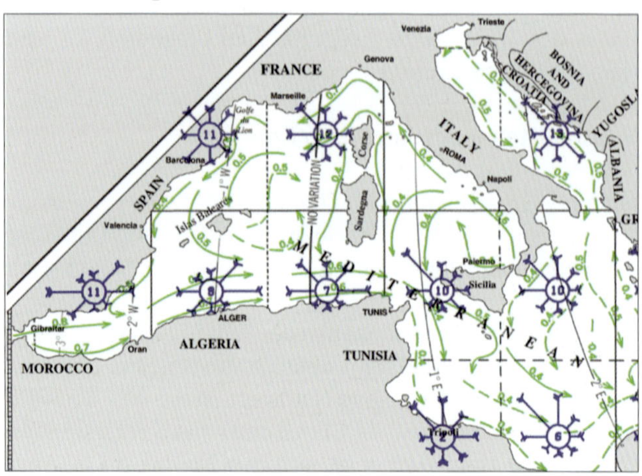

durch den erwarteten Düseneffekt darauf eingestellt. Zu schaffen macht der Crew aber der Seegang infolge einer 0,5 m hohen Dünung aus West, die aus dem vorher wehenden West 5 resultiert. Das führt zum Teil zu chaotischem Seegang. Die Crew entscheidet sich zu einer Kursänderung. Es wird zunächst vor dem Wind gefahren (Großsegel, Fock ausgebaumt), um später anzuluven mit Kurs auf Bonifacio.

7.5 Praxisbeispiele mehrtägiger Törn

7.5.1 Ostsee

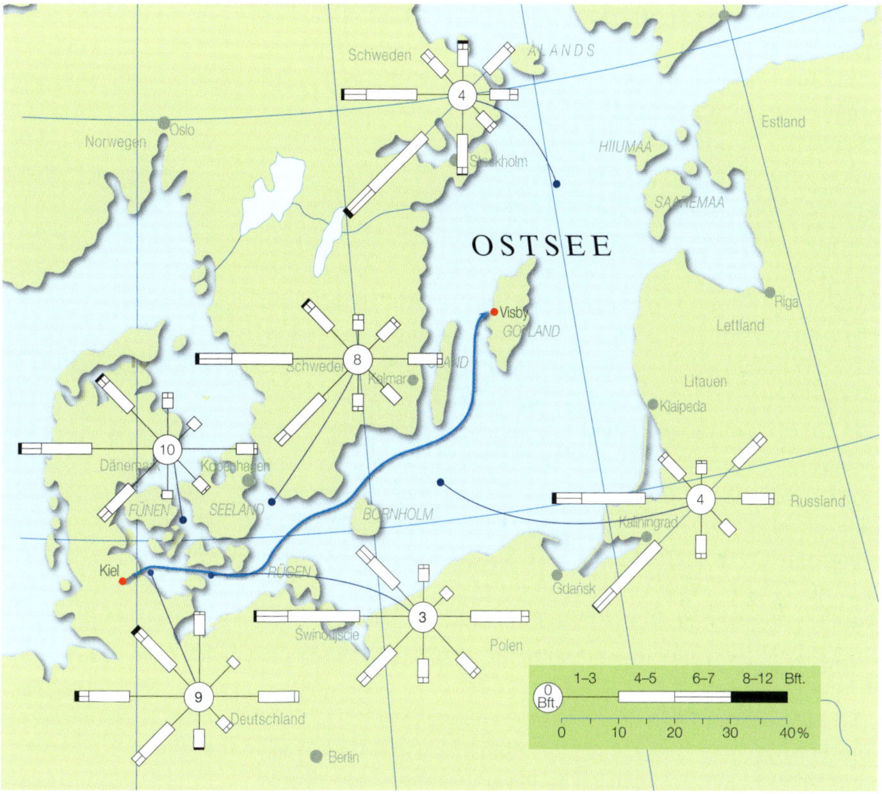

Abb. 7.12 Geplanter Törn nach Gotland mit Windsternen aus dem Revierführer Ostsee (DSV-Verlag)

Eine Familiencrew plant einen Törn im August von Kiel nach Gotland. Es soll Tag und Nacht gesegelt werden. Der Törn soll den dreiwöchigen Urlaub einleiten, Bornholm soll in 5 bis 7 Tagestörns erreicht werden.

Klimanavigation: Für das Fahrtgebiet werden die Windsterne für den Monat August aus dem Revierführer Ostsee (DSV-Verlag) ausgewertet. Sie zeigen für das Gebiet bis Bornholm eine hohe Häufigkeit für Winde aus dem westlichen Sektor, aber auch aus Ost. Von Bornholm bis nach Gotland besteht eine hohe Häufigkeit für Südwest. Meist sind Winde zwischen 3 bis 5 Bft. anzutreffen. Für die Planung bedeutet es, dass für die Hinreise westliche Winde eine angenehme Reise erwarten lassen. Jedoch sollte auch bereits auf die Rückreise geachtet werden, denn wenn die mittleren Windbedingungen eintreffen, ist für den Rückweg mehr Zeit einzuplanen.

Witterungsnavigation: Die Crew hat bereits Tage vorher intensiv Wetterkarten und GRIB-Daten ausgewertet. Auch am Tage der Abfahrt ändert sich an den Bedingungen für den mehrtägigen Törn nur wenig. Der Wind auf der Strecke von Kiel nach Klintholm weht aus Süd mit 2 bis 4 Windstärken. Da eine gewisse Grundgeschwindigkeit gehalten werden soll, wird in den „flauen Phasen“ der Motor mit benutzt.

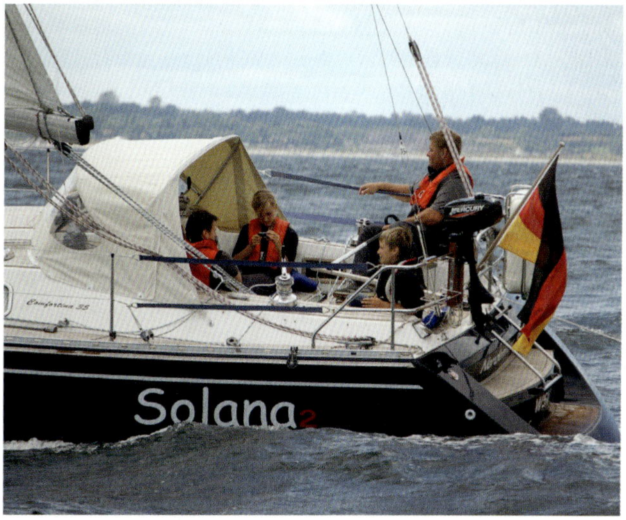

Abb. 7.13 Die Crew hat sich auf den längeren Törn vorbereitet

Von Klintholm nach Bornholm wird der Wind anfangs aus Südost prognostiziert, später, bedingt durch eine Kaltfront, westdrehend und zunehmend auf 6 mit Seegang 1,5 m, später 2 m. Die Crew freut sich, gibt aber in die Runde, dass Windstärke 6 und entsprechender Seegang eine gute Kondition und Aufmerksamkeit abverlangen. Ein Mitglied der Crew wirft ein, dass man zur Not auch Rönne oder einen anderen Hafen an der Nordwestseite von Bornholm anlaufen könnte. Dagegen spricht sich der Skipper aus, denn bei Windstärke 6 und entsprechender See ist dort bereits mit Flachwassereffekten und Grundseen zu rechnen. Ausweichhäfen wären eher an der Ostküste zu suchen, z. B. Allinge. Für die weitere Planung wird in der mehrtägigen Vorhersage von Bornholm nach Gotland ein auf Nord drehender Wind mit Stärke 4 prognostiziert, der dann auf Ost bis Nordost drehen soll. Diese Vorhersage sagt den meisten Crewmitgliedern nicht zu, denn es bedeutet Kurse hoch am Wind. Doch ein Crewmitglied bietet dazu eine Lösung an: Man könnte mit dem Wind aus Nord auf Steuerbordbug zunächst mit Kurs Nordost anliegen. Man fährt über die beabsichtigte Kurslinie hinweg „auf die rechte Seite“ und segelt der Winddrehung auf Ost bis Nordost entgegen. Man entschließt sich zum Auslaufen.
Wetternavigation: Die Fahrt bis südlich von Klintholm verläuft problemlos, tatsächlich muss der Motor – die „Tankgenua“ – zeitweise mithelfen. Dann dreht der Wind auf Südost und es geht hoch am Wind weiter auf einen Wegpunkt nördlich Bornholm. Der Wind nimmt zu, der Seegang hat sich entsprechend entwickelt. Etwa 40 sm vor Bornholm dreht der Wind, begleitet von Schauern und starken Gewittern, auf West. Mit der Frontpassage kommen Sturmböen dazu. Nun hat die Crew alle Hände voll zu tun. Die See ist unangenehm, denn der „alte Seegang“, d. h. die Dünung aus Südost, läuft noch. Eine Kreuzsee aus neuem und altem Windfeld war nicht eingeplant und auf den GRIB-Daten nicht zu erkennen gewesen. Die Crew hält gut durch und segelt mit gutem Speed nordwestlich von Bornholm. Nun nimmt der Wind noch weiter zu. Entgegen der Vorhersagedaten, die morgens noch in Mobilfunkreichweite auf das Notebook geladen wurden, hat er vermutlich, bedingt durch die Böigkeit und den Düseneffekt, Stärke 7 erreicht. Das bestätigt auch eine NAVTEX-Meldung. Vom Einlaufen in Häfen auf Bornholm, in Ystad/Südschweden oder auf der kleinen Insel Utklippan wird abgesehen und man entscheidet sich für Simrishamn, da dieser bei Westwinden gut anzulaufen ist. Zudem kommt man mit dieser Kursänderung in Lee der Küste, was durch geringeren Fetch und geringere Reibung Wind und Seegang reduzieren wird. Nach kurzem Aufenthalt im Hafen und einer dabei stattfindenden Abnahme des Windes mit Norddrehung wird weitergesegelt. Die frisch empfangenen Wetterinformationen halten an dem Nord und der Drehung auf Nordost bis Ost fest. Die Crew legt den Kurs, wie in der Planung vorher diskutiert, über die Kurslinie hinaus und segelt nach der Winddrehung mit einem Schrick in den Schoten nach Visby/Gotland.

7.5.2 Karibik

Für die zweite Maihälfte hat eine Crew in der Karibik eine Segelyacht gechartert und beabsichtigt einen mehrtägigen Rundtörn in Tagesetappen vorzunehmen: Antigua – Nevis – St. Kitts – St. Martin – Antigua.
Klimanavigation: Die Pilot Charts zeigen eine sehr große Häufigkeit für Winde aus Ost bis Südost mit 4 bis 5 Windstärken. Weniger häufig ist die Windrichtung Südost, noch weniger tritt Nordost auf. Das ist nicht verwunderlich, denn das bestimmende Windsystem ist der Passat. Da die offizielle Wirbelsturmsaison im Juni beginnt, hätte der Törn später auch nicht stattfinden sollen. Gegen den geplanten Routenverlauf gibt es keine Einwände, lediglich die Rückreise von St. Martin nach Antigua wird ein Kurs hoch am Wind mit entsprechendem Seegang. Ein Crewmitglied merkt an, dass ein möglicher Südost, der auch im Klimamittel zu erkennen ist, kreuzen bedeuten würde. Das wären dann relativ viele Meilen.
Witterungsnavigation: Nachdem schon Tage vor dem Abflug Wetterinformationen eingeholt wurden, werden nach der Landung in Antigua und nach Übernahme der Yacht die Wetterinformationen aktualisiert. Da die Vorhersage das in der Planung bereits erwartete Wetter für die Karibik mit 4 bis 5 Bft. aus Ost zeigt, aktualisiert die Crew nur nachlässig und somit nicht regelmäßig die GRIB-Daten.
Wetternavigation: Von Antigua aus gestartet, verläuft der Törn mit guten Winden wunschgemäß. Vier Tage vor Abgabe der Yacht, d. h. vor dem Törn von St. Martin zurück nach Antigua, wird wieder verstärkt auf das Wetter geachtet. Den Wettervorhersagen sind Ostwinde der Stärke 5 bis 6 zu entnehmen, zeitweise auch auf Südost drehend. Das passt nicht so gut zum Kurs, aber die Yacht muss pünktlich nach Antigua zurückgebracht werden. Mit Auslaufen von

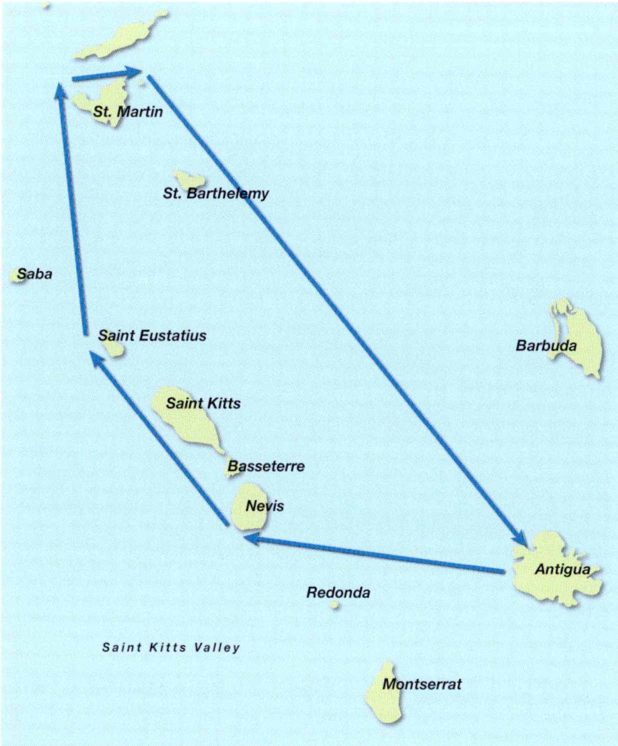

Abb. 7.14 Geplanter Karibiktörn

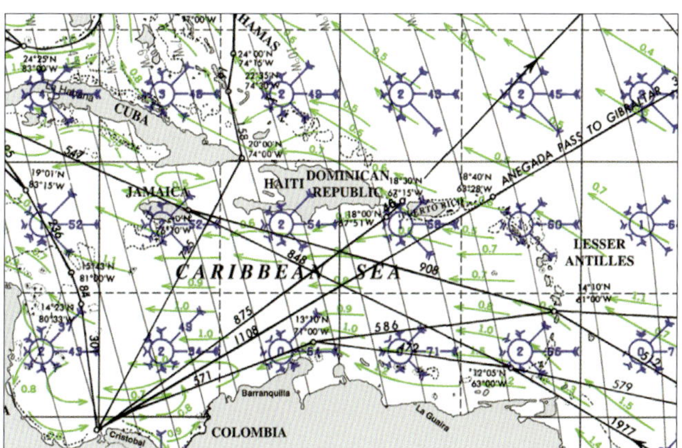

Abb. 7.15 Auszug aus den Pilot Charts

St. Martin weht der Wind zunächst noch aus Ost bis Nordost, der Himmel zieht sich zu und einzelne kräftige Schauer einer Easterly Wave ziehen durch. Im letzten Drittel der Strecke dreht der Wind auf Südost, sodass gekreuzt werden muss. Erschwerend hinzu kommt noch ein unangenehmer Seegang durch kreuzlaufende See. Die Crew erreicht, wenn auch unter großer Anstrengung, das Ziel Antigua. Beim nächsten Törn, da ist man sich einig, muss die Wetterentwicklung kontinuierlich verfolgt werden.

7.6 Praxisbeispiele für Langfahrt/Ozean

7.6.1 Nordatlantik/ARC

Eine Crew plant mit einer Segelyacht Ende November einen Transatlantiktörn von Las Palmas/Gran Canaria nach Rodney Bay/St. Lucia. Als Reisedauer werden 14 Tage eingeplant.

Klimanavigation: Zunächst werden für den Törn die „Klimakarten“ ausgewertet. Die Windsterne zeigen die Beständigkeit des Passats mit Winden aus Ost bis Nordost an. Nach den Monatskarten bzw. Pilot Charts ist zu dieser Zeit nicht mehr mit Wirbelstürmen zu rechnen. Der Seegang ist mit durchschnittlich 1 bis 1,5 m angegeben, und der Kanarenstrom/Karibikstrom setzt beständig mit. Um in den beständigen Passat zu gelangen, soll von Gran Canaria aus zunächst der Wegpunkt 20° N 030° W angesteuert werden.

Witterungsnavigation: Bei Ankunft in Gran Canaria sind zunächst noch drei Tage Vorbereitung/Verproviantierung eingeplant. Ein Teil der Crew beschäftigt sich regelmäßig mit den neuesten Wetterdaten, ausgewertet werden Wetterkarten und GRIB-Daten. Zu erkennen ist, dass das Hoch entgegen dem langjährigen Klimamittel etwas weiter nördlich liegt und somit der Passat schon ab den Kanarischen Inseln beständig weht. Man ist sich an Bord einig, dass der geplante Wegpunkt auf 20° N 030° W nicht angesteuert werden muss, vielmehr kann direkt auf die Nordküste von St. Lucia abgesetzt werden.

Wetternavigation: Nach Verlassen der Kanarischen Inseln verläuft der Törn problemlos. Die Crew hat sich auf die Vorwind- und Raumwindkurse gut eingestellt. Zeitweise wird der Spinnaker eingesetzt. Der Abruf der GRIB-Daten mit dem Iridium-Handy stellt kein Problem dar.

Am vierten Tag macht sich von Nordwest zeitweise eine lange Dünung bemerkbar. Nun ist die Yacht schlechter zu steuern. Es wird entschieden anzuluven, um den Kurs zu

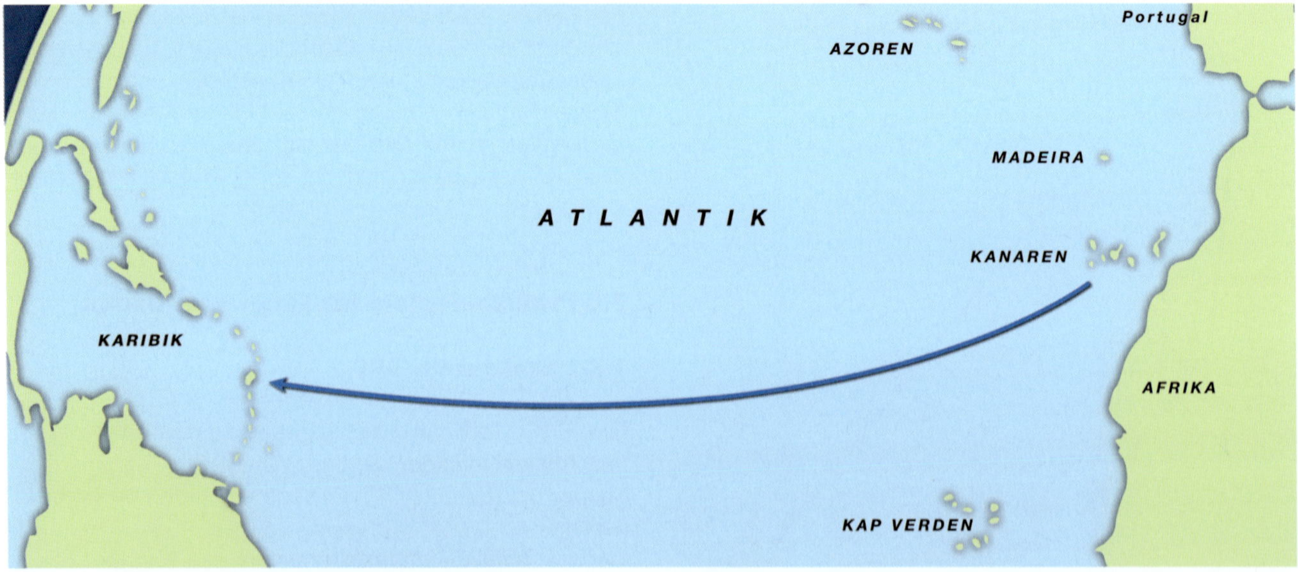

Abb. 7.16 Transatlantiktörn von den Kanaren in die Karibik

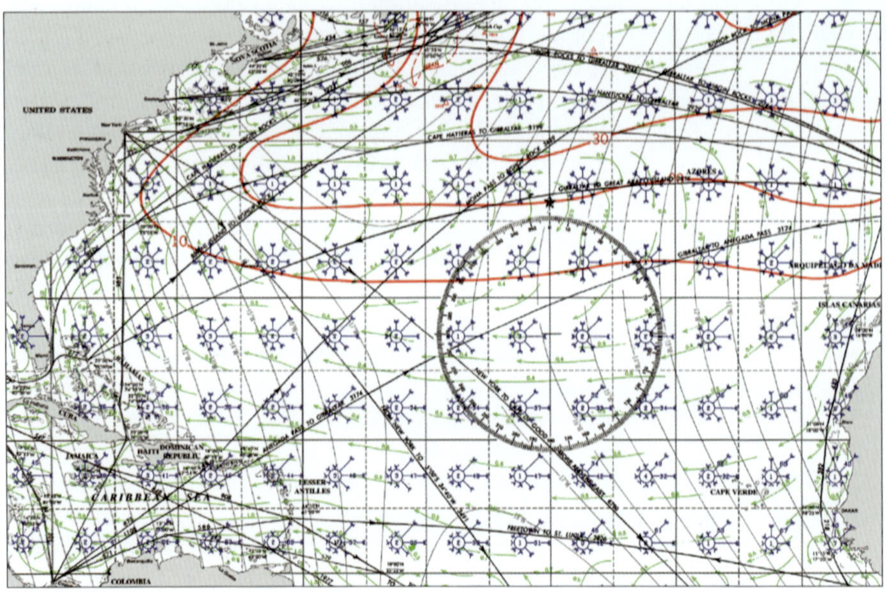

Abb. 7.17 Auszug aus den Pilot Charts

stabilisieren. Am nächsten Tag wird eine Halse gefahren, um nicht zu weit vom Kurs abzukommen. Am siebten Tag zeigt sich auf den Windpfeilkarten eine Verstärkung des Windes. Die Crew vermutet eine schwache Easterly Wave und bittet über E-Mail Freunde an Land, sich auf der Internetseite des National Hurricane Center in Miami zu informieren. Landseitig wird die Vermutung bestätigt. Die Yacht passiert die Easterly Wave, und das gemütliche Passatsegeln wird für etwa 36 Stunden unterbrochen durch Winde um 6 Bft., begleitet von Schauern und Gewittern. Nach Abzug der tropischen Wellenstörung segelt die Crew im Passat zum Ziel.

7.6.2 Nordpazifik

Eine Crew plant für den Monat Juni mit einer 60-Fuß-Yacht eine Reise von Hawaii nach San Francisco.

Klimanavigation: Zunächst werden die Pilot Charts für die Klimanavigation herangezogen. Zu erkennen ist, dass auf der Strecke Winde aus Nordost und Ost häufig sind. Zudem setzt die Strömung beständig mit

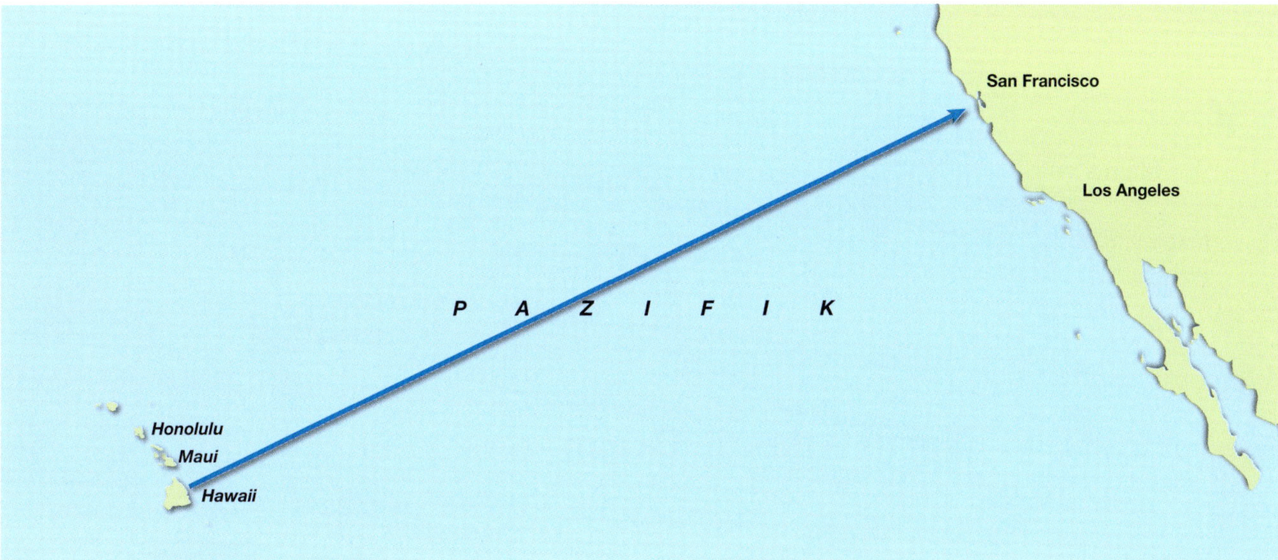

Abb. 7.18 Nordpazifiktörn von Hawaii nach San Francisco

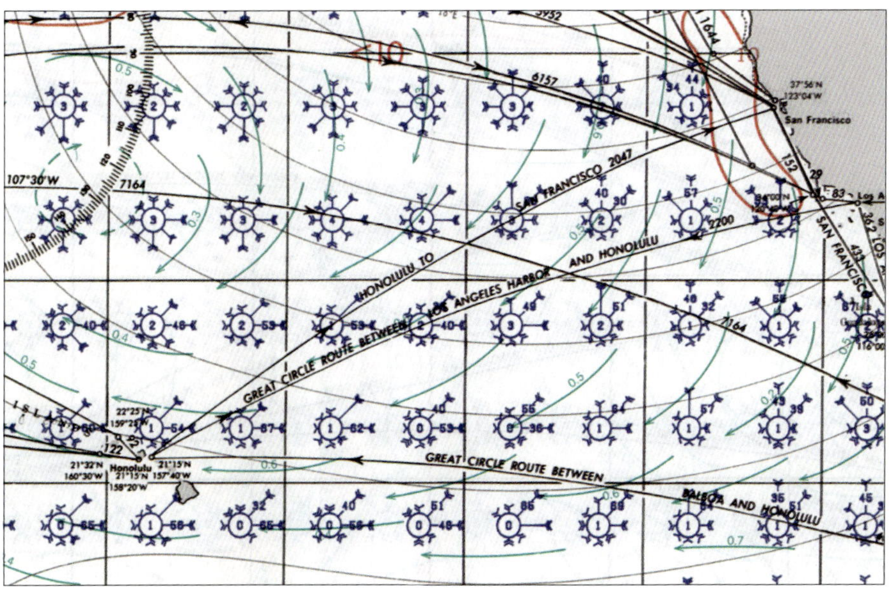

Abb. 7.19 Auszug aus den Pilot Charts

ca. 0,5 kn nach Südwest, also gegenan. Die Crew entscheidet, dass daher zunächst möglichst hoch am Wind mit Wind von Steuerbord in Richtung Nord bis Nordost gesegelt werden soll, um dann später mit Winden aus West einen östlichen Kurs zu segeln.

Witterungsnavigation: An Bord in Hawaii angekommen, werden GRIB-Daten und Wetterkarten ausgewertet, auch ein Routingprogramm kommt zum Einsatz. Aufgrund der Wetterentwicklung der nächsten Tage zeigt sich bei der Berechnung, dass ein Ausweichen nach Norden nicht erforderlich ist und zunächst etwas nördlich des direkten Kurses gesegelt werden kann.

Die Crew prüft anhand von Wetterkarten die Plausibilität des Routings und ist sich einig, dass die berechneten Wegpunkte angesteuert werden.

Da das Routing ohnehin mindestens einmal täglich, wahrscheinlich aber zweimal täglich mit aktuellen Daten berechnet wird, soll damit der Kurs entsprechend angepasst bzw. korrigiert werden.

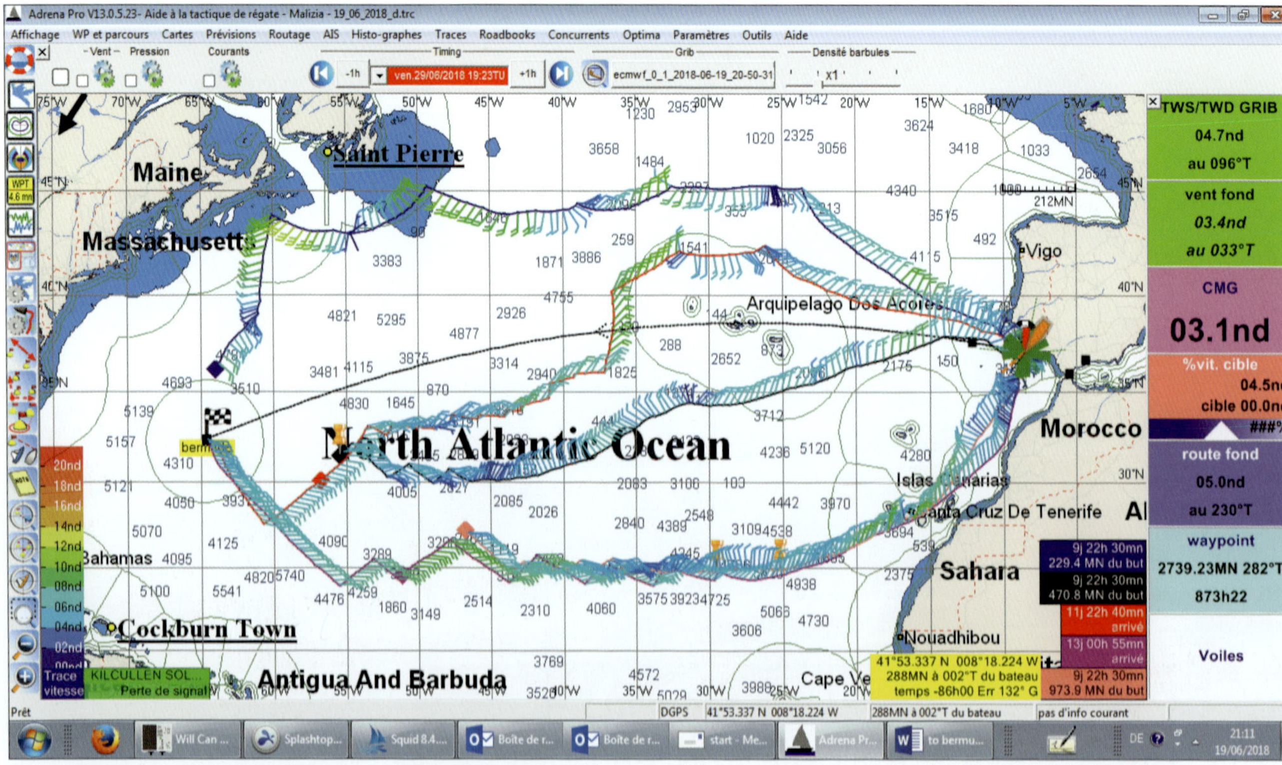

Abb. 7.20 Wetterrouting mit GRIB-Daten und Software (Adrena)

Wetternavigation: Die Crew segelt los und ist fasziniert, wie gut GRIB-Daten, Routing und die Performance der Yacht harmonieren. Fast täglich wird der Kurs etwas angepasst. Entsetzt reagiert die Crew, als nach ca. einer Woche eine Tsunami-Warnung an Bord empfangen wird. Das Epizentrum liegt an der Südküste Alaskas. Da sich die Yacht aber im tiefen Wasser befindet, ist nicht mit Gefahr zu rechnen. Nach etwa einer Stunde wird eine Entwarnung gegeben, sodass auch für Küstenregionen keine Gefahr mehr besteht.

Kurz vor Erreichen von San Francisco wird die Crew noch einmal richtig gefordert. Im kalten Kalifornienstrom hat sich vor San Francisco dichter (Kaltwasser-)Nebel gebildet. Das war aus den Vorhersagen bzw. GRIB-Daten nicht abzuleiten und zeigt der Crew auf, dass es keine verlässlichen Vorhersagen für die Sichtweite gibt. Trotz der guten Brise muss nun die Fahrt verringert und besonders mithilfe von Radar navigiert werden, um den Hafen von San Francisco sicher zu erreichen.

Die nahezu einen Tag spätere Ankunft hatte die Crew jedoch bereits eingeplant, denn sie war sich bewusst gewesen, dass beim Berechnen des Wetterroutings der Parameter „Sichtweite“ nicht mit einbezogen wird.

8 Regatta

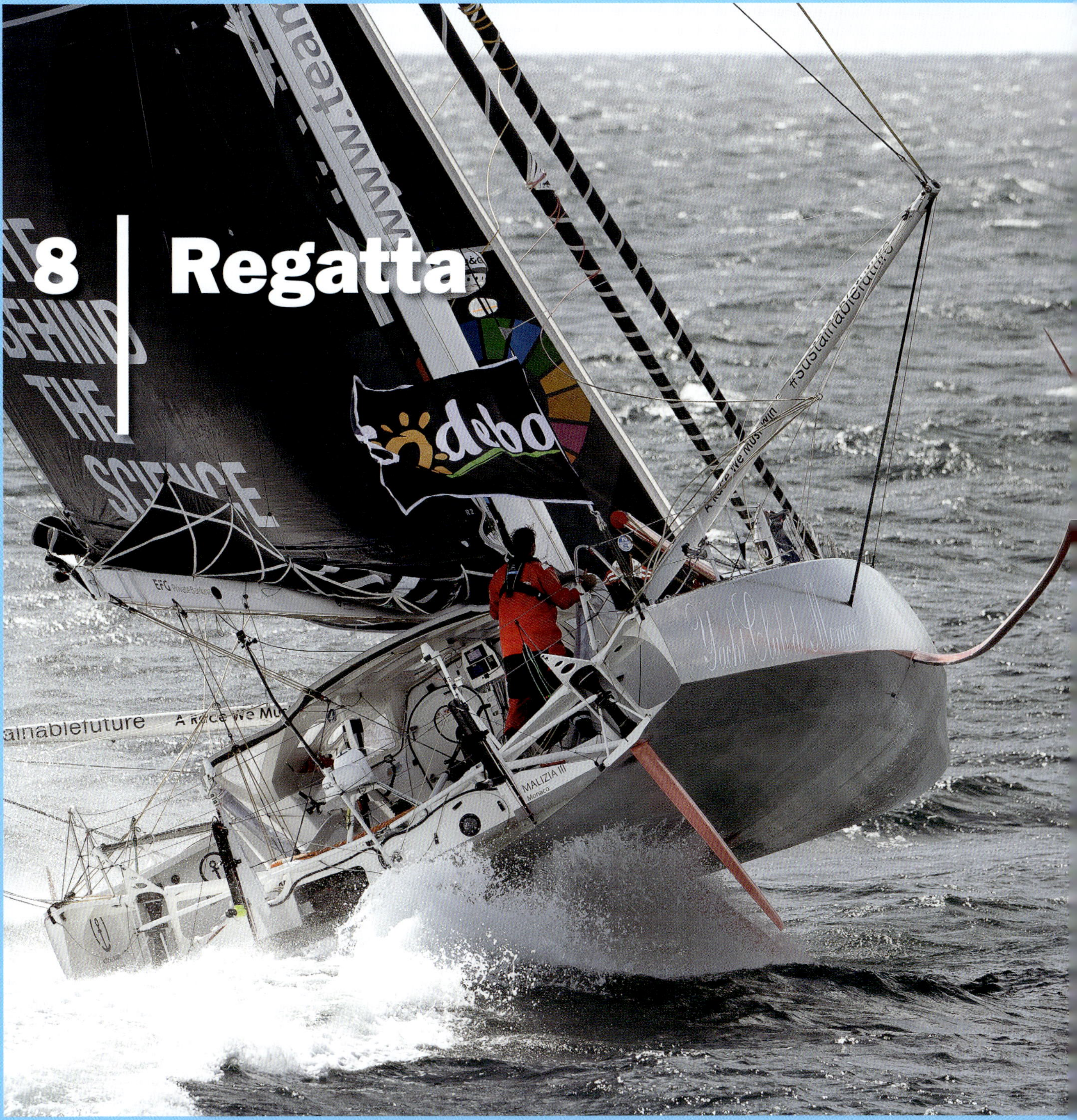

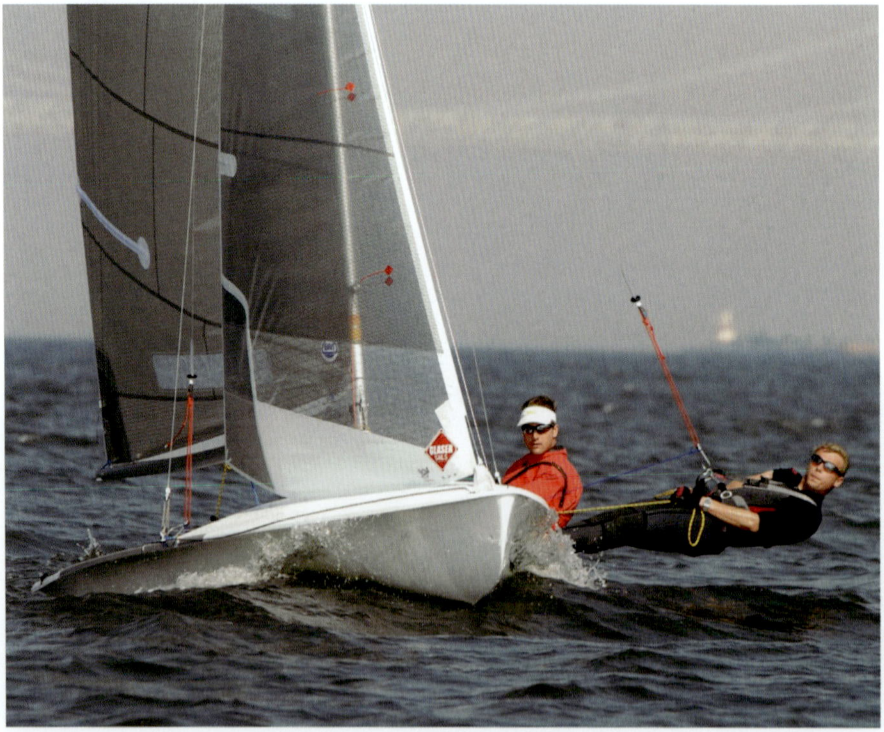

Analyse Regattawetter:
✔
Allgemeine Zirkulation, Klima (Passat, Westwinddrift)
✔
Synoptik, Tief- und Hochdruckgebiete (Fronten, Trog)
✔
Land-Seewind-Zirkulation, Thermik, Düseneffekt, Küstenführung, Kapeffekt, Reibung, Windprofil
✔
Kompasse, Kreuzen zum Wind, Lift und Header, Kreuzen vor dem Wind, Windbänder, Böigkeit

Abb. 8.1 Bevor es aufs Wasser geht, sollte das Wetter analysiert werden

8.1 Vorbereitung einer Wettfahrt

Sich vor dem Auslaufen ein schlüssiges Bild der meteorologischen Rahmenbedingungen zu verschaffen, ist für den gewissenhaften Segler selbstverständlich. Dies gilt umso mehr, je länger die Segelzeiten pro Schenkel eines Up-and-down-Kurses oder Küstenrennens werden. Dagegen für die wenigen Minuten einer Kreuz beim olympischen 49er eine belastbare Vorhersage erstellen zu wollen, mag ambitioniert sein, doch wird in den meisten Fällen hierbei sehr flexibel und opportunistisch-taktisch gesegelt. Wenn allerdings Stare oder 505er bei einer großen Weltmeisterschaft bis zu 2 sm aufkreuzen und dafür über 20 Minuten benötigen, eröffnet dies deutlich mehr Raum für strategische Entscheidungen, die auf erwarteten und beobachteten Windänderungen basieren.
Auch wenn Winddreher nicht auf +/– 5 Minuten genau vorhersagbar sind, ist das Verständnis der Wetterentwicklung für jeden Regattasegler von großer Bedeutung. Dazu bietet es sich an, die folgenden *Themenschwerpunkte* wie in einer Checkliste abzuarbeiten.

8.1.1 Lokalinformationen

Der Blick auf eine Seekarte verrät die Tiefenstruktur des Regattagebietes, anhand der gegebenenfalls Schlussfolgerungen auf Strömungen gezogen werden können. Außerdem enthält sie Angaben zur lokalen Missweisung, zu magnetischen Störungen und zur Lage von Seekabeln – und damit Informationen, an welchen Orten wir auf jeden Fall vermeiden sollten, den Kompass zu kalibrieren. Denn für Rennyachten gehört die Kompasskalibrierung an jedem neuen Regattaort zum Pflichtprogramm.
Anhand der Seekarte und gegebenenfalls auch Google Earth können präzise Vorhersagen über kleinräumige Wetterereignisse wie lokale Effekte erarbeitet werden. Näheres zu Küsteneffekten siehe unten unter 8.4.
Für typische Regattagebiete wie den Solent, Kiel oder

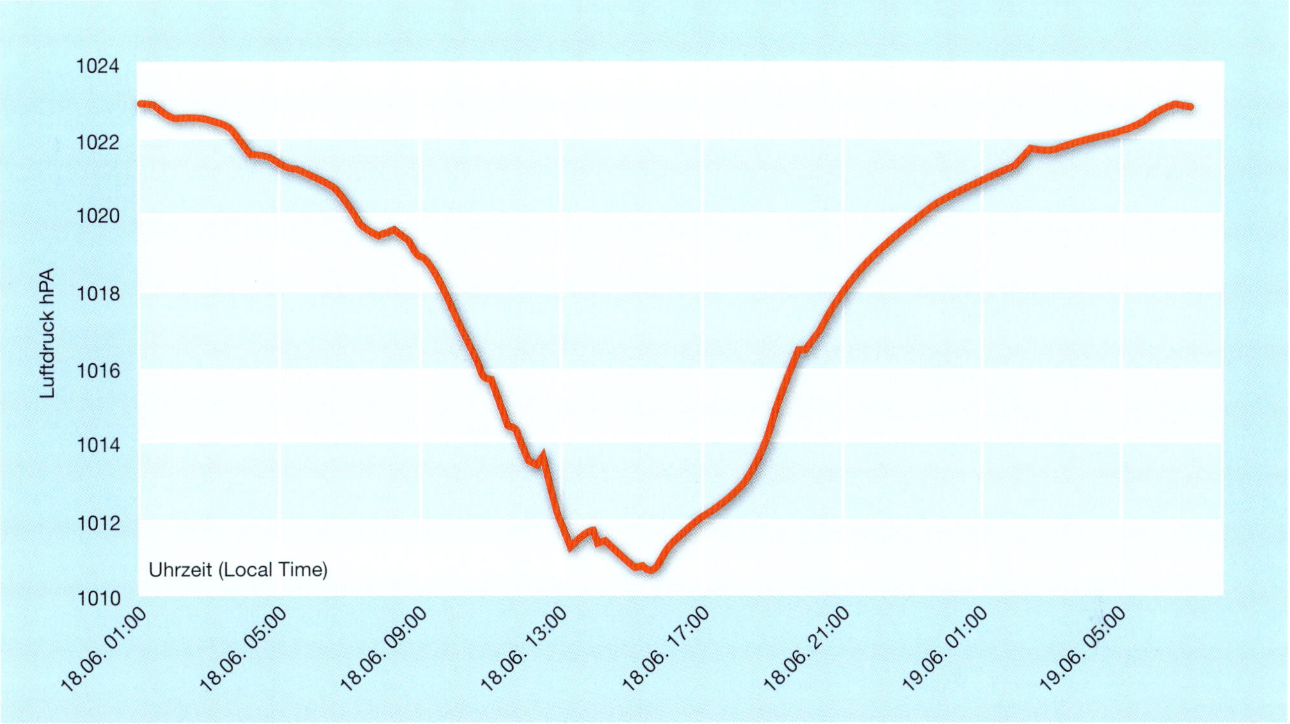

Abb. 8.2 Luftdruckkurve. Tiefdruckdurchzug dicht nördlich von Kiel während der Kieler Woche 2012. Nach der mit diesem Tief verbundenen Kaltfront nahm der Wind abrupt auf 30 kn zu

St. Tropez gibt es oft spezielle Informationsquellen für Regattasegler, etwa hochauflösende Strömungs- und Windvorhersagen im GRIB-Format. Spezialisierte Meteorologen (lokale, internationale) verfügen zusätzlich über Kenntnisse lokaler Besonderheiten, die aus langjährigen Beobachtungen und Messdaten gewonnen wurden, und die wir als kostenpflichtige Beratungsdienstleistung nutzen können.

8.1.2 Klima

Zu einer systematischen Vorbereitung auf Rennen, die fern des Heimatreviers stattfinden, gehört auch die Betrachtung der vorherrschenden klimatischen Bedingungen. Nur so können die lokalen Wetterabläufe in den größeren Zusammenhang eingeordnet werden. Für die Auswertung des Klimawetters sind Pilot Charts hilfreich (s. auch Kap. 7 Törnplanung).

Im Heimatrevier, etwa bei der Kieler Woche, müssen wir nicht weiter darüber nachdenken. Wir wissen, dass wir uns hier im Bereich der Westwindzone befinden mit vorherrschenden Westwinden und dem Durchzug von Tiefdruckgebieten meist im Norden mit den damit verbundenen typischen Wetterabläufen von Warmfront- und Kaltfrontdurchzug. Demgegenüber befinden wir uns etwa im zukünftigen Olympiarevier in Rio de Janeiro in der Zone der Subtropen – und das bedeutet, dass es hier beispielsweise keine Fronten gibt.

8.1.3 Synoptik

Welche Gebilde determinieren den Gradienten und wie wird er sich entwickeln? Oder einfacher: Wo liegen Hochs und Tiefs, die für uns relevant sind, und wohin ziehen sie? Um diese Fragen zu beantworten, verschaffen wir uns anhand der aktuellen Bodenanalysekarte (s. Kap. 6 Wetterinformationen) einen Überblick über die Wetterlage. Analysekarten sind leicht zugänglich. In Europa findet man einen besonders komfortablen Zugang zu Wetterkarten über die

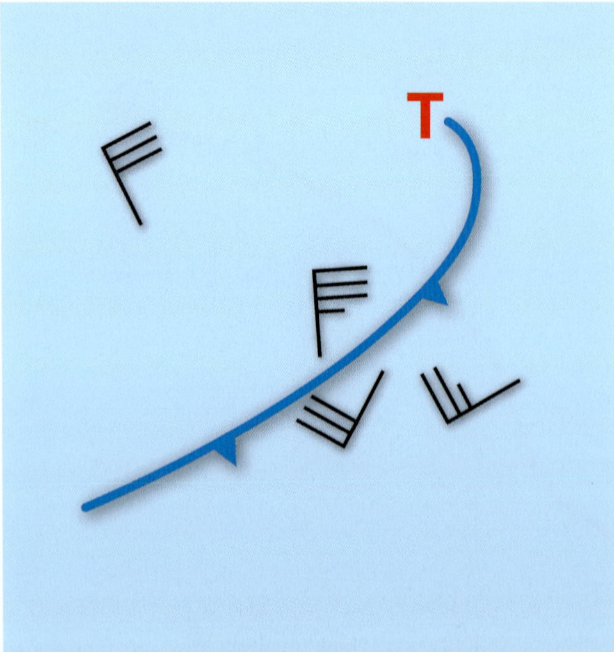

Abb. 8.3 Kurz vor der Front dreht der Wind von SW auf SSW, um dann in der Front radikal auf NW zu drehen

Webseite www.wetter3.de. Allerdings werden die meisten Karten ca. 6 Stunden alt sein. Eine *Gesamtschau der Wetterentwicklung* („Synoptik“) lässt sich anhand weiterer Informationen vornehmen. Mittels GRIB-Daten können wir uns zusätzlich eine Vorstellung von der Dynamik, also der Verlagerungsgeschwindigkeit der Druckgebilde, verschaffen und darauf schließen, wie sich das Geschehen über den Tag entwickeln wird. Verfügen wir über lokal hochauflösende GRIBs, können wir diese als eine „Meinung“ zu den zu erwartenden lokalen Effekten und zur Thermik betrachten. Ideal ist es, Daten mit GFS- und ECMWF-Ursprung vergleichen zu können, um die Bandbreite der Modell-Szenarien abzuschätzen. Auf dem Wasser hilft der Blick auf das Barometer, um festzustellen, ob das erwartete Szenario eintrifft oder Abweichungen eintreten.

8.1.4 Fronten

Haben wir es mit Fronten zu tun? Wenn ja, wann ist eine Front zu erwarten und wie intensiv wird sie sein? Auch hier hilft uns wieder ein Blick auf die Bodenanalysekarte, in der die Fronten eingezeichnet sind. Nun müssen wir noch die *Verlagerungsgeschwindigkeit* abschätzen. Dabei können wir zum einen wieder Modelle und GRIB-Daten zu Rate ziehen, zum anderen Beobachtungen wie Satellitenbilder, Regenradar oder Stationsmeldungen, die uns Auskunft geben könnten, ob z. B. der Wind an einem Ort auf der Zugbahn der Kaltfront schon auf Südwest gedreht hat. Sollten wir es im Laufe des Regattatages tatsächlich mit der Front zu tun bekommen, kann man die aufziehenden Wolken einordnen und den Eintritt eines Winddrehers abschätzen.

In Nord- und Ostsee kommt es gar nicht so selten vor, dass eine Wettfahrt in eine Front hineingestartet wird und es dann auf der Startkreuz zu einem massiven Rechtsdreher kommt. Hat man hier morgens seine „Hausaufgaben“ gemacht und sieht die Front kommen, kann man rechts starten, die rechte Seite decken und sich dann bei den ersten starken Schauerböen ganz auf die Bootsbeherrschung konzentrieren.

Das Abschätzen der Verlagerung von Fronten ist nicht immer einfach. Vorhersagekarten, die Fronten verzeichnen, wie z. B. die vom DWD, sind ein guter Anhaltspunkt. Verfügt man für seine Region über keine Vorhersagekarte mit Fronten und möchte man dennoch eine Vorhersage für die Frontverlagerung erstellen, gibt es in den GRIBs den Niederschlagsparameter als Anhaltspunkt.

Außerdem kann man im GRIB-File auch den vorhergesagten Windsprung ermitteln, um darauf auf die Front zu schließen.

Um den Modellen mehr Hinweise auf die Position und Bewegung der Fronten entnehmen zu können, betrachtet man den Parameter der *pseudopotentiellen Temperatur* (Pseudopot). Bei diesem handelt es sich um eine „virtuelle“ Rechengröße, die die Lufttemperatur auf ein einheitliches und von Bodeneinflüssen, Feuchtigkeit und Luftdruck unabhängiges Niveau bringt, sodass man einen großräumigen Überblick über die Luftmassentemperaturen gewinnen kann. Fronten findet man dort, wo der Gradient der pseudopotentiellen Temperatur besonders hoch ist, also die Farbunterschiede in der Pseudopot-Wetterkarte besonders dicht gedrängt sind.

Da diese Wetterkarte die Situation in der Höhe (850 hPa) darstellt, ist die Front am Boden genaugenommen etwas versetzt. Die beobachteten Windrichtungen von Wetterstationen können weiter Aufschluss über die Position einer Front geben.

8.1.5 Thermik

Eine typische Frage, die man sich oft am Morgen eines Regattatages oder auch während einer Regatta entlang der Küsten stellt, ist die, wie sich die Thermik durchsetzen wird. Für die Entstehung von Thermik müssen bestimmte Bedingungen erfüllt sein, so wie sie im Kapitel zu lokalen und regionalen Wetterereignissen (s. Kap. 3.2) erklärt werden. Kommen wir aufgrund der zu erwartenden Temperaturunterschiede zu dem Schluss, dass Thermik eintreten wird, stellt sich als Nächstes die weiterführende Frage, *ob sie sich gegen den Gradientwind durchsetzt* bzw. wie diese beiden Windsysteme sich kombinieren werden. Zur Beantwortung helfen folgende Grundsätze und empirische Regeln weiter:

- *Gradientwind:* Ein seewärts gerichteter Gradientwind hilft dem Seewind sich zu etablieren, vergleichbar dem Anlasser eines Motors. Die Ursache liegt darin, dass auf diese Weise der Kreislauf aus in der Höhe seewärts und am Boden landwärts gerichteter Luftströmung angetrieben wird, weil der Gradientwind in der Höhe in die gleiche Richtung weht wie die Luftströmung des Thermikkreislaufs. Sobald die Brise etabliert ist, spielt der seewärts wehende Gradientwind keine Rolle mehr, da der Thermikkreislauf sich unter diese Höhenströmung „quetschen" kann. Allerdings kann ein landwärts gerichteter Gradientwind die Brise dann unterstützen.
- *Divergenz/Konvergenz:* Diver-

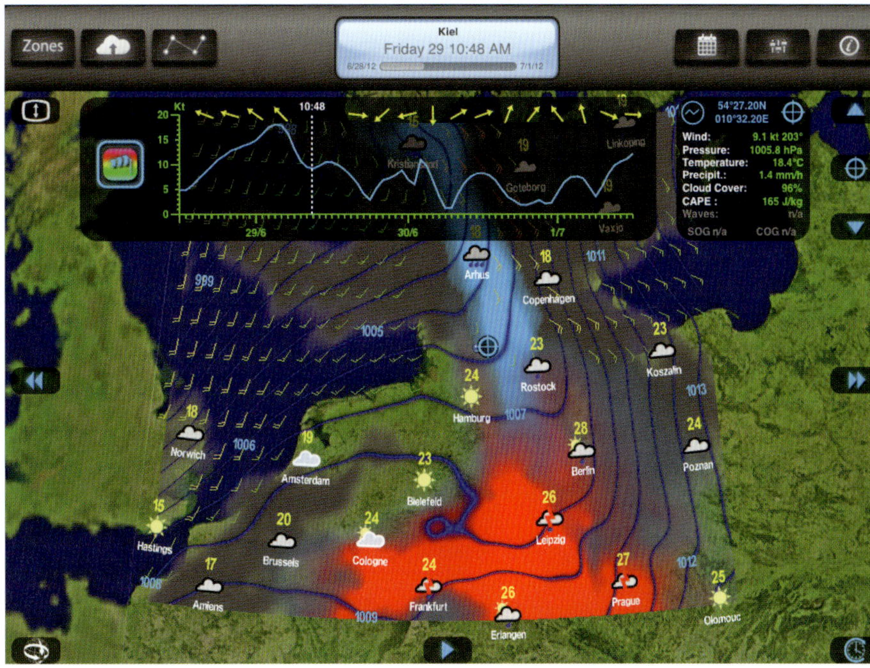

Abb. 8.4 Im dargestellten GRIB-File ist die Front anhand des Regens deutlich zu erkennen

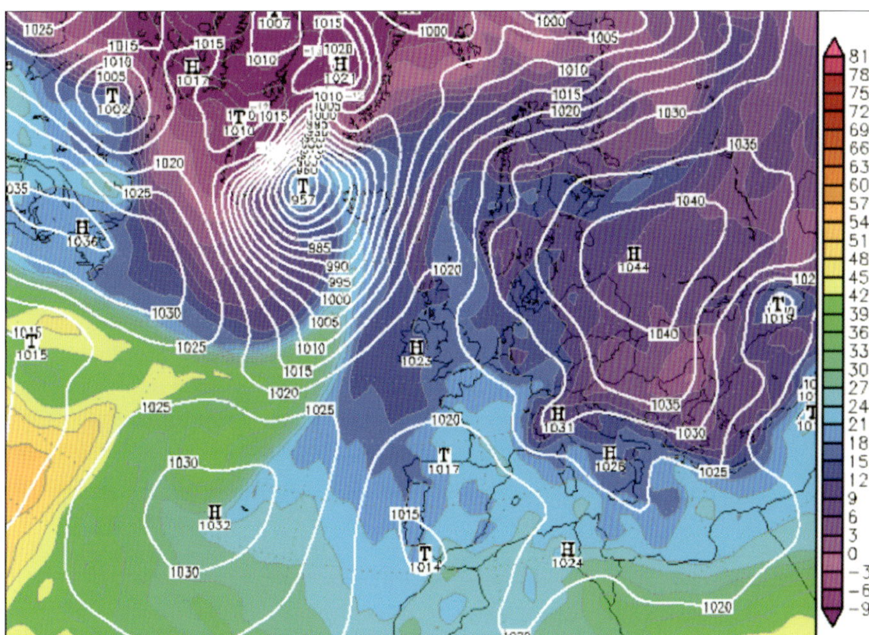

Abb. 8.5 850 hPa pseudopotentielle Temperatur (wetter3.de)

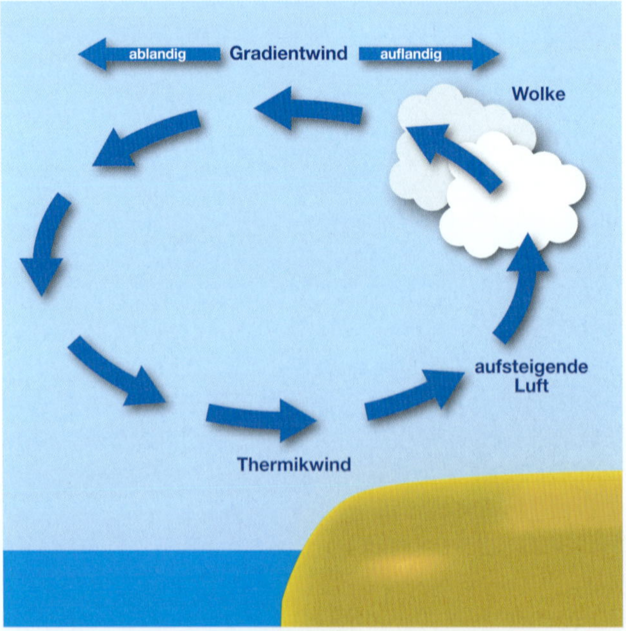

Abb. 8.6 Thermik und Gradientwind: Seewärts gerichteter Gradientwind hilft dem Kreislauf in Gang zu kommen

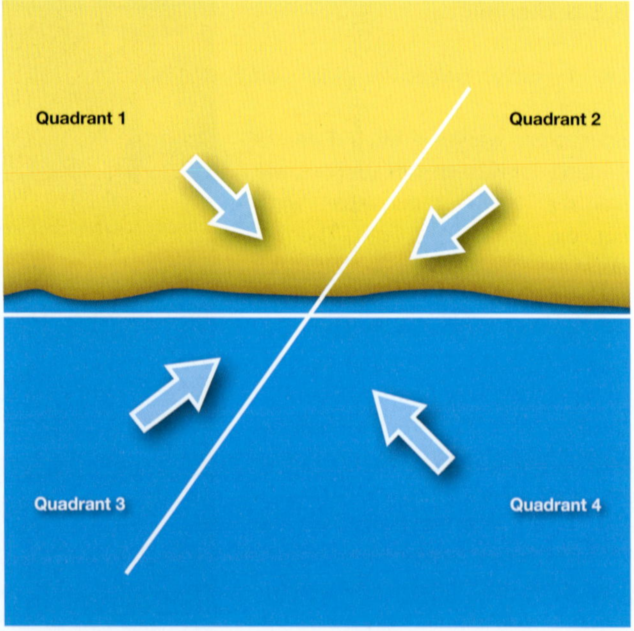

Abb. 8.7 Vier Fälle von Thermik-Gradientwind-Kombinationen

genz erzeugt abwärts gerichteten Wind an der Küste und begünstigt die Thermik. Konvergenz erzeugt aufwärtsgerichteten Wind an der Küste und behindert die Entstehung von Thermik.

- *Stabilität* behindert die Entstehung von Thermik, Instabilität unterstützt sie.

Zusammenfassend betrachten wir anhand der Abbildung 8.7 vier Fälle von *Thermik-Gradientwind-Kombinationen:*

- Quadrant 1: Ablandiger Gradientwind in einem Winkel zur Küste, dass diese in Windrichtung schauend links liegt, hat die stärkste und am frühesten einsetzende Thermik zur Folge. Der Seewind schiebt sich im Tagesverlauf bis ca. 14:00 Uhr bis zu 30 sm auf See hinaus.
- Quadrant 2: Ablandiger Gradientwind in einem Winkel zur Küste, dass diese in Windrichtung schauend rechts liegt, bewirkt, dass sich Thermik und Gradientwind aufgrund der Konvergenz des Gradientwindes an der Küste gegenseitig behindern. Die Brise setzt spät und relativ weit draußen (3 sm) ein und breitet sich langsam zur Küste hin aus.
- Quadrant 3: Auflandiger Gradientwind in einem Winkel zur Küste, dass diese in Windrichtung schauend links liegt, hat eine relativ spät einsetzende Brise zur Folge, die den Gradientwind nachmittags verstärkt und rechtdreht.
- Quadrant 4: Auflandiger Gradientwind (stärker als ca. 10 kn) in einem Winkel zur Küste, dass diese in Windrichtung schauend rechts liegt, unterbindet Thermik.

Beträgt der Gradientwind null, haben wir es mit „reiner Thermik“ zu tun.

8.1.6 Windprofil und Shear

Das *Windprofil* beschreibt die Veränderung von Windrichtung und -stärke mit der Höhe. Eine Zunahme der Windstärke bezeichnen wir als vertikalen Gradienten, eine mit der Höhe getwistete Windrichtung als Shear (Windscherung).
Der vertikale Gradient an der Oberfläche entsteht aus der Reibung des Windes an der Oberfläche. Dabei gilt: Je größer die Temperaturunterschiede, desto größer der Gradient.
Beispiel: Wind 10 kn, Lufttemperatur 15 °C, Masthöhe 15 m. Bei kaltem Wasser von 10 °C wird der Wind stärker an der Oberfläche abgebremst und z. B. nur 8 kn bei 10 m und 6 kn bei 2 m Höhe erreichen. Demgegenüber wird bei

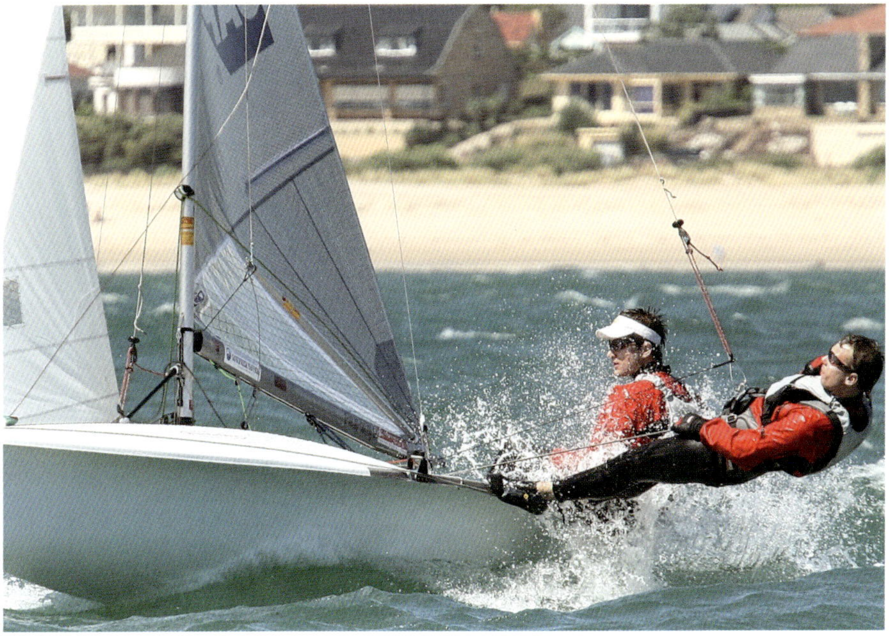

Abb. 8.8 Gradientwind aus Sektor 3 bei der 505er-WM 2007 vor Adelaide, Australien. Der Gradientwind verstärkt die Thermik. Das Maximum wird am Nachmittag erreicht und der Wind dreht über den Tag rechts

20 °C warmem Wasser der Geschwindigkeitsunterschied zwischen 15 m und 2 m Höhe sehr gering sein.

Für den Segeltrimm bedeutet dies möglicherweise mehr Twist bei kälterem Wasser, denn der scheinbare Wind fällt im Masttopp raumer ein als weiter unten. Außerdem wird man in so einer Situation den Eindruck haben, seinen Target Speed nicht vollständig erreichen zu können.

Shear bedeutet, dass der Wind in 2 m Höhe eine andere Richtung als in 10, 15 oder 30 m hat. In dieser Situation fällt der Wind je nach Höhe mit unterschiedlichem Winkel in die Segel. Die Windinstrumente im Masttopp zeigen dabei unterschiedliche scheinbare Windwinkel auf den beiden Kreuzbügen. Im Extremfall kann es vorkommen, dass man am Wind kreuzt und der Verklicker nicht wie normal schräg voraus nach Luv zeigt, sondern nach Lee. Auf Rennyachten muss der Navigator dies berücksichtigen und kann gegebenenfalls in sein Instrumentensystem oder Navigationsprogramm einen Korrekturwert für den Shear eingeben, um die im Masttopp gemessenen Windwinkel mehr denen anzupassen, die im Durchschnitt auf die Segel wirken. Shear tritt besonders an sonnigen Thermiktagen im Frühjahr mit kalten Temperaturen auf dem Land auf.

8.1.7 Stabilität (Quality of Air)

Stabilität – im angelsächsischen Raum „Quality of Air“ – ist ein sehr wichtiger Faktor, denn sie wirkt sich darauf aus, wie stark lokale Effekte und Thermik eintreten. *Stabilität* bedeutet wärmere Luft über kälterem Untergrund, sie verhindert den vertikalen Austausch und hemmt damit wesentlich die Thermik. Lokale Effekte werden allerdings verstärkt, da die Luftströmung in Bodennähe Hindernisse stärker umfließen muss und nicht so leicht in die Höhe ausweichen kann. Bei Stabilität treten Wolken vom Typ Stratus, also Schichtwolken, auf und es gibt weniger Böen.

Instabilität herrscht dann, wenn die Temperatur mit der Höhe abnimmt. Sie verringert Lokaleffekte und verstärkt die Thermik. Es ist böiger und der Himmel ist von Cumuluswolken geprägt. Im Angelsächsischen spricht man hier von „well mixed air“, also gut durchmischter Luft.

Wie können wir am Morgen unseres Regattatages die Stabilität vorhersagen? Insbesondere zwei *Modell-Parameter* sind hierzu hilfreich: Zum einen ist das der Lifted-Index (LI). Ein positiver LI-Wert zeigt an, dass die Atmosphäre stabil ist, ein negativer steht für Instabilität und somit auch stärkeres Böenpotential. Zum anderen ist das das CAPE (Convective Available Potential Energy), an sich ein Indikator der potentiellen Möglichkeit von Gewittern und deren potentieller Stärke. Diese Parameter sind für das GFS-Modell frei zugänglich, z. B. über www.wetter3.de.

8.2. Blick auf den Kompass

Der Kompass bzw. die Anzeige der wahren Windrichtung (TWD, True Wind Direction) der Windinstrumente, wenn vorhanden, liefert uns harte Fakten darüber, wie der Wind dreht, also die Grundlage dafür, welche Kurse wir am oder vor dem Wind kreuzend laufen können. Wir merken uns die Kurszahlen, die wir in verschiedenen Winddrehungen steuern und vergleichen diese über die Zeit. Wichtig sind vor allem die geschätzte, *mittlere Windrichtung* sowie der rechte und linke *„Anschlag" der Winddreher*, denn damit gewinnen wir die Orientierung darüber, ob wir momentan mit einem gelifteten Kurs oder in einem Header segeln.

8.2.1 Änderung der Windrichtung – Lift und Header

Beim Kreuzen sprechen wir von einem Lift, wenn der Wind raumt, und von einem Header, wenn der Wind vorlicher einfällt und uns entgegendreht, sprich: wenn er so dreht, dass unser Kurs vom Ziel „wegkippt". Bei einem Header nimmt das CMG, also die Geschwindigkeitskomponente zur Luvmarke, ab, bei einem Lift nimmt sie zu. Segeln wir auf Steuerbordbug und der Wind dreht rechts, dann ist dies ein Header. Segeln wir auf Backbordbug und der Wind dreht nach rechts, ist es ein Lift.

Wir kreuzen optimal, wenn wir immer im Lift segeln. Idealerweise würden wir stets auf Backbordbug segeln, wenn der Wind rechtdreht, und auf Steuerbordbug, wenn der Wind linksdreht.

> Die einfache Regel beim Kreuzen: Wende bei einem Header, denn ein Header ist auf dem anderen Bug automatisch ein Lift.

Dieses Grundprinzip gilt bei kurzen wie langen Winddrehungen, bei Kurzrennen wie beim Hochsee- und Fahrtensegeln gleichermaßen. Es lässt sich folgendermaßen verallgemeinern: Bei einer Winddrehung nach rechts segelt man auf die rechte Seite, bei einer Winddrehung nach links auf die linke Seite.

Beispiele: Segeln wir von Kiel nach Bagenkop und die Vorhersage lautet: NE auf E drehend, halten wir uns auf der Kreuz auf die rechte Seite, also östlich der direkten Kurslinie. Startet man von der Kanalmündung in den Atlantik und passiert eine Kaltfront, also einen Rechtsdreher, wird man ebenfalls erst auf Steuerbordbug bis in die Front segeln und beim Windsprung auf SW/W nach der Kaltfront den Kurs auf Backbordbug fortsetzen.

Eine Winddrehung beim Kreuzen ist also immer eine Chance, den Weg zu verkürzen, wenn man die Winddrehung auf der richtigen Seite erwischt. Es kann sich mitunter sogar lohnen etwas schneller und nicht ganz so hart am Wind zu segeln, um schneller in so einen Header hineinzukommen. Man segelt in die Winddrehung hinein, wartet kurz und wendet dann.

Beim Kreuzen vor dem Wind gilt das gleiche Prinzip, nur umgekehrt: Bei einem Header (Wind kommt vorlicher) nimmt das CMG zu, bei einem Lift (Wind raumt) verringert sich unsere Geschwindigkeitskomponente zum Ziel.

Dieses Prinzip ist bei jeder Regatta um die Bojen sehr wichtig, aber auch bei Küstenrennen und auf hoher See kann es Kurse direkt gegen oder vor dem Wind bei hin und her pendelndem Wind geben, sodass man kleinräumig seinen Kurs anhand der kurzzeitigen Winddreher optimieren muss. Anwenden lässt es sich gut beim Tagesgang des Passatwindes: Da tagsüber der NE-Passat stets etwas östlicher weht, halst man auf Backbordbug, nachts dreht er rück und man halst auf Steuerbordbug.

Beispiel: Nehmen wir an, dass zwei gleich schnelle Yachten des Typs TP52 auf einem typischen Up-and-down-Kurs von 1,4 sm Länge segeln. Das Luvfass liegt genau in Richtung der mittleren Windrichtung von 360° und die Windstärke bleibt konstant bei 10 kn. Wir lassen eine Yacht über die rechte und eine über die linke Kursseite jeweils mit nur einer Wende zum Luvfass kreuzen. Beide Yachten kommen bei konstanten Bedingungen theoretisch gleichzeitig „oben" am Luvfass an.

Bauen wir nun einen Winddreher von 10° ein und nehmen an, dass der Wind in der ersten Hälfte der Kreuz 5° nach links und etwas später, in der zweiten Hälfte der Kreuz, 5° nach rechts von der mittleren Windrichtung abweicht. Nun kommt die Yacht, welche auf der rechten Kreuzseite stets im Lift segelt, deutlich früher am Luvfass an. Theoretisch gewinnt sie einen enormen Vorsprung von 29 Bootslängen gegenüber der Yacht, die links segelt. In einem Rennen der TP-Klasse entscheiden meist wenige Bootslängen über Sieg oder Niederlage; ein derartig hoher Rückstand wäre nicht wieder einzuholen.

Die 29 Bootslängen ergeben sich in diesem Beispiel wie folgt: Angenommen wird eine konstante Bootsgeschwindigkeit von 8,2 kn und ein konstanter Winkel am Wind von 39°. Die Yacht auf der rechten Seite segelt stets in einem 5°-Lift, kreuzt also effektiv mit einem Winkel von 34° zur Kursachse, der Verbindungslinie von Lee- und Luvfass. Die Yacht der linken Seite hingegen segelt stets mit einem Winkel

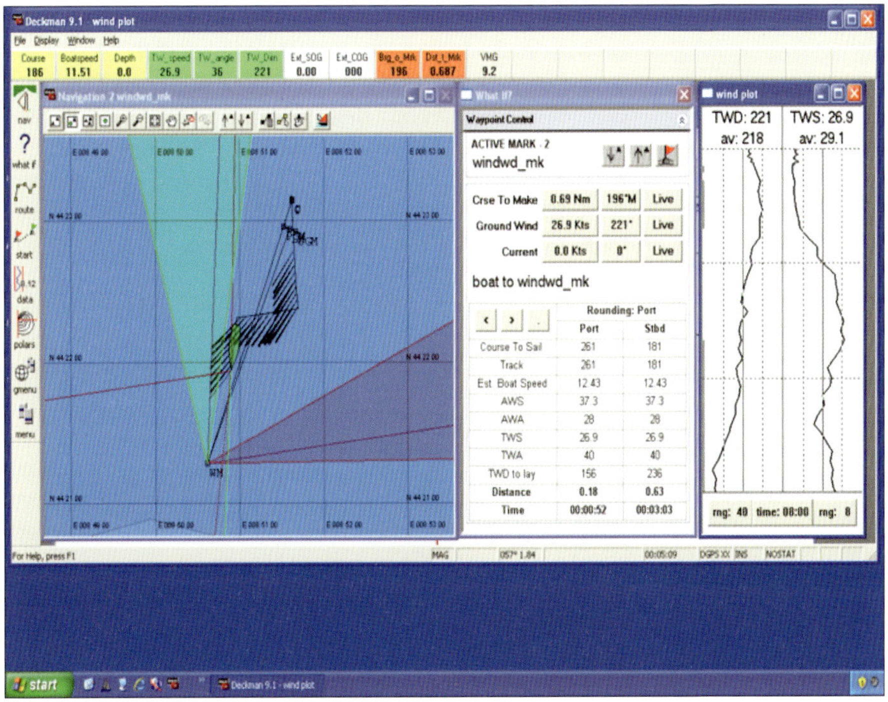

Abb. 8.9 Laylines und weitere Informationen im Navigationsprogramm „Deckman“

von 44° zur Kursachse. Aus diesem Winkel ergibt sich bei der Yacht rechts ein CMG, also eine Geschwindigkeitskomponente zum Luvfass, von rund 6,8 kn. (Dies errechnet sich aus dem Cosinus des Kreuzwinkels multipliziert mit der Geschwindigkeit. Je härter wir am Wind kreuzen, desto größer wird die Luvgeschwindigkeit; bei 90 Grad zum Wind ist sie null.) Die Yacht auf der rechten Seite erreicht hingegen nur eine Luvgeschwindigkeit von rund 5,9 kn. Damit benötigen die beiden Yachten rund 12,4 bzw. 14,2 Minuten.
Dieser Zeitunterschied von 1,8 Minuten wurde oben in Bootslängen umgerechnet, welche die beiden Yachten voneinander am Luvfass separieren. Er entspricht 0,25 sm oder 29 Bootslängen (TP52 = 52 Fuß Länge). Anders ausgedrückt: Die Yacht rechts segelt gut 12 % schneller zum Luvfass.

8.2.2 Geometrie des Kurses

Als *Anliegelinien oder Laylines* bezeichnet man von beiden Kreuzseiten mit dem Targetwinkel zum Luv- oder Leefass zulaufende Linien. Sie rotieren mit Winddrehungen um die Bahnmarke.
In der Abbildung 8.9 sehen wir den grünen und roten Sektor, innerhalb derer die Anliegelinien mit den in den vergangenen 10 Minuten zurückliegenden Winddrehungen variiert haben. Unsere Yacht befindet sich sehr dicht an der Steuerbord-Anliegelinie.
Bei der aktuellen Windrichtung von 221° hat sie auf Steuerbordbug lediglich 52 Sekunden zu segeln, um „anzuliegen“. Die Richtungen, auf die der Wind drehen müsste, damit man anliegt, auch „Laying Breeze“ genannt, zeigt das abgebildete Navigationsprogramm in der „What-if“-Box unten: „TWD to lay“ (starbord) = 236 Grad.
Dies ist nahe der Layline eine wichtige Information für den Taktiker, um abzuschätzen, wie weit man sich auf eine Kreuzseite begeben kann, ohne Gefahr zu laufen, über die Layline zu geraten.
Die Anliegelinien bilden die „Box“, in der wir kreuzen. Alle Routen außerhalb dieser Box sind unnötig lange Wegstrecken.
Oberhalb der Anliegeline müsste man raumer (als „Target“) und damit jenseits des optimalen Höhe-Geschwindigkeits-Kompromisses segeln.
Innerhalb dieser Box sind alle Boote gleich weit vom Luvfass entfernt, die entlang einer rechtwinklig zum Wind verlaufenden Linie liegen. Mit einem Handpeilkompass und einem Blick auf die Windanzeige (TWD = 221°) kann der Navigator nun bestimmen, ob man vor der anderen Yacht durchkommt; in unserem Fall müsste sie dazu bei 131° oder 311° peilen.
Analog zur „Laying Breeze“ kann man auch den *„Crosswind“* betrachten, d. h. die Windrichtung, die man braucht, um vor einer gegnerischen Yacht passieren zu können, sprich: zu „crossen“. Würde in unserem Fall die andere Yacht auf 135° peilen, dann müsste der Wind auf 225° rechtdrehen, damit wir gleichauf wären.

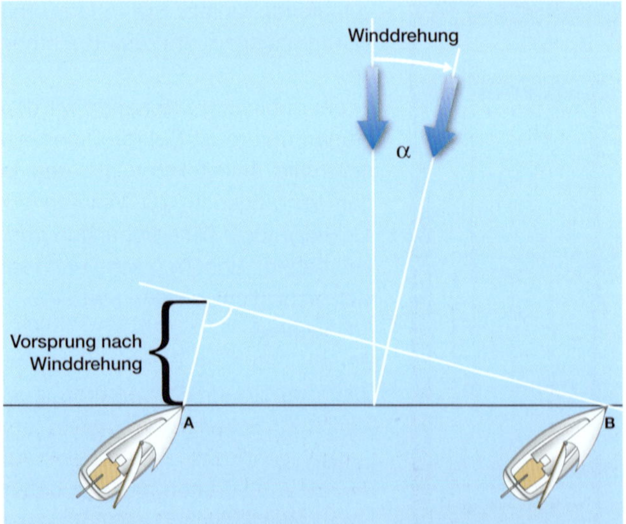

Abb. 8.10 Vorsprung durch Winddrehung; α = Winddrehung, (AB) = Querabstand der beiden Boote. Vorsprung nach Winddrehung = sin (α) · (AB)

In diesem Zusammenhang sei noch das *Hebelprinzip* erläutert: Bei Winddrehungen wirkt ein lateraler Abstand zweier Boote wie ein Hebel, der jeweils das Boot auf der Seite der neuen Windrichtung begünstigt. Und zwar gewinnt das Boot auf der Seite des neuen Windes je mehr Höhe, desto größer der laterale Abstand (AB) wird. Der Vorsprung nach einer Winddrehung (α) beträgt sin (α) · (AB).

Beispiel: Zwei gleichauf liegende kreuzende Yachten sind 100 m voneinander (lateral zur Windrichtung) entfernt. Dreht der Wind um 10° recht, gewinnt die rechte Yacht einen Vorsprung (sin [10] · 100 m) von 17,4 m.

Stellt man sich vor, dass bei einem Hochsee- oder Küstenrennen zwei Yachten selbst bei einer 10°-Winddrehung noch innerhalb der Box sind, also durch den Dreher nicht plötzlich über der Layline sein können, wird deutlich, wie risikoreich eine laterale Separierung sein kann, wenn die erwartete Windrichtungsänderung nicht eintritt: 10° Winddrehung erzeugen bei einem Querabstand von 60 sm einen Vorsprung von 10,4 sm für das bevorteilte Boot.

8.2.3 Tagesgang

Mit der Erwärmung im Tagesverlauf steigt die Instabilität. Die Luft „durchmischt“ sich besser und so kommen höher liegende Windkomponenten im Tagesverlauf mehr und mehr herunter an die Oberfläche und in die Schicht, in der wir segeln. Da der Wind in der Höhe stärker rechtgedreht ist, bedeutet diese zunehmende Durchmischung auch ein tendenzielles Rechtdrehen des Windes im Tagesverlauf. Dies wird als „Tagesgang“ bezeichnet. (In Thermikrevieren gibt es ebenfalls verschiedene Konstellationen, in denen der Wind über den Tagesverlauf rechtdreht; der hier beschriebene Zusammenhang ist allerdings völlig unabhängig von Thermik.)

Bei aufmerksamer Verfolgung der Kompasszahlen über den Tagesverlauf lässt sich dieser Effekt sowohl auf dem Wannsee als auch auf offener See feststellen. Auf einem Binnensee kann die Winddrehung bis zu 20° betragen, auf offener See und im Passatwind beträgt sie bis etwa 10°. Eine ausgezeichnete Hilfe für die Beobachtung des Windtrends bieten Instrumentensysteme und Navigationsprogramme, die über eine „Histogramm“-Funktion verfügen, welche die wahre Windrichtung mitschreibt.

Beispiel Passat-Segeln: Häufige Winddrehungen von 5° bis 10°, verbunden mit Zu- und Abnahme des Windes sind typisch, vor allem in der Nähe der größeren Wolken. Aus diesem Oszillieren einen Windtrend herauszulesen ist nicht einfach. Hier helfen die Instrumente bzw. die Histogramm-Funktion des Navigationsprogramms. Kreuzt man vor dem Wind im Passat, bietet es sich an, den Tagesgang zu antizipieren und tagsüber auf Steuerbordbug und nachts auf Backbordbug zu segeln, sozusagen stets im Header (s. 8.2.1). Dies ist oft wirkungsvoller, als zu versuchen, jede kleinere Oszillation ad hoc auszunutzen.

8.3 Blick zum Himmel

Wolken können sehr viel über das Wettergeschehen verraten. Ihre Beobachtung, sei es vom Boot mit Blick nach oben oder per Satellit mit Blick von oben, können wir nutzen, um uns in der Einschätzung der Wettersituation zu vergewissern, Vorhersagen zu prüfen oder zu verfeinern und kleinräumige Windänderungen vorherzusehen und zu antizipieren.

Bei Küsten- und Jollenrennen kann es oft vorkommen, dass Faktoren wie Taktik im Feld und kurze Schenkel des Regattakurses keinen Raum geben, eine Wolke gezielt zu nutzen. Genauso kann es aber vorkommen, dass man sich kurz vor dem Start noch die Frage stellt, wie die mit dem Wind he-

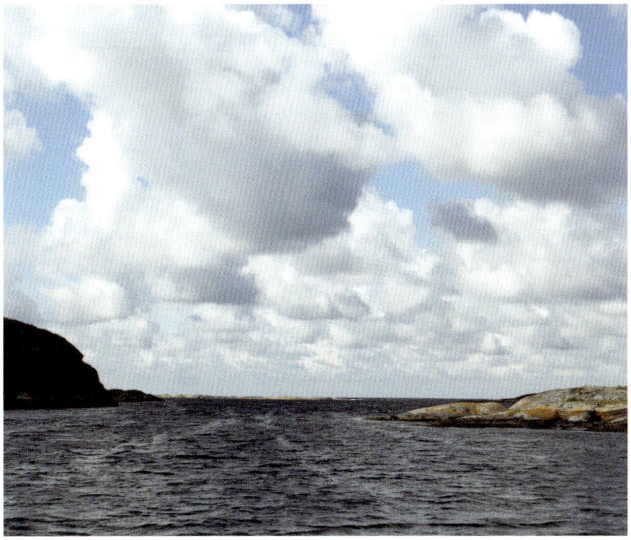

Abb. 8.11 Instabilität: Cumuluswolken

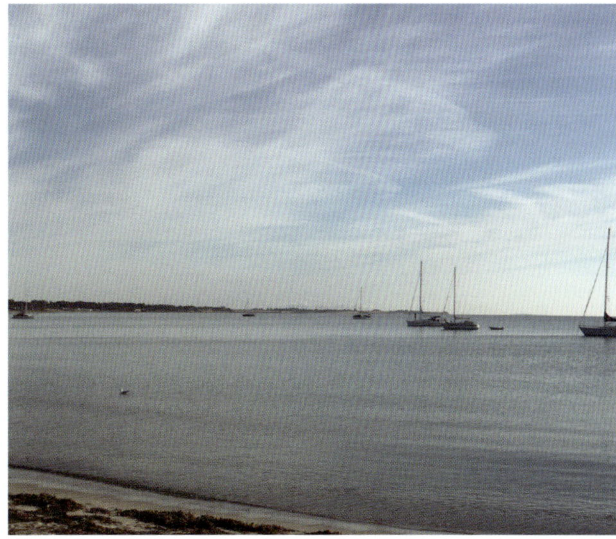

Abb. 8.12 Stabilität: Stratuswolken

rankommende, dunkle Cumuluswolke sich auf das Regattafeld, die Windrichtung und -Stärke auswirken wird.
Begegnungen auf hoher See mit monströsen Cumuluswolken in der Intertropischen Konvergenzzone (ITC) oder im Golfstrom können kritische Entscheidungssituationen entstehen lassen, weil eine Yacht für Stunden in so einem Wolkenungetüm festhängen kann, wenn sie den falschen Kurs wählt.

8.3.1 Fronten

Eine *Warmfront* kündigt sich oft viele Stunden vorher mit Cirren und ähnlichen, sehr hohen Wolken an. Der Blick zum Himmel bestätigt somit lediglich das, was wir aus der Vorbereitung der Wettfahrt ohnehin schon wissen: Eine Warmfront nähert sich. Kommen die Fronten näher, werden die Wolken dichter und regnerisch. Mit dem Wissen um die sich annähernde Front gibt es keine Überraschung.
Die Warmfrontpassage verläuft zwar etwas weniger abrupt, aber bei einer Kaltfront kann man sich auf den radikalen Windsprung verlassen. Der Blick von oben per Satellit kann uns über die genaue Position der Front aufklären. Im Internet verfügbare Satellitenbilder, z. B. bei www.sat24.com, lassen sich auch in der Wettfahrpause vom Coachboot aus oder während der Küstenregatta mit dem Mobiltelefon abrufen. In der Regel sind Fronten als signifikante Wolkenstrukturen im Satellitenbild zu erkennen. Im Hochseerennen können wir diese Bestimmung der Frontposition nutzen, um die Vorhersage von GRIB-Daten mit der Realität zu vergleichen.

8.3.2 Stabilität und Böigkeit

Eine aufgelockerte Wolkendecke bedeutet *Instabilität* und somit höhere Böigkeit, wobei diese am stärksten bei ausgeprägten Cumuluswolken ist. Lokale Effekte sind wenig ausgeprägt, die Bedingungen für Thermik hingegen gut. Voraussetzung für Instabilität ist eine mit der Höhe abnehmende Temperatur der Luft und warmes Wasser.
Aus einer stratusförmigen Wolkendecke können wir auf hohe *Stabilität*, also geringen vertikalen Austausch schließen. Lokale Effekte sind stark ausgeprägt, Thermik wird eher behindert. Stabilität herrscht, wenn die Luft wärmer als der Untergrund, also das Wasser, ist. Näheres siehe oben Abschnitt 8.2.3.

8.3.3 Cumuluswolken und Windfeld

Ausgeprägte Cumuluswolken lassen auf Instabilität und starke Böigkeit schließen. Wir können damit rechnen, dass

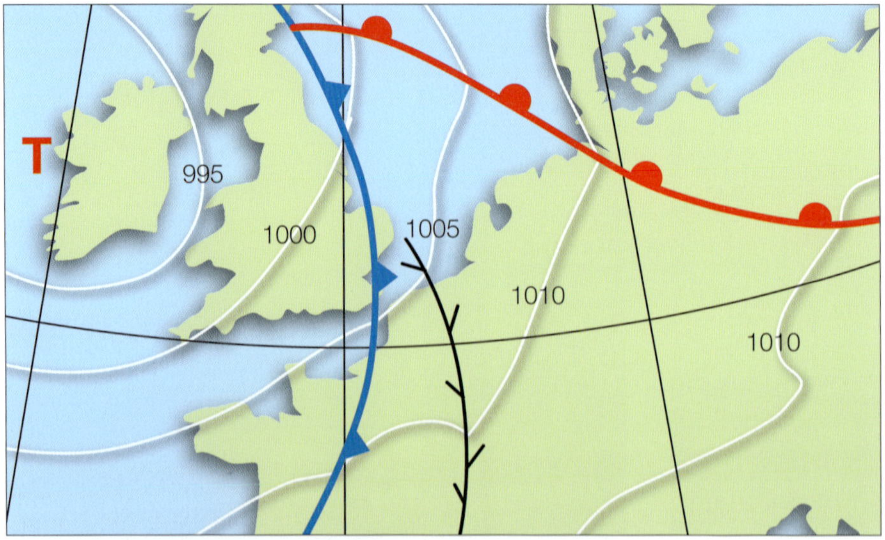

Abb. 8.13 Konvergenzlinie in Bodenwetterkarte

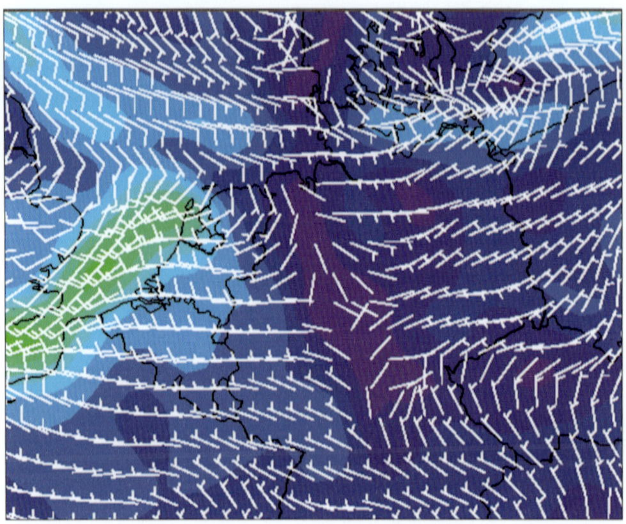

Abb. 8.14 Konvergenzlinien sichtbar in der Windpfeilkarte

der Wind in den Böen stets rechtdreht, weil in den Böen rechtgedrehter Höhenwind immer zum Boden fließt.

Unter einzelnen ausgeprägten Cumuluswolken wird das Windfeld allerdings stark modifiziert (s. auch Kapitel 3.2.2). Entscheidend ist hier der Unterschied zwischen abgeregneten und noch nicht abgeregneten Wolken. Dagegen sind Wolken in großen Höhen (> 2000 m) und sehr kleine Wolken zu vernachlässigen, da diese kaum Einfluss auf das Windfeld haben.

Nicht regnende Wolken

Am Wind kreuzend passieren wir eine Wolke an Steuerbord. Beim Wenden versuchen wir auf Backbordbug hinter der Wolke zu passieren. Somit können wir von einem rechtgedrehten und verstärkten Wind auf der rechten Hinterseite der Wolke profitieren.

Passieren wir die Wolke an Backbord, halten wir mit Steuerbordbug etwa auf die Mitte zu und antizipieren die Bewegung der Wolke sowie einen Lift, der uns an der linken Hinterseite der Wolke vorbeibringt. Es ist grundsätzlich einfacher eine Wolke auszunutzen, die man an Steuerbord liegen lässt.

Raumschots gilt entsprechend, sich nicht so von der Wolke überholen zu lassen, dass man in windärmere Zonen vor und unter der Wolke gerät, sondern die Zonen stärkeren Windes an den Seiten und hinter der Wolke ausnutzt.

Regenwolken

Das wolkeneigene Windfeld um eine Regenwolke verhält sich der nicht regnenden Wolke entgegengesetzt. Wirkt die nicht regnende Wolke wie ein Schornstein, in dem Luft aufsteigt und am Fuß der Wolke ringsherum angesogen wird, fällt aus der Regenwolke kalte, schwere Luft herunter und strebt am Boden vom Zentrum der Wolke aus sternförmig nach außen.

Eine Regenwolke kann zudem einen deutlich größeren Aktionsradius von bis zu etwa 3 sm erreichen. Außerdem sind die Böen in einer Regenwolke deutlich stärker, und zwar umso stärker je tiefer die Unterseite der Wolke ist bzw. auch je höher sich die Wolke auftürmt.

Je grauer die Wolke, desto mehr Regen, je heller, desto mehr Wind bringt sie mit sich. Regenwolken ziehen hinter sich eine windarme Zone her und haben auch im Zentrum Windarmut. Der Wind wird außerdem aus der Wolke herausgedreht.

Strategien bei Regenwolken:
- Absolut zu vermeiden ist die Zone hinter der Wolke.
- Passiert man die Wolke an Steuerbord, hält man mit Backbordbug auf sie zu, bis der Wind „kippt“ und zunimmt. Man wendet und profitiert nun auf Steuerbordbug vom Lift auf der rechten Seite.
- Passiert man die Wolke an Backbord, hält man mit Steuerbordbug auf die Wolke zu. Der Wind „kippt“ und nimmt zu. Man wendet nahe der Vorderseite und profitiert auf Backbordbug vom Lift auf der linken Seite (immer in Windrichtung schauend).
- Ist man hinter eine Regenwolke geraten, gilt es nicht, in der Spur der Wolke weiterzukreuzen, sondern sich schnellstmöglich zu einer Seite zu entfernen, um wieder in den vollen Wind zu gelangen.
- Kommt die Wolke von achtern auf, profitiert man vom starken Wind auf ihrer Vorderseite und an den Seiten und vermeidet, in der Spur der überholenden Wolke zu bleiben.

8.3.4 Konvergenzlinien

Konvergenzlinien entstehen beim Zusammentreffen zweier Luftströmungen, die sich in ihrer Richtung oder auch ihren sonstigen Eigenschaften unterscheiden. Sie bedeuten stets eine signifikante Windrichtungsänderung und manchmal eine Zunahme des Windes. Außer wenn die Luft sehr trocken ist, sind solche Konvergenzzonen meist durch eine zusammengeschweißte, ortsfeste Linie von Stratocumuluswolken markiert.

Laufen Luftströmungen unter einem spitzen Winkel zusammen, z. B. bei einer Konvergenz an der Küste oder beim Düseneffekt, ist der Windsprung weniger stark ausgeprägt und es kommt zu einer Zunahme des Windes. Beim Zusammentreffen von Luftströmungen unter einem größeren Winkel, z. B. im Randbereich des Mistrals, ist die Wolkenlinie ausgeprägter, Niederschläge sind möglich und unter der ausgeprägten Wolke kann der Wind flau sein.

Entsprechend kann umgekehrt aus der Ausprägung der Wolke auf den Grad der Windrichtungsänderung zwischen den

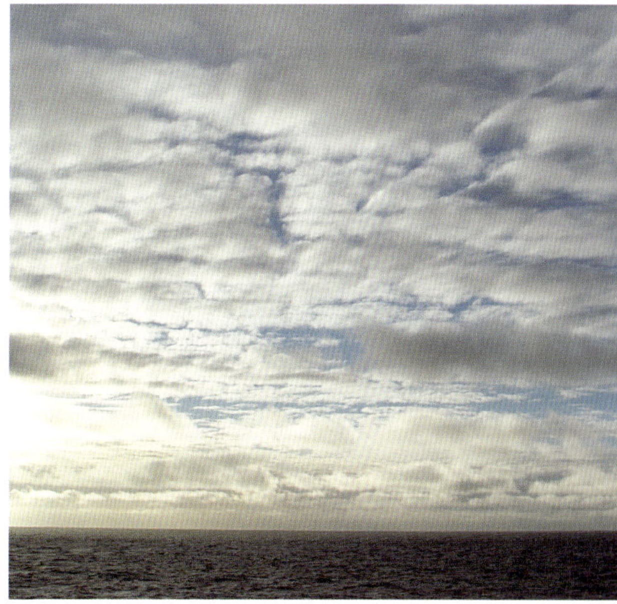

Abb. 8.15 Wolkenstraßen

beiden Seiten der Konvergenzlinie geschlossen werden. Beim Queren einer ausgeprägten Konvergenzlinie wird es in der Regel besser sein, einen rechtwinkligen Kurs zu wählen, um die flaue Zone unter dem Wolkenband möglichst rasch zu verlassen und den neuen Wind auf der anderen Seite zu nutzen.

8.3.5 Wolkenstraßen

Wolkenstraßen sind großflächig organisierte Formationen von Stratocumuluswolken. Sie sind in unseren Breiten recht oft auf der Ostseite von Hochdruckgebieten oder auf der Rückseite eines abziehenden Tiefs anzutreffen, stets dann, wenn polare Kaltluft über relativ warmes Wasser fließt.

Der Wind ist zwischen den Wolken stärker und rechtgedreht gegenüber dem Wind unter den Wolken, da der Höhenwind hier zur Oberfläche herabkommt. Beim Wenden und Halsen kann man – vorausgesetzt der Regattakurs ist groß genug – diese Winddrehungen ausnutzen und versuchen, in den Zonen mit dem stärkeren Wind zu bleiben.

Die Breite der klaren Straßen zwischen den Wolken kann 1 bis 3 sm betragen und die Windabnahme an deren Rändern kann signifikant sein (z. B. 5–6 kn).

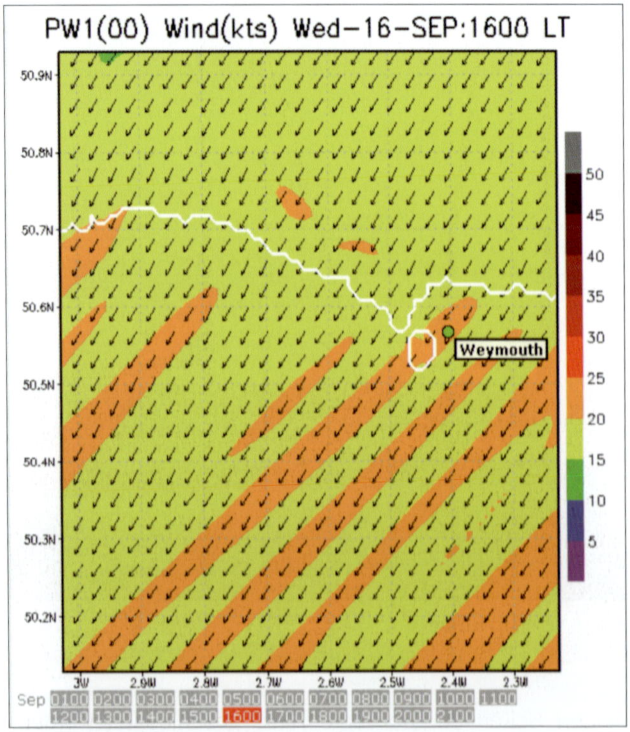

Abb. 8.16 Numerische Simulation von Windbändern im ehemaligen Olympiarevier von Weymouth

8.3.6 Windbänder bei leichtem Wind

Windbänder werden durch konvektive Umlagerungen hervorgerufen, d. h., ihre Ursachen sind Temperaturunterschiede zwischen Wasser und Luft bzw. die Erwärmung der Luft an der Wasseroberfläche.
Bei sehr leichtem Wind (z. B. 4 kn) und starker Erwärmung bilden sich „Rollen“ quer zur Windrichtung, die sehr regelmäßigen Böen ohne auffällige Winddrehung hervorrufen. Taktisch kann daraus kein großer Nutzen gewonnen werden, außer dass man eine Wende vielleicht lieber in die Böe setzt, um schneller wieder zu beschleunigen.
Bei etwas stärkerem Wind (z. B. zwischen 5 und 6 kn) bilden sich „Rollen“ in Windrichtung, welche sich quer zur Windrichtung von rechts nach links verlagern. In diesem Fall ändert sich auch die Windrichtung signifikant und der Wind zwischen den Rollen ist stärker. Es gilt hier die Dreher zu nutzen und gleichzeitig im stärkeren Wind zu bleiben. Der Abstand zwischen diesen Rollen kann etwa 100 m bis mehrere Hundert Meter betragen. Es gibt also viel zu tun. Vereinfacht lässt sich sagen:
Man segelt so lange auf Steuerbordbug, bis der Wind zugenommen hat, und wendet oder halst dann auf Backbordbug, um möglichst lange im Windband zu bleiben, welches sich nach Lee verlagert. (In der Südhemisphäre ist es genau andersherum.)
Bei Winden stärker als 6 kn lösen sich diese Regelmäßigkeiten auf, da sie von den Turbulenzen der Luftmasse zerstört werden. In Küstennähe kann es vorkommen, dass sich die Windbänder an einer Küstenformation „aufhängen“ und stationär bleiben.

8.4 Entlang der Küste

Veränderungen des Windfeldes aufgrund der Topografie nennen Regattasegler „lokale Effekte“. Für diese gibt es zwei Ursachen: zum einen Kanalisation oder Führung und zum anderen Reibungsunterschiede. Bei flachen Küsten spielt Reibung eine größere Rolle, bei höheren Küsten ist die Kanalisation das dominante Element. Wie bereits angesprochen (s. oben Punkt 8.1), sollte man sich zur Vorbereitung auf eine Wettfahrt (insbesondere bei Küstenrennen) anhand einer Seekarte die zu erwartenden Küsteneffekte bewusst zu machen; zu diesem Zweck kann auch Google Earth ein geeignetes Hilfsmittel sein, weil man damit für die meisten Orte eine gute Veranschaulichung des Reliefs vorfindet.
Wie schon in Kapitel 3 zu lokalen und regionalen Wetterereignissen grundlegend dargestellt, können wir eine Reihe von idealisierten Landeinflüssen systematisieren und beschreiben. Im Folgenden geht es darum, diese Kenntnisse auf die Situation einer Regatta zu beziehen und zu vertiefen:

8.4.1 Hindernis im Wind

Die Abbildung 8.17 zeigt ein hochauflösendes GRIB-File für die Region der Kapverden. Im Mittelpunkt unter der blauen Fläche liegt die Insel Santo Antao, die sich 2000 m hoch erhebt. Farblich schattiert ist die Windstärke. Man sieht deutlich den Windschatten hinter der Insel sowie den Windstau vor der Insel (blau). Außerdem ist der Wind an den Seiten der Insel beschleunigt (grüngelb).

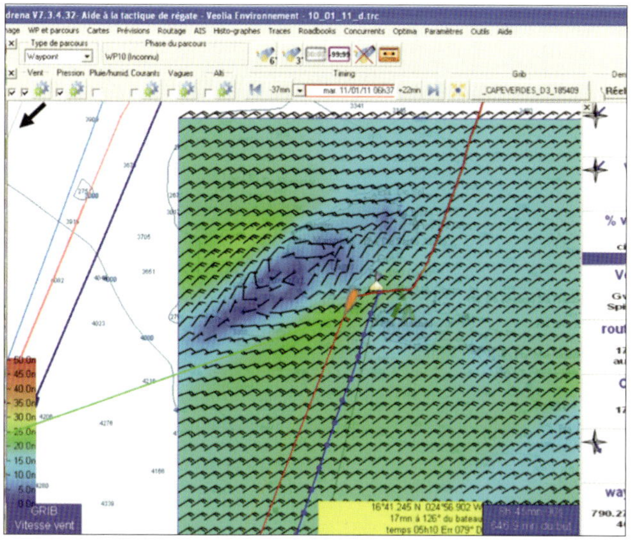

Abb. 8.17 GRIB-File von Ocean Weather Services Ltd. für die Region der Kapverden

> Allgemeines Muster für Hindernisse im Wind (Näherungswerte):
> - Windstau: ca. das 5-Fache der Höhe des Objekts vor dem Objekt
> - Abdeckung: ca. das 12-Fache der Höhe hinter dem Objekt
> - Verstärkung an den Seiten: ca. 10 %, vor allem an der Seite mit Konvergenz, d. h. in Windrichtung blickend auf der rechten Seite

8.4.2 In Luv einer geraden Küste

In Luv einer hohen Küste oder Barriere kann sich der Wind stauen, wenn er die Küste rechtwinklig trifft. Bei hoher Stabilität kann sich dieser „Kisseneffekt“ bis zur 8-fachen Höhe seewärts erstrecken, etwa wenn nachts die Luft kalt ist. Bei geringer Stabilität ist das Kissen kleiner.
Trifft der Wind hingegen schräg auf so eine Steilküste (s. Abb. 8.17), bewirkt die Küstenführung eine Kanalisierung entlang der Küste mit einer Zone verstärkten Windes. Nur in unmittelbarer Nähe der Steilküste kann der Wind aufgrund der Reibung abgeschwächt sein.

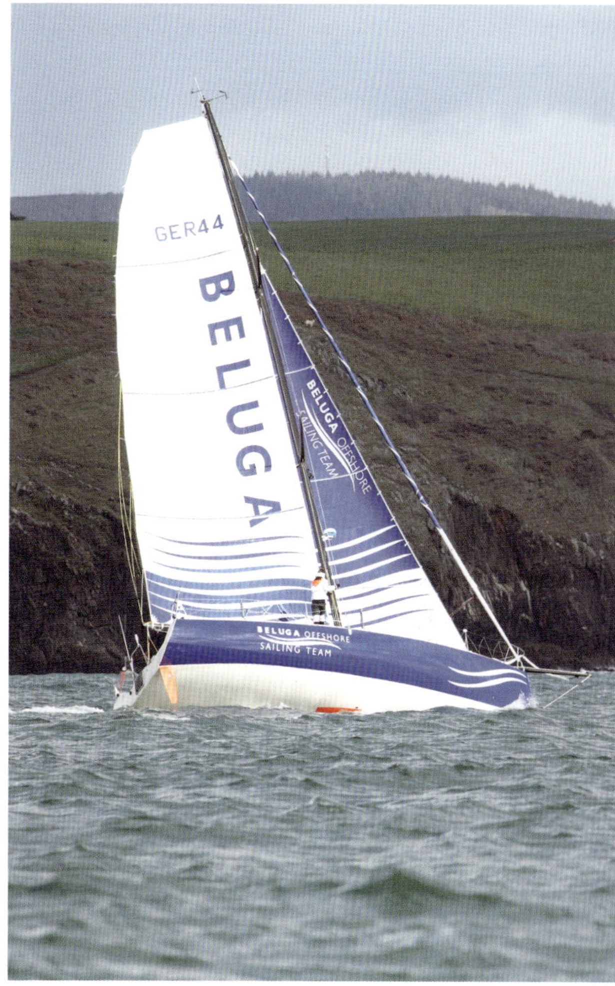

Abb. 8.18 Küstenführung vor einer Steilküste. Der Wind trifft hier im 45°-Winkel auf die Küste

8.4.3 In Lee einer erhöhten Küste

In Lee einer erhöhten, abschüssigen Küste können sich Wellen bilden, die Zonen stärkeren und schwächeren Windes verursachen. Der stärkere Wind ist weiter rechtgedreht als der mittlere Wind, der schwächere weiter linksgedreht. Dieser Effekt tritt besonders dann auf, wenn die Stabilität hoch und die Küste recht steil ist, sodass die Luftströmung „abreißt“.
Dies kann man beispielsweise während der Kieler Woche bei Winden aus südwestlichem Sektor hinter der Steilküste

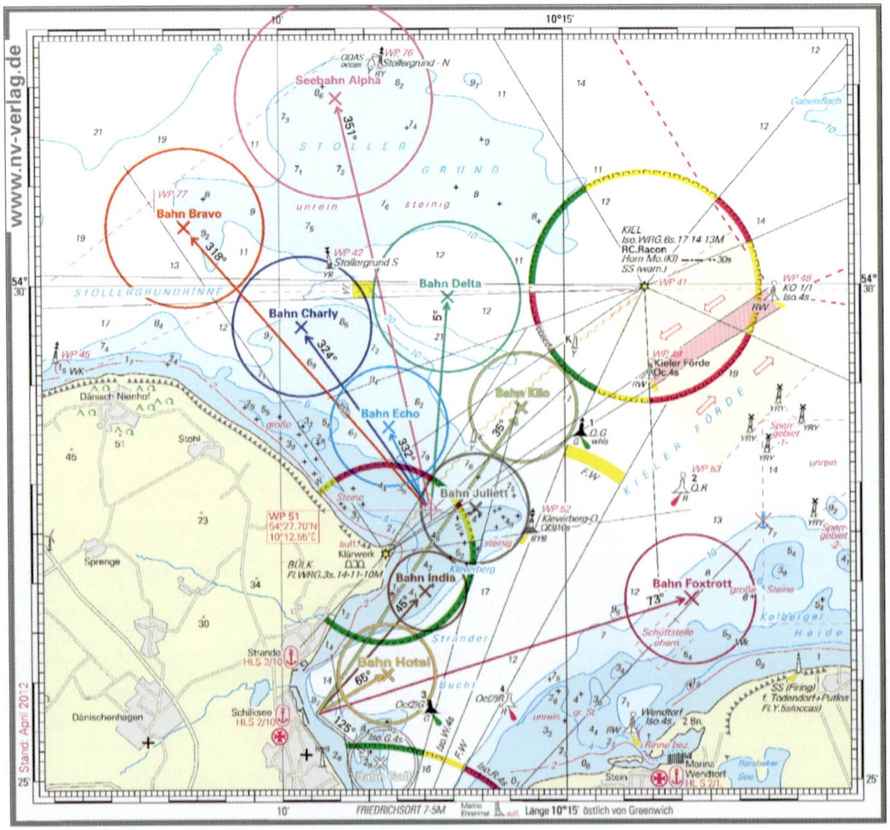

Abb. 8.19 Bahndiagramm der Kieler Woche

Abb. 8.20 Linksdrehender Wind in Lee einer flachen Küste

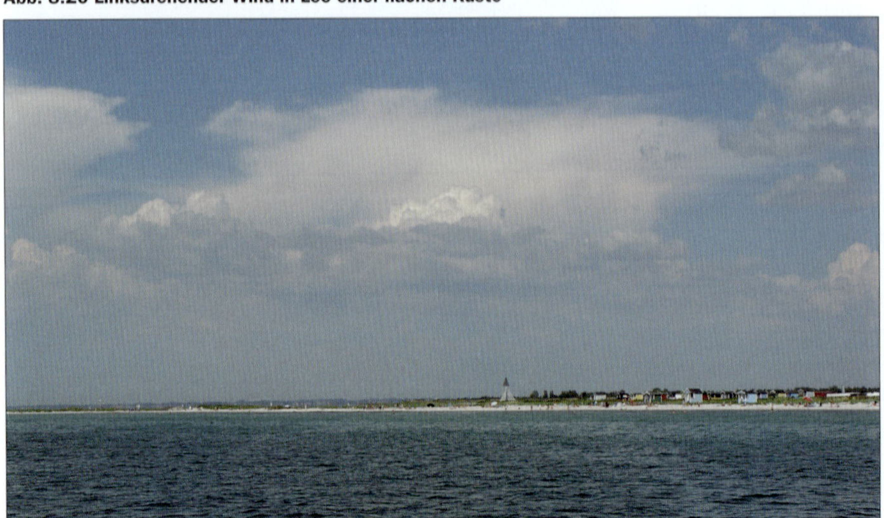

von Dänischenhagen auf den Bahnen Bravo, Charly, Echo und Juliett beobachten (s. Abb. 8.19).

8.4.4 In Lee einer flachen Küste

In Lee einer flachen Küste ist in der Regel mit einem linksdrehenden Wind zu rechnen, weil die Reibung über dem Wasser abnimmt. Dann sollte man eine unter Land liegende Luvmarke auch über Links anfahren, wie in Abbildung 8.21 aufgezeigt.

Anders verhält es sich jedoch, wenn das Land tagsüber sehr heiß und die See noch sehr kalt ist. Dann nimmt die Reibung des Windes an der Oberfläche über dem sehr kalten Wasser nämlich zu und es passiert das Gegenteil: Am Übergang Land–Wasser tritt ein abnehmender rechtdrehender Wind auf, erst weiter vom Land entfernt dreht er wieder links (0,5–1 sm entfernt), siehe Abb. 8.22.

8.4.5 Wind parallel zur Küste

Überall dort, wo der Wind parallel zur Küste weht, tritt durch die Reibung des Windes über der Küste eine Windrichtungsänderung auf: Je langsamer der Wind, desto weniger ist er rechtgedreht. Dies erzeugt bei Küsten rechts vom Wind Divergenz, also eine Abschwächung des Windes und bei Küsten links vom Wind (in Windrichtung schauend) Konvergenz als Verstärkung des Windes nahe der Küste (s. Abb. 8.23).

In der Karte der Flensburger Förde (s. Abb. 8.24) finden wir in der Außenförde eine Verstärkung des

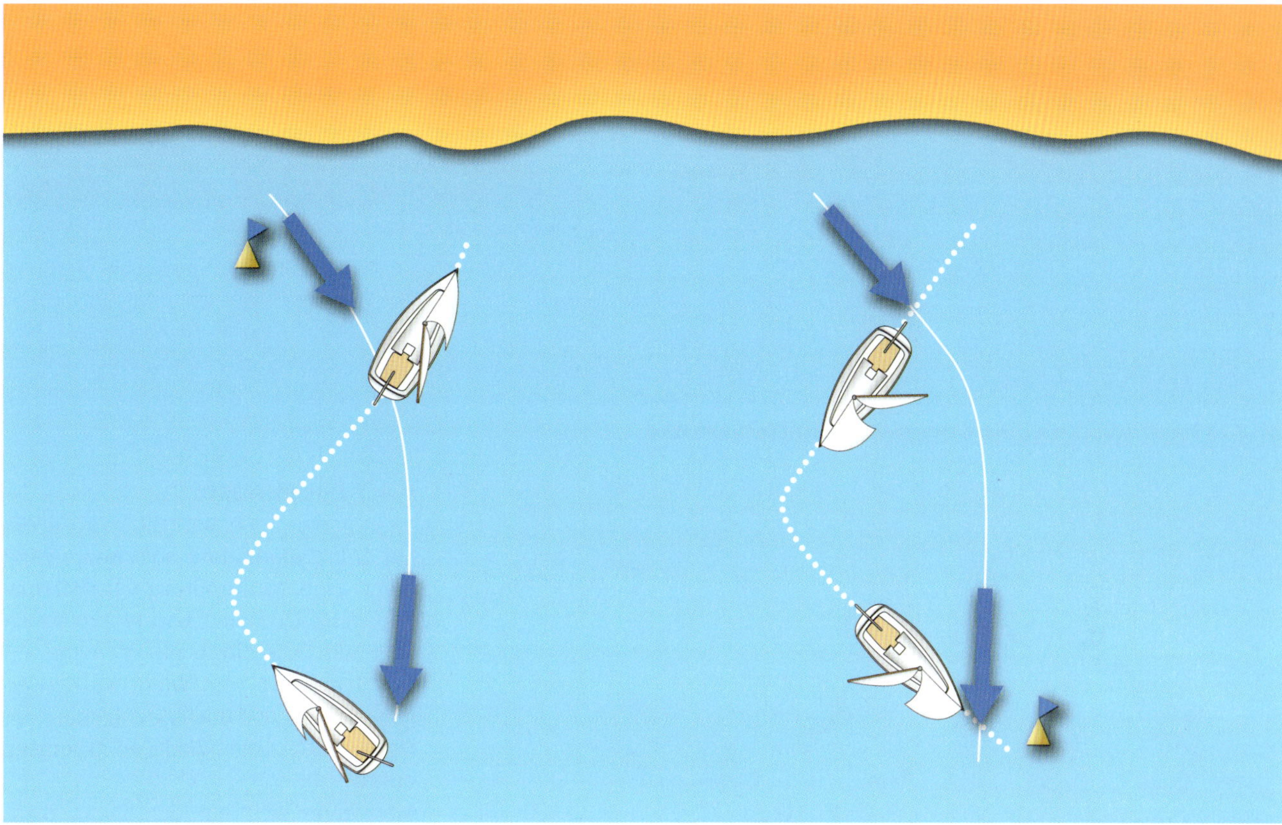

Abb. 8.21 Der Wind dreht unter der Küste links

Windes auf der Südseite durch Konvergenz. Auf der Nordseite tritt Divergenz auf, wird aber in diesem Fall und der vorherrschenden Windrichtung durch den Effekt der Küstenführung überlagert, also verstärkt. Im inneren Teil der Förde auf der Nordseite finden wir Divergenz: Hier weht der Wind parallel zur Küste mit der Küste rechts vom Wind.

8.4.6 Kapeffekt

Überall dort, wo der Wind rechtwinklig an einem abrupten Punkt entlangfließt, wird er verstärkt und hinter dem Kap aufgefächert. Dieses Auffächern macht man sich sowohl auf der Kreuz wie raumschots zunutze, indem man seine Wende bzw. Halse genau vor das Kap setzt und damit auf jedem Bug von einer vorteilhaften Winddrehung profitiert, sprich: am Wind von einem Lift auf jedem Bug.

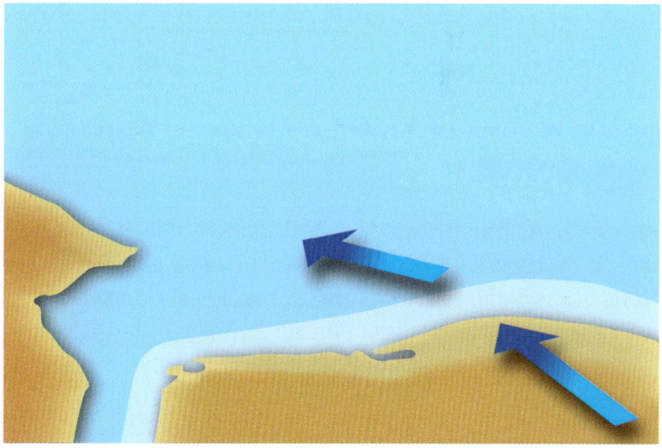

Abb. 8.22 Sonderfall: Abschwächung und Rechtsdreher bei sehr kaltem Wasser und warmer Luft, wie in Kiel auf der Bahn Foxtrott während der Kieler Woche. Hier hat das Wasser nur 14° C, an Land ist es schon 25° C warm

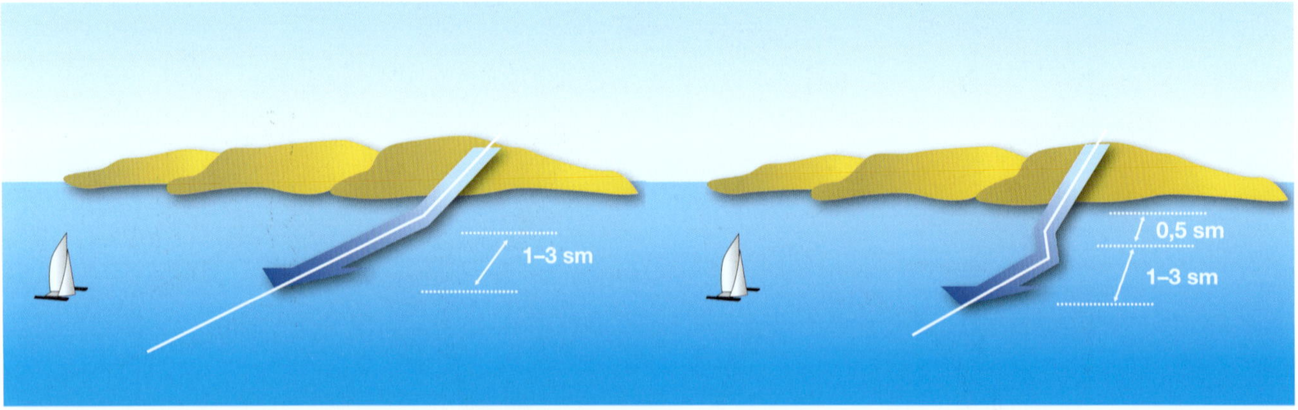

Abb. 8.23 Vorteil an der Kreuz durch Konvergenz an Küsten links vom Wind

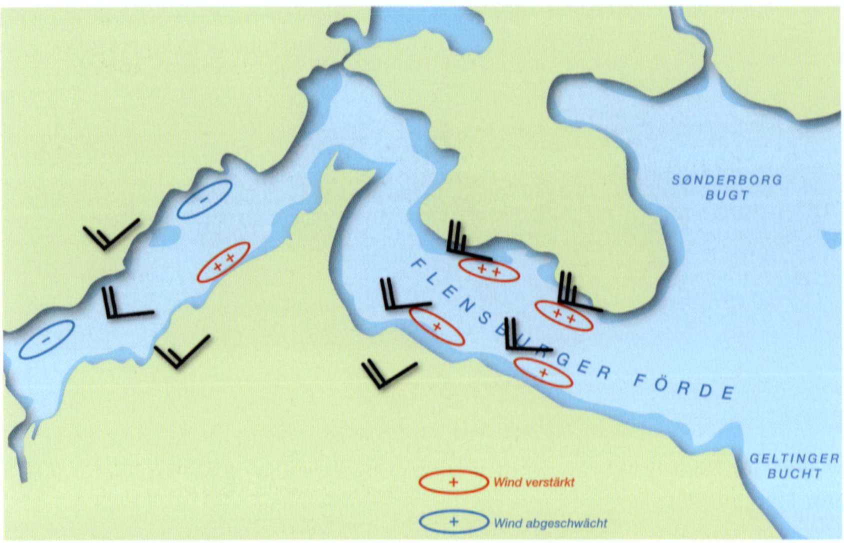

Abb. 8.24 Veränderung im Windfeld durch Reibung und Küstenführung

Auf Seen mit Thermikwind, z. B. Gardasee, Silverplanersee oder Weilchensee, finden wir typischerweise eine Seite des Sees vor, an der der Wind nahezu parallel entlangweht und wo zahlreiche „Kaps" oder Felsvorsprünge in den See hervorragen und es sich lohnt, bis auf wenige Meter ans Ufer zu segeln, um den Effekt zu nutzen (s. Abb. 8.25).

Bei Küstenrennen können Kapeffekte bis zu einer Entfernung von 0,5 sm auf See wirken. Die Abbildung 8.27 zeigt einen großskaligen Kapeffekt nördlich und südlich von Madagaskar, wo der auftreffende SE-Passat verstärkt wird.

8.4.7 Düseneffekt

Ein Düseneffekt tritt auf, wenn Wind durch eine trichterförmige Landformation weht. Der Wind wird grundsätzlich verstärkt, allerdings etwas mehr auf der Seite links vom Wind, wo Konvergenz auftritt, und etwas weniger auf der Seite rechts vom Wind, wo Divergenz auftritt.

Man kann sich auf der linken Seite auch den von der Divergenz verursachten Linksdreher zunutze machen (s. Abb. 8.28).

Das Beispiel der Cookstraße zwischen der Nord- und Südinsel Neuseelands wurde schon weiter oben verwendet. In Abbildung 8.29 sind die mittleren gemessenen Winde für den Monat September verzeichnet. Deutlich zu sehen ist der starke Wind am Ausgang der Cookstraße.

8.5 Strategie auf See – Routing

8.5.1 Einsatzbereiche

Als Routing bezeichnet man Verfahren zur computergestützten Routenoptimierung. Die Frage nach der besten

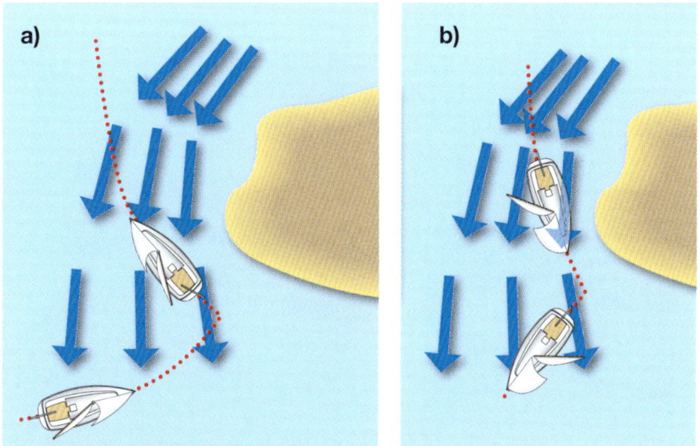

Abb. 8.25 Kapeffekt und Ideallinie

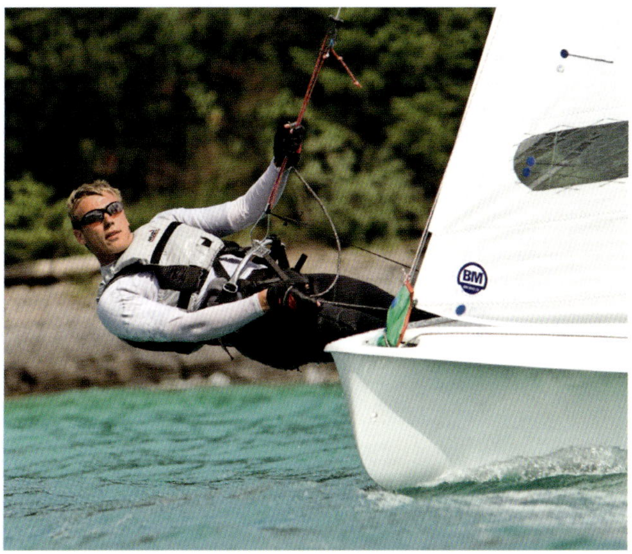

Abb. 8.26 Kapeffekt auf Bergseen: Jeder Meter näher am Kap zahlt sich aus

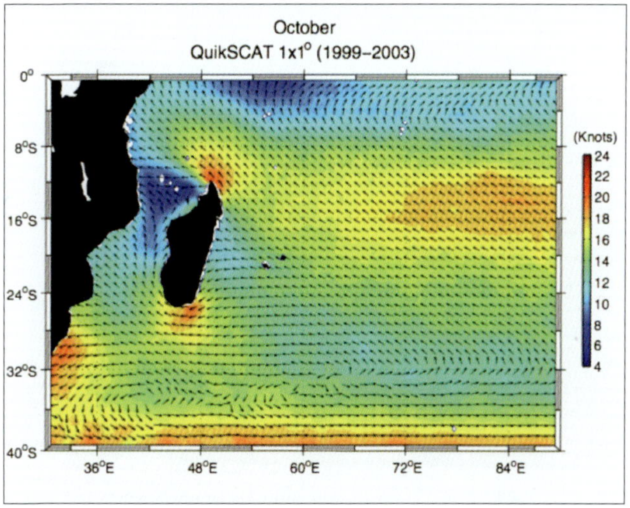

Abb. 8.27 Großskaliger Kapeffekt. Die Daten beruhen auf Satellitenmessungen (QuickScat) und sind über mehrere Jahre gemittelt

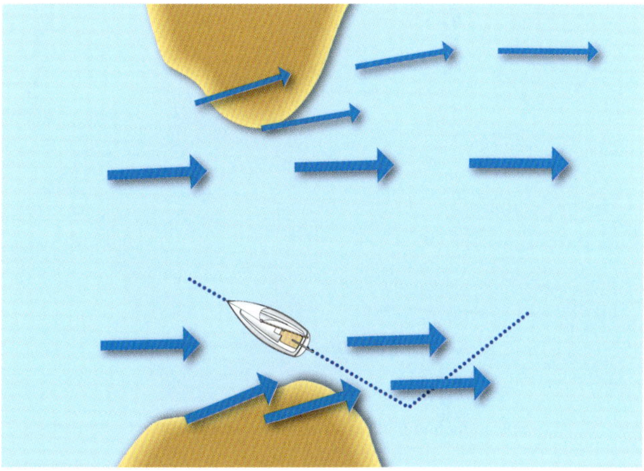

Abb. 8.28 Schema der Idealroute bei Düseneffekt

Strategie und dem idealen Kurs auf See wird hierbei mathematisch eindeutig und objektiv gelöst. Die Grenze dieser Methode liegt in der Genauigkeit und Zuverlässigkeit der vorgegebenen Wetterdaten in GRIB-Form (vgl. Kap. 6 „Wetterinformationen"). Da Böen, einzelne Wolken, Windstriche usw. selbst in hochauflösenden GRIB-Daten nicht repräsentiert sind, ist auf einem Up-and-down-Kurs der Nutzen von Routing begrenzt.

Je größer jedoch die Distanzen werden, die wir in Angriff nehmen, und je weiter wir uns vom Land entfernen, desto mehr kann uns Routing bei der Wahl der optimalen Route unterstützen. Entlang der Küste kann es die Ergebnisse eigener Überlegungen bestätigen, doch wegen der Feinskaligkeit und Komplexität lokaler Effekte sind die Möglichkeiten, lokale Effekte zu berücksichtigen, begrenzt. Anders verhält es sich, sobald es um wirklich strategische Entscheidungen in größerem Maßstab geht: Wenn wir etwa verschiedene Alternativrouten um ein sich verlagerndes Tiefdruckgebiet

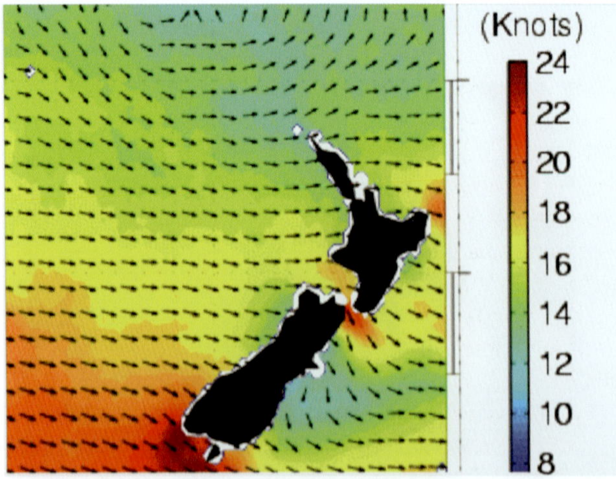

Abb. 8.29 Düseneffekt in der Cookstraße. Die Daten beruhen auf Satellitenmessungen (QuickScat) und sind über mehrere Jahre gemittelt

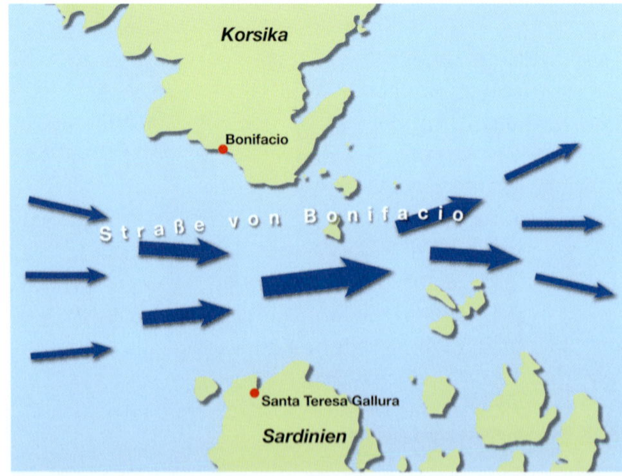

Abb. 8.30 Düseneffekte finden sich häufig im Mittelmeer, so zwischen Korsika und Sardinien oder auch massiv in der Straße von Gibraltar bei Westwind. Hier eine schematische Darstellung der Straße von Bonifacio

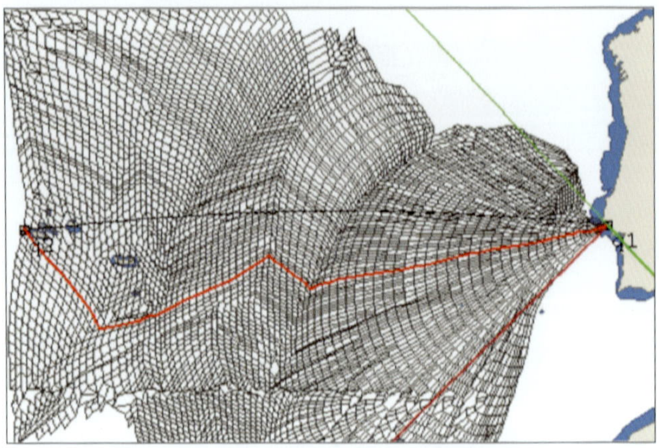

Abb. 8.31 Isochronen und Routing von Lissabon zu den Azoren: Kreuz gegen SW-Wind (Darstellung: Deckman)

durchspielen, können uns die Routingprogramme große Dienste leisten.

8.5.2 Funktionsweise

Folgende Inputs müssen wir bereitstellen:

- Startort und -zeitpunkt
- Zielort
- Wettervorhersage in Form eines oder mehrer GRIBs
- Leistung der Yacht in Form des Polardiagramms
- ggf. Strömungs- und Wellen-GRIB-Files

Das Routingprogramm „konstruiert“ nun die schnellste Route wie folgt: Vom Startpunkt errechnet es mit der zum gegebenen Zeitpunkt gültigen Windvorhersage und der mit dieser Windgeschwindigkeit korrespondierenden Bootsgeschwindigkeit (laut Polardiagramm, s. unten 8.6) für ein festgelegtes Zeitintervall, z. B. eine Stunde, Routen in verschiedene Richtungen. Alle resultierenden Endpunkte sind zeitlich gleich weit vom Ausgangspunkt entfernt; die sich ergebenden Linien bezeichnet man als „Isochronen“ (Zeitgleichen). Nun startet das Routingprogramm erneut von allen Endpunkten nach dem gleichen Prinzip und konstruiert eine weitere Isochrone, bis der Zielpunkt erreicht ist oder die Wettervorhersage endet. Nun wird die Verbindungslinie von Punkten auf den Isochronen gefunden, welche zeitlich am kürzesten ist.
Die Abbildung 8.31 zeigt Isochronen, die sich halbkreisförmig um den Ausgangspunkt ausbreiten, und die schnellste Route in Rot. Neben der Isochronen-Methode sind auch weitere Verfahren der Optimierung etabliert.

8.5.3 Interpretation

Der Computer errechnet in kürzester Zeit eine Idealroute. Damit ist die Arbeit des Navigators freilich nicht beendet, denn er muss einschätzen, wie sehr dem verwendeten Wettermodell vertraut werden kann und ob die angenommenen Bootsgeschwindigkeiten wirklich erreichbar sind. Das Wet-

termodell ist daher mit den tatsächlichen Verhältnissen zu vergleichen, d. h. mit den Wetterbeobachtungen, über die wir momentan an Bord oder im Hafen verfügen.
Befinden wir uns auf See, vergleichen wir zunächst die gemessene *Windrichtung und -stärke* mit den vorhergesagten Werten. Beachten müssen wir dabei die Höhe unseres Windmessgerätes, denn die Windstärke in den GRIB-Daten bezieht sich auf 10 m Höhe. Ist der Mast 20 m hoch, müssen wir ca. 20 % von der gemessenen Windstärke abziehen. Zudem ist die Wassertemperatur zu berücksichtigen. Segeln wir z. B. in sehr kaltem Wasser, verändert sich das Windprofil: Die Windgeschwindigkeit nimmt nahe der Wasseroberfläche mit der Höhe rapide ab und wir haben am Boden effektiv weniger „Windpower" in den Segeln, als wir mit dem Windmessgerät weiter oben messen bzw. als das Wettermodell vorhersagt.
Verfügen wir über ein aktuelles Satellitenbild und ist auf diesem anhand der Wolken eine *Front oder ein Druckgebilde* eindeutig erkennbar, können wir deren Position als Anhaltspunkt verwenden, um unser GRIB-File zu überprüfen. Barometer und Barograf (es ist hier von großem Vorteil, wenn diese kalibriert sind) bieten uns weitere Anhaltspunkte zur Überprüfung, mit denen sich feststellen lässt, ob das GRIB-File die momentane Wettersituation richtig beschreibt. Verfügen wir über mehrere Wettermodelle, z. B. das GFS, ECMWF oder das kanadische GEM, können wir das Modell bevorzugen, das der aktuellen Situation am ehesten entspricht.
Bei *Abweichungen* zwischen Beobachtung und Modell können wir prüfen, ob sich diese ausgleichen lassen, indem wir das Modell-Timing justieren, also das Wettermodell z. B. 3 Stunden vorausstellen oder zurückversetzen, um es an eine Wettersituation anzupassen, die sich schneller oder langsamer entwickelt hat als vorherberechnet. (Zu bedenken ist dabei, dass die aktuellsten Modelldaten, die wir an Bord bekommen, immer auf mehrere Stunden zurückliegenden Messwerten beruhen, im ungünstigsten Fall sogar 12 Stunden.) Die meisten Routingprogramme bieten die Möglichkeit, das GRIB zeitlich zu justieren, also gewissermaßen etwas vor- oder zurückzuspulen.
Fern von Fronten, Gewitterzellen, der Tropischen Konvergenzzone und Landeinfluss gewährleisten die Modelle meist eine gute Beschreibung der momentanen Situation und der vorhergesagte Wind und Luftdruck wird mit dem gemessenen Wind und Luftdruck weitestgehend übereinstimmen.

Um die *Zuverlässigkeit der Vorhersage* über mehrere Tage *einzuschätzen*, kann man die Stabilität der Vorhersage über mehrere, aufeinanderfolgende „Modellläufe", also die Modellresultate von z. B. gestern 00:00 Uhr UTC und 12:00 Uhr UTC und heute 00:00 Uhr UTC und 12:00 Uhr UTC vergleichen. Nehmen die Druckgebilde in diesen Modellläufen stets eine ähnliche Entwicklung, ist das Modell stabil. Wechselt hingegen die Vorhersage von einem Lauf zum anderen vollständig ihr Gesicht, ist das ein Anzeichen für die geringe Stabilität des Modells. Gelangen wir über diese Beobachtungen zur Ansicht, dass das Modell momentan keine zutreffenden Aussagen für unsere Region macht, stellen wir die Überlegungen zum Routing ein und segeln z. B. taktisch zur Flotte oder optimieren unsere Geschwindigkeit zum Ziel (CMG). Wir optimieren unsere Route kleinräumig, bis wir wieder über eine Wettervorhersage verfügen, der wir vertrauen.
Haben wir Vertrauen in die Vorhersage, können wir die mithilfe des Routings und der Wetterbeobachtung gewonnene strategische Entscheidung konsequent umsetzen. Im weiteren Verlauf der Regatta ist zu beobachten, ob wir die vorhergesagten Geschwindigkeiten im Durchschnitt erreichen und mit dem Routing „mithalten". Wenn nicht, müssen wir das Routing neu berechnen mit einem limitierenden Faktor, z. B. 85 % für die Polar-Performance (s. 8.6.2), was etwa bei Seegang oder bei tiefen Wassertemperaturen (Nordatlantik) der Fall sein kann. Unterwegs erneuern wir die Berechnungen jeweils mit den neu verfügbaren GRIB-Daten, mindestens alle 12 Stunden, und durchlaufen den Prozess jeweils von Neuem.

8.5.4 Routingprogamme

Nachfolgend werden einige der namhaften Routingprogramme vorgestellt. Die Grundfunktionen, wie das Darstellen von Seekarten und GRIB-Files, das Verwenden von Polardaten und das Berechnen von optimierten Routen, sind im Prinzip ähnlich, die Details der Handhabung und auch die Routenergebnisse allerdings durchaus unterschiedlich. Der Algorithmus zur Berechnung der Isochronen ist bei allen Programmen verschieden und für uns Endnutzer im Detail unbekannt. Alle Programme bieten die Möglichkeit, GRIB-Files direkt aus dem Programm heraus zu laden.

- *Maxsea* (www.maxsea.fr) gibt es schon sehr lange und wurde stetig weiterentwickelt. Ein großer Nachteil ist,

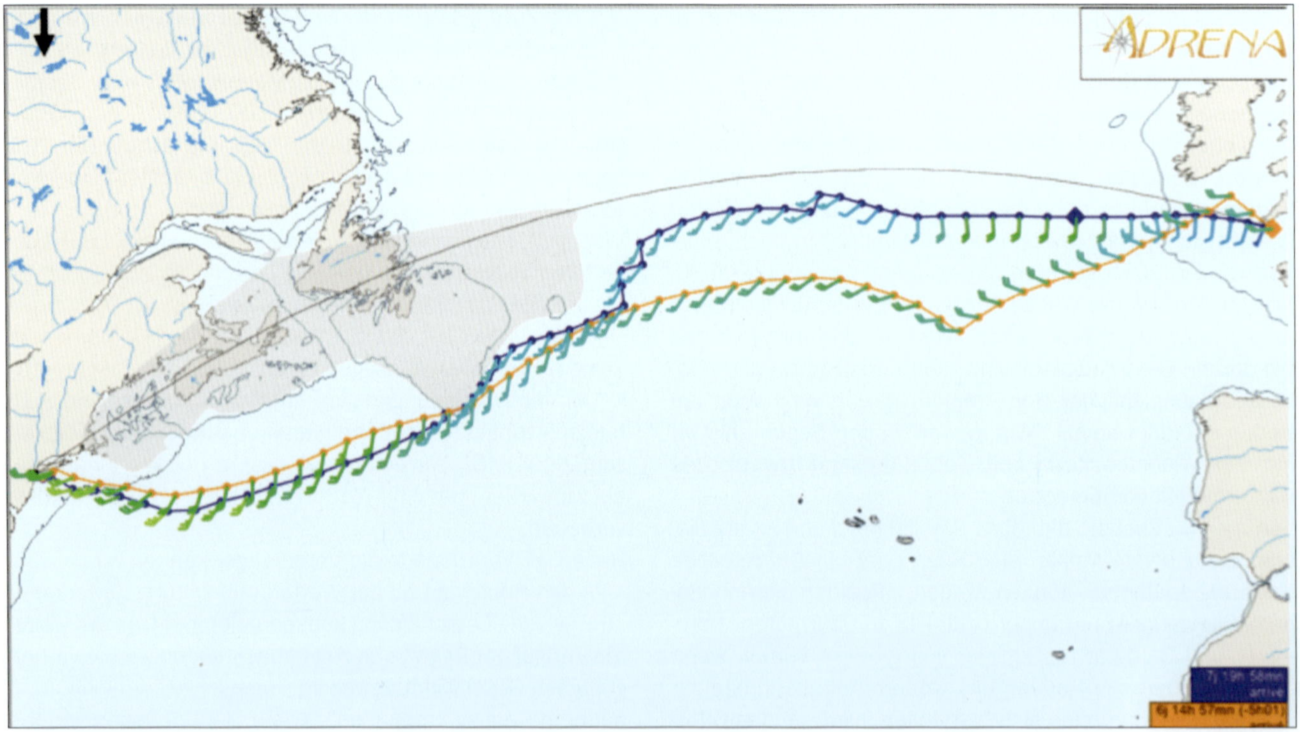

Abb. 8.32 Beispiel für eine Ausschlusszone beim Routing (grau unterlegt): Kaltes Wasser im Nordatlantik auf den Great Banks soll hier wegen Eisgefahr vermieden werden. Die Routings verlaufen südlich davon. Blau ist das GFS- und orange das ECMWF-Wettermodell

dass Maxsea beim Routing das Land nicht berücksichtigen kann (Stand: Vers. 12), also auch Routen errechnete, die über Land führen. Die Stärken von Maxsea liegen im Bereich der klassischen Navigationssoftware: Kartendarstellung etc. Es besteht sogar die Möglichkeit, das Radarbild mit der elektronischen Seekarte zu überlagern (Radaroverlays).

- *Expedition* (www.expeditionmarine.com) ist Adrena (s. u.) ähnlich, aber mit einem etwas geringeren Funktionsumfang und anderem Rechenalgorithmus.
- *Deckman* (www.bandg.com) ist der „Klassiker" zur Inshore-Navigation. Deckman hat ein sehr schlankes, wenig intuitives Userinterface, das aber sehr effizient ist, sobald man mit dem Programm vertraut ist. Aus diesem Grund ist es nach wie vor Standard im Grand-Prix-Bereich. Ansonsten ist Deckman vom Funktionsumfang sowohl bei der klassischen Kartendarstellung zur Navigation als auch beim Routing deutlich beschränkt. Es punktet mit einer guten Darstellung von GRIB-Files.
- *Adrena* (www.adrena.fr) wurde von namhaften französischen Hochseeseglern mitentwickelt. Es gibt unterschiedlich umfangreiche Versionen, darunter auch für Fahrtensegler. Insgesamt ist der zur Verfügung stehende Funktionsumfang mit Abstand am weitesten entwickelt: Er reicht von der „Datenanalyse" zur Erfassung von Polardaten über zahlreiche statistische Funktionen bis hin zu sehr umfangreichen Routing-Optionen.

Je nach Programm können z. B. die nachfolgenden Parameter eingestellt werden:

- zeitlicher Abstand zwischen den Isochronen
- Polar-Rate in %
- GRIB-Windstärken-Skalierung in %
- geografische Nord- oder Südbegrenzung der Route
- Ausschlusszonen
- minimale Wassertiefe
- maximale/minimale Windstärke
- maximale Wellenhöhe

- Berücksichtigung von Strömungen
- zusätzliche Berücksichtigung von Wellen-GRIB-Files
- Verlust in Bootslängen pro Wende/Halse

Um sich tiefergehend mit den zuvor angeführten Routingprogrammen auseinanderzusetzen, bieten ihre kostenfreien Demo-Versionen eine gute Möglichkeit. In Zukunft werden diese „Klassiker" auch Konkurrenz durch internetbasierte Programme und Applikationen bekommen. Es gibt bereits heute die ersten Smartphone/Tablet-Apps, die Routings berechnen können und eine kostengünstige Alternative zu den PC-Programmen darstellen.

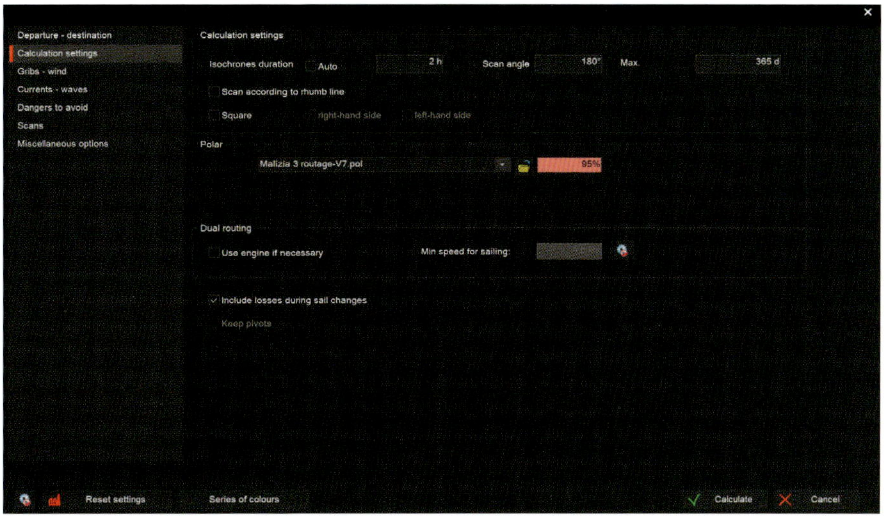

Abb. 8.33 Adrena: Programmfenster zum Festlegen der Routingparameter

8.6 Die Polare – Das Temperament des Bootes

Ein Polardiagramm verzeichnet die Sollgeschwindigkeit einer Yacht in Abhängigkeit von Windwinkel und Windstärke. Die typische Darstellungsform als Tabelle verzeichnet auf einer Achse die Windstärke und auf der anderen die Windwinkel.

Der Begriff des Polardiagramms erklärt sich daraus, dass das Diagramm kreisförmig um einen Mittelpunkt, den Pol, aufgebaut ist.

Der Abstand zum Mittelpunkt repräsentiert die Bootsgeschwindigkeit. Je gleichförmiger eine Polare, desto behäbiger das Temperament des Bootes. Bei radikal designten Booten ist die Polare stark ausgebeult.

Die Einteilung der Schritte für Windwinkel und -stärke ist dabei an keine feste Regel gebunden, sondern kann frei nach praktischen Gesichtspunkten gewählt werden, da die Programme ohnehin interpolieren. Typisch ist eine Einteilung in Windgeschwindigkeitsschritte (TWS, True Wind Speed) von 2 kn und Windwinkelschritte (TWA, True Wind Angle) von 5°.

Die Navigationsprogramme „Deckman" und „Expedition" vereinfachen das Arbeiten mit dem Zahlenwerk, da sie mit wenigen Winkeln auskommen und die übrigen Werte ergänzen (s. Abb. 8.34). Eine typische Polare bei Deckman oder Expedition weist vier Spalten für vier verschiedene wahre Windeinfallswinkel (TWA) auf: Amwind-Idealwinkel (TWA target), 70°, 110° und Vormwind-Idealwinkel (TWA target).

8.6.1 Targets

Die Polare gibt Auskunft über die Sollgeschwindigkeit eines Bootes für eine spezifische Windgeschwindigkeit und einen spezifischen Windwinkel. Auf vielen Rennyachten findet man das Polardiagramm eingeschweißt im Cockpit. Außerdem können die meisten Instrumentensysteme diesen Wert anzeigen; bei Instrumenten einiger Hersteller wird dieser als „Polarspeed" bezeichnet.

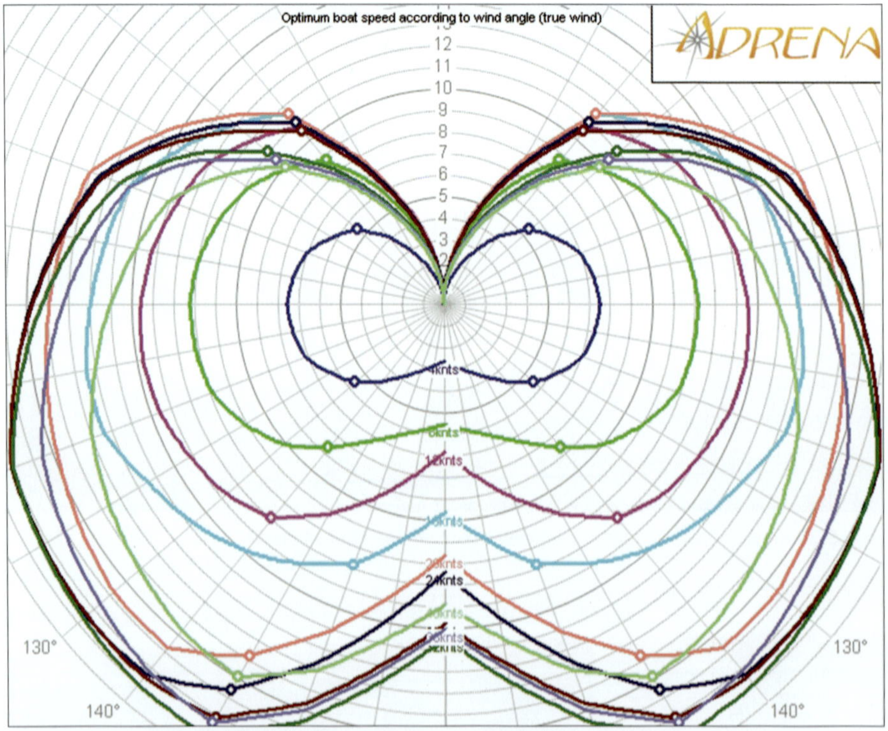

Abb. 8.34 Polardiagramm: Kurven für verschiedene Windstärken. Für moderne Yachten typische „ausgebeulte" Form der Kurven

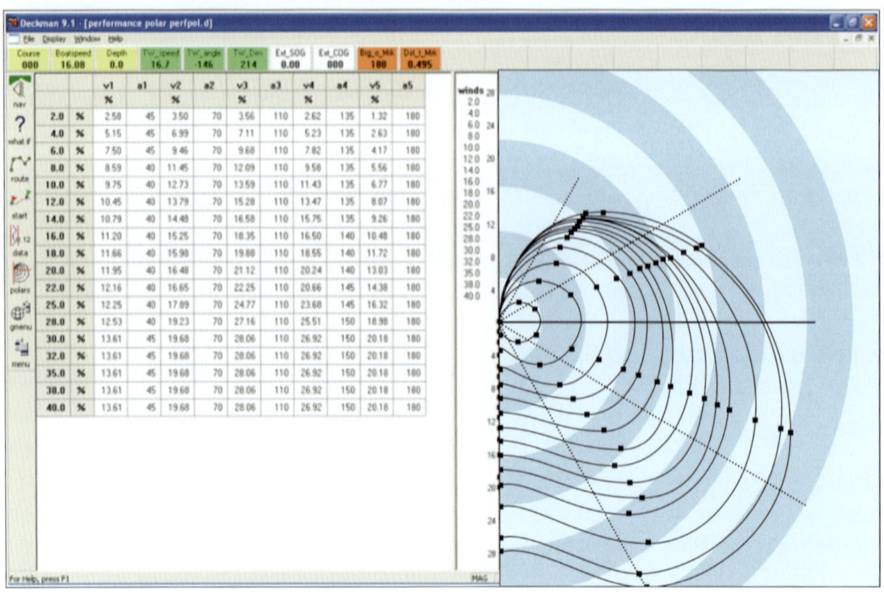

Abb. 8.35 Eine Polare als „Deckman"-typische Tafel dargestellt im Navigationsprogramm Deckman

Sobald wir am oder vor dem Wind kreuzen, zählt – wie jeder Segler weiß – nicht die absolute Geschwindigkeit, sondern der beste Kompromiss zwischen Winkel und Geschwindigkeit, das sogenannte VMG (Velocity Made Good). Das ideale VMG können wir ebenfalls dem Polardiagramm entnehmen (s. Abb. 8.36). Mit diesem idealen VMG korrespondieren ein idealer Windwinkel (Target Angle) und eine ideale Bootsgeschwindigkeit (Target Speed).

8.6.2 Arten von Polardiagrammen

Als Navigator kann man z. T. mit unterschiedlichen Polaren für Navigation, Routing und Leistungskontrolle arbeiten.

Die Polare zur Leistungskontrolle (Performance Polar) dient vor allem den Trimmern und dem Steuermann, um sicherzustellen, dass die Yacht nahe 100 % der Sollleistung gesegelt wird. Die Navigationspolare (Navigation Polar) dient dem Navigator dazu, die Anliegelinie (Layline) zu den jeweiligen Bahnmarken zu finden. Da sich der Navigator beim Bestimmen der Anliegelinie zu einem ortsfesten Punkt für den Kurs über Grund (COG) interessiert, berücksichtigen die Sollwinkel der Navigationspolare die Abdrift, die Winkel sind also etwas weiter geöffnet. Ein akribischer Navigator wird sich zudem verschiedene Navigationspolare für verschiedene Seegangsverhältnisse anlegen (je mehr Welle, desto mehr Abdrift und desto weniger Geschwindigkeit).

Hochsee-Navigatoren werden diese

Navigationspolare in der Regel noch weiter anpassen, um den typischerweise stärkeren Seegangsverhältnissen auf hoher See Rechnung zu tragen, was nicht nur bei Starkwind, sondern auch in einer Flaute mit Restsee deutlich geringere Bootsgeschwindigkeiten bedeuten kann. Man wird eine Hochsee-Routing-Polare meist etwas „an den Rändern zurechtstutzen", sprich: die Bootsgeschwindigkeiten bei sehr engen Windwinkeln und bei sehr schwachen und sehr starken Windgeschwindigkeiten um ca. 5 % gegenüber einer Performance-Polare reduzieren.

8.6.3 Messen und Erstellen von Polardaten

Ein nach modernen Maßstäben entworfenes Boot wird im Allgemeinen mit einer Polare des Designers ausgeliefert, die dieser seinem Simulationsprogramm entnimmt. Sehr oft sind diese computergenerierten Polare oder auch VPPs (Velocity Prediction Programs) zu optimistisch, doch bieten sie einen guten Ausgangspunkt, um sich mit eigenen Messungen der Realität anzunähern.

Wirklich akkurate Messwerte verlangen eine langwierige, sehr genaue Arbeit, wobei moderne Navigationselektronik und Programme vieles erleichtern. Messergebnisse an Bord unterliegen den Einflüssen von Kalibrierungsfehlern, Strömung, Windshear (Windscherung) und Gradient (also die Veränderlichkeit des Windes mit der Höhe über dem Wasser, insbesondere in den ersten 20 bis 30 m über Wasserhöhe) sowie Windgewicht (Windweight), das sich zwischen einem kalten Tag in Kiel und einem Thermikwind-Tag in Palma signifikant im Bereich von 5 % auf die Polarperformance auswirkt. Auch ohne sich weitergehend damit zu beschäftigen, sollte man sich aber unbedingt dieser „meteorologischen" Einflussfaktoren bewusst sein, um so auch stark abweichende Messwerte erklären zu können oder in der Lage zu sein, einzuschätzen, bei welchen Bedingungen Mess- und Kalibrierungsfahrten zu keinen sinnvollen Ergebnissen führen, wie z. B. in der folgenden imaginären Situation: Saisonstart, Ostwindlage, Sonnenschein, kalte See und ablandiger Ostwind am Mittag. Die über Land aufgewärmte Luft wird auf dem kalten Wasser stark abgebremst und getwistet. So werden sich die Windinstrumente im Masttopp in deutlich stärkerem Wind befinden als der Großteil der Segelfläche einige Meter tiefer. Bei derartigen Bedingungen lohnt es sich nicht, sich mit Kalibrierung zu beschäftigen.

Neben der einfachsten Methode zur Datenerfassung, nämlich die beim Segeln beobachteten Werte in ein Notizbuch zu schreiben, ermöglichen Navigationsprogramme wie „Deckman", „Expedition", „Adrena" oder „Maxsea" oder die Instrumentensysteme selber, die Messwerte in Echtzeit automatisch zu speichern und anschließend Polardiagramme daraus zu berechnen. Man sollte sich die exakten Uhrzeiten notieren, an denen die Yacht ideal segelt, frei von Abdeckungen usw. Im Nachhinein kann man dann Mittelwerte bilden, gegebenenfalls sogar über einen längeren Zeitraum wie einen ganzen Tag, eine Regattaserie oder sogar eine gesamte Saison. Für ambitionierte Eigner oder Navigatoren, die sich nach dem Segeln aber nicht mehr stundenlang mit dem Computer beschäftigen möchten, gibt es eine Handvoll kleinerer Firmen, die sich auf genau diese Datenanalyse spezialisiert haben.

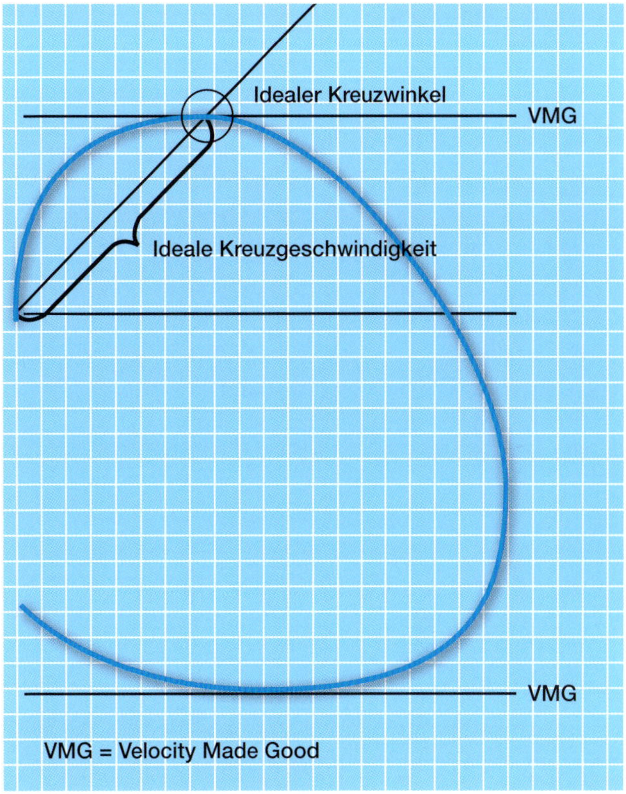

Abb. 8.36 Polardiagramm mit Erläuterung

Die oben angesprochenen Verluste bei Wenden, einschließlich der Beschleunigung nach der Wende, sowie

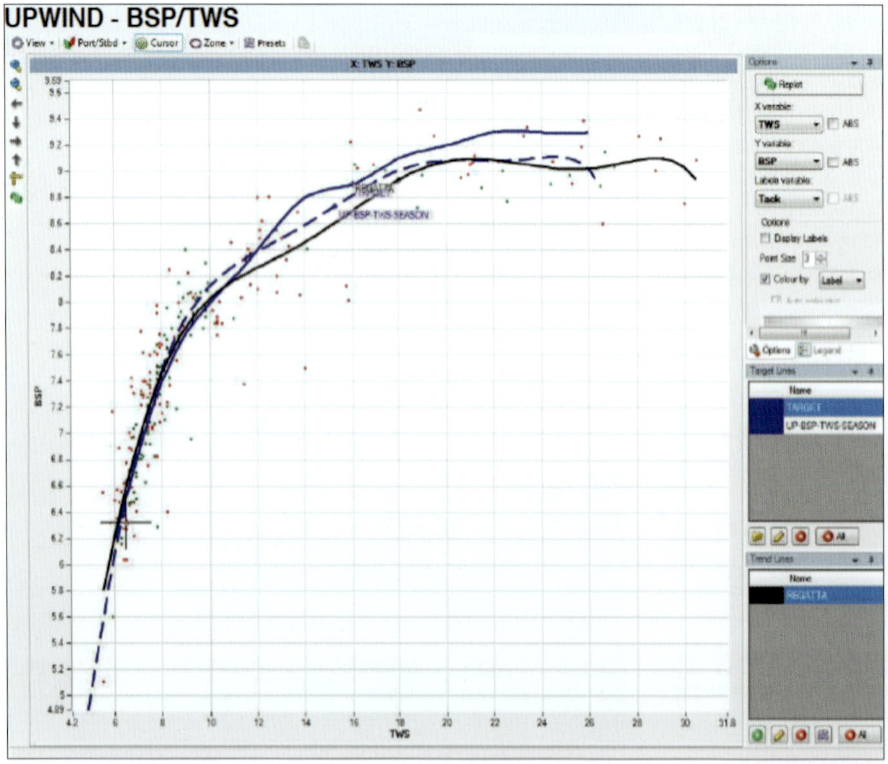

die Beschleunigung am Start sind ebenfalls Gegenstand von Messkampagnen. In der Regel verliert eine Kielyacht bei einer Wende an der Kreuz etwa 1,5 Bootslängen.

Abb. 8.37 Analyse von Performancedaten mittels spezieller Software; hier „Race Replay“. Weitere Informationen unter www.sailingperformance.com, siehe auch www.adrena.fr

Glossar

AIS: Automatic Identification System, automatisches Schiffsidentifizierungssystem. Spezielle, an Bord von Schiffen installierte UKW-Sender und Empfänger, die automatisch in kurzen Zeitabständen Daten miteinander austauschen. Dadurch identifizieren sich die Schiffe selbst und geben relevante feste (z. B. Schiffsname), reisebezogene (z. B. Zielhafen) und dynamische Daten (z. B. Geschwindigkeit) für andere eindeutig bekannt. Auch der Austausch von sicherheitsrelevanten Kurznachrichten ist möglich.

Barometrische Höhenformel: Abhängigkeit des Luftdrucks mit der Höhe, die zur Höhenmessung verwendet werden kann.

COG: Course Over Ground, Kurs über Grund. Richtung des tatsächlich über Grund zurückgelegten Weges, d. h. mit Berücksichtigung der Abdrift durch Wind und Strom.

Corioliskraft: Schein- oder Trägheitskraft in rotierenden Bezugssystemen. Wirkt immer senkrecht zur Bewegungsrichtung und betrifft alle Massen, die sich bewegen.

Divergenz: Auseinanderströmende, d. h. auffächernde Luftmassen.

Downrush/Downburst: Meist in der Nähe von Gewittern oder kräftigen Schauern herabstürzende kalte Luft, die kräftige Böen in Linienform hervorruft.

Druckgradientkraft: Bei atmosphärischen Bewegungen wirkende Kraft, die durch räumliche Druckunterschiede hervorgerufen wird. Sie ist immer vom hohen zum tiefen Druck hin gerichtet. Horizontale Unterschiede im Druck sind die Ursachen für die Entstehung von Wind.

ECMWF: European Centre for Medium Range Weather Forecast, ist der Zusammenschluss mehrerer Staaten, um u. a. mittelfristige Wettervorhersagen zu erarbeiten.

Fahrenheit: Umrechnen lassen sich Temperaturen von Fahrenheit nach Celsius mit folgender Formel:
° F in ° C: T(° C) = 5/9 · (T[° F] – 32).

Feuchtadiabatisch: Im Gegensatz zu „trockenadiabatisch" nimmt bei vertikalen Luftbewegungen die Temperatur eines Luftpakets um etwa 0,6 Grad pro 100 m ab, da bei Kondensation des vorhandenen Wasserdampfes Wärme frei wird und diese dem Luftpaket zugeführt wird.

GEM: Global Environmental Multiscale Model, Wettervorhersagemodell des kanadischen Umweltministeriums (Environment Canada).

Geostrophischer Wind: Ist die Resultierende aus Druckgradientkraft und Corioliskraft.

GFS: Global Forecasting System, Wettervorhersagemodell des amerikanischen Wetterdienstes NOAA.

GMDSS: Global Marine Distress and Safety System, ein weltweites Seenot- und Sicherheitsfunksystem zur weltweiten Hilfe bei Seenotfällen und zur Sicherung der Schifffahrt.

Gradient, vertikaler (Wind): Durch die bodennahe Reibung des Windes über Meer oder Land ergibt sich eine Geschwindigkeitszunahme des Windes mit der Höhe. Nur in Ausnahmefällen ist er am Boden höher. Als Faustregel kann man bei einem 20 m hohen Mast 20 % von der gemessenen Windgeschwindigkeit abziehen, um die Angaben mit der Wettervorhersage zu vergleichen, welche sich stets auf 10 m beziehen.

Hurricane Holes: „Wirbelsturmlöcher". Häfen oder Buchten, die Yachten auch im Falle eines tropischen Wirbelsturmes Schutz vor Wind und Schwell bieten können.

Hydrostatisches Gleichgewicht: Gleichgewicht eines Luftpaketes zwischen Gravitation und Auftrieb.

Inmarsat: International Maritime Satellite Organization, Organisation für weltweite mobile Satellitenkommunikation. Zusammenschluss von Fernmeldeverwaltungen mit dem Zweck, eine weltweite Telekommunikation mit mobilen Satellitenfunkanlagen zu unterhalten.

Isohypsen: Höhenlinien, verbinden die Orte, auf denen ein bestimmter Druck vorliegt, zum Beispiel für Druckfläche 500 hPa.

Konvektion, thermische: Vertikale Luftbewegung. Luft mit höherer Temperatur steigt auf, Ursache für Wolkenbildung.

Konvergenz: Zusammenströmende Luftmassen.

Lift: Kurzfristiges Raumen des Windes, d. h. günstige Winddrehung in eine achterliche Richtung, die es dem Segler auf Amwind-Kursen erlaubt, seinen Kurs zum Ziel hin zu ändern.

Logarithmisches Windprofil: Grobe Näherung für die Zunahme der Windgeschwindigkeit vom Boden bis in größere Höhen in Abhängigkeit von der Bodenrauigkeit/Reibung.

NOAA: National Oceanic and Atmospheric Administration, nationaler Dienst für Meteorologie und Ozeanografie der USA.

Pseudopotentielle Temperatur: Fiktives Maß der Temperatur, die neben dem Luftdruck auch die in feuchter Luft enthaltene Wärme berücksichtigt. Anhand der pseudopotentiellen Temperatur lassen sich Luftmassen (z. B. kalte trockene Polarluft, warme feuchte Subtropenluft) unterscheiden, was das Auffinden von Fronten unterstützt.

Targetspeed: Zielgeschwindigkeit. Dem Regattasegler bekannte, unter bestimmten Bedingungen optimale Bootsgeschwindigkeit. Durch Trimmen wird versucht, diese Geschwindigkeit zu erreichen bzw. sie zu halten.

Trockenadiabatisch: Bei vertikalen Luftbewegungen findet mit der Umgebung kein Wärme- oder Energieaustausch statt. Zum Beispiel dehnt sich aufsteigende Luft (Luftdruck sinkt) aus und kühlt sich dadurch ab. Das führt zu einer Abkühlung von etwa 1 Grad pro 100 m in den unteren Luftschichten. Dabei wird vorausgesetzt, dass Wasser nur gasförmig in dem Luftpaket vorkommt.

Tropopause: Grenzfläche der Troposphäre zur Stratosphäre. Sie begrenzt die Tropo („Wetter"-) sphäre und liegt in den Polregionen bei etwa 5 bis 7 km und nahe des Äquators bei 15 bis 18 km.

TWA: True Wind Angle, Einfallswinkel des wahren Windes. Winkel zwischen Mittschiffslinie und der Richtung des wahren Windes (d. h. ohne die Eigenbewegung des Fahrzeugs).

TWD: True Wind Direction, wahre Windrichtung. Winkel zwischen rechtweisend Nord und der Richtung des wahren Windes (d. h. ohne die Eigenbewegung des Fahrzeugs).

Twist: Das „Verdrehen" eines Segels, der Anstellwinkel ist in verschiedenen Höhen unterschiedlich. Ein getwistetes Segel ist im Topp weiter nach Lee geöffnet als unten.

TWS: True Wind Speed, wahre Windgeschwindigkeit. Windgeschwindigkeit ohne Berücksichtigung der Eigenbewegung des Fahrzeugs.

Vorticity: Wirbelstärke. Rotation von Luft bzw. von einem Luftpaket um die eigene Achse.

Wind Shear: Ist die Richtungsänderung des Windes mit der Höhe. An der Mastspitze herrscht eine signifikant andere Windrichtung als im Cockpit. Wind Shear tritt besonders bei großen Temperaturunterschieden zwischen Wasser und Luft, z. B. bei Thermikrevieren im Mittelmeer, auf.

WMO: World Meteorological Organization. Die Weltorganisation für Meteorologie ist eine Sonderorganisation der Vereinten Nationen mit Sitz in Genf; sie ist in zehn wissenschaftliche und technische Programme gegliedert und fördert und überwacht zum Beispiel die einheitliche meteorologische Beobachtung an Wetterstationen.

Zyklon: Synonym für Tief.

Stichwortverzeichnis

1-2-3 Rule *98*

Admiralty List of Radio Signals *147*
Adrena *187*
Advisory *98*
Agulhasstrom *121*
Altocumulus (Ac) *29*
Altostratus (As) *29*
Analysekarten *17*
Aneroidbarometer *15*
Anliegelinien *171*
Antarktis *105*
Antarktischer Zirkumpolarstrom *121*
Äquatorialer Gegenstrom *121*
Arktis *105*
Aufgleitschirm *37*
Auftriebswasser *26*
Ausgleichsströmung *13*
Ausläufer *38*
Ausweichmanöver (tropische Wirbelstürme) *98*
Azorenhoch *13 , 48*

Barfuß-Route *88*
Barisches Windgesetz *20*
Barograph *14*
Barometer *15*
Barren *118*
Beaufortskala *18*
Berg-Tal-Windsystem *79*
Bergwind *79*
Bewölkungsband *42*
Black-Frost *107*
Blitz *74*
Blitzschutz *75*
Bodenwetterkarte *17*
Böen *23*
Böenlinien *59, 73*
Böigkeit *56*
Bora *80, 81*
Brasilstrom *121*
Brechung (Wellen) *117*
Brüllende Vierziger *34*
Bulletin *98*

Celsius (Grad) *23*
Chili *80*
Chinook *79*
Cirrostratus (Cs) *29*
Cirrocumulus (Cc) *29*
Cirrus (Ci) *29*
Cirrusbewölkung *42*
Cloud Cluster *93*
CMG *170*
Cold eddies *122*
Convective Available Potential Energy *169*
Corioliskraft *13, 19, 20*
Crosswind *171*
Cumulonimbus (Cb) *29*
Cumulus (Cu) *29*

Deckman *187*
diesig *42*
Divergenz *62, 167*
Doldrums *89*
Donner *74*
Downrush *70*
DP07 Seefunk *143*
Druckänderung *17*
Druckgradientkraft *20*
Dünung *114*
Dünungswellen *114*
Düseneffekt *66, 180*

Easterly Wave *48, 88 ff.*
ECMWF-Modell *135*
Eisberge *102*
Eisberggrenze *106*
Eisinformationen *142*
Eiswolke *30*
Ekmanschicht *21*
Ensemblevorhersage *128*
Environmental Modeling Center (EMC) *135*
Etesien *80 , 83*

European Centre for Medium-Range Weather Forcasts (ECMWF) *129*
Expedition *187*
Extremwellen *118*

Fahrenheit *23*
Fallwind, katabatischer *80*
Fehlertoleranz *98*
Fetch *112*
Feuchte, relative *24*
Fleet Numerical Meteorology and Oceanography Center (FNMOC) *142*
Föhn *79*
Freak Waves *118*
Fremantle Doctor *85*
Frontgewitter *72*
Furious Fifties *34, 100*

Gefrierkerne *26*
Gewitter, Ausweichstrategie *70*
Gewitter, Gefahren für Wasserfahrzeuge *71*
Gewitterwolke, Ladungsverteilung *74*
Gewitterzelle *69, 70*
Gezeitenstromatlanten *122*
Gezeitenströme *117*
GFS-Modell *135*
Ghibli *80*
Gipfeleisberge *105*
GMDSS *141*
Golfstrom *120*
Golfstromanalyse *122*
Gragale *80*
GRIB-Daten *133*
Growler *102*
Grundseen *117*
Gruppengeschwindigkeit *115*

Halo *41*
Hangabwind *79*
Hangaufwind *79*
Hangwindzirkulation *78*
Haufenwolken *26*
Header *170*
Hebelprinzip *172*
Hektopascal (hPa) *14*
Hitzetief *53*
Hochdruckgebiet *33, 48*
Hochkeil *50*
Hochnebeldecke *50*
Höhenströmung *35*
Höhenströmung, meridionale *38*
Höhenströmung, zonale *38*
Höhenwetterkarte *17, 35*
Humboldtstrom *121*
Hurrikan-Zeit *94*
Hurrikan-Zentralen *92*
Hurrikane *88*
Hygrometer *24*

Infrarotkanal *37*
Inmarsat Fleet Broadband *147*
Inmarsat Standard C *146*
Instabilität *169*
Inter Tropic Convergence (ITC) *88*
Intertropische Konvergenzzone (ITC) *88*
Inversion *50*
Iridium-Telefon/Handy *142, 146*
Isobaren *17*
Isochronen *176*
Isohypsen *35*
Isotachen *151*
ITC *88*

Jetstream *35*

Kalifornienstrom *121*
Kalmen *89*
Kaltfront *36*
Kaltwassernebel *25, 122*
Kanarenstrom *121*
Kapeffekt *67, 179*
Kaventsmann *118*
Khamsin *80*
Klima *23*
Klimamittel *13*
Klimanavigation *150*
Kondensation *25*
Kondensationskerne *26*
Kondensstreifen *26*
Konvektionswolken *26*

Konvergenz *62, 167*
Konvergenzlinien *175*
Kreuzsee 44, *115*
Krümmung, antizyklonale *21*
Krümmung, zyklonale *21*
Kuro-Schio-Strom *121*
Küstenführung *66*

Labilitätszonen *72*
Labradorstrom *122*
Land-Meer-Verteilung *14*
Land-Seewind-Zirkulation *52*
Landregen *42*
Landwind *52, 161*
Laylines *171*
Leetief *66, 67, 81*
Leichtwindtaktik *59*
Levante Lievantada *80*
Levanter *80*
Libeccio *80*
Lift 59, *170*
Lifted-Index *169*
Luft, gemäßigte *13*
Luftdruck *14*
Luftdruckabfall *16*
Luftdruckmessung *14*
Luftdrucktendenz *14*
Luftdruckunterschiede *14,19*
Luftfeuchte *24*
Lufthülle *23*
Luftmassen, arktische *13*
Luftmassengewitter *70*
Luftmassengrenze *35 ff*
Lufttemperatur *23*

Maestral *80, 81*
Mallungen *89*
Marin *80*
Marine Advisories *97*
Maxsea *187*
MaxWave *118*
Meereis *102*
Meeresniveau *16*
Meeresströmungen *12, 26, 117, 120*
Meltemi *80, 83*
Millibar (mb) *14*
Mistral *80, 81*
Monatskarten *90 , 150*
Monsterwelle *118*
Monsun *90*
Monsunzirkulation *14, 90*

National Hurricane Center (NHC) *92*
NAVTEX (Navigational Textmessage) *144*
Nebel *24, 25*
Neueisdecke *102*
NHC (National Hurricane Center) *92*
Niederschlagsgebiet *37*
Nilas *103*
Nimbostratus *29*
NOAA (National Oceanic and Atmospheric Administration) *135*
Nordäquatorialstrom *121*
Nordatlantikstrom *121*

Oberflächenrauigkeit *58*
Okklusion *38*
Okklusion, beginnende *38*
Okklusionspunkt *38*
Omega-Wetterlagen *49*
Orbitalbewegung *110*
Orkan *44*
Orkan, tropischer *93*
Ostaustralstrom *121*
Ozonschicht *23*

Packeis *103*
Pampero *85*
Papagayo *85*
Passate *89*
Passatregion *28*
Passatwind *13, 48, 88*
Performance *186*
Pfannkucheneis *103*
Phasengeschwindigkeit *114*
Pilot Charts *90, 150*
Polar Lows *101*
Polardiagramm *185 ff.*
Polarfront *13, 35*
Polarluft *13*

Polarregionen *100*
Poniente Ventraval *80*
Praxisbeispiele für Langfahrt/Ozean *159*
Praxisbeispiele mehrtägiger Törn *157*
Praxisbeispiele Tagestörn *154*
Presseisrücken *105*
Pseudopotentielle Temperatur (Pseudopot) *166*

Quality of Air *169*
Quecksilberbarometer *14*
Quecksilbersäule *15*
Quecksilberthermometer *23*
Quellwolken *26*

Randtief *45*
Rauigkeit *22*
Regatta *163*
Regional Specialized Meteorological Centers (RSMCs) *142*
Reibung *21*
Reibungsschicht *21*
Revierzentrale *143*
Roaring Forties *34, 100*
Rossbreiten *90*
Route, optimale *153*
Routenberatung *147*
Routenplanung *92*
Routing *180*
Routing Charts *90, 150*
RTTY (Radio Teletype) *145*
Rückseitenwetter *38, 43*
Rundfunk *144*

SafetyNet-EGC *144*
Saffir-Simpson-Scale *97*
Samun *80*
Santa Ana Wind *86*
Sättigung *24*
Sättigungsfeuchte *24*
Scharki *80*
Schaumfleck *110*
Schelfeis *105*
Schichtung, stabil und labil *58*
Schichtwolken *26*
Schiffsparameter *153*
Schiffsvereisung *106*
Schleuderpsychrometer *25*
Schwüle *24*
Scirocco *80, 84*
Seebär *124*
Seebrisenindex (Sea Breeze Index) *55*
Seegang *110*
Seegang, Höhe *112*
Seegang, Modifikation *117*
Seegangsskala *112*
Seewetterberichte *141*
Seewind *52, 161*
Seiches *123*
Shear *168*
Sicht, schlechte *26*
Sichtverhältnisse *43*
Sichtweite *25*
Single-Side-Band (SSB) *144*
Sommermonsun *48, 88 ff*
Southerly Buster *85*
Spritzwasser *106*
Squall Line *73*
Squid *135*
St.-Helena-Hoch *13, 48*
Stabilität *169*
Stockwerke (Wolken) *30*
Störung, tropische *93*
Strahlungsnebel *25*
Stratocumulus (Sc) *29*
Stratosphäre *23*
Stratus (St) *29*
Stratuswolken *26*
Strömungen *142*
Strömungsgeschwindigkeit *151*
Strömungskreise *120*
Sturm, tropischer *93*
Sturmflut *123*
subgeostrophisch *21*
Subtropenhoch *13*
Südäquatorialstrom *121*
supergeostrophisch *21*

Tafeleisberge *105*
Tagesgang *172*
Talwind *79*

Target Speed *169*
Targets *185*
Taupunkt *24*
Tehuantepecer *85*
Teiltief *47*
Temperatur *23*
Temperatur, pseudopotentielle *166*
Thermik *167*
Thermometer *23*
Three Sisters *118*
Tief, ideales *37*
Tiefausläufer *38*
Tiefdruckgebiet *13, 34*
Tornado *76*
Törnberatung *147*
Törnplanung *149*
Torr *15*
Trade Winds *88*
Tramontana *80*
Trödelstadium *96*
Trog *35, 44, 92*
Trogpassage *23, 45*
Tropopause *23*
Troposphäre *13*
Tsunami-Wellen *118*

Umbiegestellen *96*

Velocity Made Good (VMG) *58*
Velocity Prediction Programs *187*
Ventraval *80*
Verdunstungskälte *25*
Viertel, gefährliches *94*
Vorbereitung (Wettfahrt) *164*
Vorticity *35*
VPP *187*

Warm eddies *122*
Wärmegewitter *70*
Wärmekapazität *12*
Warmfront 36
Warmluftmasse *37*
Warmsektor *37*
Warmwassernebel *25*
Warnungen (Wirbelsturm) *97*
Wasserdampf *24*
Wasserdampfgehalt *24*
Wasserhose *76*
Wasserstand *122*
Wasserwolken *30*
Welle *36*
Wellenbildungen *35*
Wellendiagramm *113*
Wellenhöhe *110*
Wellenhöhe, charakteristische *117*
Wellenhöhe, kennzeichnende *111*
Wellenhöhe, signifikante *111*
Wellenlänge *110*
Wellenperiode *110*
Wellenstörung *91*
Westaustralstrom *121*
Westwinddrift *34*
Wetterentwicklung *41*
Wetterfax *145*
Wettergeschehen *26, 41*
Wetternavigation *153*
Wetterrouting *151*
Wetterverlauf *34*
Wetterverschlechterung *42*
Wettervorhersage *128*
Wettervorhersagemodelle *129*
White Wall *118*
Wind *18*
Wind, geostrophischer *20*
Windbänder *59, 176*
Windböe *23*
Winddrehung *42*
Winde, katabatische *101*
Windfelder *65*
Windfieder *19*
Windgeschwindigkeit *19*
Windmessung *22*
Windmuster *59*
Windprofil *58, 162, 168*
Windprofil, logarithmisches *22*
Windprognose, lokale *55*
Windrichtung *18*
Windsee *114*
Windspitzen *23*
Windsterne *151*

Windwirklänge *112*
Wintermonsun *48, 91*
Wirbelstürme, tropische *92*
Wirbelsturmsaison *92*
Wirkdauer *112*
Witterungsnavigation *151*
Wolken *26*
Wolkenfeld *93*
Wolkengattungen *29*
Wolkenstockwerke *27*
Wolkenstraßen *61, 62, 175*
Wolkentypen *28*
Wolkenwinde *60*
World Meteorological Organization (WMO) *128*
Wütende Fünfziger *34*

Zentrifugalkraft *21*
Zirkulation *13*
Zuggeschwindigkeiten *39*
Zwischenhoch *49*
Zwischenhochkeil *50*
Zyklonen 34
Zyklonenfamilien *46*

Medizin & Gesundheit

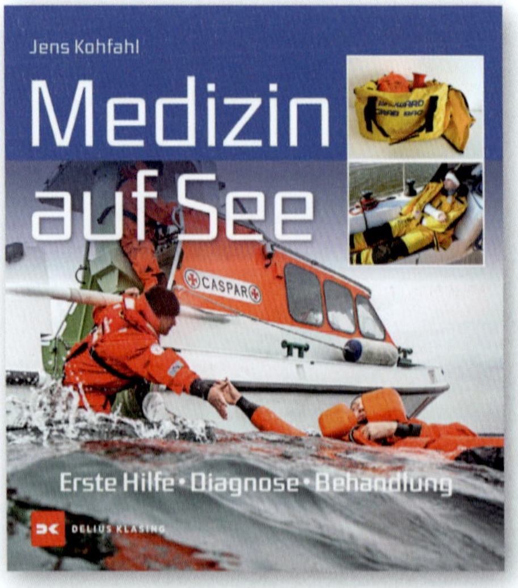

Während es bei einem medizinischen Notfall an Land nur wenige Minuten dauert, bis professionelle medizinische Hilfe eintrifft, kann dies auf See deutlich länger dauern. Insofern ist die Erste Hilfe oft auch die einzige Hilfe und sollte entsprechend kompetent durchgeführt werden. Hier setzt dieses leicht verständlich geschriebene Buch an: Es soll Wassersportlern helfen, die Zeit ohne ärztliche Hilfe zu überbrücken. Abgerundet wird das Buch durch Informationen zur Einrichtung einer Bordapotheke.

Meinhard und Jens Kohfahl
Medizin auf See
ISBN 978-3-667-12123-3

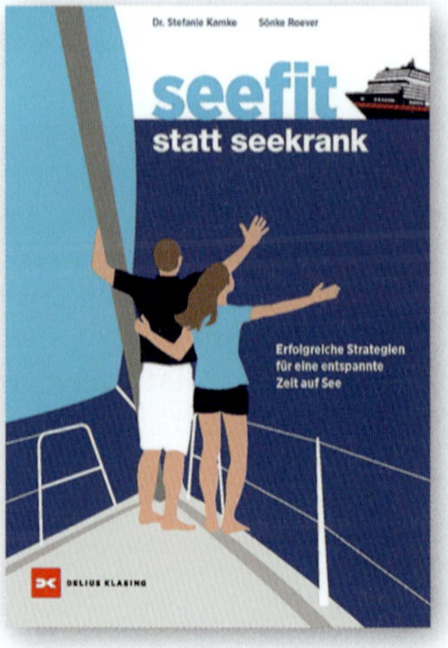

Die Ärztin Dr. Stefanie Kamke und der Weltumsegler Sönke Roever erklären verständlich die Ursachen der Seekrankheit und wie Stress, Angst oder die menschlichen Sinne die Entstehung begünstigen. Darüber hinaus liefern die Autoren konkrete Übungen, Methoden und Techniken aus Medizin, Psychologie und Bewegungslehre, die helfen, gewohnte Muster zu durchbrechen, damit Aktivitäten auf See zum Vergnügen werden und die Seekrankheit dauerhaft beseitigt wird.

Seefit statt seekrank
ISBN 978-3-667-13075-4